狄更斯講英國史

A Child's History of England

查爾斯・狄更斯 Charles Dickens 著

蘇旻婕、張珺怡、余一鶴、肖嵐 譯

目錄 CONTENTS

第一卷

第二卷

*本書註釋皆為譯者註。

第一章　古英格蘭和羅馬人

大家看看世界地圖，就會發現東半球左上角的海域中，坐落著兩處島嶼。這便是英格蘭、蘇格蘭，以及愛爾蘭的所在了。從大小上來說，英格蘭和蘇格蘭佔據了兩座島上大部分地盤，愛爾蘭次之。至於那些小小的鄰島，則大多是蘇格蘭的零碎土地，它們袖珍得在地圖上只呈現出一個個小黑點。海水長年累月奔騰不息，我猜小島們很可能是被這股力量分離開來的。

很久很久以前的古時候，在我們的救世主[1]降生於人間、躺在馬廄裡睡覺之前，這些島嶼就已經在這兒了。海水洶湧澎湃，在它們四周咆哮著，就像現在這樣。可當時並沒有雄偉的船艦和勇敢的水手在海面航行，穿梭往來於世界各地。相反，海上冷清極了；小島孤零零地浮在廣闊無垠的水面上，海浪泛著泡沫，沖刷著峭壁，刺骨的寒風從森林上方吹過，但是它們沒能為島嶼帶來探險者，野蠻的島民們對世界其它地方沒有任何瞭解，世界其他地方也對他們一無所知。

據推測，最先抵達這些島嶼的是腓尼基人[2]；腓尼基是一支古老的民族，族人以從事買賣著稱。他們乘船前來，發現島上盛產錫和鉛。大家知道，這兩樣東西都非常有用，而且直到今時今日，沿海地帶仍有出產。康沃爾[3]最著名的錫礦就位於近海之處。我曾見過其中一處礦區，離海近得連水面下方都被淘空了。而且，據礦工們說，每逢暴風雨天氣，他們在地下深處作業時便能聽到海浪雷鳴般的聲音在頭頂響起。因此，沿著島邊航行的腓尼基人沒費多大周折，就找到了蘊藏錫和鉛的地方。

為了獲取這些金屬，腓尼基人和島上的居民做起了買賣，並給對方一些其他有用的物品作為交換。起初，那些島民都是些可憐的野蠻人，他們要不幾乎一絲不掛，要不僅以粗糙的獸皮蔽體，還用有色的泥土和植物汁液在身上染色——就像其他野蠻人常做的那樣。可是，腓尼基人乘船過海，到了對面的法蘭西和比利時海岸，對當地人說：「我們已經去過對面的白色峭壁了，天氣不錯的時候，那地方諸位也能瞧見；而且，我們還從那個叫做不列顛的國家帶來了這些錫和鉛。」一些法蘭西人和比利時人也因此被吸引過去。他們在英格蘭南岸定居，如今這個地方被稱作肯特[4]。儘管這些人自己也屬於蠻荒民族，卻教會了野蠻的布立吞人[5]一些有用的技術，提高了那裡的土地生產率。另外，大概還有人從西班牙遠道而來，在愛爾蘭安家落戶[6]。

就這樣，外來者逐漸和島民們融為一體；未開化的布立吞人形成了一個野蠻、大膽的民族。他們依然蠻荒，這一點幾乎絲毫未改，尤其是在遠離海洋、外來定居者足跡鮮至的內陸地區；但是他們堅強、無畏、百折不撓。

這是一個森林與沼澤隨處可見的國度，大部分地區霧靄茫茫，寒氣逼人。大家會覺得沒有任何道路、橋樑、街道或房屋配得上它的名字。所謂城鎮，也不過是些以稻草覆頂的小屋子聚在一起罷了。它們隱藏在茂密的森林當中，四周環繞著一條溝渠，還有一道矮牆，牆身要不是泥巴砌的，要不就是一根根樹幹疊成的。居民幾乎不種穀物，也不鑄造錢幣，他們靠吃自家牛羊為生，把金屬圈當做錢來用。野蠻人通常很會編東西，這兒的人也不例外；他們會紡織一種粗糙的布料，還能做些十分蹩腳的陶器。可是在建造堡壘方面，他們卻高明許多。

他們編製出覆蓋著獸皮的船，卻極少冒險遠離海岸。他們把銅和錫混在一起鑄成了劍，可是這些劍的形狀卻並不雅觀，質地也軟得很，受到重擊就會折彎。他們還造出了輕便的盾牌、又短又尖的匕首，以及長矛——矛桿上繫著長長的條狀皮革，把矛擲向敵人後，猛拽一下，矛就被拉了回來。矛桿粗大的一頭也裝有器具，能連續發出短促尖利的聲響，意在震嚇敵方的馬匹。古代的布立吞人被劃分成多達三四十個部落，每個部落都由各自的小首領掌管。野蠻人經常打來打去，這些部落也不例外；作戰時，他們往往會使用到以上武器。

布立吞人對馬兒鍾愛有加。肯特的戰旗上就畫著一匹白馬[7]。他們訓練和指揮馬兒的本領讓人歎為觀止。實際上，儘管現代人的智慧已大大提高，可那個時代的馬兒（雖然體格較小，數量卻很龐大）被調教得太棒了，可以說此後幾乎已沒有什麼改良的餘地。每一句號令它們都可以聽懂並照做，而且當主人步行作戰時，馬兒還會在喧鬧嘈雜的戰場上自己站著不動。要是沒有這些既通人性又靠得住的動物，布立吞人最出色的技術大概也就派不上用場了。我所說的技術，就是戰車和馬車的建造與操縱；他們在這方面可是歷史聞名呢！每類戰車中最優良的那種，都是前面高度差不多齊胸，後面敞開；使用時車上的人全都站著，一個人駕駛，兩三個人作戰。拉車的馬兒被訓練得相當好，能夠在碎石遍佈的道路上飛馳，甚至穿過叢林，還能將主人的仇敵撞倒，踏在自己蹄下。車輪上固定著劍刃和大釤鐮的刀刃，從車身兩邊伸出來；當敵人被馬兒踏倒在地時，就會被這些利器削成碎片。即使全速前進的時候，駕車人一聲令下，馬兒也能立刻止步。這時士兵便從各自的戰車中紛紛跳出，瘋狂砍殺周圍的敵人；密集的劍雨落下來，遮天蔽日，隨後他們就會躍上馬背，或者踏上車轅，反正總有辦法跳回戰車裡。人一脫險，馬兒就再次疾馳而去了。

布立吞人信奉一種奇怪而可怕的宗教，叫做德魯伊教[8]。這種宗教似乎是很早以前從對面那個叫做法蘭西、古時候稱為高盧[9]的國家傳過來的。它把日、月、大蛇和某些異教中的男女神靈混在一起當做崇拜的物件。德魯伊教徒對大多數儀式內容守口如瓶，他們假扮成巫師，手持魔杖；每個人的脖子上都掛著東西，對無知的民眾聲稱是裝在金匣子裡的蛇蛋。不過可以肯定的是，德魯伊教的儀式上會犧牲活人用做祭品，並對某些涉嫌犯罪的人施以酷刑；在某些特殊情況下，甚至還會把一些人和動物同時關進柳條編製的大籠子裡活活燒死。德魯伊教的教士對橡樹和槲寄生具有某種崇拜之情；槲寄生就是如今我們在聖誕期間掛在房裡的那種植物，它的白色漿果會寄生在橡樹上。眾教士聚在一座被他們稱為「聖林」[10]的幽暗森林裡，用神秘的方法教導前來向他們求知的年輕人，有些青年留在他們身邊長達二十年之久。

這些德魯伊教徒修建了高大的露天神殿和祭壇，有些建築的殘骸一直保留至今，其中最非凡絕倫的則要數威爾特郡索爾茲伯里平原[11]上的巨石陣[12]了，而在肯特郡梅德斯通市[13]附近的藍鈴花山[14]上，還有一座由三塊奇特的石頭組成的巨石陣，叫做基茨科蒂墓室[15]。對組成這些建築的大石塊進行檢測後我們得知，要想抬起這些大傢伙，就必須借助某種機械。這種機械製作精巧，現今已十分常見，可顯然布立吞人替自己蓋房子時並沒有用到它，否則那些房子就不會如此令人不舒服了。那些德魯伊教徒，還有跟他們在一起待了二十年的弟子們，的確比其他布立吞人懂得多，所以如果是他們避開旁人視線蓋起了這些建築，再假裝用魔法創造了它們，倒也並不稀奇；也許他們還參與了堡壘的建造呢。總之，這幫人神通廣大，又極受信任，照自己制定的法律行事，還不用納稅，他們不喜歡自己的職業才怪！除此之外，他們還使人們相信，信奉德魯伊教的人越多，大家就越幸福，所以他們擁有成群結隊的信徒也不足為奇。但是如今的德魯伊教徒已經不那樣做了，他們也不再裝模作樣地拿著巫師魔杖、戴著蛇卵——當然，這種事在所有地方都已絕跡，想到這個還是挺讓人欣慰的。

這就是距離我們的救世主降生五十五年之前布立吞人的進步情形。與此同時，羅馬人已在尤利烏斯．凱撒[16]大將軍的統領下，完全掌控了已知世界的其他部分。當時凱撒剛剛征服高盧，還在那兒知道了許多關於對面那座有著白色峭壁的島嶼之事，又聽說住在島上的布立吞人勇敢無畏，有的還被請來幫助高盧人反抗自己呢！他見距離這麼近，便決定接下來就到不列顛去，征服那個地方。

於是，尤利烏斯．凱撒帶領一萬兩千名士兵，分乘八十艘船，漂洋過海來到了我們這座島上。他從加萊[17]和布洛涅[18]之間的法蘭西海岸出發，「因為那是直搗不列顛的最短路徑」；現在我們的輪船每天都沿這條路線走，也正是這個緣故。凱撒以為能輕易征服不列顛，但事情並不像他預料的那樣簡單，因為無畏的布立吞人作戰極為勇猛，而凱撒的騎兵不在身邊（一場暴風雨把他們逐了回去），加上部分船隻在靠岸後被一記巨浪拍成了碎片，凱撒此行可謂是冒著一敗塗地的極大風險。然而，勇敢的布立吞人每擊敗凱撒一次，凱撒總能向他們加倍討還。儘管不是完全心甘情願，他還是很愉快地接受了對方的求和，離開了。

可是，第二年春天他卻又來了，這回帶來了八百艘船和三萬士兵。對此，不列顛部落選出了一個布立吞人做他們的大將軍；若按拉丁語音譯，這位將軍的名字應是凱西維勞努斯[19]，而依照布立吞語，他的名字則是卡斯沃爾倫。這是一位驍勇善戰的將軍，他和手下士兵抗擊羅馬敵軍時都表現得十分出色，害得羅馬士兵一看見大片飛揚的塵土，或者聽到不列顛戰車疾馳時發出的轆轆聲，就膽戰心驚。除了幾場規模較小的戰鬥以外，在肯特郡的坎特伯雷市[20]、薩里郡[21]的徹特西市[22]，和一座沼澤四布的林間小鎮，這三個地方附近都發生過戰役。最後那個小鎮屬於凱西維勞努斯的地盤，而且地位相當於首府，其位置大約離現在的赫特福德郡[23]聖奧爾本斯市[24]不遠。然而，從整體上說，勇士凱西維勞努斯還是慘遭挫敗，儘管他和他的士兵作戰時一直勇猛如獅。由於其他布立吞首領對他心懷嫉妒，老是跟他吵架，各首領之間也爭執不斷，於是凱西維勞努斯不再堅持，提出了求和。尤利烏斯．凱撒很高興能輕鬆地授予和平，就帶著剩餘的船和士兵再度離開了。他本指望在不列顛尋找珍珠，據我所知他可能確實找到了一些。至少，他肯定找到了美味的牡蠣，而且還遇見了堅強不屈的布立吞人。我敢斷言，他對於後者的抱怨和一千八百年後那位法蘭西大將軍拿破崙・波拿巴[25]如出一轍。拿破崙曾說過，在被英格蘭人打敗以前，他們還從沒見過這等蠻不講理的傢伙；我相信他們是真沒見過，而且以後永遠都不會見到。

將近一百年過去了，不列顛一直平安無事。人民不僅改善了城鎮的樣貌，生活方式也有所進步。他們變得更加文明開化，還走出家鄉，從高盧人和羅馬人那裡學會了很多東西。終於，羅馬皇帝克勞迪烏斯[26]派能征善戰的奧盧斯・普勞提烏斯[27]將軍，帶著千軍萬馬來征服島嶼了。沒過多久，皇帝也親自前來。不過，他們收穫甚少，於是又來了個名叫歐斯托里烏斯・斯卡普拉[28]的將軍。一些布立吞部落的首領屈服了，但其他人卻下定決心，誓死抗敵。這些勇士當中的佼佼者應屬卡拉克塔克斯（又名卡拉多克）[29]，他率領軍隊，在北威爾士[30]的山區向羅馬人發起攻擊。他對自己的士兵說，「這一天，會決定不列顛的命運！你們是自由之軀，還是終身為奴，從此刻開始就要見分曉。記住你們那些勇敢的先人，就連高高在上的凱撒都被他們趕回了大海那邊！」士兵們一聽到這番話，就一面發出震天的呼喊，一面向羅馬人衝去。可是，在近身搏鬥的過程中，布立吞人的武器相對落後，羅馬人的利劍和盔甲比它們強太多了，結果布立吞人敗下陣來。勇士卡拉克塔克斯的妻女被捕，兄弟自首，而他本人被虛偽且卑鄙的繼母出賣，也落進了羅馬人手裡。羅馬人押著卡拉克塔克斯和他的全部家人，耀武揚威地回了羅馬。

可是，了不起的人即使虎落平陽、被捕入獄、鎖鏈加身，也一樣了不起。卡拉克塔克斯那高貴的儀態和忍受苦難時的威嚴，讓聚集在街頭圍觀他的羅馬百姓深受感動，他和家人因此重獲了自由。至於他那顆偉大的心是否已經破碎，他是死在了羅馬、還是回到了自己親愛的故鄉，就沒人知道了。時光飛逝，滄海桑田，英格蘭的橡子長成了一棵棵大樹，在幾百歲高齡時根枯葉敗，後來啊，新的橡樹又從原地破土而出，活了一大把歲數後也離開了我們；勇士卡拉克塔克斯餘下的故事也慢慢被人遺忘了。

儘管如此，布立吞人卻不願屈服。他們一次又一次地發動起義，數以千計的人犧牲了，死時手上還拿著武器。他們一有機會就反抗。這不，又有個名叫蘇維托尼烏斯[31]的羅馬將軍來了，他向被視為聖地的安格爾西島（當時叫做莫納（MONA））[32]發起了猛烈的攻擊，還把德魯伊教徒關進他們自己的柳條籠中燒死，所用燃料也是教徒們自己的。可是，即便有他在不列顛，還帶領著戰無不勝的軍隊，布立吞人也照樣起義。羅馬人在英格蘭安頓下來後，想掠奪布立吞王后博阿迪西婭[33]的財產，但遭到了她的反抗。這位王后是諾福克郡[34]和薩福克郡[35]統治者的遺孀。羅馬軍官卡蒂斯[36]一聲令下，王后受到了鞭笞，兩個女兒則在母親面前慘遭淩辱，她夫家的親屬也淪為了奴隸。為了報復這番侮辱，怒氣填胸的布立吞人不遺餘力地反抗。他們把卡蒂斯趕到高盧，毀掉羅馬人的財物，並將他們逐出倫敦——不過那時倫敦還是一座貧困的小鎮，只是個做買賣的地方罷了。短短數日之內，就有七萬羅馬人丟掉性命，有的被吊死，有的被燒死，有的被劍刺死，還有的被釘死在十字架上。於是蘇維托尼烏斯加強了自己的軍隊力量，前來攻打布立吞人。布立吞人也壯大了自己的部隊，在已被對方強勢佔據的土地上向蘇維托尼烏斯的兵馬發起了瘋狂進攻。布立吞人展開第一輪衝鋒之前，博阿迪西婭駕著戰車，一面在軍隊間穿行，一面呼喊，要他們向壓迫者——無法無天的羅馬人復仇。她的秀髮隨風飄揚，腳下躺著兩個受傷的女兒。儘管布立吞人進行了殊死搏鬥，可還是在大屠殺中飲敗，傷心的王后服下了毒藥。

然而，布立吞人的精神卻沒有遭到摧毀。蘇維托尼烏斯離開後，布立吞人就朝他的軍隊發起進攻，收復了安格爾西島。十五年（一說二十年）之後，阿格里柯拉[37]來了，他再次奪走該島，並花了七年時間來征服這個國家，尤其是現在被稱作蘇格蘭的地方。可是反抗活動依舊無處不在。那裡的人民，也就是古代的蘇格蘭人，同他展開了最為血腥的搏鬥。人們殺死自己的妻子、兒女，只為不讓他們被阿格里柯拉囚禁。參戰的人那麼多，直到今天，蘇格蘭的某些小山還被說成是戰士們墳頭的眾多石塊堆起來的呢。三十年之後，哈德良[38]又來了，人們照樣反抗他。近一百年之後，塞維魯[39]來了，布立吞人像猛虎般把他那雄師鐵騎打得潰不成軍，數以千計的敵人在沼澤和濕地裡喪生，大家見了歡聲雀躍。卡拉卡拉[40]是塞維魯的兒子兼繼任者，曾一度成為征服蘇格蘭人的最大「功臣」，但此人依靠的不是武力，因為他知道暴力的作用是多麼微乎其微。他把一部分土地歸還給蘇格蘭人，還讓布立吞人享有和羅馬人一樣的特權。從那以後，和平的日子持續了七十年。

然後，新的敵人又出現了。那就是撒克遜人[41]，他們是一個生性暴烈、以航海為業的民族，出身自萊茵河[42]北岸的國家。萊茵河是一條流經德國的偉大河流，岸上種著最好的葡萄——德國葡萄酒就是用它們釀成的。撒克遜人坐著海盜船，開始登陸高盧和不列顛海岸，幹些強掠橫奪的勾當。一個叫卡勞修斯[43]的人趕跑了他們。這個卡勞修斯也不知是比利時人還是布立吞人，反正他是被羅馬人任命到這個地方來，布立吞人第一次在海上作戰也是由他帶領的。可是這次失敗以後，撒克遜人捲土重來。又過了幾年，蘇格蘭人（當時的「蘇格蘭人」指愛爾蘭民族）和北方民族皮克特人[44]開始頻繁入侵不列顛南部。接下來的二百年中，這些侵略活動隔三差五地不斷重演。與此同時，羅馬皇帝和首領換了一個又一個，布立吞人民也對羅馬人進行了一次又一次的抗擊。最後，羅馬皇帝霍諾留[45]統治期間，羅馬在世界各地的勢力迅速減弱，需要所有士兵都留在國內，於是羅馬人只好徹底放棄征服不列顛的希望，離開了。而布立吞人還是一如既往，以英勇無畏的態度抗擊敵人，自始至終不曾改變。因為就在不久前，他們才剛剛攆走了羅馬地方官，宣佈自己是一支獨立的民族。

從尤利烏斯・凱撒第一次入侵島嶼，到羅馬人一去不復還，五百年時間過去了。這段日子裡，羅馬人雖然引發了可怕的戰爭與殺戮，但也為改善布立吞人的生活條件做出不少貢獻。他們鋪設了寬闊的軍用道路，修建了堡壘，還教會了布立吞人怎樣穿衣服，怎樣武裝自己，效果比他們原先要強得多。布立吞人的生活水準全面提高。為了抵擋皮克特人和蘇格蘭人入侵，羅馬皇帝下令修築長城[46]，從紐卡斯爾[47]延伸到過了卡萊爾[48]，全長達一百一十多公里。後來塞維魯發現這道牆亟需修繕之後，又用石塊修補了它。

最重要的是，在羅馬統治期間，基督教通過羅馬人的船隻首次傳入不列顛，讓那兒的人們學到了偉大的一課：要成為上帝眼中的好人，就必須像愛自己一樣去愛自己的鄰居，己所不欲勿施於人。德魯伊教的成員宣稱，信仰這一套實屬罪大惡極，並且大肆詛咒所有的基督教徒。可是，德魯伊教的祈福沒為人們帶來半點好處，他們的詛咒也沒產生任何惡果，倒是像太陽發光、雨水降臨什麼的都會照常出現，事先根本無需經過德魯伊教徒的同意。人們察覺到這些後，便開始覺得德魯伊教的成員不過是凡夫俗子罷了，他們的詛咒和祈福都沒有什麼意義。從那以後，德魯伊教的弟子數量銳減，教士們也紛紛改行。

講到這裡，英格蘭在羅馬統治下的歷史就接近尾聲了。後人對於這五百年間發生的事知之甚少，可仍然發現了某些遺跡。工人挖開地面、為住宅或教堂建造地基時，經常會找到一些鏽跡斑斑的錢幣，它們曾經歸羅馬人所有；農民用犁翻土，或者園丁用鐵鍬鏟泥時，也會發現羅馬人吃飯時用過的盤子、宴飲時用過的酒樽、還有他們曾走過的路面等等，雖然都已經破碎不堪了。但羅馬人挖出的水井，至今都未曾乾涸；羅馬人鋪就的道路，也變成了我們公路的一部分。一些古戰場上還能發現布立吞人的矛頭和羅馬人的盔甲。交戰時，它們在猛烈的撞擊下脫落，如今都已腐爛，混在一起。羅馬人駐紮過的地方現在長滿了草。這個國家的土地上，累累土丘幾乎隨處可見，那裡埋葬著大批布立吞人的屍骨。在諾森伯蘭郡[49]的荒山野嶺中，塞維魯的那堵牆上，青苔和野草已是氾濫成災，可那遺跡卻仍舊頑強地延伸著。夏日裡，牧羊人會帶自家狗兒躺在上面打瞌睡。索爾茲伯里平原上的巨石陣也依然挺立，緬懷著那個不列顛尚不知羅馬人為何物的古老年代；而當時的德魯伊教徒們就算用最神奇的魔杖，也無法在荒涼的海岸沙灘上留下這樣的碑文。

1 指耶穌基督(Jesus Christ),據《聖經》記載,大希律王(一說是古羅馬凱撒·奧古斯都大帝)要求百姓們全部辦理戶口登記手續,所有人都必須回到出生地。於是,約瑟帶上已懷身孕的妻子瑪利亞前往伯利恆。到達伯利恆時,天色已晚,所有客棧都住滿了,他們只得在一個馬棚中棲身。這天夜里,瑪利亞生下一個男孩,由於找不到乾淨地方,兩人只得把孩子安置在馬槽裡,這孩子就是耶穌。

2 腓尼基人(the Phoenicians)是歷史上的古老民族,以航海和經商著稱,生活地區位於現在的地中海東岸,黎巴嫩和敘利亞沿海一帶。古時候,他們曾建立過高度文明的城市,西元前一〇世紀至西元前八世紀是其城邦的繁榮時期。

3 康沃爾郡(Cornwall)位於英格蘭西南端,是世界上最具歷史的產錫區;北面和西面瀕臨大西洋,南面是英吉利海峽,首府特魯羅(Truro)。

4 肯特郡(Kent)位於英格蘭東南部,北臨泰晤士河河口灣,東瀕多佛爾海峽,西北毗鄰大倫敦,首府梅德斯通(Maidstone)。

5 布立吞人(Briton)六世紀以前居住在不列顛島南部的凱爾特民族。

6 這件事情在愛爾蘭神話中被稱為第六次入侵,由米爾(Míl)的兒子們率領;他們戰勝了愛爾蘭神話中的神族(Tuatha dé Danann)並逼迫他們退居地下。現在的愛爾蘭人被認為是米爾的後代。

7 英文中的horse(馬)的詞源為horsa,相傳霍薩(Horsa)與亨吉斯特(Hengist)是第一批遷到不列顛的朱特人(日耳曼人分支)領袖,兩人於四九九年來到肯特時,頭頂的旗幟上有一匹奔騰的白馬,因此白馬就成為了肯特的象徵。

8 德魯伊教(Druidism)是西方世界最古老信仰之一,信徒崇拜大自然,並將橡樹視作至高神祇的象徵,他們把寄生於橡樹的槲寄生看作一種萬靈丹,認為它具有神聖的療效。相傳德魯伊教的儀式和教義都非常神秘,而且只依照慣例口頭傳授。所以很多歷史學家經過歷代研究和探索,仍對其知之甚少,絕大多數相關資料還是來源於古希臘和古羅馬的文獻。羅馬時代以後，由於基督教的控制，德魯伊教逐漸被人淡忘，十八世紀後才得以重建。近代的新德魯伊教組織則大多以該教為載體，傳達一些更現代的觀念，例如信仰自由、人與自然和諧相處等。

9 高盧（Gaul），指現今西歐的法國、比利時、義大利北部、荷蘭南部、瑞士西部和德國萊茵河西岸一帶。

10 任何文化中具有宗教意義的叢林都可以稱為「聖林」，其特點由於文化差異而各不相同。

11 索爾茲伯里平原（Salisbury Plain）是英格蘭中南部的白堊高原，占地七八〇平方公里。大部分位於威爾特郡內，小部分位於漢普郡內。

12 巨石陣（Stonehenge）是歐洲著名的史前文化神廟遺址，位於英格蘭威爾特郡索爾茲伯里平原，英國考古學家研究認為，它建造於西元前二三〇〇年左右。巨石陣占地約十一公頃，主要由許多整塊的藍砂岩組成，每塊約重五十噸。這些石柱排成圓形，最高的石柱高達十公尺，許多都橫架在兩根豎直的石柱上。

13 梅德斯通（Maidstone）是肯特郡首府，位於英格蘭東南部。

14 藍鈴花山（Bluebell Hill）位於梅德斯通市和羅徹斯特市之間，俯瞰梅德韋河，是北部丘陵的一部分。

15 基茨科蒂墓室（Kits Coty House）位於英格蘭肯特郡艾爾斯福德村附近的藍鈴花山，是一處新石器時期長型墓室的遺跡。由非官方組織英國文化遺產保護機構(English Heritage)負責照管，全年開放參觀。

16 蓋烏斯·尤利烏斯·凱撒（Gaius Julius Caesar，西元前一〇〇—西元前四四年），羅馬共和國末期傑出的軍事統帥、政治家。凱撒出身貴族，歷任財務官、祭司長、大法官、執政官、監察官、獨裁官等職。西元前四九年，他率軍佔領羅馬，打敗龐培（Pompeius），集大權於一身，實行獨裁統治。西元前四四年，凱撒遭暗殺身亡。

17 加萊（Calais），法國北部港市，位於加萊海峽省，瀕臨多佛爾海峽，是距離英格蘭最近的法國城鎮，也是法國最大的客運港，從倫敦到歐洲大陸的旅客多在此登岸。

18 布洛涅（Boulogne），法國北部港市，瀕臨加萊海峽的東南側，是法國的商港及主要漁港，也是歐洲大陸與英國之間的主要客運港。

19 凱西維勞努斯（Cassivellaunus），布立吞人首領。西元前五四年凱撒第二次入侵不列顛期間，他帶領各部落抗擊羅馬軍隊，最終由於戰敗的布立吞人向凱撒洩露了他的行蹤而投降。

20 坎特伯雷（Canterbury），英格蘭東南部城市，中世紀時曾是宗教朝聖地。

21 薩里郡（Surrey）位於英格蘭東南部，郡府吉爾福德（Guildford）。

22 徹特西（Chertsey）位於英格蘭薩里郡蘭尼米德區的城鎮。

23 赫特福德郡（Hertfordshire）位於英格蘭東部，有英國最大的十所學府之一的赫特福德郡大學。

24 聖奧爾本斯市（Saint Albans）英國著名的教堂城市，位於英格蘭東南部的赫特福德郡。

25 拿破崙・波拿巴（Napoléon Bonaparte，一七六九—一八二一年），法蘭西第一共和國執政、法蘭西第一帝國皇帝，卓越的軍事天才。他執政期間多次對外擴張，形成了龐大的帝國體系，創造了一系列軍事奇蹟。一八一四年，他被反法聯軍趕下臺並於次年復辟，隨後又在滑鐵盧之戰中失敗，被流放到聖赫勒拿島，一八二一年病逝。

26 提比略・克勞迪烏斯・凱撒・奧古斯塔斯・日爾曼尼庫斯（Tiberius Claudius Caesar Augustus Germanicus，西元前一〇—西元五四年），羅馬帝國朱里亞—克勞狄王朝（Julio—Claudia）的第四任皇帝，西元四一年至五四年在位。

27 奧盧斯・普勞提烏斯（Aulus Plautius），西元一世紀的羅馬政治家、將軍，西元四三年至四七年掌管不列顛行省。

28 歐斯托里烏斯・斯卡普拉（Ostorius Scapula），羅馬將軍，政治家。西元四七年冬天，羅馬皇帝任命他接替奧盧斯．普勞提烏斯，掌管不列顛行省。

29 卡拉克塔克斯（Caractacus），卡圖維勞尼部落的首領，帶領布立吞人抗擊羅馬侵略者。鬥爭失敗後，他逃到了卡逖蔓杜阿女王的領地，可是女王逮捕了他，並把他交給羅馬人。作為一名軍事犯，他被判處死刑，可是羅馬皇帝克勞迪烏斯聽了他赴刑前的演講便釋放了他。

30 威爾士（Wales），位於大不列顛島西南部，東界英格蘭，西臨聖喬治海峽，南靠布里斯托爾海峽，北鄰愛爾蘭海

31 蓋烏斯．蘇維托尼烏斯．保利努斯（Gaius Suetonius Paulinus），羅馬將軍，在鎮壓博阿迪西婭的反抗活動中任指揮官，並以此著稱；勿與曾著有《十二凱撒傳》（The Twelve Caesars）羅馬歷史學家蘇維托尼烏斯（Gaius Suetonius Tranquillus，或譯為卡圖盧斯）混淆。

32 安格爾西島（Anglesey），英格蘭和威爾士地區最大的島嶼，面積六七六平方公里，地勢低而起伏不平，從東北到西南有一連串低矮山丘和河谷。

33 博阿迪西婭（Boadicea，原名拼寫為Boudica），古代英格蘭愛西尼部落的王后，部落領土大致包括現在的諾福克郡、薩福克郡和劍橋郡。博阿迪西婭的丈夫普拉蘇塔古斯（Prasutagus）在世時，愛西尼在名義上是羅馬的獨立同盟國。普拉蘇塔古斯在遺囑中稱部落屬其女兒和羅馬皇帝共有，但他死後羅馬人企圖吞併愛西尼。因此，博阿迪西婭於西元六一年領導了一次反抗羅馬人的大規模起義。但不久便被鎮壓平定。

34 諾福克郡（Norfolk）位於英格蘭東北部，郡治在諾里奇（Norwich）；東臨北海，南接薩福克郡，西北部沿岸地區與林肯郡東南沿岸地區合組成沃什灣。

35 薩福克郡（Suffolk）位於英國英格蘭東部，郡治在伊普斯威奇（Ipswich），東臨北海，北接諾福克郡。

36 卡蒂斯．德奇亞努斯（Catus Decianus）西元六〇年（一說六一年）擔任不列顛尼亞代理官，歷史學家認

為他的貪婪是激起博阿迪西婭起義的原因之一。科爾賈斯特市被起義軍攻克後，他便逃到了高盧。

37 格奈烏斯・尤利烏斯・阿格里柯拉（Gnaeus Julius Agricola，四〇—九三年），古羅馬弗拉維王朝時期的著名將領。他曾於西元七七—八四年擔任羅馬帝國不列顛尼亞行省總督，並發動侵入蘇格蘭和愛爾蘭的戰爭，擴展了帝國的疆域。後遭皇帝忌憚，被解職召回羅馬，但仍獲得凱旋式的榮耀，後來再未獲得任何公職。關於其死因說法多樣。

38 普博留斯・艾留斯・圖拉真・哈德良（Publius Aelius Traianus Hadrianus，七六—一三八年）羅馬帝國安敦尼王朝的第三位皇帝，五賢帝之一，一一七年至一三八年間在位。哈德良在位期間，停止東方戰爭，與帕提亞國王締結和約，改革官僚制度和法律，還在不列顛島北部建造了橫貫東西的「哈德良長城」。他博學多才，個人愛好廣泛，世人歷來對他評價較好。

39 塞普蒂米烏斯・塞維魯（Septimius Severus，一四五—二一一年）羅馬皇帝，一九三至二一一年在位。他出生於羅馬帝國阿非利加行省的大萊普提斯市（今利比亞），是第一位來自非洲的羅馬皇帝。

40 卡拉卡拉（Caracalla）指馬庫斯・奧萊留斯・塞維魯・安東尼・奧古斯塔斯（Marcus Aurelius Severus Antoninus Augustus，一八八—二一七年），塞普蒂米烏斯・塞維魯（Septimius Severus）的長子。羅馬皇帝，西元一九八—二一七年在位。卡拉卡拉是他的外號。他在位期間曾頒佈著名的安東尼努斯敕令（Constitutio Antoniniana），使羅馬帝國絕大多數自由民都享有羅馬公民權。

41 撒克遜人（Saxons），由一些日爾曼部落組成的集體，最早居住地大致位於如今德國西部的荷爾斯泰因（Holstein）。撒克遜人入侵（或者說遷徙至）不列顛大約是在西羅馬帝國崩潰的時期，但早在數百年前，他們就開始侵擾不列顛東部及南部的海岸，不列顛有一連串沿海堡壘便是因此而建。羅馬在不列顛的統治結束前，已有許多撒克遜人獲准以農民身份在當地定居。

42 萊茵河（Rhine）是西歐第一大河，發源於瑞士境內的阿爾卑斯山北麓，流經列支敦士登、奧地利、法國、德國和荷蘭，最後在鹿特丹附近注入北海。全長一二三二公里，是一條著名的國際河流。

43 卡勞修斯（Carausius），羅馬帝國軍事指揮官，於西元二八六年篡位，在不列顛和高盧北部自立為帝，執政七年後，被其財務大臣阿勒克圖斯（Allectus）暗殺。

44 皮克特人（the Picts）指數世紀前，先於蘇格蘭人居住在福斯河以北的皮克塔維亞（現今蘇格蘭）的先住民。

45 弗拉維烏斯·霍諾留·奧古斯塔斯（Flavius Honorius Augustus，三八四—四二三）狄奧多西一世（Theodosius I）的次子，羅馬帝國正式分裂為東西兩部分後，首任西羅馬帝國皇帝，三九三至四二三年在位。

46 指哈德良長城（Hadrian's Wall）。西元一二二年，英格蘭已被羅馬帝國控制，為了保護其經濟，防禦北部皮克特人反攻，哈德良開始在英格蘭北面的邊界修築一系列防禦工事。西元一二二至一二八年，羅馬人耗時六年，修建了一道長一百一十七·五公里的泥石混合城牆，高約四·六公尺、底寬三公尺、頂寬約二·一公尺，上面築有堡壘、瞭望塔等，後人稱之為哈德良長城。西元一四二年，羅馬人在哈德良長城以北又修築了長達約六十公里的安東尼長城。

47 紐卡斯爾（Newcastle），位於泰恩河下游北岸，東距北海一三公里，是英格蘭北部的政治、商業和文化中心。一〇八〇年因建新城堡而得名，十六世紀後成為英國主要煤港。

48 卡萊爾（Carlisle）位於英國西北部坎布里亞郡，處於伊登河（River Eden）等三條河流的交匯處，是重要的貿易中心。

49 諾森伯蘭郡（Northumberland）位於英國英格蘭最北部，東臨北海，北與蘇格蘭接壤，首府紐卡斯爾（Newcastle）。

第二章　早期撒克遜人統治下的古英格蘭

羅馬人才剛離開不列顛，布立吞人就開始後悔了。因為長年戰爭使得布立吞人口數量大大減少，加上羅馬人這一走，塞維魯的那道牆便無人把守，成了殘垣斷壁，皮克特人和蘇格蘭人就一窩蜂地從牆那邊湧了過來。他們在最富饒的城鎮裡又殺又搶，而且搶一次不過癮，他們還經常回來，變本加厲地殺人奪物，倒楣的布立吞人生活中充滿了恐慌。彷彿是嫌只有皮克特人和蘇格蘭人在這裡作惡多端還不夠似的，撒克遜人也乘船跑來禍害島上的居民。此外，就連島民們自己好像也認為日子過得尚不夠悲慘、還需要加點料，他們會為了做什麼禱告、應該怎樣禱告而大吵大鬧。這在教士中間尤為嚴重；他們不顧一切地互相辱罵，詛咒所有不聽自己勸說的人（這一點竟然與德魯伊教徒出奇地相像）。總而言之就這樣，大家可能也猜到了，布立吞人的生活糟糕透頂。

簡單說來，在這等淒風苦雨的逼迫下，布立吞人不得不向羅馬人求救。於是一封名為

《布立吞人的呻吟》[1]的求助信被送往羅馬。他們在信中說：「野蠻人把我們趕下海去，海水又把我們拋還給野蠻人。我們要不死於劍下，要不死在水裡，除了這項艱難的選擇之外，我們就一無所有了。」可是羅馬人也是心有餘而力不足，救不了布立吞人，因為當時他們自己的敵人也十分兇殘強大，光是自保就已經夠讓羅馬人焦頭爛額。最後，布立吞人再也無法忍受這樣的苦日子，便決定跟撒克遜人談和，並邀請對方到自己的地盤來，幫忙抵擋皮克特人和蘇格蘭人的入侵。

做出這項決定的是一位名叫沃蒂根[2]的不列顛君主，他跟亨吉斯特、霍薩兩位撒克遜人首領[3]簽訂了友好條約。在古老的撒克遜語言裡，這兩個首領名字的意思都是「馬」，因為撒克遜人和其他未開化的民族一樣，都喜歡用動物的名字為人命名，比如霍薩（意為「馬」）、沃爾夫（意為「狼」）、貝爾（意為「熊」）、洪多（意為「獵犬」）等。北美洲的印第安人雖然遠遠比不上撒克遜人，可他們也是這樣做呢。

亨吉斯特和霍薩趕跑了皮克特人和蘇格蘭人，為此沃蒂根對他們感激涕零，他不僅同意他們在英格蘭一座名叫薩尼特[4]的小島上定居，還准許他們再多請些同胞來一起住。不過，亨吉斯特有一個漂亮女兒叫羅伊娜[5]。在一場宴會上，她把一個盛滿醇釀的金酒杯遞給沃蒂根，嬌滴滴地對他說：「親愛的國王，為您的健康乾杯！」國王就喜歡上她了。依我看，這是亨吉斯特的詭計：他存心誘使國王墜入情網，好藉機加強撒克遜人對國王的影響力，而前來赴宴的美女羅伊娜、金酒杯還有其他一切，都是事先準備好的。

但不管怎樣，反正他們結為了夫婦；而且，直到很久之後，每逢國王對撒克遜人生氣，或者懷疑他們有心擴張領土，羅伊娜還會伸出白皙的雙臂摟住他的脖子，柔聲柔氣地說：「親愛的國王，他們是我的族人啊！好好地對待他們，就像你喜歡我這個撒克遜姑娘一樣，人家在宴會上用金酒杯向你敬過酒呢！」面對此情此景，我真是不知道國王如何能把持自己。

可是，人終有一死！隨著時間的推移，沃蒂根死了——恐怕死前還遭到了罷黜和監禁；後來，羅伊娜死了；再後來，一代又一代撒克遜人和布立吞人也相繼死去。悠悠歲月，若非吟游詩人們的歌唱與描述，這中間發生的事可能已被人悉數遺忘。然而，長著白鬍子的年邁詩人頻頻出現在一場場宴會上，講述他們祖先的英雄事蹟。這些人吟唱的歷史故事中，有一段非常著名，它敘述了亞瑟王[6]的勇氣和美德。據說亞瑟王是那古老年代中的一位不列顛君主，可他究竟是確有其人、還是幾個人的故事被混在一起歸入他的名下、或者關於他的一切都是虛構，就沒人知道了。

不過，正如吟游詩人在故事和歌謠裡描述的那樣，早期撒克遜人統治時代的確曾經發生過一些妙趣橫生的故事；我馬上就講給大家聽。

沃蒂根統治期間，以及此後很長一段日子裡，都不斷有新的撒克遜人在各部首領的帶領下，成群結隊地湧入不列顛境內。其中一部份人打敗了東部的布立吞人，在那裡定居下來，給自己的地盤起個名字叫埃塞克斯[7]；還有一群人在西邊住下了，稱自己的王國為韋塞克斯[8]；北方的諾福克人和南方的薩福克人也在各自的領地上安頓下來。慢慢地，英格蘭的土地上便出現了七個國度，這就是所謂的「撒克遜七王國」[9]。至於可憐的布立吞人，他們天真地將這群好戰分子當做朋友邀請過來，卻被他們喧賓奪主、鵲巢鳩佔，最後只得退避至德文郡[10]、康沃爾郡、威爾士和它的鄰國。這些地方在很長一段時間內都沒被征服。康沃爾的海濱地區，環境特別陰暗，地勢陡峭且高低不平；在光線不明的冬日裡，經常有船在陸地附近失事，無人生還。風和海浪發出嚇人的呼號，把堅硬的岩石切割成拱門和山洞的模樣。這裡有一片非常古老的廢墟，被人們稱做「亞瑟王城堡[11]遺址」。

撒克遜七國當中，最有名的當屬肯特[12]王國。因為來自羅馬的修道士奧古斯丁[13]，就是在這裡向撒克遜人（當時他們騎在布立吞人頭上作威作福，根本不屑於聽後者談論宗教或其他任何事）宣揚基督教的。肯特國王埃特爾伯特[14]很快就改變了信仰，他剛一宣佈自己皈依基督，眾朝臣便也紛紛自稱是基督教徒。後來，他的一萬國民也入了基督教。奧古斯丁在這位國王的宮殿附近蓋了一座小教堂，現在這塊地方已歸美麗的坎特伯雷大教堂[15]所有。倫敦附近有一個佈滿泥濘沼澤的地方，原先是一座為阿波羅[16]興建的廟宇。國王的外甥賽貝爾[17]在那裡為聖彼得[18]建了教堂，也就是現在的威斯特敏斯特教堂[19]。而在倫敦市內，在一座戴安娜[20]廟宇的地基上，他又另外修建了一座小教堂，即聖保羅教堂[21]；從那個古老的年代開始，它就屹立在那兒，直到今日。

埃特爾伯特去世後，這片土地上又出現一位明君——諾森布里亞[22]的國王愛德溫[23]。據說在他當政期間，婦女和孩童可以放心地拿著一袋金子而不必遮遮掩掩。他讓自己的孩子接受洗禮，還舉辦了一次隆重的會議來商討他本人及其臣民是否應全部信仰基督教。結果他們決定皈依基督。舊宗教的大祭司誇菲[24]在會上做了重要演講。他在發言中告訴人們，他發現那些古老的神明都是些騙子，「我百分之百確定，」他說，「看看我吧！我伺候了那些神靈一輩子，他們卻連一點事都沒替我做過；而他們要真有本事，怎麼好意思這樣對我，最起碼也該讓我發跡，才對得起我為他們所做的一切。既然那些神靈從沒讓我發跡過，我就十分肯定他們都是騙子！」說完，這位舉止奇特的祭司就迅速拿起寶劍和長矛，跨上戰馬，在眾目睽睽之下朝神殿疾馳而去，並將長矛擲向殿宇以示羞辱。從那以後，基督教便在撒克遜人中間傳播開來，成為他們信仰的對象。

大約一百五十年後，又出現了一位赫赫有名的人物——埃格伯特[25]王子。他宣稱自己更有資格繼承韋塞克斯的王位。然而，當時的國王貝奧特里[26]卻有著極其強勢的背景，因為他娶了埃德貝加[27]做妻子，岳父奧法[28]也是撒克遜七國的國王之一。這位埃德貝加王后是個機敏的殺手，誰冒犯她，她就毒死誰。一天，她給某位附屬於朝廷的貴族調製了一杯毒藥，但她的丈夫竟也誤飲下去，丟了性命。於是百姓們揭竿而起，成群結隊地衝向王宮，在宮門處高喊「打倒惡毒的王后，她會下毒！」人們把她驅逐出境，還廢除了被她玷污的頭銜。多年後，一些從義大利歸來的遊客說他們在帕維亞鎮[29]看到一個衣衫襤褸的女乞丐，昔日她端莊美麗，彼時卻已面黃膚皺，駝著背在街上四處遊蕩，流著眼淚乞討麵包。遊客們還說她就是那個給人下毒的英格蘭王后。那的確是埃德貝加沒錯，後來她就那樣死了，屍體曝露在外，髒兮兮的頭上連個遮蓋的東西都沒有。

由於埃格伯特曾要求繼承韋塞克斯王位，他覺得自己待在英格蘭已經不安全了（原因是他認為對手會把他關起來置於死地），就到法蘭克國王查理曼[30]的王宮去尋求庇護。倒楣的貝奧特里誤食毒藥而死，他才剛一咽氣，埃格伯特便回到不列顛，繼承了韋塞克斯的王位。不僅如此，他還征服了其餘六國的幾位君主，吞併了他們的領土，並首次把自己所統治的國家稱為英格蘭。

然而這時候，新的敵寇——斯堪的納維亞人[31]出現了，他們在很長一段時期內把英格蘭折騰得很慘。這是一個來自丹麥和挪威的北方民族，英格蘭人稱其為斯堪的納維亞人。他們熟悉海上的情況，生性好戰，膽大妄為，心狠手辣，也不信仰基督教。這些人大老遠坐船跑來，在所到之處搶劫、放火。他們在戰場上打敗過埃格伯特、也被埃格伯特打敗過，可是雙方都不把失敗放在心上。繼埃格伯特之後，做國王的分別是埃塞伍爾夫[32]和他的兒子艾瑟爾博多[33]、埃特爾伯特[34]以及埃塞雷德[35]，四個人的統治時期都不長。這段時間裡，斯堪的納維亞人來了一次又一次，連燒帶搶，把英格蘭搞得一片狼藉。埃塞雷德在位期間，他們捉住了英格蘭東部地區的統治者埃德蒙，還把他捆在樹上，要求他改變信仰，可作為一名虔誠的基督教徒，埃德蒙堅定地表示拒絕。於是這些人就打他、跟他開些可鄙的玩笑，在他完全無法自衛的情況下朝他射箭，最後還砍掉了他的腦袋。埃塞雷德國王也在同斯堪的納維亞人交戰時負傷殞命，本來還會有更多人成為他們的刀下冤魂，然而埃塞雷德的繼任者卻是英格蘭史上最優秀、最聰明的君主。

1 布立吞人向羅馬軍隊發出的求助信，請求對方協助抗擊野蠻人的入侵。這封信最早見於六世紀傳教士吉爾達（St Gilda）的著作《不列顛的征服與毀滅》（「On the Ruin and Conquest of Britain」）。

2 沃蒂根（Vortigern），生平事蹟不詳，可能是西元五世紀的一位不列顛軍閥，也可能是布立吞人的國王。據說他曾延請亨吉斯特和霍薩協助抗擊皮克特人與蘇格蘭人。但是，亨吉斯特和霍薩在此期間造反，殺了沃蒂根的兒子，並建立了肯特王國。

3 亨吉斯特（Hengist）和霍薩（Horsa），傳說故事中的一對兄弟，曾於西元五世紀率領盎格魯人、撒克遜人和朱特人入侵不列顛。也曾一度受雇於布立吞人的國王沃蒂根。

4 薩尼特島（Isle of Thanet），位於英格蘭肯特郡最東處，過去曾與大陸分離，如今已不再是島嶼。

5 羅伊娜（Rowena），盎格魯—撒克遜人的領袖亨吉斯特的女兒，因史料記載不詳而被現代歷史學家視為虛構人物。據說，沃蒂根在一次宴會上見到她，便不惜一切代價，向亨吉斯特要求娶她為妻。亨吉斯特乘機索要肯特王國的土地，沃蒂根同意了。自此，撒克遜人在不列顛的根基大大穩固。

6 亞瑟王（King Arthur），傳說中古不列顛最富有傳奇色彩的偉大國王，曾於西元五世紀後期至六世紀初期率軍抗擊入侵不列顛的撒克遜人。亞瑟王的故事細節多由民間傳說和虛構的文學作品組成，其歷史真實性頗具爭議，亞瑟王的形象也隨著故事版本而不斷變化，最後變成統治不列顛之王，以及「圓桌騎士團」首領，將蘭斯洛特、崔斯坦等傳說中的騎士收於麾下，享有至高榮譽。

7 埃塞克斯王國（Kingdom of Essex），撒克遜七國之一，建於六世紀，其領土範圍包括後來的埃塞克斯郡、赫特福德郡、米德爾塞斯郡等地。最後一任國王是西熱爾德（Sigered），他於八二五年將王國割讓給埃格伯特。現在的埃塞克斯是英國英格蘭東南部的郡，首府切姆斯福德（Chelmsford）。

8 韋塞克斯（Wessex），意即「西撒克遜」（West Saxons），據說是西元五一九年在塞爾迪克（Cerdic）領導下建立的撒克遜王國，直到西元一〇世紀初埃塞爾斯坦統一英格蘭。

9 撒克遜七王國（the Saxon Heptarchy），從五世紀開始，盎格魯、撒克遜和朱特等眾多日爾曼部族攻入不列顛島，建立起七個相互征戰的王國，分別是：諾森布里亞（Northumbria）、麥西亞（Mercia）、東安格利亞（East Angelia）、埃塞克斯（Essex）、肯特（Kent）、薩塞克斯（Sussex）以及韋塞克斯（Wessex）。

10 德文郡（Devonshire），位於英格蘭西南部的郡，郡治埃克塞特（Exeter），北臨布里斯托爾海峽，南臨英吉利海峽。

11 一座位於廷塔傑爾（Tintagel）半島的中世紀城堡，與康沃爾郡的廷塔傑爾村相鄰，傳說中它是由亞瑟王設計的。

12 肯特王國（Kent），英格蘭東南部的中世紀王國，相傳在五世紀由朱特人建立，並於一〇世紀成為英格蘭王國的一部分，改稱肯特郡；現在的肯特郡位於英國英格蘭東南部，首府梅德斯通（Maidstone）。

13 指坎特伯雷的奧古斯丁（Augustine of Canterbury，約西元六世紀前期至西元六〇四年），本篤會修道士，於五九七年成為第一任坎特伯雷大主教，據說他還是英國國教會的創始者之一。五九五年，羅馬教皇葛列格里派奧古斯丁帶領一批傳教士到英格蘭去，說服肯特國王及其臣民皈依基督教。

14 埃特爾伯特（Ethelbert），肯特國王，在位五十六年，曾於五六八年抗擊韋塞克斯人。他在西元五九七年接受洗禮，大批臣民也和他一同皈依基督教。

15 坎特伯雷大教堂（Canterbury Cathedral），位於英國肯特郡郡治坎特伯雷市，建於西元三二四年，是英國最古老、最著名的基督教建築之一。

16 阿波羅（Apollo），希臘神話中十二主神之一，又稱菲伯斯（Phoebus），意為「光明」，主管光明、青春、真理、預言、音樂等。

17 賽貝爾（Sebert），東撒克遜人第一位皈依基督教的國王。

18 聖彼得（Saint Peter），耶穌十二門徒之一。

19 威斯敏斯特大教堂(Westminster Abbey)坐落在英國倫敦議會廣場西南側，正式名稱為「威斯敏斯特聖彼得聯合教堂」。一〇四二至一〇五二年間，國王懺悔者愛德華開始重建聖彼得教堂。這是英格蘭第一座羅馬風格的教堂。現存教堂為一二四五年亨利三世時開始修建，以後歷代都有增建，十五世紀末才告竣工。

20 戴安娜(Diana)，羅馬神話中的月亮女神和狩獵女神，擁有和動物對話的能力，並能操控它們。

21 聖保羅(Saint Paul，約五—六七)是耶穌的同時代人，但比耶穌年輕。他通常被視作使徒時代最重要的人物之一。聖保羅大教堂(St.Paul's Cathedral)坐落於英國倫敦的路德門山上，是倫敦市的最高點。最初建於西元六〇四年，現在的教堂始建於十七世紀後期，是巴洛克風格及英國古典主義建築的代表。

22 諾森布里亞(Northumbria)，盎格魯人建立的中世紀王國，最初由兩個獨立王國聯合而成，其中一個是伯恩西亞(Bernicia)，其領土位於蒂斯河北岸，另外一個是德拉(Deira)，其領土範圍大致相當於今天的約克郡。

23 愛德溫(Edwin，五八六—六三二/六三三)，諾森布里亞國王，西元六一六年開始執政，直到去世；六二七年接受洗禮，皈依基督教。

24 誇菲(Coifi)，於西元六二七年在諾森布里亞的古德曼哈姆神殿擔任祭司。

25 埃格伯特(Egbert)，韋塞克斯國王，西元八〇二至八三九年在位。

26 貝奧特里(Beorhtric)，韋塞克斯國王，西元七八六至八〇二年在位。

27 埃德貝加(Edburga)，麥西亞國王奧法的女兒，據說她因失手毒殺了丈夫貝奧特里而逃到法蘭克帝國，在一座女子修道院當了院長，又因與人通姦而被逐出修道院，在帕維亞沿街乞討直到死去。

28 奧法(Offa)，麥西亞國王，西元七五七至七九六年在位，曾幫助貝奧特里登上王位。

29 帕維亞(Pavia)，屬於義大利倫巴第大區。位於米蘭市南部三十五公里處，是提契諾河畔一座引人入勝的歷史名城。

30 查理曼（Charlemagne，約七四二—八一四），西元七六八年登上法蘭克王位，西元八〇〇年成為神聖羅馬帝國第一位皇帝。繼羅馬帝國後，他首次統一了西歐大部分地區，因此被稱為「歐洲之父」。他在行政、司法、軍事制度及經濟生產等方面都有傑出建樹，還曾大力發展文化教育事業。

31 斯堪的納維亞人（Danes），北歐鐵器時代和維京時代居住於斯堪的納維亞半島南部的北方日爾曼部落。他們說古斯堪的納維亞語，挪威人、瑞典人和後來的冰島人都說這種語言。北歐鐵器時代，斯堪的納維亞人主要生活在如今的丹麥，以及瑞典南部、德國北部。大約從西元八世紀起，他們開始沿歐洲的河流與海岸進行搶劫活動，並逐漸在各地定居，其中包括英格蘭的部分地區。十一世紀初期，卡努特大帝建立起龐大的北海帝國，領土包括丹麥、英格蘭及挪威。

32 埃塞伍爾夫（Ethelwulf），韋塞克斯國王，西元八三九至八五八年在位，曾於八二五年征服肯特王國。

33 艾瑟爾博多（Ethelbald），埃塞伍爾夫的次子，韋塞克斯國王，西元八五八至八六〇年在位。

34 埃特爾伯特（Ethelbert），埃塞伍爾夫的三子，韋塞克斯國王，西元八六〇至八六五年在位。

35 埃塞雷德（Ethelred），埃塞伍爾夫的四子，韋塞克斯國王，西元八六五至八七一年在位。

第三章　撒克遜仁君——艾爾弗雷德統治下的英格蘭

這位明君就是艾爾弗雷德大帝[1]。他即位時還是個二十三歲的小夥子。艾爾弗雷德小時候曾被人帶去羅馬兩次。那時撒克遜貴族有外出旅行的習慣，尤其是去羅馬。這種出行對他們而言具某種有宗教意義；此外，艾爾弗雷德還在巴黎待過一段時日。儘管他是埃塞伍爾夫最年幼、最得寵的兒子，可由於那時的人並不怎麼把學習當回事，所以艾爾弗雷德都已經十二歲了卻還沒人教他讀書識字。不過，就像許多長大後成就非凡的偉人一樣，艾爾弗雷德有位非常了不起的母親。他的母親名叫奧絲貝嘉[2]。一天，這位夫人與兒子們共坐時，剛巧在讀一本撒克遜詩集。那個時代離印刷術的發明還早得很，所以詩集是用好看的字體寫成，顏色鮮亮，裝裱美觀，還配有許多插圖。兄弟們讚歎得不得了，於是做母親的便說道：「你們四個王子，誰先學會認字，我就把它送給誰。」艾爾弗雷德當天就找了一位導師，專心致志地埋頭苦學起來，很快就把書贏到了手。這件事成為他一輩子的驕傲。

這位偉大的國王登基第一年就和斯堪的納維亞人進行了九次交戰，還跟他們簽訂了一些條約，虛偽的斯堪的納維亞人發誓會離開這個國家。他們對著自己佩戴的手鐲宣誓；那些手鐲往往是在他們死後做陪葬的，十分神聖。斯堪的納維亞人假裝把這番誓言看得非常莊重，可心裡根本不在乎，因為只要能滿足欲望，背誓違約也好，像往常一樣回來打、搶、燒也好，在他們眼中都無所謂。艾爾弗雷德國王登基後第四年，在那個不祥的冬天，大批斯堪的納維亞人踏遍了英格蘭每一個角落，國王的兵力嚴重分散，被打得潰不成軍。艾爾弗雷德也成了落難司令，只好喬裝成普通農民在村舍裡避難，而村舍的主人是一個不認識他的牧牛人。

於是，就在斯堪的納維亞人到處搜尋艾爾弗雷德國王時，國王就暫時躲在牧牛人家裡。有一天，牧牛人的妻子留下國王獨自照看她放在灶臺上烘烤的蛋糕。可是，艾爾弗雷德忙著修理他的弓箭，希望等局勢好轉後能用它們來教訓那幫虛偽的斯堪的納維亞人；而且他滿腦子都惦記著那些被敵人四處追捕的可憐臣民。結果，他那尊貴的腦袋忘記了蛋糕，它們被烤焦了。牧牛人的妻子回來後狠狠地訓斥了他一番，壓根沒想到自己罵的是國王。她說道：「什麼！那些蛋糕，你就能記著吃，卻不能把它看顧好？你是笨蛋嗎！？」

最後，又一群斯堪的納維亞人來到德文郡海岸，卻在登陸時遭到當地士兵的迎頭痛擊，首領被殺，旗幟也被奪走了。他們的旗上有一個類似烏鴉的圖案，我覺得這鳥倒是蠻適合那種偷雞摸狗的軍隊。失去旗子讓斯堪的納維亞人坐立不安，因為他們相信這面旗是三位同父姐妹使用魔法，在一下午時間內織出來的，他們中間還流傳著一種說法：如果他們在戰爭中獲勝，旗上的烏鴉就會舒展翅膀，好像要飛起來似的；可要是吃了敗仗，它就會變得沒精打采。這只鳥如果稍微通點人性的話，那它現在應該完全有理由垂頭喪氣，因為艾爾弗雷德國王與德文郡的人馬會和了。他們在薩默塞特郡[3]的沼澤中央找了一塊堅硬的土地安營紮寨，準備嘗試向斯堪的納維亞人展開偉大的復仇行動，解救受壓迫的百姓。

然而，反攻的當務之急是掌握那些討厭的斯堪的納維亞人有多少兵力、瞭解他們怎樣修築堡壘。於是，擅長音樂的艾爾弗雷德國王便化裝成吟遊詩人，拿著豎琴來到斯堪的納維亞人的駐紮地。他在敵軍首領古斯魯姆[4]的帳篷裡彈琴唱歌，取悅那些開懷暢飲的斯堪的納維亞人。他看似沉浸在自己的音樂中，實際上卻正留心觀察對方的帳篷、武器、風紀等所有他想知道的事。

很快，了不起的國王就換了種方式為斯堪的納維亞人助興：他將忠心的隨從全體召集到約定的地方。隨從們用歡呼和淚水迎接了國王，因為他們大都以為他要不失蹤，要不亡故，不抱什麼希望了。眾人在國王的帶領下衝向敵軍營地。激烈的廝殺過後，他們擊敗了斯堪的納維亞人，還圍困了對方十四天以防其逃走。可艾爾弗雷德不光正直、勇敢，心地也很仁慈；勝利後，他並沒有殺掉這些人，而是提出了議和，但前提是他們必須全部離開英格蘭西部，到東邊去定居，而古斯魯姆則必須加入基督教，以示對這一神聖宗教的紀念，因為正是它讓這位征服者——品性高貴的艾爾弗雷德學會了寬恕敵人，即便自己曾受到對方的百般加害。古斯魯姆照辦了。艾爾弗雷德國王在其洗禮上成為他的教父。古斯魯姆是一位可敬的首領，完全對得起這份仁慈，因為從那以後，他一直對國王忠心耿耿、竭誠盡節。古斯魯姆手下的斯堪的納維亞人也很守信。他們不再放火打劫，而是老老實實地工作起來，耕地、播種、收穫，像善良誠實的英格蘭人一樣生活。我希望那些斯堪的納維亞人的孩子，能經常和撒克遜人的孩子一道在灑滿陽光的田野裡嬉戲，希望斯堪的納維亞小夥子能跟撒克遜姑娘共墜愛河、喜結連理，希望當趕夜路的英格蘭旅客出現在斯堪的納維亞人房門前時，對方能收留他們住上一夜，還希望斯堪的納維亞人和撒克遜人能坐在紅彤彤的爐火旁，友好地談論艾爾弗雷德大帝。

但是，並非所有斯堪的納維亞人都像古斯魯姆的部屬們那樣。數年後，又有人來了，還像從前那樣又燒又搶。其中有一個叫黑斯廷斯[5]的海盜，他生性兇狠殘暴，竟敢帶著八十艘船沿泰晤士河[6]一路搶到了格雷夫森德[7]。隨後三年可是一段多災多難的日子：英格蘭人跟這群斯堪的納維亞人打過一仗；國內遭受過一次饑荒；還有一場瘟疫——人和動物都沒能倖免。可是堅強的意志始終支持著艾爾弗雷德國王，他製造出大型船艦，用來在海上追趕海盜；他以自己的英勇為士兵做出表率，鼓勵他們在陸地上勇猛抗敵。最後，敵人被悉數趕跑，英格蘭獲得了安寧。

和平時期也好，戰爭年代也罷，艾爾弗雷德國王都樹立下了同樣的豐功偉績，他為改善人民生活所付出的辛勞一刻也沒有停息過。他喜歡和聰明人以及外國遊客聊天，把對方告訴自己的事寫下來，拿給臣民們看。學會讀英文後，他還學習了拉丁語，於是現在他的工作之一就是把拉丁文書籍翻譯成盎格魯—撒克遜方言，這樣人們就會產生興趣，繼而通過書的內容增長見識；他制定出公正的法律，使人民生活得更加幸福自由；他罷免了所有不公正的法官，好讓百姓免受冤屈；他十分關心子民的財產，對搶劫犯嚴懲不貸。據說在艾爾弗雷德大帝的統治下，即使把金鍊子和珠寶編成串掛滿街頭，也絕不會有人碰一下，這種事絲毫不足為奇。他還設立了學校，在法院裡耐心地審理案件，因為他心中最大的渴望就是讓所有臣民都得到公正的待遇，讓他們比自己即位初期更加聰明快樂，各方面都有所進步。艾爾弗雷德在這些工作上所付出的辛勞令人震驚。他把一天的時間分成幾段，每段都用來集中精力處理特定的事務。為了能精確地劃分時間，他命人用蠟做出尺寸完全一樣的火炬（也可以說是蠟燭），標上距離相等的刻度，而且從來不讓火苗熄滅。就這樣，他根據蠟燭的燃燒劃分出了時間段，其精確程度幾乎和我們現在用鐘錶劃分小時完全一樣。可是這種蠟燭剛發明出來時，人們發現如果有風或氣流透過門窗、牆縫進入宮殿，蠟燭就會因淌蠟而無法均勻燃燒。為了避免這種情況，國王讓人把蠟燭放進木頭和白色獸角做成的匣子裡，這就是英格蘭最早的提燈了。

這段日子以來，他一直飽受無名之症的痛苦折磨，這種病會引發頻繁的劇痛，且無藥可解。但他像個勇敢正直的男子漢那樣忍受著病痛，正如同他忍受生命中其他的苦難。直到西元八九九年，他在執政三十年之後去世，享年五十歲。雖然時隔已久，但直到今時今日，對於他的盛名、百姓對他的熱愛和感激，人們依然記憶猶新。

隨後即位的是綽號「長者」的愛德華[8]，他這個國王是議會選出來的。愛德華當政期間，艾爾弗雷德的一個侄子[9]企圖篡位，英格蘭被他攪得國無寧日。英格蘭東部的斯堪的納維亞人和這篡位者站在一邊（他們大概是對艾爾弗雷德敬重過了頭，愛屋及烏，才對他的侄子青眼有加），接下來便是你死我活的鬥爭。可是國王在姐姐[10]的幫助下獲得了勝利，並安安穩穩地在王位上坐了二十四年。他逐步擴大自己對全國各地的控制權，再次統一了撒克遜七國。

就這樣，英格蘭變成了一個統一的國度，由一個撒克遜國王統治。那時候撒克遜人已經在這裡定居四百五十多年了，其風俗習慣發生了極大改變。他們依舊好吃貪杯，舉行宴會時往往一片喧鬧、不醉不歸，但也有不少讓人感覺舒適甚至高雅的新事物傳播開來，而且這樣的內容還在迅速增多。比如說，我們現在會往牆上貼壁紙，他們也會在牆上掛幔子做飾品，有些還是用絲綢做的，上面繡著花鳥等裝飾。他們的桌椅用不同的木料精雕而成，有些會飾以金銀，還有些乾脆就是用金銀等名貴金屬打造出來的。人們穿著絲綢、棉布、金色薄綢或帶有刺繡的衣服，佩戴金飾，用餐刀和勺子吃飯，製造餐盤的材料有金、銀、黃銅，以及獸骨。角制酒杯、床架和樂器的花樣也很多。宴會時，一把豎琴像酒杯似的在賓客間傳來傳去，每個人拿到琴後通常都會唱首歌，或是彈上一曲。他們製造的武器樣樣堅固，其中有一種可怕的鐵錘，能夠一擊致命，很久之後還有人使用。撒克遜人天生就是男俊女俏。清澈的雙眸、濃密的鬍鬚、健康的膚色，還有長長的金髮，在前額處分做兩邊，這些無不是男子引以為傲之處。美麗的撒克遜女子則讓英格蘭到處都充滿一種嶄新的愉悅和優雅。

撒克遜人的故事還沒講完，但我現在想說的是，在艾爾弗雷德大帝的統治下，英格蘭撒克遜人性格中最美好的特點第一次得到了激發，並且首先在這位國王身上體現出來。那是全世界各民族當中最最偉大的品質。走路也好，乘船也罷，撒克遜人的後代無論用什麼方式行進，不管他們去往何處，就算到了世界最邊遠的地方，他們都一樣耐心、堅忍，從來不會在精神上屈服，更不會背棄自己認準了的事業。歐洲、亞洲、非洲、美洲，全世界哪兒都一樣；荒漠中、森林裡、大海上，不管是烈日炙烤、還是寒冰凍體，撒克遜人的本性從未改變。法制、工業、人身財產安全，以及所有經過長期不懈努力才能換來的偉大成果，這個民族的人走到哪裡，它們就必然出現在哪裡。

我停下筆來，一面思索，一面讚歎這位高貴的帝王，撒克遜人所有的美德都被他一個人占全了。災難無法使他低頭，成功也不會令他忘形，他堅韌不拔的品質不會因任何事物而動搖，得勝時胸懷雅量、失敗時心存希望，熱愛知識、真理、公正、自由，注重人民教育，為了保存美麗的古撒克遜語言，他做出的貢獻比我想像中還要多。沒有他，我現在講故事所用的這種英語方言會缺失掉二分之一的語義。據說英國至今還有些最好的法律是在艾爾弗雷德的精神啟示下制定的。那麼，就讓你我共同祈禱，希望這種精神能鼓舞我們英格蘭人的心靈，至少能讓我們下定決心，在見到蒙昧無知的同胞時，會終己一生竭盡全力去教化他們；讓那些明明有責任教育民眾卻怠忽職守的統治者們知道：自從西元八九九年之後——雖然過了這麼長時間——他們創造的福祉卻少得可憐；跟艾爾弗雷德大帝的光輝榜樣比起來，他們可是差得遠呢。

1 艾爾弗雷德大帝（Alfred the Great，八四九—八九九），韋塞克斯國王，西元八七一至八九九年在位，曾統帥臣民成功抗擊北歐海盜入侵。他善於學習，鼓勵教育，翻譯過大批古典名著，並大力完善國家的法律體系和軍隊結構。

2 奧絲貝嘉（Osburga），埃塞伍爾夫的第一任妻子，其生平事蹟僅在《艾爾弗雷德大帝的一生》（阿塞著）（「Life of King Alfred」，Asser）中有所記載。她大概死於八五六年之前，這一年埃塞伍爾夫娶了第二任妻子，即法蘭西卡洛林王朝的公主裘蒂絲。

3 薩默塞特郡（Somersetshire），位於英格蘭西南部，北臨布里斯托爾灣。

4 古斯魯姆（Guthrum，卒於西元八九〇年），斯堪的納維亞人入侵英格蘭東北部後，在當地施行斯堪的納維亞人本國的法律，古斯魯姆正是這一地區（Danelaw）的首領。西元八七六年，他已經佔領了麥西亞和諾森布里亞兩國的大片土地，遂將注意力集中至艾爾弗雷德統治的韋塞克斯王國。西元八七八年，古斯魯姆在夜間偷襲了艾爾弗雷德及其朝臣，迫使其帶領殘餘部下逃到薩默賽特郡的一個小村莊。在西元八七八年的埃丁頓之戰中，艾爾弗雷德擊敗了古斯魯姆的軍隊，並在後者的營地將其圍困長達十四天。最後，雙方達成協議，古斯魯姆同意撤出韋塞克斯。

5 黑斯廷斯（Hastings），九世紀有名的斯堪的納維亞海盜。韋塞克斯（撒克遜七國之一）的斯堪的納維亞侵略者聚集後，在他的指揮下一路洗劫，朝內陸地區進攻。後來，留守倫敦的英格蘭士兵在百姓的幫助下，襲擊了他們的塹壕，抓走了黑斯廷斯的妻兒，黑斯廷斯允諾離開後，艾爾弗雷德釋放了他們。

6 泰晤士河（River Thames）英國著名的母親河，全長三四六公里，發源於英格蘭西南部的格洛斯特郡，流經倫敦、牛津、溫莎等十餘座城市，在倫敦下游注入北海。

7 格雷夫森德（Gravesend），英國城市，位於肯特郡西北部，泰晤士河南岸。

8 長者愛德華（Edward the Elder，約八七四—九二四）是盎格魯—撒克遜時期的英格蘭國王，八九九年至九二四年在位。他是艾爾弗雷德大帝的兒子。愛德華曾多次擊敗斯堪的納維亞人的入侵，收復英格蘭大多數地區，且讓蘇格蘭與威爾士承認他是他們的「父親和主人（father and lord）」。

9 指埃塞雷德（Æthelred，艾爾弗雷德大帝的哥哥）的兒子埃塞沃爾德（Æthelwold，八六八—九〇二）。西元八七一年，埃塞雷德去世後，他的兒子都因年齡太小而無法繼位，於是他的弟弟艾爾弗雷德接替他成了韋塞克斯國王。艾爾弗雷德去世後，埃塞沃爾德便提出繼位。

10 指艾爾弗雷德大帝的長女埃塞弗萊德（Æthelflæd），丈夫是麥西亞（撒克遜七國之一）國王埃塞雷德（同名為Æthelred，勿與注釋九的埃塞雷德混淆）。

第四章 埃塞爾斯坦和六個青年君主統治下的英格蘭

長者愛德華的兒子埃塞爾斯坦[1]繼承了王位。雖然在位時間只有十五年，但他牢記祖父艾爾弗雷德大帝的光榮事蹟，把英格蘭治理得井井有條。他鎮壓了威爾士的暴民，要他們進貢錢和牲畜，並為他送來最好的鷹和獵犬；那時，康沃爾人尚不肯完全服從撒克遜政府的管轄，結果被他打敗。埃塞爾斯坦關心窮人和弱者；他不僅讓一些內容合理卻遭到棄用的舊法規恢復了效力，還制定了富有遠見的新律條。斯堪的納維亞親王奧拉夫[2]、蘇格蘭國王康斯坦丁[3]，以及北威爾士人民結成了強有力的聯盟來對抗埃塞爾斯坦，而他只用了一場大戰便將其瓦解擊潰，死於戰場的人數之多，令這次戰役的名聲響了很久。從那以後，國王執政的日子就太平了，身邊的王公貴婦們有了空閒，也就變得彬彬有禮、和藹可親；外國親王也樂意到英格蘭來訪問朝廷（以前他們有時候也來）。

埃塞爾斯坦在四十七歲那年去世後，他年僅十八歲的弟弟埃德蒙[4]便成了國王。六位青年君主當中，他是頭一個出場的。

埃德蒙在改進和完善國家大事方面頗有一套，所以人們稱他為「實幹家（Magnificent）」。可由於斯堪的納維亞人的騷擾，他的統治時期既不算長又不太平，結局也很糟糕。一天晚上，埃德蒙在自家大廳裡舉行宴會，酒足飯飽之後，他發現已被趕出英格蘭的利奧弗也混在賓客當中，這人可是個臭名昭著的盜賊。國王被他的肆無忌憚氣炸了，便向替自己斟酒的人說：「那邊的席面上坐了個強盜，他犯了法，已經被國家放逐。這條人人喊打的狗，無論什麼人都可以隨時結束他的性命。叫那個盜賊離開！」「我才不走呢！」利奧弗說。「不走？」國王吼道。「沒錯，上帝作證！」利奧弗又說。一聽這話，國王起身離座，怒氣沖沖地朝那強盜撲去，揪住他的長髮想把他摺倒。可是，利奧弗的斗篷下面藏了一把短劍，結果國王在扭打中被刺死。接著，利奧弗背靠牆壁，不顧一切地和國王的武士廝殺起來。儘管他很快就被砍成碎片，血跡濺滿了牆壁和走道，可也有不少武士或死或傷。大家可以想像出那時候帝王們的生活條件有多簡陋了吧。一個半醉半醒的國王，居然會在自家餐廳裡跟一個出名的強盜打架，並且在和他一起用膳的眾賓客眼皮底下被刺死。

接下來繼位的青年君主是埃德雷德[5]，他雖然體弱多病，意志卻很堅強。斯堪的納維亞人——也就是丹麥人和挪威人，又號稱「海盜王」——曾一度被他的軍隊擊敗。但是九年之後，埃德雷德也去世了。

接下來出場的是十五歲的少年帝王埃德威[6]，但國王的實權卻掌握在一個名叫鄧斯坦[7]的修道士手裡。這位教士頭腦聰穎，有些瘋瘋癲癲，而且特別殘忍、自負。

鄧斯坦時任格拉斯頓伯里修道院[8]院長，「實幹家」國王埃德蒙的遺體就是被運往這裡安葬的。鄧斯坦小時候曾在一天夜裡，從床上跑下來（當時正在發高燒），在格拉斯頓伯里教堂中走來走去。那陣子教堂正處於修繕期，裡面放了些鷹架，而鄧斯坦居然沒從上面跌下來摔斷脖子，因此就有傳言稱是天使領著他在房中四處參觀。他還做過一把豎琴，據說能夠自動彈奏曲子；這倒很可能是真的——就跟風弦琴（Eolian harp）一樣，借助風力來演奏，現在已經廣為人知，屢見不鮮了。已故的埃塞爾斯坦國王生前很喜歡鄧斯坦，他的仇敵出於嫉妒，便拿這些怪事誣衊他，說他是個巫師。為此鄧斯坦還曾遭遇伏擊，有人捆住了他的手腳，把他丟進沼澤。可也不知道怎麼回事，他又爬了出來，還鬧出了一大堆麻煩。

那個年代中，教士通常是唯一的文化人。他們博學多才。國王把未開墾的土地賜給教士，供他們建造修道院。為此，他們必須精通農耕和園藝，否則土壤太貧瘠的話，教士們就得餓肚子了。為了把祈禱時用的禮拜堂裝飾得漂漂亮亮，把吃飯時用的餐廳佈置得舒適怡人，教士當中就必須有人擅長木工、繪畫和金屬鍛造。獨居在荒無人煙的地方，為了在生病或遭逢意外時能更好地保障人身安全，他們還必須瞭解植物和藥草的功效，知道怎樣固定斷肢，並懂得割傷、燒傷、燙傷及擦傷的包紮方式。因此，他們或無師自通、或相互請教，學會了各種各樣有用的技術，在農業、醫藥、外科及手工藝方面都有很深的造詣。隨便做個什麼小機械，用來欺騙可憐的農民，對他們而言易如反掌，而且——我絕對相信——這種事他們肯定沒少幹。雖然那些機械現在看來稀鬆平常，在當時可是不得了呢。

格拉斯頓伯里修道院院長鄧斯坦就是這些人中的絕頂智者之一。他在金屬鍛造方面頗具天分。一間設有鍛造爐的小斗室就是他埋頭做工的地方，窄得連他睡覺時都無法舒展身軀——好像這麼做對誰有好處似的！他還經常說些妖魔鬼怪來害他的離奇謊言。例如，他說有一天自己正在工作時，魔鬼透過小窗子向內窺視，並試圖誘惑他去過整天遊手好閒、吃喝玩樂的日子；於是他把鉗子放進火裡燒得通紅，用它去夾魔鬼的鼻子，疼得魔鬼大呼小叫，幾公里外都能聽見動靜。有人把這些胡話看成是鄧斯坦的瘋狂（因為那場高燒給他的腦子留下了後遺症，一直沒能痊癒）表現之一，可我不這麼認為。依我看，無知的百姓正是被這些謊言所誘騙，才會把鄧斯坦當做神人，並使他權傾朝野。而這正是他一天到晚求之不得的。

話說就在年輕英俊的埃德威國王加冕當天，坎特伯雷大主教[9]奧多[10]（斯堪的納維亞後裔）發覺國王撇下賓客，悄悄地離開了宴席。奧多非常生氣，就讓自己的朋友鄧斯坦去找他。鄧斯坦找到國王時，他正跟年輕美貌的妻子埃爾吉娃[11]、還有岳母埃塞吉娃在一起。埃塞吉娃是一位善良正直的夫人。可鄧斯坦不僅怒斥了三人，還硬把年輕的國王拉回宴會大廳。

這樣一來，又有人覺得鄧斯坦這樣做是因為年輕的國王和他那美貌的妻子是近親，而近親結婚正是教士們所反對的。但我相信，這位教士這麼做是因為他又專橫、又放肆、脾氣又壞。在他成為討人嫌的教士以前，也曾經愛上一位年輕小姐，所以現在的他對所有愛情都心懷怨恨，連跟愛情沾邊的事物也一概不肯放過。

國王雖然年輕，但已完全能感受到這是一種侮辱。由於鄧斯坦曾在埃德雷德執政期間擔任財政大臣，於是沒過多久埃德威便指控他私吞前任國王的錢財。這位格拉斯頓伯里修道院院長只得逃往比利時（曾有追兵奉命去挖掉他的雙眼，卻在最後關頭被他逃脫，但讀了下文後大家會希望他們得手），修道院則由一些已婚教士接手掌管——鄧斯坦從前就老愛跟這些人作對，後來也一樣。可是鄧斯坦很快就和他的朋友——斯堪的納維亞人奧多勾結在一起，擁立埃德威年幼的弟弟埃德加[12]跟埃德威爭奪王位。他嫌這樣的報復還不夠，又讓人把美麗的王后埃爾吉娃——一個年僅十七八歲的可愛姑娘——從王宮裡偷帶出來，用燒紅的鐵器在臉頰上打了烙印，賣到愛爾蘭去給人做奴隸。可是愛爾蘭百姓同情王后，對她以朋友相待，還說：「我們把王后送回去國王身邊，讓這對年輕戀人得到幸福！」於是他們替王后醫好了可怕的傷口，把美貌如初的她送回家去。然而，就在王后滿懷喜悅，急匆匆趕往丈夫身邊的時候，鄧斯坦和奧多這兩個混蛋在格洛斯特[13]設下伏兵，襲擊了她。那些人刀砍劍削，殘忍地把王后弄得身殘肢斷，最後將她棄之不顧，直到咽氣[14]。「俊美者」埃德威（因為年輕英俊，所以百姓們這樣叫他）聽說了妻子可怕的遭遇後，也在絕望中撒手西去。這對可憐的年輕夫婦，他們的故事就這樣以悲劇收場。唉！國王和王后雖然身份高貴，可要是生在動亂年代，就連太平盛世的鄉民村婦都不如呢！

下一位青年君主是十五歲的埃德加，人們都叫他「和平者」。可鄧斯坦仍然把持著實權，他把所有結了婚的教士都趕出修道院，代之以和他一樣的單身修道士，那些人都出自教規苛嚴的本篤會[15]。為了顯示自己的榮耀高人一等，他自封坎特伯雷大主教，還控制著周圍的不列顛國王，把他們集中在埃德加身邊。有一次，埃德加在賈斯特[16]主持御前會議。眾人沿著迪伊河[17]到聖約翰[18]的修道院觀光途中，埃德加身為全英格蘭的共主[19]親自掌舵，為他搖槳的竟是八個頭戴王冠的國王（這一段是人們在故事和歌謠中津津樂道的）。

由於埃德加對鄧斯坦和眾教士們言聽計從，他們便絞盡腦汁把他描繪成最了不起的國王，可實際上這個人生性放蕩，沉迷聲色，非常邪惡。他曾經把一位小姐從威爾頓的修道院[20]裡強行抓走。鄧斯坦假裝震驚不已，罰他七年內不准戴王冠——我敢說這算不上什麼大不了的處罰，因為那玩意兒戴在頭上的感覺比頂著個沒有把手的燉鍋好不到哪兒去。埃德加和第二任妻子艾爾芙蕾達[21]的婚姻是他在位期間最糟糕的事件之一。他聽說了艾爾芙蕾達的美貌之後，便將自己的寵臣亞瑟爾伍德[22]派往德文郡，到她父親的城堡裡去，瞧瞧這位小姐是否真像傳聞所說的那麼漂亮。結果，姑娘的確長得傾國傾城，亞瑟爾伍德對她心生愛慕，兩人便結了婚；但他向國王回話時，卻說艾爾芙蕾達只是家境富裕而已，長得並不好看。可當這對新婚夫婦回家後，國王對真相起了疑心，決定上門拜訪，而且出其不意地對亞瑟爾伍德說自己馬上就到，讓他準備一下。亞瑟爾伍德嚇壞了，對年輕的妻子坦白了自己的所作所為，並央求她穿上難看的衣服，或是表現得呆頭呆腦，把美貌掩飾起來，這樣國王可能就不會對他發火。艾爾芙蕾達同意了，可她是個心高氣傲的女人，巴不得當上王后，就不用作大臣的妻子了。所以她穿了自己最漂亮的衣服，戴上最華貴的首飾。不一會兒國王駕臨，識穿了騙局。於是，他派人在樹林裡謀殺了亞瑟爾伍德這個不忠實的朋友，並娶了他的遺孀，也就是這個壞心腸的艾爾芙蕾達。六七年之後，國王也去世了，就葬在他生前曾大力修飾過（或者是鄧斯坦為了他而裝修）的格拉斯頓伯里修道院，彷彿教士們對他的所有稱頌都是真的一樣。

埃德加在位期間，英格蘭曾一度受到狼群的嚴重困擾。那些狼被人趕出曠野，只能藏在威爾士的山區裡，但依然不時出來襲擊動物和旅客。於是英格蘭提出只要威爾士人每年獻上三百顆狼頭，就免去他們應繳的貢品。威爾士人為了省錢，就對狼群狠下殺手，所以還不到四十年，這裡就一隻狼也沒有了。

隨後即位的是青年帝王愛德華[23]，人們根據他的死亡方式稱其為「殉道者」。艾爾芙蕾達曾主張由她的兒子埃塞雷德[24]繼位，可是鄧斯坦沒有選擇支持他，而是把愛德華推上了王位。有一天，這位小夥子騎馬到多塞特郡[25]狩獵時，走到了艾爾芙蕾達和埃塞雷德居住的科夫堡[26]附近。他有心前去拜訪以示友好，於是便策馬離開了隨從，向城堡大門疾馳而去。黃昏時分，他到達了目的地，就吹響了行獵用的號角。「歡迎光臨，尊敬的國王，」艾爾芙蕾達一面說，一面走了出來，臉上帶著最燦爛的微笑，「請下馬進門吧。」「不了，尊敬的夫人，」國王說道，「隨從會找不到我，還以為我遇見什麼壞事了呢。請給我一杯酒，讓我在馬鞍上敬您和我的小弟弟。我馬不停蹄地趕到這兒來，喝完我還得快馬加鞭趕回去呢。」艾爾芙蕾達進去拿了酒，趁機對一名侍奉她的武士耳語了一番，這武士便悄悄溜出大門，躡手躡腳地繞到了國王的坐騎後方。彼時天色已愈發黯淡。那毒婦牽著兒子的手——當時愛德華這位天真的異母弟弟只有十歲——衝著國王露出微笑。「身體健康！」國王對兩人說道，但他剛把酒杯舉到唇邊，那名武士就一躍而起，刺傷了他的背部。國王丟下杯子，策馬而去。但由於失血過多，他很快就沒了知覺，身子從馬背上跌下來，一隻腳卻被馬鐙絆住了。受驚的馬兒一路狂奔，任由主人的卷髮在地面上拖著，他那年輕光滑的面龐擦過了路上的車轍、石子、荊棘、落葉和泥巴，直到獵人們沿著國王的血跡追蹤到馬的奔跑路線。最後，他們勒住韁繩，把已沒了人形的屍體放下來。

接下來就是第六個，也是最後一個青年君王——埃塞雷德了。他親眼看到自己的哥哥遇刺後騎馬逃出城堡大門，登時被嚇得高聲驚叫，艾爾芙蕾達就從僕人手中奪過一支火把，無情地抽打他。由於他母親的殘忍，加上她策劃謀殺是為了讓埃塞雷德當國王，所以人們對這孩子深惡痛絕，就連鄧斯坦都不想讓他繼位；相反，他本來打算要是埃德金莎[27]同意的話，便擁立她為英格蘭女王。埃德金莎是已故國王埃德加的女兒，她母親就是那位被埃德加從威爾頓的修道院搶出來的小姐。可是，鄧斯坦的遊說未能奏效，因為埃德金莎對那些年輕帝王的故事知道得太清楚了，不願告別修道院裡平靜的生活。於是，別無選擇的鄧斯坦只好讓埃塞雷德登上王位，知道他缺乏決心和堅定，便給他起了「決策無方者」的別稱。

起初，艾爾芙蕾達還能夠輕易左右年輕的國王，可隨著國王一天天長大成熟，她的影響力也減弱了。這聲名狼藉的婦人失去了作威作福的資本，便不再干預朝政。她按照當時流行的樣式蓋了些教堂和修道院來替自己贖罪。好像一座高聳入雲的教堂就真能代表她的懺悔——可憐那被謀殺的孩子血流了一路，人們可是跟著馬蹄印才找到他的屍體啊！好像她弄來世界各地的石頭，再把那些無知無覺的東西堆起來，給修道士當房子，就能將自己的罪惡深埋地下！

埃塞雷德繼位近十年後，鄧斯坦去世了。那時候他已經上了年紀，但苛刻狡詐的性子卻一點兒都沒變。埃塞雷德統治期間發生過兩件轟動一時的事，都和鄧斯坦有關。有一次，鄧斯坦在教堂出席會議，討論是否應准許教士結婚的問題。他垂首而坐，顯然正在思考。這時，房間裡的十字架好似發出了聲音，警告與會者要聽取鄧斯坦的意見。這是鄧斯坦要的某種戲法，那聲音十有八九是他本人裝出來的。沒過多久，他又玩了一次更加過火的把戲。那也是一場會議，討論的話題也沒變。會場特別大，鄧斯坦和他的支持者坐在房間的一側，反對者們坐在另一側。鄧斯坦起身說道，「我要把這件事交給主，讓他親自裁決！」話音剛落，反對者腳下的地板就塌了下去，有些人因此喪命，受傷的就更多了。地板是在鄧斯坦的授意下被做了手腳，他一發信號地板就塌了——這一點大家可以百分之百確信。畢竟鄧斯坦那邊的地板都沒有塌下去。就是這樣，錯不了。這種事對鄧斯坦那樣的能工巧匠而言實在不算什麼難題。

鄧斯坦死後，被教士們評為聖徒，於是從那以後大家都叫他聖鄧斯坦。其實那些人大可將其評做一匹拉車的馬，然後就這麼稱呼他，反正一切都是他們說了算。

我敢說，「決策無方者」埃塞雷德巴不得能夠擺脫掉那位大聖人，可是沒了他，埃塞雷德這個國王也就變成了一條軟弱無能的可憐蟲，他的統治充滿了失敗與羞辱。丹麥國王有個兒子叫斯韋恩[28]，父子倆吵架後，他被攆出了家門，就帶領貪得無厭的斯堪的納維亞人又來到英格蘭，跑到大城鎮去又打又搶，連續多年。為了哄這群海盜離開，懦弱的埃塞雷德國王拿出錢來給他們。可是他給得越多，對方索要得也越多。這次是一萬英鎊，下一次是一萬六，再下一次就是兩萬四。為了支付這一筆筆鉅款，沉重的賦稅落在了不幸的英格蘭人民肩上。可是，斯堪的納維亞人不僅會走了再來，而且還變本加厲，於是埃塞雷德想到了一個好主意：和國外有勢力的家族通婚，取得對方兵力上的支持。於是，他對諾曼第公爵里夏爾[29]的妹妹艾瑪[30]大獻殷勤，這位小姐可是號稱「諾曼第之花」呢。兩個人在西元一〇〇二年結了婚。

不久之後，英格蘭境內就上演了一出空前絕後的慘劇[31]。十一月十三日，國王向全國發出密令後，所有的城鎮居民都拿起了武器，去殺掉身邊每一個斯堪的納維亞人。

所有斯堪的納維亞人——不分男女老少，上到士兵、下至嬰兒——都被殺得精光。他們當中固然不乏窮凶極惡之徒，但是也有不少愛好和平、信奉基督的平民百姓。前者曾大搖大擺地闖進英格蘭百姓家中辱人妻女，驕橫無禮之狀令人忍無可忍；後者卻和英格蘭姑娘結成了夫妻，他們對這個國家的人是有感情的。無人倖免，就連丹麥國王的姐妹貢希爾德[32]也不例外，她的丈夫還是位英格蘭貴族呢。貢希爾德先是眼睜睜看著丈夫和孩子遇害，接著自己也命喪他人之手。

丹麥國王聞聽這血淋淋的事件後，便召集了一批士兵和一支艦隊趕赴英格蘭，發誓要狠狠地報復對方。這支船隊規模空前浩大，士兵也全都是正值壯年的自由民及其後代，沒有一個奴隸或老者。人人都嚷著要找英格蘭民族報仇雪恨，因為在十一月十三日那場可怕的大屠殺中，他們的同胞及其愛子都葬身在火光劍影之中。就這樣，斯堪的納維亞人分乘許多大船，一路劈水斬浪來到了英格蘭。每艘船的船頭上都掛著各自指揮官的旗幟，旗上畫著金鷹、烏鴉、龍、海豚、猛獸等圖案，倒映在舷側那一張張閃亮的盾牌上，對英格蘭形成威嚇之勢。掛有國王旗幟的那艘船上雕刻著彩圖，活像一條威風凜凜的大蛇，怒火中燒的國王向自己信奉的眾神禱告，如果他的巨蟒沒能用毒牙啃噬英格蘭的心臟，就讓所有神明停止對他的庇佑。

他確實做到了。浩浩蕩蕩的軍隊離開雄偉的戰艦，在埃克塞特[33]附近登陸英格蘭，一路前進，所到之處一片狼藉。為了表明每寸土地都被自己佔領，他們一面行軍，一面將長矛插進土壤，或者拋入江河。為了紀念斯堪的納維亞人遇難的那個不幸之夜，侵略者無論走到哪裡，都會命令撒克遜人為他們準備豐盛的宴席。他們享用著那些飯菜，一面詛咒英格蘭一面狂笑著乾杯；酒足飯飽之後，就拔劍殺掉款待他們的撒克遜人，揚長而去。戰爭足足持續了六年，這些人燒毀莊稼、房舍、畜棚、磨坊和糧倉，殺害田間的勞動者，不讓他們往地裡播種，百姓食不果腹，甚至有人餓死；所有的富饒城鎮，在斯堪的納維亞人離開後就只剩下滿目的殘垣廢墟和冒著煙的灰燼。最可悲的是，英格蘭的官員和逃兵，甚至還包括決策無方者埃塞雷德的寵臣們，都當了賣國賊。他們搶走了許多英格蘭船隻，變成了跟自己祖國作對的海盜。再加上一場暴風雨，英格蘭海軍更是幾乎全軍覆沒。

然而，值得一提的是，在這樣悲慘的境況下，還有一個人對祖國和無能的君主保持了忠心。那是一位勇敢的教士。為了捍衛一座城市，這位坎特伯雷大主教和圍攻的斯堪的納維亞人進行了二十天的抗爭，直到後來有個叛徒打開城門，把敵軍放了進來。這位教士戴著鐐銬說：「想要金子，就只能向受苦受難的百姓硬奪。我絕不會用這種錢來交換自己的性命！你們想怎麼處置我都悉聽便！」就這樣一而再、再而三，他始終拒絕掠奪窮人的財富來換取自由。

最後，斯堪的納維亞人厭倦了這一套。在一場狂歡中，他們聚在一處喝得醉醺醺的，便把教士帶到了宴會大廳。

「現在，主教先生，」他們說，「我們想要金子！」

教士環顧四周，從眼前到牆角都擠滿了人，還有人爬上桌子和長凳，視線越過別人的腦袋望著他，一張張鬍子蓬亂的臉上寫滿了憤怒。他知道，自己的生命已行至終點。

「我沒金子，」他回答道。

「沒有就去弄，主教先生！」那幫人集體大吼。

「這個，我跟你們說過很多次了，我不幹！」教士說。

於是那幫人又聚攏了一些，威脅教士，可他卻站在原地巋然不動。然後，有個人打了他，接下來，又有人跟著動手。他們吃飯時曾隨手把殘渣碎塊扔在大廳角落，聚成了一堆。一名罵不絕口的士兵從上面抓起一支粗大的牛骨，砸在教士臉上，鮮血頓時噴湧而出。緊接著，其他人也奔向了那堆垃圾，用骨頭將他擊倒，教士被打得身上青一塊紫一塊。最後，一名士兵用戰斧砍死了這位曾給他施行洗禮的教士（為這個士兵的靈魂著想，我希望他的目的是想讓這位好人少受點罪）。

要是埃塞雷德有心向這位高貴的主教學習，效仿他的勇氣，那他早就應該有所作為了。可是，他卻向斯堪的納維亞人支付了四萬八千英鎊，而這怯懦的舉動並沒給他帶來多少好處。沒過多久，斯韋恩就又來了，目的是征服整個英格蘭。此時英格蘭人民已對他們那無能的君主和孤立無援、不能保護他們的國家沒有多少留戀了。於是斯韋恩被當成了救星，到處都是歡迎他的英格蘭百姓。國王留在倫敦時，那兒的人民還能堅守城池，可是他剛一溜走，百姓們就高高興興地迎接了斯堪的納維亞人。最後，眼見什麼希望都沒了，國王便離開英格蘭，上諾曼第公爵那兒避難去了。那時候公爵已經收留了國王的妻子——也就是昔日的「諾曼第之花」——和她的孩子們。

但是，英格蘭百姓雖然經歷了一番水深火熱，卻無法將艾爾弗雷德大帝和撒克遜民族完全拋諸腦後。斯韋恩宣佈自己成為英格蘭國王之後，才過了一個月左右，他就突然去世了。不計前嫌的英格蘭人民給埃塞雷德捎了信，說「如果他的統治能比以前有所進步的話」，他們願再次擁他為王。於是，「決策無方者」派自己的兒子愛德華[34]前往英格蘭，替他許下承諾。最後，他本人才跟著來。英格蘭百姓贊成埃塞雷德當國王，斯堪的納維亞人卻要擁立斯韋恩的兒子卡努特[35]。就這樣，可怕的戰爭又開始了，而且一打就是三年，直到「決策無方者」去世。至於在他當政的三十八年裡，還幹過哪些比這更值得一提的事，我可真說不上來。

那麼，現在卡努特可以登上王位了吧？然而百姓們說了，撒克遜人不歸他管，他們堅持擁立埃德蒙[36]，他是「決策無方者」的一個兒子，別號「剛勇王」，因為他體形健美、有力氣。於是，埃德蒙和卡努特兩人就開了戰，打了五場戰爭——哦，不幸的英格蘭，就這樣變成了戰場！接下來，身材魁梧的「剛勇王」向矮冬瓜卡努特提出，兩人應該一對一決出勝負。要是卡努特身強體壯，說不定他就答應了，可由於身材矮小，他說什麼也不肯點頭。不過，他提出情願以瓦爾廷大道[37]為界劃分國土，道路以北由自己統治，南邊則盡歸「剛勇王」。這條路連接著多佛爾港[38]和賈斯特市，是古羅馬時期的軍用道路。由於大多數士兵都厭倦了這樣的血雨腥風，於是他如願以償。但是卡努特很快就成了英格蘭唯一的統治者，因為「剛勇王」不到兩個月就突然去世了。有人說他死於非命，是卡努特派人殺了他。誰知道呢。

1 埃塞爾斯坦（Athelstan，八九三／八九五—九三九），英格蘭國王，九二七至九三九年在位。

2 奧拉夫（Olaf Guthfrithsson），九三四至九四一年統治都柏林。九三七年，他與康斯坦丁二世、斯特拉思克萊德（位於蘇格蘭西南部）的布立吞人結成聯盟，攻打埃塞爾斯坦，但是在布魯南堡（Battle of Brunanburh）戰役中慘遭挫敗。

3 指康斯坦丁二世（Constantine II，八七九—九五二），早期蘇格蘭國王，九〇〇至九四三年在位。

4 埃德蒙（Edmund the Deed—doer，九二二—九四六），埃塞爾斯坦同父異母的弟弟，別名「實幹家」，英格蘭國王，九三九至九四六年在位。

5 埃德雷德（Edred，九二三—九五五），「實幹家」埃德蒙的弟弟，英格蘭國王，九四六至九五五年在位。

6 埃德威（Edwy／Eadwig，the Fair，約九四一—九五九），別號「俊美者」，埃德蒙的長子，英格蘭國王，九五五至九五九年在位。埃德威的統治因他與貴族及教會之間的紛爭而顯得十分灰暗。

7 鄧斯坦（St Dunstan，九〇九—九八八），出生於英格蘭薩默塞特郡，曾擔任格拉斯頓伯里修道院院長、伍斯特主教及倫敦主教，後來被封為聖徒，生前先後被多位英格蘭國王重用。

8 格拉斯頓伯里修道院（Glastonbury Abbey），位於英格蘭薩默塞特郡格拉斯頓伯里鎮，始建於七世紀，擴建於一〇世紀，直到一一八四年毀於一場大火，十四世紀又得以重建。

9 坎特伯雷大主教（Archbishop of Canterbury），英國國教的首要領導者，最早由教皇格里高利一世派往英格蘭傳教的聖奧古斯丁（坎特伯雷的奧古斯丁，此處勿與著有《懺悔錄》的聖奧古斯丁混淆）擔任。自從亨利八世宗教改革之後，坎特伯雷大主教的職位改由英國國王或女王指定。

10 奧多（Odo／Oda，卒於西元九五八年），斯堪的納維亞侵略者的後代，九〇九至九二七年擔任英格蘭拉姆斯伯里主教，九四一年起被任命為坎特伯雷大主教。他曾經參與王室法律的制定，並致力於改善英格蘭人的宗教生活。

11 埃爾吉娃（Ethelgiva，卒於西元九五九年），英格蘭國王埃德威的妻子。兩人的婚姻沒有維持多久，就出於政治原因而被鄧斯坦的支持者們破壞了，因為當時的教會認為九代之內的親屬不能結婚，否則就是亂倫行為。

12 埃德加（Edgar the Peaceful，九四三—九七五），別號「和平者」，英格蘭國王，九五九至九七五年在位。埃德加統治期間，英格蘭國泰民安，前任君主們建立起的政治團結在他手上得到了進一步鞏固。

13 格洛斯特（Gloucester），位於英格蘭西南部的港口城市。

14 這種說法並不可信。證據表明，埃爾吉娃曾在一〇世紀六〇年代中期跟埃德加及其他王室成員達成和解，並度過了一段平安幸福的日子。埃德加去世前，她還曾立下遺囑，將大筆錢財分別遺贈給教會組織、王室成員及自己的親人。

15 本篤會（Order of Saint Benedict）是天主教的一個隱修會，又譯為本尼狄克派。大約從西元五二九年開始，聖本篤在義大利陸續建立了十二座修道院，並制訂會規，其中大部分章節都在描述教會成員應怎樣謙恭、怎樣服從，違規時如何處理。西元五九七年，坎特伯雷的奧古斯丁和他的修道士們在坎特伯雷市修建了英格蘭第一座本篤會修道院。在鄧斯坦等人的影響下，本篤會會規在英格蘭各修道院中迅速傳播開來。

16 賈斯特（Chester）英格蘭西北部城市，柴郡首府。

17 迪伊河（River Dee）英國境內的河流，全長一一〇公里，發源自斯諾登尼亞山，流經威爾士和英格蘭，並構成兩地交界線的一部分。

18 聖約翰（St.John），耶穌十二門徒之一。

19 雖然自從艾爾弗雷德大帝開始一直到十一世紀初，埃德加所屬的韋塞克斯家族（House of Wessex）就統治著整個英格蘭，可當時撒克遜七國依然存在，英格蘭依舊是七國的集合。

20 指威爾頓修道院（Wilton Abbey），一座位於英格蘭威爾特郡的本篤會修道院。

21 艾爾芙蕾達（Elfrida，九四五—一〇〇〇／一〇〇一），決策無方者埃塞雷德的母親，埃德加的第二任妻子。據說她還是英格蘭史上第一個由王后加冕成女王的人。

22 亞瑟爾伍德（Athelwold），曾擔任英格蘭東安格利亞郡長。

23 愛德華（Edward the Martyr，九六二—九七八），被稱為「殉道者」，埃德加的長子，英格蘭國王，九七五至九七八年在位。

24 埃塞雷德（Ethelred，九六八—一〇一六），英格蘭國王，九七八至一〇一三年及一〇一四至一〇一六年在位。

25 多塞特（Dorset），位於英格蘭西南部的郡，瀕臨英吉利海峽，郡治多賈斯特（Dorchester）。

26 科夫堡（Corfe Castle），位於英格蘭多塞特郡一座陡峭的小山上。

27 埃德金莎（Edgitha，九六一—九八四），英格蘭國王埃德加的女兒，母親威爾夫蕾達（Wilfrida）被埃德加從修道院里強行帶走，後來生下了她。

28 斯韋恩一世（Sweyn I，卒於西元一〇一四年），丹麥國王哈拉爾·布魯圖斯的兒子，曾統治丹麥、英格蘭及挪威的部分地區；他是英格蘭史上第一個丹麥人君主。

29 里夏爾二世（Richard II，九七八／九八三—一〇二六），法蘭西諾曼第里夏爾公爵的長子。他把妹妹艾瑪嫁給埃塞雷德，想借此加深自己和英格蘭之間的關係，這場婚姻給里夏爾的孫子征服者威廉登上英格蘭王位打下了基礎。

30 艾瑪（Emma，約九八五—一〇五二），法蘭西諾曼第里夏爾公爵的女兒，先是嫁給英格蘭國王埃塞雷德，後來又嫁給卡努特大帝（Canute the Great），兩次婚姻中她都是丈夫的第二任妻子。

31 九九七至一〇〇二年，英格蘭不斷遭受斯堪的納維亞人的侵擾，國王埃塞雷德聽說他們要殺掉自己和朝臣們，繼而佔領英格蘭土地，便於一〇〇二年十一月十三日下令屠殺英格蘭境內所有斯堪的納維亞人。這一事件被稱作聖布賴斯日屠殺（St. Brice's Day massacre），聖布賴斯是法蘭西天主教圖爾教區的主教，十一月十三日是其齋戒日。這場屠殺被視為一〇〇三年斯韋恩入侵英格蘭的導火線。

32 貢希爾德（Gunhilda），據說是丹麥國王斯韋恩的姐妹，但歷史學家對此尚無定論，《牛津國家人物傳記詞典》中斯韋恩和埃塞雷德的詞條裡都沒有提到她。貢希爾德的丈夫曾在埃塞雷德統治時期擔任德文郡郡長。

33 埃克塞特（Exeter），英格蘭德文郡的歷史名城，位於埃克斯河（River Exe）與克里蒂河（River Creedy）交匯處的平原。它是英國西南部重要的商業、文化中心，德文郡議會也位於該城。一〇〇二年，埃塞雷德和艾瑪結婚時，埃克塞特城被他當做財禮的一部分送給新娘；一〇〇三年，艾瑪手下的一名長官任由斯堪的納維亞人入城搶劫，原因不詳。

34 愛德華（Edward the Confessor，一〇〇三—一〇六六），英國的盎格魯—撒克遜（韋塞克斯）王朝末代君主之一，一〇四二年至一〇六六年在位，因為對基督教有著無比虔誠的信仰，死後被稱作「懺悔者」或「聖愛德華」。

35 卡努特（Canute the Great，九八五／九九五—一〇三五），丹麥國王斯韋恩的兒子，曾統治過丹麥、英格蘭、挪威以及瑞典的部分地區，並制定《卡努特法典》

36 埃德蒙（Edmund II，Ironside，約九八九—一〇一六）又稱埃德蒙二世，英格蘭國王，一〇一六年四月至十月在位。根據《盎格魯—撒克遜編年史》，他因勇猛抗擊斯堪的納維亞人入侵而被稱為「剛勇王」。

37 瓦爾廷大道（Watling Street），位於英格蘭及威爾士境內，古時候布立吞人把它用於坎特伯雷和聖奧爾本斯之間的交通，後被羅馬人用做軍事通道。

38 多佛爾（Dover），位於英格蘭肯特郡的海港城市，離法國城市加萊很近，成為英國最繁忙的海港之一。

第五章　丹麥人卡努特統治下的英格蘭

卡努特一共當了十八年國王，即位初期的他可謂心狠手辣。撒克遜眾首領承認其王權後，他曾賭咒發誓說為了表示答謝，自己定當一視同仁、好好善待他們，並與對方逐一握手，以表誠心。可事後不少首領都被他罷黜並殺害，包括前任國王的許多親戚也沒能倖免。「誰為我獻來敵人的頭顱，我就待他親勝手足。」這句話經常被卡努特掛在嘴邊。依照他對敵人窮追猛打的程度，那些好兄弟加起來應足以湊成一個龐大的家族了。至於埃德蒙[1]和愛德華[2]——可憐的「剛勇王」的兩個幼子——卡努特做夢都想殺掉他們。可是，他並不敢在英格蘭動手，就把兩人送到瑞典國王那裡，要求對方幫幫忙，「除掉他們」。假如瑞典國王跟當時無數的人一樣，也許他真會把屠刀伸向那兩個無辜的孩子，但國王心地善良，兄弟倆在他無微不至的照顧下長大了。

卡努特對諾曼第也是耿耿於懷。因為前任國王埃塞雷德還有兩個兒子就在諾曼第，一個也叫愛德華，另一個叫艾爾弗雷德[3]。他們的舅舅里夏爾公爵將來可能會提出由兩個孩子即位。但是目前公爵還沒有這個意思；相反，他要卡努特迎娶自己的妹妹艾瑪，即「決策無方者」的遺孀。那女人金玉其外、敗絮其中，一心想回到王后的寶座上來，別的事統統不在乎。她就這樣拋下自己的骨肉，嫁給了卡努特。

國外有英格蘭人民勇猛作戰，國內也沒什麼麻煩事可操心，志滿意得的卡努特把英格蘭治理得繁榮昌盛，還做出了不少改革。他擅長作詩，同時還是個音樂家。隨著年紀一天天增長，卡努特開始為自己即位初期欠下的血債心懷歉疚。為了洗清罪孽，他穿上朝聖者的服飾去往羅馬，一路上向人佈施了許多錢，可那些錢都是他出發前從英格蘭百姓手裡拿的。儘管如此，在沒人跟他爭名奪利的時候，卡努特大體上還是個相當不錯的人，並一度成為英格蘭史上最偉大的君主。

以前撰寫歷史的人們曾提到這樣一件事。有一天，卡努特厭倦了朝臣們的阿諛奉承，就命人將自己的椅子放到海邊，還假裝對海水發號施令，讓它在漲潮時不許打濕自己的長袍邊緣，因為這裡是他卡努特的地盤。海水湧上來了，當然沒理會卡努特。卡努特便轉過身去，朝那群馬屁精喝斥道，「只有造物主才能夠命令大海，對它說『你，到此為止、不許越界！』跟他的力量相比，人間帝王的那點能耐算得了什麼？」我覺得，從這個故事裡我們可以看出兩點：首先，哪怕只有一點點理智，也會對君主大有好處；其次，朝臣們喜歡說好話的毛病不是說改就能改的，國王喜歡聽好話的毛病也一樣。要不是卡努特的大臣們早就知道他愛聽奉承話，他們也不至於拿甜言蜜語對國王進行那樣的狂轟濫炸；要不是大臣們知道卡努特有意賣弄他那番演講（在我看來，如果那演講是出自某個乖孩子之口，無論如何都不能算是精彩），他們也不會辛辛苦苦地把它顛來倒去重複那麼多遍。我彷彿看見那些人全都站在海岸邊，沙灘上擺著國王的椅子，王者滿面春風地發表著高明的見解，大臣們則假裝被他的聰明睿智震驚得目瞪口呆！

「到此為止、不許越界」的不光只有大海而已，古往今來的帝王們沒有人能違反這條顛撲不破的真理。一〇三五年，它來到卡努特床前，把他帶走了，床邊還站著他那位來自諾曼第的妻子。長期以來，國王想起諾曼第總是滿腹猜疑。或許在向妻子投去最後一瞥時，他又想到了那兩個被放逐的王子，他們正站在舅舅的朝堂上，對撒克遜人和斯堪的納維亞人沒有半分好感；與此同時，一片烏雲正從諾曼第的上空越升越高，緩緩朝英格蘭飄來。

1 埃德蒙(Edmund)生於一〇一六年，和愛德華同為「剛勇王」埃德蒙和第一任妻子伊迪斯之子，生平事蹟不詳。

2 愛德華(Edward，一〇一六—一〇五七)，斯堪的納維亞人征服英格蘭後，卡努特把據說當時只有幾個月大的愛德華和其兄弟埃德蒙一同送到瑞典，並授意瑞典國王奧洛夫(Olof Skötkonung)殺掉他們。但是奧洛夫沒有照做，而是把兩個孩子送到了基輔。一〇五七年，愛德華回到英格蘭，不到兩天就去世了，死因不明。勿與埃塞雷德之子、懺悔者愛德華混淆。

3 艾爾弗雷德(Alfred Ætheling，卒於西元一〇三六年)，英格蘭國王埃塞雷德和第二任妻子艾瑪所生之子，一〇一三年，斯堪的納維亞人圍攻倫敦，艾爾弗雷德隨父母逃往諾曼第。一〇三五年，卡努特去世，盎格魯—撒克遜統治者的後代希望恢復韋塞克斯王朝對英格蘭的統治。艾爾弗雷德攜帶保鏢從薩塞克斯登陸，原想趕赴倫敦的他遭人出賣，被韋塞克斯的戈德溫伯爵俘虜，不久就死了。

第六章 「飛毛腿」哈羅德、哈德克努特，和「懺悔者」愛德華統治下的英格蘭

卡努特大帝留下三個兒子：斯韋恩[1]，哈羅德[2]和哈德克努特[3]；但只有哈德克努特才是他的王后、享有「諾曼第之花」之美譽的艾瑪的親生兒子。卡努特曾希望將國土分成三份，其中英格蘭留給哈羅德。然而佔據英格蘭南部的撒克遜人卻反對這個決定；他們的首領是戈德溫伯爵[4]，是一位家財雄厚、權高位重的貴族（但據說他以前不過是個窮苦的牧牛人）。在伯爵的帶領下，撒克遜人擁護哈德克努特，或者至少也得是此時被流放至諾曼第的兩個王子之一[5]。情勢迫在眉睫，一場血戰似乎已不可避免，所以不少人乾脆背井離鄉，躲進了樹林和沼地裡。不過幸運的是，最終的決定權被交給一場在牛津舉行的議會；而正是在那裡，英格蘭被分成兩半：哈羅德將以倫敦為首都，坐鎮泰晤士河以北；而哈德克努特則繼承整個南部。危機就此化解。不過，鑒於哈德克努特只喜歡待在丹麥

吃吃喝喝，英格蘭南部便交由他母親和戈德溫伯爵替他統治。

然而，他們王位還沒坐穩，那些躲進森林的人們還沒來得及回家，愛德華——遭到流放的兩位王子中年齡較大的那位——就帶著為數不多的追隨者，自諾曼第飄洋過海來到英格蘭爭取王權。可出乎他意料的是，他的舉動卻遭到了母親艾瑪的強烈反對。原來這位母親只喜歡自己的小兒子哈德克努特。在她的全力抵抗下，愛德華只能選擇自保，無功而返。不過他的弟弟艾爾弗雷德就沒這麼幸運了：愛德華前腳剛返回諾曼第，他們的母親艾瑪就送來一封充滿愛意的信。在這封信件的誘惑下，艾爾弗雷德也帶著軍隊去了英格蘭。他才剛剛在肯特郡登陸，戈德溫伯爵就趕來迎接，並陪他一直行進到位於薩里郡的吉爾福德鎮[6]。當晚，當艾爾弗雷德和士兵們在這兒安營紮寨時，伯爵還為他們找到住處，將他們舒舒服服地安頓下來。士兵們被分散成小隊，分別住在好幾棟房子裡，並享用了豐盛的晚餐。然而當午夜降臨，奔波了一天的士兵美夢正酣、疏於看守的時候，國王的軍隊突然衝了出來，沒費什麼力氣便俘虜了艾爾弗雷德的全部軍隊。第二天一早，這六百個俘虜被排成一列；每十個人裡面，除了一個被賣為奴隸之外，其他人統統受到酷刑的折磨並最終被殘忍地殺害了[7]。至於可憐的艾爾弗雷德王子，他被扒了個精光，拴在一匹馬後邊一路走到了伊利島[8]。在那裡，他的雙眼被挖了出來，幾天之後便痛苦地死去了。雖然我並不敢百分百肯定這是戈德溫伯爵的詭計，但我想事實多半也就是這樣的。

雖然坎特伯雷大主教從來沒同意要加冕他（因為大部分神父都是撒克遜人，他們可不喜歡斯堪的納維亞人），哈羅德卻成了英格蘭名副其實的國王。就算沒被加冕，就算大主教不樂意，他這一統治就是四年，直到去世。在他的一生中，哈羅德除了打獵之外基本就沒做過別的事。因為他在狩獵的時候能夠跑得特別快，所以人們乾脆稱他為「飛毛腿」哈羅德。

哈羅德下葬的時候，哈德克努特正在佛蘭德的布魯日[9]。他和艾瑪（在艾爾弗雷德慘死之後，她就渡海過去了）計畫著要入侵英格蘭。群龍無首，為了避免新一輪的爭端，斯堪的納維亞人和撒克遜人乾脆聯名邀請哈德克努特過來當他們的國王；這正合哈德克努特的心意。但沒過多久，他們就後悔了：哈德克努特帶來了很多斯堪的納維亞人，而不管他征多重的稅，他都沒法滿足這些人的貪欲。於是不少人揭竿而起，尤其在伍斯特[10]，人們不僅反抗王命，還殺掉了國王的稅官。作為報復哈德克努克則將這座城市付之一炬。他是個相當殘忍的國王：在登上王位之後，他的第一道命令就是掘出可憐的「飛毛腿」哈羅德的屍體，將他的頭砍了下來，連同屍身一同扔進了河裡。不過他自己的命也沒好到哪去：當他在蘭貝斯[11]參加他的護旗手、驕傲的斯堪的納維亞人托威德的婚禮時，哈德克努特喝得爛醉；他倒下了，手裡還握著酒杯，但他卻沒能再站起來。於是，愛德華繼承了王位。他日後被僧侶們稱為「懺悔者」。當上英格蘭國王之後，他的第一個命令就是強迫他的母親艾瑪（反正她一點也不喜歡他）退居到鄉下。艾瑪只得遵從，並在那裡度過了餘生——不過，這些都是很多幾年之後的事情了。愛德華就是那位被放逐的、弟弟被殘忍地殺害的王子。在哈德克努特在位的短短兩年之間，他把愛德華從諾曼第請了過來，並將他好好地安頓在宮廷之中。哈德克努特一死，愛德華便成為了戈德溫伯爵的新寵，所以沒過多久就當上了國王。至於戈德溫伯爵，自從艾爾弗雷德王子慘死之後，他就失去了人民的信任；他甚至還為此在哈德克努特在位期間受過審訊，但最終還是被無罪釋放了，據說是因為他獻給貪得無厭的國王一份大禮：一艘鍍金的大船，船頭上裝飾著純金雕琢的人像，還有八十個披掛整齊的水手作船員。對戈德溫伯爵來說，如果新國王能幫他對抗公眾的懷疑和仇恨，那麼借力給新國王無疑是件有利可圖的事情。所以他們就做了筆交易：「懺悔者」[12]愛德華得到了王位；伯爵得到了更多的土地和權力，他的女兒伊蒂絲[13]則當上了王后——這樁婚事也協議的一部分，國王必須遵從。

然而，雖然伊蒂絲是一位在各個方面都值得人愛戴的女士——溫柔，善良，美麗，知書達理，可是國王不但沒將她放在眼裡，反而還對她態度出奇地冷淡。為此，她的父親和六個驕傲的哥哥便記恨國王。他們用盡全力在民眾面前詆毀愛德華，盡其所能讓他變得不受歡迎。愛德華在諾曼第生活了那麼久，所以跟英格蘭的相比，他更加傾向於諾曼人的生活方式。他的大主教是個諾曼人，有好幾個主教也是諾曼人；他的要臣和親信也是諾曼人。除此之外，他還將諾曼時裝和諾曼語言引入英格蘭；仿照諾曼第公爵國的傳統，愛德華也在簽署國家檔時封上火漆印，而不是像以前的撒克遜國王那樣畫個十字就算簽名了——如今也有好多不識字的窮人們這樣做呢。可所有這些行為都被戈德溫伯爵和他的兒子們加以歪曲，讓人民認為愛德華討厭英格蘭人。這樣一來，戈德溫家族的權力日益增長，而國王的力量則與日遞減。

直到愛德華統治的第八年，戈德溫伯爵才找到一個極好的契機。國王的妹夫、布洛涅伯爵尤斯塔斯[14]來到英格蘭拜訪愛德華。在宮廷裡住了一段時間之後，他和他的大批侍從準備返回故鄉。他們打算從多佛爾起航，於是便全副武裝地進了這座平和的城鎮。如果他們只是佔據了最好的房子也就罷了，但他們竟然還氣焰囂張地拒絕支付吃住的開銷。終於，一個勇敢的多佛爾人站了出來：他可不想讓這些霸道的外國人掛著重劍披著鐵甲在他的房子裡轉來轉去，更不想看到他們大嚼他的食物暢飲他的烈酒；於是他把守在大門口，讓第一個想進入房子的士兵吃了閉門羹。一怒之下，那個士兵拔劍傷了他，卻反被那個多佛爾人殺死。沒過多久，這樁壯舉便傳遍了多佛爾的大街小巷，自然也就傳到了尤斯塔斯伯爵和他的人的耳朵裡。他們急忙翻身上馬，快馬加鞭趕到那棟房子那兒，將它圍了個水洩不通。因為門窗早已被牢牢鎖死，他們只得強行闖了進去，把那個多佛爾人殺死在自家壁爐旁邊。隨後，他們就衝上街道，隨意踐踏砍殺路上的人們，連女人和孩子也不放過。不過您大可放心，多佛爾人才不會任由他們胡來：怒火中燒的多佛爾人揭竿而起，總共殺了十九個外國人，打傷的就不計其數了。不僅如此，他們還封鎖了去港口的路不讓伯爵起航。尤斯塔斯只得灰溜溜地原路返回。他一路狂奔至格洛斯特，找到了被諾曼僧侶和諾曼貴族們簇擁在中間的愛德華。「公道！」伯爵這樣高喊著，「多佛爾人殺了我的人，他們必須受到懲罰！」國王急忙派人找到正巧就在附近的戈德溫伯爵，因為多佛爾在他的管轄之下，他命令戈德溫伯爵出兵多佛爾並懲治那兒的居民。

可戈德溫伯爵卻回答道：「連個聽證會都沒有就懲罰您發誓保護的人民，這可不是一個國王該做的。我不會服從這條命令。」

為此，國王命令戈德溫伯爵前往法庭為多佛爾的反抗行為進行辯護；如果他不服從，他就會失去他的頭銜和財產。可伯爵還是拒絕出庭。相反，他帶著長子哈羅德[15]和次子斯韋恩[16]，竭盡所能召集起了大隊人馬，還強烈要求尤斯塔斯伯爵和他的追隨者服從英格蘭的法律。然而國王卻拒絕交出當事人，還召集了一支強大的軍隊。經歷了幾次協商和耽擱之後，伯爵和他兒子們的軍隊開始分崩離析。戈德溫伯爵只得帶著一部分家人和大量的財產渡海前往佛蘭德；他的長子哈羅德則逃到了愛爾蘭。就這樣，這個強大的家族暫時在英格蘭銷聲匿跡了；可這不代表英格蘭人民輕易就能把他們忘了。

在這之後，卑鄙的「懺悔者」愛德華將他對父親和兒子的仇恨轉移到手無寸鐵的女兒和姐妹身上——他溫順的妻子，他受到每個人愛戴的妻子（當然，除了愛德華本人和他的僧侶們）。在貪婪地把她的財富和珠寶占為己有之後，他把伊蒂絲關進了一所冷清的修道院，只允許她保留一個僕人。這所修道院的院長——或者更準確地說，伊蒂絲的獄卒——正好是愛德華的妹妹。這位女士和愛德華一樣不討人喜歡；這一點我敢肯定。

終於擺脫了戈德溫伯爵和他的六個兒子，國王更加寵愛諾曼人了，他甚至將諾曼第公爵威廉[17]邀請了過來。很久以前，這位威廉的父親[18]曾接待過愛德華和艾爾弗雷德；但他的母親只是個農家女——一個皮革工人的女兒。據說，當她在一條小溪裡洗衣服的時候，公爵對她一見鍾情了。威廉是一位了不起的戰士，他熱愛駿馬、獵犬和武器。欣然接受了愛德華的邀請之後，他便帶著大隊諾曼人登上了英格蘭的國土，並在宮廷裡受到了空前盛情的款待。如此一來，英格蘭的諾曼人越發囂張了起來。他們更加不把英格蘭人放在眼裡；而英格蘭人也越來越討厭他們。即使身在異鄉，老伯爵戈德溫也深知人民的感受：因為他帶走了大量財產，還雇了大量的間諜，在英格蘭各處都安插了眼線。現在，他認為反抗這位喜歡諾曼人的國王的最佳時刻到了。他帶著一支遠征軍航行到了維特島[19]；他的兒子哈羅德——整個家族裡最勇敢的一位——在這裡與他會師。父子兩人一起循著泰晤士河而上，一直航行到南華克[20]。民眾們夾道歡迎，為這位英格蘭伯爵和英格蘭人民的哈羅德而振臂高呼，以此來與得到國王恩寵的諾曼人作對！

一開始，就如同那些被僧侶們控制了的國王一樣，愛德華對此不聞不問。但隨著越來越多的人民集結在老伯爵和他的兒子身邊，而且老伯爵還不停地要求以非暴力的方式取回他失去的爵位和權力，宮廷最終也警戒了起來。身為諾曼人的坎特伯雷大主教和倫敦主教在隨從的包圍下衝出倫敦逃到埃塞克斯[21]，從那兒他們又不顧身份、坐著漁船渡過海峽逃往法蘭西。其他的諾曼親信也四散逃離。老伯爵和他的兒子們（斯韋恩除外，因為他觸犯了法律[22]）終於奪回了本屬於他們的財產和地位。品行高尚的王后伊蒂絲也從「牢獄」——修道院中釋放了出來，再一次坐回了王座。那些被冷血的國王趁她失去保護者時搶走的珠寶，也再一次回到了她的身上。

然而老伯爵戈德溫卻無福消受他失而復得的榮耀和財富。在國王舉行的一次宴會上，他倒在了餐桌上[23]，三天之後便撒手人寰。哈羅德繼承了他的爵位。在民眾心中，這位年輕的伯爵所得到的擁戴甚至超過了他父親。他驍勇善戰，不止一次在血戰中為國王消滅了他的敵人。他還鎮壓了蘇格蘭的起義——正是在那個時候，馬克白殺掉了鄧肯[24]。這事件如此有名，以至於八百年之後莎士比亞以此為題材寫下了那部偉大的悲劇[25]。哈羅德還殺掉了不老實的威爾士國王格里菲斯[26]，然後帶著他的首級返回英格蘭。

但至於他在海上有什麼壯舉，我們就不得而知了；不過這也不重要。哈羅德曾被一場風暴趕到法蘭西海岸，他的船擱淺在那兒，而他本人則淪為了法蘭西人的階下囚[27]——這一點毋庸置疑，畢竟，在那個野蠻的時代，任何因船隻失事而流落上岸的外國人都是如此下場。他們被俘虜，只能靠付贖金來換取自由。哈羅德上岸的海岸隸屬於蓬提厄[28]，那兒的領主是某個蓋伊伯爵。這位伯爵抓住了哈羅德，他本應釋放他——任何一個好客的基督徒領主都該這麼做——可蓋伊卻沒有，相反，他打算好好利用這次機會敲詐哈羅德。

哈羅德急忙派出信使去找諾曼第公爵威廉，抱怨蓋伊對他的不公待遇。當公爵知道了這件事之後，他趕緊下令派人護送哈羅德來到古老的城市盧昂[29]。在那裡，威廉把哈羅德當成了貴賓，隆重地迎接了他。現在，有些作者告訴我們，當時年老而且膝下無子的懺悔者愛德華已經立下了遺囑，指定諾曼第公爵威廉做他的繼任者，而且威廉也知道這個決定。毫無疑問，誰會繼承王位這個問題可是愛德華生前的心頭大患；他甚至請來了「剛勇王」埃德蒙二世之子——「流放者」愛德華攜妻帶子來到英格蘭。但當他到達英格蘭時，國王卻拒絕見他。沒過多久，「流放者」愛德華就突然死在了倫敦（意外死亡對那時侯的王子們來說可謂是家常便飯）；他被埋在聖保羅大教堂[30]。立威廉為繼承人很可能是真的；至少國王很可能在威廉的英格蘭之旅中對他說了什麼，暗示他能得到英格蘭的王位。畢竟，「懺悔者」愛德華對諾曼人的喜愛可謂人盡皆知。但不管怎麼樣，現在威廉顯然對王位志在必得，而且深知哈羅德將會是一個強大的對手。於是，藉著眼下這個機會，他將一大群貴族聚到一起，當眾把自己的女兒阿黛勒[31]許給哈羅德做妻子，還明確地告訴哈羅德他打算在愛德華死候繼承英格蘭王位，並要求哈羅德當著眾人的面對自己宣誓效忠。人為刀俎，己為魚肉，哈羅德只好照辦。他將手放在一本彌撒上——也就是祈禱書——宣了誓。這是一個極好的事例來說明僧人們有多迷信：他們沒把這本祈禱書放在桌子上，而是將它置於一個木桶裡。待哈羅德宣誓完畢，他們打開了桶蓋：原來，裡面竟然盛著死人的骨頭——聖人們的骨頭——僧侶們這樣辯解道。這就給哈羅德的誓言增加了分量，好像單憑鄧斯坦的一塊膝關節骨、一顆連體牙，或者一塊指甲就能使上帝的名字變得更莊重似的！

就在哈羅德返回英格蘭之後的一兩周之內，鬱鬱寡歡的老愛德華終於到了彌留之際。在意識模糊了一段時間之後，他終於死了。鑒於生前他對僧侶們言聽計從，在他死後僧侶們自然也對他大加讚揚。就算在他還沒死的時候，他們甚至就已經說服他讓他相信自己能夠行神蹟。患了嚴重皮膚疾病的人被帶到他面前，只要國王觸摸一下，他們的病就痊癒了。這被稱作「淋巴結核觸摸療法」[32]並從那之後作為一個王室傳統被延續了下去。但至於究竟是誰真正觸摸並治癒了那些病人，您該心知肚明；同樣，你也知道他那神聖的名字並不會出現在轉瞬即逝的人類帝王的行列中。

1 斯韋恩（Sweyn，或拼寫為Svein，約一〇一六—一〇三五），卡努特大帝和他第一任妻子——北安普敦的埃芙吉芙（Ælfgifu of Northampton）的兒子；於一〇三〇年開始統治挪威，卻因暴政而被挪威人痛恨。最終於一〇三四年被逐出挪威。

2 哈羅德（Harold，約一〇一五—一〇四〇），卡努特大帝與北安普敦的艾芙吉芙（Ælfgifu of Northampton）的兒子，被稱為哈羅德一世或者「飛毛腿」哈羅德。於一〇三五年起作為英格蘭國王統治英格蘭。

3 哈德克努特（Hardicanute，約一〇一八—一〇四二），卡努特大帝與其第二任妻子諾曼第的艾瑪（Emma of Normandy）的兒子。於一〇三五年開始統治丹麥，然後從一〇四〇年起成為英格蘭國王。

4 戈德溫伯爵（Godwin，Earl of Wessex，卒於一〇五三年），被卡努特大帝封為第一任韋塞克斯伯爵；據說最早只是牧童出身；另外，「earl」這個詞來自斯堪的納維亞語言中的「jarl」，是盎格魯—撒克遜貴族系統中的伯爵，位居侯爵之下子爵之上，與歐洲大陸貴族體系中的伯爵「count」相呼應；二者均被譯為伯爵。

5 這裡指的是愛德華和艾爾弗雷德（Edward and Alfred），是艾瑪與她的第一任丈夫、英格蘭國王埃塞雷德的兒子；當斯堪的納維亞人入侵時，他們逃到了諾曼第；而後當卡努特登上了英格蘭王位，愛德華和艾爾弗雷德只得選擇了繼續流亡。

6 薩里郡的吉爾福德（Guildford of Surry），位於薩里郡（英格蘭東南部）的城鎮，坐落在倫敦西南方向四十多公里處。

7 這裡使用的是十一抽殺律（decimate），最早由羅馬軍隊使用的一種集體刑罰，用於懲罰叛亂或者臨陣脫逃的士兵。

8 伊利島（Isle of Ely），位於劍橋郡伊利的古城區，由於早年被泥沼圍繞而被稱為「島」。

9 佛蘭德的布魯日（Bruges，Flanders），位於現比利時西北部，是西佛蘭德省的首府和最大城市；佛蘭德是一個歷史地區，除了涵蓋如今比利時北部的弗拉芒大區之外，還包括法國北部和荷蘭南部的一部分。

10 伍斯特（Worcester），位於英格蘭中部地區偏西的伍斯特郡（Worcestershire），而伍斯特是該郡的郡治和主要城市之一。

11 蘭貝斯（Lambeth），位於倫敦中部的一個行政區。

12 「懺悔者」（Confessor）這個稱號通常被寄予那些一生如聖人一般虔誠，卻不是教廷人員，也沒有為信仰付出生命的人；到十三世紀之後，懺悔者愛德華才被加封為聖愛德華，並被認為是三位主要的英格蘭聖人之一（其他兩位為殉道者愛德蒙和教皇格里高利一世）。

13 韋塞克斯的伊蒂絲（Edith of Wessex，約一〇二五—一〇七五），戈德溫伯爵的女兒，於一〇四五年嫁與「懺悔者」愛德華並被加冕為英格蘭王后，卻未能產下子嗣。民間流傳的說法之一為愛德華不希望戈德溫伯爵的後代成為國王所以拒絕與伊蒂絲圓房，但並無確鑿歷史證據支持這種說法。

14 這里是指尤斯塔斯二世（Eustace II，Count of Boulogne），於一〇四九年起享有布洛涅伯爵的稱號。他的第一任妻子是懺悔者愛德華的妹妹戈達（Goda或Godgifu）。後作為諾曼第公爵威廉的親信之一於一〇六六年一〇月一四日參加了黑斯廷斯戰役；作為獎賞，他獲得了大量英格蘭的土地。

15 這里指的是戈德溫伯爵之子哈羅德（Harold II Godwinson，哈羅德二世，最終於一〇六六年被諾曼軍隊殺死），勿於「飛毛腿」哈羅德（哈羅德一世）混淆。

16 斯韋恩（Sweyn Godwinson），戈德溫伯爵的長子，勿與卡努特大帝的兒子斯韋恩（注釋一）混淆；因擄走並試圖迎娶一位女修道院長而被「懺悔者」愛德華放逐。在戈德溫家族反抗國王之後，斯韋恩的懲罰被改為終生放逐。他最終去了佛蘭德，再也沒有返回英格蘭。

17 諾曼第公爵威廉（William，Duke of Normandy，約一〇二八—一〇八七），為諾曼第公爵羅伯特（注釋一八）的私生子，繼承諾曼第公爵爵位時年僅七歲，在加強並鞏固了他自己和諾曼第的地位和力量之後，他開始將目光投向英格蘭，並在「懺悔者」愛德華去世後提出繼承英格蘭王位（據說愛德華曾許諾將王位傳給他）。最終，在一〇六六年一〇月，威廉率領諾曼艦隊在英格蘭登陸，並擊退了盎格魯—撒克遜軍隊，成為了第一位諾曼血統的英格蘭國王，開始了英格蘭的盎格魯—諾曼時期。為此，他也被稱為「征服者」威廉（William the Conqueror）。

18 這裡指的是諾曼第公爵羅伯特一世（Robert I，Duke of Normandy，一〇〇〇—一〇三五），有時也被稱為羅伯特二世，而他的祖先羅洛（Rollo）被稱為羅伯特一世。一〇二七年起成為諾曼第公爵。傳說當他站在城堡的塔樓上時，他看到威廉的母親——一個制革工人的女兒正在溪水裡清洗染色的皮革。垂涎她的美色，他將她帶到城堡中成了他的情人。之後她為他誕下一個私生子威廉。在他去耶路撒冷朝聖之前，他將威廉立為繼承人。羅伯特於一〇三五年死於朝聖返回的途中。私生子威廉從此成為諾曼第公爵。

19 維特島（Isle of Wight），大不列顛南岸的島嶼，坐落在英吉利海峽之中，是英格蘭最大的島嶼。

20 南華克（Southwark），位於倫敦中心的一個城區，在歷史上曾是薩里郡的一部分。

21 埃塞克斯郡（Essex），位於英格蘭東南部，是一座名譽郡，曾是撒克遜七國之一。

22 詳見注釋一六。

23 戈德溫伯爵於一〇五三年在參加了一次王室宴會之後突然去世，現認為死亡原因為中風。

24 馬克白（MacBeth，卒於一〇五七年）於一〇四〇年殺死了鄧肯一世（Duncan I，約一〇〇一—一〇四〇）成為蘇格蘭國王。

25 這里指莎士比亞四大悲劇之一《馬克白》。

26 格里菲斯（Griffith，威爾士語為Gruffydd ap Llywelyn，約一〇〇七—一〇六三或一〇六四），自一〇五五年起為威爾士國王。

27 此事件發生於一〇六四年，諾曼歷史學家聲稱哈羅德此次航行的目的是被派往諾曼第向諾曼第公爵威廉宣誓效忠（那時愛德華已經確定立威廉為王儲），但並沒有確鑿的歷史證據證明此事。

28 蓬提厄（Pontieu），位於法國北部，後與五個伯爵領地一起組成了現今的皮卡迪大區。

29 盧昂（Rouen），中世紀諾曼第公國首府，現為法國上諾曼第（Haute—Normandie）大區首府。

30 聖保羅大教堂（St.Paul's Cathedral），坐落於英國倫敦，位於倫敦泰晤士河北岸紐蓋特街與紐錢吉街交角處，巴洛克風格建築的代表，以其壯觀的圓形屋頂而聞名，是世界第二大圓頂教堂，它模仿羅馬的聖彼得大教堂，是英國古典主義建築的代表。

31 阿黛勒（Adele，亦拼寫為Adeliza），生卒年均不詳，根據早期諾曼歷史學家（如奧多里克．維塔利斯）的記載，她曾被許配給哈羅德為妻。勿與「征服者」威廉的另一個女兒、布盧瓦伯爵夫人阿德拉（Adela of Blois）混淆。

32 淋巴結核觸摸療法（Touching for the King's Evil，這里King's Evil特指淋巴結核），在中世紀英格蘭和法國，人們普遍認為國王的觸摸能夠治癒這種疾病。在英格蘭，這種行為始於「懺悔者」愛德華統治期間；而法國則始於腓力一世（一〇五二—一一〇八）統治期間。

第七章　哈羅德二世統治下的英格蘭以及諾曼征服

在懦弱的「懺悔者」愛德華下葬的當天，哈羅德就迫不及待地戴上了英格蘭國王的王冠。不過在這件事上，他的確要動作快：當諾曼第的威廉聽到愛德華駕崩的消息時，他立刻扔下弓箭（他當時正在盧昂的獵場裡狩獵）急匆匆地趕回宮殿，把所有的貴族召集在一起，又派了使者去英格蘭催哈羅德趕緊退位——要知道，他可是宣過誓效忠威廉的！不過哈羅德壓根沒有放棄王位的打算。於是，在威廉公爵的帶領下，法蘭西的貴族們聚集起來，準備大舉進攻英格蘭；即將被征服的土地和財富就是威廉許諾給他們的最好獎賞。就連教皇也支持這件事：他派人將一面受過聖禮的戰旗送到諾曼第，除此之外還有一枚戒指，那裡面裝著一根聖彼得的頭髮——您別不相信，這可是教皇本人親口保證過的！他不但祝福了這次遠征，還詛咒了哈羅德，最後「順便」提醒諾曼人，如果方便的話，關於「聖彼得的便士」[1]，他們最好能交得更準時一點。

哈羅德恰好有一個叛逆的弟弟在佛蘭德；他是挪威王哈羅德．哈德拉達[2]的部下。於是這個弟弟[3]和挪威王勾結起來，聯合對付英格蘭。在威廉公爵的幫助下，他們戰勝了一支由兩位英格蘭貴族率領的軍隊[4]，又長驅直入，把約克[5]團團包圍了起來。後院起火，哈羅德也沒法繼續留在黑斯廷斯[6]的海岸上恭候諾曼軍隊；他急忙率領大軍火速北上，並在位於德溫特河上的斯坦姆福德大橋[7]給了敵人迎頭一擊。

當哈羅德趕到那兒時，敵人們已經擺好了作戰的方陣；他們手中的長矛在陽光下閃閃發光。為了勘察敵情，哈羅德遠遠地騎著馬圍著敵軍陣營轉了一圈。就在這，他注意到那裡有一個看似勇猛的人：他身披藍色的大氅，頭戴閃亮的頭盔。可不知道為什麼，他的馬突然絆了一腳；他被結結實實地掀倒在地。

「那個摔下去的人是誰？」哈羅德好奇地詢問他的一位軍官。「挪威國王，」他回答道。「真是個高大莊重的國王，」哈羅德說，「可他的大限快到了。」過了一會兒，他又補充道：「去找我弟弟，告訴他，如果他現在撤軍，那麼他還可以繼續做諾森布里亞伯爵，回到英格蘭享受榮華富貴。」軍官立刻照辦，按照國王的命令傳遞了資訊。「那我的好朋友、挪威的國王又能得到什麼呢？」國王的弟弟問。「兩公尺的黃土，給他做墳墓。」這就是軍官的答覆。「就這麼一點點？」弟弟笑著問。「看在他是個大個子的份上，說不定國王還能再給多一點。」軍官回答道。「快滾！」國王的弟弟命令道，「讓哈羅德準備迎戰！」很快，大戰如約而至。這可真是一場激戰！最後，哈羅德的弟弟、挪威國王，以及他們部隊裡所有有名的將領都葬身在沙場之上。唯一的例外是挪威王的兒子奧拉夫[8]；哈羅德留了他一命——這可是個高尚又仁慈的舉動。

大獲全勝的軍隊行進到約克。可就在國王哈羅德坐在宴席之中與部下們把酒慶功之際，大門口突然發生了一陣騷動：風塵僕僕的信使們奔了進來——諾曼人登陸了。

這消息是真的。一開始，諾曼人的航行並不順利：他們遇到逆風，損失了好幾艘戰船。失事的船隻被衝回諾曼第的海岸，船員的屍體散佈在沙灘上。但他們並沒有因此氣妥餒在公爵的船的帶領下，他們再一次出航。威廉這艘船還是妻子給他的禮物，船首站著一個金色的男孩雕像，直指英格蘭。那可是一艘雄偉的大船：白天，繪著三隻獅子標誌的諾曼第戰旗和五顏六色的船帆迎風飄揚，鍍金的船艙和船上繁複的裝飾在陽光的照射下閃閃發光，倒映在金色的水面上；而到了夜裡，桅杆上又亮起一盞小燈，如一顆明星一般閃爍在夜空當中。如今，諾曼軍隊已經在黑斯廷斯紮好了營寨，而威廉本人就睡在佩文西[9]的古羅馬城堡裡。諾曼人到處燒殺搶掠，方圓幾公里的土地都化作一片焦土，英格蘭人無不四散而逃。這就是諾曼人的實力：強大，野心勃勃，他們就這樣站在了英格蘭的土地上。

哈羅德扔下才進行了一半的慶功宴，馬不停蹄地趕回倫敦。不到一周的時間，他的部隊便整裝待發了。哈羅德派出密探打探諾曼人的實力。威廉抓住他們，帶著他們檢閱了整支部隊，又把他們放了回去。「諾曼人啊，」密探們這樣告訴哈羅德，「他們不像我們英格蘭人那樣在嘴唇上面留小鬍子，他們都把臉刮得光光的，簡直就是一群僧侶[10]。」「這樣的話，」哈羅德大笑著說，「希望我的人能在這群僧人裡面在找到對手！」威廉公爵派出前哨部隊盯著哈羅德的軍隊，一旦看到他們前進就回來稟報。哨兵撤回之後報告說：「撒克遜人穿過整個英格蘭朝我們衝了過來，看起來已經氣瘋了！」

「讓他們放馬過來吧，越快越好！」威廉公爵說。

他們也不是沒想過和平解決，可最終都失敗了。終於，在一〇六六年十月中旬，英格蘭人和諾曼人一同站在戰場上，刀劍相對。在開戰的前一夜，兩支軍隊分別駐紮在森拉克山脊[11]的兩側。後來這個地方被稱作巴特爾[12]，以紀念這次大戰。當天空中出現第一縷曙光時，他們便各自從營地裡出來。在微薄的晨曦之中，英格蘭軍隊背對著森林，高踞在山坡之上。繡著武士圖案的王家戰旗用金線鉤織而成，上面還綴滿各種寶石，在風中獵獵飄揚；國王哈羅德就站在旗子下面，身邊分別立著他倖存下來的兩個弟弟。簇擁在他們周圍的則是英格蘭軍隊；他們一動不動，一聲不吭，安靜得像死人一樣。每一位士兵都一手舉著盾牌，另一手握著英格蘭戰斧，寒光閃爍。

而在山脊的另一邊，諾曼軍隊分成三列站在那裡：弓箭手，步兵，和騎兵。突然，諾曼陣營中傳出一聲吶喊：「上帝保佑！」不過英格蘭人也不甘示弱，他們大喊著：「上帝的十字架！聖十字架！」隨後，諾曼人便向著英格蘭軍隊衝了過去，勢不可擋。

衝在最前面的是一個高大魁梧的諾曼騎士，駿馬長嘶，他拋起又接住自己的長劍，高唱著戰歌讚頌同胞的神勇。一個英格蘭騎士迎上來，卻被他砍倒在地。緊接著又一個騎士衝了過來，但又倒在他的劍下。但就在這時，第三個騎士騎馬衝了出來，終於殺死了這位諾曼戰士。這就是大戰的序章；很快，這樣的場景就變得隨處可見。

英格蘭軍隊聚在一起，絲毫不在乎從天而降的諾曼箭雨，彷彿對他們來說那只是真正的雨點似的。諾曼騎兵衝上來時，他們就舉起戰斧，連人帶馬一齊砍倒在地。諾曼人撤退時，英格蘭人趁勝追擊。這時，諾曼陣營中突然傳出了謠言，說威廉公爵已經戰死！威廉急忙一把摘掉頭盔，策馬沿著諾曼軍隊跑了一圈，讓他們好看清他的臉。諾曼人一下子找回了勇氣，他們回過頭去，再次面對敵人。恰巧，一些馬匹擋住了追趕敵人的英格蘭士兵，這就把英格蘭軍隊分成了兩段。就這樣，英格蘭的前鋒部隊英勇地戰死沙場。然而後面的大部隊依然神勇，他們依舊不畏箭雨，用手中的戰斧砍倒一個個策馬而上的騎兵，彷彿他們只是森林中的小樹。威廉公爵只得假裝撤退，誘使勇敢的英格蘭人追了過去。這時諾曼人再次圍了上來；一場殘忍的殺戮就此展開了。「不過，」威廉公爵說，「那兒還有上千個英格蘭人圍繞在他們國王身邊，頑固得像塊磐石。弓箭手們，向上放箭！讓你們的箭刺穿他們的臉！」太陽東升西落，可戰火卻愈演愈烈。在這個荒涼的秋日，空氣中迴蕩著廝殺和刀劍相交發出的巨響。在血紅的夕陽中，在慘白的月光下，屍橫遍野，慘不忍睹。

一支箭射中了國王哈羅德的眼睛，他幾乎失明。他的弟弟們也戰死沙場。二十個諾曼騎士衝了上來——在白天，他們佈滿凹痕的鎧甲在陽光下閃耀著金色的光芒，而現在在月光下又銀光閃閃。他們從依舊誓死守衛國王的英格蘭騎兵和士兵手中奪過王家戰旗。國王傷勢致命，最終倒地而亡。英格蘭人立刻亂了陣腳，紛紛落荒而逃。諾曼人乘勝追擊；英格蘭就此淪陷了。

哦！在那一夜的月光與星光下，那是一幅怎樣的景象啊！威廉公爵的帳篷就紮在距離哈羅德倒下不遠的地方，帳中隱約透出光芒——他和他的騎士們就在裡面歡聲笑語慶祝勝利。帳篷外，士兵們則舉著火把，在成堆的死者之中來回行走，找尋哈羅德的屍體。用金線和寶石編製而成的武士戰旗被扔在地上，破破爛爛，濺滿鮮血，而那三隻諾曼雄獅卻昂首挺胸，傲然俯視著整個戰場！

1 「聖彼得的便士」（Peter's Pence）是一種上交給羅馬教廷的年稅，主要用於英格蘭和其他幾個北歐國家，但起源於英格蘭；根據這項規定，每一戶人家每年必須上交一便士給教皇，以證明自己對基督教的忠心。

2 「酷政」哈羅德（Harald Hardrada，約一〇一五—一〇六六，其中古冰島語的Harðráði是他的綽號，意為「嚴酷的統治」），於一〇四六至一〇六六年間作為哈羅德三世統治挪威；在哈羅德·戈溫森的弟弟托斯蒂格·戈溫森（Tostig Godwinson，注釋三）的誘惑下，他於一〇六六年進攻英格蘭，最終戰死於斯坦姆福德大橋之戰中。然而此次戰役也使英格蘭軍隊元氣大傷，最終在幾天後在黑斯廷斯被諾曼第公爵威廉的軍隊擊敗。

3 托斯蒂格·戈溫森（Tostig Godwinson，卒於一〇六六年），老戈德溫伯爵的第三子，哈羅德二世的弟弟，前諾森布里亞伯爵，在「懺悔者」愛德華統治期間被放逐；由於哈羅德支持並執行了國王的決定，托斯蒂格從此記恨哥哥。

4 富爾福德戰役（The Battle of Fulford），於一〇六六年九月發生於約克郡小鎮富爾福德；率領盎格魯—撒克遜軍隊的貴族為莫西亞伯爵愛德溫和他弟弟莫爾加（Morcar）。值得一提的是，當托斯蒂格遭到諾森布里亞人民的反對而被逐出英格蘭時，就是莫爾加接管他的位置。

5 約克（York），英格蘭東北部城市，位於北約克郡，是該郡的最大城市。

6 黑斯廷斯（Hastings），位於英格蘭南端的海港城市。一〇六六年一〇月一四日，諾曼第公爵在此擊敗盎格魯—撒克遜軍隊；哈羅德二世在此次戰役中陣亡。

7 斯坦姆福德大橋（Stamford Bridge），位於英格蘭東約克郡鄉下；在富爾福德戰役之後，哈羅德率兵在此迎接挪威軍隊，他在此次戰役中大敗挪威入侵者，並殺掉挪威國王。

8 奧拉夫三世（Olaf III of Norway，約一〇五〇—一〇九三），自一〇六七年起成為挪威國王。他跟隨父親哈羅德．哈德拉達一同入侵英格蘭，年僅十六歲。但他並沒有參與斯坦姆福德大橋戰役，而是在船上觀戰；當挪威軍隊被擊敗、國王被殺之後，他隨著剩餘的部隊和船逃回挪威。

9 佩文西（Pevensey），位於英格蘭東薩塞克斯郡（East Essex）的小鎮，曾是一座羅馬要塞。

10 當時諾曼人的潮流是不蓄鬍，並剃光腦後的頭髮；而盎格魯—撒克遜人均留鬍子，只有僧侶除外。

11 森拉克山（Senlac Hill，或Senlac Ridge）坐落在黑斯廷斯鎮外面。最早，此地被稱為「Santlache」，意為「沙河」，但又被諾曼人諧音成「sanguelac」，意為「血泊」，後簡化為Senlac。

12 巴特爾（Battle），東薩賽克斯郡城鎮，距離黑斯廷斯僅約九公里，是黑斯廷斯戰役的舊址。因黑斯廷斯戰役而得名（battle在英文中是「戰鬥，戰役」的意思）。

第八章　諾曼征服者
威廉一世統治下的英格蘭

就在勇敢的哈羅德倒下的戰場之上，諾曼人威廉建立了一座名叫「巴特爾」的修道院[1]。這真是一座雄偉的建築，雖然現在早已變為覆蓋在藤蔓之下的殘垣斷壁，但它也曾多年屹立不倒，見證了無數變遷和戰亂。然而，威廉的當務之急卻是徹底地征服英格蘭人民；而這正如您所知，不管對誰來說都是一件極其困難的事情。

他接連入侵了好幾個城鎮，一路燒殺搶掠；他讓一片又一片的農田化為荒野；無數人為此丟掉性命。終於，在坎特伯雷大主教斯蒂甘德[2]的帶領下，教士和人民的代表們一齊來到威廉的營地向他投降。而其他一些人則推舉「剛勇王」埃德蒙之子埃德加[3]為王，可這最終也不了了之。埃德加逃到了蘇格蘭，因為他年輕美麗的妹妹是蘇格蘭王后。他並不是個多麼重要的人物，所以也沒幾個人關心他做了什麼。

終於，在耶誕節這一天，威廉在威斯敏斯特教堂被加冕成為英格蘭國王；此後他就被稱作威廉一世，但世人更喜歡叫他「征服者」威廉。那可是一個奇怪的加冕典禮：其中一個主持典禮的主教用法語問在場的諾曼人，他們是否願意立威廉公爵為王；他們當然點頭稱是。而另一個主教則用英語向撒克遜人提出同樣的問題；他們做出了同樣的回答，聲音還特別響亮。但他們應答的聲音傳到了門外一個諾曼騎兵的耳朵裡，他誤以為這是英格蘭人在造反，於是門衛立刻放火燒了周圍的房子。可想而知，這造成了巨大的恐慌。就在這一片混亂之中國王和幾個教士（他們早已被嚇得抱成一團）被扔在了教堂裡；他們只好匆匆忙忙地完成了加冕儀式。戴上王冠的那一刻，威廉宣誓他會盡最大的努力統治英格蘭人民，絕不會輸給過去最好的英格蘭國王。可我們都心知肚明：有艾爾弗雷德在先，威廉要兌現諾言恐怕並不容易。

數不勝數的英格蘭貴族倒在了最後的血戰之中。他們遺留下的土地和財產，再加上所有反抗者的財產，統統被威廉充公，然後又作為獎賞發放給他麾下的諾曼騎士和貴族。這就是現今許多有名望的英格蘭家族的發跡史；而他們還相當為之自豪。

但是通過武力獲取的東西只能用武力維持。這些貴族不得不在英格蘭各地大興土木、建造城堡，以保護他們的新財產。而且，不管國王怎麼做，他都沒辦法如願以償地使這個國家太平起來。慢慢地，他將諾曼語言和傳統引入英格蘭；但在此後很長一段時間裡，英格蘭人都沒改變他們的悲痛心情和復仇決心。當威廉渡海回去查看自己的諾曼第領地時，他留下自己同母異父的弟弟奧多[4]做攝政王。可奧多的鎮壓讓英格蘭人忍無可忍。為了奪回多佛爾，肯特郡的人甚至請來了他們的老敵人布洛涅伯爵尤斯塔斯——沒錯，當年就是在他的指使下，那個勇敢的多佛爾人才死在自己的壁爐前面。而赫里福德[5]的人們則在威爾士人的協助下，在「蠻人」埃德里克[6]的帶領下，將諾曼人逐出了赫里福德郡。除此之外，一些失去土地的人們聚集在英格蘭北部，一些在蘇格蘭，還有一些藏身於深林和沼地之中；但不管在哪兒，只要他們碰到諾曼人或者倒戈的英格蘭人，這些絕望的流放者就揭竿而起，把敵人殺得片甲不留。他們甚至還密謀計畫了一場針對諾曼人的大屠殺，就像過去那場對斯堪的納維亞人的大屠殺一樣。總而言之，全國上下的英格蘭人都陷入一種殘忍的情緒裡無法自拔。

害怕功虧一簣，威廉國王急忙趕了回來，並試圖用甜言蜜語讓倫敦人民安穩了下來，但隨後他就立刻出兵，殘酷地鎮壓了各地反抗的人們，殺一儆百。在牛津[7]、瓦立克[8]、萊斯特[9]、諾丁漢[10]、德比[11]、林肯[12]，和約克，他攻下城鎮，又對居民進行了無情的殺戮，無論年幼年長、是否持有武器，他一個也不放過。在這些及其他城鎮裡，他把火焰和劍的恐怖效果發揮到了極致，真是慘不忍睹。溪水和河流被染得鮮紅；天空被黑煙籠罩；田地裡滿是灰燼；路邊上死屍成堆。這就是征服和野心的致命後果！雖說威廉是個生性殘暴的人，但我不認為這場大破壞是他入侵英格蘭的初衷。然而，暴力的果實只能靠暴力來維持；通過暴力，他把英格蘭變成了一個大墳場。

就在這時，哈羅德二世的兩個兒子——埃德蒙和戈德溫[13]從愛爾蘭渡海而來。他們帶著一些戰船，企圖與諾曼人對抗，卻最終吃了敗仗。一波未平，一波又起：一些藏在林子裡的流放者又襲擊了約克，害得那兒的管理者不得不向國王求援。於是國王派出一位將軍帶著一支龐大的軍隊強行佔領了特勒姆[14]。特勒姆的主教在城外與將軍進行了會面，警告他不要擅自進城，否則就會遇到危險。可將軍完全沒把主教的話放在心上；他帶著全部人馬浩浩蕩蕩地進入了特勒姆。那一晚，在特勒姆周圍所有目所能及的山上都燃起了烽火。而當黎明到來時，早已集結起來的英格蘭人突破城門衝進城裡，見一個諾曼人就殺一個。隨後，他們又請求斯堪的納維亞人來幫他們。斯堪的納維亞人同意了，還帶來兩百四十艘戰船；遭到流放的貴族們也加入了他們的行列。齊心協力，他們佔領了約克，並把那裡的諾曼人通通趕了出去。沒辦法，威廉只好賄賂了斯堪的納維亞人讓他們離開，然後對英格蘭人進行了殘酷的報復；他的行為是那麼的殘忍，和這次相比，之前的火焰、劍影、焦煙、塵土、死亡、毀滅都不值一提！即使在一百年之後，當人們坐在冬日的壁爐邊唱著憂鬱的歌謠，或講著悲傷故事時，人們依舊會這麼說：在諾曼人的恐怖統治之下，從亨伯河[15]到泰恩河[16]，所有的村莊都空無一人，所有的田地也空空如也；放眼望去，英格蘭的土地只是一片荒涼的廢墟；人和動物一起橫屍遍地。在那個時候，流放者們已經建立起一個所謂的「難民營」；它就藏匿在劍橋郡[17]的濕地當中。這些潮濕柔軟的土地把其他人阻隔在外，就給流放者們提供了保護。在那裡，他們隱藏在蘆葦和草叢當中，把潮濕土地上升起的霧氣當成屏障。在這些人之間有一個名叫赫里沃德[18]的英格蘭人；當諾曼人入侵英格蘭的時候，他恰好在佛蘭德，而他的父親又在這個時候去世了，於是諾曼人便名正言順地拿走了本該屬於他的遺產。赫里沃德從其他流亡到佛蘭德的英格蘭人那裡聽到了這樁罪行，他氣得火冒三丈，發誓要諾曼人付出代價。為了復仇，他也加入了「難民營」，並且變成了他們的領袖。他可真是個了不起的戰士！諾曼人甚至懷疑他使用了巫術，就連威廉國王都不例外。雖然為了攻打這位「術士」，他已經在沼澤地上開出了一條五公里長的路，但威廉還是請來一位自稱女巫的老婦人，打算以毒攻毒。為此，他們把她放進一座木塔裡，推到部隊的最前面。但是赫里沃德用了一把火，就把人和塔一起燒了個精光。戰火使整片地區都變得封閉了起來，食物的來源自然也就被切斷了。然而附近伊利修道院的僧人們卻受不了這些——要知道，他們可是過慣了安逸的生活！於是，他們偷偷告訴國王一條秘密小道，使得威廉成功地偷襲營地。就這樣，赫里沃德很快就被打敗了；但至於他是在那之後平靜地死去了，還是在殺了十六個敵人之後被殺了（有些古老的歌謠是這麼說的），我就不得而知了。總之，他的失敗也給「難民營」畫上了句號。之後不久，國王在蘇格蘭和英格蘭大獲全勝，肅清了最後一批叛亂的英格蘭人。如今圍繞在他身邊的都是諾曼貴族——多虧了英格蘭貴族的財產，他們現在變得更加富有了。威廉還在全國範圍內發起了一個調查，記錄下來每個人的財產和領地；而這份檔案就是現在我們所說的《末日書》[19]。除此之外，他還立下法令，統一了晚上每戶人家滅燈的時間：每當一個特定的鐘聲響起時，他們就得吹滅家中的蠟燭，熄掉爐火——這就是所謂的宵禁。威廉還引進諾曼服飾和禮節，使英格蘭各地的諾曼人都變成了主人，而英格蘭人就只能做僕人了。他撤掉了英格蘭主教，把他們的職位重新分給了諾曼人。總而言之，他的一切所作所都說明一點：在任何方面，威廉都是真正的征服者。

但是，即便周圍都是諾曼人，威廉的日子也沒好過到哪裡去。這些諾曼人貪得無厭，總想得到更多的英格蘭財富；而他給的越多，他們就越貪婪——這一點就連神職人員都不例外。據我們所知，只有一個諾曼人明確告訴威廉，他來英格蘭僅僅是為了盡他作為僕人的職責，而非為了搶奪其他人的財產。這個人名叫吉貝爾。我們不該忘記這個名字，因為不管他是誰，只要他是個誠實的人，我們都該記住他並對他表示尊敬。

可這還不是威廉全部的煩惱：除此之外，他兒子們整日爭執，吵得他不得安寧。那時他有三個兒子還活著：「短襪」羅貝爾（因為他的腿很短）[20]「紅髮」威廉（因為他頭髮的顏色）[21]，和「好學者」亨利（因為他非常愛好讀書）[22]。當羅貝爾長大成人之後，他向威廉索要諾曼第，因為早在還是個孩子的時候，他就在母親瑪蒂爾德[23]的協助下統治那裡（雖然只是名義上的）。威廉拒絕了，這讓羅貝爾又嫉妒又不滿。於是，有一天，當他的兄弟們從陽臺上潑水戲弄他時，憤怒的羅貝爾拔出劍，一口氣衝上樓去要置他的弟弟們於死地，幸好被威廉給攔下來了。可就在這天晚上，他帶著一些追隨者離開了他父親的宮廷，並試著強佔盧昂的一座城堡[24]，可最終沒有成功。然後羅貝爾便把自己關在諾曼第的另一座城堡裡拒絕出來。威廉只得圍困了這座城堡。一天，兩人相遇；羅貝爾根本沒認出國王，便直接把他掀下了馬，還險些殺了他。當羅貝爾發現這竟是他父親時，他急忙繳械投降，王后和其他貴族也幫忙說情，兩人才算是和解了。不過這和解來得並不徹底：沒過多久，羅貝爾就跑到了海外，輾轉在各個宮廷之間，四處抱怨。他是個放蕩、粗心，而且輕率的人，整日和樂師、舞者混在一起，為了他們不惜一擲千金；可他的母親愛他，經常不顧國王的命令讓一個名為桑松的使者私自給他金錢，供他揮霍。這讓國王火冒三丈，他發誓要挖出桑松的雙眼以作懲罰。絕望的桑松只得跑去做了一名僧人——也只有這樣才能保命。他從此金盆洗手，這才保住了自己的眼睛。

正如你所見的這樣，自從那場混亂的加冕典禮開始，為了維持他搶來的一切，「征服者」威廉可謂是不惜任何代價，用盡了殘酷的手段和血腥的鎮壓。在整個統治生涯中，他一直為此奮鬥著。他真是一個堅定大膽的人，而他的確也成功地實現了他的目標。

他愛財，更愛美食，但打獵才是他最愛的休閒活動；而他的確也沉溺其中，其狂熱程度到了一定境界，以至於他下令掃平整片的村莊和城鎮，就為了創造適合鹿生存的樹林。雖然已經有了六十八處王家森林，但他還不滿足：他又在漢普郡[25]裡清出來一大片土地，建了那裡的第二座獵場；也是出於這個原因，那裡被叫做「新森林」[26]。成千的農民眼睜睜地看著自己的小房子被夷為平地，而他們只能攜家帶眷露宿野外；他們對威廉的痛恨也就更加深了一層：他實在太無情了！難道他帶給英格蘭人民的痛苦還不夠嗎？所以，在威廉統治的第二十一年（同時也是最後一年），當他返回盧昂時，英格蘭早已怨聲載道；而就連他每個王家獵場裡的每棵樹木上的每片樹葉似乎都在詛咒他！所以，當他年輕的兒子里夏爾[27]在新森林中被一頭牡鹿頂死時，人們都說這些被強行造出來的樹林早晚也會對威廉的其他家庭成員實施報復[28]。

除了這些麻煩之外，「征服者」威廉還為了一些國土與法蘭西國王爭執不休。當他在盧昂與國王討論這些問題時，他經常臥床不起，還不得不吃藥。這是醫生們的要求，因為威廉實在變得太胖了。然而，這卻被法蘭西國王當成了笑話；他還常常以此開玩笑。威廉聽說這事之後大發雷霆，他發誓會讓國王為此後悔。於是，他集結了軍隊，浩浩蕩蕩地入侵了那些有爭議的國土，把沿路的葡萄園、莊稼，和果園都付之一炬——這對他來說已經是駕輕就熟了！不僅如此，他還燒了芒特地區。然而最終倒楣的卻是他自己：

當他騎馬走過炙熱的廢墟時，他的馬不小心踩到一些燃著的餘燼，突然受了驚。威廉被狠狠地向前一甩，正好頂在了馬鞍前端突起的部分上，受了致命傷。整整六個星期，他都躺在盧昂附近的一座修道院裡，奄奄一息；然後他終於立下了遺囑，決定把英格蘭給「紅髮」威廉，把諾曼第留給羅貝爾，而對小兒子亨利，他只留給他五千磅。也正是到了彌留之際，威廉開始後悔自己在英格蘭的所作所為。於是，他下令把錢分給英格蘭多座教堂和修道院，還釋放了政治犯（其實跟施恩於教堂比起來，這才是更好的懺悔方式）；要知道，有些犯人已經在地牢裡關了二十年了。

終於，在一個九月的清晨，當太陽冉冉升起的時候，國王被一陣教堂的鐘聲吵醒。「這是哪裡的鐘聲？」他有氣無力地問。人們告訴他這是聖瑪麗禮拜堂的鐘聲。「那麼，」他說，「我將我的靈魂託付給聖母。」說完，他便咽了氣。讓我們先想想他的稱號「征服者」，然後再想想他的彌留之日吧！威廉才剛咽氣，他的醫生、僧侶，和貴族都紛紛跑回去守住自己的財產，生怕一旦威廉的兒子們為了王位打起來，他們就會受到損失；而宮廷裡的雇傭兵則開始掠奪財物。在這不光彩的混亂中，國王的屍體被掀翻下床，在地上孤零零地躺了好幾小時。征服者啊！如今被無數偉大的家族所讚頌的征服者，彼時被無數偉大的家族所忘卻的征服者，你可知道，你該征服的是一顆真心，而不是英格蘭！

過了一段時間之後，教士們才帶著禱文和蠟燭慢吞吞地「爬」了回來；還有一個名叫埃略昂的騎士自願將威廉的屍體護送到卡昂[29]（除了他沒人願接受這個苦差）。威廉被葬在由他自己創建的聖斯蒂芬教堂[30]內。然而，他生前所鍾愛的火焰即使在他死後也不放過他：就在屍體被放入教堂的時候，一場大火突然燃了起來。於是在場的所有人都趕忙跑了出去滅火，威廉再次被孤零零地拋在了那裡。

他的葬禮也不順利。就在他的屍體披著王室禮袍，當著一大群人的面，即將被放入祭壇旁邊的墓穴中時，人群中突然爆發出一聲叫喊：「這片地是我的！我父親的房子曾經建在這裡。可就是這個國王，他搶走了我們的土地和房子來建他的教堂。以上帝之名，我禁止他葬在我的泥土之下！」在場的教士和主教們深知這人說得有理，也知道國王總是拒絕還他公道，便給了他六十先令息事寧人。可即使這樣威廉的屍體也沒買到平靜：墳墓太小，他們只好強行把屍體放進去，沒想到卻弄裂了屍體。一陣惡臭立刻升了起來，人們急忙衝到外面。於是，第三次，威廉被獨自留下了。

至於威廉的三個兒子，他們顯然沒有參加父親的葬禮。那麼他們又在哪兒呢？羅貝爾在法蘭西或者德意志，混跡於樂師、舞者，和賭徒之間；亨利帶著錢走得遠遠的；而「紅髮」威廉正全速趕往英格蘭，迫不及待地向他的王冠和王室國庫衝去。

1 巴特爾修道院（Battle Abbey），坐落在東薩塞克斯郡的巴特爾，建立在黑斯廷斯戰役的舊址之上以紀念威廉的勝利。

2 斯蒂甘德（Stigand），出生年月不詳，自諾曼征服之前就任坎特伯雷大主教一職，在征服者威廉之前曾服侍過多位撒克遜國王；死於一〇七二年，死後財產被充公。

3 埃德加．阿塞林（Edgar Ætheling），韋塞克斯王室的最後一員，曾於一〇六六年被推選為英格蘭國王，可他最終投降效忠威廉；他的父親「剛勇王」埃德蒙（Edmund II，Ironside，約九八九—一〇一六），又稱埃德蒙二世，英格蘭國王，一〇一六年四月至一〇月在位。根據《盎格魯—撒克遜編年史》記載，他因勇猛抗擊斯堪的納維亞人入侵而被稱為「剛勇王」。

4 奧多（Odo），出生於十一世紀三十年代前期，卒於一〇九七年；肯特伯爵，貝葉主教，是征服者威廉的母親再嫁之後誕下的兒子。

5 赫里福德（Hereford），赫里福德郡的最大城市，位於英格蘭西南部，臨近威爾士。

6 「蠻人」埃德里克（ Edric the Wild）活躍於一〇六八年至一〇七〇年間，是西米德蘭茲地區反抗軍的核心人物；幾次攻打位於赫里福德的諾曼城堡未果之後逃到威爾士；最終於一〇六九年被威廉擊敗並投降。

7 牛津（Oxford），位於英格蘭東南部的牛津郡，是英格蘭最古老大學——牛津大學的發源地。

8 瓦立克（Warwick），位於英格蘭中南部的郡治，坐落在埃文河畔；其著名古蹟——瓦立克城堡就是由諾曼人於一〇六八年建造的，以鞏固諾曼人在本地區的統治。

9 萊斯特（Leicester），英格蘭東米德蘭茲萊斯特郡的單一管理區，是一座由羅馬人建造的城市。

10 諾丁漢（Nottingham），英格蘭東米德蘭茲諾丁漢郡的單一管理區，現為一座以工商業為主的城市。

11 德比（Derby），英格蘭米德蘭茲德比郡的單一管理區，坐落在德溫特河畔。

12 林肯（Lincoln），英格蘭中東部地區林肯郡郡治城市，其教堂擁有主教地位，因此也是一座主教座堂城市。

13 哈羅德・戈德溫與他的第一個妻子——「天鵝頸」或「美人」伊蒂絲（Edith Swannesha）的兒子，均生於一〇四九年；哈羅德與伊蒂絲按照斯堪的納維亞傳統結婚，所以通常被基督教教士認為是非法婚姻；埃德蒙與戈德溫於一〇六八年在愛爾蘭高王的幫助下入侵英格蘭，並在之後的幾年活躍於康沃爾郡內，但最終兩人都死於愛爾蘭，原因不明。

14 特勒姆（Durham），位於英格蘭東北部的自治市，以諾曼時期建造的特勒姆教堂和城堡為名；著名的特勒姆大學也坐落在那裡。

15 亨伯河（River Humber），實際上只是一個河口；起源於英格蘭長河烏茲河和特倫特河的交互處，最終匯入北海。

16 泰恩河（River Tyne），位於英格蘭東北部的長河，起源於蘇格蘭—英格蘭邊境，止於諾森伯蘭的赫克瑟姆鎮。

17 劍橋郡（Cambridgeshire），位於英格蘭東部，管理五個地區和彼得伯勒（劍橋郡最大城市，為單一管理區）。

18 赫里沃德（Hereward），一般被後世稱為「流放者」或者「守護者」赫里沃德（Hereward the Outlaw和Hereward the Wake）；他的事蹟主要記載於《撒克遜編年史》（The Saxon Chronicles）、《伊利之書》（Book of Ely）、《末日書》（The Doomsday Book），和《赫里沃德事蹟》（The Deeds of Hereward）等，但均以傳奇為主，缺乏歷史準確性；一般認為他早年時曾被「懺悔者」愛德華放逐，在英格蘭遭到入侵、他的家族財產被諾曼人掠奪之後，他回到英格蘭，以伊利島為基地，帶領其他失去財產和土地的英格蘭人抗擊諾曼人；最終要不被殺，要不在與國王威廉和解後終老一生。

19《末日書》(Doomsday Book,也拼寫為Domesday Book,為一〇八六年完成的大規模調查記錄,類似現在的人口普查;在威廉平定了英格蘭叛亂之後,他展開了此次調查以瞭解他新的國土;主要目的是調查每個人的財產,以便規定稅目;之所以被稱為「末日」,是為了強調本書的權威性和最終性。

20「短襪」羅貝爾或者羅貝爾二世(Robert Curthose,約一〇五四—一一三四),「征服者」威廉與佛蘭德的瑪蒂爾德的長子,於一〇八七至一一〇六年間為諾曼第公爵;曾試圖奪取英格蘭王位,卻以失敗告終;他的外號「短襪」來自法語Courtheuse。

21「紅髮」威廉(William Rufus,約一〇五六—一一〇〇),或威廉.魯弗斯、威廉二世,「征服者」威廉和瑪蒂爾德的三子,一〇八七年至一一〇〇年為英格蘭國王;他的外號魯弗斯(Rufus)在拉丁語中意為「紅色」,有人說是因為他的髮色,但也有人說是因為他的臉色;威廉二世最終在打獵時身亡,死因不明。

22亨利一世(Henry I,約一〇六八—一一三五),「征服者」威廉的小兒子,因為其對知識的熱情而被後世稱為「好學者」(法語beau—clerc);在一一〇〇年威廉二世去世之後,他擊敗自己的哥哥羅貝爾成為英格蘭國王,從此被稱為亨利一世;而在一一〇六年,他再次擊敗羅貝爾,成為了諾曼第公爵;他卒於一一三五年。

23佛蘭德的瑪蒂爾德(Matilda of Flanders,約一〇三一—一〇八三),佛蘭德伯爵鮑德溫五世的女兒,「征服者」威廉一世的妻子,英格蘭王后。

24這裡出現的城堡並不是如今的盧昂城堡(Rouen Castle);現今的盧昂城堡始建於一二〇四年,由當時的法蘭西國王腓力二世所建。

25漢普郡(Hampshire),位於英格蘭東南端,首府為溫徹斯特(Winchester)。

26新森林(New Forest),位於英格蘭南部、漢普郡的西南角,並延伸至與之相鄰的威爾特郡;於一〇七九年由征服者威廉創立；是一座王室獵場，主要用於獵鹿。

27 諾曼第的里夏爾（Richard of Normandy），「征服者」威廉與瑪蒂爾德的次子，出生於一〇五四年，死於一〇六九到一〇七五年之間；最終被葬在溫徹斯特教堂。

28 這裡暗示的其實是「紅髮」威廉（威廉．魯弗斯）；在里夏爾死後三十多年後，「紅髮」威廉也死在這片森林裡。

29 卡昂（Caen），位於法國西北部，是下諾曼第大區的首府；距離英吉利海峽只有十五公里；城內留有很多征服者威廉統治時期的歷史建築，但這座城市在二戰中也遭到了極大的破壞。

30 聖斯蒂芬教堂（St Stephen's Church），也叫聖艾蒂安教堂或男士修道院（Abbaye aux Hommes），與鄰近的女士修道院（Abbaye aux Dames）相對應。本篤會教堂，是諾曼第地區最負盛名的羅馬式建築之一；兩座修道院均有威廉夫婦出資所建，作為對於他們兩人婚姻的懺悔（兩人是表親關係）；征服者威廉死後被葬在男士修道院，而瑪蒂爾德死後則葬於女士修道院。

第九章 威廉二世——威廉・魯弗斯統治下的英格蘭

一刻都不敢耽擱，「紅髮」威廉先控制住多佛爾，佩文西和黑斯廷斯這三座城池，然後又快馬加鞭地趕到王室國庫的所在地溫徹斯特[1]。司庫把鑰匙交給他；威廉發現裡面有價值六萬磅的銀幣，這還不算金子和珠寶。憑藉這麼大一筆財產，他沒費多大力氣就說服坎特伯雷大主教為他執行加冕禮。就這樣，他變成了英格蘭國王威廉二世。

才剛坐上王位，魯弗斯就下令把他父親釋放出來的政治犯再重新關進監獄裡。他還找了一個金匠，讓他用金銀將父親的墳墓修飾一新，但如果他真是個孝子的話，他就應該在「征服者」臨終的時候守在他的病床前。不過，英格蘭這片土地，也像這位曾經統治過她的紅髮國王一樣，曾有過這樣的習慣：她為死人建造昂貴華麗的墳墓，卻讓他們在活著的時候受盡疾苦。

國王的哥哥、諾曼第的羅貝爾看起來也相當滿意——能在這個國家裡當個公爵就已經很好！至於他的弟弟、我們的「好學者」亨利，似乎也被那五千磅堵住了嘴巴。不難想像，國王一定會認為他的統治將會無比順利。可順利的統治在那個時代幾乎是不可能的：沒過多久，不安分的主教奧多（他曾在黑斯廷斯戰役中為士兵們祈福，而且，我敢說，他覺得勝利都是自己的功勞）與一些強大的諾曼貴族勾結在一起，打破了紅髮國王的幻想。

這位主教和他的朋友們鬧事的真正原因，似乎是他們在英格蘭和諾曼第都有領地，他們希望二者能統一在同一個統治者之下。但是對於誰統治，他們明顯偏向於羅貝爾那種凡事不經過大腦、好相處的傢伙。相比之下，魯弗斯不但不好相處，還特別敏銳，絕非是能夠輕易被控制的人。於是他們公開支持羅貝爾，帶著惱怒的情緒紛紛隱退到自己的城堡裡（這些城堡可是國王的心腹大患）。既然諾曼人棄他而去，紅髮國王乾脆轉而討好英格蘭人，以此報復諾曼人。雖然沒打算兌現，但他還是對英格蘭人許下了一大串諾言，其中包括減輕森林法[2]的嚴酷程度。作為回報，英勇的英格蘭人幫他圍攻奧多在羅徹斯特[3]的城堡；奧多不得不遺棄了城堡，並且永遠地離開了英格蘭。在這之後，其他反叛的諾曼貴族很快就潰不成軍。

然後，紅髮國王渡海來到諾曼第；而此時羅貝爾公爵鬆散的統治正讓人們苦不堪言。

國王的目標是奪取公爵的全部領土。對此公爵當然全力抵抗。就在這場手足之爭一觸即發的時刻，雙方的權貴急忙趕來竭力相勸，畢竟他們已經受夠了戰爭。於是，他們便達成了一個協定：兄弟二人各退一步，而二者之中活得較長的那位將繼承另一位的領地和財產。當他們又變得相親相愛之後，兩人抱成一團組成聯軍一起對抗「好學者」。正好，亨利用他那五千磅在羅貝爾的地盤上買了一點地，於是在威廉和羅貝爾眼中，他便成為了一個危險角色。

同現在一樣，那時諾曼第的聖米歇爾山[4]就是一座高踞在山頂上的要地；每當潮水上漲時，山四周的海水就會漫上來，淹沒通向大陸的道路。亨利和他的士兵們就被他的哥哥們圍困在這兒。有一次，亨利急需淡水，大方的羅貝爾不僅允許他的人下來取水，竟然還給他送去了自己御用的葡萄酒。

當紅髮國王為此質問公爵時，公爵喊道：「什麼？難道我們眼睜睜地看著自己的弟弟渴死嗎？如果他死了，我們還能去哪兒再找個弟弟？」還有一次，當紅髮國王沿著海岸騎著馬遠望城堡時，他被亨利手下的兩個士兵擒住，有一個還差點殺了他。國王急忙喊道：「住手，你這無賴！我可是英格蘭國王！」據說士兵聽到之後，急忙恭恭敬敬地將他從地上扶了起來，於是國王便讓他們做了他的隨從。這故事不一定是真的，但有一點可以肯定：亨利在兩個哥哥面前壓根沒有勝算。他只得放棄了聖米歇爾山在外遊蕩，就像其他一些又窮又落寞的學者一樣。

在這個時期，蘇格蘭人也變得不安分起來；但最終他們吃了兩次敗仗，還在第二場戰役中失去了國王瑪律科姆[5]和他的兒子。威爾士人也不甘落後，但在對付他們時，魯弗斯就沒這麼幸運了：威爾士人在當地的山裡作戰，他們更加熟悉地形；國王的軍隊因此損失慘重。諾曼第的羅貝爾也沒閑著，他抱怨弟弟沒有恪守約定，於是也拿起武器，還和法蘭西國王勾結在一起。魯弗斯花了一大筆錢收買了法蘭西國王，這才算是息事寧人。但英格蘭自己也不安寧：強大的諾森伯蘭伯爵莫佈雷[6]帶頭密謀，他想除掉國王，然後扶持「征服者」威廉的遠親斯蒂芬[7]登上王位。這場陰謀最終敗露，國王擒住了所有的主謀；一些人被罰款，一些被關進監獄，還有一些被處以死刑。而諾森伯蘭伯爵本人則被扔進溫莎堡[8]的地牢裡；他在那兒待了整整三十年，最終死在了那裡[9]。然而，最不安分的當屬英格蘭的教士們，因為國王對他們實在太差勁了：當舊的主教和大主教去世之後，他拒絕委任新人，反而將主教和大主教的財產據為己有。作為報復，當國王駕崩之後，這些教士為他撰寫歷史，將他好好地罵了一頓。不過我個人認為，紅髮國王和教士們半斤八兩，雙方都貪得無厭詭計多端，真是絕配。

紅髮國王虛偽、自私、貪婪，而且卑鄙。他相當寵愛一個和他差不多壞的大臣；這位大臣名叫拉爾夫，外號是「縱火者」[10]——在那個艱苦的年代，幾乎每個名人都有外號。有一次，國王重病，於是突然產生了悔意，便指派安塞爾姆[11]——一位正直的外國教士——做了坎特伯雷大主教。但才剛康復起來，他就後悔了，於是國王誣陷安塞爾姆私藏了屬於大主教職位的共有財產。這引起了極大的爭議，尤其是在這個節骨眼上，羅馬恰好還有兩位意見不同的教皇：二人都認為自己才是真正的、獨一無二的教皇。最後，熟知紅髮國王脾氣的安塞爾姆知道自己在英格蘭性命難保，他乾脆主動請命再次回到海外。國王高高興興地答應了，因為安塞爾姆一走，他就能將坎特伯雷的財產一點一點地收進自己的口袋裡了。

通過這種手段，再加上強壓在英格蘭人民身上的苛捐雜稅，紅髮國王變得非常富有。不管為了什麼，只要他需要錢，他都能找到集資的方法，全然不在乎這些方法是否公道，也不在乎人民是否為此痛苦。為了能從羅貝爾手裡買下諾曼第五年的使用期，他加重了稅收，硬逼著每個修道院賣掉盤子和其他財物，用來支持這樁買賣。但在鎮壓反抗這方面，國王可謂又快又狠，一點也不亞於他集資時所展示出的鐵腕手段。當一些諾曼人拒絕就這麼被賣掉的時候(他們當然會反對)，魯弗斯帶著軍隊將他們打得潰不成軍，其速度和強度一點也不輸於他父親。他極其缺乏耐心，以至於他敢頂著狂風出海去諾曼第。當水手們警告他在這種惡劣的天氣裡出海非常危險時，他不屑一顧地回答道：「起帆出發！你聽說過有哪個國王是溺死的嗎？」

您可能好奇，為什麼凡事都不經過大腦的羅貝爾要賣掉自己的領土呢？事情是這樣的。對很多英格蘭人民來說，去耶路撒冷朝聖是一個古老的傳統；這樣他們就能在救世主耶穌的墳邊祈禱了。然而當時耶路撒冷屬於土耳其人，土耳其人則痛恨基督教，所以這些基督徒旅者常常遭到侮辱和虐待。朝聖者們忍耐了一段時間，但後來來了一個不尋常的傢伙，人稱隱士彼特[12]。憑藉超常的口才和熱情，他開始在多個地區佈道，將土耳其人描述得邪惡異常，還說作為一個虔誠的基督徒，他們應當把救世主的墳墓搶回來，將那些異教徒逐出聖地。就這樣，他掀起了一陣前所未有的狂熱情緒。成千上萬的人，不管是王公貴族還是平民百姓，紛紛衝向耶路撒冷向土耳其人宣戰。在歷史上，這場戰爭被稱為第一次十字軍東征[13]；而每一個東征士兵都在右肩上佩戴一個十字架。

但並不是所有的東征士兵都是虔誠的基督徒。他們之中大多數人無家可歸、不安分、浪蕩，或者渴望冒險——這是那個時代的精神。他們參與東征的理由五花八門：一些人渴望改變；一些人想奪取戰利品；一些人是因為他們本來也沒有別的事情可做；一些是因為他們習慣對僧侶言聽計從；一些人想藉機見識一下其他的國家；還有一些人純粹是因為他們喜歡打人，打基督徒和土耳其人對他們來說都一樣。至於諾曼第的羅貝爾，他的動機可能各占一點，不過當然，也包括一個美好的願望：使得以後的基督徒朝聖者免受土耳其人的騷擾。所以，他打算集結一大批人馬去參加十字軍東征。但這意味著大量的金錢；而羅貝爾沒有，所以他就要把諾曼第賣給弟弟，為期五年。就這樣，有了這筆鉅資，羅貝爾得以為自己的東征士兵們提供精良的裝備，然後帶著一支強大的軍隊浩浩蕩蕩地向耶路撒冷出發。喜歡壓榨錢財的紅髮國王則留在家裡，想方設法從諾曼第和英格蘭榨取更多的金錢。

在經歷了三年的艱難險阻之後——包括船隻失事、穿越陌生的土地、在沙漠滾燙的黃沙中忍耐饑渴和高燒，以及土耳其人的憤怒，英勇的十字軍們終於奪回了救世主的墳墓。土耳其人依然頑強地反抗並戰鬥著，但十字軍所獲的成功鼓勵了更多的歐洲人參與東征。另一位強大的法蘭西公爵也打算效仿羅貝爾，將領地賣給富有的紅髮國王，然而就在這個時候，國王的統治突然發生了戲劇般的變化和終結。

讀者們應該還記得新森林吧？沒錯，就是由「征服者」威廉建造、迫使很多人流離失所怨聲載道的那片林子。森林法的嚴酷，和它造成的疾苦和死亡，加深了人們對它的痛恨。那些可憐的、受到迫害的鄉下人相信新森林被施了魔法。他們說，在風雨交加電閃雷鳴的深夜裡，惡魔就會現身，在清冷的林子裡緩緩移動。他們還說，諾曼獵人們曾見到一個凶兆，它預言紅髮國王將死在森林中，作為對他暴政的懲罰。而現在，在五月明媚的陽光下，就在國王的統治馬上滿十三年的時候，另一位繼承了「征服者」血統的王子——另一位諾曼第的里夏爾，羅貝爾公爵的兒子——被一支箭射中，死在了這片恐怖的森林之中。不過人們說這並不是最後一次；這片森林還將見證一次死亡。

那是一片孤獨的森林，因其創造者的種種暴行而被人們詛咒。除了國王，他的宮廷大臣和獵人，沒有人願意在裡面閒逛。然而在現實中，它和其他森林並沒有什麼區別。春天，林中的綠葉抽絲發芽；夏天，鬱鬱蔥蔥的樹木投下一片片涼爽的陰影；而在冬天，萬物凋零，殘枝落葉堆在棕色的苔蘚上。一些樹看起來很高貴，長得又高又大；另一些則自己倒在地上。一些樹木倒在林務官的斧頭下；一些已經空了，而兔子在樹根下挖了地洞；還有少數被閃電擊中，只剩下光禿禿的蒼白枝幹。有一些山坡被茂盛的蕨類植物覆蓋，清晨時葉子上的露珠閃爍著美麗的光芒。林中還有不少小溪，鹿會到那裡喝水；有時它們成群結隊地跳過溪水，飛身躲避獵人的箭雨。林中不乏陽光充足的空地，但也有不少陽光照不透枝葉的陰冷之地。新森林中鳥兒清脆的叫聲遠比外面戰爭的廝殺聲要悅耳得多。的確，紅髮國王和他的王公大臣們時不時擾亂森林的安靜，他們大聲喧嘩、快馬奔騰，除此之外還有馬鐙、馬鞍、刀子和匕首相互碰撞的噪音，但即使這樣，他們對森林造成的傷害，也要比他們對英格蘭和諾曼人民造成的傷害輕多了；而牡鹿的一生——包括死亡——也比人類的容易多了。

八月的一天，紅髮國王帶著大隊人馬來新森林裡狩獵。「好學者」亨利也在其中，因為那時國王已經和他冰釋前嫌。他們個個都興高采烈，並在馬爾伍德——一座林中小屋過夜，不但享用了豐盛的晚餐和早餐，還喝了很多葡萄酒。按照當時打獵的習慣，這群人兵分幾路。國王只帶了沃爾特．蒂勒爾爵士[14]，因為他是一個有名的獵人。在那日他們上馬之前，國王還賜給他兩支製作精良的弓箭。

國王與沃爾特．蒂勒爾爵士一起騎著馬，帶著獵犬狩獵——殊不知，這是人們最後一次見到國王。

當一個窮苦的燒炭人趕著車經過森林時，天已經入夜。他無意發現了一具孤零零的死屍，胸口中了一箭，鮮血還沒完全凝固。於是他把屍體拖到車上。這就是國王，跟著車子上下顛簸，紅色的鬍子上沾滿白色的石灰和凝結的血塊。第二天，燒炭人將它送到了溫徹斯特教堂；它就被葬在了那裡。

至於沃爾特．蒂勒爾爵士，他連夜逃到了諾曼第並取得了法蘭西國王的保護。他發誓說，當他們一起狩獵時，紅髮國王突然被一支不知從哪來的箭射中而亡；而他害怕被誤認做謀害國王的兇手，當即快馬加鞭逃到了海邊。然而還有一些人聲稱，日落前夕，國王和沃爾特．蒂勒爾爵士遇到了一匹鹿，而他們二人恰好面對面站在樹叢裡。國王拔出弓瞄準，不料弓弦卻突然斷了，於是他大聲喊道：「射啊，沃爾特，快射！」沃爾特爵士照辦了，可箭卻在蹭到一棵樹之後偏離了軌道；它沒射中鹿，卻射中了國王。國王跌下馬，咽了氣。

到底是誰殺了紅髮國王呢？那支箭——不管是意外還是在計畫之中——又是被誰射出的呢？恐怕只有上帝才知道答案。有些人認為他弟弟是主謀，但國王樹敵無數，包括教士和普通百姓，所以犯人只是個普通人，那也在情理之中。總之，人們只知道他死在新森林裡——在人們心目中，那裡是「征服者」後代的厄運之地。

1 溫徹斯特（Winchester），漢普郡郡治，曾在盎格魯—撒克遜時期作為韋塞克斯王朝的首都，直到諾曼入侵之後才遷都倫敦。

2 森林法（Forest Laws），由征服者威廉立下的一系列法律，意在保護森林中的獵物和它們的棲息地。

3 羅徹斯特（Rochester），位於東南英格蘭肯特郡的單一行政區，因坐落在梅德韋河和泰晤士河的交匯處而成了一座軍事要地。

4 聖米歇爾山（Mont Saint—Michel），位於法蘭西諾曼第境地的一座潮汐島，距離海岸只有一千公尺，海拔九十二公尺；自從西元八世紀起，上面就被建造了以大天使聖米迦勒（或聖米歇爾）為名的修道院；在英格蘭康沃爾郡也有一座名為「聖米歇爾山」（Saint Michael's Mount）的潮汐島與之類似，勿將二者混淆。

5 瑪律科姆三世（Malcolm III，卒於一〇九三年），於一〇五八年起作為國王統治蘇格蘭；他的妻子是埃德加的妹妹瑪格麗特（詳見第八章注釋三），在埃德加逃亡蘇格蘭之後，曾率軍南下攻打紐卡斯特爾；最終與一〇九三年在靠近英蘇邊界的阿尼克（Alnwick）之戰中被殺；同時陣亡的還有他和瑪格麗特的兒子愛德華。

6 羅貝爾・德・莫佈雷（Robert de Mowbray，卒於一一二五），諾曼人，於一〇八六年起成為諾森伯蘭伯爵，一〇八八年曾在魯弗斯與諾曼第的羅貝爾的征戰中支持羅貝爾，但最終得以保持伯爵爵位；一〇九三年在阿尼克之戰中戰勝並殺死蘇格蘭國王瑪律科姆；一〇九六年起策劃謀反失敗，被剝奪全部財產和稱號後打入監牢。

7 歐馬勒的斯蒂芬（Stephen of Aumale，約一〇七〇—一一二七），歐馬勒伯爵，他的母親阿德萊德是征服者威廉的妹妹（生於一〇三〇年，一說同父同母，又有說是同父異母）；在莫佈雷謀反失敗之後，斯蒂芬也被監禁，但最終設法逃離了英格蘭；他最終於一一一九年向亨利一世投降。

8 溫莎堡(Windsor Castle),位於英格蘭伯克郡的英國王室居所;部分城堡可追溯到十一世紀,由「征服者」威廉修建。

9 雖然狄更斯聲稱莫佈雷死在監牢裡,但當時的盎格魯—諾曼歷史學家奧德里克·維塔利斯(Orderic Vitalis,一〇七五—一一四二)以及十七世紀英格蘭歷史學家威廉·達格代爾卻聲稱莫佈雷最終被釋放,並成為了聖奧爾本斯教堂的一名僧人。

10 「縱火者」拉爾夫(Ralph Flambard,一〇六〇—一一二八),法國貝葉地區的一個教士的兒子,從征服者威廉時期便開始服侍英格蘭國王;是威廉·魯弗斯的親信,被任命為達勒姆主教。

11 坎特伯雷的聖安塞爾姆(Saint Anselm of Canterbury,約一〇三三—一一〇九),一〇九三至一一〇九年任坎特伯雷大主教,是一位優秀的哲學家和神學家,是經院哲學的創始人,將本體論證明引入到中世紀神學之中;最有名的作品為《獨白》和《論據》,他在這兩部作品中討論了上帝的存在。

12 隱士彼特(Peter the Hermit,約一〇五〇—一一一五),來自法國亞眠的教士,一〇九六年之前曾試圖去耶路撒冷朝聖,卻在半途中被土耳其人擒獲並慘遭折磨;之後他便在法國地區佈道,他自己的經歷也在其中起了很大作用;他被一些歷史學家認為是第一次十字軍東征的始作俑者。

13 第一次十字軍東征(the First Crusade),一〇九六—一〇九九,於一〇九五年末由教皇烏爾班二世發起,作為對東羅馬帝國皇帝求援的回應;以一〇九九年攻陷耶路撒冷而告終。

14 沃爾特·蒂勒爾爵士(Sir Walter Tyrrel,一〇六五—一一〇〇以後),生於肯特郡的盎格魯—諾曼貴族,在法國皮卡第地區普瓦和英格蘭埃塞克斯的蘭厄姆均有地產;在那次狩獵中,他本要射殺一頭逃走的鹿,卻誤傷了英格蘭國王;事後他逃到了法國。

第十章「好學者」亨利一世統治下的英格蘭

得知紅髮國王的死訊之後，我們的「好學者」一刻也不敢耽擱，他仿照紅髮國王當年的舉動，也馬不停蹄地趕到溫徹斯特，先將王室國庫據為己有。但司庫當時也在狩獵的隊伍裡，得知消息之後，他也火速奔向溫徹斯特，幾乎和亨利同時到達。他拒絕將鑰匙交給亨利，於是「好學者」一怒之下抽出長劍，揚言要殺了司庫。司庫原本打算誓死抵抗，以證明自己的忠心，可當他發現王子背後還藏著一群實力強大、口口聲聲要立亨利為王的貴族時，他只得讓步。最終，他乖乖交出了錢財和王家珠寶。於是，就在紅髮國王駕崩的第三天——那恰好是個禮拜日——亨利就站在威斯敏斯特大教堂的祭壇之前，發誓會將他哥哥奪走的教會財產完璧歸趙。對貴族，他發誓要對他們坦誠相待；對平民，他則許諾會恢復「懺悔者」愛德華時期的法律，但同時也會保留征服者威廉的改良措施。就這樣，國王亨利一世的時代拉開了帷幕。

亨利在人民中的聲望很高，因為他不但經歷過疾苦，而且還是個土生土長的英格蘭人而非諾曼人。為此，為了順應民心，國王決定迎娶一位英格蘭新娘；最好的人選無外乎是蘇格蘭的瑪蒂爾德[1]。雖然這位善良的公主並不愛國王，但貴族們勸告她說，這場聯姻象徵著諾曼和撒克遜兩族的結合，能夠阻止更多的仇恨和血戰，而且這一切都將算作她的功勞。於是，公主被說動了，同意嫁給亨利為妻。但這場聯姻也不是一帆風順：公主年輕時曾在一所修道院待過，並宣過誓要留在那兒做修女；這在教士中掀起了一場激烈的討論，因為如果這是真的，公主的婚姻就是不合法的。對此公主也做出了回應：據她說，當她住在修道院裡時，她的姑姑的確曾將一塊修女的黑色面紗蓋在她頭上，但她這樣做的唯一原因是為了保護她不被好色的諾曼人騷擾，絕非是真的要做一個修女。最終，教士們同意她可以結婚，並讓她成為了英格蘭王后。她的確是一位好王后：美麗，善良；國王根本配不上她。

我之所以這麼說，是因為儘管國王聰明堅定，但也是個奸詐狡猾的小人。他不守信用，為了達到目的可以不擇手段。這些從他對待羅貝爾的方式上就能看出來了。當年亨利被圍困在聖米歇爾城堡、眼睜睜地看著成群的烏鴉在空中徘徊時，就是羅貝爾用清水和酒為他解了燃眉之急；而紅髮國王寧願看著他渴死。

不過在對付羅貝爾之前，國王先剷除了紅髮國王所有的親信——反正這些人大多品德敗壞，被人民憎恨。其中就包括「縱火者」拉爾夫——他被上一個國王委任為特勒姆主教，卻被現任國王囚禁在倫敦塔裡。不過「縱火者」是個幽默風趣的人，他很快就和守衛們打成一片。於是，當一條長繩被藏在酒桶底部送進他的牢房時，守衛們都假裝什麼都沒看到。衛兵們喝了酒，拉爾夫則拿到了繩子。夜深人靜的時候，他從窗戶裡逃了出來，想方設法混上一艘船，最終逃到了諾曼第。

當亨利取得王位的時候，羅貝爾正在耶路撒冷，所以亨利乾脆散出傳言，說羅貝爾在東方做了國王；而鑒於羅貝爾去了那麼久都沒回來，無知的人們也就相信了亨利的說法。然而，就在亨利當了一段時間國王之後，羅貝爾回到諾曼第老家了。從耶路撒冷回來的路上，他又繞道去義大利享受那裡的美景，還順便帶回一個漂亮老婆[2]！在諾曼第，他發現「縱火者」早就在那等著了；拉爾夫教唆羅貝爾對亨利宣戰，以奪回英格蘭王位。羅貝爾最終首肯，但那也是與他美麗的義大利老婆過了一段花天酒地的日子之後的事情了。雖說很多諾曼人都支持羅貝爾，但英格蘭人民基本都與亨利站在同一個陣營裡。不過英格蘭水手除外：他們背棄了國王，帶著大批艦隊投靠了諾曼第，所以羅貝爾入侵時就帶著英格蘭本土的艦隊。但是偉大的安塞爾姆卻堅決地站在亨利這一邊——如今他被亨利請了回來，繼續做坎特伯雷大主教。國王的支持者們實在太強大，以至於他們竟然沒打起仗來，反而簽訂了和平條約。可憐的羅貝爾一向好騙，他竟然相信了自己的弟弟。根據條約，只要羅貝爾所有的追隨者們都將得到國王的寬恕，而且亨利肯給他一筆津貼，公爵就打道回府。國王信誓旦旦地答應了，可是羅貝爾才剛回到家，亨利就開始著手懲罰這些追隨者。這其中就包括什魯斯伯里伯爵[3]。當國王要求他出庭為四十五項指控辯護的時候，他騎馬逃到自己最堅固的一座城堡裡面，召集起軍隊，想靠武力獲取自由。可他最終失敗了，落得被亨利流放的下場。但是羅貝爾呢——雖然也不是什麼好人——卻至少是個講信用的人：當他聽說這位伯爵在英格蘭反抗亨利時，他就出兵毀掉了伯爵在諾曼第的財產，以此向亨利證明他的誠意。直到一段時間之後，羅貝爾才知道原來伯爵唯一的罪行竟是與自己交好。於是，羅貝爾連想都沒想就跑到了英格蘭找亨利抗議，並提醒他遵從曾經的諾言。

哥哥的盲目信任本應該讓假情假意的國王感到羞愧，可事實上卻沒有。亨利表面上熱情友好，可背地裡卻在羅貝爾身邊安插了很多奸細、設計了很多陷阱，所以被亨利控制的羅貝爾只得放棄津貼，然後趕緊逃回到諾曼第保命。這一趟旅程讓他徹底認清了自己的弟弟，於是他自然而然地與老朋友什魯斯伯里伯爵統一了戰線；後者在諾曼第境內依然擁有三十座城堡。這正中亨利的下懷。以此為契機，他立刻宣佈羅貝爾打破了條約，並在第二年出兵諾曼第。

亨利打著應邀來解放諾曼人的幌子，聲稱要把他們從哥哥的暴政中解救出來。不過的確，說羅貝爾的統治是暴政也不是空穴來風：他美麗的妻子死了，只為他留下一個男嬰；宮廷再次變得雜亂無章分崩離析，據說有時他甚至因為沒有衣服而不得不在床上躺一天——所有衣服都被他的侍從偷走了。但打仗的時候，他依然趾高氣昂地指揮著軍隊，就像一個勇敢的王子和英勇的士兵一樣，即使他最後還是同旗下四百名騎士，一起淪為亨利國王的階下囚。這其中就有可憐的埃德加．阿塞林；他和亨利無冤無仇，只不過是和羅貝爾關係很好罷了。埃德加沒那麼重要，所以亨利倒也沒有嚴懲他，相反，他還給了他一小筆津貼。靠著這點財產，埃德加在英格蘭寧靜的田野和山林中平靜地度過了餘生。

至於羅貝爾——哦，我們可憐、大方、奢侈、不拘小節的羅貝爾，縱使他有萬般過錯，但他還有成為一個更好、更快樂的人的潛質。可現在呢？他又怎麼樣了？如果國王能大度一點，和顏悅色地對他說：「哥哥，請你當著這些貴族的面發誓，你願意從現在起做我忠誠的追隨者，再也不起來反抗我或者我的軍隊！」那樣的話，亨利絕對不用擔心羅貝爾會食言。可惜國王不是那麼寬宏大量的人，相反，他將哥哥終生監禁在一座王家城堡裡。一開始，他還准許羅貝爾在衛兵的陪同下騎馬外出。然而有一天，羅貝爾甩開衛兵，一個人騎馬跑了出去。但他運氣很糟糕：他不慎進入了一片沼澤，馬兒陷在裡面動彈不得，而他本人也被擒獲。當國王得知這件事時，便下令弄瞎他的雙眼；於是國王的部下就把一塊燒紅的烙鐵放在了羅貝爾的眼睛上。

就這樣，在隨後的許多年裡，羅貝爾在黑暗和監牢之中，開始反思他的一生：他所浪費的時間、揮霍的財富、失去的良機、荒廢的青春，和未得到開發的天賦。有時，特別是在秋日晴朗的早晨，他會憶起在森林中自由自在地狩獵的日子——那時他總是非常積極、非常愉快！有時，在寂靜的夜晚，他會醒來，哀悼被自己浪費在賭桌前的無數夜晚。有時，在憂鬱的風聲中，他似乎又聽到樂師們古老的歌謠；在黑暗中，失明的他他似乎又看到諾曼宮廷中輝煌的燈火。無數次，他循著記憶回到耶路撒冷——他曾在那裡立下赫赫戰功；或回到義大利，當他頭戴裝飾著羽毛的頭盔，率領著軍隊，對迎接他的歡呼聲點頭致意；或者回到了藍色海洋的岸邊，和他可愛的妻子在一起。然後，他就會想起她孤獨的墳墓，和失去雙親的幼子。一想到這裡，他會伸出雙臂，失聲痛哭。

最終，他死在了牢獄之中。他的臉上帶著醜陋可怖的傷痕；獄卒們用繃帶蒙住了他的眼睛，因為他們不想看到他眼瞼上的傷疤，可是上天並不會因此移開視線——它注視著他，注視著這個八十歲高齡的疲憊老人。這就是諾曼第的羅貝爾！願上天可憐他！

在諾曼第的羅貝爾被弟弟囚禁的時候，他年幼的兒子只有五歲[4]。這個孩子也被抓住，哭著喊著被帶到國王面前，因為就算再年幼無知，他也知道懼怕他身份高貴的叔叔。同情弱者本不是國王的習慣，但他的鐵石心腸似乎在這個男孩面前軟了下來。他努力做出一副友善的樣子，生怕讓人誤以為他很殘酷，然後他下令將孩子送走。一個娶了羅貝爾女兒為妻（她的名字是聖桑的埃利）[5]的男爵收養了男孩，對他萬般疼愛。然而國王的善心沒持續多久；才過了不到兩年，他便派人去這位男爵的城堡，要強行帶走孩子。男爵那時並不在城堡裡，但他忠誠的僕人帶著熟睡的孩子逃走並將他藏了起來。當男爵回來得知國王的所作所為之後，他便帶著孩子遠走他鄉，從一個宮廷流落到另一個宮廷。每到一處，他便宣稱這個孩子才是英格蘭王位的合法繼承人，而如果不是僥倖逃脫的話，他殘酷的叔叔一定會為此謀殺了他。小威廉．費茲—羅貝爾（這是他的名字）[6]的年幼和無辜為他贏得了不少朋友。當他長大成人的時候，法蘭西國王聯合了安茹和佛蘭德兩位伯爵，幫著小威廉對抗英格蘭國王；他們搶佔了不少亨利在諾曼第的城堡和城鎮。然而詭計多端的亨利國王用金錢、權利和許諾收買了威廉的一些朋友：比如對安茹伯爵，亨利許諾自己的長子——也叫威廉——會迎娶伯爵的女兒。的確，如今在國王看來，他的安危全取決於這種「買賣」，而他恰好又深信每個人都會因為一些東西而放棄自己的誠信和榮耀（不光是他，很多國王都這麼認為，包括不久之前的一位法蘭西國王）。畢竟，他是那麼懼怕羅貝爾之子，以至於在很長的一段時間裡，他一直認為自己有生命危險，所以即便在戒備森嚴的宮殿裡，如果枕邊不放著劍和盾的話，亨利絕對不敢睡覺。

為了鞏固自己的權力，國王將他年僅八歲的長女瑪蒂爾達[7]許配給德國皇帝亨利五世

[8]。為了湊齊她的嫁妝，他變本加厲地徵收稅務壓榨人民，但很快就用一次隆重的遊行重新討回了人民的歡心。之後，他風風光光地將瑪蒂爾達交給了德國使節，好讓她能在未婚夫的國家接受教育。

如今亨利的王后——善良的瑪蒂爾德——也去世了。一想到這位溫柔女士，我就覺得傷心，因為當她同意與這個她並不愛的男人結婚時，她曾衷心希望自己的婚姻能為諾曼人和英格蘭人帶來和平；可這個希望卻化為烏有。即使在她去世的那個時刻，英格蘭依然陷在與諾曼第乃至全法蘭西的戰爭之中。而這一切全是她丈夫的功勞：當亨利感到危險已經過去之後，他便棄了之前收買法蘭西貴族時許下的諾言；所以這些權貴自然就聯合起來對他宣戰。但戰爭只持續一小段時間，而且除了倒楣的平民百姓之外也沒傷及其他人（反正不管怎麼樣，受苦的往往都是這些百姓）。這時，亨利又開始用諾言和金錢賄賂收買敵人。通過這種方式，再加上教皇的協助——因為「仁慈的」教皇總會盡他所能避免流血衝突——和無數次莊嚴的宣誓保證這次一定會恪守諾言，國王再次得到了和平。

這個和平的結果之一就是，國王帶著長子威廉王子和一大群隨從浩浩蕩蕩地去了諾曼第，好讓諾曼貴族接受王子繼承人的身份，還順便解除了王子和安茹伯爵的女兒的婚約（這只是國王反悔的眾多許諾中的一個）。這些都順利地完成了，一切都沉浸在虛假的歡聲笑語之中。在一一二〇年十一月二十五日，這一大群人來到巴夫勒爾[9]的港口，準備起航返回英格蘭。

就在這一天、在這個地方，一個名叫費茲—斯蒂芬的船長來到國王面前，說道：

「陛下，我的父親一生都在海上效忠於您的父親。他曾經駕駛過那艘船頭裝飾著金色男孩雕塑的大船，也就是您父親前來征服英格蘭時坐著的那艘船。所以我請求您能給我一個同樣的機會。我有一艘很棒的船停在港灣裡，她名叫『白舟』，由五十名幹練的水手負責。我請求您，陛下，就讓我——您忠實的僕人，用她載您回英格蘭吧！」

「抱歉，朋友，」國王回答道，「我已經選好了我的船，所以我沒辦法和為我父親效力之人的兒子一同航行了。但王子和他的隨從將和你一起，乘坐這艘美麗的、擁有五十名優秀水手的『白舟』。」

一兩個小時之後，和其他的船隻一起，國王坐著他選的那艘船出了海。整夜，海上都風平浪靜，清晨一到他們就看到了英格蘭的海岸線。然而，就在那一夜，幾艘船上的人卻聽到海上隱約傳來了喊叫，他們好奇那是什麼。

這個時候，王子已經十八歲了。他可是一個浪蕩子，對英格蘭人民沒有半點好感。他甚至曾說過，等他當上了國王，他就會把他們像牛一樣套在犁上。他上了「白舟」，還帶著一百四十個像他一樣的貴族子弟，其中還包括十八個身份尊貴的貴夫人。他們，再加上他們的僕人和五十名水手，使得船上乘客的人數達到了三百個。

「費茲—斯蒂芬，賞三桶酒給那五十個能幹的水手！」王子說道，「國王陛下、我的父親已經駛出港口了。如果想和他們同時到達英格蘭，我們還能在這裡享樂多長時間？」

「王子殿下！」費茲—斯蒂芬答道，「就算我們午夜起航，天明之前我們也能到！我的五十名水手和船，一定能追上您父親最快的船！」

於是王子下令讓他們玩樂在先；那些水手也喝光了整整三桶葡萄酒。在「白舟」的甲板上，王子和其他貴族一起，在月光下跳舞。

結果，等船終於駛出巴夫勒爾港口時，船上的水手沒有一個是清醒的。但他們依舊升起來船帆，賣力地劃動船槳；費茲—斯蒂芬則負責掌舵。年輕的貴族子弟和美麗的小姐們一起，舒服地裹在色彩鮮豔的溫暖斗篷裡，在船上愉快地聊天、歡笑，還唱起了歌。王子還讓水手賭上「白舟」的榮譽，划得快一些。

突然一聲巨響傳來！船上的人群裡也爆發出一聲驚恐的喊叫——這就是遠處船上的人們聽到的聲音。「白舟」撞到了一片礁石上。海水迅速地湧了進來，船急速地沉了下去！

費茲—斯蒂芬急忙把王子和幾個貴族送上一艘小船。「快走，」他輕聲說道，「使勁朝著陸地的方向划。已經不遠了，而且海上很平靜。至於我們這些人，恐怕只有死路一條。」

然而，他們才剛離開下沉的船，王子就聽到他小妹妹瑪麗——佩爾什女伯爵[10]呼救的聲音。於是王子做了一件他這輩子從未做過的好事。他生氣地喊道：「掉頭！管它有沒有危險，我不能就這樣扔下她！」

他們只得划了回去。就在王子伸出手抓住他妹妹的時候，船上的人爭先恐後地跳上小艇。小艇承受不了翻覆了。而正是這時，「白舟」也沉了下去。

最後只有兩個人還留在海面上。他們一起抓住一塊從桅杆上斷裂的帆桁，勉強支撐著自己。他們互相問起對方的身份。「我是個貴族，」一個說，「名叫戈弗雷，是艾格勒的吉貝爾的兒子[11]。你呢？」「我是貝羅爾德，」另一個答道，「只是個盧昂的屠夫。」然後，他們一起祈禱道：「願上帝對我們施以仁慈！」就這樣，在這個十一月的不幸夜晚，他們漂浮在冰冷的海面上，互相鼓勵著對方。

過了一會兒，有一個人遊了過來。當他將濕漉漉的長髮捋到腦後的時候，他們認出來這就是費茲—斯蒂芬。「王子呢？」船長焦急地問。「死了！死了！」另外兩個人一同喊道，「他，他的弟弟妹妹，國王的侄女，還有她的兄弟，他們都死了！這三百個人，不管是平民還是貴族，沒一個倖存的！只有我們三個還浮在水面上！」聽到這些，費茲—斯蒂芬的臉色一下子變得蒼白起來，他喊道：「啊！不幸的我！」然後，自知沒有顏面面對王國，他便放棄掙扎，自己沉了下去。

其他兩人又抓著帆桁堅持了幾個小時。最終，年輕的貴族堅持不住了，他虛弱地說：

「我累壞了，而且凍得要死。我堅持不下去了。永別了，朋友！願上帝保佑你！」說罷，他就鬆開手，沉到海裡。於是，在這群滿是顯貴之流的乘客裡面，只有一個窮困的盧昂屠夫活了下來。第二天一早，一些漁夫發現他穿著羊皮襖浮在水裡，便將他拖上了船。他是這場悲劇的唯一見證人。

整整三天，沒有一個人敢告訴國王這個消息。最後，他們將一個小男孩送到國王面前；男孩大哭著，跪在國王腳邊，對他訴說了「白舟」的慘劇和王子的死訊。國王像個死人一樣癱倒在地；從那之後，再也沒有人見他笑過。

但他設計陰謀、空頭許諾、賄賂和收買的習慣沒有變。生怕死後無嗣（「王子再也沒法讓我們拉犁耕地了！」英國人民說），亨利又娶了一個老婆——這次是阿德萊或者愛麗絲，一個公爵的女兒，而且還是教皇的侄女[12]。但這次婚姻仍舊沒為亨利帶來子嗣，於是他打算要求所有的貴族宣誓他們會承認公主瑪蒂爾達作為他的繼任者。正好瑪蒂爾達如今已經守了寡，亨利就把她嫁給了安茹公爵的長子傑佛瑞[13]。他的姓氏叫普朗塔熱內（Plantagenet），綽號金雀花，因為他總是在帽子上別一支盛開的小花（這在法語裡的讀音是「熱內（Genêt）」）而不是羽毛。物以類聚，一個虛偽的國王手下總會有許多虛偽的朝臣。

於是，儘管沒有一個人打算恪守，所有的貴族還是都發了誓——兩次——會擁護瑪蒂爾達和她的後代。這時候，國王的心腹大患——威廉・費茲—羅貝爾——也因為手臂被長矛刺傷，死在法蘭西的聖奧梅爾[14]，得年只有二十六歲。瑪蒂爾達又生下了三個兒子，這讓亨利鬆了一口氣；他覺得再也不用擔心沒人繼位的問題了。

為了離瑪蒂爾達更近一些，亨利的後半生大多在諾曼第度過；不過他的生活裡依然充斥著各種家庭矛盾和爭吵。在他統治的第三十五年，也就是他六十七歲這一年，他因消化疾病和高燒而死。這是因為他在身體原本就不好的情況下，還不聽醫生告誡，吃了一種名叫七鰓鰻的魚。他的屍體被送到雷丁修道院[15]，葬在了那裡。

也許，正如你可能聽到的那樣，有些人稱國王亨利一世的狡猾和背信棄義為「政策」，還有些人說這些叫「外交手段」。但不管怎麼樣，這兩個詞所指的都不是真實的東西，而所有不真實的東西都不會是好東西。

據我所知，他唯一的優點就是好學。如果他能赦免某一個曾淪為階下囚的詩人兼騎士的話，我或許還能為此再多誇他幾句。但他沒有，相反，他下令挖出了詩人的雙眼，因為詩人曾經在詩中嘲笑他。後來，這位詩人不堪忍受酷刑，一頭撞在監獄的牆上自盡了。總之，亨利一世貪婪、有仇必報，而且還特別虛偽；我想，像他這麼不可信的人，這世界上恐怕也找不到第二個了。

1 蘇格蘭的瑪蒂爾德（Matilda of Scotland，英文簡稱為Maud，約一〇八〇—一一一八）是蘇格蘭國王瑪律科姆三世（Malcolm III）與他第二任妻子瑪格麗特的女兒；於一一〇〇年嫁給亨利一世，被坎特伯雷大主教安塞爾姆加冕為英格蘭王后。

2 這裡指的是孔韋爾薩諾的茜比拉（Sybilla of Conversano，卒於一一〇三），是孔韋爾薩諾伯爵的女兒；她與羅貝爾育有一子威廉・克利托，但她卻在生育不久之後去世了。

3 這裡指第三任什魯斯伯里伯爵及蓬提厄伯爵羅貝爾・德・貝萊姆（Robert de Bellême，約一〇五六—一一三〇之後），他是王位之爭中一個關鍵的人物，站在諾曼第的羅貝爾那一邊；為此，亨利一世剝奪了他的爵位和財產。

4 也有說法是三歲。

5 聖桑的埃利（Helie of Saint—Saens，卒於一一二八），諾曼第公爵羅貝爾的私生女；為了收買敵人，羅貝爾將她嫁給了聖桑的埃利亞斯——一位強大的男爵，曾經在王位之爭中支持威廉・魯弗斯；當亨利下令帶走羅貝爾的兒子威廉・克利托時，埃利亞斯設法帶他逃了出去，並在佛蘭德伯爵鮑德溫七世處尋得保護。

6 這裡依然指的威廉・克利托（William Clito，一一〇二—一一二八），費茲—羅貝爾（Fitz—Robert）來自法語fils—Robert，意為「羅貝爾的兒子」。克利托（Clito）則是一個拉丁語名詞，與盎格魯—撒克遜語言中的阿塞林（Ætheling）對應，有「王子」、「具王室血脈之人」的意思。

7 瑪蒂爾達（Matilda，一一〇二—一一六七）是亨利一世兩個合法子嗣之一，後在弟弟死後成為英格蘭王位的合法繼承人；她先被許配給德國國王、神聖羅馬帝國皇帝亨利五世，又在亨利死後被嫁給安茹伯爵，兩人誕下未來的亨利二世；在亨利一世死後，瑪蒂爾達曾短暫地統治過英格蘭，雖然她從未被加冕過，但她卻是英格蘭歷史上第一位女性統治者。

8 德意志的亨利五世（Henry V of Germany，一〇八六—一一二五），德意志國王，神聖羅馬帝國皇帝，是法蘭克尼亞王朝／薩利安王朝最後一位統治者；於一一一四年正式迎娶瑪蒂爾達，但兩人並無子嗣。

9 巴夫勒爾（Barfleur），位於法國西北部下諾曼第大區，在中世紀時是去往英格蘭的主要港口之一。

10 佩爾什女伯爵瑪麗，這裡指的是馬蒂爾德・菲茲羅伊（Matilda Fitz—Roy，卒於一一二〇），其姓氏來自法語的 fils／fille—roi，意為「王女」，是亨利一世眾多私生女之一。

11 艾格勒男爵（Gilbert de L'Aigle，一〇七三—一一一八），來自法國西北下諾曼第地區。根據盎格魯—諾曼歷史學家奧德里克・維塔利斯（Orderic Vitalis，約一〇七五—一一四二），他有一個兒子戈弗雷死於「白舟」事故當中，他的一個女兒瑪格麗特則成為那瓦勒王后。

12 勒芬的阿德萊（Adelais of Louvain，也拼寫為 Adeliza、Adelicia、Adela 和 Aleidis，約一一〇三—一一五一），是勒芬伯爵、洛林公國公爵的女兒，於一一二一年嫁給亨利一世成為英格蘭王后。

13 傑佛瑞・金雀花（Geoffrey Plantagenet，一一一三—一一五一），繼承了安茹、圖賴訥和曼恩公爵爵位，又於一一四四年征服了諾曼第成為諾曼第公爵；於一一二八年迎娶亨利一世的女兒瑪蒂爾達，前神聖羅馬帝國皇后，兩人育有三個兒子，其中就包括未來的亨利二世。

14 聖奧梅爾（Saint Omer），位於法國最北端的加萊海峽省，靠近法國與比利時的邊境。

15 雷丁修道院（Reading Abbey），位於英格蘭伯克郡雷丁市中心，於一一二一年由亨利一世主持建造。

第十一章 瑪蒂爾達和斯蒂芬統治下的英格蘭

亨利國王一死，他處心積慮多年、用無數謊言織成的計畫就像是黃沙砌成的似的，一下子分崩離析。國王萬萬不會想到，他一直信任的斯蒂芬（編注：亨利一世的外甥）竟會對王位發起進攻。

斯蒂芬的母親是阿德拉[1]，「征服者」威廉之女；她嫁給了布盧瓦伯爵。對斯蒂芬和他的兄弟亨利來說，國王可稱得上相當慷慨大方：他讓亨利做了溫徹斯特主教，又給斯蒂芬尋了一個有錢有地位的老婆。但這些都不能阻止斯蒂芬的野心。他迅速地找到一位老國王的忠僕作為證人，宣稱國王臨死前將他定為繼位者，成功地欺騙坎特伯雷大主教為他行了加冕禮。剛一登基，新國王斯蒂芬便攫住王室寶藏，還從中支出一部分雇了些外國傭兵保障他的安全。

如果那個虛假的證人所言屬實，如果死去的國王真的做過這樣的事的話，那麼他至少還能有那麼一點權力把英格蘭人民列在遺產裡，就像對待牛羊一樣。但事實上，國王早就把所有的領土都遺贈給了瑪蒂爾達。於是瑪蒂爾達便在格洛斯特伯爵羅貝爾[2]的支持下開始爭奪王位。一些強大的貴族和教士選擇了瑪蒂爾達的陣營，另一些則支持斯蒂芬。兩方人馬都鞏固了自己的城堡，而可憐的英格蘭人民則再一起陷入了戰火之中。不管誰贏誰輸，他們都不會得利；相反，他們還是交戰了，雙方搶奪、折磨、使自己陷入挨餓和毀滅。

自從亨利一世死後，五年已經過去了。在這五年裡，英格蘭遭遇了兩次來自蘇格蘭國王大衛[3]的襲擊；不過他最終戰敗了。與此同時，瑪蒂爾達也在她異母哥哥羅貝爾和一支強大軍隊的陪同下來到了英格蘭。兩軍在林肯打了一仗；新國王一直英勇地戰鬥著，直到自己的戰斧和劍都被折斷。他最終被俘，並被送到格洛斯特被嚴加看管起來。於是，瑪蒂爾達便找到了教士，讓他們加冕她為英格蘭女王。

但對於這個新頭銜，她並沒享受多久。倫敦人民很喜歡斯蒂芬，很多貴族也不恥被一個女人統治；再說女王又那麼高傲，樹敵無數。於是，倫敦人民揭竿而起，新的軍隊連同斯蒂芬的舊部屬一起，將她圍困在溫徹斯特，還抓住了她哥哥羅貝爾。要知道，羅貝爾可是她最好的士兵和將軍，所以她很樂意用斯蒂芬做交換。就這樣，斯蒂芬重新獲得了自由，兩人之間漫長的戰爭也再度開打了。有一次，在一個白雪皚皚的嚴冬，馬蒂爾達被圍困在牛津城堡裡，情況十分危急。為了逃跑，她只好帶著三名忠誠的騎士，穿著白色的衣服，在雪地裡步行，穿過了冰凍的泰晤士河。直到走出很遠的距離之後，他們才敢換上馬匹。但瑪蒂爾達所有的努力最終都是白費的，因為就在糾紛還在激烈進行的時候，她的哥哥卻要死了。於是，她只得撤回到諾曼第。

然而，就在兩三年之後，又有人打著瑪蒂爾達的旗號來到了英格蘭，不過這次是她兒子，亨利·金雀花[4]。他那時只有十八歲，但已經非常強大：他母親早已將整個諾曼第交給了他，而且他還娶了法蘭西國王的前妻埃莉諾[5]。

這是一個壞女人，可她在法蘭西擁有一大片領土和財產。國王路易[6]不喜歡這樁婚事，於是他支持斯蒂芬的兒子尤斯塔斯[7]進攻諾曼第。但亨利不但將他們的聯軍打了回去，還趕到英格蘭救援他被斯蒂芬圍困在沃靈福德[8]的支持者們。在這裡，兩支軍隊分別駐紮在泰晤士河兩岸。兩天後，當所有的人都以為一場絕望的戰爭在所難免時，阿倫德爾伯爵[9]終於鼓起勇氣站出來說：「就為了兩位王子的野心，兩個國家就要遭受難以言喻的痛苦；這是非常不理智的。」

一旦有人帶頭，其他貴族也大膽了起來，他們紛紛表示支持伯爵的意見，於是斯蒂芬和年輕的金雀花只得讓步。他們來到岸邊，隔著河做了一個停戰協議。這個結果讓尤斯塔斯非常生氣，於是他帶著一些支持者，一個人跑到貝里——聖埃德蒙修道院[10]搶奪修道院的財產。據說隨後他就瘋了，死在了那裡。停戰後，人們又在溫徹斯特召開了一場莊嚴的會議，決定斯蒂芬將繼續做他的國王，但他必須任命亨利為繼任者。至於國王的小兒子威廉[11]，他只能繼承國王繼位之前的財產和頭銜。除此之外，斯蒂芬必須收回他送給他人的王家土地，他允許修建的城堡則被拆除。就這樣，一場殘酷的戰爭終於結束了。至此，它已經持續了十五年，它的烈焰早已將英格蘭燒成一片荒地。第二年，也就是斯蒂芬動盪統治的第十九個年頭，他死了。

儘管對那個時代來說，斯蒂芬國王算得上是一位具有很多優點的、仁慈謙遜的人；儘管他除了篡位之外沒做過別的壞事（但亨利一世也算得上篡位者，所以斯蒂芬大概也能以此自我安慰一下），但在這可怕的十九年裡，英格蘭人民受到的疾苦比之前任何一個時期都多。貴族們分裂成兩部分，分別支援兩位爭權者。這個被我們稱謂「封建」的體系，則讓農民一生下來就成了貴族的下人和奴隸。就在這種情況下，每個貴族都守在自己堅固的城堡裡，像個殘酷的國王一般統治著周圍的人民。依照貴族的特權，只要他們願意，他們就可以對人民施加各種殘酷的刑罰和政策。在這十九年裡，英格蘭人民所遭受的殘酷待遇可以說是前所未有的。

作家們記錄下了當時的情況，字裡行間都透著恐懼，他們說城堡裡住著的都是魔鬼而不是人；農民無論男女，只要有金銀可供掠奪，就通通被扔進地牢。在那裡，他們被火與焰折磨，被拴著大拇指吊起來，或者頭掛重物、被拴著腳踝吊起來，被尖利的鐵器抽打。他們有時被活活餓死，有時則被放進佈滿尖銳石頭的窄箱子裡，總之被各種殘酷的方式折磨致死。在英格蘭，您找不到一棵穀粒、一片肉、一片乳酪或奶油；這裡沒有耕種過的土地，自然也就沒有豐收。如果您是一個旅人，您每時每刻都要擔心強盜出沒；而且即使走上一整天，您所能看到的也只有灰燼和廢墟；從早到晚，您不會遇到一戶人家。

僧侶們也為此吃了不少苦頭，可他們大多都有自己的城堡，像貴族一樣披掛上陣，並且在戰爭結束之後和其他戰士一起分享戰利品。當國王斯蒂芬拒絕協助教皇（也就是羅馬主教）的野心時，教皇便停了整個英格蘭的教權。這就意味著，他禁止了英格蘭教堂的一切活動：人們不能再參加聖事，不能結婚，不能鳴鐘，也不能埋葬死者。任何一個有權禁止這些事的人，不管他是教皇還是賣家禽的小販，他顯然都有能力影響無數無辜的百姓。好像覺得斯蒂芬統治下的英格蘭還不夠悲慘似的，教皇又做了這麼一個「貢獻」——不過要我說，這跟寡婦的貢獻可有點不一樣。當我們的救世主耶穌面對著國庫、坐在耶路撒冷的聖殿時，「她扔過來兩枚小硬幣，面值也就是四分之一便士」[12]。

1 諾曼第的阿德拉（Adela of Normandy，約一〇六二或一〇六七—一一三七），布盧瓦伯爵夫人，是「征服者」威廉和佛蘭德的瑪蒂爾達的女兒。

2 羅貝爾·費茲—羅伊（Robert FitzRoy，一一〇〇之前—一一四七），第一任格洛斯特伯爵，是亨利一世的私生子之一。

3 蘇格蘭的大衛一世（David I of Scotland，一〇八四—一一五三），一一二四年起成為蘇格蘭國王；曾附屬於亨利一世的宮廷，深受盎格魯—諾曼文化的影響。

4 亨利·金雀花（Henry Plantagenet，一一三三—一一八九），瑪蒂爾達與安茹伯爵亨利的兒子，曾在十四歲時就參與到瑪蒂爾達的王位之爭當中；十七歲起成為諾曼第公爵。

5 阿基坦的埃莉諾（Eleanor of Aquitaine，一一二二／一一二四—一二〇四），阿基坦女公爵，一一三七—一一五二年間是法蘭西王后，一一五四—一一八九年間成為英格蘭王后；她於一一五二年結束了與法王的婚姻，理由是有近親血緣，三個月之後便嫁給了小自己九歲的亨利。

6 法蘭西的路易七世（Louis VII of France，一一二〇—一一八〇），一一三七年起成為法蘭西國王，他的統治見證了英格蘭與法蘭西爭鬥的開端。

7 尤斯塔斯四世（Eustace IV，一一二九—一一五三），布洛涅伯爵，一一二九—一一五三，是英格蘭國王斯蒂芬的長子。

8 沃靈福德（Wallingford），英格蘭中南部城市，位於泰晤士河上游地區；早先屬於伯克郡，一九七四年後被重新劃歸為牛津郡。

9 這裡指的應是歐比尼的威廉（William d'Aubigny，約一一〇九—一一七六），第二任阿倫德爾伯爵；他娶了勒芬的阿德萊（詳見第十章注釋二十二），亨利一世的遺孀。

10 貝里—聖埃德蒙修道院（Bury St Edmund's Abbey），位於英格蘭東南薩福克郡，曾是英格蘭最富有的本篤會教堂之一；從十五世紀前期開始敗落，最終毀於亨利八世時期。

11 布盧瓦的威廉（William of Blois，一一三七—一一五九），斯蒂芬第三個兒子（他的哥哥鮑德溫在斯蒂芬成為國王之前就夭折了），最終繼承了尤斯塔斯的爵位成為布洛涅伯爵，又從妻子那裡繼承了薩里伯爵的頭銜。

12 這個典故出自《對觀福音書》，在其中馬可和路加福音中均有記載（Mark 12：41—44，Luke 21：1—4）。相傳耶穌在聖殿講學時，許多富有的人捐贈了很多錢，但一個貧窮的寡婦只捐出兩枚硬幣，價值為四分之一阿斯（羅馬銅幣，相當於一塊錢）；於是耶穌便教導門徒道，對上帝來說，一個窮苦人的犧牲比富人慷慨的捐助要重要得多。

第十二章　亨利二世統治下的英格蘭

第一部分

金雀花亨利[1]和前任英格蘭國王之間曾在溫徹斯特[2]定下過協議[3]，所以他在年僅二十一歲時就安然登基。斯蒂芬[4]去世六周後，亨利和他的王后埃莉諾[5]在溫徹斯特受加冕禮，二人並肩騎馬，儀仗隆重，被重重歡呼與樂聲還有漫天飛花所包圍。

起初，亨利二世的統治很順利。這位國王領地遼闊，擁有法蘭西三分之一的領土（包括他自己以及他妻子的領地）。他是個有活力、有才能、有決心的年輕人，上任後即刻著手剷除不幸的前朝所遺留下來的罪惡。之前倉促判給爭奪雙方的土地，無論原來歸屬英格蘭人還是諾曼人，現均被收回；大量散兵游勇被逐出英格蘭；他還宣稱所有城堡均屬於國王，並要求拆毀近一千一百座邪惡貴族們的城堡——這些地方都曾見證過人民所遭受的悲慘暴行。國王弟弟傑佛瑞[6]在法蘭西揭竿而起，此時的亨利正意氣風發，他毫不猶豫前往法蘭西並成功鎮壓了叛亂，與弟弟講和（不過傑佛瑞後來也沒能活太久）。亨利的一個五歲大的小兒子和法蘭西國王那時還在繈褓中的女兒是有婚約的，可在擴張領土的野心的驅使下，他與本來交好的法蘭西國王路易[7]兵戈相向。不過這場戰爭最後無果而終，兩位國王在教皇的勸阻下又和好如初。

眼下，前朝的糟糕統治使得神職人員的問題已變得非常嚴重。他們之中充斥著各色作奸犯科之人——殺人犯、竊賊、流浪漢；最要命的是，品行良好的教士在看到這些壞教士犯下罪行後，不但不將他們繩之以法，反而還堅持包庇。國王深知長此以往英格蘭根本無法和平安定，便下決心要削減神職人員的權力。亨利執政七年後，坎特伯雷大主教[8]去世，這就給了他一個將此想法付諸實際的時機（至少他自己是這樣認為的）。他想：「我要任命一個信得過的朋友做新主教，他要能幫我壓壓這些教士的囂張氣焰，他們做錯事的時候得像普通人一樣受罰。」於是，國王決定任命一個親信做新主教。這個親信實在特別，他的故事很不尋常，我一定得跟您講講。

從前有一個富有的倫敦商人叫做吉伯特．貝克特。在前往聖地朝拜時，他被一個撒拉遜[9]貴族俘虜了。但是這個貴族待他不錯，並沒把他當做奴隸。貴族有個漂亮的女兒，愛上了這個商人。她告訴他，自己願意成為基督教徒；如果他們能逃到一個基督教國家，她就嫁給他。商人回應了她的愛。但當逃跑的機會到來時，他卻拋下這個撒拉遜女人，和當初一同被俘的僕人理查逃到了英格蘭，把她忘在腦後了。但這位撒拉遜小姐可比他情深意重得多。她喬裝打扮離開了父親的住地，想要追隨商人。歷經艱險，她來到海邊。商人只教了她兩個英語單詞，一個是「倫敦」，另一個是他的名字「吉伯特」（我猜他一定是自學了撒拉遜語然後直接用撒拉遜語示愛的）。她來到船舶中間，高喊「倫敦！倫敦！」，喊了一遍又一遍，終於有水手聽明白了，她是想找艘英格蘭的船帶她去倫敦。於是水手們指了條船給她看，她用一些首飾付了船費，便踏上了航程。這下可好了！這一天，當商人正坐在自己位於倫敦的會計室裡時，突然聽到街上吵吵嚷嚷的，轉眼理查就從倉庫那邊跑了過來，睜大了雙眼，上氣不接下氣地說：「主人，主人，撒拉遜女人來了！」商人以為理查瘋了；但是理查說：「沒有，我的主人！千真萬確，撒拉遜女人在城裡到處跑，邊跑邊喊『吉伯特，吉伯特』！」說完，他就拉著商人的袖口來到窗前，指給他看。只見昏暗骯髒的街道上，在山形牆和噴水口之間，撒拉遜女人穿著異域衣裳，被好奇的人群包圍著緩緩前行，還不停地叫著「吉伯特，吉伯特！」這景象真是無比淒涼。

商人看著她，回想起自己被囚禁時她是那麼溫柔，又看到她如此忠貞不渝，於是他也被感動，衝到了街上。她見到商人來了，一聲哭喊，便暈倒在他的懷裡。他們迅速結了婚，理查（他是個非常好的人）在婚禮當天高興地跳著舞，從早跳到晚。從此，他們幸福地生活在了一起。

商人和撒拉遜女人生了一個兒子，取名叫湯瑪斯．貝克特[10]。他就是亨利二世的那個親信。

其實在國王任命他做大主教之前，他已經是國家大臣了。他受過良好的教育，聰明、快樂，又勇敢。他還參與過數次對法戰爭，並在一次一對一的戰鬥中擊敗了一個法蘭西騎士，還把他的馬作為戰利品帶了回來。他住在貴族宮殿裡，擔任年輕王子亨利的家庭教師，麾下有一百四十位騎士效忠，財富無邊。還有一次，國王將他作為使者派往法蘭西。街上的法蘭西人民看到他行進的陣勢，不禁叫道：「光是個大臣就這麼威風，英格蘭國王該是多麼輝煌顯赫啊！」民眾們完全有理由驚歎於湯瑪斯．貝克特的華貴。他進入城鎮時，儀仗隊由二百五十個唱歌的男孩導引，後面跟著成對的獵犬；緊隨其後的是八輛馬車，每輛都由五個車夫趕著五匹馬來拉動。其中兩輛馬車裡裝滿了分給民眾的啤酒，四輛裡是他的金銀鎧甲和華服，另外兩輛則裝著無數僕人的衣服。後面則是十二匹馬，每匹馬背上都有一隻猴子。緊隨其後的是一隊手握盾牌的兵士，牽著裝備華麗的良種戰馬；馴鷹人的隊伍裡則人人手持雄鷹。緊接著還有一大群騎士、紳士和牧師跟在後面。在他們之後，大臣本人身著光鮮的服飾在陽光下熠熠生輝；所有人都歡呼雀躍。

國王對此感到很高興，覺得有這麼一位了不起的親信就會襯托著自己更華貴、更了不起，不過他偶爾也會拿貝克特的奢華開開玩笑。有一次，正值隆冬時節，當君臣二人騎馬走在倫敦街頭時，遇到一個衣衫襤褸、瑟瑟發抖的老頭。「瞧那可憐蟲！」國王說，「如果能給這個老人一件溫暖舒適的斗篷的話，那可真是仁慈啊！」「確實是，」湯瑪斯．貝克特說，「您能想到這是基督徒的義務真的很好。」「來！」國王叫道，「那就把你的斗篷給他吧！」這可是件貴重的深紅色貂皮斗篷；國王努力地想脫掉它，大臣則拼命反抗，兩人扭打著都快從鞍上掉到泥地裡去了，大臣只好屈服，國王把斗篷給了老乞丐。乞丐自然非常震驚，隨行的朝臣們則很高興。因為他們不僅急切地想在國王笑的時候諂媚地跟著一起笑，而且也真心樂於嘲笑一下受寵之人。

亨利二世想：「我要讓我的大臣，湯瑪斯．貝克特，成為坎特伯雷大主教。然後他就會主掌教會，為我效忠，並且幫助我改進教會。畢竟，在我和神職人員的權力抗衡中，他一直是支持我的；（我記得）他還曾經公開地對一些主教說，教會的人和持劍的騎士們一樣，都應服從於國王。全英格蘭，只有湯瑪斯．貝克特可以幫助我完成我的宏偉計畫。」反對的聲音也有很多，說他是個武夫，是個驕奢享樂之徒，絕不適合教會工作，但國王對此一概充耳不聞，執意將湯瑪斯．貝克特推上了大主教的位置。

這樣一來，湯瑪斯．貝克特便聲名大振，變得更加得意了。不過他的生活之光鮮，地產之豐厚，以及他的金銀鎧甲、馬車、馬匹、僕從，早已讓他名聲在外了。這些東西都已好到極點，無以復加，他也厭倦了這種名聲（這也不是什麼好名聲），反倒希望自己能在其他方面同樣赫赫揚名。他覺得，沒有什麼比傾盡自己的力量和才能來對抗國王的所有力量和才能更能讓自己名揚四海的事了。於是，他費盡心機來把這個想法付諸實際。

除了這個目的，他可能對國王還是有些私怨的。就我所知，某些時候國王可能冒犯了他的傲氣。這很有可能，因為對國王、王子以及其他偉人來說，過火地挑戰他們親信們的脾氣可是家常便飯。比如那個深紅斗篷的小插曲，雖看似一樁小事，但一個傲慢的人恐怕不會對此一笑了之。在英格蘭，沒有人比湯瑪斯．貝克特更清楚國王對他的期望——在他輝煌的一生中，他還從未讓國王失望過呢！然而現在，他榮登教會之首的寶座，無論最後他和國王的爭鬥誰勝誰敗，這些都將在史書上留下一頁，他對此深信不疑。

所以，他突然完全改變了生活方式。他不再帶華麗的隨從，反而終日粗茶淡飯，貼身穿著有泥垢和蝨子的粗布衣（因為在當時越污穢就意味著越虔誠），鞭打背部以示自懲。他住在一個小單間裡，每天為十三位窮人洗腳，讓自己盡可能地顯得淒慘可憐。就算他當初帶著一千二百隻而非十二隻猴子騎著馬，儀仗隊裡有八千輛而不是八輛馬車，驚人程度也抵不上這番變化的一半。很快，當上大主教的他比做大臣時更為人們所熱議。

國王很生氣。新大主教聲稱貴族們的各種地產都是教會的正當財產，為此要求國王交出羅徹斯特城堡和羅徹斯特城[11]，國王更是怒從中來。不僅如此，他還宣稱，在他作為大主教主管的英格蘭地域內，除他本人外任何人都無權在任何教堂任命教士；肯特有一位紳士做了這樣的任命，因為他覺得自己有權這麼做，結果湯瑪斯．貝克特就把他逐出了教會。

「逐出教會」可是神職人員手中的厲害武器，僅次於我在上一章末尾提到過的「停止教權」[12]。一個人被逐出教會，就等於他被所有教堂和宗教部門驅逐在外。不管他是坐立行躺、奔跑跳躍，還是下跪、打呵欠、咳嗽、打噴嚏——反正不管在幹什麼——他從頭到腳都是被詛咒的。這種有違基督教教義的荒唐話其實對被詛咒之人不會有什麼影響——不能去教堂，他可以在家禱告，只有上帝可以做出審判。但人們出於恐懼和迷信，會刻意疏遠被逐出教會的人，使被驅逐者的生活變得不幸。所以國王對新大主教說：「快取消對這位肯特紳士的驅逐。」大主教卻回覆道：「我不能這麼做。」

爭吵還在繼續。伍斯特郡的一個教士犯下了一樁令人髮指的謀殺案，舉國上下為之驚恐。國王要求教會交出這個惡徒，讓他和其他謀殺犯人一樣接受庭審。可大主教非但拒絕了，還把犯人關押在主教監獄裡。於是國王在威斯敏斯特廳[13]舉行了嚴肅的會議，要求以後主教們一旦發現有教士觸犯王法，必須取消其教士資格，並將其移交法辦。大主教再次選擇了拒絕。國王問這些神職人員，是否還服從這個國家古老的普通法[14]？在場所有教士都跟著湯瑪斯．貝克特一起說：「這得要聽大主教的命令。」這話的意思就是說，他們只在普通法不干涉自己的權利的前提下才去遵守。國王憤然離場。

有些神職人員這會兒開始擔心自己做得太過分了。儘管湯瑪斯．貝克特和威嚴的威斯敏斯特聽一樣堅定不移，教士們的畏懼之情還是說服了他。他們在伍德斯托克面見了國王，向他保證會遵守國家古老普通法，絕口未提大主教的命令。國王愉快地接受了妥協，並在索爾茲伯里[15]的克拉倫登堡召開了神職人員大會。但在會中，大主教又堅持提了「要聽大主教的命令」。貴族們向他懇求，教士們跪在他面前聲淚俱下；隔壁的房門被打開，裡面全是用來威嚇他的國王的軍團。最終，大主教只得暫時讓步了，古老的普通法（包括以前國王想加卻沒能加進去的內容）被記錄成文，由大主教簽名蓋章，稱為《克拉倫登憲章》[16]。

然而，經過這樣一番周折之後，爭執並未消停。大主教想見國王，國王卻不願見他。於是大主教只得設法逃出英格蘭，可海邊沒有水手願意為他提供船隻。沒辦法，他只能再一次使出最狠的手段來與國王對抗，開始公然挑釁古老的普通法。

在北安普敦[17]，國王在一次大會上召見他，指控他叛國，還誹謗他斂財。在全體與會人員面前，湯瑪斯．貝克特孤立無援，就連主教們都勸他辭職，不要再和國王對抗了。他焦躁不已，甚至重病了兩天，可病床上的他依舊不願退讓。他來到已經休會的會場裡坐下，用右手將一個大十字架舉在胸前。國王見狀憤怒地退進了內室，其他人也都憤然退席，把他一個人留在了會場裡。可他還是坐在那兒一動不動。於是主教們又一起折回來，斥責他是個叛徒，揚言要背棄他。他只回應說：「我知道了！」然後依舊巋然不動。主教們只好又退進內室，審判在他本人不出席的情況下繼續進行。之後，萊斯特伯爵[18]帶領一群貴族走出來，向他宣讀了審判結果。他拒絕聽取判決，否認這場庭審的效力，還說要讓教皇來仲裁這個案子。當他手持十字架走出大廳時，當場有人撿起地上的燈心草（在那個時候，燈心草被像地毯一樣鋪在地上）向他扔去。他高傲地回過頭，說要不是顧著大主教的身份，他定會用自己當年深諳的劍法好好教訓教訓他們這幫懦夫，說罷他就被歡呼的民眾簇擁著，策馬而去。晚上，他打開宅門，親自宴請了這些民眾。就在當晚，他秘密離城，化名「迪爾曼修士」，途中晝伏夜出，幾經周折來到了佛蘭德[19]。

鬥爭愈演愈烈。憤怒的國王沒收了大主教的俸祿，驅逐了他所有的親屬和僕人，合計有四百人之多。教皇和法蘭西國王都站在湯瑪斯．貝克特這一邊，安排他住在一所修道院中避難。這二人的支持讓他大受鼓舞。於是，在一個重要的節日裡，他鄭重其事地走進了擁擠的大教堂，緩緩步上講壇，開始公然點名道姓地詛咒那些支持《克拉倫登憲章》的人，將他們逐出教會。

這些人中可有不少英格蘭貴族，連國王本人都被毫不避諱地點了名。這奇恥大辱很快傳到了國王耳朵裡。國王怒火中燒，在房間裡發狂地撕扯衣服，像瘋子一樣打滾，搞得床上一片狼藉。不過他很快冷靜下來，開始著手反擊。他命令所有港口海岸嚴加監視，絕不許任何人將「停止教權」的令信帶回國內；他還派出使者去羅馬賄賂教皇。另一方面，此時湯瑪斯．貝克特也沒閑著，不斷為自身利益做著細緻的盤算。英格蘭和法蘭西雖然還時有交戰，不過總的來說是重修於好了，兩位國王還以孩子的聯姻來慶祝和平的到來，所以亨利二世和大主教的對戰也就到此為止了。法蘭西國王還給他們二人安排了會面，於是亨利見到了他昔日的親信、如今的敵人。

然而即便是跪在國王面前，湯瑪斯．貝克特對之前說過的話、下過的令也完全不肯反悔。法蘭西國王路易向來對他這種人敬之畏之，聽之任之，可就算這樣也看不下去這般狀況了。「他這是想比聖人更偉大，以為自己能好過聖彼得[20]啊！」說完，就和英格蘭國王一起策馬離開了。可這話沒說出多久，可憐的法蘭西國王陛下又回過頭來向貝克特搖尾乞求原諒了，實在是可悲。

幾經周折之後，亨利和湯瑪斯．貝克特最終還是在法蘭西會面了。二人達成共識：參照先例，湯瑪斯．貝克特繼續擔任坎特伯雷大主教，國王將保證他拿到應得的俸祿。您也許會想，這鬥爭總算是結束了，湯瑪斯．貝克特可以收手了吧？可事情遠遠還沒結束呢！也不知道是從哪兒聽說的，湯瑪斯．貝克特得知之前亨利國王害怕自己的王國被停止教權，竟偷偷給自己的長子亨利王子[21]加了冕！於是他說服教皇，把當時主持加冕儀式的約克郡大主教給停職了，還將協助此事的主教們都逐出了教會。他甚至還派了一個信使來到英格蘭，跨過國王在海岸邊的防範措施，把逐出教會的命令交到了這些主教本人手裡。隨後，湯瑪斯．貝克特時隔七年重新踏上了英格蘭的土地。有人私下警告他回來會很危險，還有個叫雷納夫．德布羅克的騎士憤怒地威脅他，說絕不讓他活著踏上英格蘭的土地。儘管如此，他還是回來了。

老百姓熱情歡迎他的到來，他們抄起手邊的傢伙當武器，像士兵一樣列隊跟隨大主教行進。貝克特想見見當年自己教導過的小王子，卻沒見成。他想從貴族和教士那兒得到支持，也吃了閉門羹。他只得充分發揮追隨他的農民們的作用，討他們歡心，往返奔波於坎特伯雷[22]和山上的哈羅地區[23]之間。耶誕節，他來到坎特伯雷大教堂佈道，告訴人們他回來就是為了和大家死在一起，因為他可能會被殺。他無所畏懼，就算他心中有過哪怕一點點怕的念頭，也早被頑固不化的本性給扼殺了。這不，他當場又宣佈將三個敵人逐出教會，其中就包括那個憤怒的雷納夫．德布羅克騎士。

但凡是正常人，沒有誰願意無論做什麼都被詛咒，所以那些被輕易逐出教會的人自然要向國王抱怨了。國王本以為麻煩的對手已然收手，聽說又冒出這等羞辱之事，自然也氣壞了。加之約克大主教在一旁煽風點火，說湯瑪斯．貝克特一日不死，國王就一日不得安生。於是亨利在朝臣面前不假思索地叫道：「難道就沒人能讓這傢伙別再煩我嗎？」

話音一落，當場有四個騎士互相交換了眼神，然後走了出去。

這四位就是雷金納德·菲茨烏爾塞[24]、威廉·德·特雷西[25]、休·德·莫維爾[26]和理查·布理托[27]；其中有三位曾是湯瑪斯·貝克特出訪法蘭西時盛大儀仗隊中的成員。他們暗中策馬出發，於耶誕節後第三天到達薩爾特伍德，這裡距坎特伯雷不遠，是雷納夫·德布羅克的領地。他們悄悄召集了一些人馬，以備不時之需。然後，這四名騎士就帶上十二個隨從前往坎特伯雷，在正午時分出其不意地出現在大主教家裡。他們在他面前既不鞠躬行禮，也不說明來意，只是沉默地坐在地上，瞪著大主教。

沉默一陣後，湯瑪斯·貝克特開口了：「你們想怎麼樣？」「我們要求你，」雷金納德·菲茨烏爾塞答道，「撤銷對主教們的驅逐，並為冒犯國王付出代價。」湯瑪斯·貝克特抗議，說神權高於王權，他們這樣的人根本威脅不到他。就算全英格蘭的騎士都用武力來威脅他，他也不會退縮的。

「那我們可就不客氣了！」騎士們說完就帶著十二個隨從走出房間，披甲佩劍後又折了回來。

就這麼一會兒，湯瑪斯的僕人們把宮門關上並插上了門閂。騎士們本想用戰斧砸門，不過他們發現可以從一扇窗戶進入，便直接爬了進去。騎士在門外折騰，門內的僕人們則懇求湯瑪斯·貝克特去大教堂避難，他們覺得在那樣神聖的避難所裡騎士們是不敢恣意妄為的。可大主教不斷重複說，他不會走的。然而，遠處傳來了僧人們做晚間禱告的聲音，他說他必須去參加禱告，所以要去教堂，而不是為了避難才去的。

他的宮殿與大教堂之間有條古樸美麗的連廊相接。同平常一樣，他將十字架舉在胸前，不急不忙，從這條近路走到了大教堂。安全到達後，僕人們正要鎖上門，卻被他制止了。他說這裡是上帝的殿堂，可不是什麼堡壘。

正說著，雷金納德·菲茨烏爾塞的身影就出現在了大教堂門口，擋住了冬日夜晚本就微弱的光線。這位騎士大喊：「忠於國王的僕從們，跟我來啊！」騎士們一擁而入，盔甲碰撞的聲音迴盪在教堂當中。

教堂裡有很多莊嚴的走廊和立柱，光線昏暗，地下室以及樓上的走道也有很多可供藏身之處，所以只要他願意，湯瑪斯·貝克特隨便一藏就能保命。但他沒有這麼做。他毅然對僧侶們說，自己絕對不會藏起來。所有人都丟下他四散逃命了，只有為他捧十字架的愛德華·格呂姆還忠誠地留在他身邊。此時此刻，他比以往人生中的任何時刻都更堅定不移。

騎士們來了。黑暗中，他們全副武裝，踏著教堂的石階發出懾人的聲響。「叛徒在哪兒？」他們叫嚷著。沒人應答。他們又叫道：「大主教在哪兒？」貝克特這才驕傲地應道：「我在這兒！」然後他從暗處走出來，站在他們面前。

如果能有別的辦法讓他不再招惹他們和國王的話，騎士們本也不會殺他。他們讓他要麼滾遠一點，要麼就跟他們走。可他都不願意。威廉．德．特雷西上前拽住他的袖子，卻被他用力一推，跌了個踉蹌。他的一番斥責以及頑固不化的態度徹底激怒了這些騎士。貝克特辱罵了雷金納德．菲茨烏爾塞，於是這位騎士一邊叫嚷著「去死吧！」一邊拔劍向大主教的頭砍去。但忠誠的愛德華．格呂姆伸手擋了一下，分散了好些力道，所以他的主人只是流了點兒血。騎士中又有人吼著讓湯瑪斯．貝克特快滾，可他一動不動地站著，任憑傷口滲出的血順著臉頰流下。他緊握雙拳，低下頭顱，克制著自己以表示對上帝的信仰。於是，在聖貝內特[28]的聖壇旁，他們殘忍地殺害了他。他的屍體摔落下來，鮮血腦漿濺了一地。

這真是個令人不快的場景：這個曾四處播撒詛咒的人如今被殺，躺在教堂裡，死狀慘不忍睹，周圍只有濃重的黑暗，零零星星的燈光微弱得像是綴在那兒的紅斑。犯下罪行的騎士們則騎馬離去，回首注目大教堂模糊的身影，忍不住再次憶起剛剛在裡面發生過的事情。

第二部分

當湯瑪斯．貝克特在坎特伯雷大教堂被四個騎士殘忍殺害的消息傳到國王這裡時，他驚愕極了。有人以為國王當時脫口而出的那句「就沒人能讓這傢伙別再煩我嗎？」就是在暗示他想讓貝克特死，但其實根本不是這樣。因為首先，國王雖然容易情緒激動，但本性並不殘暴；再者，就連傻子都知道，殺了貝克特等於向教皇和整個教會宣戰，國王是個聰明人，他自然也再清楚不過了。

他派使者去面見教皇，恭敬地表示自己是無辜的（只是說了句草率的話而已）；他還向公眾鄭重發誓自己是清白的，這才得以及時明哲保身。至於那四個犯下罪行的騎士，他們則逃到了約克郡，再也不敢在宮廷露面了。教皇將他們逐出了教會，國人也對他們避之不及。他們悲慘地生活了一陣子之後，謙卑地前往耶路撒冷[29]尋求救贖，死後就葬在了那裡。

貝克特被殺後不久，一個既可以安撫教皇、又能讓國王在愛爾蘭擴張霸權的機會就來了。侵略愛爾蘭的事情之所以會得到教皇的同意，是因為愛爾蘭人認為他們的國家是在很久以前由一個叫派特裡里斯（一說是聖派特里克）[30]的人轉變成基督教國家的，那時還根本沒有教皇，所以他們和教皇彼此之間一點關係也沒有，自然就拒交「聖彼得的便士」[31]，也就是每戶人家一便士的稅，我在前面講過。這就是國王的機會。

當時的愛爾蘭人可真是野蠻至極。對他們來說，爭吵打架是家常便飯，你割我喉嚨，我削你鼻子，你燒我房子，我搶你老婆，可謂無惡不作。當時愛爾蘭國內被分成了五個王國：德斯蒙德、托蒙德、康諾特、阿爾斯特和倫斯特，每個王國各有一個國王，其中一個國王宣稱自己是領導著其餘四人的最高統治者[32]。現在，其中一個叫德爾蒙·麥克默羅的國王[33]（名字夠粗野，還有多種粗野的拼寫方法）搶了他朋友的妻子，把她藏在一座島上的沼澤裡。這位朋友很憤怒（雖然這種事情在國內司空見慣），就向當時的高王抱怨。在其幫助下，德爾蒙·麥克默羅被趕出了領地。為了復仇，德爾蒙來到英格蘭，向亨利國王承諾，只要能幫他奪回王國，他甘願自己的國土成為亨利的附庸國。國王同意了。不過他所提供的幫助只是一紙皇室制誥[34]，授權全體英格蘭國民只要願意即可加入他的軍隊，協助他收復國土。

在布里斯托爾[35]有位理查·德·克雷爾伯爵[36]，人稱「強弩」，他不但人品不怎麼樣，還窮困潦倒，是個只要有錢賺就什麼都肯做的亡命徒。南威爾士有兩個落魄騎士也是這類貨色，一個叫羅伯特·菲茨—斯蒂芬[37]，另一個叫莫里斯·菲茨傑拉德[38]。這三人各帶了一小隊隨從，準備來協助德爾蒙。雙方達成協議，事成之後，「強弩」可以娶德爾蒙的女兒伊娃[39]為妻，並成為德爾蒙的繼承人。

這幾個騎士帶來的英格蘭士兵個個訓練有素，在戰場上各方面都比愛爾蘭士兵強百倍，所以即使在數量上不佔優勢，他們也能輕鬆取勝。在初期的一次戰鬥中，他們砍下了三百顆敵人的腦袋，擺在麥克默羅面前。他愉快地將這些腦袋一個個拿在手裡把玩著，當他發現了一個他很討厭的人的頭顱時，他拎著這顆頭的頭髮和耳朵，咬掉了它的鼻子和嘴唇。那時的愛爾蘭國王到底是一個怎樣的人，由此可見一斑。整個戰爭過程中，俘虜們都遭受著悲慘的虐待。勝利的一方弄斷俘虜的四肢，將他們從高高的礁石頂上扔進海裡。攻佔沃特福德[40]之後，這樣的悲劇和暴行還在繼續，街道上死屍成山，骯髒的排水溝裡血流成河。就在這樣的城市裡，「強弩」娶了伊娃。我想在成堆死屍的陪伴下，婚禮一定顯得相當噁心，不過這倒是和新娘的父親很相配。

攻下沃特福德和都柏林[41]後，他們還取得了一系列勝利，然後德爾蒙．麥克默羅就死了。於是「強弩」成為了倫斯特的國王。現在輪到亨利國王登場了。為了抑制「強弩」日益增長的勢力，國王以「強弩」君主的身份親自造訪都柏林，奪走了他的王國，但許給了他大筆財產作補償。隨後，國王留在都柏林，接受了幾乎所有愛爾蘭國王和首領的致意。他帶著愛爾蘭君主這一光榮的頭銜回去了，還帶給教皇一些好處。現在，亨利和教皇完全和解了，我想國王也沒想到能進行得如此順利。

統治進行到這個階段，亨利可謂前路無阻，一片光明，可家族內的悲劇卻開始上演，使他成為最不幸的男人，終而身心俱疲，肝腸寸斷。

他有四個兒子。當年因秘密加冕而觸怒湯瑪斯．貝克特的亨利如今已經十八歲；理查[42]十六歲；傑佛瑞[43]十五歲；他最喜歡的小兒子叫約翰[44]，因為什麼都沒繼承，被朝臣們叫做「無地者」約翰，不過國王有意將愛爾蘭留給他。這些被財產蒙蔽了雙眼的兒子們啊，不僅對父親無情無義，彼此間也無親情可言。在法蘭西國王和壞母親埃莉諾的唆使下，亨利王子踏上了他的不孝之路。

他首先要求自己年輕的妻子，也就是法蘭西公主瑪格麗特[45]要像他一樣獲得加冕；他父親同意了。可剛加冕沒多久，他又要求在父親還活著的時候就分得他的部分領地。這個要求被拒絕了，於是他當晚就心懷怨恨地離開父親，跑去投靠了法蘭西國王。又過了一兩天，他的弟弟理查和傑佛瑞也跟來了。他們的母親本也想喬裝成男人追隨兒子到法蘭西去，卻被亨利國王的人抓住並投進了監獄，而且一待就是十六年，可真是罪有應得。然而，每天都有一些貪婪的英格蘭貴族離國王而去，因為國王保護民眾不受他們的剝削壓迫，所以心懷怨恨的貴族乾脆選擇追隨王子們。新消息層出不窮：王子們征募軍隊反抗他；亨利王子在法蘭西朝廷上當著他自己大使的面帶上王冠，被人叫做英格蘭小國王；只要法蘭西貴族不同意，他們就永遠不和父親重修於好。但亨利國王憑藉毫不動搖的堅毅精神坦然樂觀地面對著這些打擊。他召集所有身為父親的貴族來幫助他，因為他們也會面臨相同的問題；他還重金雇傭了兩萬人馬，向挑撥他親子關係的虛偽的法蘭西國王發起攻擊。由於開戰的氣勢相當了得，路易很快就請求開會和談了。

於是，在法蘭西的一個平原上，他們在一棵枝葉舒展、綠意盎然的老榆樹下舉行了和平談判，但會議毫無結果，戰爭重新開打。理查王子舉兵反抗父親，開始了他的鬥爭生涯。亨利擊退了他的軍隊，可在這個節骨眼上，他接到蘇格蘭入侵英格蘭的消息，只得立即冒著狂風暴雨趕回國去抗擊敵人。

要不是這樣，理查手下這成千上萬的士兵肯定會後悔打這場不義之仗的。

我不知道國王是真的擔心這些麻煩都因貝克特被殺而起，還是想討教皇的歡心——因為教皇已經宣佈貝克特為聖徒了——又或是希望得到他那些相信貝克特冰冷的墳墓能創造奇蹟的民眾們的支持，反正他一回到英格蘭就馬不停蹄地奔向坎特伯雷。剛能遠遠地看到大教堂時，他就跳下馬，脫了鞋，赤腳走到貝克特的墓前；當他走到那裡時，他的雙腳已經被磨得鮮血淋漓。他當著眾人的面躺在地上慟哭，隨後又進入禮拜堂，脫去衣服露出後背和肩膀，叫八十個教士輪流用打結的繩子抽打他（不過我敢說肯定打得不重）。無巧不成書，就在國王做秀的這一天，英格蘭軍隊完勝蘇格蘭軍。教士們高興極了，說這場仗一定是因為國王的懺悔才勝利的。雖然貝克特活著的時候，教士們真心憎恨他，可他死後，他們卻都發現自己無比崇敬他。

國王的不肖之子及他們的外國朋友組成了可恥的陰謀集團，這其中一位首要人物就是佛蘭德伯爵[46]。他趁國王忙於國內事務之際，圍攻了諾曼第首府盧昂。但國王行動神速，人們本以為他還沒離開英格蘭，可他轉眼就出現在盧昂了。他打敗了佛蘭德伯爵，謀反者們也紛紛請求和談，他的壞兒子亨利和傑佛瑞也投降了。理查又抵抗了六周，可陣地頻頻失守，他只得在轉戰數座城堡之後也投降了。亨利原諒了他們。

然而父親的寬容只不過是給他們繼續叛亂提供一個喘息的機會。他們虛偽、不忠、無恥，信譽還不如普通盜賊。就在第二年，亨利王子又叛變了，國王再一次原諒了他。八年後，理查背叛了哥哥亨利。傑佛瑞王子甚至恬不知恥地說，三兄弟能合得來的事情只有一件，那就是聯合起來反抗父親。就在他們與國王和解的第二年，亨利王子再一次背叛父親，他投降後發誓再無下次，於是又被寬恕了。可後來，他還是和傑佛瑞一起再次發動叛變。

不過，這背信棄義的王子大限已至。他在法蘭西一個鎮上病倒了，病中感受到良心的譴責，於是派信使到父親那兒，懇請父親原諒他，來見他最後一面。大度的國王對自己的孩子總是懷著一顆寬容的心。他決定前往，但王子先前的不義之舉讓國王身邊的貴族們懷疑這其中有詐，便奉勸國王說，就算他是長子(他在倖存的兒子中最為年長)，國王也不該冒著生命危險去見這個叛徒。於是國王摘下手上的戒指派人送去，表示自己已經原諒了他。王子滿懷悲傷、淚流滿面地親吻了戒指，向身邊的人懺悔自己作為兒子是多麼的無恥卑賤。他對身邊的教士說：「啊，把我用繩子綁上，拖下床，放到灰堆上，讓我用這種方式向上帝表達懺悔，在禱告中死去！」他就這樣死了，年僅二十七歲。

三年後，傑佛瑞王子在一次比賽中摔下馬背，被成群奔過的馬匹踩碎了腦袋。這樣一來就只剩下理查王子和約翰王子了。約翰現在已經長成了小夥子，他鄭重發誓會對父親效忠。理查在好朋友法蘭西國王腓力二世[47]（他父親路易已死）的唆使下很快又造反了。不過他沒堅持多久就再次投降，得到寬恕後還對著《新約全書》發誓絕不再犯。可過了一年左右，他還是食言了。當著父親的面，他就跪在法蘭西國王面前向他致敬，宣稱在他的幫助下，將通過武力奪得他父親在法蘭西的領地。

就是這樣的理查，竟然還自稱是救世主的戰士！前一年，法蘭西國王和英格蘭國王在那棵平原上的繁茂的老榆樹下友好會晤，都戴著十字架，發誓為成為新十字軍[48]、為了信仰的榮譽而奮鬥，而如今理查竟然也這樣戴著十字架，說出了同樣的誓言！

不幸的國王被兒子們的謊言搞得心力交瘁，行將就木，堅持了這麼久之後，竟也開始吃敗仗了。但是可敬的教皇還是支持他的。教皇要求取勝的法蘭西國王和理查與國王和談。理查想要加冕成為英格蘭國王，還假意要娶法蘭西國王的異母姐姐[49]。這位公主如今正在英格蘭，因為亨利本想把她許配給約翰。那是他最心愛的兒子，也是唯一一個（他以為）沒有背叛過他的兒子。最終，貴族們一個個離他而去，亨利國王在悲傷和無奈之中同意講和。

眼下他還要面對最後一個沉重的打擊。他臥病在床，有人拿來了和平條約的稿件還有背叛者的名單，要求他赦免這些人。名單開頭赫然列著約翰的名字，他最愛的兒子，他到最後都相信著的兒子。

「哦，約翰！我心愛的孩子啊！」國王叫道，陷入了極大的痛苦之中。「哦，約翰！我最疼愛的是誰啊！哦，約翰！我在這些煩惱中苦苦掙扎是為了誰啊！可你，竟然也出賣了我！」他沉沉地歎了口氣，躺下說：「都隨它去吧！我什麼也不在乎了！」

過了一陣子，他讓隨從帶他去法蘭西小鎮希農[50]。這些年來，他最喜歡的就是那兒了。不過現在，他哪兒也不喜歡，這世上真的已經沒有什麼值得他留戀的東西了。他瘋狂地詛咒了自己的降生，詛咒他生下的孩子們，然後便咽了氣。

一百年前，「征服者」剛咽氣就被恭順的宮廷隨從們拋棄了，他的後代如今也遭受了相同的待遇。王室房間遭到洗劫，國王屍體也被剝了個精光，幾乎都沒辦法搬到豐泰夫羅修道院[51]下葬。

若干年後，有人奉承說理查有顆獅子般的心。我倒覺得他要是有顆人心就好了。無論是什麼心，當他來到肅穆的修道院、看到父親的遺容時，都該有所觸動、有所悔過。無論是什麼心，在與亡父的鬥爭中一定都是陰險狠毒、冷漠無情的，簡直禽獸不如。

不過在這段統治期間，倒是還有一個動人的故事——「美麗的羅莎蒙德」[52]。故事講述了國王是怎樣愛上羅莎蒙德這位世間最可愛的女子的。他為她在伍德斯托克的一個公園建造了一座漂亮的閨房。閨房隱蔽在迷宮中，只有借助絲線才能到達。壞王后嫉妒羅莎蒙德，發現了絲線的秘密，有一天便來到她面前，給她一把匕首和一杯毒藥，叫她選一種自盡。不管美麗的羅莎蒙德怎樣滿面淚水地苦苦哀求都是徒勞，殘忍的王后無動於衷，她只好服毒自盡，死在漂亮的閨房裡，無知的鳥兒們還圍著她唱著歡快的歌。

好吧，世間的確有這麼一位美麗的羅莎蒙德，（我敢說）她的確有可能是世上最可愛的女子，國王當然喜歡她，壞王后埃莉諾自然也會嫉妒她。但恐怕——我說恐怕，是因為我個人很喜歡這個故事——閨房啊，迷宮啊，絲線啊，小刀和毒藥什麼的根本不存在。也許美麗的羅莎蒙德就隱居在牛津附近的一所修道院裡，在那兒平靜地走完餘生。她的修女姐妹們在她的墓上掛了絲帳，還不時用鮮花裝點，紀念她那曾讓年輕有為、前途光明的國王為之傾心的青春美貌。

光線漸暗，到落幕的時候了。在統治了英格蘭近三十五年後，「金雀花」亨利安靜地躺在豐泰夫羅修道院裡，享年五十七歲，他的輝煌一生就這樣走到了盡頭。

1 亨利・金雀花（Henry Plantagenet，一一三三—一一八九）即亨利二世，瑪蒂爾達與安茹伯爵亨利的兒子，十四歲時就參與到瑪蒂爾達的王位之爭當中；十七歲起成為諾曼第公爵。亨利二世的父親安茹伯爵傑佛瑞經常在帽子上飾以金雀花枝，故有此名，所以亨利二世也就有了「金雀花亨利」的別稱。

2 溫徹斯特（Winchester），漢普郡郡治，曾在盎格魯—撒克遜時期作為韋塞克斯王朝的首都，直到諾曼入侵之後才遷都倫敦。

3 一一五三年，亨利率領軍隊在英格蘭登陸，經過幾場戰鬥，他與斯蒂芬達成協議，斯蒂芬繼續擔任國王，死後由亨利繼承王位。次年斯蒂芬死去，亨利即位。

4 布盧瓦的斯蒂芬（Stephen of Blois，約一〇九二或一〇九六—一一五四），是「征服者」威廉的外孫，出生在法國中部的布盧瓦，又通過妻子繼承了布洛涅伯爵的爵位；他曾得到亨利一世的信任和支持，還是宣誓效忠瑪蒂爾達的貴族之一；一一三五—一一五四年成為英格蘭國王。

5 阿基坦的埃莉諾（Eleanor of Aquitaine，一一二二／一一二四—一二〇四），阿基坦女公爵，一一三七—一一五二年間是法蘭西王后，一一五四—一一八九年間成為英格蘭王后；她於一一五二年結束了與法王的婚姻，理由是有近親血緣，三個月之後便嫁給了小自己九歲的亨利。

6 安茹的傑佛瑞（Geoffrey of Anjou，一一三四—一一五八），亨利二世的弟弟，一一五六至一一五八年間為南特伯爵。

7 法蘭西的路易七世（Louis VII of France，一一二一—一一八〇），自一一三七年起任法蘭西國王，埃莉諾的前夫，在他的統治時期，巴黎開始建造巴黎聖母院以及巴黎大學，同時也發動了第二次十字軍東征。

8 坎特伯雷大主教（Archbishop of Canterbury），為英國教廷之首，最早由教皇格里高利一世派往英格蘭傳教的聖奧古斯丁（坎特伯雷的奧古斯丁，此處不要與著有《懺悔錄》的聖奧古斯丁混淆）擔任。自亨利八世宗教改革之後，坎特伯雷大主教的職位則改由英國國王／女王指定。

9 撒拉遜人（Saracens），是中世紀後期歐洲人對亞洲與北非的穆斯林的普遍稱呼。

10 湯瑪斯．貝克特（Thomas Becket，也稱Thomas à Becket或Saint Thomas Becket，約一一一八—一一七〇），於一一六二年起任坎特伯雷大主教，在教會權益上與國王亨利二世發生了爭執，被國王的騎士謀殺，後被羅馬天主教堂封為聖人和殉道者。

11 羅徹斯特（Rochester），位於東南英格蘭肯特郡的單一行政區，因坐落在梅德韋河和泰晤士河的交匯處而成了一座軍事要地；羅徹斯特城堡（Rochester Castle）始建於一〇八六年，由當地主教岡多夫主持修建。

12 一一四〇年，英格蘭國王斯蒂芬和教皇在約克主教的人選和任命、以及英格蘭王位繼承人問題上與羅馬天主教教廷產生分歧，導致英格蘭與羅馬天主教教廷關係惡化。作為懲罰，教皇停止了英格蘭的一切教廷活動。

13 威斯敏斯特廳始建於一〇九七年，是威斯敏斯特宮（也就是現英國國會）現存最為古老的部分，長七三．二公尺，跨度二〇．七公尺，時為歐洲最大的廳室，歷史上主要用做司法運行，重大審判，皇家儀式等。

14 普通法（Common Law），起源於中世紀英格蘭，現與歐陸法（或市民法，Civil Law）並稱世界兩大主要法系。

15 索爾茲伯里（Salisbury），位於英格蘭南部的威爾特郡（Wiltshire）小城，以索爾茲伯里教堂而著稱。

16 《克拉倫登憲章》（Constitutions of Clarendon），於一一六四年由亨利二世通過的一系列法案，旨在限制教會和神職人員的特權，並限制羅馬教廷在英格蘭的影響。

17 北安普敦（Northampton），位於英格蘭南部，東米德蘭茲地區，是北安普敦郡的郡治。

18 這裡指的應該是羅伯特·德·博蒙（Robert de Beaumont，一一〇四—一一六八），第二代萊斯特伯爵，亨利二世的忠實追隨者，是英格蘭的主審判長。

19 佛蘭德（Flanders），一個歷史地區，除了涵蓋如今比利時北部的弗拉芒大區之外，還包括法國北部和荷蘭南部的一部分。

20 聖彼得：耶穌的十二門徒之一，是他選中的第一個門徒，同時也是第一位主教，並被認為是羅馬天主教的第一位教皇。

21 「幼王」亨利（Henry the Young King，一一五五—一一八三），亨利二世及王后埃莉諾的次子（長子夭折）。名義上，他是英格蘭國王、諾曼第公爵、安茹伯爵和曼恩伯爵。

22 坎特伯雷（Canterbury），位於英格蘭東南區域的肯特郡，是該郡郡治，是羅馬天主教會在英國最早的落腳點。

23 山上的哈羅（Harrow—on—the—Hill），位於倫敦西北部的一個地區，因哈羅山得名。

24 雷金納德·菲茨烏爾塞（Reginald FitzUrse，一一四五—一一七三），謀殺湯瑪斯·貝克特的四人之一，後被逐出教會並被勒令前往耶路撒冷懺悔。據傳雷金納德·菲茨烏爾塞後來逃到了愛爾蘭，並成為麥克馬洪氏族的祖先。

25 威廉·特雷西（William II de Tracy，卒於一一八九），英格蘭德文郡布拉德寧赫的一位領主，其父親是英格蘭國王亨利一世的私生子之一。

26 休·德·莫維爾（Hugh de Morville，卒於一二〇二），威斯特摩蘭勳爵。

27 理查·布理托（Richard le Breton，或Richard de Brito），效忠於亨利二世的小弟弟、普瓦圖伯爵威廉，並且與之關係密切。威廉卒於一一六四，他的朋友們相信伯爵是因為湯瑪斯·貝克特拒絕他迎娶薩里女伯爵伊莎貝爾·德·瓦倫而傷心致死。據說理查在殺死貝克特時曾喊道：「受死吧，為了威廉大人，國王的弟弟！」

28 聖貝內特，又稱努西亞的聖本篤（Saint Benedict of Nursia，四八〇—五四七），義大利天主教教士、聖徒，本篤會的創建者。他被譽為西方修道院制度的創立者，於一二二〇年被追封為聖人。

29 耶路撒冷（Jerusalem），位於巴勒斯坦中部，介於地中海與死海之間，同時是猶太教、基督教和伊斯蘭教三大宗教的聖地。

30 派特里休斯或聖派翠克（拉丁語 Sanctus Patricius 或英語 St. Patrick，約三八七— 約四六〇或四九二），出生於蘇格蘭，幼年時曾被俘至愛爾蘭，為人牧羊。獲自由後，他成為聖職人員，後被立為愛爾蘭區主教，竭力宣傳福音，奠定愛爾蘭天主教會的信仰基礎。

31 聖彼得的便士（St Peter's Pence），出現於本書第七章中（注釋一）；這是一種上交給羅馬教廷的年稅，主要用於英格蘭和其他幾個北歐國家，但起源於英格蘭；根據這項規定，每一戶人家每年必須上交一便士給教皇，以證明自己對基督教的忠心。

32 這裡指的是愛爾蘭的「高王」（High King，愛爾蘭語為 Ard Rí）系統，從神話時代一直延續到中世紀後期。「高王」從塔拉山（Hill of Tara）上統治愛爾蘭。在那裡立著一塊「命運之石」（愛爾蘭語為 Lia Fáil），當被選中的「高王」將腳放在石頭上時，石頭會發出叫喊，這就意味著該王得到了上天的認可，是愛爾蘭真正的統治者。

33 德爾蒙．麥克默羅（英文拼寫為 Dermod MacMurrough，愛爾蘭語則為 Diarmait Mac Murchada，一一一〇—一一七一），倫斯特國王，於一一六七年被當時的愛爾蘭「高王」剝奪了王權，故而轉向亨利二世尋求幫助。

34 皇室制誥（Letters Patent），是只有英國君主或成員國的皇室總督可以授予的皇室特權。簽發的皇室制誥的內容無須經立法程式即可成為憲制性法律文件。

35 布里斯托爾（Bristol），一座位於英格蘭西南部的沿海城市。

36 理查·德·克雷爾伯爵（Richard de Clare，一一三〇—一一七六），第二代彭布羅克伯爵，倫斯特領主，愛爾蘭最高司法官。

37 羅伯特·菲茨—斯蒂芬（Robert Fitz—Stephen，約一一二〇—一一八三），諾曼入侵愛爾蘭的領導者之一，其母親是一位南威爾士王國的末代公主。

38 莫里斯·菲茨傑拉德（Maurice Fitzgerald，約一一〇五—一一七七），諾曼入侵愛爾蘭戰爭的重要人物，是羅伯特·菲茲—斯蒂芬的同母異父哥哥，同時也是愛爾蘭菲茲傑拉德家族和基爾代爾伯爵頭銜的祖先。

39 倫斯特的伊娃（Eva of Leinster，愛爾蘭語為Aoife Ní Diarmait，約一一四五—一一八八），是倫斯特國王德爾蒙·麥克默羅和第一位妻子所生的女兒（按照愛爾蘭法律，一夫可以多妻）。

40 沃特福德（Waterford），位於愛爾蘭東南部，建於九一四年，是愛爾蘭最古老的城市。

41 都柏林（Dublin），最早是維京時期的居住地，自中世紀以來一直是愛爾蘭首都城市，也是愛爾蘭島上人口最多的城市。

42 英格蘭的理查一世（Richard I of England，一一五七—一一九九），亨利二世和阿基坦的埃莉諾的三子，於一一八九年繼任英格蘭國王。因其在戰爭中總是一馬當先，猶如獅子般勇猛，因此得到「獅心王」（Lionheart）的稱號。

43 傑佛瑞二世（Geoffrey II，一一五八—一一八六），亨利二世和阿基坦的埃莉諾的四子，一一八一至一一八六年間為布列塔尼公爵。

44 「無地者」約翰（John Lackland，一一六六—一二一六），亨利二世和阿基坦的埃莉諾的小兒子，一一九九年起任英格蘭國王。在他的統治中，諾曼第被法蘭西國王腓力二世佔領，直接導致了英格蘭安茹帝國的崩塌，並為法蘭西卡佩王朝的崛起奠定了基礎。

45 法蘭西的馬格麗特（Margaret of France，一一五七—一一九七），法蘭西國王路易七世和其第二任妻子的長女，通過她的兩次婚姻，她分別成為英格蘭王后和匈牙利王后。

46 這裡指的是阿爾薩斯的菲力浦（Philip of Alsace，一一四三—一一九一），一一五七年起成為佛蘭德伯爵。

47 腓力二世（Philip the Second，一一六五—一二二三），法蘭西卡佩王朝國王（一一八〇年— 一二二三年在位）。路易七世於一一八〇年九月一八日去世後，年僅十五歲的腓力二世成為法蘭西國王。

48 十字軍東征（the Crusade）是一系列在教宗的准許下進行的有名的宗教性軍事行動，由西歐的封建領主和騎士對地中海東岸的國家發動的戰爭。當時原屬於羅馬天主教聖地的耶路撒冷落入伊斯蘭教手中，羅馬天主教為了收復失地，便進行多次東征行動。

49 這裡指的是韋克桑女伯爵愛麗絲（Alys，Countess of Vexin，一一六〇—一二二〇），法蘭西國王路易七世和第二任妻子所生，於一一六九年與英格蘭王子理查訂婚並被送往英格蘭撫養，時年年僅八歲。

50 希農（Chinon），位於法國中央大區安得爾—盧瓦爾省的一個鎮。中世紀時期，特別是亨利二世統治時期，希農得到了迅速的發展，城堡被重建和擴展，成為亨利最喜歡的住宅之一。

51 豐泰夫羅修道院（Fontevraud Abbey）：位於法國的豐泰夫羅拉拜埃（Fontevraud—l'Abbaye），亨利二世和妻子埃莉諾、理查一世等均葬於此，但如今卻沒有任何屍骨的遺跡，一般認為是他們的墳墓在法國大革命中被損壞了。

52 羅莎蒙德．柯利弗德（Rosamund Clifford，一一五〇年前—約一一七六），也被稱為「美麗的羅莎蒙德」或「世界的玫瑰」，是亨利二世的情婦之一，在英格蘭民謠中廣為流傳。

第十三章 「獅心」理查一世統治下的英格蘭

西元一一八九年，在傷透了父親的心後，「獅心」理查[1]成功地繼承了亨利二世的王位。我們知道，他自小就很叛逆。可當他坐上王位，面對著隨時有人會背叛自己的情況，他才意識到背叛是多麼的邪惡。在這番偽善的頓悟之後，他狠狠地懲罰了所有帶頭協助他反叛父親的人。他的行為充分地展露了他的本性，也警告了那些阿諛奉承之徒——永遠不要相信「獅心王」。

不僅如此，他還囚禁了亡父的司庫，直到他將所有國庫財產連同自己的全部錢財拱手交出才被從地牢裡放出來。不管是不是有顆獅子的心，反正理查已經獅子大開口，占走了這個可憐人的大部分財產。

他在威斯敏斯特[2]舉行了盛大的加冕儀式：四位領主各執一支長矛，為國王撐起絲質華蓋的四角，步向大教堂。在加冕當日，還發生了一起針對猶太人的可怕謀殺，這似乎讓不少自稱基督徒的野蠻人相當開心。國王下過令，禁止猶太人（雖然他們是英格蘭最精明的商人，卻總是招人厭惡）在儀式上出現。可猶太人還是帶著禮物從四面八方匯聚到倫敦來，向新君主表達自己的敬意。有些猶太人甚至還冒險進入了威斯敏斯特廳，他們的禮物倒也被欣然收下了。現在想來，應該是當時的人群中有些聒噪的傢伙，假裝自己是個敏感的基督徒，對此事大吼大叫，還揍了一個想要從大廳門口帶禮物進去的猶太人。暴亂即刻展開；已經進入大廳的猶太人被趕了出來；一些暴徒乾脆大吼著說，新國王已下令要消滅這個信異教的種族。於是人群衝到了狹窄的街道上，對猶太人是見一個殺一個。等戶外的猶太人都殺光了，他們又將矛頭指向躲在房子裡緊閉門窗的猶太人。他們瘋狂地跑過大街小巷，衝進所有有猶太人居住的房子，用匕首刺、用長矛扎，甚至還把老人孩子從窗戶扔到樓下燃起的火堆上。這令人髮指的暴行持續了一天一夜，可在那麼多施暴者裡，只有三人受到懲罰被處以死刑，理由竟還不是燒殺搶掠猶太人，而是燒了一些基督徒的房子。

理查國王是個身材魁梧、性格急躁的人，腦子裡成天就想著如何打別人的腦袋。他簡直等不及想要率領一支大軍前往聖地東征。不過就算是去聖地，沒錢也建不起一支大軍。於是他變賣了皇家領地，甚至連國家的高級官位都賣了換錢。只要出價高，無論有沒有統治才能的貴族都被他任命來管理英格蘭子民。通過這些途徑，再加上高價賣赦免書和貪婪地壓榨，他攢了一大筆錢。隨後，他就任命了兩個主教在他外出期間幫忙處理國家事務，並把大量權力和財產交到了弟弟約翰[3]的手上，以鞏固二人關係。能當上英格蘭的攝政王，這可是約翰求之不得的事；這個狡猾的人衷心支持遠征，可心裡的算盤卻一點也不含糊：「仗打得越多，哥哥戰死的可能性就越大；那時候我就是約翰國王了！」

不過在新整備的部隊出發之前，士兵們又和普通民眾一起，對不幸的猶太人施以暴行。在很多大城市，數以百計的猶太人都被極其殘忍地殺害了。

在約克郡，一大群猶太人趁地方長官不在，躲在城堡裡避難。他們當中有很多人都曾親眼看著自己的妻兒被殺。現在長官回來了，要求進入城堡。

「可是，長官啊，我們怎麼能讓您進來呢？」猶太人在城牆上說，「只要我們打開一點點門縫，您身後怒吼的人群就會衝進來殺了我們啊。」

原本就心懷偏見的長官一聽，更是怒從中來；他乾脆對人們說他允許他們殺猶太人。於是，在一個一身白衣的狂熱惡修士的帶領下，人們襲擊了城堡，時間長達三天。

領頭的猶太人名叫約森（他是個拉比[4]，或者說是牧師），他對其餘同伴說：「弟兄們，外面的基督徒正在砸門砸牆，不久就會攻進來，我們已經走投無路了。我們和妻兒都難逃一死，與其死在基督徒的手上，還不如自我了斷。我們把珠寶錢財都燒了，然後把城堡點著，慷慨赴死吧！」

除了少數人猶豫不決之外，大多數人都照做了。他們把所有貴重物品都付之一炬，然後點燃了城堡。包圍著他們的是衝天火光，鮮紅似血，烈焰在嘶吼迸濺。約森割斷了愛妻的喉嚨，然後自盡。其他有妻兒的人也都忍痛弒親。當外面的民眾破門而入時，他們看到的除了幾個縮在牆角發抖的人之外（這幾個人很快也被殺了），便只有成堆的餘燼和遍地如燒焦樹枝一般的黝黑軀體。要知道，這些東西在不久之前還是活生生的人，還和他們一樣，是造物主用慈愛的手塑造出的生命啊！

以這樣一件糟糕的事為開頭，理查和他的部隊軍容不整地踏上了前往聖地的東征之路。英格蘭國王和他的老朋友法蘭西國王腓力[5]攜手合作，首先檢閱了共計十萬人馬的軍隊。隨後他們兵分兩路，相約在西西里島的墨西拿[6]會師。

理查國王的妹妹[7]嫁給了這裡的國王，不過國王已死，他的叔叔坦克雷德[8]篡奪了王位，把這位皇室寡婦投入了監獄，還侵佔了她的財產。理查強烈要求釋放他的妹妹，並且歸還她的土地，（依照島上的皇室慣例）給她應得的金制桌椅、二十四個銀盃和二十四個銀碟。迫於理查的強勢，坦克雷德屈服了。但法蘭西國王卻心生妒意，抱怨英格蘭國王企圖專制墨西拿島乃至全世界。理查卻對此置若罔聞，在接受了兩萬枚金幣的禮贈之後，還讓他年僅兩歲的漂亮小外甥亞瑟和坦克雷德的女兒定了親。我們後面還會說到漂亮的小亞瑟。

西西里事件就這樣兵不血刃地解決了，理查一定很失望。他把妹妹帶走，順便還帶了一位名叫貝倫加麗婭[9]的美麗姑娘。後來貝倫加麗婭被埃莉諾王后[10]（理查的母親，您該記得她長期在獄中，不過理查登基後就把她放出來了）帶到了法蘭西，理查與她迅速墜入愛河，她便成為了理查的妻子，並跟隨他們乘船前往賽普勒斯[11]。

理查很快就享受到打鬥的樂趣了。英格蘭的部分軍隊在賽普勒斯島海岸遭遇船隻失事，並被當地居民搶劫，當地國王卻坐視不管，於是雙方就打了起來。理查輕而易舉地打敗了這位可憐的君主，還抓走了他唯一的女兒給貝倫加麗婭作伴，國王則被銬上了銀腳鐐。此後，理查便帶著母親、妹妹、妻子還有被俘的公主一起航行，很快就來到了阿卡城[12]。此時法蘭西國王已經率領艦隊沿著海岸包圍了這裡，卻久攻不下，因為他的部隊飽受撒拉遜人的襲擊以及瘟疫之苦。土耳其人民勇敢的蘇丹[13]薩拉丁[14]當時率領大軍在四周的山上勇敢地守衛著這片土地。

這支十字軍聯軍基本上沒有意見一致的時候，不過吃喝玩樂或是吵起架來倒是沆瀣一氣。不管走到哪兒，他們都不分敵友地與人一同放縱，攪得一方不得安寧。法蘭西國王嫉妒英格蘭國王，英格蘭國王也嫉妒法蘭西國王，兩個國家粗暴散漫的士兵們之間也都心存妒意。結果連在是否要聯合攻打阿卡的問題上，兩個國王一開始都無法達成共識。而兩人終於吵完這一架準備攻打時，撒拉遜人卻承諾要讓出阿卡，把聖十字森林給基督徒，還要放了所有基督徒俘虜，再支付二十萬枚金幣。約定期限是四十天，可撒拉遜人卻沒能按時兌現，於是理查國王就將三千名左右撒拉遜囚犯帶到營前，當著他們同胞的面將他們全部殺害。

法蘭西國王並沒有參與這場屠殺，因為他既反感英格蘭國王的傲慢行事，也急於料理自己的國土，而且在這炎熱的沙漠國度呼吸著不健康的空氣身體也吃不消了，所以當時的他正要率領大部人馬返程回國。沒有了法蘭西國王的陪伴，理查照樣繼續留在東方打仗，在將近一年半的時間裡歷經了無數風險。每夜行軍休息時，傳令官都要吼三聲「拯救聖墓[15]！」來提醒士兵們不忘使命。然後所有士兵都跪下說：「阿門！」無論行軍還是駐營，軍隊既要持續與炎熱的空氣和一望無垠的沙漠作鬥爭，還要對付勇敢的薩拉丁所率領的撒拉遜士兵。疾病與死亡、戰鬥與傷痛總是如影隨形。可即便困難重重，理查國王還是像巨人一樣戰鬥著，辛苦如常。在他入土為安很長一段時間之後，撒拉遜人還口耳相頌他那把由二十磅[16]英格蘭鋼鐵鑄成的利斧。如今，不管是那些撒拉遜人還是基督徒都已化作塵土，可如果有匹撒拉遜人的馬對路邊的什麼東西表現出驚恐，它的主人還會叫道：「你怕個什麼勁啊，傻瓜？難道你以為理查國王在那後面嗎？」

論起對這位國王的英勇威名的崇敬之情，沒人比得上薩拉丁。他是個驍勇大度的對手；理查生病發燒時，薩拉丁甚至派人送去了大馬士革[17]的新鮮水果和山頂積雪。平時二人頻繁有禮地互通消息；可騎上馬後，理查國王會毫不留情地斬殺撒拉遜人，薩拉丁也會把基督徒殺得片甲不留。就這樣，理查在阿爾蘇夫[18]和雅法[19]戰了個暢快淋漓。不過在阿什凱隆[20]，理查卻無所事事了，他便決定為加強防禦而重建部分被撒拉遜人破壞的防禦工事。奧地利公爵[21]過於自傲，不願做這種小事，於是被理查踢出了同盟。

部隊終於逼近了聖城耶路撒冷[22]。此時所有的妒忌、爭吵和打鬥都停了，理查的部隊和撒拉遜人達成了三年零三個月零三天零三個小時的停戰協議。在高尚的薩拉丁的庇護下，英格蘭基督徒們免遭撒拉遜人的報復，拜謁了我們救世主的陵墓。隨後，理查國王帶著一小支部隊從阿卡起航回國了。

不過船在亞得里亞海[23]出了事，他不得不改名換姓，並試圖穿過德意志。德意志有很多人曾在驕傲的奧地利公爵的帶領下，在聖地服過役，而這位公爵恰恰就是被踢出同盟的那位。有些人一下就認出了引人注意的理查國王，偷偷給公爵報信。公爵立刻把他關在了維也納[24]附近一家小旅店裡。

麻煩的君主被關了起來，公爵的主子們——德意志皇帝和法蘭西國王都很高興。通過一起幹壞事建立起來的友誼從來都不是真誠的。法蘭西國王以前是理查背叛他父親的同夥，現在卻已經變成了徹頭徹尾的仇敵。腓力謊稱理查在東方的時候設計要毒死他，便指控他謀殺摯友；他還賄賂德意志皇帝，要對他嚴加看管。終於，在這兩位國君的密謀之下，理查在德意志法庭上受到上述罪行及很多其他罪行的指控，但他強有力的辯護，使很多在場人員都被他的口才和真情折服。審判者們最終裁決，在接下來的刑期內，理查應受到符合尊嚴的對待，並且在繳納大筆贖金後應被釋放。英格蘭人很樂意交這筆錢。然而等埃莉諾王后帶著贖金到了德意志之後，她卻遭到了拒絕。為了兒子，她只得向德意志帝國的每一位親王苦苦懇求，最終打動了對方；國王被釋放了。法蘭西國王隨即給約翰親王寫信：「小心，惡魔解開枷鎖了。」

約翰親王害怕哥哥是有道理的，因為在哥哥被關期間約翰背叛了他。他偷偷與法蘭西國王勾結，向英格蘭貴族和人民鄭重宣告：他的哥哥已死。但他篡奪王位未遂。如今約翰身在法蘭西埃夫勒[25]，這個最卑鄙最無恥的人，自然也就想到了個卑鄙無恥的計策來讓哥哥原諒自己。他邀請駐守當地的法蘭西官員共進晚宴，然後把他們全殺了，奪取了這座要塞。然後，他趕緊來到理查面前跪下，企圖用這件事來討好「獅心王」，埃莉諾王后也幫忙說情。「我原諒他了，」國王說，「但他很快就會忘掉我的寬恕，我希望我也能這麼容易就忘掉他對我的傷害。」

理查在西西里的時候，英格蘭國內並不太平：他任命來幫他管理國家的兩個主教中，其中一個將另一個抓了起來，還搞得大張旗鼓，好像他就是國王一樣，野心昭然若揭。在此事傳到遠在墨西拿的國王耳朵裡之後，他重新任命了一位攝政人。犯錯的主教——

他的名字是朗香——則打扮成女人逃到了法蘭西，並在那裡得到了法蘭西國王的鼓勵和支援。腓力的種種過分行為讓理查懷恨在心。他很快回國，受到了熱情民眾的盛大歡迎，然後馬上在溫徹斯特重新接受了加冕。他要讓法蘭西國王看看，解開枷鎖的惡魔到底是個什麼樣子。就這樣，在理查的盛怒之下，又一場惡戰開始了。

然而就在這個時候，國內又湧現出了新的問題。窮人不滿負稅比富人重，他們找到人稱「大鬍子」的威廉．菲茲．奧斯伯特[26]做精神領袖；此人領導了一個五萬人的秘密社團。但後來他還是暴露了行蹤，刺中第一個抓住他的市民之後，他英勇地搏鬥著，退進一座教堂裡，並在那兒待了四天。有人放了火，他渾身包裹著火焰從教堂裡跑出來，但並沒有死，人們就把他拴在馬尾上拖到了史密斯菲爾德[27]，他在那兒被處以絞刑。長久以來，殺人滅口一直是堵住人民喉舌的慣用伎倆；不過根據歷史經驗，我覺得大家會明白這種一殺了之的辦法根本不能擋住人民的聲音。

除了偶爾的間歇，英法戰爭一直繼續進行著。有位名叫維德馬的利摩日子爵[28]偶然在領地內發現了古錢幣的寶藏，作為臣子，他將一半錢幣獻給了國王，可國王卻想拿走全部。子爵斷然拒絕。於是國王便將他圍困在城堡內，發誓要摧毀城堡，然後吊死所有反抗他的人。

在這片土地上流傳著一首奇怪的老歌，大意是說一支來自利摩日的箭將會射死理查國王。一個守衛城堡的年輕人名叫伯特蘭．德．古爾東，他也經常在冬夜裡聽到或唱起這首歌。當他從壁壘上看到國王只在一個長官的陪同下騎馬在城牆下巡視時，他的腦中再次響起了這首歌謠。大概就是在這個時候，他決定掏出一支箭，認真地瞄準，從牙縫裡擠出一句「上帝保佑，箭啊，快飛吧！」然後弓箭離弦，正中國王的左肩。

傷口一開始並不嚴重，但國王只得退回帳中指揮作戰，無法親自上戰場。城堡被攻下了，國王也遵照誓言，吊死了每個反抗者。不過伯特蘭．德．古爾東除外，因為皇室決定要留著他。那時不成熟的醫療手段使得國王的傷口惡化了，國王自知時日不多，他就叫人把伯特蘭．德．古爾東帶進帳中。年輕人拖著沉重的鐐銬被帶了進來，理查死死地盯著他，他也死死地盯著國王。「無賴！」理查說，「我對你做了什麼，你非得要我的命？」「你對我做了什麼？」年輕人答道，「你親手殺了我的父親和兩個兄弟，我也將被你絞死。讓我現在就死了吧，隨便你怎麼折磨我。讓我欣慰的是，不管你怎麼折磨我，你都難逃一死。是我讓天下人擺脫了你！」

國王再一次死死地盯著這個年輕人，年輕人也毫不畏懼地瞪著他。或許，垂死的國王又想起了薩拉丁，那個不是基督教徒卻心胸豁達的對手。「年輕人啊！」他說，「我原諒你了，你走吧！」然後轉向受傷時與他同行的長官：「解開他的鐐銬，給他一百先令，讓他走吧。」

然後他躺進床榻裡，黯淡的眼前蒙上了一層濃霧，他時常休憩的這個帳子也變得模糊了起來。他死了，享年四十二歲，統治十年。但他最後的這個命令沒被遵守，軍官活剝了伯特蘭·德·古爾東的皮，然後吊死了他。

悲傷的氣氛有時會穿越世代，比那二十磅鋼鐵鑄成的戰斧還要持久。

直到現在，還流傳著一個古老的傳說，講述淪為階下囚的國王是如何被發現的。布隆德爾[29]——理查最喜歡的吟游詩人——一直忠心地尋找著主人，在很多外國堡壘和監獄陰森的牆壁外吟唱。他是那麼堅定不移，在那些牆壁外都留下過他的歌聲。終於有一天，他從地牢裡聽到了熟悉的回音，狂喜地叫道：「哦，理查，哦，我的國王！」如果您願意，您可以選擇相信這個故事，畢竟有好多比這壞得多的事情也更加輕易地被人相信了。理查自己也是個吟游詩人。如果他不是王子，可能會好好做人，離開人世的時候也不會欠下這麼多血債了吧。

1 英格蘭的理查一世(Richard I of England,一一五七—一一九九),亨利二世和阿基坦的埃莉諾的三子,於一一八九年繼任英格蘭國王。因其在戰爭中總是一馬當先,猶如獅子般勇猛,因此得到「獅心王」(Lionheart)的稱號。

2 威斯敏斯特(Westminster),英格蘭大倫敦下屬的一個擁有城市地位的倫敦自治市,是英國的行政中心,今天的英國國會威斯敏斯特宮就位於威斯敏斯特境內。

3 「無地者」約翰(John Lackland,一一六六—一二一六),亨利二世和阿基坦的埃莉諾的小兒子,一一九九年起任英格蘭國王。在他的統治中,諾曼第被法蘭西國王腓力二世佔領,直接導致了英格蘭安茹帝國的崩塌,並為法蘭西卡佩王朝的崛起奠定了基礎。

4 拉比(Rabbi)是猶太人中的一個特別階層,主要為學者,是老師,也是智者的象徵。猶太人的拉比社會功能廣泛,尤其在宗教中扮演重要角色,為許多猶太教儀式中的主持。

5 腓力二世(Philip the Second,一一六五—一二二三),法蘭西卡佩王朝國王(一一八〇年—一二二三年在位)。路易七世於一一八〇年九月一八日去世後,年僅十五歲的腓力二世成為法國國王。

6 墨西拿(Messina),位於義大利西西里島的東北角,正對墨西拿海峽。

7 英格蘭的瓊(Joan of England,一一六五—一一九九),西西里王后,圖盧茲伯爵夫人,是亨利二世和阿基坦的埃莉諾的第七個孩子,嫁給了諾曼西西里王國國王古列爾莫二世(Guglielmo II,一一五五—一一八九)。

8 坦克雷德(Tancred,卒於一一九四),西西里國王,一一八九年—一一九四年在位。

9 那瓦勒的貝倫加麗婭(Berengaria of Navarre,一一五六到一一七〇之間—一二三〇),那瓦勒國王桑舒六世的長女。

10 阿基坦的埃莉諾(Eleanor of Aquitaine,一一二二/一一二四—一二〇四),阿基坦女公爵,一一三七—

一一五二年間是法蘭西王后，一一五四—一一八九年間成為英格蘭王后；她於一一五二年結束了與法王的婚姻，理由是有近親血緣，三個月之後便嫁給了小自己九歲的亨利。

11 賽普勒斯（Cyprus），歐洲與亞洲交界處的一個島國，位於地中海東部。

12 阿卡（Acre），位於以色列北部加利利西部的城市，西臨地中海，距離耶路撒冷約一五二公里。

13 蘇丹（Sultan）指伊斯蘭教歷史上一個類似總督的官職，是阿拉伯語中的一個尊稱，歷史上有好幾種含義。這詞最初是阿拉伯語中的抽象名詞「力量」、「治權」、「裁決權」，後來變為權力、統治。最後，它變為對一個特殊統治者的稱號。被這種蘇丹統治的地方，一般都對外號稱擁有獨立主權或完全主權，無論是王朝還是國家都可以被指為「蘇丹國」。

14 薩拉丁（Saladin，一一三七或一一三八—一一九三），埃及阿尤布王朝的第一位蘇丹，一一七四年至一一九三年在位。薩拉丁是埃及歷史的民族英雄，因為他在阿拉伯人抗擊十字軍東征的過程中，表現出卓越的領袖作為、騎士風度和軍事才能，聞名於基督徒和穆斯林世界。

15 聖墓（Holy Sepulchre），指耶穌基督被釘死的地方。

16 磅（English pound），英國重量單位，一磅等於〇．四五四公斤。

17 大馬士革（Damascus），今天敘利亞首都，位於距離地中海八〇公里的內地，地處海拔六八〇公尺的高原。

18 阿爾蘇夫（Arsuf，狄更斯原文寫為「Arsoof」，疑為誤拼），位於以色列的古老城市。一一九一年，理查一世在此率領十字軍大敗薩拉丁的軍隊，史稱阿爾蘇夫戰役。理查所率第三次東征的十字軍擁有二．二萬輕步兵、一．五萬重步兵和四五〇〇名騎士，薩拉丁所率阿尤布王朝軍隊擁有三萬輕步兵、一．五萬重步兵和八〇〇〇名騎士。戰役中，薩拉丁的大軍無法突破理查的密集陣形，並付出七〇〇〇人的巨大傷亡，理查僅傷亡約一〇〇〇人。

19 雅法（Jaffa），世界上最古老的港口城市之一，位於以色列。在一九四九年與特拉維夫合併成為特拉維夫—雅法市。薩拉丁自一一八七年起統治雅法，於一一九一年在阿爾蘇夫戰役三天後向「獅心」理查投降。一一九二年六月薩拉丁曾想收復雅法，開啟了雅法戰役卻未成功。

20 阿什凱隆（Ascalon），以色列南部區內的一個城市。

21 利奧波德五世（Leopold V，一一五七—一一九四），自一一七七年起為奧地利公爵，直至去世。

22 耶路撒冷（Jerusalem），位於巴勒斯坦中部，介於地中海與死海之間，同時是猶太教、基督教和伊斯蘭教三大宗教的聖地。

23 亞得里亞海（the Adriatic），是地中海的一部分，位於義大利東海岸和巴爾幹半島之間。

24 維也納（Vienna），位於阿爾卑斯山的東北麓和維也納盆地西北部之間，是當時奧地利公國的首都。

25 埃夫勒（Évreux），位於法國北部上諾曼第大區，是厄爾省省會。

26 威廉·菲茲·奧斯伯特（William Fitz Osbert，卒於一一九六），倫敦市民，於一一九六年春天領導了農民起義。

27 史密斯菲爾德（Smithfield），坐落在倫敦西北部，以其古老的肉產品市場而聞名（如今則是倫敦城區內唯一倖存的批發市場），同時也是處死異教徒和政治敵手的地方。

28 利摩日子爵通常出自於法蘭西的塞居爾家族，他們的領地介於法國中西部城市利摩日（Limoges）、布裡夫（Brive）和佩里格（Périgueux）之間，屬於阿基坦公爵國的一部分。這裡的維德馬子爵實為利摩日的艾瑪律五世（Aimar V of Limoges，約一一三五—約一一九九，狄更斯的拼寫為Vidomar，疑為誤拼）。

29 內勒的布隆德爾（Blondel of Nesle，約一一五五—一二〇二），遊吟詩人，共著有二十四首宮廷詩歌，被認為是內勒的讓一世（Jean I of Nesle）或者他的兒子讓二世（Jean II of Nesle），因有一頭金色長髮而得被稱為布隆德（在英語和法語中blond均為金髮之意）。

第十四章 「無地者」約翰統治下的英格蘭

約翰[1]在三十二歲的年紀登上了英格蘭的王位。按理說，這王位本該屬於他漂亮的小外甥亞瑟[2]，但約翰搶佔了財寶，還給貴族們許了很多好聽的諾言，所以他成功地在哥哥理查[3]死後幾周內在威斯敏斯特接受了加冕。我覺得就算找遍整個英格蘭，也找不出比約翰更卑鄙懦弱、更窮凶極惡的王位繼承人了。

法蘭西國王腓力當然拒絕承認約翰的繼位，並公開表示支持亞瑟。但如果您認為他這是在同情這個喪父的男孩兒，您就大錯特錯了；腓力不過是利用這項「善舉」滿足自己的野心、反對英格蘭國王罷了。於是，打著幫助亞瑟的旗號，法蘭西國王與約翰開戰了。

亞瑟相貌俊俏，當時只有十二歲。他的父親傑佛瑞[4]在比賽中被馬匹踩爆頭顱的時候，他還沒有出生。很不幸，他不能在父親的教導和呵護下長大；但更不幸的是，他母親康斯坦絲[5]還很愚蠢，那時她剛剛改嫁給第三任丈夫。約翰繼位後，她就帶著亞瑟投奔了法蘭西國王。國王假意友善，還封亞瑟為騎士，並把自己的女兒許配給他。可國王實際上並不關心亞瑟，所以當他發現和約翰國王和解有利可圖時，便毫不猶豫地置可憐的亞瑟於不顧，逕自求和去了。

年幼的亞瑟度過了兩年平靜的時光，他的母親在此期間去世了。這時候，法蘭西國王又覺得還是和約翰國王對抗比較符合自己的利益，於是又把亞瑟給搬了出來。他把這個孤兒請到宮廷裡。「王子殿下，你知道你有權繼位，」法蘭西國王說，「你也確實想當國王，不是嗎？」「是的，」亞瑟王子應道，「我很想當國王！」「那麼，」腓力說，「你就帶上我的兩百名騎士，去從你篡權的叔叔手裡把本屬於你的土地搶回來。與此同時，我也會帶著軍隊到諾曼第討伐他。」可憐的亞瑟被他一席話說得心花怒放，千恩萬謝地和狡猾的法蘭西國王簽了一份條約，同意承認法蘭西國王是自己的上層領主，並許諾說，不管他從約翰國王那兒奪來什麼，最終都會交給法蘭西國王保管。

一邊是窮凶極惡的約翰，一邊是背信棄義的腓力，亞瑟在他們二人中間就如同被狼和狐狸夾擊的羊羔。可他畢竟年輕，還熱血滿腔，心懷希望。當他的領地布列塔尼[6]的人民又多給了他五百名騎士和五千名步兵的時候，他堅信好運就要來了。自他出生起，布列塔尼的人民就很喜歡他，還要求給他取名叫亞瑟，以紀念英格蘭那位名聲依舊的亞瑟王[7]。我在這本書的前面跟您說過這個人，布列塔尼人民相信亞瑟王曾是一位布列塔尼先王的勇敢同伴。關於亞瑟王的傳說中提到過一個叫梅林[8]的預言家（他也屬於那個古老的時代），他預言，布列塔尼的國王會在數百年後回到人民身邊。人們相信亞瑟就是預言中歸來的國王，只要布列塔尼的王冠戴在亞瑟頭上，預言便會應驗，到時候不管是法蘭西國王還是英格蘭國王都再也無權統治他們。當亞瑟身著閃亮的盔甲，騎著華麗的戰馬，帶著一隊騎士和士兵時，他也忍不住開始相信這個預言，他覺得這個老梅林還真是個厲害的預言家。

他不知道——年幼無知的他又怎麼會知道——自己這一小支軍隊在強大的英格蘭國王面前就是以卵擊石。法蘭西國王很清楚這一點，但他並不關心這個可憐男孩的命運，只要能給英格蘭國王造成麻煩，他才不在乎呢！於是二人信心十足地動身了，腓力國王前往諾曼第，亞瑟王子則向法蘭西普瓦捷[9]附近的城鎮米爾博[10]進攻。

亞瑟王子之所以要攻擊米爾博，一是因為他的祖母埃莉諾[11]住在這兒——她在這段歷史中的出場率可不低——這位祖母又一向和他母親交惡；二則是因為他的騎士對他說：「王子殿下，如果您能把她抓起來，就可以要脅您的國王叔叔了。」不過，埃莉諾可不是這麼好抓的。此時的她已八十高齡，人品卻卑劣得很，肚子裡的陰謀詭計和臉上的皺紋一樣多。聽說亞瑟要來了，她便把自己關在高塔裡，鼓勵戰士們拿出男子漢的本事來守衛。亞瑟王子帶著他的那支小部隊包圍了高塔。約翰國王聞訊後趕忙帶兵前來營救。好一場家庭聚會！年輕王子包圍了自己的祖母，他的叔叔則包圍了他！

但這種狀況並未持續太久。一個夏夜，約翰國王在叛徒的幫助下帶兵進城，出其不意地襲擊了亞瑟的軍隊，不但逮捕了兩百名騎士，還抓住了睡夢中的王子。騎士們被戴上沉重的鐐銬，用牛車送往了各處的地牢。他們在地牢中飽受非人的虐待，甚至有人被活活餓死。亞瑟王子則被送去了法萊斯城堡[12]。

這一天，亞瑟坐在黑暗幽深的高牆後，抬頭望著小窗外的夏日晴空和飛鳥，哀歎自己年紀輕輕就遭此磨難。就在這個時候，門被輕輕地推開了，只見他的國王叔叔面色冷酷，站在拱門的陰影裡。

「亞瑟，」國王開口了，用邪惡的雙眼盯著地上的石塊，卻不看向自己的侄子，「你難道不相信親愛的叔叔的和善、友愛和坦誠嗎？」

「我會對我的叔叔說，」小侄子回答道，「他得先還我一個公道。等他把英格蘭王國歸還給我，再來問我這個問題吧。」

國王看看他，然後走了出去。他叮囑監獄長：「對這個孩子一定要嚴加看管。」

然後，國王就和手下那些最負惡名的貴族們密謀該怎樣除掉王子。有人說：「挖了他的眼睛，把他關在牢裡，就像諾曼第的羅貝爾[13]一樣。」有人建議刺死他，有人說用絞刑，還有人提議下毒。

當初在地牢裡，當約翰國王那高貴的雙眼只敢盯著地面的時候，亞瑟這雙漂亮的眼睛卻傲視著他。想到這兒，約翰覺得不管怎麼說，能燒毀這雙眼睛還是會讓他相當舒坦的。於是他派了幾個惡棍去法萊斯，讓他們用燒紅的烙鐵弄瞎亞瑟。亞瑟苦苦哀求他們別這麼做，他的淚水感動了城堡的監獄長於貝爾．德．布爾格。監獄長是個正直和善的人，還很喜歡亞瑟，他再也看不下去了。賭上自己的終生名譽，他阻止了這場暴行，冒險趕走了這群野蠻人。

國王既憤怒又失望，決定採用下一個方案——刺死亞瑟。他又恢復了原本殘酷的面容，企圖用花言巧語誘騙一位名叫威廉．德．佈雷的人來做這個差事。「我是個紳士，不是劊子手！」威廉．德．佈雷鄙夷地答道，說完拂袖而去。

不過，不管在哪個年代，國王想雇個殺手並非難事。於是約翰國王便花錢雇了一個送去法萊斯城堡。「你來幹什麼？」於貝爾問殺手。「來送小亞瑟上路。」殺手答道。「回你主子那兒去吧，」於貝爾說，「告訴他我會辦妥的。」

可約翰國王很清楚，於貝爾根本不會下手，他這麼說無非是想救王子，或者拖延時間。於是國王派出使者，又把王子轉移到了盧昂城堡[14]。

亞瑟很快就在人生中最需要於貝爾的時候被迫與他分離，他被連夜帶去新監獄。在那裡，他能透過監牢的鐵柵欄聽到窗外塞納河的河水拍打著高牆下的石頭。

在一個月黑風高的夜晚，亞瑟正在睡夢中幻想著那些因他而默默受苦以及死去的不幸紳士們前來營救他。這個時候，獄卒把他叫醒，要他下樓到塔底去。亞瑟趕緊穿上衣服下去了。

樓梯底部寒風陣陣，撲面而來的是縈繞在河水之上的夜的氣息。獄卒踩滅了火把。亞瑟在黑暗中被匆匆拖上了小船。船上有兩個人，其中一個就是亞瑟的叔叔。

亞瑟跪下乞求他們別殺他。但國王他們對此充耳不聞，依舊刺死了王子，並把屍體綁上巨石沉入了河底。破曉之後，高塔已大門緊閉，小船也不見蹤影，只有河水還在陽光下閃爍著流淌，人們從此再也沒見到過這個可憐的男孩。

但這場殘忍的謀殺很快就傳遍了英格蘭的大街小巷。國王作惡多端，在他妻子還在世的時候，他就強娶了一位女貴族。這本就招人憎恨，如今王子已死的消息更是一下就點燃了人們心中的怒火，從此一發不可收拾，使得約翰在他的整個統治內都遭人怨恨。布列塔尼的局勢更是一觸即發。雖然亞瑟的親姐姐埃莉諾[15]被約翰關在布里斯托爾[16]的修道院，但他還有個同母異父的妹妹叫愛麗絲[17]，現在正在布列塔尼。人民推選愛麗絲以及她母親的第三任丈夫[18]作為他們的代表，把民眾強烈的不滿情緒傳達給了腓力國王。由於約翰國王在法蘭西有領地，腓力便叫他來當庭對證。約翰自然不肯，於是腓力宣佈約翰偽造證據，判其有罪，再次發動了戰爭。很快，腓力二世就征服了約翰在法蘭西的大部分土地，總量多達他總領土的三分之一。在整個戰爭過程中，約翰國王一直像個貪食的笨蛋一樣，只要情況還不危急，就只知道吃吃喝喝；等敵人打到跟前了，他就像個喪家犬一般落荒而逃。

您也許會想，他損失領土如此之快，自家貴族又對他和他的事業漠不關心，連隨他出英格蘭戰鬥都不願意，這可算的上是樹敵無數了吧？可他竟然還嫌不夠，把教皇也給惹惱了。至於這件事的經過，且聽我說來。

當時的坎特伯雷大主教已時日不多，他身邊的低級修士們想搶先高級修士一步成為繼任者，於是他們在午夜密會，推選出雷吉納德，派他前往羅馬尋求教皇的認可。高級修士和國王很快就知道了這件事，非常憤怒，低級修士們只好做罷。經過全體修士的集會，他們重新推選了國王的親信諾維奇主教[19]為下任大主教。教皇聽說了事情的來龍去脈之後，宣佈兩邊的推選他都不承認，並自行選定了斯蒂芬·蘭頓[20]為繼任者。修士們倒是樂意服從教皇的任命，可國王卻把他們都作為叛徒給驅逐了。於是，教皇派三名主教去面見國王，以停止教權相脅。國王則威脅主教們說，若他們膽敢在他的地盤上下停止教權的命令，他就把所有能抓到的修士都給剜眼割鼻，然後把他們以這副慘相送到羅馬教皇面前。可主教們還是頒佈了禁令，隨即便逃走了。一年後，教皇又有了新的動作。他把約翰國王逐出教會，禁止其參加一切常規儀式。國王怒不可遏，貴族的背叛和人民的憤怒更是讓他倍感絕望。他甚至暗中派使者去見在西班牙的土耳其人，承諾只要他們肯幫他，就改信伊斯蘭教，並拱手讓出自己的國家。據說使者們穿過長長的摩爾人[21]衛隊來到土耳其埃米爾[22]面前，埃米爾正嚴肅地盯著一本大書，連頭都沒抬一下。使者們把國王寫的訴求信呈給他之後就默默地離開了。不久埃米爾就召見了其中一位使者，問他英格蘭國王到底是個怎樣的人，還要他以信仰與教義之名起誓，保證自己絕無虛言。信使被逼無奈，只得回答說英格蘭國王是個狡詐的暴君，他的子民很快就會揭竿而起。埃米爾聽罷，也就不需多言了。

對約翰來說，錢是除了人以外最好的東西，因此他不遺餘力地斂財。他還對不幸的猶太人展開了新一輪的折磨——這可是他的一貫作風。這次他發明了一種新的懲罰方式，在一個布里斯托爾的富有猶太人身上試驗。國王把這個猶太人關進了監獄，從門牙開始，每天都殘忍地拔掉他一顆牙，逼迫他交出規定數額的大筆錢財。到了第八天，猶太人終於忍受不住，交出了錢財。憑著用類似方法斂來的財富，國王出征愛爾蘭，去討伐那裡叛亂的英格蘭貴族。在那場戰鬥中，他一反常態沒有逃跑——因為壓根兒就沒人抵抗。後來他又出征威爾士，這次他最終還是跑了，不過跑之前他掠走了當地名門望族的二十七名年輕人做人質——這些人在第二年就被殘忍地殺害了。

繼停止教權和逐出教會之後，教皇下了最終判決——革除王位。他宣佈約翰不再是國王，國民不必再對其效忠，還派斯蒂芬・蘭頓等一行人去告訴法蘭西國王，就算他現在攻打英格蘭，他也無需承擔罪責——至少教皇會原諒他。

說到攻打英格蘭，這可是腓力二世最夢寐以求的事情。他在盧昂募集軍隊，組織一支有一千七百艘船的艦隊駛向英格蘭。可就算再怎麼憎恨國王，英格蘭人民也不會默默忍受外族侵略。人們蜂擁至英格蘭軍旗所在的多佛爾[23]，爭先報名參軍保衛家園。由於人數太多，英格蘭軍隊的裝備供不應求，國王只好篩選後留下了六萬人。在這個節骨眼上，出於自保，教皇不想看到約翰和腓力任何一方的勢力太過強大，於是他也出手干涉。他委託一個叫潘多爾夫的使節去恐嚇一下約翰國王——這並不難辦。使節從法蘭西來到英格蘭軍營，他不但向約翰誇大腓力二世的實力，還指出了英格蘭貴族和人民都心懷不滿的這項弱勢。潘多爾夫出色地完成了任務，約翰國王滿心恐懼地同意承認斯蒂芬・蘭頓為大主教，並把王國交給「上帝、聖彼得[24]和聖保羅[25]」——換句話說，就是交給了教皇。從此往後，要是他還想掌管英格蘭，就必須得到教皇的同意，並每年上交一筆錢。為了這份恥辱的協議，他公然把自己綁在多佛爾的聖殿騎士教堂裡，在使節腳邊放了些貢品，結果貢品還被傲慢地踩踏了。不過有人說，這不過是裝裝樣子，因為使節後來還是把貢品撿起來裝進了口袋裡。

有個不幸的預言家名叫彼得，他預測國王會在慶祝耶穌升天的儀式之前被剝奪騎士稱號，國王覺得這預示著自己死期將至，驚恐不已。慶祝耶穌升天的儀式就在簽訂恥辱條約的第二天。當這一天的早晨來臨時，哆嗦了一個晚上的國王發現自己還活得好好的，便命人把這預言家和他兒子綁在馬尾巴後面拖行遊街，然後吊死，以懲恐嚇國王之罪。

由於約翰國王已經投降，教皇決定庇護他，並通告腓力不得再侵略英格蘭。腓力對此大為震驚。盛怒之下，他決定即便沒有教皇的許可，也要繼續侵略。然而他不但一無所獲，反而損失慘重——因為英格蘭人在索爾茲伯里伯爵的帶領下乘五百艘船來到法蘭西海岸，趁法蘭西艦隊還未起航前就一舉殲滅了他們。

在撤銷了那三條處罰之後，教皇授權斯蒂芬·蘭頓公開迎接約翰國王回歸教會，還邀請他共進晚宴。國王恨透了蘭頓，因為他跟這個高尚善良的人可完全不是同道中人，所以他只是裝出一副感激涕零的樣子。國王的所作所為對神職人員造成了不小的損失，要計算出國王該做多少賠償還真不是件容易的事。不過最終，高級神職人員收穫頗豐，低級神職人員則只分了一小杯羹，甚至可以說什麼也沒著——我覺得從此以後這基本就成了慣例了。

風波平息後，獲勝的國王開始變本加厲地表現出殘暴虛偽和傲慢的一面。一個反對腓力二世的君主聯盟給了約翰一個帶兵登陸法蘭西的機會。他甚至趁機拿下了一座城鎮！不過隨著法蘭西國王取得鬥爭的全面勝利，約翰當然只有逃跑了，雙方簽訂了五年的停戰協議。

接下來的日子對約翰來說會更加難過。如果他還有點自知的話，就會發現自己是個多麼可悲的存在。斯蒂芬・蘭頓就像是個上天專門派來與他作對的人似的。就因為那些貴族不願隨他出國征戰，約翰把他們領地裡的人民的財產給無情地燒毀了。斯蒂芬・蘭頓為此毫無畏懼地責難並震懾了他。約翰發誓要恢復愛德華國王和亨利一世的法律。但斯蒂芬・蘭頓知道他的虛偽本性，緊盯著他不給他要花招的機會。貴族們在聖埃德蒙伯裡修道院批鬥國王的壓迫給他們帶來的不幸，斯蒂芬・蘭頓也發表了慷慨激昂的演說，要求虛偽的君主在莊嚴的憲章裡寫入權利與自由。他鼓動貴族們逐一到祭壇前發誓：如果國王不答應，就和他對戰至死。國王為了躲開這些貴族而去了倫敦，但最終還是被迫接見他們。貴族們毫不避諱地說，國王必須找斯蒂芬・蘭頓出面作保，否則他們不相信國王能信守承諾。約翰拿出十字架來博取信任，這確實取得了點效果，但斯蒂芬・蘭頓仍不為所動。他又向教皇求助，教皇為了約翰這個新寵給斯蒂芬・蘭頓寫信求情，斯蒂芬・蘭頓竟對教皇本人的話也置若罔聞。此時此刻，他心裡只想著英格蘭的利益和英格蘭國王的惡行。

時間到了復活節，貴族們聚集在林肯郡的斯坦福德，排成盛大的隊伍向正身處牛津的國王那裡前進。他們把一份申訴列表交到了斯蒂芬・蘭頓等三人的手上。「這些東西，」

貴族們說，「他必須賠償，否則我們可就自己動手爭取了！」斯蒂芬．蘭頓如此這般轉告給了國王，並把申訴列表念給他聽，國王這下可氣瘋了。可光生氣也於事無補，於是他試圖用謊言來安撫貴族。貴族們把自己以及追隨者們稱作「上帝與神聖教會的軍隊」，他們的足跡遍佈全國各地，所到之處備受民眾簇擁（北安普敦[26]除外，他們沒能攻下這裡的城堡）。最後他們成功把戰旗插在了倫敦。各地人民都已受夠了暴君，紛紛加入他們。全英格蘭那麼多騎士，只有七個人還支持國王。到了這步田地，國王只好派彭布羅克伯爵去告訴貴族們，他同意所有要求，願意面見他們並簽下憲章，時間地點由他們定。「那麼，」貴族們說，「我們就約定六月十五日在蘭尼草地見吧。」

一二一四年六月十五日，星期一，國王從溫莎城堡[27]出發，貴族們則從斯泰恩斯[28]啟程，雙方在蘭尼草地見面。泰晤士河畔的這片草地如今依然秀色怡人，蜿蜒清澈的河水中長著燈心草，岸邊是鬱鬱蔥蔥的青草和樹木。貴族這邊出席的有他們的軍隊統帥羅伯特．菲茲沃特和很多英格蘭貴族。國王這邊一共就來了二十四位各色名流，大多還對國王心懷鄙夷，只是來充個門面而已。在這個重要的日子裡，國王在眾多要人的見證下簽署了英格蘭大憲章[29]。憲章規定，國王保證教會的權利；免除貴族作為臣子對國王盡的沉重義務，貴族們則保證減輕自己子民的負擔；國王還要尊重倫敦及所有其他市鎮的自由；保護來英格蘭經商的外國商人；未經公平審訊不得隨意關押犯人；無條件守護正義。貴族深知國王欺人成性，保險起見，他們進一步要求國王將他所有外國軍隊遣送出英格蘭；近兩個月之內倫敦城由貴族們掌管，倫敦塔[30]則交給斯蒂芬・蘭頓；他們還自己推選出二十五名代表作為法律委員會來監督大憲章的執行，一旦國王毀約就出兵討伐他。

國王只得妥協。他微笑著簽署了憲章，當他離開華麗的會場時，他想盡量讓自己顯得高興些，可卻沒有成功。回到溫莎城堡後，他像個瘋子一樣陷入了無助的憤怒，然後他很快就違反了憲章。

他在海外募集士兵，並向教皇求助。貴族們要為慶祝憲章的簽訂而在斯坦福德舉行盛大賽事，約翰密謀趁此機會突襲倫敦。不過這個密謀敗露了，貴族們推遲了賽事。後來貴族們要求見他，多次聲討他的背叛行為，可他卻拒不赴約，四處竄逃。最終他在多佛爾現身了，帶著花錢雇來的外國士兵包圍了正被貴族的騎士和士兵佔領的羅徹斯特城堡。國王本想把這些人全部吊死，但外國士兵的頭領害怕事後遭到英格蘭人民的報復，於是轉而為騎士們求情。國王只好把氣撒在普通老百姓身上。他派索爾茲伯里伯爵帶上一部分軍隊到領土的東部地區去實施暴行，而自己則到北部去燒殺搶掠；人民飽受殺戮與掠奪的折磨。每天早上，國王都親手燒掉前一晚睡過的房子，來給手下的人做示範。這還不算，就連教皇也前來幫助他的「好朋友」。由於人民站在貴族那一邊，所以教皇在王國內再次頒佈了停止教權的命令。不過人民已經習慣了，覺得這也不算什麼。對他們來說——可能對斯蒂芬・蘭頓來說也是如此——不管有沒有教皇的許可，他們都可以開放教堂和鳴鐘。於是他們就這麼做了，事實證明這確實行得通。

這片國土已被蹂躪得荒蕪不堪，國王更是如此不可靠，貴族們覺得再也不能忍了。他們去請法蘭西君主的兒子路易[31]來做英格蘭國王。如果路易接受這個邀請，他就會被教皇逐出教會，可他並不在乎，就像他的父親不在乎教皇是否寬恕而執意侵略英格蘭一樣。他在桑威奇[32]登陸（這時候約翰碰巧在多佛爾，立馬就逃走了），向倫敦進軍。蘇格蘭國王和很多英格蘭北部領主曾在他這裡避難；每天都有很多外國士兵、英格蘭貴族以及百姓來投奔他。此時的約翰國王則在到處逃竄。

可英格蘭貴族們也對路易起了疑心，他們最終在法蘭西一位貴族的臨終遺言中發現了問題。遺言說，當路易成功佔領英格蘭後，他就要把所有貴族作為叛徒驅逐，然後財產全部給本國的貴族。英格蘭貴族們可不想遭受這樣的對待，有些人便猶豫了，還有些人甚至回到了約翰國王身邊。

約翰國王似乎迎來了轉機。經過殘酷的鬥爭，他拿下了一些城鎮，取得了幾場勝利。不過他的死期就要到了，這對英格蘭乃至全人類來說可都是個好消息。在穿越威斯貝奇附近一片叫做沃什的危險流沙地帶時，潮水漲起，幾乎淹沒了整個大軍。他和士兵們逃到了安全的礁石上，眾人回頭一望，只見怒吼的水流洶湧奔騰，湍急的漩渦吞噬了運財寶的馬車、馬匹和人，完全無法營救。

約翰咬著手指賭咒大罵，隨後去了斯萬斯泰德修道院。修士們為他呈上了很多梨子、桃子和新釀的蘋果酒——有人說裡面下了毒，但缺乏證據。他敞開肚皮，狼吞虎嚥起來，然後整晚他都發著高燒躺在床上，內心充滿恐懼；第二天，他被教士用馬車送去了斯利福德城堡，在那裡又度過了一個痛苦可怖的夜晚；次日，人們花費了更大的周折把他送到了特倫特河畔紐華克城堡。十月十八日，國王在他邪惡統治的第十七個年頭結束了卑鄙殘忍的一生，享年四十九歲。

1 「無地者」約翰(John Lackland,一一六六—一二一六),亨利二世和阿基坦的埃莉諾的小兒子,一一九九年起任英格蘭國王。在他的統治中,諾曼第被法蘭西國王腓力二世佔領,直接導致了英格蘭安茹帝國的崩塌,並為法蘭西卡佩王朝的崛起奠定了基礎。

2 亞瑟一世(Arthur I,生於一一八七,可能卒於一二〇三),布列塔尼公爵,是前公爵傑佛瑞二世和女公爵康斯坦絲的遺腹子。傑佛瑞是亨利二世之子,年幼於理查一世,年長於約翰。一一九〇年,亞瑟被伯父英格蘭國王理查一世立為王儲,此舉意味著王位的繼承人將是亞瑟,而非理查一世的弟弟約翰。亞瑟被囚禁於盧昂城堡後自一二〇三年起失去記載,真實命運不詳。

3 英格蘭的理查一世(Richard I of England,一一五七—一一九九),亨利二世和阿基坦的埃莉諾的三子,於一一八九年繼任英格蘭國王。因其在戰爭中總是一馬當先,猶如獅子般勇猛,因此得到「獅心王」(Lionheart)的稱號。

4 傑佛瑞二世(Geoffrey II,一一五八—一一八六),亨利二世和阿基坦的埃莉諾的四子,一一八一至一一八六年間為布列塔尼公爵。

5 蓬蒂耶弗勒的康斯坦絲(Constance of Penthièvre,一一六一—一二〇一),一一七一至一一九六年間為布列塔尼女公爵,後為其子亞瑟而自願讓出女公爵的頭銜。

6 布列塔尼(Brittany),法國西北部大區,也稱小不列顛。布列塔尼半島的北部面向英倫海峽,南部對著比斯開灣,古城阿摩里卡,範圍包括塞納河和羅亞爾河之間的沿海地區。

7 亞瑟王(King Arthur),傳說中古不列顛最富有傳奇色彩的偉大國王。他的傳說最早記載於西元七世紀至十一世紀的威爾士詩集《高多汀》(「Y Gododdin」)中,其形象隨著傳說故事的演進而不斷地變化,最後演變成為統治不列顛之王,成為將蘭斯洛特、崔斯坦等傳說中的騎士收於麾下的「圓桌騎士團」首領,擁有至高榮譽的英雄。

8 梅林（Merlin），亞瑟王傳奇中輔佐亞瑟王的魔法師和先知，這個角色的標準形象和身份最早出現在蒙茅斯的傑佛瑞（Geoffrey of Monmouth，約一一〇〇—約一一五五）的《梅林生平》（Vita Merlini）和《梅林預言》（Prophetiae Merlini）中。

9 普瓦捷（Poictiers），位於法國中部克蘭河畔，是普瓦圖—夏朗德大區維埃納省的首府。

10 米爾博（Mirebeau），法國普瓦圖—夏朗德大區維埃納省的一個城鎮。

11 阿基坦的埃莉諾（Eleanor of Aquitaine，一一二二／一一二四—一二〇四），阿基坦女公爵，一一三七—一一五二年間是法蘭西王后，一一五四—一一八九年間成為英格蘭王后；她於一一五二年結束了與法王的婚姻，理由是有近親血緣，三個月之後便嫁給了小自己九歲的亨利。

12 法萊斯城堡（the castle of Falaise）位於法國諾曼第卡爾瓦多斯省法萊斯，「征服者」威廉於一〇二八年左右出生在這座城堡裡。威廉在任英格蘭國王期間一直擁有這座城堡，直到十三世紀被法蘭西國王腓力二世佔領。

13 「短襪」羅貝爾或者羅貝爾二世（Robert Curthose，約一〇五四—一一三四），「征服者」威廉與佛蘭德的瑪蒂爾德的長子，於一〇八七至一一〇六年間為諾曼第公爵；曾試圖奪取英格蘭王位，卻以失敗告終；他的外號「短襪」來自法語Courtheuse。

14 這裡出現的城堡並不是如今的盧昂城堡（Rouen Castle）；現今的盧昂城堡始建於一二〇四年，由當時的法國國王腓力二世所建。

15 布列塔尼的埃莉諾（Eleanor of Brittany，約一一八四—一二四一），第五代里奇蒙女伯爵，是英格蘭國王亨利二世的四子傑佛瑞和布列塔尼女公爵康斯坦絲的長女，因美貌出眾而被稱作布列塔尼的美少女（Fair Maid of Brittany）、布列塔尼的少女（Damsel of Brittany）、布列塔尼的珍珠（Pearl of Brittany）或布列塔尼的美人（Beauty of Brittany）。自一二〇三年起成為包括英格蘭、安茹、阿基坦在內的廣大領地的女繼承人，所以對「無地者」約翰和堂弟亨利三世來說，埃莉諾無疑是個威脅，因此她自一二〇二年起被囚，成為被囚最久的英格蘭王室成員。

16 布里斯托爾（Bristol），一座位於英格蘭西南部的沿海城市。

17 愛麗絲（Alice），這裡指的是布列塔尼的愛麗克斯（Alix of Brittany，一二〇一—一二二一），布列塔尼女公爵，是康斯坦絲與她的第三任丈夫圖阿爾的居伊（Guy of Thouars，卒於一二一三）的女兒。

18 這裡指的是圖阿爾的居伊（Guy of Thouars，卒於一二一三），於一一九九年娶布列塔尼女公爵康斯坦絲為妻，兩人育有一對雙胞胎女兒，康斯坦絲死於難產。

19 這裡指的是約翰・德・格雷（John de Gray，卒於一二一四年），諾維奇主教。

20 斯蒂芬・蘭頓（Stephen Langton，一一五〇—一二二八），自一二〇七年起至去世擔任坎特伯雷大主教，是約翰國王和教皇之爭的核心人物。

21 摩爾人（the Moors）指中世紀伊比利亞半島（今西班牙和葡萄牙）、馬格里布和西非的穆斯林居民。歷史上，摩爾人主要指在伊比利亞半島的伊斯蘭征服者。

22 埃米爾（Emir），阿拉伯國家的貴族頭銜，此封號用於中東地區和北非的阿拉伯國家。

23 多佛爾（Dover），位於英格蘭肯特郡的海港城市，距離法國城市加萊很近，因此成為英國最繁忙的海港之一。

24 聖彼得（Saint Peter），耶穌十二門徒之一，他是耶穌選中的第一個門徒。

25 聖保羅（Saint Paul），是耶穌的同時代人，但比耶穌年輕，十二門徒之一。他是發展新生的基督教教徒的最重要的先驅。

26 北安普敦（Northampton），位於英格蘭南部，東米德蘭茲地區，是北安普敦郡的郡治。

27 溫莎堡（Windsor Castle），位於英格蘭伯克郡的英國皇家居所；部分城堡可追溯到十一世紀，由「征服者」威廉修建。

28 斯泰恩斯（Staines）位於東南英格蘭薩里郡斯佩爾索恩自治區的一個城鎮。

29 大憲章（拉丁語為Magna Carta，英語為the Great Charter），是英國最初於一二一五年訂立的拉丁文政治性授權文件；但在隨後的版本中，大部分對英國王室絕對權力的直接挑戰條目被刪除；一二二五年首次成為法律；一二九七年的英文版本至今仍然是英格蘭威爾士的有效法律。大憲章是封建貴族用來對抗英國國王（主要是針對當時的約翰）權力的封建權利保障協議。大憲章要求王室放棄部分權力，尊重司法過程，接受王權受法律的限制。大憲章是英國在建立憲法政治這長遠歷史過程的開始。

30 倫敦塔（Tower of London），現今的官方名稱是「女王陛下的宮殿與城堡，倫敦塔」（Her Majesty's Palace and Fortress, The Tower of London），將其作為宮殿居住的最後一位統治者是詹姆士一世（一五六六年至一六二五年）。倫敦塔曾作為堡壘、軍械庫、國庫、鑄幣廠、宮殿、刑場、公共檔案辦公室、天文臺、避難所和監獄，特別關押上層階級的囚犯。

31 法蘭西的路易八世（Louis VIII of France，一一八七—一二二六），一二二三至一二二六年間為法蘭西國王。

32 桑威奇（Sandwich），位於英格蘭東南部的肯特郡。

第十五章 溫徹斯特的亨利——亨利三世統治下的英格蘭

就算有哪位英格蘭貴族還記得被謀殺的亞瑟[1]有個姐姐——也就是那位被關在布里斯托爾修道院的「布列塔尼的美少女」埃莉諾[2]，他們也已不再提及她和她的王位繼承權了。已故篡位者[3]的長子亨利[4]被英格蘭的元帥彭布羅克伯爵[5]帶到了格洛斯特[6]，年僅十歲就被迅速加冕。由於王冠同國王的其他寶藏一起丟失在了洶湧的海水中，而儀式進行得如此匆忙竟無暇趕制一頂新的，他們只好將一個樸素的金圈作為替代品戴在了亨利頭上。「我們曾是這個孩子父親的仇敵，」彭布羅克伯爵、這位真正的紳士對出席的少數貴族說，「我們的恨意他理應受之，但這孩子是無辜的，他如此年幼，我們應當對他友善並給予他保護。」念及自己也尚且幼小的孩子，貴族們的心都軟了下來，低頭齊頌：「亨利三世萬歲！」

隨後，大議會在布里斯托爾[7]召開，再次修訂了大憲章[8]。考慮到國王過於年幼而無法獨自統治英格蘭，他們賦予了彭布羅克伯爵攝政權。下一步要做的就是擺脫法蘭西王子路易[9]，並且將那些仍舊支持路易的貴族們拉攏至自己麾下。路易在英格蘭很多地方都有很大的勢力，其中就包括倫敦。此外，他還控制了萊斯特郡的索雷爾山城堡。在一系列小型衝突和停戰協議後，彭布羅克伯爵包圍了城堡。路易王子派遣了一支由六百個騎士和兩萬名士兵組成的軍隊來解圍。伯爵無法對抗這股勢力，只好撤退。法蘭西王子的軍隊在戰火和搶掠中大搖大擺耀武揚威而來，又在戰火和搶掠中離開，前往林肯。林肯很快就淪陷了，但這座城鎮中，一位名叫妮古拉·德·凱威爾的英勇孀婦守衛著自己的城堡，她頑強抵抗，以至於擔任指揮官的法蘭西伯爵發現必須圍困住它才行。就在圍困城堡之時，有消息稱彭布羅克伯爵率領四百個騎士、兩百五十個十字弩士兵以及一支士氣高漲的軍隊正在逼近。「有什麼好擔心的？」這位伯爵說道，「要攻擊一座四周都有圍牆的城池？英格蘭人真是瘋了！」英格蘭人就是這麼做了，但沒有蠻幹，反而採取了一種非常睿智的做法。他們將敵人引到林肯的窄巷或路面坑窪的偏僻小徑中，以困住騎兵，進而給敵人造成重創。伯爵叫囂著只要活著就永不向英格蘭叛賊屈服，遂被誅殺，其他所有人都投降了。這場被英格蘭人戲稱為「林肯集市」的勝利的結局，同其他的勝利一樣——普通人被毫不留情地處決，騎士和紳士們交了贖金然後平安歸家。

路易的妻子、卡斯蒂利亞的美人布蘭切[10]，準備了一支由八十艘船組成的艦隊，從法蘭西趕去營救丈夫，不料卻在泰晤士河口迎面撞上了一支由四十艘好壞參半的船組成的英格蘭艦隊。英格蘭艦隊英勇迎戰，法蘭西有六十五艘船在戰鬥中被擊沉。這場慘敗徹底終結了法蘭西王子打勝仗的希望。於是一紙協定在蘭貝斯[11]達成，英方會釋放法蘭西王子和他的軍隊並確保他們安全回到法蘭西，前提是目前仍追隨路易的英格蘭貴族們必須重新效忠英格蘭。對路易而言，他必須離開了，這場戰爭使他一貧如洗，甚至不得不向倫敦的市民借錢以籌措回家的路費。

在隨後的日子裡，彭布羅克伯爵本人致力於公正地治理國家，並使那些在壞國王約翰統治時期反目成仇的人們握手言和。他推進了大憲章的進一步完善，也重新修訂了森林法[12]：若一名農民在皇家森林裡殺死了一頭牡鹿，將不再被判死刑，只需監禁即可。若這名攝政伯爵能夠多為英格蘭效力幾年該是件多好的事，但天不遂人願。幼王加冕不到三年，彭布羅克伯爵就去世了。今天，我們仍舊可以在倫敦的老聖殿教堂看到他的墳墓。

於是攝政權被瓜分了。曾被國王約翰任命為溫徹斯特主教的彼得．德．羅什[13]，被委託照顧尚且年幼的君主，而行使王權的權力則被賦予了休伯特．德．伯格伯爵[14]。這兩位打一開始就互相看不慣的名士，很快發展成了仇人。當年幼的國王到了可以獨自執政的年紀時，彼得．德羅什發現休伯特的權勢越來越大，一怒之下便請辭出國了。於是，在接下來近十年的時間裡，休伯特獨攬了大權。

但想要獲得一位國王十年的持續垂愛太難了。這位國王也不例外。隨著年紀的增長，他表現出了和父親驚人的相似性：虛弱、易變、優柔寡斷，他唯一的好處就是不殘暴。這時德·羅什已經歸國，十年未見的國王重新對他投以青眼，冷落了休伯特。國王需要錢，相比之下休伯特則因自己的寵愛變得很富有，因此國王開始討厭休伯特。最後他聽信讒言，或者是裝作聽信的樣子，認為休伯特侵佔了皇家財產，並要求休伯特交出一份報告詳細描述自己的在職經歷。除此之外，還有一種愚蠢的指控聲稱休伯特用魔法獲得了國王的喜愛。休伯特清楚地知道，面對這種荒謬的指控他無法為自己辯駁，他的宿敵定要置他於死地，於是他逃到了默頓修道院。國王大怒，找來倫敦市長並對他說：「帶兩萬市民，把休伯特·德·伯格給我從修道院拖出來，帶到我面前來。」這位市長匆匆動身，但都柏林的大主教（他是休伯特的朋友）警告國王說修道院是個神聖的地方，若他膽敢在那裡作惡，一定會受到教會的懲罰，國王因此改變心意並召回了那位市長，並宣佈休伯特有四個月的時間來準備辯護，在此期間他是安全且行動自由的。

儘管我認為休伯特早已瞭解了這個世道，但他還是相信了國王的許諾，在這些條件下離開了默頓修道院去探訪自己的妻子——一位當時居住在聖埃德蒙伯里的蘇格蘭公主[15]。休伯特前腳剛離開這座避難所，他的仇敵們就立刻說服軟弱的國王派一名叫做戈弗雷·

德・克朗的爵士去抓捕他，這位爵士手下有個叫做「黑幫」的三百人流氓團。他們在埃塞克斯的小鎮布倫特伍德發現了休伯特。正在熟睡的休伯特跳下床，跑出了屋子，逃往教堂，跑上祭壇，把雙手置於十字架上。可戈弗雷爵士和「黑幫」根本不在乎教堂、祭壇或者十字架，他們把劍架在他脖子上，一路把他拖到了教堂外，然後找來一個鐵匠給他帶鐐銬。鐵匠（我真希望我知道他的名字！）被帶來了，他渾身的皮膚都被鍛造的煙燻得黝黑，因為走得太快還喘著粗氣；「黑幫」成員退到一旁把犯人讓出來，他們大聲咆哮著：「鐐銬給我打得粗點，結實點！」鐵匠撲通一聲跪下了，可並不是向著「黑幫」，他說：「這是勇敢的的休伯特・德・伯格伯爵啊！他在多佛爾城堡奮戰，擊敗了法蘭西的軍隊，為國家貢獻了這麼多！要是你樂意，你可以殺掉我，但我永遠也不會給休伯特・德・伯格伯爵造鐐銬！」

但「黑幫」從來不知何為愧意，不然他們也許會為此而感到羞愧。他們輪番毆打了鐵匠並咒罵了他，然後把衣衫襤褸的伯爵綁在了馬背上，帶著他一路揚長奔向倫敦塔。但是，這種褻瀆教會聖地的做法令大主教無比義憤，膽怯的國王很快就命令「黑幫」將伯爵又帶了回來，同時命艾塞克斯的治安官看守，以防他逃離布倫特伍德教堂。於是乎，這位治安官在教堂周圍挖了條深溝，還種上了高高的籬笆，日夜看守著教堂。當然「黑幫」和他們的首領也日夜不離，猶如三百零一匹黑狼。三十九天過去了，休伯特・德・伯格伯爵始終沒有邁出教堂一步。到了第四十天的時候，他再也受不了無止境的饑餓和寒冷，把自己交給了「黑幫」。他們再次將他帶到倫敦塔。審訊中，他拒絕辯解，但最後結局已定，他要放棄所有受封的土地，永遠被監禁在迪韋齊斯城堡，他們把這座城堡叫做「自由監獄」，由四位貴族各自指派一名騎士看管。在那裡度過了將近一年的時候，他聽說昔日為敵的主教的一名追隨者，要被任命為看守，伯爵害怕自己可能會被殺，在某個暗夜裡爬上了城牆，從高高的城牆頂上跳入護城河中，而後安全上岸，並在另一座教堂中覓得庇護。此時有一些貴族正集結在威爾士密謀反抗國王，他們派出一支馬隊把他從這裡接走了。最後他得到了國王的諒解並恢復了原有的封地，但他自此隱居，沒再渴望過官居高位，也不再奢求國王的青睞。休伯特・德・伯格伯的傳奇至此劇終，畫上了比許多寵臣們的一生更美滿的句號。

那些貴族們之所以奮起反抗是因為無法忍受溫徹斯特主教的傲慢行徑。自從發現國王心裡非常討厭父親被迫簽署的大憲章後，主教就極力支持他反對大憲章。而且，比起英格蘭人，主教更喜歡外國人；加之他公開宣稱英格蘭貴族的地位比法蘭西貴族低，這就導致英格蘭貴族們怨聲載道。而當國王發現教會支持外國人後，擔心王位不保，就把主教和他的外國夥伴打發走了。但當他和普羅旺斯伯爵的女兒——一位名叫埃莉諾[16]的法蘭西小姐結婚後，他又重新對外國人掛起了笑臉。婚禮上女方來了很多親戚，在宮廷裡舉行了盛大的家庭聚會，帶走了太多的好東西和非常多的錢。這些人拿走了英格蘭人的錢之後還對他們趾高氣昂。於是膽大的英格蘭貴族們公然低聲提起大憲章中的一個條款，其中規定不合理的寵臣應遭到驅逐。然而對此那些外國人卻輕蔑地笑道：「英格蘭的法律關我們什麼事？」

法蘭西國王腓力[17]駕崩後，路易王子繼位，然而他才統治了不到三年就匆匆離世，隨後和他同名的兒子[18]登上了王位。這位新國王非常溫和，簡直是世界上最不像國王的人。亨利國王的母親伊莎貝拉[19]非常希望（當然她抱著某種敵意）英格蘭同這位國王開戰。由於亨利國王只是那些知道如何利用他的虛弱之人手中的傀儡，所以伊莎貝拉輕易地說服了他。但議會決定不給這場戰爭提供經費。為了挑釁議會，他裝了三十大箱銀子——我真不知道他能從哪裡弄來這麼多錢，極有可能是從慘兮兮的猶太人手中榨出來的——然後把它們裝船，並親自前往法蘭西開戰，隨行的有他的母親和兄弟理查，也就是聰明富有的康沃爾伯爵。但他最終還是一敗塗地，垂頭喪氣回家了。

議會當然沒有因此而變得更有友好起來；他們指控國王浪費公共財產，滿足外國人的貪欲。他們非常嚴厲，決定再不給他揮霍的機會；國王為此絞盡腦汁，並無恥地用一切藉口和武力手段掠奪臣民們的財產，於是大家都說他是英格蘭最剽悍的乞丐。儘管他聲稱加入了十字軍，想藉此弄到些錢，但是所有人都知道他根本無意參與東征，所以他一點銀子也沒有撈到。來來回回地爭辯了很多回之後，倫敦人已經對國王厭惡到了極點，而國王也惡意地回敬了他們的憎意。但無論是愛還是恨，都無益於現狀的改觀，接下來的九到十年裡國王還是老樣子。最後貴族們正式提出，如果他能夠保證他們重獲自由，議會可以撥給他一大筆錢。

國王欣然同意。於是，在五月裡的某一個晴天，一場大會在威斯敏斯特廳召開。所有的神職人員都穿上他們的聖袍，並且每人手中都舉著一隻點燃的蠟燭，和貴族們一起站在那裡，然後坎特伯雷大主教宣佈自此以後任何人以任何形式違背大憲章都將被驅逐出教會。宣讀完畢後，所有教士都熄滅了手中的蠟燭，並詛咒那些將要違背大憲章之人的靈魂。國王發誓一定遵守憲章，他說：「我起誓，以我作為一個男人、一個基督徒、一名騎士、一位國王的名義！」

起誓不難，毀約更是容易。國王像他父親一樣，輕易地出爾反爾。他一拿到錢就故態復萌，很快地瓦解了那些仍抱有期望的人對他僅存的信任。錢花光的時候，他再一次不知廉恥地四處借討，不過這回他在羅馬教皇那裡遇到了困難，此事關係到西西里的王位。教皇說他有權力將這個王位轉給亨利國王的第二個兒子——埃德蒙王子[20]。可如果要轉讓的是還沒到手的東西，那麼受贈方要想得到它就有點麻煩了。現在遇到的就是這種情況。在年輕的埃德蒙王子獲得王位前，他必須先征服西西里。要征服西西里就需要有錢，所以教皇命令牧師們去籌錢，但他們已不像平時那樣言聽計從，牧師們因為他對在英國的義大利教士的過度恩寵而心懷不滿。同時他們也懷疑那個在七百所教堂有償佈道的國王的專職牧師——就算有教皇協助，他也不可能同時在七百所教堂講道。於是，「國王和教皇互相勾結，」倫敦主教說，「他們可能要把我的主教法冠拿走，但是，只要他們這麼做，我就會戴上士兵的頭盔進行反抗，我是一點銀子也不會出的！」伍斯特主教和倫敦主教一樣勇敢，他也拒絕出錢。當那些膽怯無助的教士們籌到的錢被花光的時候，國王既沒有享受到任何好處，也沒有讓埃德蒙王子離西西里王冠更近一步。這齣鬧劇的結局是，教皇將王冠送給了法蘭西國王的弟弟（這位國王征服了西西里，為自己贏得統治權），然後送給英格蘭國王一份十萬英鎊的帳單作為沒有替埃德蒙王子贏得王冠的代價。

國王現在處境十分悲慘；如果一個卑鄙荒謬的國王值得同情的話，我們或許都快要同情他了。很快，他聰明的弟弟理查[21]就從德國人手中買下了羅馬國王的頭銜；此後，他不再親近哥哥，也不再給他提供建議了。那些反抗羅馬教皇的教士們也加入了貴族們的陣營。而領導貴族的西蒙．德．蒙特福特[22]——也就是娶了亨利國王的姐姐的萊斯特伯爵，雖然本人是外國人，卻是英格蘭最反對外國寵臣的人。當國王隨後召見議會的時候，由這位伯爵帶領的貴族們全副武裝地來到了他面前。一個月後議會成員們在牛津再次集會的時候，這位伯爵已經成為他們的首領；國王不得不發誓同意組建一個由二十四位成員組成的政府委員會，其中一半成員由貴族們挑選，另外一半他自己任命。

但幸運的是，他的弟弟理查回來了。理查首先做的是宣誓效忠政府委員會（如果他不這麼做，貴族們就不會同意他回到英格蘭）——當然他隨後就開始全力反對這個委員會。然後貴族們彼此之間開始爭吵，尤其是驕傲的格洛斯特伯爵和萊斯特伯爵，後者一氣之下出國了。這之後，人們開始對貴族們不滿，因為貴族們並沒有給他們帶來什麼好處。國王的機會似乎終於來了，他鼓足信心，亦或是從他兄弟那兒借了膽，告訴政府委員會，他把這個委員會廢除了，至於他之前的誓言就忘了吧——這可是教皇允許的！隨後他捲走了鑄幣廠的所有錢，並且和長子愛德華[23]一起躲進了倫敦塔。在塔裡他公佈了教皇的一封信，向世人聲明這四十五年來他一直都是個公正出色的國王。

由於每個人都知道他一點兒也不公正出色，所以沒人在意這份聲明。巧合的是驕傲的格洛斯特伯爵離世了，他的兒子繼承了他的頭銜，並和萊斯特伯爵化敵為友。兩位伯爵把彼此的勢力融合在一起，攻下了許多皇家城堡，然後日夜兼程趕向倫敦。那些一直反對國王的倫敦市民們熱情歡迎他們的到來。國王本人則仍舊灰頭土臉地躲在倫敦塔裡。愛德華王子則盡力趕去溫莎城堡。王后——也就是愛德華的母親——試圖從水路追隨他，但是那些打心裡憎恨她的人們在水中看到她的遊艇，紛紛跑到倫敦橋上向她投擲石塊和泥土，並且瘋狂地叫喊著，「淹死這個巫婆！淹死她！」這些人離得太近，倫敦市長只好把這位老夫人藏在聖保羅教堂裡等待危險過去。

說到國王和貴族們的紛爭，以及貴族們彼此之間的衝突，我需要花費大量筆墨才能說清楚，您也要費不少精力才能讀明白。所以我簡而言之，只闡述一下這些紛爭中的大事件。有人提議請好心的法蘭西國王為他們做出裁決，決定他們究竟應該支持英格蘭的國王還是貴族。法蘭西國王認為英格蘭國王必須維護大憲章，而貴族們則必須放棄政府委員會以及議會在牛津所做的一切決定——那次議會被保皇黨輕蔑地稱為「瘋狂的議會」。但貴族們聲稱這些都是不公正條款，他們不會接受的。於是他們敲響了聖保羅教堂的大鐘，把倫敦市民們從睡夢中喚醒。在淒涼的鐘聲裡，這些人在街道裡組成了一支規模相當的軍隊。可是遺憾的是，他們的目標並不是那些與之爭吵的保皇黨，而是悲慘的猶太人。至少有五百個猶太人慘遭殺害。他們假稱有些猶太人是國王陣營裡的，他們在房間裡藏著一些恐怖的名為「希臘火焰」的炸藥用來進行破壞，這些炸藥遇到水的時候非但不會熄滅反而會燒得更旺。其實猶太人藏在屋子裡的是錢——這才是那些殘忍的敵人們想要的，也是這些殘忍的敵人們帶走的，用搶劫和謀殺的方式。

萊斯特伯爵領導著這些倫敦人和別的武裝力量，追著國王一路來到薩塞克斯的路易斯[24]——這裡是國王安營紮寨的地方。在跟國王開戰前，伯爵向他的士兵演說，他提到亨利三世違背了如此多的誓言，已經是上帝的敵人了，所以他們都要在胸前帶上白色的十字架。這是在表明，他們不是在同基督徒開戰，而是在同土耳其人開戰。士兵們照做了，帶著白色的十字架衝鋒陷陣。國王則集結了英格蘭境內所有支持他的外國人，還有蘇格蘭的約翰．科明[25]、約翰．貝利奧爾[26]和羅伯特．德．布魯斯[27]以及他們所有的人馬。如果不是愛德華王子缺乏耐性、急於向倫敦市民復仇的舉措使他父親的軍隊陷入混亂的話，伯爵原本是會輸的。但戰爭的最終結果卻是王子本人被俘，國王以及他貴為羅馬王的弟弟也落得同樣下場；五千名英格蘭士兵橫屍戰場。

因為這場勝利，教皇把萊斯特伯爵驅逐出了教會，但不論是伯爵本人還是臣民們都沒人在乎；大家都支持愛護他。這讓他成為了真正意義上的王，手中掌握著政府所有的權力，雖然他表面上表現得很尊重亨利三世，走到哪裡都帶著他，彷彿他是撲克牌上的瘸腿國王。他於西元一二六五年召開了議會；在這次議會上，英格蘭人民第一次真正享有選舉權。這一切為他贏得了人民越來越多的喜愛，無論他做什麼人民都支持他。

其他的很多貴族，尤其是隨著時間流逝變得越來越像他父親一樣驕傲的格洛斯特伯爵，嫉妒萊斯特伯爵的權勢和他所獲得的喜愛，開始密謀反對他。路易斯之戰後，愛德華王子就作為人質一直被監禁著，儘管其他方面他仍能受到王子的待遇，但每次出門都會有萊斯特伯爵指定的人監視他。密謀反叛的貴族們想方設法偷偷告訴王子，他們會幫助他叛逃，並且擁他為首領，王子當然會發自內心地同意。

在他們商定好的那天，正餐後王子告訴他的隨從（當時他們在赫里福德）：「午後天氣宜人，我想騎馬走段鄉間小路。」隨從們也覺得陽光下的騎行應該會非常愜意，於是他們一起愉快地出城了。當他們來到一片非常好的草場時，王子提議兩匹馬一組賽馬，賭哪一匹更快。隨從毫無戒心，全力參賽，直到馬兒筋疲力盡。然而王子卻沒有參與比賽，他只是坐在馬背上觀看、下注，就這樣度過了一個愜意的下午。太陽西沉時分，他們緩緩地登上一座小山，王子的馬精力十足而其他的馬都已十分疲憊，此時一個陌生人騎著一匹灰馬出現在山頭上並揮了揮他的帽子。「這個人想幹什麼？」隨從們紛紛問道。王子隨即揚鞭策馬，以最快的速度和那人一道離開了，一路騎到一群當時正在樹下等候的馬夫那裡；他們立刻將王子簇擁在中央。王子一路絕塵而去，只留下隨從在空蕩的路上面面相覷；他們的馬兒則耷拉著耳朵，喘著粗氣。

王子在拉德洛和格洛斯特伯爵會合。萊斯特伯爵帶領一部分軍隊以及愚蠢的老國王待在赫里福德。他的一個兒子——也叫西蒙·德·蒙特福特，和另一部分軍隊在薩塞克斯；阻止兩軍會合是王子的首要任務。於是王子夜襲了蒙特福特，打敗他並搶走了他的旗幟和財產，把他關在位於瓦立克郡的家族城堡、肯納爾沃斯堡裡。此時蒙特福特的父親，也就是還不瞭解狀況的萊斯特伯爵，正帶著自己的軍隊和國王前往赫里福德跟兒子會合。在八月的一個陽光明媚的早晨，他來到了伊夫舍姆鎮；這是一座被美麗的埃文河滋養著的小鎮。伯爵焦慮地看著凱尼爾沃斯，當他遠遠地看見自己的旗幟正在接近時，他不禁喜笑顏開。但當他發現旗幟已在敵手時，他面色陰沉地說：「一切都結束了。願上帝垂憐我們的靈魂吧，因為我們的身體即將屬於愛德華王子！」

但他仍像一名真正的騎士那樣戰鬥。坐騎被殺後，他就站著迎戰。這一場激戰後，屍橫遍野。身著盔甲的老國王騎著一匹根本不聽指揮的戰馬，帶著他四處亂竄到他不想去的地方，不但擋了別人的路，還差點被自己兒子的人敲破腦袋。他叫喊著：「我是溫徹斯特的哈里[28]。」聽到他呼喊的王子抓住了他的韁繩將他帶出了險境。萊斯特伯爵仍舊在英勇戰鬥，直到他最喜歡的兒子亨利被殺，他最好的朋友的屍體橫在他的面前，直到他摔倒在地，他仍用手中的劍堅持戰鬥著。最終，他們砍碎了他的屍體，並把它作為禮物送給了一位貴婦——我認為她一定非常令人討厭，因為她是他最卑鄙的敵人的妻子。但他們無法粉碎他在那些忠誠之人的腦中留下的記憶；很多年後，人們還是一如既往地熱愛他，尊他為聖徒，一直稱呼他為「正義的西蒙爵士」。

雖然萊斯特伯爵死了，但他為之奮鬥的理想仍在，即使國王獲勝的那一刻也不能使之湮滅。亨利發現無論他有多討厭大憲章，也不得不遵守它，就連制定法律也得遵照萊斯特伯爵的先例，最終總是要寬容溫和地對待人民——即使對方是那些長期反對他的倫敦市民。在這些完成之前，起義不斷，但都被種種手段鎮壓了，愛德華王子盡其所能地恢復了和平。亞當·德·古爾東爵士是最後一位武裝反對派，但王子在一片樹林裡單槍匹馬地打敗了他，並慷慨地放過了他的性命，最後他們成為了朋友。亞當爵士也知恩圖報，自此以後一直衷心為他的征服者效勞。

當王國的紛爭平靜下來時，愛德華王子和他的表兄亨利[29]接過十字架，和很多英格蘭貴族騎士一起前往聖地東征。四年後，羅馬國王逝世，次年（也就是西元一二七二年），他的哥哥、弱勢的英格蘭國王也駕崩了。亨利三世死時六十八歲，統治了五十六年。和生前一樣，他的死也平淡無奇。在歷史上那麼多國王當中，他算是非常不起眼的一個。

1 即亞瑟一世（Arthur I，生於一一九四，可能卒於一二〇三），布列塔尼公爵，是前公爵傑弗瑞二世和女公爵康斯坦絲的遺腹子。傑佛瑞是亨利二世之子，年幼於理查一世，年長於約翰。一一九〇年，亞瑟被伯父英格蘭國王理查一世立為王儲，此舉意味著王位的繼承人將是亞瑟，而非理查一世的弟弟約翰。亞瑟被囚禁於盧昂城堡後自一二〇三年起失去記載，真實命運不詳。

2 布列塔尼的埃莉諾（Eleanor of Brittany，約一一八四—一二四一），第五代里奇蒙女伯爵，是英格蘭國王亨利二世的四子傑佛瑞和布列塔尼女公爵康斯坦絲的長女，因美貌出眾而被稱作布列塔尼的美少女（Fair Maid of Brittany）、布列塔尼的少女（Damsel of Brittany）、布列塔尼的珍珠（PearlofBrittany）或布列塔尼的美人（Beauty of Brittany）。自一二〇三年起成為包括英格蘭、安茹、阿基坦在內的廣大領地的女繼承人，所以對「無地者」約翰和堂弟亨利三世來說，埃莉諾無疑是個威脅，因此她自一二〇二年起被囚，成為被囚最久的英格蘭王室成員。

3 指亨利三世的父親、「無地者」約翰（John Lackland，一一六六—一二一六），亨利二世和阿基坦的埃莉諾的小兒子，一一九九年起任英格蘭國王。在他的統治中，諾曼第被法蘭西國王腓力二世佔領，直接導致了英格蘭安茹帝國的崩塌，並為法蘭西卡佩王朝的崛起奠定了基礎。

4 即英格蘭的亨利三世（Henry III of England，一二〇七—一二七二），也被稱為溫徹斯特的亨利，是「無地者」約翰的兒子和繼承人。在他的統治中，他始終就大憲章一事與貴族鬥爭。亨利三世是英格蘭歷史上統治時間超過五十年的五位君主之一。

5 即威廉．馬歇爾（William Marshal，一一四七—一二一九），第一代彭布羅克伯爵，他被坎特伯雷大主教斯蒂芬．蘭頓（Stephen Langton，一一五〇—一二二八）形容為「有史以來最偉大的騎士」。曾先後服侍過四位英格蘭國王：亨利二世、「獅心王」理查、「無地者」約翰和亨利三世，並在亨利三世即位初期任攝政王。

6 格洛斯特（Gloucester），位於英格蘭西南部的港口城市。

7 布里斯托爾（Bristol），一座位於英格蘭西南部的沿海城市。

8 大憲章（拉丁語為Magna Carta，英語為the Great Charter），是英格蘭最初於一二一五年訂立的拉丁文政治性授權文件；但在隨後的版本中，大部分對英格蘭王室絕對權力的直接挑戰條目被刪除；一二二五年首次成為法律；一二九七年的英文版本至今仍然是英格蘭威爾士的有效法律。大憲章是封建貴族用來對抗英格蘭國王（主要是針對當時的約翰）權力的封建權利保障協議。大憲章要求王室放棄部分權力，尊重司法過程，接受王權受法律的限制。大憲章是英格蘭在建立憲法政治這長遠歷史過程的開始。

9 即法蘭西的路易八世（Louis VIII of France，一一八七—一二二六），一二二三至一二二六年間為法蘭西國王。在「無地者」約翰統治時期，英格蘭貴族曾因不滿國王的統治而邀請法蘭西王子路易前來統治英格蘭，卻因懷疑路易登上王位後會打壓英格蘭貴族而放棄了這個想法。

10 卡斯蒂利亞的布蘭切（BlancheofCastile，一一八八—一二五二），西班牙卡斯蒂利亞國王阿方索八世的女兒，是英格蘭國王亨利二世和阿基坦的埃莉諾的外孫女，於一二二三年加冕為法蘭西王后，並在其子路易九世統治期間兩度擔任攝政王。

11 蘭貝斯（Lambeth），位於倫敦中部的一個行政區。

12 森林法（Forest Laws），由征服者威廉立下的一系列法律，意在保護森林中的獵物和它們的棲息地，以供王室貴族狩獵使用。

13 彼得·德·羅什（Peter des Roches，卒於一二三六年），來自法蘭西北部，在「無地者」約翰和亨利三世期間任溫徹斯特主教。

14 休伯特·德·伯格（Hubert de Burgh，約一一六〇—一二四三），第一代肯特伯爵，英格蘭大法官，在「無地者」約翰和亨利三世統治期間是位極具影響力的人物。

15 即蘇格蘭的瑪格麗特（MargaretofScotland，一一九三—一二五九），蘇格蘭國王威廉一世的長女，於一二二一年嫁與休伯特・德・伯格，當時德・伯格為英格蘭攝政王。

16 普羅旺斯的埃莉諾（Eleanor of Provence，約一二二三—一二九一），一二三六年起成為英格蘭王后，她大力支持亨利三世，卻因引入很多法蘭西貴族而遭到倫敦居民的憎恨。

17 即法蘭西的腓力二世（Philip II of France，一一六五—一二二三），法蘭西卡佩王朝國王（一一八〇年—一二二三年在位）。路易七世於一一八〇年九月一八日去世後，年僅十五歲的腓力二世成為法蘭西國王。

18 即法蘭西的路易九世（Louis IX of France，一二一四—一二七〇），也被稱為聖路易（SaintLouis），於一二二六年起成為法蘭西國王。

19 昂古萊姆的伊莎貝拉（Isabella of Angoulême，約一一八八—一二四六），於一二〇〇年成為英格蘭王后，是「無地者」約翰的第二位妻子。

20 即埃德蒙「十字背」克勞奇貝克（Edmund Crouchback，一二四五—一二九六），因為曾在第九次十字軍東征中，衣服背後繡著十字架而被稱為Crouchback，第一代萊斯特和蘭開斯特公爵，英格蘭國王亨利三世第二個存活到成年的兒子。

21 即康沃爾的理查（Richard of Cornwall，一二〇九—一二七二），「無地者」約翰的次子，第一代康沃爾伯爵，並於一二五七年起成為德國國王（即「羅馬人的國王」，King of the Romans），是當時歐洲最富有的人之一。

22 西蒙・德・蒙特福特（Simon de Montfort，卒於一二六五年），第六代萊斯特伯爵，盎格魯—諾曼貴族，於一二六三到一二六四年間統領了第二次貴族戰爭，隨後成為英格蘭實際上的統治者。

23 即英格蘭的愛德華一世（Edward I of England，一二三九—一三〇七），也被稱為「長腿愛德華」或「蘇格蘭人的錘子」，亨利三世的長子。平定了英格蘭內部的反叛之後，他前往聖地參加了第九次十字軍東征，返回途中（一二七二年）得知其父的死訊，並於一二七四年回到倫敦並被加冕為英格蘭國王。

24 路易斯（Lewes），位於今英格蘭東薩塞克斯郡，是該郡郡治。

25 約翰・科明（John Comyn，約一二一五—約一二七五），也被稱為約翰・科明一世，是蘇格蘭巴德諾赫勳爵，曾任加洛韋大法官。

26 約翰・貝利奧爾（John Balliol，約一二四九—一三一四），一二九二至一二九六年間為蘇格蘭國王。

27 羅伯特・德・布魯斯（Robert de Brus，約一二一〇—一二九五），第五代安嫩代爾勳爵，蘇格蘭攝政王，一二九〇至一二九二年間蘇格蘭王位的競爭者之一，他的孫子羅伯特・布魯斯（RoberttheBruce，一二七五—一三二九）最終成為蘇格蘭國王。

28 在英語中，哈里（Harry）是亨利（Henry）的一個變體。

29 即阿爾曼的亨利（Henry of Almain，一二三五—一二七一），是亨利三世的弟弟、康沃爾伯爵理查的兒子。

第十六章 「長腿」愛德華一世統治下的英格蘭

現在是西元一二七二年，作為王位繼承人的愛德華王子還遠在聖地，完全不知道他父親已經逝世的消息。但是貴族們在葬禮後就立刻擁他為王；人民也贊同了，因為他們已見識過王位之爭的殘酷恐怖。所以，因為腿太細長而被戲稱為「長腿」的愛德華一世[1]順利地被國民接受了。

他的腿再修長也沒用，它們必須足夠強壯才能支撐他經受住亞洲沙漠中的種種考驗。在那裡，他的那小支軍隊暈倒的暈倒，死的死，逃的逃，彷彿快被沙漠給融化殆盡了。但勇敢的他對此僅僅一笑了之，他說：「哪怕只剩下我的馬夫和我一起，我仍會繼續向前！」

這種王者精神給土耳其人帶來了很多麻煩。他血洗了拿撒勒[2]的每一寸土地，在無辜的百姓中進行了一場可怕的屠殺，對此我深表遺憾；而後他前往阿卡，並與當地蘇丹達成了十年休戰協定。在那裡，他因為中了一個撒拉遜貴族的計謀而差點喪命。這位貴族被稱作雅法[3]的埃米爾[4]，他裝出一副要皈依基督教的樣子，打著想全面瞭解基督教的旗號，頻繁地派心腹信使給愛德華送信——但信使偷偷在袖子裡藏著一把匕首。終於，在聖神降臨節[5]的禮拜五，天氣非常炎熱，沙漠被陽光曬得像一塊兒烤過頭的餅乾，愛德華只穿了件寬鬆袍子，躺在椅子上納涼。那個有著巧克力色的臉龐、明亮的黑色眼睛和白色牙齒的信使又偷偷來送信，像隻被馴服的老虎一樣跪在愛德華面前。然而，就在愛德華伸手接過信的一瞬間，這老虎突然跳起來，匕首直指他的心臟。他動作迅捷，但是愛德華更勝一籌。他掐住了這個叛徒棕黑色的喉嚨，然後把他扔在地上，並用他自己的匕首結束了他的性命。但匕首也傷到了愛德華的胳膊，雖然只是一個小小的傷口，卻因刀鋒上抹了毒而帶來了致命的影響。所幸當時軍隊裡有一位當時並不常見的出色醫生，及時給他敷上了草藥。此外，他忠實的妻子埃莉諾[6]也盡職地看護他，傳言說她甚至親自從傷口裡把毒吸了出來（當然我很願意相信這是真的）；很快，愛德華重新生龍活虎起來。

由於父親曾希望他早日歸家，愛德華重新踏上了旅程。在義大利他終於遇到了帶著父親死訊的信使；聽聞國內一切太平，愛德華便不再急於歸家，轉而去訪問了羅馬教皇，並且途經了很多義大利城鎮。在這裡，作為一名從聖地東征歸來的威猛的十字軍騎士，他不但受到了熱烈的夾道歡迎，還收到了人們送上的紫色披風以及高頭大馬。然而那些歡呼著的人民完全不知曉，這將是最後一位進行十字軍東征的英格蘭君主，而二十年內基督徒們在聖地用鮮血換來的勝利也都將被土耳其人粉碎。沒錯，這些後來都確實發生了。

在法蘭西的一個平原上，有一座古老的、名為沙隆的小鎮。當國王路過這裡回國的時候，一為狡猾的法蘭西貴族——沙隆伯爵——禮貌地向他發出了挑戰，邀請他和他的騎士們和自己的騎士們進行一場公平的競賽，用劍和長槍好好地比一比。有人提醒國王說沙隆伯爵不可信，這並非一場令人愉悅的假日比賽，伯爵真正想要的是一場戰鬥，他想利用自己人數上的優勢消滅他們。

然而國王無所畏懼，在約定的日期帶著一千個隨從來到約定的地點。當伯爵帶著兩千個隨從從東邊襲擊他們的時候，他們英勇反擊，不一會兒便將伯爵的人馬擊潰。伯爵抓住了國王的脖子，反被國王摔下馬，而後國王跳下馬來站在他面前，像鐵匠打鐵一樣狠狠地教訓了他。即使是伯爵認輸求饒並且交出了自己的劍，國王也不屑於接過劍，反而讓一名普通的士兵接過了它。這場激烈的戰鬥後來被稱作沙隆小戰役。

英格蘭人對於國王的這些冒險經歷非常自豪，所以當三十六歲的他在一二四七年重回多佛爾[7]、準備前往威斯敏斯特和他的王后一起接受加冕時，人們為他舉行了盛大的慶祝儀式。加冕宴非常豐盛，有四百頭牛、四百頭羊、四百五十頭豬、十八頭野豬、三百塊醃肉和兩萬隻家禽。街上的噴泉和水管裡流著的都是美酒瓊漿，那些有錢的市民們把綾羅綢緞懸掛在窗外好為慶典增色，同時將大把的金銀撒到人群中，引起陣陣尖叫。總之，人們大吃大喝，奏樂歡跳，敲響鐘聲，拋飛帽子，到處都是歡呼與歌聲交織的狂歡，倫敦的古老街道上好久沒有出現過這種景象了。每個人都那麼愉悅，除了可憐的猶太人在房間裡瑟瑟發抖，不敢露面；他們已經預感到，這場狂歡的花銷遲早要算在自己頭上。

在結束猶太人這個悲哀的話題前，我還得補充一下，他們在愛德華一世的統治時期遭到了最無情的掠奪。他們之中的很多人被絞死，罪名是毀壞王國的硬幣的邊緣——可其他很多人都這麼做過。他們還被課以重稅，被迫帶上不光彩的徽章。愛德華加冕禮十三年後的一天，猶太人和他們的妻兒被一起投入監獄，直到他們向國王繳納一萬兩千英鎊贖身為止。最終，他們所有的財產都被國王掠奪了，只留下少少一部分逃往國外的盤纏。此後很多年這個民族再也不曾抱著發財的念頭回到英格蘭，因為他們在這裡曾受到那樣殘酷無情的折磨。

如果愛德華一世對待基督徒也像他對待猶太人一般邪惡，那他毫無疑問是個壞國王。但他總體上是位睿智偉大的君王，在他的治理下國家得以發展。他不喜歡大憲章[8]——那麼多年來很少有君王喜歡——但他很具有領導才能。他返回英格蘭後提出的首個大膽的建議就是合併英格蘭、蘇格蘭和威爾士，因為後兩個國家的國王都太年幼，人民們總在為了國王而彼此紛爭，而國王們對此卻無能為力。在愛德華一世統治期間，他還和法蘭西交過戰。為了將這些理清頭緒，我們將分別講述它們的歷史，先是威爾士，接下來是法蘭西，最後是蘇格蘭。

盧埃林[9]是威爾士的親王，他在愚蠢的老國王統治期間站在了貴族們那邊，但隨後他宣誓效忠老國王。當愛德華一世即位時，盧埃林同樣被要求宣誓效忠，他拒絕了。後來，愛德華曾三次要求他來英格蘭表示效忠，但都被他拒絕了。當時盧埃林正要迎娶埃莉諾·德蒙特福特——我們在上一個國王統治期間曾提到過這個家族。不巧的是，她和她的最小的弟弟埃默里克乘著一艘英格蘭船從法蘭西而來，英格蘭國王便下令扣押他們。於是，爭吵升級到了頂點。國王率領艦隊開往威爾士海岸，在那裡包圍了盧埃林，他只好躲進斯諾登山的一片陰冷山區避難；在那裡他根本無法獲得任何補給，在饑餓的逼迫下他很快道歉言和，並簽署了和平協定，進行戰爭賠償。但國王解除了合約中過於嚴苛的條款，並且首肯了他的婚姻。至此，國王覺得他已降服了威爾士。

雖然威爾士的人民大都平和、溫柔親切，他們樂意招待陌生人來他們的山間小屋做客，款待他們吃喝，為他們奏琴唱歌。但當他們熱血沸騰時，他們也能表現出偉大的勇氣和精神。戰爭之後，英格蘭人開始對威爾士人表現得傲慢無禮，彷彿他們是主人一樣，這令驕傲的威爾士人無法忍受。不僅如此，他們還相信著倒楣的老梅林[10]；每當造成破壞的機會來臨時，總有些人能想起他那些倒楣的老預言。此時，一個因為年歲太大而有點糊塗了的盲人老紳士，白鬚飄飄身背豎琴，突然站出來聲稱梅林曾經預言，當英格蘭的錢幣變成圓形之時，會有一位威爾士的王子在倫敦被加冕。恰巧最近愛德華國王開始禁止把一便士切成一半或者四分之一，當成半便士或者四分之一便士使用。於是英格蘭錢幣真的變成了圓形；威爾士人都說梅林預言的時刻到來了，便紛紛揭竿而起。

愛德華國王曾對盧埃林的弟弟大衛王子[11]恩寵有加，企圖以此收買他。但這位王子正是首位站起來造反的人——可能他是被自己的良心所折磨吧。在一個狂風暴雨之夜，他奇襲了當時由一位英格蘭貴族留守的哈登城堡，殺掉了所有守衛，並把這個貴族投入了斯諾登監獄。此事一出，威爾士人民更是團結一心奮起反抗。為此愛德華國王和他的人馬一起從伍斯特一路行軍到麥奈海峽，並且橫渡過去。今夕何夕啊，這裡現在已經變成了一座管狀的路橋。但當日，他們用船隻組成了一座能讓四十人同時通過的「橋」。國王征服了安格爾西島，並派人繼續前進觀察敵情。但威爾士人從天而降使他們驚慌不已，故而退回到船橋上。潮水上漲衝散了船隻，為了躲避威爾士人的追趕，他們駛向大海，然而他們身上沉重的盔甲使船隻無法承受，成千的士兵沉入水中。這場勝利後，盧埃林在威爾士冬天的惡劣天氣的相助下又打了一場勝仗。但國王指派了新的人馬從南威爾士前來相助，前後夾擊他。盧埃林勇敢地迎戰新的敵人，卻被卑鄙地殺害了——因為遇害時他手無寸鐵。他的頭被割下送往倫敦，釘在倫敦塔上，旁邊圍著花圈，有人說那是常春藤，還有人說是柳條或白銀，總之它看起來就像個可怕的硬幣，嘲諷著那個預言。

不過，在國王的窮追不捨和本國人的追捕之下，大衛仍舊堅持抵抗了六個月，直到一個威爾人出賣了他和他的妻兒。他被處以絞刑並五馬分屍，此後這就變成了英格蘭對待叛徒的固定刑罰——這刑罰在犯人死後還折磨屍體，實在是卑鄙、殘忍、令人生厭而且毫無道理可言。它貶低的不是別的，正是允許這種噁心暴行發生的國家本身——這是一個任誰也無法掩蓋的事實。

如今威爾士被征服了。王后在卡那封城堡生下了一位小王子，國王便把他帶到威爾士人面前，稱他為威爾士人的同胞，並封他為威爾士親王。自此英格蘭的王位繼承者都享有了這個頭銜——小王子的哥哥死後，他真的成了威爾士親王。當然國王也做了些好事，他改善了威爾士的法律並鼓勵他們進行買賣。暴亂仍時有發生，但主要是由於那些被賜予了威爾士土地和城堡的英格蘭貴族的貪婪和傲慢引起的。暴亂很快被鎮壓下去，這個國家再也沒有了反叛。有個傳說提到，愛德華為了不讓人民受到吟游詩人和彈唱者的蠱惑，便殺掉了他們。也許他們之中的一些人只是偶然遇到一些反抗國王的人罷了。但是我敢說，真正的屠殺僅僅來自彈唱者自己的想像；他們在很多年後寫下歌謠，在威爾士的火堆旁一遍遍傳唱，直到人們信以為真。

至於愛德華一世統治期間的對外戰爭，則是這樣被引起的。一艘諾曼第的船與一艘英格蘭船的船員們碰巧要到同一個地方為船隻補充淡水。很快，這些粗魯易怒的傢伙開始爭吵，繼而升級為打鬥；英格蘭人用拳頭，諾曼第人用刀。在爭鬥中，一個諾曼第人被殺死了。他的同伴沒有向那些和他們發生爭吵的英格蘭水手尋仇（我猜是因為那些人對他們來說身強太體壯了），而是帶著巨大的憤怒回到了船上，攻擊了他們遇到的第一艘英格蘭船，控制了碰巧待在甲板上的、某個無害的商人，他們不僅殘忍地用繩子將商人吊在船上，還在他腳下放了一條狗。英格蘭水手為此狂暴不已，從此之後，無論何時何地，只要他們遇見了諾曼第水手，都會不加節制的拳腳相向。很快，愛爾蘭和荷蘭水手加入了英格蘭人的陣營，法蘭西和熱那亞水手則選擇幫助諾曼第人；就這樣，海上的大多數水手開始變得像大海一樣就狂躁易怒。

愛德華國王在國外聲名遠揚，所以當法蘭西與其他外國勢力產生糾紛時，他被邀請進行仲裁，然後在歐洲大陸一住就是三年。一開始，不論是他還是法蘭西國王腓力[12]（那個好心的路易國王已經去世一段時日了）都沒有介入這些紛爭。可後來英格蘭和諾曼第雙方因一艘船的停泊問題陷入激戰，一支八十艘船的英格蘭艦隊大敗了一支兩百艘船的諾曼第艦隊。如此一來，事態就變得非常嚴峻，無法再忽視。於是法蘭西國王在巴黎召見身為吉耶納公爵的愛德華國王，要他親自為英格蘭船員造成的損失進行賠償。起初，愛德華派了倫敦主教作為代表，隨後他又派了他的兄弟埃德蒙[13]——正是這位埃德蒙娶了法蘭西王后的母親。我想可能是埃德蒙過於隨和，被法蘭西的宮廷婦女們的花言巧語給說服了，但不管出於什麼原因，他被勸服放棄愛德華的公爵領地四十天——法蘭西國王說，這只是為了照顧他的面子所做的形式上的舉動——所以當時間已到法蘭西國王卻完全無意歸還時，他震驚了。我想這導致了他的猝死，反正不久他的確去世了。

如果國外的失地可以靠精力和勇猛贏回的話，愛德華一定是個能夠收復它們的國王。他組織了一支大軍，宣佈自己放棄了吉耶納公爵的頭銜，然後漂洋過海對法宣戰。但是戰事未起，雙方就在羅馬教皇的調解下簽署了一項為期兩年的和平協定。於是失去他摯愛的好妻子、變成鰥夫的愛德華國王和法蘭西國王的妹妹瑪格麗特[14]結婚了，威爾士親王則與法蘭西公主伊莎貝拉[15]訂婚。

禍兮福之所倚。由吊死了一個無辜商人而引發的流血衝突確保了英格蘭人民現在所擁有的強大力量。然而為戰爭做準備是非常耗費金錢的，所以愛德華國王非常需要錢，為此他採取了很多獨斷的方式來籌款，一些貴族因此而開始堅定地反對他。尤其是赫里福德伯爵韓弗理·德·波鴻[16]和諾福克伯爵羅傑·比哥德[17]態度最為鮮明，他們仍舊認為國王沒有權力命令他們帶領自己的軍隊前往吉耶納，所以斷然拒絕了出兵的要求。「皇天在上，我的伯爵，」國王憤怒地對赫里福德伯爵說，「你要麼出兵要麼就等著被絞死吧！」

「皇天在上，我的國王，」伯爵答道，「我既不會出兵也不會被絞死！」

隨後他們各自在貴族們的陪同下頭也不回地離開了宮廷。國王窮盡各種方法來籌錢。他甚至不顧教皇反對向教士們徵稅。當教士們拒絕繳納時，為使他們屈服，國王便聲稱他們不繳就不能繼續得到政府的保護，任何人都可以搶掠他們——事實上好多人都覬覦教士的財產，而且有些人已經開始大膽地搶奪了。教士們發現抵抗的代價太大了，他們承擔不起。此外，國王還收走了商人們手中的皮毛製品，許諾說今後某天會給予賠償。他還設立了出口羊毛稅，因為這個稅種太不受歡迎，便被商人們稱為「魔鬼之稅」。但是這些方法都沒有起效。由那二位伯爵帶領著的貴族們宣稱任何未經議會准許就設立的稅種都是違法的，議會拒絕設立新的稅種，除非國王重新認可大憲章，並以書面形式正式宣佈，以後在這個國家裡，除了代表著所有人民的議會外，沒有任何一股勢力能夠向人們徵集錢財。國王非常不情願把如此大的權力讓給議會，但是他無能為力，只好照辦。我們將會看到，未來有一位國王若能從這件事情中吸取些教訓，他就能保住自己的腦袋。

由於國王的明智判斷，人們還通過議會獲得了一些別的好處。許多法律得以改進，保護旅行者、逮捕小偷和殺人犯的相關規章得以頒佈，牧師們不得再通過佔有大量土地的方式獲得權勢，國內許多地方還首次任命了治安官(儘管最初不是這樣稱呼他們的)。

＊＊＊

現在我們來說說蘇格蘭，這可是愛德華一世統治期內最大、同時也最持久的麻煩。

大約是在愛德華加冕後的第十三個年頭，蘇格蘭王亞歷山大三世[18]墜馬而死。亞歷山大娶了愛德華的妹妹瑪格麗特[19]，他們所有的兒女都已不在人世，蘇格蘭的皇冠因此落在了一位年僅八歲的小公主頭上。她就是挪威國王艾瑞克的女兒；艾瑞克的妻子則是已故國王的一位女兒。因此愛德華提議，這個被稱作「挪威少女」的公主[20]應該和他的長子[21]訂婚成親。但不幸的是，這位少女在來英格蘭的路上感染重病，於奧克尼群島著陸後便不幸身亡。蘇格蘭隨即發生了一場大騷亂；十三個人聲稱自己享有繼承權，騷動由此蔓延。

愛德華國王一向因為他的睿智公正而頗負盛名，因此人們認為這場紛爭應由他來裁決。他接受了這份信任，並帶領軍隊來到了英格蘭和蘇格蘭的交界處。他要求那些蘇格蘭的貴族們去特威德河英屬岸邊的諾拉姆城堡見他。他們如約前往了。但在他有所舉動之前，他要求所有人都尊他為他們的最高統治者。就在這些人猶豫之時，他又說道，「我頭頂著聖愛德華的王冠，以他的名義，我就該享有這權利，我會用生命維護這王冠和權利！」那些蘇格蘭貴族被弄得措手不及，只得要求愛德華給他們三周考慮的時間。

三周過去了，另一場會議在蘇格蘭的水岸邊的一片綠色草坪舉行。在那十三個追逐王冠的人中，只有兩人憑藉和王族的血緣關係真正擁有繼承權。他們分別是約翰・貝利奧爾[22]和羅伯特．布魯斯[23]。毋庸置疑，權力的天平向約翰．貝利奧爾傾斜更多。然而在這場特別的會議中貝利奧爾卻沒有出席，反而是布魯斯露面了。當他被問及是否會尊英格蘭國王為最高統治者時，他坦率無疑地回答說他會。第二天，約翰．貝利奧爾出席了，也給出了同樣的答案。至此關於這個問題的討論塵埃落定，人們便展開了一系列調查，以便弄清這兩人的頭銜。

這場調查花費了不少時日——足足有一年多。藉調查進行之機，愛德華在蘇格蘭到處遊歷，並要求各階層的蘇格蘭人民都承認自己是他的屬臣，不然就把這些人關起來直到他們承認為止。同時，他任命專人來組織調查，為此還在貝里克舉行了議會，在深度聽取了兩位繼承人的陳述後進行了很多談話討論。最後，在貝里克城堡的大禮堂裡，國王選擇了約翰．貝利奧爾，約翰本人也同意在英格蘭國王的恩惠和許可之下戴上自己的王冠，並在斯昆[24]舉行了自己的加冕禮；這座修道院裡的一把歷經歲月的石椅見證了歷代蘇格蘭國王們的加冕儀式。接下來，愛德華國王將上任蘇格蘭國王死後就開始使用的偉大玉璽一分為四，放入了英格蘭的國庫。他覺得已經把蘇格蘭掌握在自己的手心裡了。

但蘇格蘭自己仍舊擁有堅韌的意志。愛德華國王認定，蘇格蘭國王不該忘記自己屬臣的身份。每當他聽聞蘇格蘭法庭上訴時，便召來蘇格蘭國王，讓他當著英格蘭議會的面為自己和法官們辯護。蘇格蘭人民將這一舉動視為對自己民族的侮辱。終於，這個原本沒有什麼雄心壯志的約翰・貝利奧爾也從蘇格蘭人那裡汲取了足夠的意志，拒絕再次前往。於是，國王進一步要求他幫助自己在海外征戰（戰爭當時正在進行），同時讓他放棄傑德堡、羅克斯堡和貝里克堡這三座堅固蘇格蘭城堡的所有權，以確保貝利奧爾的地位，但無一如其所願。恰恰相反，蘇格蘭人民將他們的國王藏在高地與群山之中，以顯示他們反抗的決心。因此愛德華率領三千步兵和四千匹馬來到貝里克，奪取了城堡並屠殺了所有守衛和城中的居民——男人、女人、小孩無一倖免。薩里伯爵，也就是瓦倫勳爵，緊接著進軍鄧巴城堡，血洗了蘇格蘭軍隊[25]。大獲全勝後，薩里伯爵被留下守衛蘇格蘭，王國內所有主要職位都交由英格蘭人出任，有權勢的蘇格蘭貴族們被迫移居英格蘭，王冠和權杖也被拿走了。就連那把老石椅也被挪到了威斯敏斯特修道院，直到今天你還可以在那裡看見它。貝利奧爾則被囚禁在了倫敦塔，只能在塔周圍方圓三十幾公里的範圍內活動。三年後他被允許前往諾曼第，他在那裡有一些財產，並在那裡度過了人生最後的六年。我敢說，這六年時光一定非常愉悅，遠比他居住在憤怒的蘇格蘭的歲月要愉悅得多。

如今，在蘇格蘭西部有一位家境殷實的紳士，名字叫做威廉・華萊士[26]。他是一名蘇格蘭騎士的第二個兒子。他魁梧強壯，膽識過人，當他對鄉民講話時，他燃燒著的語言中蘊含著一股力量，總是能激起人們的共鳴；他深愛著蘇格蘭，也因此痛恨著英格蘭。

此時佔據著蘇格蘭託管地的英格蘭人，跋扈的舉動讓驕傲的蘇格蘭人無法忍受，一如當年的威爾士人民一樣。但是蘇格蘭沒有誰的怒火能夠和威廉・華萊士匹敵。一天，一名對為威廉知之甚少的的英格蘭官員公開侮辱了他。他就立刻殺死了這名官員，然後藏身於山野之中，在那裡他加入了由威廉・道格拉斯爵士帶領的反抗愛德華國王的起義軍，成為了這個始終為了獨立而戰的民族中最果決無畏的戰士。

負責監管蘇格蘭的英格蘭官員在華萊士面前落荒而逃；這件事鼓舞了所有的蘇格蘭人民，他們奮起反抗，對英格蘭人發起了無情的進攻。薩里伯爵在國王的要求下召集了邊境所有郡縣的兵力，和兩支英格蘭大軍一起前往蘇格蘭。對抗這些軍隊的是由華萊士一人領兵的四萬人，他們在距斯特靈[27]兩公里內的福斯河邊等待著這些侵略者。這條河上只架著一座名叫吉爾迪恩的破木橋，它窄到只能允許兩人並肩通過。華萊士把他的大部分人馬都藏在了高地上，自己則一邊監視著橋上的動靜，一邊靜靜等待著。當英格蘭大軍終於到達河的對岸之時，他們派信使來開出了條件。以蘇格蘭自由之名，華萊士只讓這些信使帶回了他的蔑視。薩里伯爵手下的英格蘭官員們也能看到橋上的情況，他們建議他要小心審慎。但是以愛德華的財政大臣克萊辛翰這個莽夫為首的另一些人則催促他立刻開戰。於是他命令軍隊前進，一千名英格蘭士兵兩兩並肩過了橋，蘇格蘭軍隊卻如頑石一般毫無反應。兩千人、三千人、四千人、五千人過橋了。之前按兵不動、甚至連帽子上的羽毛都沒有一絲動靜的蘇格蘭人突然行動起來。「前進！第一隊去橋下！」華萊士叫喊道，「一個英格蘭人也不要再放過來！剩下的，和我一起去把已經過來的五千人撕成碎片！」餘下的英格蘭士兵眼睜睜看著卻愛莫能助。克萊辛翰也被殺掉了，蘇格蘭人還把他的皮剝下做成了馬鞭。

愛德華國王此時正在國外。接踵而來的勝利不但使英勇的華萊士重新贏回整個國家，他甚至還有精力出兵英格蘭邊界。可是，再過了幾個寒冷的月份之後，國王回來了，並全力以赴地投入了戰鬥。一天晚上，他被躺在身旁的戰馬踢斷了兩根肋骨，有人哭喊說他死了，為此他不顧疼痛，騎馬穿過營地以穩軍心。當時機降臨時，他下令前進（當然他仍舊處在傷痛之中），並帶領軍隊來到了福爾柯克[28]附近，因為有消息稱蘇格蘭人駐軍在一片沼澤後的石頭地上。在這裡，他大敗華萊士，並且殺掉了一萬五千敵軍。華萊士帶著殘軍敗將返回了斯特靈。英格蘭人窮追不捨，為了不讓英格蘭人得到補給，華萊士乾脆一把火燒了整座城，然後逃走了。珀斯城的居民們隨後也同樣燒了自己的房子。斷了補給，愛德華只好撤軍。

另一個羅伯特．布魯斯[29]——那個和貝利奧爾有過王位之爭的羅伯特．布魯斯的孫子，現在正在反抗軍中（當然老一點的布魯斯已經去世了）。約翰．科明[30]，也就是貝利奧爾的侄子同樣在軍中。這兩個年輕人一致反對愛德華，但除此之外再也沒有任何共鳴了，因為他們都是蘇格蘭王位的競爭者。可能是因為他們都知道這點，也知道即使他們有希望從英格蘭國王那裡得到寬恕也沒用——絕大多數蘇格蘭人會要求羅馬教皇插手。而教皇基於不要白不要的原則，冷淡地聲稱蘇格蘭屬於他。但這太過分了，議會也友好地告知了教皇這一點。

一三零三年的春天，國王派約翰・西格雷夫爵士[31]出任蘇格蘭總督，並給他兩萬名士兵以平息反叛。約翰爵士原本應該更小心點的，但他駐軍在了愛丁堡附近的羅斯林[32]，並把軍隊分成了三塊。蘇格蘭士兵抓住機會，各個擊破，並殺死了所有俘虜。國王只好再次親自出征，集結了一切可用兵力，橫穿整個北蘇格蘭，無人能擋。他把丹弗姆林作為自己冬季駐軍的地方。蘇格蘭人現在看來已經非常無望，科明和其他的貴族們已經投降並且得到了寬恕，只有華萊士仍在堅持。有人來勸降他，不過沒有明確保證他的生命安全。但他仍在同憤怒的國王作鬥爭，藏身於高地的懸崖峭壁之中，身旁便是雄鷹的巢穴。山洪在他身旁咆哮，大雪在他側旁堆積，狂風在他頭頂呼號，多少個伸手不見五指的夜晚他都和著自己的格子呢外套而眠。但沒有什麼能夠摧毀他的意志或是減弱他的勇氣，沒有什麼能夠使他遺忘或是原諒這個國家所犯下的錯。即使一直堅守著的斯特靈城堡被國王用各種武器圍住，即使教堂的房頂被拆下當做原料來製作武器，即使年邁的國王以重返青春般的精神在堅定地組織圍攻，即使英勇的守衛們（讓人驚訝的是，隨後發現包括守衛包括幾名女士在內總人數不過二百人）已被饑餓打敗跪下投降還受到了非人的侮辱，即使蘇格蘭已沒有一絲希望之光，威廉．華萊士仍舊堅定而驕傲，彷彿他已看見強大無情的愛德華陳屍在自己腳下。

最後是誰背叛了威廉．華萊士已不可考證；但他的確是被背叛的——很可能是被一名侍從。總之，華萊士被約翰．門蒂思爵士押往鄧巴頓城堡，從那裡解送倫敦。他的英勇無畏之名吸引了眾多倫敦民眾的圍觀。在威斯敏斯特廳，他頭戴月桂冠接受審訊——據傳言稱是他說過他一定要在這裡戴上月桂。然後他被當做強盜、兇手和叛徒治罪。他們叫他強盜（他對那些審訊他的人承認說）是因為他搶走了國王的戰利品；叫他兇手是因為他曾手刃一名無禮的英格蘭人；叫他叛徒——可他不是，因他從未宣誓效忠國王，所以他輕蔑地看待這種效忠。他被拴在馬後一路拖至西史密斯菲爾德，而後被吊上了高高的絞刑架，在死前被開膛破肚，死後則慘遭分屍、身首異處。他的頭顱被插在倫敦橋的一根竿子上，右臂被送往紐卡斯爾，左臂在貝里克，腿則在珀斯城和亞伯丁。但就算愛德華把他的屍體切成更細碎得一寸寸、每一寸都送往不同的地方，這也比不上華萊士的聲名流傳得廣。只要英語所及之處，就會有故事和歌曲講述著他的傳說，只要蘇格蘭的河山尚存，華萊士就會被永遠銘記。

從與可怕敵人的對峙中解脫出來之後，國王為蘇格蘭制定了一份更為公平的計畫，將蘇格蘭政府職位均分給蘇格蘭和英格蘭的貴族們，並赦免了過往的一切罪責。年邁的國王認為這樣做能化解一切。

但他這不過是自欺欺人罷了。科明和布魯斯密謀，約定在鄧弗里斯的灰修士教堂見面。但據說科明設計了布魯斯，向國王通風報信；布魯斯也被告知說科明很危險，一場打鬥可能在所難免——某天晚飯時，布魯斯收到了朋友格洛斯特伯爵送來的十二便士和一雙馬刺，這就是警告他的標誌。然後他便飛身上馬帶著滿腔怒氣赴約。這是個風雪交加的夜晚，為了防止有人跟蹤他還把馬蹄鐵倒裝著。途中他碰見了一個面目可憎的僕人——科明的信使，於是他殺掉了這名信使，並在這人的衣服口袋裡發現了一封能證明科明背叛的信件。不管情況將如何，這對頭腦發熱的仇敵都極有可能在碰面的教堂大吵一架。而且不論他們爭吵了什麼，他們都確實在這個教堂裡口角相向，而後布魯斯拔出匕首把科明刺翻在地。當臉色蒼白心慌意亂的布魯斯走出來時，一直等待著他的朋友們問他怎麼了，「我認為我殺死了科明。」他說。「你認為你殺死了他？」其中一個人說道，「那就讓我確定一下吧！」說罷他就走進教堂，當他發現科明還活著之後，就繼續捅了他好幾刀。他們知道愛德華國王永遠也不會赦免這樁新的罪行，便宣佈布魯斯為蘇格蘭王，並在斯昆加冕——當然這一次沒有石椅的見證。然後他們再一次反叛了。

當國王聽到這個消息時，他表現出了前所未有的憤怒。他將威爾士親王和兩百七十名年輕貴族封為騎士，並命人砍下聖殿花園的樹木為這些騎士做帳篷。按照慣例，他們整夜看守著自己的鎧甲，一些人守在聖殿教堂，一些人則守在威斯特敏斯特大教堂。在接下來的公眾盛宴上，吟游詩人們把兩隻裹著金網的天鵝擺在桌上，國王則以此和上帝之名起誓，他一定會為科明復仇，並懲罰萬惡的布魯斯。在所有人的見證下，他授意兒子威爾士親王，如果他沒達成誓言就去世了，那麼直到復仇完成那天才可將他埋葬。第二天清晨，親王和其他所有年輕的騎士一起策馬奔赴邊境加入了英格蘭軍隊，此時已經臥病不起的國王則坐著馬車跟隨在後。

在輸掉一場戰役並面臨重重危險和苦難的情況下，布魯斯逃往愛爾蘭，在那裡躲藏了一個冬天。這個冬天，愛德華則在追捕和處死布魯斯的親屬隨從中度過。對於這些人，無論老少，他都沒有表現出一絲憐憫或仁慈。第二年的春天，布魯斯重新露面了，並且贏得了幾次勝利。在這些戰役中，雙方都表現得極為殘暴。比方說布魯斯那兩個因身負重傷而被俘虜的兄弟，被愛德華下令立即處死。布魯斯的朋友約翰．道格拉斯爵士從一名英格蘭爵士那裡奪回了自己的道格拉斯城堡，他屠殺了所有的守衛並一把火燒焦了所有屍體，他的手下把這個被極其恐怖的方法「烹製」過的地方叫做「道格拉斯肉櫃」。但是布魯斯仍舊取得了勝利，並一路把彭布羅克伯爵和格洛斯特伯爵趕到了埃爾城堡而後發起圍攻。

臥床一冬仍從病床側畔指揮軍隊的國王現已動身前往卡萊爾，在那裡他命人將旅途中自己使用的擔架抬到大教堂獻給上帝。然而，他重新回到馬背上——這也是他最後一次騎馬了。他已六十九歲高齡，已統治了三十五年之久。他已病入膏肓，四天只能行進約九公里。但即使是以這種步調，他仍堅定地一步步邁向邊界。最後，他倒在了沙堡村，臨終前交代身旁的人要讓威爾士親王記住他父親的誓言，除非完全征服蘇格蘭否則永不停歇。隨後，他才咽下了最後一口氣。

1 英格蘭的愛德華一世（Edward I ofEngland，一二三九—一三〇七），也被稱為「長腿愛德華」或「蘇格蘭人的錘子」，亨利三世的長子。平定了英格蘭內部的反叛之後，他前往聖地參加了第九次十字軍東征，返回途中（一二七二年）得知其父的死訊，並於一二七四年回到倫敦並被加冕為英格蘭國王。

2 拿撒勒（Nazareth），巴勒斯坦地區北部古城，相傳為耶穌的故鄉。

3 雅法（Jaffa），以色列西部的港口城市港，位於現今特拉維夫—雅法城區的最南端，也是其最古老的部分。

4 埃米爾（Emir），阿拉伯國家的貴族頭銜，此封號用於中東地區和北非的阿拉伯國家。

5 聖神降臨節（Whitsun），也稱五旬日（Pentecost），指自耶誕節前四個星期的星期日起，至耶誕節止，聖神降臨節為迎接耶穌的誕生和他將來的復臨這段時期。在降臨節期間，人們要預備好自己心靈，以等候歡迎耶穌誕生，因此這個節期十分重要。

6 即卡斯蒂利亞的埃莉諾（Eleanor of Castile，一二四一—一二九〇），蓬提厄女伯爵，英格蘭國王愛德華一世的第一位王后。

7 多佛爾（Dover），位於英格蘭肯特郡的海港城市，距離法蘭西城市加萊很近，因此成為英格蘭最繁忙的海港之一。

8 大憲章（拉丁語為Magna Carta，英語為the Great Charter），是英格蘭最初於一二一五年訂立的拉丁文政治性授權文件；但在隨後的版本中，大部分對英格蘭王室絕對權力的直接挑戰條目被刪除；一二二五年首次成為法律；一二九七年的英文版本至今仍然是英格蘭威爾士的有效法律。大憲章是封建貴族用來對抗英格蘭國王（主要是針對當時的約翰）權力的封建權利保障協議。大憲章要求王室放棄部分權力，尊重司法過程，接受王權受法律的限制。大憲章是英格蘭在建立憲法政治這長遠歷史的開始。

9 盧埃林·格魯菲茲（LlywelynapGruffydd，意為「盧埃林，格魯菲茲之子」，約一二二三—一二八二），是獨立威爾士的最後一位親王。

10 梅林（Merlin），亞瑟王傳奇中輔佐亞瑟王的魔法師和先知，這個角色的標準形象和身份最早出現在蒙茅斯的傑佛瑞（Geoffrey of Monmouth，約一一〇〇—約一一五五）的《梅林生平》（Vita Merlini）和《梅林預言》（Prophetiae Merlini）中。

11 即大衛茲．格魯菲茲（Dafyddap Gruffydd，意為「大衛茲，格魯菲茲之子」，一二三八—一二八三），一二八二年起為威爾士親王，是獨立威爾士的最後一位統治者。

12 即法蘭西的腓力四世（Philip IV of France，一二六八—一三一四）法蘭西國王路易九世（Louis IX of France，一二一四—一二七〇）的孫子。於一二八五年成為法蘭西國王。

13 埃德蒙「十字背」克勞奇貝克（Edmund Crouchback，一二四五—一二九六），因為曾在第九次十字軍東征中，衣服背後繡著十字架而被稱為Crouchback，第一代萊斯特和蘭開斯特公爵，英格蘭國王亨利三世第二個存活到成年的兒子。他於一二七六年迎娶了守寡的納瓦爾王后，阿圖瓦的布朗什（Blanche of Artois，一二四八—一三〇二）。布朗什的前夫為納瓦爾的亨利一世（Henry I of Navarre，約一二四四—一二七四），他們的女兒納瓦爾若昂一世（Joan I of Navarre，一二七三—一三〇五）於一二八五年成為法蘭西王后。

14 法蘭西的瑪格麗特（Marguerite of France，約一二七九—一三一八），腓力四世的妹妹，愛德華一世的第二任王后。

15 英格蘭的伊莎貝拉（Isabella of England，一二九五—一三五八），腓力四世和若昂一世的女兒，於一三〇八至一三二七年間為英格蘭王后。

16 韓弗理．德．波鴻（Humphrey de Bohun，約一二四九—一二九八），第三代赫里福德伯爵和第二代埃塞克斯伯爵，曾在愛德華一世的威爾士戰爭中起了重要作用。

17 羅傑・比哥德（Roger Bigod，約一二四五—一三〇六年之前），第五代諾福克伯爵。

18 蘇格蘭的亞歷山大三世（Alexander III of Scotland，一二四一—一二八六），一二四九年起為蘇格蘭國王。

19 英格蘭的瑪格麗特（Margaret of England，一二四〇—一二七五），亨利三世的第二個孩子，於一二五一年嫁與蘇格蘭國王亞歷山大三世成為蘇格蘭王后。

20 「挪威少女」瑪格麗特（Margaret「Maid of Norway」，一二八三—一二九〇），也被稱為蘇格蘭的瑪格麗特，於一二八六年起為名義上的蘇格蘭女王，但直到一二九〇年才前往蘇格蘭。當她到達奧克尼群島時不幸身亡，屍骨被送回挪威掩埋。

21 即未來的英格蘭的愛德華二世（Edward II of England，一二八四—一三二七），他最終迎娶法蘭西公主伊莎貝拉為妻（見注釋十四），並於一三二七年被他的妻子罷免。

22 約翰・貝利奧爾（John Balliol，約一二四九—一三一四），一二九二至一二九六年間為蘇格蘭國王。

23 羅伯特・德・布魯斯（Robert de Brus，約一二一〇—一二九五），第五代安嫩代爾勳爵，蘇格蘭攝政王，一二九〇至一二九二年間蘇格蘭王位的競爭者之一，他的孫子羅伯特・布魯斯（RobertttheBruce，一二七五—一三二九）最終成為蘇格蘭國王。

24 斯昆（Scone），蘇格蘭歷史上最知名的城鎮，古蘇格蘭王國最初的幾百年內的實際首都，當時是重要的政治和宗教中心。斯昆修道院（SconeAbbey），是蘇格蘭王國最重要的宗教機構，王國君主加冕的聖地。開國君王肯尼士一世當年在此加冕時就座的大岩石被稱為「斯昆石」或者「命運之石」，是直到今天為止英格蘭君主加冕時必須的聖物。

25 這裡指的是鄧巴之戰（Battle of Dunbar），發生於一二九六年四月二七日。英格蘭軍隊攻陷貝里克（Berwick）之後便行至距離貝里克僅幾公里遠的海岸城市鄧巴，圍攻鄧巴城堡。英君的主帥為約翰・

德．瓦倫(JohndeWarenne，一二三一—約一三〇四)，第六代薩里伯爵，同時也是蘇格蘭國王貝利奧爾的岳父。該戰役最終以英格蘭勝利、蘇格蘭慘敗而告終。

26 威廉．華萊士(William Wallace，卒於一三〇五年)，蘇格蘭鄉紳，是蘇格蘭獨立戰爭中的主要領導人之一，帶領蘇格蘭軍隊在斯特靈橋戰役中擊敗英格蘭軍隊，並在國王尚未選出的情況下被任命為蘇格蘭護國者(Guardian of Scotland)，最終在福爾柯克之戰戰敗，後被英格蘭軍隊俘虜，最終被愛德華一世以叛國罪處死。

27 斯特靈(Stirling)，蘇格蘭中部城市，中央區首府，由於其重要的戰略位置而被稱為「高地之門」(Gate of the Highlands)。斯特靈橋戰役(Battle of Stirling Bridge)發生於一二九七年九月一一日，以英格蘭大敗為告終，同時這場戰役也是一個在特定情況下步兵也可以挫敗騎兵的實例。

28 福爾柯克(Falkirk)，位於蘇格蘭低地中部，位於愛丁堡和格拉斯哥之間。福爾柯克戰役(Battle of Falkirk)發生於一二九八年七月二二日，英格蘭軍隊由愛德華一世帶領，蘇格蘭軍隊則有威廉．華萊士帶領。最終英格蘭取得了決定性的勝利。戰後不久，華萊士便自動放棄了蘇格蘭護國者的職位。

29 羅伯特．布魯斯(Robert the Bruce，一二七四—一三二九)，蘇格蘭獨立戰爭中的領袖，曾參與威廉．華萊士(William Wallace，卒於一三〇五年)反抗愛德華一世的叛亂，於一三〇六起成為蘇格蘭國王。

30 約翰．科明(John Comyn，卒於一三〇六年)，也稱約翰．科明三世，曾於一二九六至一三〇六年間任蘇格蘭護國者，最終被羅伯特．布魯斯刺死。

31 約翰．西格雷夫爵士(Sir John Segrave，一二五六—一三二五)，第一次蘇格蘭戰爭的英格蘭指揮官，指揮了羅斯林之戰和哈普瑞之戰。他也參與了華萊士的行刑，並在分屍之後將他的屍首帶到蘇格蘭。

32 羅斯林(Roslin)，位於愛丁堡西側約十一公里處，因羅斯林教堂而聞名，並與聖殿騎士和聖杯傳說結合在一起。羅斯林之戰(Battle of Roslin)發生於一三〇三年二月二四日，以蘇格蘭勝利為告終。

第十七章　愛德華二世統治下的英格蘭

當他父親去世時，第一任威爾士親王、愛德華二世[1]只有二十三歲。老國王曾經放逐了一個名叫皮爾斯．加韋斯頓[2]的男子；此人來自加斯科尼，是王子的寵臣，因遭到國王的百般厭棄而被驅逐出英格蘭，國王甚至命令王子在其病床前起誓，永遠不把皮爾斯帶回來。然而愛德華二世繼位後不久，便和其他國王、王子一樣打破了誓言（他們不吝於立誓，但往往都乾脆的打破了誓言），立即派人請回了這位親愛的朋友。

如今，加韋斯頓雖然容貌出眾，卻只是個魯莽、傲慢、無畏之輩。他被不可一世的英格蘭貴族們所憎惡：這不僅僅因為他僭越王權、架空朝庭，還因為他在騎士比武中表現得比其他任何人都要出色，並傲慢地譏諷嘲笑那些失敗者們：有人被他叫成「老肥豬」，有人被叫做「戲子」，有人則是「猶太佬」，還有一個是「阿登黑狗」。這些外號取得毫無趣味，卻讓貴族們大為惱火，這其中當然就包括那個被稱作「黑狗」的。這一位不是別人，正是瓦立克伯爵[3]，他發誓一定要讓皮爾斯．加韋斯頓嘗嘗「黑狗」尖牙利齒的滋味。

然而伯爵始終沒等到報仇的時機，相反，從現在的情況來看，它今後似乎也不可能到來了。國王將加韋斯頓封為康沃爾伯爵，還賜予他豐厚的財富。更有甚者，在國王前往法蘭西迎娶伊莎貝拉公主[4]（腓力四世[5]的女兒，傳說是世界上最美麗的女人）的時候還任命加韋斯頓為攝政王。國王在布洛涅[6]的聖母教堂舉辦了一場奢華無比的婚禮，有四位國王與三位王后出席了典禮——簡直就像一套宮廷撲克牌，因為我敢說絕對有不少人前來扮演傑克[7]）。可直到婚禮結束時，國王似乎對這位美豔動人的妻子也沒提起多少興趣，反倒是急不可耐地要去見他的加韋斯頓。

回宮後，除了加韋斯頓，國王的眼中再也裝不進任何人，在眾目睽睽之下，國王馬上箭步飛奔到寵臣的懷抱中，擁抱他、親吻他、喚他作兄弟。在隨後的加冕禮上，加韋斯頓自然成為了權貴之中最富有，也最引人矚目的人，他還得到了護送王冠的殊榮，這不僅讓貴族們對他感到前所未有地討厭，也引起了人民群眾對他的鄙視。並且，無論加韋斯頓如何向國王抱怨並請求懲罰那些不對他使用尊稱的人們，他們也絕不會稱呼他為康沃爾伯爵，而是堅持直呼其名——皮爾斯．加韋斯頓。

貴族們直白地向國王表示他們絕不能容忍這位寵臣，並強迫國王將加韋斯頓遣送出英格蘭的國境，這位寵臣還被強制發誓（又發誓！）他永遠也不會再回來。貴族們原以為他會被毫無尊嚴地流放走，直到他們聽說他已經被任命為愛爾蘭總督。即便如此，這還是不能讓執迷不悟的國王感到滿足，一年後他又把加韋斯頓帶回了王宮。如此荒唐的溺愛不僅令朝廷和人民感到作嘔，也使得他美麗的妻子感到十分不快，從此以後她再也不愛這位國王了。

如今國王急需王室一向急需的東西——錢，可剛剛獲得新權力的貴族們堅決不肯讓他去籌錢。國王在約克召集了議會，但只要他還將那位寵臣留在身邊，貴族們就拒絕參加議會。於是國王又跑到威斯敏斯特召集另一組議會，並把加韋斯頓送走了。這時，男爵們才全副武裝地進來了，他們自己組織了一個委員會，旨在矯正這個國家和王室存在的濫用特權的行為。

接受了貴族的條件之後，國王終於得到了一定的金錢，並直接同加韋斯頓一起逃離到蘇格蘭與英格蘭交接的地方，在那裡一起消磨時光一起享樂。然而就在這個時候，布魯斯[8]已準備好將英格蘭人驅逐出蘇格蘭。愛德華一世曾讓他可憐而孱弱的兒子發誓（據某些人所說）不要埋葬他的屍骨，而要將它們用大鍋煮乾淨，出征之時就列在陣前激勵士氣，英軍一日不勝則屍骨一日不葬。但第二位愛德華和他父親截然不同，所以布魯斯的力量和權力也一天比一天強大了起來。貴族委員會在經過了數月的審議後，命令今後國王應當固定時間每年召開一次議會，如果有必要的話甚至可以組建兩次，以此替代原本由國王一人決定何時召集議會的制度。此外，他們進一步要求加韋斯頓被流放，而且只有等到他死了才能將屍體運回國。此時國王的眼淚也已無濟於事，他被責令將他的寵臣遣送到佛蘭德[9]。然而，這個十足的傻瓜剛把加韋斯頓送走，便立刻使用小兒科的狡猾手段解散了議會，並出發前往英格蘭北部，妄圖建立起一支反抗貴族的軍隊。而且，他再一次將加韋斯頓帶回了皇宮，將所有被貴族們剝奪的財富與頭銜重新還給了他。

貴族們終於明白，現在除了置這個寵臣於死地已經別無選擇。其實根據他的流放條件，他們本可以把這件事情以合法的形式完成，但是我很遺憾地說，他們卻選擇了卑劣的方式。在國王的堂兄、蘭開斯特伯爵[10]的帶領下，他們率先攻擊城堡中的國王和加韋斯頓。國王趁亂乘船出逃，可這個吝嗇的傢伙只讓他寶貝的加韋斯頓跟著他，卻心安理得地把他的嬌妻拋在身後。

不過，在他們相對安全的時候，二人卻分開了；國王前往約克郡集結一支武裝部隊；與此同時，寵臣則負責安安穩穩地在斯卡布羅城堡待著，監視海上的情況。而這正中貴族們的下懷，因為他們知道城堡沒辦法抵抗外侵，所以他們襲擊了城堡並讓加韋斯頓投降。在彭布羅克伯爵[11]義正辭嚴地用自己的信仰立誓，保證他不會受到任何傷害和暴力襲擊之後，加韋斯頓把自己交給了這個昔日曾被他喚作「猶太佬」的貴族。

現在，加韋斯頓被帶去了沃靈福德城堡，並被體面地拘留起來，當他們來到了德丁頓、一個挨著班伯里的地方時，他們在那裡的城堡停駐並休息了一晚。究竟彭布羅克伯爵本來就知道把他的犯人留在那裡會發生什麼，還是真的打算留下犯人去看望正處在附近的妻子（正如他所假裝的），但真正的原因已經不重要了。無論是何種情況，伯爵都是一位原有義務去保護犯人的尊貴的紳士，但是他並沒有這麼做。早晨，當寵臣還沒有起床的時候，就被要求穿好衣服並下樓去後院，他照做了，毫無疑心。但當他發現自己被一群全副武裝的陌生人包圍時，他嚇得大驚失色。「你還認識我吧？」領頭的人說道，而這個人也同樣是從頭到腳底將自己武裝起來。「我就是阿登『黑狗』！」

讓皮爾斯・加韋斯頓嘗到「黑狗」尖牙利齒的滋味的時刻終於到來了。他們把他放置在一頭騾子上，伴隨著搞笑的姿勢和軍事音樂，馱著他來到了「黑狗」的「狗屋」——瓦立克城堡，一些偉大的貴族正聚在那裡，急不可耐地商量著怎麼處置加韋斯頓。有人說應當放了他，但是對此場內響起了一個洪亮的反對聲，這就是「黑狗」的叫聲——我敢說，這聲音簡直穿透了城堡：「你已經抓住了獵物，現在放虎歸山，以後肯定還得去把他捉回來。」

他們最終決定處死加韋斯頓。加韋斯頓急忙撲倒在蘭開斯特伯爵——也就是他口中的「老肥豬」腳下求饒，但是「老肥豬」和「黑狗」一樣心狠手辣。於是加韋斯頓被帶到從瓦立克通向考文垂的路上；那是一條風景優美的小路，美麗的埃文河順著那條路延展而去，在未來的某一天，威廉·莎士比亞[12]將在那裡出生、埋葬。那是一個明媚的五月天，埃文河的水流在陽光下閃閃發光；也就在那裡，他們砍斷了加韋斯頓的可憐的腦袋，血染了那片土地。

當國王聽說了這殘暴的行為之後，他悲痛而憤慨地宣佈向貴族們開戰；雙方持續交戰了半年。但是，他們隨後意識到聯合起來對抗布魯斯是非常必要的，因為趁著他們分裂的這段時間，布魯斯在蘇格蘭集結了強大的力量。

有情報聲稱布魯斯當時正在圍攻斯特靈城堡，當地總督已經被迫向布魯斯做出了投降的保證，除非有人能在某個期限到來以前替他解圍，否則他只能履行諾言。隨即，國王命令貴族們帶領各自的士兵到貝里克匯合；但是，貴族們根本不關心國王，所以他們忽視了國王的召集，並錯失了時機——眼看第二天就是布魯斯為總督所定的最後期限了，國王才到達斯特靈，而且他的武裝力量比他原先期待的要小得多，總共只有十萬士兵。雖然布魯斯的力量還不足過四萬，但是，他把軍隊劃分為了三個方陣，牢牢地駐紮在班諾克河與斯特靈城堡之間。

就在那天晚上，在國王趕來時，布魯斯已經憑一次壯舉大大鼓舞了士氣。由於布魯斯騎著一匹矮種馬，又衝在軍隊前線，手持一把輕戰斧，頭戴金色王冠，很快就被英格蘭騎士——亨利·德·波翰所發現，這位全副武裝的英格蘭騎士自以為僅憑他一己之力就能推翻布魯斯，他騎上戰馬，策馬前進，妄圖用重矛刺殺他。然而，布魯斯成功避開了襲擊，然後舉起戰斧，一個揮手便將波翰的頭顱劈成兩半。

當第二天到來、戰火燃起的時候，蘇格蘭人帶著那一幕的記憶奔赴戰場。布魯斯英勇的侄子藍道夫[13]指揮著一小隊人馬，深入到英格蘭士兵之中。這群英格蘭人個個全副武裝，嶄亮的盔甲在陽光下閃閃發光；很快，蘇格蘭人被迅速包圍並似乎馬上就要失利了，陷入了敵方的汪洋大海。然而他們的反攻卻非常猛烈，滅敵無數，以至於英格蘭人也變得膽怯起來，猶豫著不敢進攻。隨後布魯斯帶著其他兵力親自趕來。正當英格蘭軍隊因此而倍感壓力之時，他們突然發現山上出現了新的蘇格蘭軍隊，然而這些人的真實身份僅僅是隨軍流動的平民而已。他們總共一萬五千餘人，是布魯斯讓他們在這個時間出現在這裡的。

格洛斯特伯爵[14]指揮英格蘭騎兵，企圖用最後一搏改寫那一天的命運，卻不料布魯斯（就像故事中的巨人殺手傑克一樣）已經在地面上挖了陷阱，並用泥土和草堆掩蓋起來，裡面插著削尖的木樁。數以百計的人馬落入陷阱中。最終，英格蘭軍隊被完全擊潰；他們所有的財物、儲備物和武器都被蘇格蘭人掠走。如果將被搶走的貨車和其他輪式車輛排成一條線，足有三百公里長。至少在那個時刻，蘇格蘭的命運被完全改變了；在蘇格蘭的土地上，再沒有一場勝利比班諾克本之戰[15]更加聲名顯著。

在英格蘭，瘟疫和饑荒接踵而至，而無能的國王和他倨傲的貴族們依舊爭執不休。愛爾蘭一些動亂的首領建議布魯斯接管愛爾蘭，於是他派出了弟弟愛德華・布魯斯[16]；愛德華在愛爾蘭加冕成了國王。後來在愛爾蘭戰爭期間，布魯斯曾親自前去幫助，但最終他的弟弟還是被打敗並被殺害了。羅伯特・布魯斯只得回到蘇格蘭，繼續壯大自己的勢力。

正如英格蘭國王的毀滅起源於一個寵臣那樣，他同樣也終結於一個寵臣。愛德華二世脆弱到無法完全依靠自身存活，所以他很快又找了個新寵臣——休・德斯潘賽[17]。作為一位來自古老家族的貴族之子，休非常英俊，也非常勇敢，無奈作為一個羸弱又無人問津的國王的寵臣，這樣的位置令他自身難保。貴族們都聯合起來與他作對，就因為國王喜歡他，所以他們都埋伏以待，伺機毀滅他和他的父親。現在，國王已經將他許給了最新一任格洛斯特伯爵的女兒，並在威爾士給予了他和他父親一筆巨大的財產。

這對父子想法設法擴充自己財產。在威爾士期間，他們向一位名叫約翰・德・莫佈雷的威爾士紳士以及其他憤怒的威爾士紳士施暴，奪走了他們的城堡、沒收了他們的土地。最初蘭開斯特伯爵將這位寵臣安置在宮廷中（他是伯爵的一個窮親戚），但後來覺得一個寵臣獲得如此地位和殊榮實在有損伯爵的尊嚴，所以他、他的貴族朋友們連同威爾士人一起來到了倫敦，向國王遞交了要求廢黜那對寵臣父子的文書。一開始，國王不假思索地否決了這一建議，並給予這些人一個毫不客氣的回覆，但當他們在霍爾本和克勒肯維爾駐紮、武裝，並來到威斯敏斯特的議會時，國王只得妥協了，同意了他們的要求。

但國王的好運氣來得比他想像的還要快。一切都起源於一個意外情況：當時美麗的王后在旅行，一天晚上她來到了一個皇室城堡，要求在那裡借宿一晚。這座城堡的主人正巧是那些憤怒的貴族之一，他此時剛好不在，他的妻子拒絕接待王后。於是雙方的僕人扭打了起來，其中的幾位皇室侍者被殺。那些原本毫不關心國王的人們，卻對美麗的王后在自己的領地被如此殘忍地對待而感到十分憤慨。國王利用人們的這種情緒，圍困了城堡並接管了它，隨後把德斯潘賽父子召回了家。為此，貴族聯盟和威爾士人動身投奔了布魯斯。

國王在巴勒布里奇[18]上遇到了他們，並在雙方的會戰中獲得了勝利，還俘虜了一批貴族，其中便包括國王下決心要除掉的蘭開斯特伯爵；此時伯爵已經年邁。伯爵被帶到原本屬於自己的龐蒂弗拉克特城堡，在那裡接受了一個特派法庭的不公正審訊，甚至不允許為自己辯護。他被侮辱、毆打，然後被架到一批沒有馬鞍的餓馬背上拖出去砍了頭。同時被吊死的還有二十八位騎士，他們死後還遭到了分屍。當國王施行這項血腥的暴舉時，他也同布魯斯達成了一項全新且長久的停戰協定。同時，國王比以往更加寵幸德斯潘賽了，還封了他父親為溫徹斯特伯爵。

然而，一名在巴勒布里奇被捕的重要人犯逃脫，為國王的好運氣畫上了句號；他就是總在和國王作對的羅傑．莫蒂默[19]。國王將他判處了死刑，然後關在倫敦塔中嚴加看管。可莫蒂默在葡萄酒中放了安眠藥，請侍衛們大喝了一頓，待他們都失去了意識，他就突破地牢，潛入廚房，爬上煙囪，利用備好的繩梯從屋頂爬了下來，越過哨兵，順河而下，最後躲到一艘船中駛向一個有侍從和馬匹等待他的地方。最終他成功逃到了美麗王后的兄長——查理四世國王[20]統治下的法蘭西。查理藉機挑起爭端，藉口是英格蘭國王沒有出席自己的加冕禮，這是對法蘭西國王的不敬。於是有人建議美麗的王后應當到法蘭西去從中調停，王后照辦了，並給國王寫信說，既然他生病沒辦法親自前往法蘭西，那麼就把年僅十二歲的王子派過來替他盡責吧！事情一結束，她就會立馬帶著王子返回英格蘭。國王同意了；然而，王子和王后卻留在了法蘭西，羅傑．莫蒂默則變成了王后的情夫。

當國王一次次寫信要求王后回家的時候，她並沒有告訴國王她是多麼的鄙視他以至於再也不想和他一起生活（儘管這是事實）；相反，她說她太懼怕德斯潘賽父子了。總之，她的目的就是瓦解寵臣們和國王的勢力，儘管他們的勢力不怎麼強大，為此她計畫入侵英格蘭。一年後，她帶著兩千法蘭西士兵和身在法蘭西的英格蘭流亡人士，在薩福克郡的奧威爾登陸了。到達英格蘭後，她即刻聯合了國王的兩個異母弟弟——肯特伯爵[21]和諾福克伯爵[22]，以及貴族們的力量，最後竟還將第一位派去擊退她的英格蘭將軍遊說到了她的旗下；這位將軍還帶去了他的所有人手。聽到這些消息後，倫敦居民非但沒有站在國王這邊，反而還打開倫敦塔，釋放了所有囚犯，並向美麗的王后脫帽歡呼。

國王帶著他的兩位寵臣逃到了布里斯托爾。他讓老德斯潘賽負責掌管村鎮和城堡，自己則帶著小德斯潘賽去威爾士。但由於布里斯托爾人本來就反對國王，而且沒人能守得住城牆內都是敵人的城池，所以德斯潘賽在第三天投降了；他立即受到了審判，罪名是國王對不忠且迷惑了「國王的心智」——儘管我懷疑國王是否真的有心智。老德斯潘塞年逾九十，原本應當得到尊重，但是他的年紀並未給他帶來任何同情。他最終被施以絞刑，並在還有意識之時就被分屍、屍體被分切成碎片然後丟去餵狗。他的兒子也很快落網，並在赫里福德以一系列愚蠢的罪名接受了同一個法官的審訊，他頭戴蕁麻項圈，並被在十五公尺高的絞刑架上被吊死。而他可憐的老父親和他都是再無辜不過的人了，他們最大的罪過莫過於曾與國王為友，只不過這位國王是一位人間罕有的昏君；他們本不該向他屈尊、向他諂媚。我知道這是很大的罪名，而且會招致更多的災禍；但是，許許多多的貴族和紳士——如果我沒記錯的話，甚至還不乏一些貴婦人——都曾向國王逢迎拍馬，但他們既沒有被抓去餵狗，也沒有在十五公尺高的地方被吊死。

可憐的國王四處奔逃，卻一直沒有找到能夠落腳的地方，最後只得投降，然後被關進了凱尼爾沃斯城堡[23]。與此同時，王后起身前往倫敦並召見了議會。會間，王后最有智謀的朋友赫里福德大主教問道，當王冠戴在一個愚笨、懶惰、可憐的國王頭頂之時，我們該做些什麼？難道不是摘掉他頭頂的王冠，讓他讓位給自己的兒子嗎？我不知道王后這時是不是真的同情國王，但是她開始哭泣。於是主教繼續說道：「那麼，各位紳士和議員們，你們覺得我們應不應該派人去凱尼爾沃斯看看國王陛下是否願意退位？」不過在我看來，這句話的言下之意應該是：「願上帝保佑他，並寬恕我們將他廢黜！」

諸位貴族和議員們紛紛對這個建議表示了贊許，於是一個代表團被派往凱尼爾沃斯。當國王穿著一件破舊的黑袍子來到城堡大廳並發現人群中有一個主教時，這個軟弱的人頓時跌坐在地，做出一副可憐兮兮的樣子。有人把他扶起來，可下議院發言人威廉·特呂賽爾爵士的冗長演講又差點把國王嚇了個半死，因為這段演講中聲明他已不再是一名國王，人民也毋須繼續效忠於他。隨後王室主管湯瑪斯·布朗特爵士的行為更是令他幾近氣絕：這位爵士上前折斷了他的白色權杖——這是國王已薨之時才會進行的儀式。就在這樣巨大的壓力下，他們逼問國王他關於退位的看法，於是國王只能回答說他也認為這是最好的出路。於是，他退位了；第二天他們就宣佈王子繼位。

我希望我能用這樣話語結束這段歷史：國王在凱尼爾沃斯的城堡和花園裡度過了自己與世無爭的餘生，身邊帶著一個寵臣、衣食富足、別無所求。但事實卻與之相反。在他被囚禁期間，國王受盡羞辱。人們淩辱他、輕慢他、讓他用地溝裡的髒水洗漱；國王在無奈之下只能哭訴，說自己至少應該有溫熱的清水。總之他的情況悲慘極了。他被從這座城堡轉移到那座城堡，從那座城堡又被轉移到下一座，原因是這個伯爵或那個伯爵對他太「仁慈」。直到最後他來到了賽汶河畔的伯克利城堡[24]；在那裡（那時伯克利伯爵因病不在城堡）他不幸落入了兩個黑惡棍之手，他們是湯瑪斯・古爾奈和威廉・奧格爾。一三二七年九月二十一日的晚上，慘叫聲穿過厚厚的城牆劃破厚重的夜，驚醒了附近鎮裡的百姓，他們說：「求上天對國王仁慈點吧，聽聽那慘叫聲，想必他一定在陰暗的監獄裡受了什麼折磨。」然而第二天清晨，他死了，儘管沒有淤青、刺傷或是其它其他明顯痕跡，但他面目扭曲。後來有流言傳道，那兩個惡棍古爾奈和奧格爾逼他吞下了一塊燒紅的烙鐵。

如果你曾到過格洛斯特，看見過它美麗的大教堂中心的那座塔，以及塔上四座華美的小尖峰，你也許會記起那個可憐的愛德華二世。在十九年半的庸君生涯結束後，他被埋葬在了這座古老城市的修道院裡，享年四十三歲。

1 英格蘭的愛德華二世（Edward II of England，一二八四—一三二七），於一三〇七年至一三二七年間在位，金雀花王朝的第六位統治者。他的一生皆為其寵信的弄臣和叛亂的貴族所主宰，以致被他的妻子罷黜後悲慘地死去，最終葬於格洛斯特大教堂。

2 皮爾斯·加韋斯頓（Piers Gaveston，約一二八四—一三一二），第一代康沃爾伯爵，愛德華二世的寵臣。

3 即蓋伊·德·博尚（Guy de Beauchamp，約一二七二—一三一五），第十代瓦立克伯爵，在福爾柯克戰役中顯露頭角，成為愛德華一世的重臣；是愛德華二世及其寵臣皮爾斯·加韋斯頓的主要反對者之一。阿登（Arden）則為一個地區，位於英格蘭瓦立克郡。

4 英格蘭的伊莎貝拉（Isabella of England，一二九五—一三五八），腓力四世和若昂一世的女兒，於一三〇八至一三二七年間為英格蘭王后。

5 即法蘭西的腓力四世（Philip IV of France，一二六八—一三一四）法蘭西國王路易九世（Louis IX of France，一二一四—一二七〇）的孫子。於一二八五年成為法蘭西國王。

6 布洛涅（Boulogne），法蘭西北部港市，瀕臨加萊海峽的東南側，是法蘭西的商港及主要漁港，也是歐洲大陸與英格蘭之間的主要客運港。

7 這裡指的是撲克牌中的K，Q和J。其中K和Q分別代指國王（King）和王后（Queen），而K（Knave）中的人像往往身著十六至十八世紀歐洲貴族的服裝，所以此處狄更斯暗指的應是前來捧場的達官貴人。

8 羅伯特·布魯斯（Robert the Bruce，一二七四—一三二九），蘇格蘭獨立戰爭中的領袖，曾參與威廉·華萊士（William Wallace，卒於一三〇五年）反抗愛德華一世的叛亂，於一三〇六起成為蘇格蘭國王。

9 佛蘭德（Flanders），一個歷史地區，除了涵蓋如今比利時北部的弗拉芒大區之外，還包括法蘭西北部和荷蘭南部的一部分。

10 即蘭開斯特的湯瑪斯（Thomas of Lancaster，約一二七八—一三二二），第二代蘭開斯特伯爵，是反對愛德華二世的反抗貴族的首領之一。

11 即艾梅·德·瓦朗斯（Aymer de Valence，約一二七五—一三二四），第二代彭布羅克伯爵，法蘭西—英格蘭貴族，與法蘭西王室關係緊密。

12 威廉·莎士比亞（William Shakespeare，一五六四—一六一六），英格蘭文藝復興時期偉大的戲劇家和詩人，代表作有四大悲劇《哈姆雷特》、《奧賽羅》、《李爾王》、《馬克白》，和四大喜劇《仲夏夜之夢》、《威尼斯商人》、《第十二夜》、《皆大歡喜》，以及其他膾炙人口的作品。一般認為他的故鄉在埃文河畔的斯特拉特福。

13 即湯瑪斯·藍道夫（Thomas Randolph，卒於一三三二年），第一代莫里伯爵，一般說法是羅伯特·布魯斯的侄子，但具體關係實則不詳，在羅伯特一世去世後，他曾擔任蘇格蘭攝政王。

14 即吉伯特·德·克雷爾（Gilbert de Clare，約一二九一—一三一四），第八代格洛斯特伯爵，蘇格蘭戰爭中的英格蘭指揮官之一，曾因皮爾斯·加韋斯頓而反對愛德華二世，卻在加韋斯頓死後成為愛德華二世的有力支持者，最終戰死於班諾克本之戰。

15 班諾克本之戰（Battle of Bannockburn）發生於一三一四年六月二四日，是第一次蘇格蘭獨立戰爭中蘇格蘭人取得的重大勝利。在這場戰役中羅伯特·布魯斯以少勝多，英格蘭軍隊慘敗，被一些歷史學家認為是繼黑斯廷斯之戰後英格蘭遭遇過的最慘重的失敗。

16 愛德華·布魯斯（Edward the Bruce，約一二八〇—一三一八），蘇格蘭的羅伯特·布魯斯的弟弟，在蘇格蘭王位之爭中給予羅伯特很大支持。他被稱為愛爾蘭高王，在一三一五年至一三一八年間在愛爾蘭進行戰爭，最終死於福加特之戰（Battle of Faughart，一三一八年一〇月一四日）。

17 休·德斯潘賽（Hugh Despenser，約一二八六—一三二六），也稱為小休·德斯潘塞（Hugh Despenser the Younger）同他父親老休·德斯潘塞（Hugh Despenser the Elder，一二六一—一三二六）以作區分。

第一代溫徹斯特伯爵的兒子，後成為愛德華二世的王室管家和寵臣。

18 巴勒布里奇（Boroughbridge），位於英格蘭北約克郡哈羅蓋特地區的一個小鎮和民政教區。

19 羅傑·莫蒂默（Roger Mortimer，一二八七—一三三〇），第三代莫蒂默男爵，第一代馬奇伯爵，因德斯潘塞而帶領旗下貴族反抗國王而被捕，於一三二二年被關進倫敦塔，後逃脫。推翻愛德華二世後，莫蒂默成了英格蘭名義上的統治者，他最終在三年後被愛德華三世以叛國罪處死。

20 法蘭西的查理四世（Charles IV of France，一二六八—一三一四），綽號「美男子」（le Bel），於一三二二至一三二八年間為法蘭西國王，是最後一位直系血統的卡佩王朝統治者。

21 即伍德斯托克的埃德蒙（Edmund of Woodstock，一三〇一—一三三〇），第一代肯特伯爵，愛德華一世與第二任妻子法蘭西的瑪格麗特（Margaret of France，約一二七九—一三一八）的兒子。

22 即布拉澤頓的湯瑪斯（Thomas of Brotherton，約一三〇〇—一三三八），第一代諾福克伯爵，英格蘭紋章院院長，愛德華一世與第二任妻子法蘭西的瑪格麗特（Margaret of France，約一二七九—一三一八）的兒子。

23 凱尼爾沃斯城堡（Kenilworth Castle），位於英格蘭瓦立克郡小鎮凱尼爾沃斯，是一座諾曼時期城堡，始建於十三世紀、「無地者」約翰統治期間。

24 伯克利城堡（Berkeley Castle），位於英格蘭格洛斯特郡的伯克利鎮，其建造時間可追溯到十一世紀。

第十八章　愛德華三世統治下的英格蘭

王后的情人羅傑·莫蒂默[1]（他在上一章結尾逃往了法蘭西）根本沒有從寵臣的宿命中汲取教訓。他利用王后的勢力佔有了德斯潘賽父子[2]的家，並因此變得高傲自大利慾薰心，想要成為英格蘭的統治者。但年輕的國王[3]（加冕時年僅十四歲）並不打算忍受這一切；很快就把莫蒂默逼上了絕路。

人民也不喜歡莫蒂默，不僅因為他是王室的寵臣，而且據說就是他從中作梗，才導致如今英格蘭向蘇格蘭妥協[4]，害得國王年僅七歲的小妹妹瓊[5]被迫許嫁羅伯特·布魯斯[6]年僅五歲的兒子兼繼承人大衛[7]。貴族們討厭莫蒂默則是因為他的傲慢、財富和權利；他們甚至起兵反對他，但最終被迫屈服。肯特伯爵[8]曾是反對者之一，但他最終歸順了莫蒂默和王后；對方卻通過以下殘酷手段拿他開刀，殺一儆百。

他看起來完全不像是一個睿智的老伯爵。受王后和寵臣手下人的讒言的蠱惑，他以為愛德華二世並沒有死，便寫了一些信件表示自己支持前國王重奪王位。這一舉動被視為叛國行為。法庭審訊了他，認定他罪名成立並判以死刑。他們把這位可憐的老伯爵帶到溫徹斯特城外，然後讓老伯爵在那裡等了三四個小時，因為他們一直沒找到能夠行刑的人。最後，一個罪犯自告奮勇地說他可以充當劊子手，但前提是政府願意赦免他之前的罪行。官員們答應了他的要求，罪犯便一刀下去，結束了老伯爵最後的等待。

王后在法蘭西的時候，曾遇見過一位名叫菲莉帕的、可愛善良的年輕小姐[9]；她覺得這位小姐是當自己兒媳婦的絕佳人選。於是年輕的國王才剛繼承了王位，就與這位小姐成婚了。他們的第一個孩子，威爾士親王愛德華便是著名的「黑太子」[10]；我們很快就會說到這裡。

年輕的國王認為除掉莫蒂默的時機已經成熟，就找蒙塔丘特男爵[11]商議此事。對方提議：議會即將在諾丁漢召開，到時候這位寵臣肯定會到諾丁漢城堡來，那就趁入夜後進去抓他吧。當然，同世間的其他事情一樣，這事說起來容易做起來難。為了預防陰謀叛亂，城堡的巨門每晚都會落鎖，那些大鑰匙則交由王太后親自保管；她每晚都將它們放在枕頭下。不過城堡的管理員是蒙塔丘特伯爵的朋友，他知道一條密道，入口處雜草叢生，所以並不顯眼；他們可以在夜色深沉之時穿過密道徑直走入莫蒂默的房間。於是，在一個漆黑的午夜，他們穿過了可怕的密道，一路驚醒了老鼠、嚇飛了貓頭鷹和蝙蝠，安全地抵達了城堡主塔的底部。國王在那裡等著和他們會合，在一片寂靜之中帶領著他們穿過了黑漆漆的樓梯。很快他們便聽到了莫蒂默的聲音——他正和幾個朋友開會，於是他們破門而入，抓捕了他。王太后在臥室裡哭喊道：「哦！我可愛的、親愛的兒子，請寬恕我溫柔的莫蒂默吧！」但他們還是把他帶走了，並在接下來的議會召開之前，指控他離間國王和王太后，還將肯特伯爵甚至先王之死也歸罪於他。正如您現在所知，在那個古老的年代，只要大家想除掉某個人，就不會在替對方安插罪名的時候挑三揀四。這些罪名得到了法庭的一一認可，於是莫蒂默在泰伯[12]被處以絞刑。王太后則被國王軟禁起來，並以這樣的方式度過了餘生。現在愛德華三世終於成為名副其實的國王了。

隨後，愛德華三世做的第一件事便是想辦法征服蘇格蘭。由於那些在蘇格蘭擁有土地的英格蘭貴族們，發現他們的權利在和平局勢下反而沒得到尊重，於是這些人為保全一己私利而發起了戰爭[13]。他們推選了約翰·貝利奧爾的兒子愛德華[14]來做他們的將軍。此人驍勇善戰，在不到兩個月的時間裡便贏取了整個蘇格蘭王國。獲得這些大捷之後，愛德華得到了國王和議會的支援，國王還親自來到貝里克希爾圍攻當地的蘇格蘭軍隊。為了解救同胞，全蘇格蘭的士兵都來到了貝里克，雙方血戰一場，據說傷亡人數達到了三萬餘人[15]。隨後貝利奧爾被加冕為蘇格蘭國王，但宣誓效忠於愛德華三世。然而這次成功並沒有給他帶來多少好處，因為不久後蘇格蘭人便起兵反對他；不到十年，大衛·布魯斯就再次贏回了他的王國。

相比蘇格蘭，法蘭西要富裕得多，所以國王對法蘭西有著更大的征服欲。於是，他將蘇格蘭丟在一邊，聲稱自己從母親那裡獲得了法蘭西王位的繼承權。事實上這純屬子虛烏有，但在那時此事的真實性並不重要。愛德華三世籠絡了一批小國的大公和君主，甚至和弗萊芒人也結了盟——要知道這群人可是整日忙自己的事情，從不把任何一個國王放在眼裡；而且他們的頭領還是個釀啤酒的。總之，率領著這些通過各種途徑籠絡來的烏合之眾，愛德華浩浩蕩蕩地入侵了法蘭西，但除了多達三十萬英鎊的戰爭債務之外他一無所獲。接下來一年，情況有所好轉，他在斯魯伊斯港的海戰中大獲全勝[16]。但這場勝利非常短暫，因為弗萊芒人在圍攻聖奧梅爾的時候嚇破了膽，丟盔棄甲逃跑了。法蘭西國王腓力[17]親自率軍前來，急於分出勝負的愛德華便提議他們二人單打獨鬥或者各出一百名騎士決鬥。腓力對此表示感謝，還說儘管自己身體相當不錯，可決鬥還是算了吧。最終，在幾場戰鬥和幾輪會談之後，雙方暫時停戰了。

和平很快被打破了，原因是愛德華國王決定支持一位蒙福爾伯爵約翰[18]。這位法蘭西貴族因布列塔尼公爵國的繼承權問題與法蘭西國王交惡，他許諾說若英格蘭能夠幫助他成為布列塔尼公爵，他便向英格蘭效忠。不久之後這位貴族被法蘭西國王的兒子打敗了，他本人也被囚禁在巴黎的一座塔中。然而他的妻子[19]是一位美麗勇敢的女人，有著男人般的勇氣和獅子般的雄心。她當時在布列尼塔，於是就召集了當地人民，將她未成年的兒子帶到他們面前，懇求他們不要拋棄她和她的幼子。人們在她的懇求下群情激昂，團結一致死守在堅固的埃訥邦城堡。城外有夏爾．德．布盧瓦[20]率領法蘭西人將他圍困，城內則有一個陰險的老主教大肆向忠誠於伯爵夫人的人們散播謠言，宣稱他們將遭受許多痛苦：首先是災荒，隨後便是火與劍。但這位高貴的女士不曾低頭，以自身之為鼓勵著她的兵士們。她穿梭於各個崗哨之間，就像個將軍一樣；她甚至還全副武裝騎上戰馬，從一條小徑離開城堡奇襲了敵人的營地，放火燒了他們帳篷；營地立刻陷入一片慌亂。當那些以為她已殞命的城堡守衛們見到她大功告成平安返回埃訥邦時，都歡呼不已。但熱情不能果腹；由於眾人此時已糧食短缺，加之老主教還在喋喋不休地說著「我早就說過這一切會發生的」，他們開始喪失信心，紛紛談論著不如放棄城堡。勇敢的伯爵夫人來到了城堡最高處的房間，用悲痛欲絕的眼神望向大海——她一直期望英格蘭救兵能夠出現在那裡。就是此時，她突然看到了遠方的船隻。救兵到了！英格蘭統帥瓦爾特．曼寧爵士非常欽佩她的勇氣，他帶著英格蘭騎士們來到城堡。筵席結束後，他把敵人當作飯後甜點，帶兵襲擊了他們並大獲全勝。然後，他率領士兵帶著極大的喜悅回到了城堡。在高塔上目睹了這一切伯爵夫人滿心感激，擁吻了每位士兵。

後來，這位高貴的女士前往英格蘭尋求更多救兵，中途她還在根西島參加了一場海戰，大敗法蘭西海軍，並因此聲名大噪。她的偉大精神鼓舞了另一位法蘭西貴族夫人（她的丈夫被法蘭西國王殘忍地殺害了），於是這位夫人也奮起抗擊，為自己贏得絲毫不遜於前者的名聲。但是用不了多久，在這場英法戰爭之中就會出現一顆耀眼的明星：威爾士親王愛德華。

那是一三四六年的七月，國王帶領一支總計約三萬人的軍隊從南安普頓登船前往法蘭西，這其中也包括威爾士親王和許多主要的貴族們。國王在諾曼第的拉奧格登陸，照例一路燒殺搶掠來到來到了塞納河的左岸，將一些臨近巴黎的小村莊付之一炬。但這一切都被右岸的法蘭西國王和他的軍隊看在眼裡。終於，在一三四六年八月二十六日那個星期六，在一個名叫克雷西的村莊後面的高地上，兩軍終於相遇了。儘管法軍的數量是英軍的八倍有餘，國王仍然決定奮戰到底[21]。

在牛津和瓦立克兩位伯爵的協助下，年輕的王子統帥英格蘭軍隊的第一師；另外兩名伯爵指揮第二師；國王自己則率領第三師。黎明已至，國王領了聖餐、聽完禱告，便手拿白色權杖騎上了戰馬，從一個連到另一個連，又從一個排到另一個排，給將士們鼓舞士氣。隨後戰士們就在自己列隊所站之處席地而坐，全軍就這樣吃完了早餐，然後靜靜地端起武器整裝待發。

法蘭西國王和他的軍隊也來了。當日天色陰沉，狂風大作。先是發生了日蝕；接著，暴風裹挾著傾盆大雨而來，受驚的鳥兒尖叫著飛過戰士們的頭頂。法軍中的一名軍官建議國王第二天再開戰。國王當然也不喜歡這種天氣，便採納了他的意見下令停戰。但後面的軍隊有的不清楚發生了什麼，有的則想奮勇爭先，於是就一直向前推進。這支數量龐大的軍隊佔據了很長一段路，中間還夾雜著不少揮舞著簡陋武器的普通村民們；他們叫嚷吵鬧不斷。受這種氛圍的影響，前進中的法蘭西軍隊也陷入一片極大的混亂；每位法蘭西貴族都隨心所欲地指揮著自己的人馬，還將其他貴族的士兵攆到一邊去。

此刻，法蘭西國王意識到木已成舟，於是他就命令那些他非常器重的熱那亞弓弩手手去往最前線開始戰鬥。他們吶喊著，一聲、兩聲、三聲，試圖以此震懾英格蘭長弓手，但就算他們喊上三千次英格蘭人也不會為之所動。最終十字弓箭手向前推進了一點，開始張弓搭弩。然而就在這個時候，英格蘭軍隊的箭雨卻突然迎面襲來，熱那亞人只能落荒而逃。弓弩手之所以處於劣勢，是因為他們的十字弓不僅笨重、難以攜帶，每次發射還需要先上緊一個把手，所以每次重新裝箭都需要花費很長的時間；相反，英格蘭人換箭的速度就像箭飛得一樣快。

當法蘭西國王看見熱那亞人撤退時，他大喊著要自己的士兵殺死這些流氓，因為他們沒有幫忙反而添亂，結果場面更加混亂不堪。與此同時，英格蘭弓箭手們依舊箭射如飛。大批法蘭西士兵和騎士紛紛中箭倒地，於是英軍中一些狡猾的康沃爾人和威爾士人便匍匐潛行過去，用匕首了結了這些人的性命。然而這個時候，威爾士親王和他所帶領的第一師卻受到了猛烈的攻擊，瓦立克伯爵只得向國王送了一條口信，請求增援。此時國王本人正站在一座風車上面俯瞰戰場。「我的兒子犧牲了嗎？」國王問道。「沒有，陛下，感謝上帝。」信使回答道。「他受傷了嗎？」國王又問。「沒有，陛下。」「那他被打翻在地了嗎？」國王又問。「也沒有，陛下，但情況十分緊急。」

「那麼，」國王說道，「回去告訴那些派你來的人，就說我不會增援，因為我心意已決，今天就要讓兒子證明他是一名英勇的騎士，而且——如果上帝願意保佑我們的話——我堅信這勝利必將屬於他！」

這番豪言壯語傳到了親王和士兵們的耳朵裡，他們頓時士氣大振，並以前所未有的狀態重新投入到戰鬥之中。雖然法蘭西國王帶領將士們勇敢地發動了數次衝鋒，但都無濟於事。夜色降臨時，腓力胯下的戰馬已被英軍一箭射死，而那些早先還緊緊圍繞在他身邊的騎士和貴族此刻也四散奔逃。最終，不願撤離的國王被他所剩無幾的部下強行帶離了戰場，撤到亞眠。大獲全勝的英格蘭人點亮火把，在戰場之上歡呼雀躍，國王也騎馬來到英勇的兒子面前，張開雙臂擁抱他、親吻他，說他沒有丟臉，證明了自己完全配得上今日的勝利和英格蘭的王冠。由於夜色正濃，愛德華國王還沒意識到他取得多麼了不起的勝利，然而等第二天他們清理戰場的時候，卻發現了有十一位貴族大公、兩百名騎士和三萬名普通軍士橫屍於法蘭西人的戰壕。其中還包括失明的波西米亞老國王[22]；當他得知自己的兒子在這場戰爭中受傷、沒有哪股勢力能夠擋得住「黑太子」時，他就召集了兩名騎士，把自己的馬鞍同他們的綁在一起，就這麼騎馬衝入了英格蘭人的陣地到處殺敵，直到身亡。他的頭盔頂端有一個鑲著三根白色鴕鳥的羽毛的裝飾物，上面刻著「效忠」二字[23]。威爾士親王帶走了這個飾物，以紀念這著名的一天。從那時起，這個標誌就被威爾士的親王世代相傳了下去。

這場偉大戰役才過了五天，愛德華三世就包圍了加萊。這場令後世難忘的圍城持續了將近一年。為了使城內的民眾斷糧投降，愛德華為英軍建造了無數木房用以落腳；有人說這些房子看起來就像一座新的加萊城突然拔地而起，圍在原有的舊城池之外。加萊的統治者將所有他認為沒用的七百多男女老少趕了出來，省得他們浪費糧食。愛德華國王允許這些人通過英格蘭的防線，甚至還給他們飯吃，並拿出一筆錢讓他們離開，但在圍城的後期他就沒有這麼仁慈了：隨後被趕出來的五百人則在饑餓與痛楚中死去了。最後守城的官兵被逼無奈，只得給腓力去信，說他們已經吃光了城內全部的馬匹和狗，連所有能抓來的老鼠也都抓來吃了，如果他再不施以援手，他們要麼會向英格蘭投降，要麼就開始吃人了。腓力也不是不想救他們，但由於英格蘭人把加萊圍了個水洩不通，救援並未取得成功，他不得不捨棄這座城市。於是，加萊城內最終升起了英格蘭旗幟，向愛德華國王投降了。「告訴你們的統帥，」國王對前來投降的、低聲下氣的信使說，「我要你們挑出六個名望最高的市民，叫他們只穿襯衣、光著兩條腿、脖子裡拴上繩索，把城門和城堡的鑰匙送來。」

當加萊的統治者在集市上將這些告訴民眾時，頓時哀嚎聲四起。人群中有一位德高望重的人，名叫尤斯塔斯·德·聖皮爾；他站起來說道，如果這六人不犧牲自己，那麼犧牲的就是所有人，所以他毛遂自薦成為六人之一。在他這個光輝榜樣的鼓舞下，另有五名可敬的市民也先後站了起來，自願犧牲自己拯救他人。加萊統治者因為身負重傷而無法行走，所以他騎上一匹還未被吃掉的瘦弱老馬，帶著這六人來到城門；他們身後則是所有人的悲泣和慟哭。

愛德華用怒火迎接了他們，當即要求砍掉這六個人的頭，但是好心的王后跪在地上，懇求國王將這些人交予她處置。對此國王答道：「我真希望妳不在這裡，但我無法拒絕妳。」於是她命人給他們穿上得體的衣服，並盛宴款待了他們，最後讓他們帶著很多禮物返回城內；她的善舉讓營地裡所有的軍士感到萬分欣喜。沒過多久，王后生下了一個女兒，希望加萊人民能看在這位慈母的份上喜歡她。也就是在這個時候，恐怖的黑死病從中國匆匆來到了歐洲[24]，奪走了無數可憐人的性命——尤其是窮人，一半的英格蘭人都因此殞命。它也害死了許多耕牛；存活下來的勞動力也寥寥無幾，大片土地無人耕作。

經過了八年的分歧爭吵之後，威爾士親王帶領一支六萬人的軍隊再度入侵法蘭西。他穿過法蘭西南部，在所到之處燒殺搶掠。與此同時，他那位國王父親則繼續著自己的蘇格蘭戰爭，在那個國家為所欲為。可當國王撤軍的時候，蘇格蘭人的不斷偷襲令他深感困擾；他所加諸於當地人民的殘暴行徑，對方已連本帶利如數奉還。

這時法蘭西國王腓力已經去世，王位傳到了他的兒子約翰[25]手裡。愛德華王子已經得到「黑太子」這個稱呼，因為他總是身穿漆黑的鎧甲來襯托自己白皙的面容[26]。他繼續在法蘭西燒殺破壞，這激起了約翰反抗的決心。由於「黑太子」在戰鬥中過於殘暴，所以不管他怎樣投其所好或者誘之以利，甚至以性命相要脅，深受其害的法蘭西農民都不願告訴他法蘭西國王的位置和行動。就這樣，當「黑太子」在普瓦捷附近與約翰的軍隊不期而遇時，他發現方圓百里盡是數量龐大的敵軍軍隊。「上帝保佑！」「黑太子」說，「我們必須盡力而為。」這一天是九月十八號，星期日。當天早晨，兵力已銳減到一萬人的「黑太子」，準備向擁有六萬騎兵的法蘭西國王宣戰了。就在這千鈞一髮之際，一匹戰馬從法軍陣營飛奔而來；原來，一名紅衣主教說服了約翰，為了使基督徒免受流血受傷之苦，他前來求和。「只要我和我軍隊的榮譽無損」，王子對這名好心的教士說，「我就會接受任何合理的條件。」他同意放棄所有的城池和城堡、釋放所有囚犯，而且保證七年內不再和法蘭西開戰，但約翰唯一的要求就是「黑太子」必須帶著一百名主要騎士一起前來投降，和談因此而破裂了；王子平靜地說道：「願上帝保佑正義的一方；我們明天開戰。」

於是，週一早上，黎明才剛剛降臨，兩支軍隊就已經為戰爭作好了準備。英格蘭人佔據了極為有利的地勢；那裡只有一條窄巷與外部相通，兩邊都是樹木，易守難攻。法軍就從這條窄巷發動了攻擊，卻遭到了躲在樹後的英格蘭弓箭手的襲擊，死傷無數只得撤退。隨後，六百名英格蘭弓箭手包抄了敵軍，於是又是一陣密集的箭雨。法蘭西騎士們陣腳大亂，偃旗息鼓四散奔逃。這時約翰・錢多斯爵士對王子建議道：「衝上去吧，尊貴的王子殿下，今天便是彰顯您榮耀的日子。法蘭西國王如此勇敢，我相信他一定不會逃跑，也許我們能夠俘虜他。」王子對此的答覆是一道軍令：「前進！以上帝和聖喬治的名義，舉起英格蘭的旗幟！」他們一路逼近，直到遇見約翰；此時所有的貴族都已棄他而去，在年僅十六歲的小兒子菲力浦的忠誠陪伴下，約翰依舊揮舞著戰斧奮戰不止。父子二人並肩作戰，當約翰被打倒在地時，臉上也已有了兩處傷口。最後他把自己右手的手套交給了一位被驅逐的法蘭西騎士，認輸投降[27]。

「黑太子」不僅勇敢而且慷慨，他邀請他尊貴的囚徒到自己的帳篷裡共進晚餐，並親自為他布菜斟酒。隨後，他們在大批人馬的簇擁下回到了倫敦；法蘭西國王騎著一匹乳白色的高頭大馬，而王子本人卻騎著一匹小馬。這真是個善意的舉動，但我以為這裡面也許有一點做戲的成分，而且遠遠沒有人們宣傳得那麼高尚；尤其是我認為，其實對於法蘭西國王來說，最大的仁慈應該是壓根別讓他出現在英格蘭民眾面前。但是，我必須指明一點，那就是隨著時間的推移，這些善舉大大淡化了戰爭帶來的恐懼和征服者的好戰心。很久很久之後，普通的士兵才逐漸開始得到這樣的禮遇所帶來的好處；這之間經歷了很長的時間，不過所幸他們最後享受到了。因此滑鐵盧或其他類似的激烈戰役中，當可憐的士兵祈求寬恕時，他或許應該感謝「黑太子」愛德華間接挽救了自己的性命呢。

當時倫敦的斯特蘭德街上有一座名叫薩沃伊的宮殿，法蘭西國王和他的兒子就被安置在這裡。再加上蘇格蘭國王已經在英格蘭做了十一年的俘虜，所以此時愛德華覺得自己的勝利勉強算是圓滿了。後來，由於蘇格蘭國王同意支付大筆贖金，他便被釋放了，並獲得「蘇格蘭國王大衛爵士」的稱號；於是蘇格蘭事件算是畫上了句號。但在法蘭西的問題上，英格蘭不得不使用強硬手段，因為那裡內亂頻頻：貴族們的統治既殘暴又野蠻，民眾奮起抵抗貴族，貴族則反過來壓制民眾，到處都上演著慘絕人寰的暴行。還不等仇恨和恐懼完全退去，一場名為「雅克雷」的農民起義（因為「雅克」是法蘭西農民最常用的教名）[28]就使情勢變得更加嚴峻。後來兩國只得簽署了《和平條約》，愛德華同意歸還大部分被他佔據的法蘭西領土，而約翰國王則要支付三百萬克朗的贖金，六年內付清[29]。法蘭西貴族和大臣們對他居然應允這些條件十分不滿——儘管他們面對這樣的情境也無能為力——於是他自願回到了他所熟悉的監獄薩沃伊宮，並在那裡度過餘生。

那時候，卡斯蒂利亞的統治者是「暴君」佩德羅；這個稱呼對他而言實至名歸，因為他不僅殘酷無情還殺人無數。這位「可敬」的君主因累累罪行被趕下王座之後，便來到了波爾多尋求「黑太子」的幫助；此時王子已經和他守寡的美麗堂妹瓊[30]結了婚，他們正住在波爾多。聲名斐然的「黑太子」原本不該如此善待這個惡棍，可他卻輕信了對方的美好許諾，欣然出手相救，為此，他秘密召集了一幫喜歡惹是生非的退役士兵。這些人原本屬於他和他父親的部隊；以「自由戰友」自居，他們在幫助佩德羅期間給法蘭西人民造成了不少危害。後來，王子又親率兵自前往西班牙，很快就幫佩德羅奪回了王位。然而沒過多久，詭計得逞的佩德羅就暴露了惡棍的本性，他恬不知恥地背信棄義，把對「黑太子」的承諾全部拋到腦後。

為了幫助這位暴君，王子花了很多錢來支付士兵們的開銷。當他氣沖沖地返回波爾多之時，不僅疾病繞身，還負債累累；於是他開始向法蘭西人民徵稅用以還債。法蘭西人民不得不向法蘭西國王查理[31]求助，戰爭又一次開打了，就連王子曾傾力相助的法蘭西城市利摩日也倒向了法蘭西國王這邊。儘管王子本人也重病纏身需要上帝的垂憐，而且他只能躺在轎子裡，可為了報復利摩日，王子血洗了以該市為省會的整個省域。他像從前那樣燒殺搶掠，拒絕對任何俘虜或其他男女老少施以仁慈。苟延殘喘的他回到英格蘭之後，受到了人民和議會的熱烈歡迎，然後在一三七六年六月八日的這個聖三一主日[32]，「黑太子」病逝了，享年四十六歲。

舉國上下都對這位聲名顯赫、備受愛戴的王子表示了哀悼；在人們的慟哭聲中，他被隆重地葬在坎特伯雷大教堂。他的墳墓距離「懺悔者」愛德華[33]的墓很近，上面的雕像至今也許依舊清楚可見。雕像上的「黑太子」平躺在石棺上，仍舊穿著他最喜愛的黑色鎧甲；一套古老的甲冑、頭盔和一副鐵護手垂在石棺上方的房梁上，很多人相信這就是「黑太子」曾經穿過的盔甲。

在他聲名顯赫的兒子去世以後，愛德華國王也沒能活多久。他那時年事已高；一位名叫愛麗絲・佩勒斯[34]的美麗女人想方設法博得了他的歡心，讓風燭殘年的他對自己言聽計從，鬧出了許多荒唐事。但她根本配不上國王的愛，因為我敢肯定她的目標其實是過世王后遺留下來的大量珠寶；在她的哄騙下，國王把珠寶連同其他一些貴重禮物一起都送給了她。就在國王去世那天早晨，她還從國王手指上取下戒指揚長而去，任憑那些不忠的僕人繼續搜刮他的遺物。只有一位好心的教士盡心力服侍國王到最後。

除了我之前提過的戰功外，愛德華三世統治期內還發生過一些比戰爭更能使他名垂千古的事蹟，比如新建築和溫莎堡的修建。但更勝一籌的是威克利夫[35]的改革。威克利夫起初不過是個貧窮的教區教士，卻滿懷熱情，徹底揭露了教皇及其領導的整個教會的野心和腐敗。

一些弗萊芒人也在愛德華統治時期內來到了英格蘭，定居在諾福克，他們製造出了英格蘭有史以來最好的羊毛製品。嘉德騎士團[36]也是在這個時期內成立的（這也是件好事，但遠遠不及讓國民穿上好衣服那麼重要）。據說國王在一個舞會上撿起一位女士的吊帶襪（音同「嘉德」）說道「心懷惡意者可恥」。大臣們總是喜歡模仿國王的言行，因此這樁小事促成了嘉德騎士團的成立，能獲得嘉德勳章也就成為了至高的榮譽——至少流傳下來故事是這麼說的。

1 羅傑・莫蒂默(Roger Mortimer,一二八七—一三三〇),第三代莫蒂默男爵,第一代馬奇伯爵,因德斯潘塞而帶領旗下貴族反抗國王而被捕,於一三二二年被關進倫敦塔,後逃脫。推翻愛德華二世後,莫蒂默成了英格蘭名義上的統治者,他最終在三年後被愛德華三世以叛國罪處死。

2 休・德斯潘賽(Hugh Despenser,約一二八六—一三二六),也稱為小休・德斯潘塞(Hugh Despenser the Younger)同他父親老休・德斯潘塞(Hugh Despenser the Elder,一二六一—一三二六)以作區分。第一代溫徹斯特伯爵的兒子,後成為愛德華二世的王室管家和寵臣。

3 即英格蘭的愛德華三世(Edward III of England,一三一二—一三七七),在父親愛德華二世遭罷黜後憑藉其優秀的軍事才能平定了國內外戰亂,並使英格蘭成為歐洲軍事實力最為強大的國家之一。他於一三三七年宣稱自己有合法的法蘭西王位繼承權,並因此發動了所謂的「百年戰爭」。

4 即《愛丁堡—北安普敦條約》(Treaty of Edinburgh—Northampton),該條約先於一三二八年三月十七日由羅伯特・布魯斯簽署,又於同年五月一日由英格蘭議會通過生效。根據該條約的規定,蘇格蘭向英格蘭賠款十萬英鎊,但英格蘭必須承認蘇格蘭的獨立性、羅伯特・布魯斯及其繼任者的合法性,並劃清英蘇兩國邊界。同時英格蘭公主瓊被送往蘇格蘭與羅伯特・布魯斯的兒子大衛成婚;愛德華三世還同意歸還蘇格蘭的「命運之石」(Stone of Destiny,也稱「斯康之石」,Stone of Scone),為蘇格蘭國王加冕所用,後被用於英格蘭、大不列顛聯合王國君主加冕儀式。當時愛德華三世並沒有兌現此承諾,直到一九九六年「命運之石」才被返還至愛丁堡城堡。但如果有君王加冕,「命運之石」還將被帶回英格蘭在加冕儀式上使用。

5 英格蘭的瓊(Joan of England,一三二一—一三六二),於一三二九年起成為蘇格蘭王后,一三三四年與國王大衛二世一同逃亡法蘭西。後來大衛二世被囚禁在倫敦塔中,時間長達十一年,所以二人並無子嗣。大衛二世被釋放後,瓊選擇留在英格蘭。

6 羅伯特・布魯斯（Robert the Bruce，一二七四—一三二九），蘇格蘭獨立戰爭中的領袖，曾參與威廉・華萊士（William Wallace，卒於一三〇五年）反抗愛德華一世的叛亂，於一三〇六起成為蘇格蘭國王。

7 蘇格蘭的大衛二世（David II of Scotland，一三二四—一三七一），羅伯特・布魯斯的長子，同時也會是唯一倖存的孩子。於一三二九年起成為蘇格蘭國王；當蘇格蘭在第二次蘇格蘭獨立戰爭中戰敗之後，他與王后瓊逃亡法蘭西，後於一三四六年他以法蘭西的名義帶兵入侵英格蘭，戰敗後被俘，關押在倫敦塔中，直到一三五七年才被蘇格蘭貴族贖回。後來由於蘇格蘭國內貧困無力按照約定支付贖金，大衛二世與愛德華三世達成秘密協定，愛德華或他的子嗣將有權繼承蘇格蘭，以取消剩餘的贖金。但公正地說，大衛二世是一個有效的統治者，在他的統治下蘇格蘭的經濟和安定都得到了很大改善。

8 即伍德斯托克的埃德蒙（Edmund of Woodstock，一三〇一—一三三〇），第一代肯特伯爵，愛德華一世與第二任妻子法蘭西的瑪格麗特（Margaret of France，約一二七九—一三一八）的兒子，愛德華二世的弟弟。據說莫蒂默本人散出了謠言，致使埃德蒙相信哥哥依舊在世；為了請求愛德華三世的原諒，埃德蒙脖子上掛著繩子從溫徹斯特步行至倫敦，但愛德華三世深知此謠言會對自己不利，所以依舊同意將叔叔處以死刑。沒有人願意對一個擁有王室血統的人動手，所以他們最終不得不找到一個罪犯為埃德蒙行刑。

9 即菲莉帕・德・艾諾（Philippa de Hainault，一三一四—一三六九），於一三二八年起成為英格蘭王后；她的母親瓦盧瓦的若昂（Joan of Valois，約一二九四—一三四二）是法蘭西國王腓力六世（Philip VI of France，一二九三—一三五〇）的妹妹。作為王后菲莉帕曾幾次擔任攝政王，並深得英格蘭人們的喜愛；牛津大學的女王學院便是以她的名義而建。

10 即伍德斯托克的愛德華（Edward of Woodstock，一三三〇—一三七六），愛德華三世的長子，傑出的軍事指揮家。「黑太子」之名的來由有二說：一為，因其常穿黑色鎧甲，故被稱為「黑太子」；二說為，因其對阿基坦公國洗劫，並放縱士兵橫行不法，故法蘭西人認為他黑心腸，故稱之為「黑太子」。然而，不論何說，「黑太子」之名最早見於一六世紀，在其有生之年，並沒有這樣的稱呼。他在世時，通常根據他的其出生地，稱其為伍德斯托克的愛德華(Edward of Woodstock)。

11 即威廉·德·蒙塔丘特，也稱威廉·蒙塔古(William de Montacute或William Montagu，一三〇一—一三四四)，第三代蒙塔丘特男爵，後成為馬恩島領主，並於一三三七年被封為第一代索爾茲伯里伯爵。愛德華三世的忠實追隨者，在罷黜愛德華二世和逮捕羅傑·莫蒂默的事件中都起了重要的作用。

12 泰伯(Tyburn)，一座村莊，位於英格蘭東南部的前米德爾塞克斯郡，距離倫敦不遠；幾個世紀以來，一直作為絞死倫敦罪犯的地方。

13 即第二次蘇格蘭獨立戰爭(the Second War of Scottish Independence)，發生於一三三二至一三五七年之間，戰爭起因是一些英格蘭貴族認為《愛丁堡—北安普敦條約》剝奪了自己在蘇格蘭的土地，因而產生了強烈不滿。

14 即愛德華·貝利奧爾(Edward Balliol，約一二八三—一三六七)，是約翰·貝利奧爾的長子，自稱擁有蘇格蘭王位的繼承權。最終在英格蘭的幫助下，他曾在一三三二至一三三六年間統治英格蘭。他的父親約翰·貝利奧爾(John Balliol，約一二四九—一三一四)曾一二九二至一二九六年間為蘇格蘭國王。

15 即杜普林沼地戰役(Battle of Dupplin Moor)，發生於一三三二年八月十日至十一日。最終英格蘭以少勝多，取得了絕對性的勝利。一般認為蘇格蘭的損傷人數在二〇〇〇至一三〇〇〇，而英格蘭的損傷人數僅為幾十人，而不是狄更斯此處寫的三萬。

16 斯魯伊斯戰役，也稱萊克呂斯戰役(Battle of Sluys或Battle of l'Ecluse，Sluys即位於現今荷蘭的西南部的Sluis)，發生於一三四〇年六月二四日，是英法百年戰爭的最初幾場戰役之一。在這場戰役中，法蘭西海軍幾乎全軍覆沒。整個百年戰爭的起因為法蘭西國王查理四世於一三二八年去世，身後無子，英格蘭國王愛德華三世即宣稱自己為合法的法蘭西王位繼承人（其母親為查理五世的妹妹）；然而法蘭西卻選擇瓦盧瓦伯爵腓力為法蘭西國王，從而引起愛德華三世的不滿。

17 即法蘭西的腓力六世（Philip VI of France，一二九三—一三五〇），也被稱為「幸運者」（le Fortuné），他的曾祖父是法蘭西國王路易八世的兒子、路易九世的弟弟，是法蘭西歷史上第一位瓦盧瓦王朝的國王。

18 即蒙福爾的約翰四世，法語名字為讓・德・蒙福爾（John IV of Montfort或Jean de Montfort，一二九五—一三四五），一三二二年通過母親繼承了蒙福爾伯爵頭銜。一三四一年，他的異母哥哥布列塔尼公爵約翰三世去世，他便挑戰其侄女的地位，要求繼承布列塔尼公爵的頭銜。

19 即佛蘭德的瓊安娜（Joanna of Flanders，約一二九五—一三七四），也被稱為「火焰」瓊安娜（Jeane la Flamme）。當布列塔尼公爵約翰三世去世後，她的丈夫蒙福爾伯爵約翰前往倫敦向法蘭西國王腓力六世請願，但由於腓力偏向自己的侄子、另一位競爭者夏爾・德・布盧瓦，便囚禁了約翰。此後，瓊安娜將自己的幼子立為布列塔尼領袖，並向英格蘭國王愛德華三世請求幫助，從而開始了所謂的「布立吞繼承權戰爭」（War of the Breton Succession）；該戰爭從一三四一年一直持續到一三六四年，屬於英法百年戰爭的一部分。

20 夏爾・德・布盧瓦（Charles de Blois，一三一九—一三六四），他的母親為法蘭西國王腓力六世的一個妹妹，妻子則為上一代布列塔尼公爵約翰三世的侄女兼繼承人，因此他宣稱自己才是布列塔尼公爵國的合法繼承人。

21 即克雷西戰役（Battle of Crécy，在英文中也拼寫為Battle of Cressy），發生於一三四六年八月二四日，因戰爭中新武器和新策略的使用，該場戰役成為英法百年戰爭中最重要的戰役之一。雖然英軍人數不佔優勢，愛德華卻佔據了有利地形而且補給、裝備充足，士兵在戰役前得到了充分的休息和準備，然而法軍卻是剛剛到達此地，還未完全從行軍中恢復過來。另外，在此次戰役中，愛德華效仿古盎格魯—撒克遜人和蘇格蘭人的作戰方式，要求英格蘭騎兵全部下馬作戰，使得軍隊克服了地勢劣勢，並擁有了更大的靈活度。

22 即波西米亞的約翰（John of Bohemia，一二九六—一三四六），盧森堡伯爵，自一三〇九年起成為波西米亞國王，是克雷西戰役的指揮官之一。在參戰時，他的失明時間已超過十年了。據說在臨死前他說：「波西米亞的國王從不會逃離戰爭，我也不能開這個先例。」（Let it never be the case that a Bohemian king runs!）

23 即「ich dien」，是德語「ich diene」的縮寫，意為「我服務」或「我效忠」（英文翻譯為I serve）。三根白色鴕鳥羽毛的紋章追溯到「黑太子」愛德華時代，據說來自他參加比武時用的盾牌，也稱「和平之盾」（Shield for Peace），上面繪有三根白色羽毛和這句格言。愛德華三世與王后菲莉帕成婚時也使用過該紋章，因為這是菲莉帕所屬的艾諾伯爵家族的紋章，同時她也與使用此紋章的盧森堡伯爵家族有親緣關係。所以該紋章和格言的使用應與克雷西戰役無關。現今的紋章樣式為帶著三根白色羽毛的金色王冠，下面的緞帶上寫著這句格言。這個最終形式發展於都鐸時期，最先由亨利七世的長子亞瑟王子使用。

24 黑死病（Black Death），人類歷史上最恐怖的瘟疫之一，一般認為起源於中國或中亞地區，通過絲綢之路傳到歐洲，並在一三四八至一三五〇年間達到頂峰，後爆發多次。在歐洲和地中海區域，大約有三〇%至六〇%的人因此喪命。現行關於黑死病的一種理論是該病症由鼠疫桿菌造成，不過也存在不同理論。

25 即法蘭西的約翰二世（John II of France，法語為讓，Jean，一三一九—一三六四），也稱「善者」（le Bon），一三五〇年起成為法蘭西國王，卻在一三五六年普瓦捷戰役（Battle of Poitiers，一三五六年九月十九日）後被俘，一直被關押在倫敦。其中他曾被釋放回國籌集贖金，但英格蘭用他的兩個兒子路易和菲力浦作為人質。當約翰二世得知路易已成功逃脫時，他放棄了酬金，自願返回英格蘭並最終死在那裡。

26 事實上，愛德華從未在他有生之年被稱作「黑太子」（Black Prince）；該稱號起源於十六世紀前期，一說是因為他黑色的盾牌或鎧甲，另一說則是因為他對法蘭西的殘暴舉動。

27 即普瓦捷戰役（Battle of Poitiers），發生於一三五六年九月一九日，英法百年戰爭中的一次偉大戰役，與克雷西戰役（Battle of Crécy，一三四六年八月二四日）和日後的阿金庫爾之戰（Battle of Agincourt，一四一五年一〇月二五日）並稱英法百年戰爭中英格蘭獲得三場最偉大的勝利。法蘭西國王約翰二世和他的幼子菲力浦在普瓦捷戰役中被俘。

28 雅克雷起義（Jacquerie）爆發於一三五八年夏天，領導者為一個名叫紀堯姆·卡勒（Guillaume Cale，具體生卒不詳）的富裕農民。他們認為法蘭西的混亂是由拋棄國王的貴族們造成的，於是便發起反抗，卻於同年六月一〇日在梅倫戰役中（Battle of Mello）被徹底擊敗。

29 即《佈雷蒂尼條約》（the Treaty of Brétigny），由英格蘭國王愛德華三世和法蘭西國王約翰二世簽署於一三六〇年五月九日，是英法百年戰爭第一階段結束的標誌。根據該協定，英格蘭同意放棄一部分法蘭西土地，但法蘭西卻割讓給英格蘭更多領土，並賠款三百萬克朗（一克朗相當於五磅）作為約翰二世的贖金。支付了一百萬克朗、又將兩名王子、幾名貴族和國民送往倫敦做人質之後，約翰二世被釋放回國籌集剩餘款項，於是法蘭西開始鑄造法郎（一法郎相當於二十蘇）。後來約翰聽聞作為人質之一的王子、安茹公爵路易成功脫逃，便放棄了籌備，自願返回英格蘭。一三六九年，約翰的繼任者查理五世以愛德華未能遵守協定為名，重新開始了戰爭。

30 即肯特的瓊（Joan of Kent，一三二八—一三八五），通常被稱為「肯特的美少女」（the Fair Maid of

Kent），是諾曼征服後英格蘭歷史上第一位享有「威爾士王妃」的人。她的父親伍德斯托斯的埃德蒙（Edmund of Woodstock，一三〇一—一三三〇）是國王愛德華一世與第二任妻子所生的兒子。「黑太子」從小與瓊一起長大，後經過教皇許可後才得以成婚。

31 即法蘭西的查理五世（Charles V of France，一三三八—一三八〇），也稱「智者」（le Sage），在其父親約翰二世被俘期間一直擔任法蘭西攝政王，最終於一三六四年正式加冕為國王。

32 聖三一主日（Trinity Sunday），在西方基督教中是五旬節或聖靈降臨節（Pentecost）過後的第一個星期天，最早出現於一三三四年，是紀念聖父、聖子和聖靈的教義的節日。

33 「懺悔者」愛德華（Edward the Confessor，一〇〇三—一〇六六），英格蘭的盎格魯—撒克遜王朝末代君主之一，一〇四二年至一〇六六年在位，因為對基督教有著無比虔誠的信仰，被稱作「懺悔者」或「聖愛德華」

34 愛麗絲·佩勒斯（Alice Perrers，一三四八—一四〇〇），最早是王后菲莉帕的侍女，後成為愛德華三世的情婦，並為此獲得大量財產和地產。

35 約翰·威克利夫（John Wyckliffe，約一三三〇—一三八四），歐洲宗教改革的先驅。他主張各國教會應隸屬於本國國王，教宗無權向國王徵收賦稅；並建議國王沒收教會土地，建立擺脫教廷控制的民族教會；他還否認教士有赦罪權，要求簡化教會禮儀。

36 嘉德騎士團（Order of the Garter），建立於一三四八年，是英格蘭最高等級的騎士團。它的標誌是一條吊襪帶，上面用古法語寫著「心懷惡意者可恥」（Honi soit qui mal y pense）。關於該騎士團和此語句的來源，一說是在克雷西戰役之中，愛德華三世用自己的吊襪帶做為開戰信號，另一說則是當他與自己的兒媳、肯特的瓊跳舞時，瓊的吊襪帶不慎脫落，引得眾人恥笑，於是國王乾脆拾起吊襪帶綁在自己腿上，並說「心懷惡意者可恥。今天笑的人，以後會以佩戴它這條吊襪帶為榮。」（Honi soit qui mal y

pense. Tel qui s'en rit aujourd'hui, s'honorera de la porter）

第十九章　理查二世統治下的英格蘭

理查[1]接替父親「黑太子」登上王位、成為理查二世時，還是個十一歲的小男孩。由於他父親的勇敢無畏，全英格蘭的人都對他讚不絕口，宮廷上下的親王貴婦更是將他誇作諸位王子中最英俊、最聰明、最了不起的人物——儘管在那些人口中，王子們沒有一個不是天底下最英俊、最聰明、最了不起的人。可這樣卑躬屈膝的奉承實在不大可能讓理查從中學到什麼，而且註定了他的人生絕對無法擁有幸福快樂的結局。

蘭開斯特公爵[2]是小國王的叔叔，因為他出生在根特[3]，所以大家都叫他「岡特的約翰」，發音不同是語言差異造成的。據說這位公爵對王位也有幾分覬覦之意，可由於人們對「黑太子」念念不忘，對他卻沒什麼興趣，公爵便只剩下對侄兒俯首稱臣的份了。

因為和法蘭西的戰爭尚未分出勝負，英格蘭政府需要錢來支援後續開銷，於是，前任國王在位時開始徵收的「人頭稅」又攤派到了百姓頭上：英格蘭所有十四歲以上的居民不論男女，每年都要繳納十二便士（即三枚四便士銀幣），牧師們交得更多；唯一享有豁免權的人是叫化子。

毋庸贅言，英格蘭民眾遭受嚴酷壓迫已經不是一兩天的事了。在這片哺育了他們的土地上，平頭百姓不過是領主的階下奴而已，歧視和虐待是他們的家常便飯。然而，大概是法蘭西的暴動事件（我曾在上一章提到過）激發了他們的勇氣吧，此時英格蘭人民也開始認真思考，覺得不該再這樣忍氣吞聲了。

埃塞克斯郡的百姓們揭竿而起，拒絕繳納人頭稅；由於遭到政府官員的殘酷鎮壓，他們竟還殺了幾個官員。與此同時，在肯特郡的達特福德鎮[4]，有一名稅務員正挨家挨戶地收錢。他來到磚瓦匠沃特·泰勒[5]的家裡，索要其女兒的份額。瓦匠的妻子也在家，便告訴他孩子還不到十四歲。稅務員隨即獸性大發，殘忍地侮辱了沃特的女兒（全國各地的稅務員都曾經幹過這事）。小姑娘發出了哀嚎，她的母親也尖叫不止。正在附近做工的沃特聞聲後衝過來，一下子就把稅務員打死了。只要是做父親的，不管平時怎樣老實，遇見這種情況都會做出相同的舉動。

鎮民們立刻團結起來，發動了起義，並推選沃特·泰勒為起義軍領袖；埃塞克斯的百姓也在牧師傑克·斯特勞[6]的帶領下拿起了武器。雙方會合後，先是從獄中救出了另一位牧師約翰·鮑爾[7]，接著便朝布萊克希思[8]進攻，沿途不斷有窮苦百姓加入他們，四面八方、三教九流的人組成了一支龐大的隊伍。據說他們打算消滅一切私有財產權，建立一個人人平等的國度。我倒覺得這不大可能，因為他們曾在路上攔截過往行人，要求對方發誓效忠人民和國王理查；而且對於那些從沒加害過自己的人，他們也根本不可能僅僅因為對方身居高位，就意圖傷害對方：他們駐紮在布萊克希思時，國王的母親去找躲在倫敦塔裡避難的小兒子，途中必須經過營地，她只是親吻了幾張鬍子蓬亂的骯髒面孔，就毫髮無傷地離開了；這些人也大聲呼叫，高聲表達他們對王室成員的敬愛。第二天，起義軍全體向倫敦橋[9]進攻。

隊伍在半路上遇見一處吊橋，倫敦市長威廉・富豪思[10]為了阻止起義軍進城，下令把它收了起來。可是，這些人很快就利用恐嚇手段迫使市民放下吊橋，然後一面高呼，一面衝上了大街小巷。他們砸開監獄大門，燒掉蘭貝斯宮[11]的官方文件，並毀掉了斯特蘭德大街[12]的薩沃伊宮[13]——那是蘭開斯特公爵的宅邸，據說還是全英格蘭最漂亮最壯觀的王室建築。起義軍還放火燒了神殿裡的書籍和文檔，鬧了個天翻地覆。這些暴行中有不少是起義者在醉酒後實施的——倫敦市民一心想保全家裡其他財產，因而十分樂意敞開他們那藏滿瓊漿玉液的酒窖；可即便在喝醉時，起義者也很注意自己的舉止，不曾順手牽羊。有人從薩沃伊宮偷了一只銀杯藏進懷裡，他們瞧見後氣壞了，竟把對方連人帶杯子什麼的一同扔進河裡，活活淹死了他。

早在起義者開始搞破壞之前，年少的國王就曾被人帶出來和他們談判；可是，他和隨行人員都被震天的怒吼嚇破了膽，居然又一路抄近道逃回了倫敦塔。這樣一來，起義者們就更加無所顧忌了。他們繼續肆意妄為，凡是沒在第一時間表示擁護理查國王和百姓的人都被砍了腦袋；還有那些人緣差的、在他們看來不是自己人的，只要落在他們手裡，一律性命不保。他們的暴行就這樣持續了一整天，後來國王發出公告，說要在麥爾恩德[14]接見他們，並滿足其要求。

前往麥爾恩德跟國王見面的起義者共計六萬人，他們心平氣和地向國王開出了四個條件：第一，起義軍及其子女，還有他們的全部後代，從此擺脫農奴身份；第二，土地的租金要有固定價碼、支付形式以現金代替勞動力；第三，起義者應和自由民一樣，享受在所有市場及公共場合自由買賣的權利；第四，他們過去犯下的罪行一概不許追究。毫無疑問，這些要求沒有任何特別過分的地方！年輕的國王也裝模作樣地表示這些條件合情合理，還讓三十名文官按照起義軍的意思，連夜寫出了一份契約。

可是，沃特・泰勒並不滿足於此。他希望能廢除整部森林法，便趁著其他人面見國王的機會闖入倫敦塔，殺掉了司庫和大主教——前一天起義軍四處搞破壞時，大家就嚷嚷著要砍這兩人的腦袋了。沃特和他的手下甚至還用劍去刺威爾士王妃的床墊，為的是確認沒有敵人藏在下面，要知道當時王妃還在床上躺著呢。

就這樣，沃特和他的部下繼續手握兵刃，騎著馬滿城巡視。第二天早上，國王策馬來到史密斯菲爾德，陪同他的是一支五六十人的小隊伍，市長富豪思也是其中一員。他們在距離稍遠的地方看見了沃特一行人。沃特對自己的隨從說：「國王在那邊，我去跟他談談，把我們的要求說給他聽。」

於是，沃特徑直策馬上前，開了腔。「陛下，」他說道，「我的人在那邊，您都看見了吧？」

「看見了，」國王答道，「問這個做什麼？」

「是這樣，」沃特說，「那些人可全都聽我指揮，他們發過誓，我說一，他們絕不說二。」

後來，當談到這個情景時，有人稱沃特曾一邊說話，一邊伸手去抓國王的馬轡，還有人說看見他手裡把玩著自己的匕首[15]。但我個人認為，沃特應該只是跟國王說話時火氣大了些，態度也比較粗暴，可那是他生性如此。除了這些，沃特應該什麼都沒幹。至少在市長先生「英勇地」拔出短劍、刺向他喉嚨的那一刻，他既沒打算動粗，也不曾做好還擊的準備。負傷的沃特跌下馬背，國王的一名隨從迅速結束了他的性命。沃特．泰勒就這樣死去了。趨炎附勢的諂媚者們將這件事描述成一次大捷，直到今天還偶爾能聽見有人為這事歌功頌德。然而沃特是個勤快人，他吃了太多苦頭，再加上那名稅務員的下流舉動激怒了他，他才會走上這條路；從古至今，總有些寄生蟲馬屁精為他的失敗感到幸災樂禍，而沃特的人格與勇氣實在比那群傢伙強上千百倍。

一見他倒地不起，沃特的同伴馬上拉起弓弦，打算替他報仇雪恨。幸好年輕的國王在危急時刻保持了鎮靜，否則連市長和他本人都會在頃刻間殞命，成為泰勒黃泉路上的同伴。只見國王驅馬上前，一面奔向沃特的隨從，一面呼喊「泰勒是個叛徒，我來做你們的領袖」。眾人大驚，不由得一片嘩然。隨後大家就一路跟著這孩子，直到在伊斯靈頓[16]遇見大批士兵。

這次起義的結局跟當時大多數民變沒什麼兩樣。國王剛一脫險，便收回了他所有的承諾，以前做過的事也全都不算數了。近一千五百名起義者受到了相當嚴格的審判（大多在埃塞克斯），並被人以極其殘酷的方式處死。其中許多人被送上了絞刑架，屍體就吊在那裡，用來恫嚇百姓。後來，部分死者的親友在傷心之餘把遺體放下來安葬，國王就下令將剩下的屍體用鎖鏈捆上——把人吊死後再綁起來示眾的野蠻習俗便由此而始。國王在這件事中的虛偽行徑實在太可鄙了，我覺得，要是把二人的歷史形象放在一處對比，沃特．泰勒絕對比國王真誠可敬得多。

此時，理查已經十六歲了，他的妻子安妮公主[17]來自波西米亞，是個卓爾不群的人物，大家都叫她「善良的安妮王后」。可她卻沒能找到一個配得上自己人品的丈夫：在身邊人的阿諛奉承、巧言令色之下，國王已變成了一個心存狡詐、揮霍無度、縱情聲色的壞蛋。

這段時期有兩位教皇[18]同時存在（好像一個還不夠讓人煩似的！），他們之間的爭吵給歐洲帶來了數不勝數的麻煩。蘇格蘭依舊不讓人靜心，英格蘭國內則充滿了猜忌與懷疑。有人設下圈套守株待兔，就有人隨機應變見招拆招——因為親戚們的勃勃野心總讓國王提心吊膽，尤其是他的叔叔蘭開斯特公爵，雙方各有黨羽，勢如水火。後來公爵跑到卡斯蒂利亞[19]去，吵著要當國王，但國內的矛盾卻並未因此而緩解，因為當時理查的另一位叔叔格洛斯特公爵[20]愛跟他唱反調，還煽動國會提出要求，免去國王親信們的職務。國王對此的回應是，他絕不會因為那種人而解雇自己的奴僕，哪怕是廚房裡打雜的也不行。然而，一旦眾議員下定決心要怎麼做，國王再說什麼都無濟於事；結果在隨後的一年中，理查不得不向本國的另一政府組織[21]低頭，這個組織由十四名貴族組成，為首者就是他的叔叔格洛斯特；事實上，組織裡所有成員都是他任命的。

可當諸事塵埃落定後，國王卻逢人便說這一切從頭到尾都不合法，壓根不是自己的本意；他還把這些內容寫成聲明，偷偷找來法官在上面簽字。消息很快被人洩露，並傳到了格洛斯特公爵的耳朵裡。國王進入倫敦城時，公爵率領四萬人馬前來迎駕，迫使國王承認他的權威。國王拿公爵沒辦法，只得眼看著親信和寵臣一個個被人彈劾並慘遭殺害。其中有兩個人，老百姓給他們的評價截然相反：一個是首席法官羅伯特・特雷西利亞[22]，他使用一種叫做「血腥量刑」的方法來審判起義者，因此大家對他深惡痛絕；另一個是正直的西蒙・伯利爵士[23]，他既是「黑太子」的至交好友，也是國王的家庭教師和監護人。為了挽救這位正人君子的性命，善良的王后甚至雙膝跪地向格洛斯特公爵苦苦哀求，但伯爵對此人又恨又怕（不知道背後是否有什麼原因），他回答說，如果王后還重視丈夫的王位，那就最好停止求情。這一切都是在國會的授意下進行的，有人說他們是完美國會[24]，也有人管他們叫殘忍國會[25]——其實還是後者比較貼切。

然而，公爵的勢力也並非千秋永駐萬代不滅。此後他只威風了一年，也就是古老民謠《切厄維特丘陵上的追逐》[26]所描述的著名戰役——奧特本之戰[27]爆發的這一年。同年年底的某一天，國王在一次重大會議上冷不防對他發問：「叔叔，我今年多大？」「殿下，」公爵答道，「您今年二十二歲。」「我都已經這麼大了？」國王說，「那麼，我自己的事我要自己做主！尊敬的勳爵，非常感激您往日的付出，以後就不勞您駕了。」緊接著，他還任命了新的大臣和司庫，並向眾人宣佈內閣重新由他掌管。於是接下來的八年中，內閣成員對國王唯命是從。這段時間裡，國王始終暗自抱定決心，總有一天要找他叔叔格洛斯特報仇雪恨。

善良的王后最終還是撒手人寰。打算再婚的國王向議會提出，他要娶夏爾六世的女兒，即法蘭西的伊莎貝拉[28]。據法蘭西侍臣說，這位伊莎貝拉公主雖然年僅七歲，但卻才貌雙全，是一位絕世佳人（英格蘭侍臣差不多也是這麼吹捧理查的）。儘管議員們對這樁婚事看法不一，但兩人還是結成了夫婦。他們的婚姻讓英法兩國維繫了二十餘年的和平，而英格蘭百姓卻對這場聯姻充滿了偏見。格洛斯特公爵巴不得藉此機會獲取民心，就拼命反對兩人的結合。他的舉動最終促使國王橫下心來，將醞釀已久的復仇計畫付諸實施。

他帶著一群隨從高高興興地來到普萊舍城堡[29]，那是格洛斯特公爵位於埃塞克斯的宅邸。公爵不疑有他，走出房間到庭院中迎接貴賓。國王和和氣氣地與公爵夫人閒談，眾人則乘機悄無聲息地逮捕了公爵並快速離去，用船把他送到加萊，暫押在當地一座城堡裡。公爵的朋友，阿倫德爾[30]和瓦立克[31]兩位伯爵也落入了相同的圈套，被囚禁在各自的城堡中。數天後，他們被起訴至諾丁漢法庭，罪名是叛國。阿倫德爾伯爵被判處死刑，瓦立克伯爵則被處以流放。後來，有信差給加萊市的地方長官送來一紙文書，要求把格洛斯特公爵帶走受審。三天後，長官給出答覆，說自己無法照辦，因為公爵大人已在獄中身亡。最後，法庭做出宣判，稱公爵犯有叛國罪，並沒收其財產，交予國王；他們還拿出了一份不知是真是假的認罪書作為證據，說這是公爵在獄中向一位負責民事訴訟的法官供述的。事情的結果就是這樣，至於倒楣的公爵究竟是怎麼死的，就沒幾個人在乎了。自殺、自然死亡、還是被國王派人扼死、或者用床墊悶死（地方長官身邊一個名叫霍爾的僕人事後曾這樣說），已經無從考證了。不過，有一點幾乎可以肯定，是公爵的侄兒下令，以某種方式殺死了他。在這一系列事件中，行動最積極的貴族之一就是國王的堂弟，亨利．博靈布羅克[32]。國王為了平息家族的舊日紛爭，將他封為赫里福德公爵。別看有些參與者現在對公爵喊打喊殺，可是在家族成員勾心鬥角的日子裡，他們自己也曾犯下同樣的罪行。雖然這幫人看上去全都墮落不堪，但那時的宮廷實在不缺少這種敗類。

這一切都招來了民眾的抱怨，而且大家依然對英法聯姻感到憤憤不平。貴族們在見識到國王是怎樣目無法紀、滿腹狡詐之後，開始為自己捏一把冷汗。除了沒完沒了的宴請和揮霍之外，國王一天到晚什麼都不幹。他的隨從個個穿金戴銀，就連最低等的奴僕也不例外；據說每天跟他同席暢飲狂歡的隨從多達一萬人。國王自己呢，身邊有一萬名弓箭手護衛；下院議員為了保命，被迫同意他徵收羊毛稅，他的錢包就鼓了起來。國王完全察覺不到這樣一味講究專制極權的生活會有什麼危險。

作為一國之君，他可謂極盡兇殘傲慢之能事。

此時國王還剩下赫里福德公爵和諾福克公爵[33]兩位宿敵沒有剷除。對敵人一視同仁的他自然饒不了這兩個傢伙。國王收買了赫里福德公爵，讓他當著議會的面指證諾福克公爵，說前不久他騎馬來到布倫特福德[34]附近時，諾福克公爵曾向他吐露過一番對國君不忠的言論；還說諾福克公爵告訴他，別的也就罷了，但國王的誓言是他最信不過的——我也覺得沒人會把國王的誓言當真。國王看在赫里福德公爵主動投誠的份上放了他一馬，而諾福克公爵卻被傳喚出庭為自己辯護。由於他拒不承認罪名屬實，並聲稱原告是騙子加叛徒，依照當時的慣例，兩位貴族都被關了起來，還要到考文垂[35]通過決鬥訴訟法來分辨真相。所謂決鬥訴訟法，就是說誰能在搏鬥中取勝，大家就認為誰有理。這種荒唐作法實際上意味著一個人只要身強力壯，就絕不會理虧。人們為此準備了盛大的節日活動，無數人聚在一起，舉辦了多場遊行和表演。正當兩位戰士手持長矛準備衝向對方時，坐在亭子裡主持公道的國王把手上的權杖一扔，中止了搏鬥。「罰赫里福德公爵流放十年，諾福克公爵終生流放，」國王如是說。赫里福德公爵被驅逐至法蘭西，並留在了當地。諾福克公爵則踏上了前往聖地[36]的朝聖之旅，後來心碎神傷的他在威尼斯與世長辭。

從那以後，國王繼續變本加厲地攫取錢財。赫里福德公爵被流放沒多久，他的父親蘭開斯特公爵就去世了。國王像強盜一般迅速侵吞了他所有的遺產——儘管他曾經鄭重許諾，在赫里福德公爵流放期間，如果他父親有個三長兩短，其財產依舊由公爵繼承。法官們對國王怕得要命，只好做出了自辱之舉，承認他的行為公正合法。然而，國王的胃口永遠都得不到滿足。他曾經找了個無關緊要的藉口，宣佈十七個郡縣的百姓行為不端，並一口氣廢除了這些人的公民權，不為別的，就為藉罰款之名斂財。總之，國王什麼花招都使得出，結果就連一向恭順的親信也開始悄悄向他進言，稱民怨已沸反盈天。可他非但全然不把百姓的抱怨放在心上，還選在這個時候離開國家，遠征愛爾蘭去了。

就這樣，國王留下叔叔約克公爵[37]作為攝政王代理國事，然後自己去了愛爾蘭。國王前腳剛走，他的堂弟——赫里福德的亨利（即赫里福德公爵）後腳就到了。他大老遠從法蘭西跑來，是想討回自己曾被野蠻剝奪的權利。諾森伯蘭[38]和威斯特摩蘭[39]的兩大伯爵很快就跟他站在了同一戰線；他的叔叔攝政王發現國王的所作所為不得民心，士兵們又堅決不願同亨利開戰，便帶著王室軍隊去了布里斯托爾。亨利率領一支隊伍從約克郡（那是他登陸的地方）來到倫敦後，也追隨攝政王的腳步而去。雙方把軍隊合二為一，一起朝布里斯托爾城堡進攻——至於他們為什麼要這樣做，就沒人能說得清了。此時，年輕的王后已被三名貴族所擒。他們一攻克城堡，就立刻處死了那三個人。後來，攝政王留在了那裡，亨利則繼續向賈斯特進軍。

這段時間以來，由於天氣惡劣，情報無法傳遞，國王始終不知道英格蘭國內發生了什麼事。等消息終於傳到了愛爾蘭，國王才派索爾茲伯里伯爵[40]回來處理此事。伯爵從康韋[41]登陸，並召集了一批威爾士人，可大家足足等了兩個星期也沒見到國王；威爾士人可能打一開始就不怎麼待見他，他們很快就失去耐心、各自打道回府了。後來，國王總算帶著一批精兵從海岸登陸，但這些士兵卻根本不把他放在眼裡，沒過多久人就全跑光了。國王以為那群威爾士人還留在康韋，便喬裝成牧師，帶著兩位兄弟和為數不多的幾個追隨者前往那裡。可是除了索爾茲伯里和一百名士兵之外，威爾士人已經悉數離開。走投無路之下，國王的兩個兄弟埃克塞特[42]和薩里[43]自告奮勇去見亨利，問他到底想怎麼樣。對理查忠心耿耿的薩里被關入監牢，而埃克塞特這個偽君子卻將繪有雄赤鹿的王室徽章從身上摘下，換上了亨利的玫瑰徽章。至此，亨利的圖謀已不言而喻，國王也用不著再派信使來問了。

國王大勢已去，眾叛親離，四面楚歌。饑腸轆轆的他騎著馬四處遊蕩，輾轉在一座座城堡之間，希望能找些食物來填填肚子，結果卻一無所獲。可憐的國王只得回到康韋，向諾森伯蘭伯爵投降。伯爵從亨利那兒過來，表面上來跟國王談條件，實際上卻是來逮捕他的；伯爵的兵馬就埋伏在城堡附近。國王被他帶往弗林特城堡[44]，見到了堂弟亨利。亨利向國王屈膝行禮，儼然仍對他心存敬意。

「親愛的蘭開斯特兄弟，」國王說道，「非常歡迎你的到來(他當然非常歡迎了，不過要是對方缺了腦袋或者五花大綁出現在自己面前，那他就加倍歡迎啦)。」

「陛下，」亨利答道，「我來得有點兒早，不過，既然承您美意，我就告訴您我來此的原因。您的子民冷嘲熱諷，抱怨您登基二十二年從來不施仁政。現在，如果上帝不反對的話，今後就讓我來幫您更好地統治他們吧。」

「好兄弟，」國王低聲下氣地說，「只要你高興，我就求之不得了。」

話音剛落，便有人吹響小號，國王則被人用一匹劣馬帶到賈斯特關了起來。他還被迫發佈公告，召集議員開會。後來，國王又從賈斯特被押往倫敦。來到利奇菲爾德[45]時，國王試圖逃走。他順著窗戶溜到花園裡，可一切都是徒勞，他還是被人一路押送，關進了倫敦塔。沒人可憐他，民眾的耐性也全部消磨殆盡，如今他們個個都毫不留情地指責國王。據說國王被關進塔裡之前，連他養的狗都撇下他，跑去舔亨利的手。

就在議員們聚集的前一天，一個代表找到了失勢的國王，提醒他曾在康韋城堡[46]答應過諾森伯蘭伯爵要退位。國王表示非常願意兌現諾言，並簽署了文件，宣佈放棄王權，人民也無需再效忠於他。一蹶不振的國王甚至褪下了他的御用戒指，親手交給志滿意得的亨利堂弟，還說即便由他隨意指定繼任者，他還是會把王位傳給亨利。第二天的威斯敏斯特大廳裡，議員們齊聚一堂，國王的寶座卻空著，只有一塊金色布料蓋在上面，旁邊坐著亨利。國王新簽署的文件被當眾宣讀。大家邊聽邊發出陣陣歡呼，回音在大街小巷裡震盪。呼聲略有平息後，國王就被正式罷黜了。接著，亨利站起身來，在額頭和胸前比劃出十字架的形狀，宣佈自己成為英格蘭的主人。然後，坎特伯雷和約克教區的大主教便將他送上了寶座。

群眾的呼聲再次迴盪在每一條街道上。此時此刻，根本無人記得理查二世曾經是最英俊、最聰明、最了不起的王子；眼下他正待在倫敦塔裡，跟那個死在史密斯菲爾德、屍身被王室馬群踐踏而過的沃特·泰勒比起來，他的境況要慘上千百倍（至少我是這麼想的）。

沃特死後，人頭稅也成為了歷史。因為國王和王室專用的金屬匠們技術再高超，也無法鍛造出鐵鍊來絞殺人們對他的思念，於是人頭稅也就此作廢了。

1 英格蘭的理查二世（Richard II of England，一三六七—約一四〇〇），「黑太子」愛德華的兒子，一三七七年起任英格蘭國王，一三九九年被迫退位。

2 即岡特的約翰（John of Gaunt，一三四〇—一三九九），第一代蘭開斯特公爵，愛德華三世的第四個兒子（第三個存活下來的兒子），因出生於比利時的根特市（Ghent，英語拼作Gaunt）而被稱為「岡特的約翰（John of Gaunt）」。雖然他不是攝政王，但在侄子理查二世即位初期，他對英格蘭的政治影響巨大。

3 根特（Ghent），比利時自治市，東弗蘭德省省會。它位於斯凱爾特河與萊厄河交匯處，是比利時西北部的重要鐵路樞紐和港口城市。

4 達特福德鎮（Dartford），位於英格蘭肯特郡西北部，達倫河流經鎮中心。

5 沃特·泰勒（Wat Tyler，卒於一三八一），一三八一年，英格蘭政府為了支付戰爭花費而向人民徵收人頭稅，農民在沃特·泰勒的領導下發動起義。同年六月一四日，起義軍進入倫敦市四處搞破壞。理查二世同意接見他們並答應其部分要求；沃特和鮑爾等少數人則希望將起義進行下去，直到國王滿足他們的全部要求為止。六月一五日，沃特面見國王，並於當天被處死。

6 傑克·斯特勞（Jack Straw，卒於一三八一），和沃特·泰勒、約翰·鮑爾同為一三八一年英格蘭農民起義領導人，也有人說這是沃特所用的化名。

7 約翰·鮑爾（John Ball，約一三三八—一三八一），一三八一年英格蘭農民起義領導人之一。起義軍解散後，鮑爾被絞死並分屍，頭顱掛在倫敦橋上示眾。

8 布萊克希思（Blackheath），位於倫敦東南部的一片近郊區。

9 倫敦橋（London Bridge），位於英格蘭倫敦市泰晤士河上，最初是羅馬人修建的一座木橋，經過歷史上多次重建，成為如今的箱梁橋（box girder bridge）。傳統觀點認為，中世紀時，該橋兩端的標誌建築分別為北岸的殉道者聖馬格努斯大教堂（St Magnus—the—Martyr），以及南岸的南華克大教堂

（Southwark Cathedral）。

10 威廉．富豪思（William Walworth，卒於一三八五），曾分別於一三七四至一三七五年和一三八〇至一三八一年擔任倫敦市市長。

11 蘭貝斯宮（Lambeth Palace），坎特伯雷大主教在倫敦的居所，位於泰晤士河邊蘭貝斯區。宮殿曾在第二次世界大戰期間遭受嚴重破壞，後來被修復，教堂是現存建築中最古老的一部分。

12 斯特蘭德大街（the Strand），倫敦市的一條著名街道，一端始於特拉法加廣場，向東延伸至弗利特街，全長約一二〇〇公尺。

13 薩沃伊宮（Savoy Palace），理查二世的叔叔蘭開斯特公爵的宅邸，曾於一三八一年遭到農民起義軍的嚴重破壞，後於一五一二年重建，成為薩沃伊醫院。

14 麥爾恩德（Mile—end），位於英格蘭倫敦東區的行政區，距查林十字街五．八公里。

15 一三八一年六月一五日，沃特與國王在史密斯菲爾德會面並進行談判，雙方達成協議，沃特及其帶領的起義軍接受賠償款，從此後遵紀守法，不得生事。事情快要辦完時，國王的一名僕人對沃特等人出言不遜，沃特試圖毆打對方，卻被倫敦市市長攔下；沃特又想用匕首反抗，市長身穿盔甲，躲過一劫，但他立刻用劍刺傷了沃特的頭頸；接著又有人上前將沃特刺成重傷。事後，市長想利用沃特殺一儆百，便將他從醫院病床上拖走，押至倫敦街頭公開斬首，並將其頭顱掛在倫敦橋上示眾。

16 伊斯靈頓（Islington），位於英格蘭大倫敦地區，中世紀時，這裡只是當地封建主的小型領地之一。

17 波西米亞的安妮（Anne of Bohemia，一三六六—一三九四），理查二世的第一任妻子，父親是神聖羅馬帝國皇帝查理斯四世。這位王后心地善良，深得人民愛戴。她曾多次為民請命，還替一三八一年農民起義的參與者求情。

18 指教皇烏爾班六世（Urban VI，約一三一八—一三八九）和偽教皇克萊門特七世（Clement VII，一三四二—一三九四）。

19 卡斯蒂利亞（Castile），西班牙歷史上的一個地區，位於伊比利亞半島。西元九世紀時，卡斯蒂利亞只是萊昂王國的一個郡縣。隨著當地貴族不斷加強其自治權，卡斯蒂利亞於一〇六五年脫離萊昂，變成獨立自主的國家。西元一二三〇年，它又與萊昂王國徹底聯合，成為卡斯蒂利亞王國（Crown of Castile）。以後的歷史中，它逐漸和周邊王國融合，形成了西班牙王國。

20 指伍德斯托克的湯瑪斯（Thomas of Woodstock，一三五五—一三九七），第一代格洛斯特公爵，愛德華三世的第十三個兒子（也是他活到成年的五個兒子之一）。

21 指貴族上訴團（Lords Appellant），理查二世統治期間所建立的一個委員會。為了罷免理查的五名寵臣、從而抑制他殘暴而任性的統治，一批貴族組成了貴族上訴團。上訴團一開始只有三名成員，即伍德斯托克的湯瑪斯、理查・菲查倫，以及托馬斯・德・比徹姆。後來，亨利・博靈布羅克（即後來的亨利四世）和湯瑪斯・德・莫佈雷加入。一三八六年一一月一九日，他們建立起一個委員會，開始了對英格蘭為期一年的管理。

22 羅伯特・特雷西利亞（Robert Tresilian），一三八一至一三八七年擔任王座法庭首席法官。他在審判起義者時，強迫陪審員交出嫌疑犯名單，並在判決時小題大做，採用異常嚴苛的量刑標準。結果共有十九人被判處死刑，另有十二人被處死並分屍。

23 西蒙・伯利爵士（Sir Simon Burley，一三三六—一三八八），理查二世在位時最有影響力的人物之一。他出身寒微，卻自幼和黑太子一起長大，後來成為理查二世的老師。

24 完美國會（Wonderful Parliament），指代一三八六年十一月期間的英格蘭國會。為了阻止理查國王對羅伯特・德・維爾等心腹的過分寵愛，國會不顧理查的強烈反對，任命了十四位特派員對王室經費進行審核，還罷免了理查的大法官邁克爾・德・拉・波爾。完美國會對後來發生的一系列事件具有重要意義，它標誌著國王與貴族上訴團之間第一階段鬥爭的開始。理查對國會充滿敵意，並試圖以叛國為藉口將其支持者治罪，他的舉動最終導致了拉德科特橋之戰（Battle of Radcot Bridge）的爆發和殘忍國會的產生，就連理查在一三九九年被亨利推翻也可以看作是完美國會的直接影響。

25 殘忍國會（Merciless Parliament），這個術語由奧古斯丁教士亨利．奈頓（Henry Knighton）首次提出，指一三八八年二月至六月的英格蘭國會。在此期間，理查為了集中力量對付國內敵人，曾試圖用武力推翻貴族上訴團（未能成功），並向法蘭西求和；上訴團發起反擊，理查所有的寵臣幾乎都被問成了叛國罪，這些人大多被處死，少數被流放。後來，肯特發生暴亂，約克公爵及其盟友也開始對一些死刑判決提出異議，國會遂被解散。

26 故事描述了英格蘭的諾森伯蘭伯爵珀西帶人到切厄維特丘陵狩獵，被蘇格蘭的道格拉斯伯爵視為入侵者，後者發起進攻以示還擊，血腥的交戰過後，僅有一一〇人活下來。

27 奧特本之戰（battle of Otterbourn），發生於一三八八年八月，蘇格蘭與英格蘭之間的邊境衝突之一。

28 瓦盧瓦的伊莎貝拉（Isabella of Valois，一三八九—一四〇九），法蘭西國王夏爾六世的女兒。一三九六年，年僅七歲的她嫁給理查二世，成為他第二任妻子。理查死後，她回到法蘭西，並於一四〇六年嫁給奧爾良公爵查理斯，生下一個女兒後死去。亨利五世的妻子卡特琳是伊莎貝拉的妹妹。

29 普萊舍城堡（Pleshey Castle），位於切姆斯福德市西北方，曾於一一五八年被拆毀，十二世紀末重建。

30 指理查．菲查倫（Richard FitzAlan，一三四六—一三九七），第十一代阿倫德爾伯爵，一三九七年因和格洛斯特密謀囚禁理查二世而被捕，同年九月被處以極刑。

31 指湯瑪斯．德．比徹姆（Thomas de Beauchamp，一三三八—一四〇一），第十二代瓦立克伯爵，曾於一三八七年參與彈劾理查二世的親信，一三九七年被指控犯有叛國罪並判處終生流放曼島，卻在第二年被關入倫敦塔，一三九九年被亨利釋放。

32 亨利·博靈布羅克（Henry Bolingbroke，一三六七—一四一三），蘭開斯特公爵約翰的長子，後成為英格蘭的亨利四世（Henry IV of England），一三九九到一四一三年在位。他出生在林肯郡的博靈布羅克城堡，所以被稱作亨利·博靈布羅克或者博靈布羅克的亨利。亨利自稱有權繼承法蘭西王位，因為他祖父愛德華三世的母親伊莎貝拉是法蘭西國王腓力四世的女兒。

33 指湯瑪斯·德·莫佈雷（Thomas de Mowbray，一三六六—一三九九），第一代諾福克公爵，一三九九年因瘟疫在威尼斯病逝。

34 布倫特福德（Brentford），倫敦西部的城鎮，位於泰晤士河跟布倫特河的交匯處。

35 考文垂（Coventry），位於英格蘭西米德蘭郡的城市，曾以紡織業馳名於世。

36 指基督教聖地耶路撒冷（Jerusalem）。

37 指蘭利的埃德蒙（Edmund of Langley，一三四一—一四〇二），第一代約克公爵，愛德華三世的兒子，約克王朝的創建者。

38 指亨利·珀西（Henry Percy，一三四一—一四〇八），第一代諾森伯蘭伯爵，曾在平定威爾士葛蘭道爾叛亂中立下戰功。

39 指拉爾夫·德·內維爾（Ralph de Neville，約一三六四—一四二五），第一代威斯特摩蘭伯爵。

40 指約翰·蒙塔丘特（John Montacute，約一三五〇—一四〇〇），第三代索爾茲伯里伯爵。亨利四世即位後仍然效忠理查的少數人之一。

41 康韋（Conway，現拼寫為Conwy），威爾士北部城市，著名的旅遊景區。

42 指約翰·霍蘭（John Holland，約一三五二—一四〇〇），第一代埃克塞特公爵，「黑太子」的繼子。

43 指湯瑪斯·霍蘭（Thomas Holland，一三七四—一四〇〇），第一代薩里公爵和英格蘭紋章院院長（Earl Marshal），理查二世為他創造了這個爵位；他於一三九九年被捕，他的父親是「黑太子」的繼子，所以他算是理查二世的侄子。一三九九年之後，這個爵位就被取消了。

44 弗林特城堡（the castle of Flint），坐落於威爾士東北部的弗林特郡，始建於一二七七年。

45 利奇菲爾德（Lichfield），位於英格蘭斯塔福德郡的城市，以利奇菲爾德大教堂聞名。

46 康韋城堡（Conway Castle），坐落於威爾士北部海岸的中世紀防禦工事，由愛德華一世建造。

第二十章　亨利四世——博靈布羅克統治下的英格蘭

羅馬教皇[1]氣焰沖天、老奸巨猾，理查二世統治期間，威克利夫仍舊不遺餘力地同教皇及其黨羽進行鬥爭，在英格蘭掀起一陣軒然大波。新任國王亨利四世要麼是想獲得教士們的擁護，要麼是想裝出虔心信教的模樣，好矇騙上帝，讓他相信自己不是篡位者，兩種推測的可能性都很高，我也不知道究竟誰真誰假。然而，毋庸置疑，亨利剛登上王位時，的確曾裝模作樣，對威克利夫的追隨者——他們被稱作羅拉德派[2]，或者異教徒——進行嚴厲打擊，儘管他父親「岡特的約翰」（有人懷疑他並不反對威克利夫）在思想上高度認同威克利夫。同樣可以肯定的是，把持有異見者活活燒死以示懲戒，這種殘暴而令人唾棄的做法，也是亨利首先從國外引入英格蘭並確立為習俗的。英格蘭還有一個讓全人類都為之蒙羞的「舶來品」，即「神聖宗教審判所」[3]，這個組織雖以「神聖」為名，卻幹出最骯髒、最無恥的勾當，其存在令上帝的某些信徒看上去更像是一群惡魔。

正如大家所知，亨利四世這個國王當得名不正言不順。他的伯父克拉倫斯公爵[4]一脈其實還有個年僅八九歲的孩子——馬奇伯爵小愛德華．莫蒂默[5]；就世襲制度而言，他才是真正的王位繼承人。可是，亨利不但將自己的兒子[6]封做威爾士親王，還把少不更事的馬奇伯爵連同他的小弟弟一起軟禁在溫莎城堡，並且霸佔了他們的財產。接下來，他又命令國會拿出方案來處置已遭罷黜的國王理查二世，後者完全聽天由命，只說希望亨利堂弟能「網開一面」。國會的答覆是最好能找個人跡罕至的地方把他關起來，嚴禁他人探視。亨利採納了這個建議。現在，全英格蘭的人都開始清楚地意識到，理查二世沒幾天好活了。

那時候的國會毫無原則，還整天吵吵嚷嚷不停。上院議員們為了爭論誰是忠臣、誰是小人，誰矢志不渝、誰中途變節而吵得不可開交。據說曾有一次，四十名議員同時將手套擲於地上以示挑戰。事實上他們全都是些心口不一的卑鄙小人，今天效忠這個，明天效忠那個，實際上卻不管對誰都懷著二心。沒過多久，這群人就又開始圖謀不軌了。大家商量好，先邀請國王到牛津觀看比賽，然後出其不意地將其逮捕並殺害。他們在威斯敏斯特大教堂密議過幾次後，弒君大計就這樣出爐了。可是，其中一名參與者拉特蘭伯爵[7]卻出賣了同伴。國王既沒去觀賽，也沒待在溫莎（陰謀者們發覺計畫敗露，便急速趕到那裡，想捉住他），而是回到倫敦。他發佈公告，稱這些人全都是叛徒，並率領軍隊浩浩蕩蕩地前去平叛。陰謀家們躲到了英格蘭西部，為理查國王喊冤叫屈，但百姓卻群起而攻之，把他們全都殺了。這件事加速了理查二世的死亡。至於他是被人雇傭殺手害死，還是被活活餓死，亦或是聽說了兄弟們（他們也參與了陰謀）的死訊絕食而死，就沒人知道了。不管怎樣，反正理查是死了，他的遺體被放在聖保羅大教堂示眾，但全身都被遮住了，只露出下半張臉。他是被新國王下令處決的，對此我十分肯定。

可憐的理查，他那位法蘭西妻子當時只有十歲，她的父親夏爾[8]聽說了女兒的不幸遭遇，又得知她在英格蘭無依無靠之後，便失去了理智：在過去的五六年中，他已經發過好幾次瘋了。於是，法蘭西的勃艮第、波旁兩位公爵[9]開始接手處理這位可憐姑娘的事情，可他們對此也不是特別用心，只想從英格蘭撈些好處。由於理查出生在波爾多[10]，所以當地人民深深沉溺在對他的追思中。他們以上帝的名義起誓，稱他是全英格蘭最偉大的人（這的確言過其實了），還發誓要讓英格蘭人付出沉重的代價。不過，波爾多人乃至全法蘭西的百姓都被本國的王公貴族剝削得傾家蕩產，相對而言，英格蘭的統治要比法蘭西強上許多。大家一想到這些，激情便冷卻下來。兩位公爵雖然都是了不起的大人物，可少了民眾的支持，他們什麼也幹不成。於是，接下來，英法兩國開始談判，法蘭西人要求英方把可憐的小王后送回巴黎，並歸還她的全部首飾和共計二十萬法郎的財產。亨利國王表示自己非常願意交出小公主，拿出首飾也行，可那筆錢他是無論如何都不能放棄。結果，王后雖毫髮無傷地回到了巴黎，但最終也沒能拿回原本就屬於她的財產。再後來，勃艮第（法蘭西國王的表親[11]）和奧爾良（法蘭西國王的弟弟[12]）兩位公爵開始為這件事發生衝突，法蘭西人民的日子更不好過了。

由於國內仍有不少人支持征服蘇格蘭的行動，國王便率軍前往泰恩河，要求蘇格蘭國王發誓效忠自己。碰了釘子之後，他又跑到愛丁堡[13]，但也沒取得什麼建樹，因為軍隊供給不足，而蘇格蘭雖然未正面宣戰，卻始終對他小心提防，國王只好打道回府。這次出征亨利不但沒燒一座村莊、沒殺一個平民，而且格外注意約束軍隊，不讓士兵惹是生非。這件事不僅被視作他的不朽功績，還成了那個殘酷時代中的偉大榜樣。

英格蘭和蘇格蘭邊境上的百姓剛打了一年的仗，曾經幫助亨利登上王位的諾森伯蘭伯爵也開始造起反來——八成是嫌亨利再也滿足不了他那些非分之念了吧。不過事件的起因還要從威爾士的歐文．葛籣道爾[14]先生說起。此人曾在一所律師學院[15]念過書，還在前任國王手下當過差。歐文的鄰居是個貴族，位高權重，且和現任國王沾親帶故，他奪走了歐文在威爾士的財產。歐文想討回公道，結果卻一無所獲，於是他開始用武器說話，被剝奪公民權後，遂自封威爾士國王。他還假扮巫師，不僅騙過了愚昧的威爾士百姓，連亨利國王都被他唬住了——因為亨利曾三次遠征威爾士，三次都鎩羽而歸：一次是敗於當地居民的勇猛彪悍，一次是天公不作美，還有一次是敗於能征善戰的葛籣道爾，可他卻以為自己是栽在對方的巫術上。葛籣道爾把格雷動爵[16]和埃德蒙．莫蒂默爵士[17]關進了監獄，並允諾格雷的親友可以花錢把他贖回去，而莫蒂默就沒這麼好的待遇了。這就惹怒了亨利．珀西[18]。此人生性急躁，人稱「爆炭」，據說他為此事大動肝火，因為他既是諾森伯蘭伯爵的兒子，又是莫蒂默的姐夫。於是珀西聯合父親，還有另外幾個人，共同加入了歐文．葛籣道爾的陣營，和他一起反抗亨利。沒有任何證據能清晰表明這就是他們結盟的真正原因，大概只是個藉口罷了。這一強大聯盟中還包括斯克羅普[19]和道格拉斯伯爵[20]，前者是約克大主教，後者則是一名既有權勢又敢想敢做的蘇格蘭貴族。國王也迅即做出反應，於是兩支軍隊就這樣在什魯斯伯里[21]狹路相逢了。

雙方兵力都在一萬四千人上下。由於老諾森伯蘭伯爵身體不適，所以叛軍便由他兒子一人領導。為了迷惑敵人，國王只穿了普通的鎧甲，另有四名貴族戴著王室徽章。叛軍發起猛烈的進攻，那四名貴族都戰死沙場，王旗栽倒在地，年輕的威爾士親王面部也受了重傷。可他是有史以來最勇猛、最優秀的戰士之一，王室軍隊被他奮力廝殺時的勇氣所感染，大家很快就團結起來，把敵人打得潰不成軍。由於「爆炭」珀西因腦部中箭而死，叛軍眨眼間就全軍覆沒了，國王一舉得勝。老諾森伯蘭伯爵聽聞兒子的死訊後，很快便舉手投降，於是國王赦免了他的全部罪過。

然而，關於這次叛亂還有一點尾聲需要交代：一是歐文・葛蘭道爾退踞威爾士，二是在無知的百姓中流傳出一種可笑的說法，稱理查二世還活著。至於那些人為什麼會去相信這等無稽之談，則實在讓人百思不得其解；不過可以肯定的是，他們把前任國王的宮廷小丑（他們的容貌確實有些相像）錯認成了理查本人。看來，理查不僅生前給國家惹出了一大堆麻煩，連死後也不肯讓大家清靜。可這還不是最糟糕的——有人偷偷把小馬奇伯爵和他的弟弟從溫莎城堡裡帶走了。人們把兄弟倆捉了回來，並得知拐走他們的是一個名叫斯潘塞[22]的女士。這位女士的哥哥就是先前參與密謀殺死亨利國王的拉特蘭伯爵，不過如今他已搖身一變，成了約克公爵。斯潘塞聲稱公爵大人也參與了這場陰謀。後者雖沒因此而送命，卻被剝奪了所有的財產。後來，老諾森伯蘭伯爵和那個同樣參與過叛亂的約克大主教斯克羅普，聯合幾名貴族共同策劃了另一場陰謀：他們把國王的種種罪狀都寫到了各個教堂的門板上。可是，國王對這些人早有戒心，他迫不及待想剷除他們，於是就把他們全部抓了起來，還砍掉了大主教的腦袋。要知道，以前英格蘭還從沒依法處死過哪個手握大權的教士呢！可如今國王心意已決，他一聲令下，大主教便丟了性命。

這個時期還發生過另一起不同尋常的事件：蘇格蘭的王位繼承人——年僅九歲的詹姆斯[23]落入了亨利手中。蘇格蘭國王羅伯特[24]讓兒子詹姆斯乘船前往法蘭西，躲避他叔叔[25]的暗算，不料孩子卻在半路上被幾艘英格蘭遊艇帶走。結果，他在英格蘭監獄裡一待就是十九年，在獄中成為了一名學者和著名詩人。

後來，除了跟威爾士、法蘭西偶有衝突之外，亨利國王當政的日子可謂風平浪靜。然而，大概是篡奪王位和害死可憐的堂兄兩件事折磨著他的良心，亨利過得一點都不快樂。威爾士親王雖然既勇敢又慷慨，但據說他生性毛躁，且放蕩不羈，甚至曾用劍刺向王座法庭[26]的首席法官加斯科因[27]，就因為對方不肯徇私，堅持依法懲處他的一個酒肉朋友。有人說那位大法官面對劍刃，當場下令把威爾士親王關進大牢，而親王欣然從命，國王則歡呼道：「兒子守法，判官公正，身為國王，喜不自勝。」還有人說威爾士親王曾經趁父親睡著時，把王冠從他的臥室裡拿出來，戴在自己頭上（莎士比亞將這個故事編成了精彩的戲劇）。不過，這些流言沒有一個靠得住。

國王的健康狀況一再惡化，臉上長出大片大片的疹子，還患上了嚴重的癲癇，精神也一天不如一天。後來，國王去了威斯敏斯特修道院（即威斯敏斯特大教堂），正當他在聖愛德華[28]的神龕前做禱告時，癲癇症猛烈地發作起來。國王被抬進院長的房間後，沒多久便咽氣了。有人曾預言他會死在耶路撒冷，可是，從古至今威斯敏斯特和耶路撒冷都絕非同一個地方。不過，鑒於長期以來修道院院長的房間一直被稱作「耶路撒冷聖廳」，人們就說這兩者是一回事，所以預言還是應驗了。

一四一三年三月二十日，亨利四世在登基十四年後溘然長逝，享年四十七歲。他的遺體被安葬於坎特伯雷大教堂。他一生結過兩次婚，跟原配妻子生育了四個兒子和兩個女兒。亨利當國王之前就不是心口如一的人，王位也是他用陰謀詭計奪來的，最重要的是，他還頒佈了駭人聽聞的律條，把教士們口中的異教徒活活燒死。從這些方面看來，他倒是跟歷代帝王一脈相承，真稱得上一位「有道明君」呢。

1 指教皇烏爾班六世（Urban VI，約一三一八—一三八九），一三七八至一三八九年間為羅馬天主教教皇，是最後一位未經樞機團選舉而出的教皇。

2 羅拉德派（Lollard），宗教改革家威克利夫的追隨者。第一批羅拉德派信徒以威克利夫在牛津大學的同事們為中心，由赫里福的尼古拉領導。

3 神聖宗教審判所（Holy Inquisition），即羅馬宗教審判所（Roman Inquisition），一三至一九世紀天主教會偵察和審判異教徒的機構，旨在鎮壓一切反教會、反封建的異端，以及有異端思想或同情異端的人。

4 指安特衛普的萊昂內爾（Lionel of Antwerp，一三三八—一三六八），第一代克拉倫斯公爵，愛德華三世（倖存的）第三個兒子。

5 愛德華．莫蒂默爵士（Sir Edward Mortimer，一說為埃德蒙．莫蒂默，一三九一—一四二五），第五代馬奇伯爵，其祖母是克拉倫斯公爵之女菲莉帕．金雀花，因此他也有繼承權。

6 指後來的亨利五世（Henry V of England，一三八六—一四二二），英格蘭國王，一四一三至一四二二年在位。

7 指蘭利的愛德華（Edward of Langley，一三七三—一四一五），拉特蘭伯爵，約克公爵，愛德華三世的孫子。據說他曾於一三九九年底參與計畫謀殺亨利四世，後來卻出賣同伴，向亨利投誠，但當時的資料在記錄這件陰謀時並未提到拉特蘭伯爵，他在其中所扮演的角色也就沒有定論。本書下一章提到約克公爵也是他，阿贊庫爾之戰中，英格蘭傷亡人員中以他身份最高。

8 指法蘭西的夏爾六世（Charles VI of France，一三六八—一四二二），一三八〇至一四二二年在位，因二〇多歲時患上精神病而被稱作瘋狂者夏爾（Charles the Mad）。

9 這裡應指勃艮第公爵腓力二世（Philip II，Duke of Burgundy，一三四二—一四〇四）和波旁公爵路易二世（Louis II，Duke of Bourbon，一三三七—一四一〇），是夏爾六世的兩位叔叔，曾在夏爾六世即位初期擔任攝政王。

10 波爾多（Bordeaux），位於法蘭西西南部的港口城市，瀕臨加倫河。

11 這裡的勃艮第公爵應指「無畏者」約翰（John the Fearless，一三七一—一四一九），勃艮第的腓力二世之子，於一四〇四年繼任勃艮第公爵，隨後便與奧爾良公爵爭奪攝政王一職。

12 奧爾良的路易一世（Louis I of Orléans，一三七二—一四〇七），法蘭西國王夏爾五世的兒子，夏爾六世的弟弟，在英法百年戰爭中起到至關重要的作用。

13 愛丁堡（Edinburgh），蘇格蘭首府，歷史文化名城。位於福斯灣南岸。

14 歐文・葛蘭道爾（Owen Glendower，威爾士語拼寫為Owain Glynd r，約一三四九／一三五九—約一四一六），曾領導一四〇〇年的威爾士叛亂，是最後一位享有「威爾士親王」稱號的威爾士本地人。

15 律師學院（Inns of Court），倫敦市內培養律師的專業機構。

16 這裡指雷金納德・格雷（Reginald Grey，約一三六二—一四四〇），第三代格雷・德・里辛男爵，時任威爾士邊境長官。他和莫蒂默爵士被捕後，亨利花錢把格雷贖了回去，但卻拒絕替莫蒂默上交贖金。

17 埃德蒙・莫蒂默爵士（Sir Edmund Mortimer，一三七六—一四〇九），即上文中提到的馬奇伯爵愛德華（譯注五）的叔叔，姐姐伊莉莎白嫁給了亨利・珀西（Henry Percy「Hotspur」，一三六四—一四〇三）。在威爾士叛亂中，莫蒂默為亨利四世而戰，被俘後，亨利四世卻禁止珀西家族為其繳納贖金，反而攫住莫蒂默的家產，為此莫蒂默轉而與葛蘭道爾結盟，珀西家族也揭竿而起。

18 「爆炭」亨利・珀西（Henry Percy "Hotspur"，一三六四—一四〇三），第二代諾森伯蘭伯爵，而且是當時非常著名的軍人。

19 指理查・斯克羅普（Richard le Scrope，約一三五〇—一四〇五），一三九八至一四〇五年擔任約克大主教，一四〇五年因參與叛變而被處死。

20 指阿奇博爾德·道格拉斯（Archibald Douglas，一三七二—一四二四），蘇格蘭貴族兼軍閥，第四代道格拉斯伯爵。

21 什魯斯伯里（Shrewsbury），位於英格蘭什羅普郡的城鎮，瀕臨塞文河。

22 指約克的康斯坦絲（Constance of York，一三七四—一四一六），格洛洛斯伯爵夫人，其父親為第一代約克公爵、蘭利的埃德蒙（Edmund of Langley，一三四一—一四〇二），是愛德華三世的兒子。上文出現的蘭利的愛德華（譯注七）是她的兄弟。

23 蘇格蘭的詹姆斯一世（James I of Scotland，一三九四—一四三七），蘇格蘭國王。一四〇六年二月，詹姆斯和一些貴族跟阿奇博爾德（第四代道格拉斯伯爵）的支持者發生衝突，因而來到蘇格蘭福斯灣的巴斯岩島避難。他在那裡待到三月中旬，才搭上一艘去往法蘭西的船，可是在英格蘭海岸附近遇上了海盜並被其帶走，交給亨利四世。

24 蘇格蘭的羅伯特三世（Robert III of Scotland，一三三七—一四〇六），蘇格蘭國王，一三九〇至一四〇九年在位。

25 這裡應指羅伯特·斯圖爾特（Robert Stuart，約一三四〇—一四二〇），奧爾巴尼公爵，是羅伯特三世同父異母的兄弟，涉嫌造成了羅伯特三世的二兒子（存活下來的長子）的死亡，因此羅伯特三世將詹姆斯送往法蘭西。

26 王座法庭（Court of King's Bench），英格蘭歷史上的一個法庭體系，最早並不是專門的法庭，而是王權和國家行政中心，由國王及其謀士、朝臣和行政官組成。王座法庭的首席法官又稱英格蘭首席大法官，是國家最高法官。由於王座法庭是代表國王本人審案，故有著極高的權力。

27 威廉·加斯科因（William Gascoigne，一三五〇—一四一九），亨利四世在位期間擔任王座法庭首席法官。他把威爾士親王關進監獄的故事儘管生動而富有特色，但並不可信。據說後者當上國王沒多久，加斯科因就被免職（一說辭職）了。

28 聖愛德華（St. Edward），指「懺悔者」愛德華（Edward the Confessor，一〇〇三—一〇六六），英格蘭的盎格魯—撒克遜王朝末代君主之一，一〇四二年至一〇六六年在位。亨利三世曾為了紀念他而重建威斯敏斯特大教堂。

第二十一章　亨利五世統治下的英格蘭

第一部分

威爾士親王[1]剛即位時表現得既慷慨又忠厚。他釋放了年輕的馬奇伯爵，歸還了珀西家族[2]的財產，並恢復了他們在對抗亨利四世期間被剝奪的封號。他還為愚蠢的可憐鬼理查舉辦了風光的葬禮，將其與英格蘭歷代先王埋在一處。那些胡作非為的玩伴也都被他遣散了。威爾士親王許諾，只要他們能痛下決心，從今往後忠心耿耿、誠實守信、不再玩弄花樣，自己就絕不會讓他們缺吃少穿。

把人燒死容易，但焚毀他們的思想卻困難得多。羅拉德派的信徒就是如此，他們每天都在傳播自己的教義。教士們聲稱羅拉德派信徒對新任國王懷有不臣之心。這些話多半都是謠言，可亨利卻信以為真。約翰・奧爾德卡斯爾爵士（也是科巴姆勳爵）[3]是國王的朋友，國王本想通過辯論說服他改變信仰，結果卻是徒勞。於是，爵士便成了教士們的犧牲品。他被當成羅拉德派的頭目治了罪，並判處火刑。可是，他在行刑的前一天（國王自己下令把日期推遲了五十天）逃出了倫敦塔，並召集羅拉德派的人在指定時間到倫敦附近與他會合——至少教士們對國王是這麼說的。我懷疑這場「陰謀」完全出自密探的捏造，因為到了約定的那一天，聖賈爾斯草甸[4]上並未如教士們所說，出現約翰．奧爾德卡斯爾爵士對著兩萬五千人發號施令的場面。除了八十名信徒以外，國王連爵士的影子都沒見到。然而，等待約翰爵士的並非只有國王一人。那天，在另一個地方，有個糊裡糊塗卻野心勃勃的傢夥，懷揣一對鍍金馬刺，還給他的馬準備了金色飾物，盼望著第二天約翰爵士會封他為騎士，到時候他就有資格使用這些東西了。但同國王一樣，他也沒見著約翰爵士。儘管國王懸賞高額獎金收集情報，可是沒人舉報任何關於約翰爵士的消息。在那八十個倒楣的信徒當中，有三十人被立刻吊死並掏空內臟，然後屍體和絞刑架都被一起燒掉了；其餘人則被塞進了倫敦市內及附近的監獄裡。這些倒楣鬼供述了五花八門的謀反計畫——反正，在嚴刑拷打和火刑的威脅下，他們什麼話都說得出來，但可信度就另當別論了。不過現在我要儘快結束約翰．奧爾德卡斯爾爵士的悲慘故事：他逃到了威爾士，在當地平平安安地住了四年後，才被波伊斯勳爵[5]發現。可即便如此，要不是一個卑鄙的老婦人用凳子從背後砸斷了爵士的雙腿，以這位老兵的英勇無畏，波伊斯勳爵能不能活捉他，還是一個大大的未知數。後來，爵士被人先用馬轎送至倫敦，又拿鐵鍊綁在絞刑架上，活活烤死了。

現在我們再把目光轉向法蘭西。為了盡可能用三言兩語把這個國家的情況介紹清楚，我得先讓各位知道，亨利四世在位期間，奧爾良公爵與勃艮第公爵（通常被稱做「無畏者約翰」）雖然曾有過矛盾，但兩人已鄭重其事地握手言和，而且當時雙方都表現得很愉快。可事後不久的一個星期天，勃艮第公爵就指使二十個人在巴黎的公共街道上刺殺了奧爾良公爵——這可是他親口招供的！奧爾良公爵的大兒媳就是理查國王的遺孀伊莎貝拉（前任丈夫死後，她便回到了法蘭西），但她可憐的國王父親瘋瘋癲癲，完全幫不上女兒的忙。於是，國家的實權便落在了勃艮第公爵手中。伊莎貝拉死後，她的丈夫（也就是新的奧爾良公爵）又娶了阿馬尼亞克伯爵[6]的女兒。這位伯爵要比年輕的女婿能幹得多，他成了奧爾良公爵黨羽中的領頭人物，從此這些人便叫做阿馬尼亞克黨。這樣一來，法蘭西的現狀便十分糟糕了：國內既有王太子路易[7]的支持者，又有勃艮第公爵的擁護團（這位公爵的女兒就是王太子那位飽受虐待的妻子），還有奧爾良公爵的阿馬尼亞克黨。三方成員清一色都是全世界最墮落不堪的紈絝子弟，這些人彼此仇視、打來打去，不幸的法蘭西就這樣被他們搞得四分五裂。

隔岸觀火，前任國王亨利四世很清楚法蘭西最大的敵人就是其本國的貴族子弟（法蘭西人民同樣對此瞭若指掌）。但如果亨利四世只是觀望，那麼亨利五世就要直取法蘭西王座了。當然，他的要求沒能得到滿足，於是他放寬了條件，要法蘭西割讓大片領土，再把卡特琳公主[8]嫁給他，而且還得帶上二百萬克朗的嫁妝。但是，法蘭西非但拒絕獻出公主，土地和錢財的數量上也都打了折扣。於是亨利將大使們召回國內，準備跟法蘭西開戰。沒過多久，他再次索要公主和一百萬克朗，而這回法蘭西王室同意把公主嫁給他，但只肯拿出八十萬克朗。亨利拒絕買帳（他與卡特琳公主素未謀面），還把軍隊集合到了南安普敦[9]。那時候英格蘭國內正醞釀著一個陰謀，有人想推翻亨利，把馬奇伯爵扶上王位；可是所有的叛徒很快就被定罪並處死，亨利國王也動身前往法蘭西。

壞典型層出不窮固然讓人垂頭喪氣，而好榜樣永不遭棄卻使人歡欣鼓舞。國王在距離阿夫勒爾約五公里處的塞納河[10]口登陸後，所做的第一件事就是效仿他的父親，他鄭重下令，說百姓只要肯歸順，其生命財產就絕不會受到侵害；擾民的英格蘭士兵則格殺勿論。事實上，英軍曾因食物嚴重短缺而倍受折磨，可即便如此，他們依然嚴格遵守了這些命令。這一點我們也可以從幾位法蘭西作家那裡得到印證。

憑藉手上的三萬人馬，國王布下了天羅地網，圍困阿夫勒爾鎮。五個星期後對方投降了。亨利五世允許當地居民離開鎮上，但每個人只許攜帶五便士和一部分衣物，其餘財產都被英格蘭士兵分掉了。然而，英軍雖然取得了勝利，卻因為缺醫少藥和艱苦的生活條件而折損了一半人馬。儘管如此，國王依然堅持乘勝追擊，不肯退縮。於是，他不顧所有謀臣的反對，帶著為數不多的兵馬去了加萊。後來由於索姆河[11]邊的堡壘有人把守，導致軍隊無法過河，於是眾人只得一面沿著左岸往上遊行進，一面尋找渡口；與此同時，法軍毀掉所有的橋樑後，也沿著右岸朝上游走，監視英軍的動向：只要對方一準備渡河，他們就會發動襲擊。可最終英格蘭人還是找到了渡口並安全抵達對岸。法蘭西人在盧昂召開了軍事會議，決定向英軍宣戰，並派出使者探聽亨利國王走的是哪條路。「就是直通加萊的那條路！」國王對使者如是說，並拿出一百克朗作為禮物，把他們打發走了。

英軍一路來到法蘭西人面前，士兵在國王的命令下擺開陣勢。可由於法軍沒上前迎戰，他們一到晚上便解散了隊形，在附近的一個村子裡吃飽喝足，好好休息了一下。此時的法軍也全體待在另一座村莊裡——那兒是英軍的必經之路，而他們堅持要讓英軍率先挑起戰爭。亨利國王絲毫不肯退縮，再說他們也無路可退。兩支隊伍就這樣做了一夜鄰居。

要想充分瞭解這兩支軍隊，大家必須記住一點：法蘭西大軍的人數至少是英軍的六倍，其中有一官半職的人物幾乎全都出身於名門貴族，但恰恰就是這些沉溺於花天酒地的壞蛋將法蘭西變成了不毛之地。他們傲慢無禮，瞧不起平民百姓，而且糊塗透頂，搞得偌大的軍隊裡弓箭手（早先多由普通百姓充任）居然少得可憐（甚至可以說沒有）。因為這群自以為是的傻瓜覺得，弓箭這種武器配不上騎士的雙手，而且只有高貴的紳士才有資格出面保衛法蘭西。我們很快就會知道，那些紳士貴族的雙手究竟能創造出何種戰績。

可是，小小的英格蘭軍隊裡卻有一大批完全不同的人：他們膀闊腰圓、頭大腿粗，從外貌到實際身份都跟「貴族」沾不上邊，但個個都是了不起的弓箭手。這一夜，法蘭西士兵通宵暢飲，勝券在握，而亨利國王卻沒怎麼闔眼。到了早晨，他便騎上一匹灰馬，從這些平民士兵中間馳過。只見國王頭戴閃亮的鋼盔，頂著金色的王冠，上面的寶石流光溢彩，他的盔甲上還繡著英格蘭和法蘭西的紋章。弓箭手們看到國王閃光的頭盔、金燦燦的王冠和亮晶晶的寶石，一個個讚不絕口。可是，最讓他們驚歎不已的，是國王那張朝氣蓬勃的臉和明亮的藍色雙眸。國王告訴眾人，他已下定決心，要麼征服敵人，要麼客死異鄉，到時候絕對不讓英格蘭花錢贖他。有一位勇敢的騎士偶然提到，英格蘭還有許多英勇的貴族和出色的士兵在家裡閑著沒事，要是他們當中的一部分人也在，大家就多了些助力。但是國王卻說他覺得一個人都不用再添了。「兵力越少，」他說道，「我們贏得的榮耀就越大！」此時他的士兵個個精神飽滿，大家吃過麵包、喝過酒，又傾聽了禱告，靜等法蘭西軍隊到來。國王胸有成竹，因為他知道，法軍的編制十分緊湊，大約三十人一列，而英軍雖然兵力不多，卻把戰線拉得很長，一列只有三個人。由於地面泥濘不堪，十分難走，法蘭西人又身披重甲，所以他們衝過來時肯定會亂成一團。

然而，法軍並未發起衝鋒。於是，國王派出了兩隊人馬：一隊埋伏在法軍左面的樹林裡，另一隊負責在戰爭開打後點火燒掉法軍後方的屋子。他剛部署好一切，就有三個趾高氣揚的法蘭西貴族騎馬跑來——他們要自己動手保家衛國，根本用不著那些身份卑微的農民幫忙。三人叫囂著要英格蘭屈膝投降。國王親自出面警告，說要是他們愛惜性命的話，就以最快速度滾回去。接著，他命令英軍前進。負責指揮弓箭手的湯瑪斯．歐平漢爵士[12]是一位了不起的英格蘭將軍，聞言後他馬上興奮地將自己的指揮棒拋向空中，而英格蘭士兵則全體跪倒，用武器刺向地面，好像已經佔領了這個國度一般。然後，他們站起身來，一面發出震耳欲聾的吼聲，一面向敵人發起了進攻。

每個弓箭手都拿著一根又粗又大的樁子，頂端還是鐵做的。他們接到的命令是：把樁子斜插進地面，讓帶鐵尖的那頭衝著法蘭西騎兵，等對方一跑過來就放箭，然後撤退。自命不凡的法蘭西貴族騎著馬、拿著能配上騎士雙手的武器——長矛衝上前來，企圖打亂英格蘭弓箭手的隊形，將其一舉殲滅。然而，迎接那些人的卻是一陣鋪天蓋地的箭雨。他們登時陣腳大亂，落荒而逃。戰場上人仰馬翻，亂成了一團。重新集結的法軍再度衝向弓箭手，卻被一根根樁子困住，無法脫身。沼澤裡滑得要命，弓箭手們不僅沒穿盔甲，連皮外套也脫了，好讓手腳更加靈活。敵人暈頭轉向，被他們徹底撕成了碎片。

只有三個法蘭西騎兵得以穿過木樁，但轉眼就被消滅了。同一時間，身披盔甲的法蘭西大軍已被沼澤沒至膝蓋，而英格蘭弓箭手卻是輕裝上陣，行動自如，半裸的身子上乾乾淨淨，好像在大理石地板上作戰一般。

可是現在，法軍第二師衝上來為戰友解圍了。他們團結緊密，向敵人逼近；英軍則在亨利國王的領導下發起反擊，戰爭進入了白熾化的階段。國王的弟弟克拉倫斯公爵被人擊倒後，陷入了大批法蘭西士兵的包圍。但是，亨利國王一面威嚇這群人，一面奮力廝殺，直到把他們打退為止。

不一會兒，又有十八名法蘭西騎士舉著某位貴族的旗幟奔上前來；那位貴族曾發誓要殺死亨利國王，或者擒住他。其中一人用戰斧狠狠地砍在國王身上，國王招架不住，身子一翻跪倒在地；可是，忠誠的士兵們迅速上前，緊緊圍住了他，還把那十八個騎士殺得一個不剩，那位貴族的誓言最終也沒能實現。

目睹這一切後，法蘭西的阿朗松公爵[13]在絕望中發起了猛攻。他徑直衝向英格蘭王室的旗幟，還把站在旗子附近的約克公爵打倒在地。國王前來搭救，頭上的王冠反而被他削去了一塊。但這是公爵生前發出的最後一擊了：就在公爵自報家門、宣佈向國王俯首稱臣，而國王也友好地伸出手來、光榮地表示受降時，公爵卻倒地而亡，那時他身上已被刺出了無數傷口。

公爵的死對這場戰爭起了決定性作用。法軍第三師連一場仗都沒打就被嚇得四散奔逃——要知道，他們的兵力比英軍總人數的兩倍還多呢。戰爭持續到現在，之前連一個俘虜都沒捉的英軍對敵人展開了大規模抓捕，凡是拒不投降的人都被殺了。正當英軍忙著抓人、殺人的時候，法軍後方突然出現一陣巨響，飛速移動的法軍旗幟也停了下來。亨利國王以為對方有大批援軍到來，便下令將俘虜全體處死。不過，當他們發覺那動靜只是來自一群正在搶奪財物的農民時，血腥的屠殺便隨即停止了。

接著，亨利國王把法蘭西的傳令官叫到跟前，問他勝利屬於誰。傳令官答道：「屬於英格蘭國王。」

「但這場浩劫和屠殺的始作俑者並不是我們，」國王說道。「是法蘭西人自己作惡多端，激怒了上帝，從而引來的惡果。那邊的城堡叫什麼名字？」傳令官：「陛下，那是阿贊庫爾城堡[14]。」國王便說：「那麼，從今天起，這場戰爭會被後人稱作『阿贊庫爾之戰[15]』。」

如今我們的歷史學家把這場戰爭叫做「阿金庫爾戰役」，可它還是會以「阿贊庫爾之戰」的名字永遠閃耀在英格蘭的編年史中。

戰爭給法蘭西軍隊造成了巨大損失：三名公爵、七名伯爵被殺，另有兩名公爵、三名伯爵被捕，死於戰場的騎士和貴族更是多達一萬人。英格蘭軍隊只有一千六百人陣亡，其中包括約克公爵和薩福克伯爵[16]。

戰爭都是殘酷而醜陋的。監獄裡，那些俘虜身受重傷，在地上痛苦地蜷縮成一團。第二天上午，英軍便不得不結束了他們的性命；法蘭西的死難者無人照管，他們的同胞只得將屍體扒個精光，然後放進一個個深坑中燒掉；英格蘭人則把陣亡的同胞堆進一間大屋子裡，連屍首帶房子一併焚毀了。這一切無不使聞者心驚肉跳，類似事例數不勝數，其可怕程度著實令人不堪提起。戰爭造成的真正破壞與罪惡即包含於此。戰爭只會帶來恐懼，這一點任誰都改變不了。可是，人們卻很少去思考它的黑暗面，即便想到也是轉瞬就忘。除了在戰爭中失去親友的人以外，這場仗並沒給英格蘭平民的生活投下什麼惱人的陰影。他們用一陣陣歡呼迎接國王歸來，甚至還跳進水裡，把國王扛在肩上，送到岸邊。無論國王走到哪個城鎮，當地百姓都會在窗外掛上精美的掛毯和織錦畫，成群結隊地跑來迎接他。街道上鋪滿鮮花，連噴泉裡湧出的都是美酒，如同阿金庫爾戰場上流淌的血一般鮮紅。

第二部分

飛揚跋扈、無惡不作的貴族們拖垮了整個法蘭西，就連阿金庫爾戰役的失敗也沒能讓他們汲取半點教訓。老百姓對他們的仇恨與憎惡一天比一天厲害、一年比一年深重，可那些人非但不齊心協力共同抗敵，反而像往常一樣暴戾、嗜殺、虛偽，甚至有變本加厲之勢。阿馬尼亞克伯爵說服法蘭西國王，奪走了巴伐利亞的伊莎貝拉王后[17]的財產，還要把她關起來。伊莎貝拉向來把勃艮第公爵當做死對頭，可是為了報仇，她竟和公爵站在了同一戰線。公爵把伊莎貝拉帶到特魯瓦[18]，她就在當地自立為法蘭西攝政王，並將公爵封為她的副手。當時巴黎已被擁護奧爾良公爵的阿馬尼亞克黨所控制，但是某天夜裡，其中一扇城門卻被人偷偷打開，勃艮第公爵手下的一干士兵潛了進去。他們把能抓到的阿馬尼亞克黨通通關進了監獄。幾天後，在六萬名瘋狂暴民的協助下，士兵們強行打開牢門，把那些人全部殺光了。這時候原來的王太子已經死了，國王的第三個兒子[19]頂替了他的位置。在流血事件發展到高潮時，一位法蘭西騎士匆匆地將王太子從床上拖下來，用床單一裹送到了普瓦捷。於是，當復仇心切的伊莎貝拉和勃艮第公爵殺掉敵人、耀武揚威地進入巴黎之後，王太子卻在普瓦捷昭告天下，當上了真正的攝政王。

自從阿金庫爾大捷之後，亨利國王就一直沒閑著：他挫敗了法蘭西人試圖收復阿夫勒爾的大膽嘗試，還逐步征服了諾曼第的大部分地區；他花了半年時間圍攻重要城鎮盧昂，並在這危急時刻將它一舉拿下。這次慘敗使法蘭西人成了驚弓之鳥，勃艮第公爵只好提議，讓英法兩國的國王在塞納河邊的一處平原上見面，商量商量和平條約的事。到了約定的那一天，亨利國王在克拉倫斯、格洛斯特兩位兄弟的陪同下，帶著一干人馬如約而至；但可憐的法蘭西國王卻因精神病加重而無法前來，於是伊莎貝拉王后便帶著卡特琳公主替他赴約。卡特琳是個非常可愛的姑娘，初次見面就給亨利留下了極為深刻的印象。這是此次會面所產生的最為重要的影響。

那時候的法蘭西貴族好像對什麼事都不講信用。亨利發現，就在他們擬定和平條約的當下，勃艮第公爵竟跟王太子暗通款曲，於是他放棄了談判。

勃艮第公爵和王太子兩人原本就互不信任，他們在彼此眼中都是整天和紈絝子弟為伍的紈絝子弟。此事一出，兩人都不知該如何是好了。不過，他們最終還是同意在約訥河[20]的一座橋上見面，並事先在那兒豎起了兩扇牢固的大門，中間留有空地；還約定勃艮第公爵從其中一扇大門進入，且只許帶十人相伴，王太子則從另一扇門進入，也是只許帶十個人。

目前為止王太子倒還說話算數，可他的信用也就這麼多而已。當勃艮第公爵跪在他面前說話時，王太子身邊的一個紈絝子弟用一把小斧子砍傷了公爵，接著其餘貴族迅速結束了他的性命。

儘管王太子佯裝這場卑劣的謀殺事先並未經他同意，卻仍然於事無補。

即便對於法蘭西而言，這件事也是惡劣非常，並引發了全民恐慌。公爵的後人連忙跟亨利國王簽訂了協定，法蘭西王后則保證無論協定內容是什麼，自己的丈夫都絕不反對。亨利同意和解，條件是他要娶卡特琳公主為妻，還要在法蘭西國王有生之年擔任攝政王，且國王死後須由他繼承王位。沒過多久，亨利就娶到了美麗的公主，並得意洋洋地帶她返回英格蘭，為她舉行了隆重而盛大的加冕禮。

英法雙方簽訂的協議名為《永久和平條約》[21]，它讓法蘭西人民欣喜若狂。不過，所謂「永久」到底是多久，我們很快就會知道。當時的法蘭西人民整天都過著捉襟見肘、以淚洗面的悲慘生活，就在王室成員為婚禮舉辦慶祝活動時，巴黎街頭的垃圾堆裡卻有許多饑餓的百姓在死亡線上苦苦掙扎。雖然有幾個地方出現了支持王太子的反抗活動，但都被亨利國王鎮壓下去了。

現在，法蘭西的大筆財富已是亨利囊中之物，又有漂亮的妻子給他帶來歡笑，兒子的出生更是讓他心裡樂開了花，亨利的未來彷彿一片錦繡。可是，就在他登上權勢與勝利的頂峰之後，卻被死神攫住了——他在劫難逃。亨利在萬塞訥[22]生了病，意識到康復無望後，他不吵不鬧，表現得異常冷靜。大家圍在床邊淌眼抹淚，亨利卻心平氣和地為自己安排後事，將妻兒託付給弟弟貝德福德公爵[23]和其他忠心耿耿的貴族悉心照料。他還提出建議，要英格蘭和新的勃艮第公爵建立友好關係，並邀請公爵擔任法蘭西的攝政王。此外，亨利又叮囑眾人，不要釋放從阿金庫爾抓來的親王們，而且無論跟法蘭西怎樣爭執不下，英格蘭都絕不能將諾曼第拱手相讓。說完這番話，他便躺下身子，讓隨侍的神父們唱起了《聖經》中的七首悔罪詩。一四二二年八月三十一日，國王亨利五世在莊嚴的歌聲中與世長辭，年僅三十四歲，在位僅僅十年。

人們為亨利的遺體做了防腐處理，並以格外隆重的儀仗將其送往巴黎。

他們哀哀切切，一路上走得並不快。到了巴黎之後，遺體又被送至王后所在的盧昂：亨利過世時，眾人對王后隱瞞了這個噩耗，一段時日後才告訴她。接著，人們又將屍身運往加萊。亨利躺在一張深紅與金黃相間的床墊上，頭戴金色王冠，無力的手中放著金色的圓球和權杖。隨行隊伍浩浩蕩蕩，放眼望去路上淨是烏壓壓一片。蘇格蘭國王擔任主祭，全體王室成員都跟在他後面。騎士們身穿黑色盔甲，戴著黑色羽飾。大批士兵手持火把，將黑夜照得亮如白晝。走在最後的是失去丈夫的卡特琳公主。加萊有一支艦隊，正等著把送葬的人群載往多佛爾。

過倫敦橋時，人們為逝者唱起聖歌，最後把亨利的遺體送至威斯敏斯特大教堂，滿懷敬意地埋葬了他。

1 即亨利五世（Henry V，一三八六—一四二二），英格蘭國王，一四一三至一四二二年在位。

2 珀西家族（the Percy family），中世紀時期英格蘭北部實力最雄厚的王室家族，這裡指曾參與反抗亨利四世的第一代諾森伯蘭伯爵亨利・珀西（Henry Percy，一三四一—一四〇八）和他的兒子（Henry Percy「Hotspur」，一三六四—一四〇三）等人。

3 約翰・奧爾德卡斯爾爵士（Sir John Oldcastle，卒於西元一四一七年），士兵、羅拉德派教徒，一四〇八年娶科巴姆男爵的女繼承人為妻。由於他是亨利五世的朋友，所以遲遲沒有遭到檢舉。被定罪後，他從倫敦塔逃脫，並領導了一場叛亂。一四一七年十二月十四日因信仰異教和叛國罪被處以絞刑和火刑。

4 聖賈爾斯草甸（the meadows of St. Giles），位於倫敦西區。一四一四年，約翰・奧爾德卡斯爾爵士在這裡領導羅拉德派叛亂；一四一七年，爵士在這裡被處死。

5 波伊斯勳爵（Lord Charlton of Powys，文中寫作Lord Powis，一三七〇—一四二一），指愛德華・查爾頓（Edward Charleton）。一四一四年，叛亂失敗的奧爾德卡斯爾逃到威爾士邊界地區；一四一七年，有人在布羅尼亞斯（Broniarth）的一座偏遠農莊發現其行蹤，激烈的搏鬥之後，奧爾德卡斯爾被波伊斯的僕人所擒。

6 指貝爾納七世（Bernard VII，一三六〇—一四一八），阿馬尼亞克伯爵，法蘭西王室總管。

7 指法蘭西王太子路易（Louis，Dauphin of France，一三九七—一四一五），夏爾六世曾先後有過五名王太子，他是第三個，最終死於痢疾。勿將他與日後登上王位的夏爾七世混淆。

8 瓦盧瓦的卡特琳（Catherine of Valois，一四〇一—一四三七），夏爾六世的女兒，後嫁給亨利五世，成為英格蘭王后，日後的英格蘭國王亨利六世便是他們的獨子。

9 南安普敦（Southampton），位於英格蘭南部海岸的城市。

10 塞納河（Seine），位於法蘭西北部的河流，全長七八〇公里。

11 索姆河（Somme），法蘭西北部河流，發源於埃納省的聖康坦以北，在阿布維爾附近注入英吉利海峽。

12 湯瑪斯．歐平漢爵士（Sir Thomas Erpingham，約一三五五—一四二八），英格蘭騎士，由於在阿金庫爾戰役中擔任弓箭手指揮官而聞名。

13 指阿朗松的約翰一世（John I of Alençon，一三八五—一四一五），阿朗松公爵，在阿金庫爾戰役中擔任法軍第二師指揮官。據說他殺掉了約克公爵，打傷了格洛斯特公爵，還把亨利五世的王冠砍掉一塊，最終被亨利的衛兵制服，沒來得及投降就被殺了。

14 阿贊庫爾城堡（the castle of Azincourt），阿贊庫爾是位於法蘭西加萊海峽省的市鎮，這座城堡如今早已不復存在。

15 阿贊庫爾之戰（Battle of Azincourt），又名阿金庫爾之戰（Battle of Agincourt），是英格蘭在英法戰爭中取得的重要勝利。戰役發生在一四一五年一〇月二五日法國北部的阿贊庫爾鎮，以大量使用英格蘭長弓而著稱。英軍主力由英格蘭及威爾士的弓箭手組成，他們在亨利五世的率領下，擊潰了由大批貴族組成的法蘭西精銳部隊。這場戰役是英格蘭長弓手最輝煌的勝利之一，且為一四一九年收服整個諾曼第奠定基礎。

16 指第三代薩福克伯爵邁克爾．德．拉．波爾（Michael de la Pole，一三九四—一四一五），他的父親在英軍圍困阿夫勒爾鎮時死去。

17 伊莎貝拉王后（Isabeau of Bavaria，約一三七〇—一四三五），法蘭西王國夏爾六世的妻子。

18 特魯瓦（Troyes），法蘭西奧布省首府，位於塞納河畔，巴黎東南方一五〇公里處。

19 即後來的法蘭西國王夏爾七世（Charles VII of France，一四〇三—一四六一）。

20 約訥河（Yonne），法蘭西中北部河流，塞納河左岸支流。

21 即《特魯瓦條約》（Treaty of Troyes），阿金庫爾戰役之後，一四二〇年五月二一日，由亨利五世和法蘭西王后伊莎貝拉在法蘭西的特魯瓦市簽訂。條約內容包括卡特琳公主嫁給亨利為妻；取消法蘭西王太子的繼承權；夏爾六世死後，其王位由亨利和他的繼承人接替等。

22 萬塞訥(Vincennes)，位於巴黎東郊的市鎮。

23 指蘭開斯特的約翰(John of Lancaster，一三八九—一四三五)，亨利四世的第三子，第一代貝德福德公爵。亨利五世臨死前，以自己兒子的名義封他為法蘭西攝政王。

第二十二章　亨利六世統治下的英格蘭

第一部分

由於此時的亨利六世[1]還是個年僅九個月大的嬰兒，無法執政，前任國王[2]曾希望格洛斯特公爵[3]能夠擔任攝政王。但英格蘭國會卻傾向於成立一個攝政委員會，由貝德福德公爵[4]出任委員會的首腦；只有在貝德福德公爵缺席的情況下，格洛斯特公爵才能代行職責。事實證明國會的選擇是明智的，因為沒過多久，格洛斯特公爵就露出了野心勃勃、招人厭惡的本性。為了實現自己的陰謀，他甚至嚴重冒犯了勃艮第公爵[5]，為了擺平這件事可費了不少功夫。

因為勃艮第公爵謝絕出任法蘭西的攝政大臣，可憐的法蘭西國王[6]只好轉而把這個位子授予貝德福德公爵。可剛過了不到兩個月，法蘭西國王便去世了，王太子立馬宣稱自己將繼承王位，並加冕成為了查理七世[7]。為了與其抗衡，貝德福德公爵和勃艮第公爵以及布列塔尼公爵結成友好同盟，還將自己的兩個姐妹嫁給了兩位公爵。英法戰爭即刻再開，《永久和平條約》[8]也就被束之高閣了。

在這支盟軍的幫助下，英格蘭首戰迅速告捷。然而此時蘇格蘭已向法蘭西派出五千兵力；而且，他們要麼會提供進一步增援，要麼會趁英軍忙於與法軍交戰之際偷襲英格蘭北部。面對這般狀況，英格蘭方面決定在此時釋放囚禁已久的蘇格蘭國王詹姆斯[9]，但條件有二：第一，他必須支付四萬英鎊作為十九年牢獄生活的食宿費；第二，他必須禁止臣民效忠法蘭西。可喜的是，這位溫順的囚犯最後不僅在答應條件的情況下重獲了自由，還娶了一位英格蘭貴族小姐——他們兩情相悅已久。他最終也成為了一位出色的國王。

本書先前介紹過的許多君主，要是也能坐上十九年牢，我想他們的統治會改善許多，世界也能太平不少。像這樣的人我們以後還會談到一些。

第二場戰役開打了；英格蘭不僅在韋爾訥伊[10]大獲全勝，而且還使用了奇特的取勝手段。他們把運送物資的馬全部首尾相連拴在一塊兒，然後在上面胡亂堆物資，這就建造了一座活體防禦工事。這用來對付軍隊確實有效，但是馬匹可就受罪了。接下來三年間的對戰鮮有進展，因為雙方都囊中羞澀打不起仗了——打仗可是項燒錢的娛樂項目。但是，在巴黎的一場會議上，英格蘭做出了一個重要決定：圍攻對法蘭西王太子來說很重要的奧爾良鎮[11]。為了這番圍攻，英軍任索爾茲伯里伯爵為將軍，並給了他一萬人馬。可不幸的是，索爾茲伯里將軍在圍攻初期犧牲了，於是薩福克伯爵便接替了他的位子。在他的指揮下，奧爾良鎮被圍得水洩不通，束手無策的法軍只好提出將城鎮交給他們的同胞勃艮第公爵。說起來，這裡面還有一份功勞屬於約翰・法斯塔夫爵士[12]。他帶著四百輛馬車的鹽醃鯡魚和其他軍隊補給前來增援，擊敗了企圖半路攔截他們的法軍，在激烈的小衝突中取得了勝利，這場戰鬥後來被戲稱作「鯡魚之戰」。然而對於法軍讓城的提議，英格蘭將軍回應說，城池是英格蘭人英勇地用鮮血打下的，自然該歸英格蘭人所有。眼看著城鎮已入絕境，王太子也是走投無路，絕望中的他甚至想要逃往蘇格蘭或是西班牙。但就在這個時候，一個農家女[13]的出現改變了整個事態。

現在我就要說說這個農家女的故事。

第二部分：聖女貞德的故事

在法國洛林省[14]的荒郊野嶺之中有一座偏遠的村莊，住著一個名叫雅克・達克的村夫，他有個二十歲的女兒名叫貞德[15]。她從小就是個孤僻的女孩，經常獨自一人在了無人跡的地方放牛放羊，而且一去就是整整一天。她還時常待在村子的小教堂裡，在昏暗的光線中一跪就是幾個小時，抬頭盯著聖壇和聖壇前暗淡的燈光看啊，看啊。時間久了，她就產生了幻覺，感覺好像有人影站在那兒，甚至還開口對她說話。住在那一帶的法蘭西人都非常愚昧迷信，他們根據夢到的東西，以及在雲霧深重的荒嶺中看到的景象，編出了很多志怪奇談。因此他們很容易就相信了貞德看到怪象的事情，並私下裡互相議論，說天使和幽靈都和她交談過。

有一天，貞德告訴父親，說一道不可思議的光突然降臨到她面前，隨後她就聽到一個莊嚴的聲音在說話。對方自稱聖米迦勒[16]，並指示她去幫助王太子。按照貞德的說法，這之後不久頭戴閃耀桂冠的聖加大肋納[17]和聖瑪加利大[18]也出現在她面前，鼓勵她要正直堅定。這些畫面偶爾還會再次出現，但聲音卻非常頻繁地在耳畔迴響。聲音總是在說：「貞德，你是被上天選中去幫助王太子的人！」每當教堂鐘聲響起之時，她幾乎總能聽到這些聲音。

毫無疑問，貞德深信自己的所見所聞。現在我們都知道，妄想症不過是種常見的疾病。小教堂裡很有可能有聖米迦勒、聖加大肋納和聖瑪加利大的畫像（畫像中的他們很可能頭戴閃亮的桂冠）；貞德想像中的三個形象應該就來源於此。長久以來，她都是個易憂鬱、愛幻想的女孩，雖然本性善良，但我得說她有點愛慕虛榮，而且一心想要吸引人注意。

她父親要比那些鄰居們理智些。他對貞德說：「我告訴你，貞德，這些都是幻覺。你最好找個好人家嫁了，讓丈夫來照顧你。孩子，好好幹活，別再胡思亂想了！」但貞德對父親的答覆卻是，她不但已經起誓終生不嫁，而且還決定遵從上天的指示，去幫助王太子。

可就在貞德思維混亂的這個時候，一夥王太子的敵人來到了村子裡，燒掉了小教堂，趕走了居民。這對這可憐的姑娘來說實屬不幸，父親的勸告也算是白費了。敵人殘酷的行徑刺激著貞德的心，也加劇了她的幻想。她說那些聲音和形象如影隨形，不停地對她說，古老的預言證明她就是那個要拯救法蘭西的女孩；她必須去幫助王太子，必須守在他身邊，直到他在蘭斯[19]接受加冕。為此，她必須先長途跋涉去找一個叫博多里古[20]的貴族，他可以將她帶到王太子面前——他會願意這樣做的。

她的父親依舊說：「我告訴你，貞德，這都是幻覺。」可貞德還是在一個車匠叔叔的陪伴下去找那個貴族了；這個貧窮的村民相信貞德能看到神蹟。

他們走了很長的路，走啊，走啊，走過崎嶇的鄉村，躲過勃艮第公爵的手下，避開各種強盜劫匪，終於找到了這個貴族。

貴族的僕人來稟報說，有個叫貞德的貧窮農家女，只在一個鄉下老車匠的陪同下前來求見，並聲稱自己受命來幫助王太子，拯救法蘭西。對此博多里古一笑了之，吩咐僕人們把這姑娘打發走。可隨後，博多里古聽到了很多關於她的消息，因為她在城鎮裡四處遊蕩，在各個教堂裡祈禱，又能看到幻象，也沒傷害他人。於是他急忙派人把她找來，當面詢問。由於在受到聖水噴灑之後[21]她還能保持前後所言一致，博多里古開始相信這其中可能確有玄機。他覺得總歸值得一試，於是便把她送往了王太子所在的希農[22]。為此，他給她買了一匹馬，一把劍，還派兩名侍從護送她。由於聖靈的聲音告訴貞德要著男裝，她便照做了；只見她身側佩劍，腳蹬馬刺，騎上馬與兩名侍從向希農進攻。至於她的車匠叔叔，在詫異地目送侄女直至她的身影消失在視線之中後，他便回家去了——那是他最好的歸宿。

貞德和她的兩個侍從騎著馬，經過了長途跋涉，終於到了希農。雖然遭到了些許懷疑，但她還是獲准面見了王太子。貞德一眼就從朝臣之中辨認出王太子，她告訴他，她是受上天所託來制服他的敵人，並協助他在蘭斯加冕的。她還說出了很多只有王太子自己才知道的秘密（雖然可能是王太子事後佯稱她都說中了，好讓手下士兵們更信服她），甚至還告訴大家，在菲耶爾布瓦的聖加大肋納大教堂有一把非常非常古老的劍，劍身上刻有五個古老的十字架，聖加大肋納要求她佩戴這把劍。

當時誰也沒聽說過有這麼一把劍，於是人們馬上去教堂檢查，竟然真的找到了！王太子便召來了一些嚴肅的教士和主教，請他們說說看這個女孩的力量來源到底是善靈還是惡靈。這干人等為此激辯了很久，以致有幾個學究竟酣然入睡，鼾聲如雷。最終，一個粗暴的老紳士質問貞德：「對你說話的聲音說的是什麼語言？」貞德答道：「反正比你的語言要悅耳得多。」於是他們認定貞德所言不虛，她確實是上天派來的。這對王太子手下的士兵來說可是個振奮人心的消息。而英格蘭士兵聞訊後卻垂頭喪氣，並將貞德視為巫女。

於是貞德再次策馬啟程，快馬加鞭一路趕到了奧爾良——要知道，從沒有哪個農家女像她一樣騎過馬。她騎著一匹白色戰馬，一身閃亮的鎧甲，腰間別著那把古劍——不過這時它已經被打磨光亮了。在她的前方是一面白底旗幟，上面是上帝的畫像和「耶穌—瑪麗亞」這幾個字。貞德便這樣風風光光地率領著一支押送補給的大軍，來到了這座備受圍困之苦的城市，來到了饑餓難耐的奧爾良居民面前。

城牆上的人們一看到她的身影就叫出了聲：「聖女貞德來啦！預言中的少女來拯救我們啦！」此情此景以及貞德一馬當先衝鋒陷陣的英姿給法蘭西人民帶來了勇氣，同時也讓英格蘭人聞風喪膽，使其防線很快被攻破，法蘭西軍隊和補給品得以進城——奧爾良得救了。

從此以後，貞德便有了「奧爾良姑娘」的稱號。她在城內待了幾天之後，便給薩福克伯爵捎去了若干封信，要求他和他的英格蘭手下們遵從上天的意願，離開這座城鎮。不過英格蘭這邊的將領非常確信貞德根本不知道上天真正的意願（雖然這也無法改變他手下那幫愚蠢士兵的想法：他們覺得貞德如果不是能通靈，那就一定是個巫女，和巫女鬥爭根本就是徒勞），於是貞德再次跨上她的白色戰馬，舉起潔白的旗幟率軍進攻。

圍城的軍隊守住了橋以及幾座堅固的橋頭堡；奧爾良姑娘便來攻擊他們。戰鬥持續了十四個小時。貞德親手樹起一架雲梯向城牆上爬去，不想被一個英格蘭兵射中了脖子，跌進戰壕裡。人們把她抬去治療並取出箭來，在疼痛的折磨下她和普通女孩一樣痛哭叫喊。可過了一會兒她又說，聖靈的聲音對她說話了，安撫她平靜下來。片刻後，她便起身重新衝到戰鬥的最前線。英格蘭兵之前看到她掉下梯子，都以為她死了，現在見她又衝鋒陷陣，一陣異樣的恐懼感在他們當中蔓延開來。有些士兵甚至叫喊說他們看到聖米迦勒騎著白馬（恐怕應該是貞德）在為法蘭西而戰鬥。橋和橋頭堡都失守了。英軍次日便燒毀了一連串的堡壘，離開了這裡。

然而薩福克伯爵並沒有撤退太遠，只是退到了幾公里之外的雅爾若。「奧爾良姑娘」在那兒圍困了他，伯爵最終淪為階下囚。白色旗幟在城牆上升起之後，貞德被石頭砸中了腦袋，再一次跌入戰壕。可躺在地上的她卻更賣力地叫喊：「去吧，我的同胞們！什麼都不要害怕，勝利的果實是主賜予我們的！」在聖女貞德取得這次勝利之後，幾個先前反抗王太子的要塞和地區都不戰而降。在帕泰，她擊敗了英軍的殘餘力量，在一千二百名英格蘭人長眠之處插上了勝利的白色旗幟。

因為第一部分任務已經圓滿完成，為了履行讓王太子加冕的職責，貞德催促王太子前往蘭斯（王太子向來對有戰鬥的地方避之不及）。王太子本並不急著想加冕，因為前往蘭斯路途遙遠，所經之地還會碰到英格蘭人和勃艮第公爵在國內依舊強大的勢力，但他還是帶上一萬士兵啟程了。「奧爾良姑娘」也再次身著耀眼的鎧甲，騎上了她的白色戰馬。軍隊每到一個城鎮，如果對方很快投降，士兵們就對貞德百般信任；但若是城鎮稍有反抗，士兵們又會私下議論說貞德是個騙子。特魯瓦[23]便是典型的第二種情況。不過後來，這個小鎮還是在一個叫做理查的修道士的勸說下投降了。理查修道士原本也對「奧爾良姑娘」將信將疑，可他在給貞德以及她進城時跨過的門檻都灑了聖水之後，發現並沒有發生什麼變化，於是他和其他那些老鄉紳們得出了相同的結論，相信了貞德，並成為她的得力助手。

他們繼續策馬前行——「奧爾良姑娘」、王太子還有一萬名對貞德時信時疑的士兵留下了一路的蹄印和腳印。終於，一行人馬來到了蘭斯。在蘭斯大教堂，王太子終於在眾多民眾的注目下加冕成為了查理七世。手握白色旗幟的少女就站在國王身邊，見證他的勝利。她跪在國王腳邊，淚眼婆娑地說，聖靈啟示她去做的事情，她終於做到了，現在她惟一的請求，就是立刻回到她遙遠的故鄉，回到她執拗地不願相信神蹟的父親身邊，回到她最初的那位鄉下車匠隨從的身邊。可國王不答應，他不但給了她與家人盡可能尊貴的封號，還賜予她伯爵級別的報酬。

啊！奧爾良姑娘！倘若那天妳能夠脫下戎裝，布衣還鄉，回到那小小的教堂和曠野山嶺之中，忘掉這一切，嫁個好人家，聽聽小孩子的嬉鬧而不是聽到什麼奇怪的聲音，那妳該是多麼的幸福！

可惜事情並沒有這樣發展。她繼續輔佐國王（她在理查修道士的陪同下為國王上下打點），努力想要提高下等士兵的生活水準。毫無疑問，她依然虔誠信教，大公無私，生活簡樸。然而，她還是多次請求國王放她回家；有一次，她甚至脫下閃亮的盔甲，將之掛在教堂裡，表示再也不會穿它。可每次國王都成功把她勸回自己身邊——她對國王來說還有利用價值。就這樣，她繼續在這條路上前行，漸漸走向死亡。

貝德福德公爵很有才幹。此時的他正在英格蘭政壇初展拳腳，與法蘭西再度開戰，又拉攏了勃艮第公爵。這讓查理頗為苦惱。查理有時候會問「奧爾良姑娘」，聖靈的聲音對此有什麼看法？然而聖靈的聲音現在就像迷茫困惑的普通人一樣自相矛盾，含混不清，一會兒如此，一會兒那般，使得聖女的威信日益消損。查理前往反對他的巴黎，襲擊了聖奧諾雷郊區。在戰鬥中，貞德又被擊中掉進了戰壕，這次卻被全軍給拋棄了。她無助地躺在屍堆中，傾盡全力才爬出來。之後，她的一些信徒轉而投奔了與貞德敵對的另一個聖女，名叫拉羅歇爾的凱薩琳。她聲稱自己受神的啟示，能說出哪裡埋藏了寶藏——雖然她從沒說中過。偏偏在這個節骨眼上，貞德又折斷了那把古老的劍，便有人說她的力量也隨著劍一併折斷消失了。貞德在最後一戰——圍攻勃艮第公爵鎮守的貢比涅之戰[24]中，依舊表現英勇，卻被撤退的部隊卑鄙地拋下了，於是她轉身面對敵人，孤身奮戰到底。最後，一名弓兵將她拉下了馬。

哦，抓住了這個可憐的農家女，英軍這下可得意了，他們唱起了感恩之歌。他們指控她是使用巫術的異教徒，還隨意指控其它罪行。審訊人員由法蘭西宗教法庭庭長等人輪番擔當，人選從這位大人物到那位大人物，直到他們自己都懶得去想還有什麼人物能來審一審貞德！她最終被博韋主教[25]以一萬法郎的價錢買下，關進了狹小的牢房。她又成為了普通的貞德，不再是什麼「奧爾良姑娘」了。

我根本就不想跟您說，這幫人是如何顛來倒去地把貞德審了又審，又通過百般折磨來讓她說出一切；而各路學者又是如何極盡乏味之能事來消磨她。貞德被押出監獄審問，來來回回有十六次之多。他們折磨她，誘騙她，同她爭論，搞得她身心俱疲。最後一次審問中，她被帶到盧昂的一處墓地。這裡有絞刑架、火刑台和柴火這些陰暗的陳設，一旁站著個劊子手，還有個修道士站在講道壇上準備做一場莊嚴的佈道。即便在這種時候，這個可憐的姑娘還是堅持維護著國王，維護那個百般利用她之後又拋棄了她的卑鄙小人；她對自己所遭受的謾罵充耳不聞，卻勇敢地替國王辯護，實在令人動容。

在貞德這樣年輕的年紀，求生是種本能。為了活命，她簽署了別人為她準備好的聲明——因為不會寫字，她就畫了個叉來代替。聲明表示，她所看到和聽到的種種都來自惡魔。在承認過去的一切都是扯謊、以及表示從此再也不穿男裝之後，她被判處終生監禁，「以艱難為食，以困苦為水」[26]。

可即便她「以艱難為食，以困苦為水」，聖靈的身影與聲音很快就再次出現了。這是自然的，禁食、孤獨與焦慮的精神狀態都大大惡化了她的病情。貞德不僅又覺得自己能夠通靈，還在寂寞難耐之下穿上了牢房裡的男裝——那是專門留在這兒用來引誘她的。她之所以上當，或許是為了懷念過去的榮光，又或許是聽到想像中的聲音叫她這樣做。但這麼一來，貞德又成了那個被指控會用巫術的異教徒，身上的種種罪行都故態復萌。這回，她被判火刑。在盧昂的集市上，修士們給她穿上專門製作的醜陋服飾，一群教士和主教坐在走廊裡看著，不過其中一些人礙於基督徒的顏面而不願看到這不堪的情景，選擇了離開。人們最後看到的，是這位姑娘雙手握著十字架，在煙霧和火光中驚聲尖叫，她一邊呼喚著基督，一邊被燒成了灰燼——她的骨灰最終被撒進了塞納河。然而，到了最終審判日，這些灰燼將會從河底升起，去聲討謀害她的人。

自貞德被捕之日起，上至法蘭西國王，下至所有朝臣，沒有一個人想過要救她。說不定他們壓根兒就沒有真正信任過她；又或者他們覺得贏得勝利靠的是他們自己的戰術和勇氣，與貞德無關。他們越是裝作信任貞德，就越是讓貞德對自己深信不疑。她從來都是真誠待人，勇敢無畏，無私奉獻；但那些無時無刻不虛偽的人總是虛偽地對待自己，虛偽地對待彼此，虛偽地對待國家，虛偽地對待上蒼和大地，他們自然也會像忘恩負義的禽獸一樣對待這個無助的農家女。

在風景如畫的盧昂老城，大教堂的塔上野草叢生，莊嚴的諾曼街道沐浴著溫暖的陽光，曾經燃起的宗教火焰業已熄滅。今天這裡有一座聖女貞德塑像，表現了她受難時痛苦的模樣。還有一個廣場也以她的名字來命名。我看過一些現代塑像，甚至包括一些國際大都市的塑像，但它們所紀念的都是一些轉瞬即逝的東西，對世界的影響也就微乎其微；說到底，也都是些徒有其表的虛偽玩意罷了。

第三部分

值得慶倖的是，做壞事終歸沒什麼好果子吃。所以，在殘忍地殺害了聖女貞德之後，英格蘭也沒嘗到什麼甜頭。殘酷的戰爭又拖延了很長時間。其間，貝德福德公爵去世了；與勃艮第公爵的同盟關係破裂；塔爾博特男爵[27]成為英軍駐法蘭西的將軍。戰爭帶來了兩個後果：一是饑荒——因為人們無法安心種田；二是傷風敗俗之事——因欲望，悲傷與痛苦而起。這兩個可怕的東西襲擊了英法兩國，糟糕的狀況一直持續了兩年。兩年後，戰爭再次開打，這一次英格蘭政府戰爭失利，法蘭西逐漸收復了領土。在殺害聖女貞德之後的第二十年，英格蘭手裡就只剩下加萊了。

這麼長時間的戰爭有勝也有敗，而英格蘭國內也發生了許多怪事。年輕的國王一天天長大，同他偉大的父親相比，他簡直就是個卑微的可憐蟲。他倒是不會對任何人造成傷害，因為他完全看不得流血。他是個懦弱、愚笨、無助的年輕人，在宮廷之上被貴族們耍得團團轉。

起初，要弄他的人當中最具勢力的是格洛斯特公爵和紅衣主教博福特（他是國王的親戚[28]）。格洛斯特公爵的妻子受到荒唐的指控，稱其企圖用巫術害死國王，好讓作為第一繼承人的丈夫登上王位。據稱，她在一個名叫瑪格麗的老巫女的幫助下照著國王的樣子做了一小蠟像，用小火慢慢將其融化。據說這樣做的話，蠟像的原型必死無疑。我不知道公爵夫人是不是和其他人一樣愚昧無知，真的為了這種目的做了個蠟像。但有一點大家都心知肚明：就算她真這麼愚蠢地去做了，她就算做一千個蠟像並且全部融掉，也不可能傷到國王以及其他任何人。可她確實因此受到了審判，同夥有老瑪格麗和公爵的一個專職教士。兩個同夥都被處以死刑，公爵夫人則被罰手持點燃的蠟燭步行繞城三圈作為贖罪，後被判處終生監禁。風波期間公爵本人一直保持沉默，甚至沒有插手，似乎能擺脫夫人他還挺高興的。

但是，公爵大人命中註定享不了太久的清福。被要得團團轉的國王如今已是二十有三，貴族們都急著要他成婚。格洛斯特公爵想把阿馬尼亞克伯爵的一個女兒嫁給他，但紅衣主教和薩福克伯爵卻看中了西西里國王的女兒瑪格麗特[29]。他們知道，這個瑪格麗特既果敢又有野心，只要她願意，肯定能控制住國王。婚事交由薩福克伯爵撮合。為了和新娘搞好關係，伯爵同意她嫁過來時不用帶嫁妝，甚至還倒貼了兩塊最有價值的領土給法蘭西。於是婚事就這樣敲定了，新娘可謂是占盡了便宜。薩福克伯爵將她帶回英格蘭，她和國王便在威斯敏斯特舉行了婚禮。幾年後，王后和她的同黨們尋了個藉口給格洛斯特公爵治了叛國罪，不過至於是什麼藉口，我們就無從知曉了——因為這其中隱藏著太多黑幕。總之，他們假稱國王性命受到威脅，就把公爵關進監獄。兩周後，（據他們說）公爵橫屍獄中榻上。他的屍體被示眾，最值錢的財產都歸給了薩福克伯爵。您看，那時候的政治犯是多麼容易暴斃。

如果紅衣主教博福特也涉足此事的話，這可沒給他帶來什麼好處——六周後，他也死了。去世時，他八十歲，生前竟還沒能當上教皇，這可真是匪夷所思啊！

至此，英格蘭原先在法蘭西的領土已經所剩無幾。人們都責怪說是薩福克伯爵的錯——哦對，現在是公爵了——怪他當初在談那場皇家婚事的時候這麼輕易就答應了對方的條件，甚至說他肯定是拿了法蘭西那邊的好處。

於是他被控叛國罪，其餘罪狀無數，但大意都是他幫助了法蘭西國王，而且密謀讓自己的兒子成為英格蘭國王。下議院和老百姓們都激烈地控訴他，可國王卻在薩福克友人的要求下出手救他，將他流放五年，並讓國會休會。消息一出，兩千名健壯的倫敦市民在聖伊萊斯草地候著他，公爵依舊能在慌亂中逃走，還真是勇氣可嘉。他回到薩福克的領地，從伊普斯威奇[30]出發乘船逃跑。渡過英吉利海峽之後，他又派人去加萊打探一下，看能不能在這兒登陸。可他的人還有船隻都一直留在海港裡，直到一艘叫作「尼古拉斯之塔」的英格蘭船帶著一百五十人靠近了他們的小船。他們命令公爵上船。「歡迎上船，叛徒。」船長冷酷而輕蔑地問候道。公爵在船上被囚了四十八小時，直到一艘小船朝著大船這邊駛來。小船漸漸靠近，船上的情形慢慢依稀可辨：那裡放著一個斬首時用的墊頭木，一把鈍劍，旁邊還立著一個頭戴黑色面具的劊子手。公爵被送上了小船；那把鈍劍一共砍了六劍才把公爵的腦袋砍下。隨後，小船又駛向多佛爾海岸，把公爵的屍首丟在那兒，等待公爵夫人前來認領。這樁謀殺的幕後黑手無人知曉，在整個事件中，甚至都沒有人受到懲罰。

這時候在肯特出現了一個自稱莫蒂默的愛爾蘭人，其真名叫做傑克・凱德[31]。他模仿沃特・泰勒[32]那樣發表演說，但他壓根兒學得不像，遠遠不如泰勒。他宣稱肯特人民的悲慘生活都是英格蘭政府昏庸無能、國王又任人擺佈的結果。兩萬名肯特人回應了；他們在布萊克希思集會，在傑克的帶領下起草了兩份檔，即《肯特平民控訴書》和《肯特大會高層之要求》。隨後他們就撤回塞文歐克斯，王室軍隊緊跟而至，但被他們擊敗，而且將軍還在戰爭中丟了腦袋。傑克穿上被殺將軍的盔甲，帶領手下的人們前往倫敦。

傑克從南華克[33]出發，經倫敦橋成功進入城區，期間他嚴令禁止士兵搶劫。市民們靜靜地觀察著他們。在充分展示軍威之後，他帶著秩序良好的軍隊回到南華克過夜。第二天他又回來了，同時抓了一個不受歡迎的貴族，名叫塞伊。傑克問市長和各位法官：「你們能不能在市政廳開設法庭，讓我來審一審這位貴族？」法庭很快設好了。經審訊，這位貴族確實有罪，於是傑克和手下就在康希爾砍了他的頭。被斬首的還有塞伊的女婿。事後，這一行人又秩序井然地回南華克了。

砍死一個不受歡迎的貴族也就算了，但要是打家劫舍的話，市民們可不會答應。某一天，晚餐後，傑克大概是喝多了，他竟然開始動手搶劫自己住的房子；他手下的人自然也就跟著模仿起來。於是倫敦市民跑到倫敦塔，找一位斯凱爾斯勳爵商量，請他帶著他手下的一千士兵在倫敦橋駐防，把傑克和他的手下攔在外面。有了這個先決優勢，他們又故伎重演，派出各色大人物代表國家做出種種空頭承諾，企圖藉此離間傑克的軍隊。這招果然有效。有些傑克的手下覺得應該接受對方的條件；有些則覺得不可以接受，因為這都是陷阱。於是，有些人立刻回家了，有些人留了下來。但不管是哪一類，所有人都互相猜疑，爭吵不休。

是繼續抗爭，還是請求寬恕？傑克對此也猶豫不決。不過他很清楚，不管如何抉擇，反正他不能再指望他的這些手下了，因為這些傢夥裡頭很可能有人願意出賣他，以換取那一千馬克[34]的懸賞金。他們一路爭吵著從南華克到布萊克希思，又從布萊克希思到羅賈斯特。在這裡，傑克騎上一匹好馬，向薩塞克斯飛奔而去，不想卻被一個叫亞歷山大·艾登的人追了上來。兩人大打出手，艾登最終殺了他。傑克的頭顱被高高地掛在倫敦橋上，面朝布萊克希思——那裡是他的旗幟升起的地方。亞歷山大·艾登則拿到了一千馬克的賞金。

有人猜測傑克帶兵起義的幕後指使者是約克公爵[35]，他本在國外身居高位，卻因王后從中作梗而被派去管理愛爾蘭，所以他才指使傑克起義，給英格蘭政府添亂。畢竟，他的確聲明過（儘管並不是在公開場合），說自己是馬奇伯爵家族的成員，只是遭亨利四世罷黜，但事實上他比蘭開斯特的亨利更有資格問鼎王位。不過，以母親家族的血緣為依據，其實並不符合通常的繼承規則。而且，亨利四世是人民和議會的選擇——有這一點這就足夠了。蘭開斯特家族已經毫無爭議地統治了六十年，其中亨利五世的統治流芳百世，頗受英格蘭民眾愛戴。說實話，若不是現任國王如此愚蠢，朝政一塌糊塗，恐怕永遠都不會有人去注意約克公爵的聲明。可正是這糟糕的現狀給了約克公爵本不可能擁有的力量。

不管公爵到底知不知道傑克．凱德的事情，反正在傑克的腦袋掛在倫敦橋上的這段時間裡，公爵正好也從愛爾蘭回來了。有人偷偷告訴他，說王后正要擁立他的敵人薩默塞特公爵來對付他。於是約克公爵帶領四千人前往威斯敏斯特，跪在國王面前訴說國家現況之惡劣，並懇請他開設國會商議國事；國王答應了。在議會上，約克公爵與薩默塞特公爵互相控訴；而無論是會上還是會下，雙方的黨羽都彼此不容，互罵互怨。最終約克公爵將他領地上的佃戶們組織起來，構成一支武裝大軍，要求重組政府。由於被擋在倫敦城外，他在達特福德安營紮寨，皇家軍隊則在布萊克希思駐紮下來。無論雙方誰勝誰敗，約克公爵和薩默塞特公爵必有一方將被俘虜。可就在這時，約克公爵竟重新宣誓效忠，平靜地回到了自己的一座私人城堡裡。爭端暫時平息了。

半年後，王后生下了一個兒子[36]，但人們並不接受這位王子，甚至認為他並非國王親生。這時候約克公爵並不願意再讓英格蘭捲入新的麻煩之中，所以沒有利用民眾的不滿趁火打劫——由此可見他倒是個為大眾利益著想的溫和之人。他成為了內閣成員。此時國王的身體狀況急轉直下，甚至沒辦法以正常的儀態在人前露面，於是公爵又被任命為攝政王，任期直到國王康復或是王子長大成人為止。此時薩默塞特公爵則被關進了倫敦塔。這樣一來，約克公爵就占了薩默塞特公爵的上風。然而到這一年年末的時候，國王恢復了記憶和部分理智，一同恢復的還有王后手裡的權力——她罷免了攝政王，同時釋放了她的親信薩默塞特。於是，薩默塞特公爵反而又騎到約克公爵頭上去了。

兩位公爵的身世沉浮逐漸將整個國家割裂成了約克和蘭開斯特兩派，並引發了可怕的漫長內戰。這就是有名的「玫瑰戰爭」[37]；戰爭得名於兩家的家徽——蘭開斯特的家徽為紅玫瑰，約克則為白玫瑰。

在白玫瑰派別中一些強大貴族的陪伴下，約克公爵帶了一小支軍隊在聖奧爾本斯見到了同樣帶著一小支軍隊的國王，並要求他交出薩默塞特公爵。可憐的國王被迫做出寧死不從的回答，然後立刻遭到了襲擊。征戰中，薩默塞特公爵被殺，國王則頸部受傷，躲在了一個窮制革工人的家裡。約克公爵追了上來，恭恭敬敬地把他請到了修道院，對所發生的事情表示了遺憾。控制住國王，公爵又設起了國會，把自己再次變成了攝政王。可惜好景不長，這種狀況只持續了數月，國王病情又好轉了一些，王后與其同黨把他搶了回來，再次罷免攝政王。公爵再度失勢。

一些有權的有識之士看到了勢力頻繁更替的危險性，努力地想要阻止「玫瑰戰爭」的繼續。為此，他們在倫敦召集兩個派別開會。白玫瑰聚集在黑弗賴爾斯城區，紅玫瑰則在白弗賴爾斯城區集結。一些善良的修士替他們傳話，晚上還向國王和法官們報告進展。最終他們達成和平協議，決定不再爭鬥。於是，一場盛大的皇家遊行開始了，浩浩蕩蕩地朝聖保羅大教堂進攻。其中，王后與昔日宿敵約克公爵手挽手走在街上，向人們展示他們的關係已然緩和。可這安寧的狀態只持續了半年，瓦立克伯爵——公爵的朋友之一——和幾個國王的僕從在宮廷上吵起來了，導致白玫瑰派的伯爵受襲。此事一出，新仇舊恨一下都迸發出來，兩派之間的矛盾急速升溫，鬥爭也愈演愈烈；相比之下，之前的爭執簡直就只能算是小吵小鬧了。

不久之後，矛盾再次升級。經歷數次戰鬥之後，約克公爵逃亡愛爾蘭，他的兒子馬奇伯爵則和朋友索爾茲伯里伯爵以及瓦立克伯爵一同逃往加萊；國會將這些人全部定為叛國罪。更要命的是，瓦立克伯爵當時又回到國內，在肯特與坎特伯雷大主教和其他有勢力的貴族紳士們會合，一同與國王的軍隊在北安普敦交戰。他取得壓倒性勝利，還將國王活捉在帳中。要是還能抓到王后和王子的話，瓦立克就更高興了，可這個時候他們已經經由威爾士逃到蘇格蘭去了。

勝利的大軍直接把國王帶去了倫敦城，並召開新的國會，立刻為約克公爵及其他貴族洗清了叛國罪——這下他們又變回了出色的臣民。隨後公爵就率領五百騎兵從愛爾蘭回到倫敦，前往威斯敏斯特，進入了上議院。他把手放在蓋住空王位的金布上，似乎有點想坐上去——但他最終沒有這麼做。當坎特伯雷大主教問他要不要到附近的王宮去拜訪一下國王時，他答道：「主教大人，在這個國家，只應該由別人來拜見我。」當時在場議員都默不作聲；在一片沉默中，公爵走了出去，和進門時一樣派頭十足地走在國王的宮殿裡。六天後，他向貴族們發出正式聲明，要求獲得王位。貴族們跑去把這個重大議題告訴了國王。經過激烈的討論之後，法官們和檢察官們都不敢表示支持哪一方，於是大家就做了妥協。現任國王餘生仍保有王位，死後則交由約克公爵繼承。

可決心維護兒子權利的王后才不會理睬這種聲明。她從蘇格蘭輾轉英格蘭北部；在這裡，已經有幾個願意為她效忠的、而且有權勢的貴族整裝待發。約克公爵則帶著五千多士兵於一四六零年的耶誕節前不久趕來應戰。他駐守在韋克菲爾德附近的桑達爾城堡，「紅玫瑰」的人就叫他到韋克菲爾德綠地來對決。他的將軍建議他最好等他兒子、英勇的馬奇伯爵來了之後一同作戰，但公爵卻堅持接受挑戰。這可真是個糟糕的時機。公爵四面受敵，手下兩千戰士都死在了韋克菲爾德綠地[38]，自己也淪為了階下囚。為了捉弄他，敵人們勒令他站在蟻丘上，在他頭頂纏上草，假裝下跪行君臣之禮，口中還念念有詞：「哦國王啊，你沒有王國，沒有人民，願高貴的陛下幸福愉快！」

更殘忍的是，他們砍下他的腦袋，拴在杆子上送去給王后，王后一見就眉開眼笑（您應該還記得他們一起走向聖保羅大教堂的時候還親密得要命！）。

她親自為這顆頭顱帶上紙糊的王冠，將其放在了約克城牆上。索爾茲伯里伯爵也掉了腦袋，約克公爵的次子[39]則隨同其家庭教師一起出逃，但這位帥小子卻在經過韋克菲爾德橋的時候被人刺中了心臟。行兇者是一個名叫柯利弗德的貴族，其父在聖奧爾本斯戰役中被「白玫瑰」派所殺。那場戰鬥犧牲慘烈，因為所有人都毫不留情，王后則沉浸在瘋狂的復仇情緒之中。當人們違背常理與同胞爭鬥時，總是表現得比與其他敵人鬥爭時更無情、更殘暴。

不過被柯利弗德刺殺的只有約克公爵的次子，他的長子還活著。大兒子愛德華[40]，也就是當時身在格洛斯特的馬奇伯爵。他發誓要為死去的父親、兄弟還有忠誠的朋友們報仇，於是開始舉兵反抗王后。但首先他得和有意阻攔他的大批威爾士人和愛爾蘭人開戰。大戰一場之後，他在赫里福德附近的莫蒂默十字口擊敗了對手，砍了一大批在戰中被俘的「紅玫瑰」派的腦袋，為在韋克菲爾德被斬首的「白玫瑰」派報仇。他的下一個目標就是王后；此刻她已經趕往倫敦，並在聖奧爾本斯和巴尼特之間集結部隊。同為「白玫瑰」派的瓦立克伯爵和諾福克伯爵挾持了國王，在這裡與王后舉兵相向。王后打敗了他們，但自己也損失慘重。雖然國王向這兩位伯爵承諾過會保護他們，可王后還是將留在國王帳中的二人斬首。然而，王后的勝利只是暫時的；她錢財不足，手下軍隊只好靠掠奪維持生計。這就招致了平民百姓——特別是富裕的倫敦人民的怨恨與畏懼。所以，當倫敦人民聽說馬奇伯爵愛德華和瓦立克伯爵正聯合向倫敦城這邊行進時，他們高興得不得了，並且拒絕給王后送補給。

王后和手下只得全速撤退；愛德華和瓦立克進了城，受到各方的熱烈歡迎與致意。年輕的愛德華英俊勇敢、品德高尚，所有人都對他讚不絕口。他像個真正的征服者，騎行在倫敦城中，大大方方地接受人們熱情洋溢的歡迎。幾天後，貴族福爾肯布里奇和埃克塞特主教將市民召集在克拉肯韋爾的聖約翰廣場，向人群發問：「你們要不要讓蘭開斯特的亨利做國王？」人群喊道：「不要！不要！不要！」以及「愛德華國王！愛德華國王！」於是貴族又問：「那麼你們要不要愛戴、效忠年輕的愛德華？」人群都大叫：「要！要！」然後人們把帽子扔向空中，熱烈鼓掌，大聲歡呼。

因此，蘭開斯特的亨利因跟王后狼狽為奸、未能保護之前承諾要保護的兩位貴族而失去王位，約克的愛德華則當上了國王。愛德華在威斯敏斯特向熱情歡呼的人群做了精彩的演說，坐上王位，坐在他父親撫摸過的金布上，成為了英格蘭的君主。他的父親本該有更好的人生，而不是死在砍殺了無數英格蘭生命的戰斧之下。

1 英格蘭的亨利六世(Henry VI of England,一四二一—一四七一),蘭開斯特王朝的最後一位英格蘭國王,於一四二二年至一四六一年間及一四七〇年至一四七一年間在位。

2 即英格蘭的亨利五世(Henry V of England,一三八六—一四二二),英格蘭國王,一四一三至一四二二年在位。

3 即蘭開斯特的韓弗理(Humphrey of Lancaster,一三九〇—一四四七),第一代格洛斯公爵,亨利四世和第一任妻子的小兒子,他非常敬重其兄長亨利五世。

4 即蘭開斯特的約翰(John of Lancaster,一三八九—一四三五),亨利四世的第三子,第一代貝德福德公爵。亨利五世臨死前,以自己兒子的名義把他封為法蘭西攝政王。

5 這裡的勃艮第公爵應指「無畏者」約翰(John the Fearless,一三七一—一四一九),勃艮第的菲力浦二世之子,於一四〇四年繼任勃艮第公爵,隨後便與奧爾良公爵爭奪攝政王一職。由於法蘭西國王查理六世因患有精神病而無法掌權,他和奧爾良公爵都想填補查理所留下的權力真空。

6 即法蘭西的查理六世(Charles VI of France,一三六八—一四二二),一三八〇至一四二二年在位。因二〇多歲時患上精神病而被稱作瘋狂者查理(Charles the Mad)。

7 法蘭西的查理七世(Charles VII of France,一四〇三—一四六一),又稱「忠於職守的」或「勝利的」查理(Charles le Bien—Servi,或Charles le Victorieux),瓦盧瓦王朝第五位國王,一四二二年至一四六一年間在位。他最後贏得英法百年戰爭,為法蘭西在接下來幾個世紀的強盛奠定了基礎。

8 即《特魯瓦條約》(Treaty of Troyes),阿爾庫金戰役之後,一四二〇年五月二一日,由亨利五世和法蘭西王后伊莎貝拉在法蘭西的特魯瓦市簽訂。條約內容包括凱薩琳公主嫁給亨利為妻;取消法蘭西王太子的繼承權;查理六世死後,其王位由亨利和他的繼承人接替等。

9 蘇格蘭的詹姆斯一世(James I of Scotland,一三九四—一四三七),蘇格蘭國王。一四〇六年二月,詹姆斯和一些貴族跟阿奇博爾德（第四代道格拉斯伯爵）的支持者發生衝突，因而來到避難；在那裡待到三月中旬，才搭上一艘去往法蘭西的船。可是在英格蘭海岸附近遇上了海盜並被帶走，交給亨利四世。

10 韋爾訥伊之戰（Battle of Verneuil或Vernuil）發生於一四二四年八月一七日，是英法百年戰爭中一場重要的戰役，發生於諾曼第附近的韋爾訥伊，英格蘭大獲全勝，並以此鞏固了在諾曼第的權力，被英格蘭稱為第二個阿金庫爾之戰（Battle of Agincourt）。

11 奧爾良（Orléans）位於法蘭西中北部，是中央大區的首府。它坐落在盧瓦爾河的最北端，是盧瓦爾河距離巴黎最近的地方，因此具有重要的軍事意義。

12 約翰．法斯塔夫爵士（Sir John Fastolf，約一三七八—一四五九），英格蘭士兵，撰寫了很多關於戰術策略的書籍，是莎士比亞作品《亨利四世》中法斯塔夫（Falstaff）的原型。

13 即聖女貞德（Joan d'Arc，約一四一二—一四三一），也稱「奧爾良姑娘」（La Pucelle d'Orléans），天主教聖人，被法蘭西人視為民族英雄。在英法百年戰爭中她帶領法蘭西軍隊對抗英軍的入侵，最後被捕並被處以火刑。

14 洛林（Loraine），法蘭西東北部的一個大區，北鄰比利時、盧森堡及德國。

15 見注釋十三。

16 聖米迦勒（或聖米歇爾，Saint Michael），《聖經》中一位大天使的名字，上帝所指定的伊甸園守護者，也是唯一提到的具有天使長頭銜的靈體。米迦勒這個名字的意思是「誰似天主」。

17 聖加大肋納（Saint Catherine），亞歷山大的聖加大肋納，又稱車輪聖加大肋納及大殉道者聖加大肋納，是一位基督教的聖人和殉道者，據稱是四世紀早期的著名學者。一一〇〇年之後，聖女貞德稱加大肋納在其面前顯靈許多次。正教會將其敬禮為「大殉道」，天主教會傳統上將其視為十四救難聖人之一。

18 聖瑪加利大（Saint Margaret），也被稱為童貞瑪加利大，天主教聖人，傳說中的處女以及烈女，羅馬天主教會和聖公會將七月二〇日定為她的紀念節日。依據傳說，她是土耳其南部安條克的住民，由於拒絕嫁人和放棄她的基督教信仰而在西元三〇四年遭斬首。

19 蘭斯（Rheims），位於法蘭西東北部香檳—阿登大區馬恩省，其歷史可以追溯到羅馬帝國時代，是歷任法蘭西國王加冕的地方，前後一共有十六位法蘭西國王在此接受主教加冕。

20 即羅貝爾·德·伯德里古（Robert de Baudricourt，約一四〇〇—一四五四），十五世紀法蘭西的一位低階貴族，在英法戰爭中平步青雲，最終成為勳爵；因協助聖女貞德而著名。

21 在天主教中，噴灑聖水有驅除魔鬼的功效。

22 希農（Chinon），位於法蘭西中央大區安得爾—盧瓦爾省。中世紀時期，特別是亨利二世統治時期，希農得到了迅速的發展，城堡被重建和擴展，成為亨利最喜歡的住宅之一。它於一二〇五年被列入法蘭西皇家住所。英法百年戰爭期間，王太子查理於一四一八年來到此地避難。

23 特魯瓦（Troyes），位於法蘭西香檳—阿登大區塞納河畔，是奧布省的首府。中世紀時期是重要的貿易城市。

24 貢比涅之戰（Siege of Compiègne），於一四三〇年五月二三日發生在位於法蘭西北部瓦茲省的小鎮貢比涅，從軍事和政治角度來說並無重要意義，但這是聖女貞德的最後一戰，貞德在戰役中被勃艮第公爵軍隊捕獲，並被交與英格蘭軍隊處理。

25 即皮埃爾·科雄（Pierre Cauchon，一三七一—一四四二），於一四二〇至一四三二年間任博韋主教（Bishop of Beauvais），在英法百年戰爭後期，他是英格蘭在法蘭西利益的一位強硬支持者。

26 出自《聖經》中第二十三本書《以賽亞書》（Book of Isaiah）三〇：二〇，此段為勸解錫安的人民摒棄舊神，迎接新的信仰。「雖然上帝讓你們以困難為食，以困苦為水，但你的教師卻不會被隱藏；你們將親眼見到他。」（Although the Lord gives you the bread of adversity and the water of affliction, your

teachers will be hidden no more; with your own eyes you will see them.）

27 約翰．塔爾博特（John Talbot，一三八四或一三八七—一四五三），塔爾博特男爵，後被封為什魯斯伯里伯爵，英法百年戰爭中的重要英格蘭軍事領袖、指揮官，於一四四五年被英格蘭的亨利六世（以法蘭西國王身份）任命為法蘭西王室總管。他是唯一一位擔任此職務的蘭開斯特英格蘭人。

28 即亨利．博福特（Henry Beaufort，約一三七四—一四四七），溫徹斯特主教，其父親為根特的約翰（John of Gaunt，一三四〇—一三九九），第一代蘭開斯特公爵，愛德華三世的第四個兒子（第三個存活下來的兒子）。

29 安茹的瑪格麗特（Margaret of Anjou，一四三〇—一四八二），其父親是安茹公爵勒內（René of Anjou，一四〇九—一四八〇），是那波利（那不勒斯）、耶路撒冷和西西里名義上的國王。在亨利六世精神狀況每況愈下的時候，她接替丈夫掌管英格蘭朝政，造成了蘭開斯特與約克家族的分裂，是英格蘭內戰「玫瑰戰爭」的導火索。

30 伊普斯維奇（Ipswich）是薩福克郡郡治；該郡位於英格蘭東部，東臨北海，北接諾福克郡。

31 傑克．凱德（Jack Cade，一說John Cade，卒於一四五〇年），由於不滿亨利六世的統治和肯特郡的重稅，他於一四五〇年發動了起義。他自稱與莫蒂默家族有血緣關係，並起草了《肯特平民控訴書》，該書在「玫瑰戰爭」中經常被約克黨派引用。

32 沃特．泰勒（Walter「Wat」Tyler，卒於一三八一年），一三八一年英格蘭農民大起義領袖之一。瓦特．泰勒農民起義是英格蘭歷史上最大規模的民眾暴動，也是歐洲中世紀後期民變浪潮的一個組成。雖然這次起義以失敗告終，但被後世視為中世紀英格蘭農奴制開始走向終結的標誌，並使英格蘭上層統治階級更加認識到下層民眾的苦難和對現行封建制度進行改革的迫切性。

33 南華克（Southwark），位於倫敦中心的一個城區，在歷史上曾是薩里郡的一部分。

34 馬克是古代歐洲的貨幣計量單位，最初相當於八金衡盎司（二四九克）純銀，後來演變為半磅。「馬克」作為古代貨幣單位名稱，曾通用於古代的歐洲西部地區，包括英格蘭。

35 即理查·金雀花（Richard Plantagenet，一四一一—一四六〇），第三代約克公爵，是英格蘭「金雀花」王室家族成員之一，在百年戰爭後期和亨利六世統治時期擔任了重要角色。他是劍橋伯爵理查與安妮·莫蒂默之子，通過母親可以追溯到英格蘭國王愛德華三世，為此，其家族自認為比蘭開斯特家族具備更為優先的王位繼承權。

36 即蘭開斯特的愛德華，或威斯敏斯特的愛德華（Edward of Lancaster／Edward of Westminster，一四五三—一四七一），亨利六世的獨子，威爾士親王，最終於一四七一年死於蒂克斯伯里之戰（Battle of Tewksbury）。

37 玫瑰戰爭（Wars of the Roses，一四五五—一四八五），是蘭開斯特家族和約克家族、以及各自的支持者為了英格蘭王位而展開的、斷斷續續的內戰。兩大家族都是金雀花王朝王室的分支，為英王愛德華三世的後裔。「玫瑰戰爭」一名並未使用於當時，而是在十六世紀，莎士比亞在歷史劇《亨利六世》中以兩朵玫瑰被拔標誌戰爭的開始後才成為普遍用語。

38 韋克菲爾德之戰（Battle of Wakefield）於一四六三年一二月三〇日發生於西約克郡的韋克菲爾德，是「玫瑰戰爭」中的一場重要戰役，其中約克公爵理查戰死沙場。

39 埃德蒙·金雀花（Edmund Plantagenet，一四四三—一四六〇），拉特蘭伯爵，他死於韋克菲爾德之戰，年僅十七歲。

40 即日後英格蘭的愛德華四世（Edward IV of England，一四四二—一四八三），第一位約克家族的英格蘭國王，於一四六一至一四七〇年間作為英格蘭國王統治英格蘭，他曾於一四七〇年一〇月被推翻，卻在一四七一年重新奪回了英格蘭王位。

第二十三章　愛德華四世統治下的英格蘭

愛德華四世[1]登上英格蘭這不安穩的王位的時候，他還不到二十一歲。

那時，大批蘭開斯特的「紅玫瑰」派成員正聚集在約克附近；國王必須速戰速決。於是，在一個寒冷的三月天，天空中飄著鵝毛大雪，英勇的瓦立克伯爵[2]為年輕的國王打頭陣，國王自己則緊隨其後，英格蘭人民都簇擁在皇家旗幟周圍；就這樣，「白玫瑰」在陶頓[3]與他們的仇敵「紅玫瑰」相遇了。雙方激烈廝殺，死去的兵士多達四萬人。四萬人啊！四萬英格蘭人，竟在英格蘭的土地上自相殘殺！年輕的國王取得勝利之後，便從約克的城牆上取下了父親和弟弟的頭顱，不過作為替代，他又將戰鬥中敵軍死去的幾個最有名的貴族的腦袋放了上去。隨後，他便前往倫敦接受了盛大的加冕。

隨後，新國王召集了一個新國會，他們將一百五十多名蘭開斯特的主愛德華四世要貴族和紳士定罪為叛徒。國王雖英俊儒雅，但心狠手辣，他要不擇手段將「紅玫瑰」斬草除根。

可是，瑪格麗特王后[4]還沒有放棄，她依然在為她年幼的兒子努力活動著。她借蘇格蘭和諾曼第方面的力量奪取了幾座重要的英格蘭城堡，不過很快就被瓦立克伯爵奪了回來。在一場暴風雨中，王后失去了船上的所有財產，她和兒子都被這次天災打擊得不輕。還有一次，他們騎馬穿過冬日的森林時遭到一夥強盜的襲擊搶劫；就在逃離這些人後不久，徒步穿越森林深處的他們又遭遇了另一個強盜。勇敢的王后乾脆牽起幼子的手，徑直將他交到強盜的手裡：「我的朋友，這是你的國家合法蘭西王的兒子！我把他託付給你了。」強盜很意外，但還是抱起這個男孩兒，忠實地將這對母子送回了他們的朋友身邊。然而最終，王后的士兵們還是被打得潰不成軍，她只得再次流亡海外，暫時銷聲匿跡了。

至於丟了王位的亨利國王[5]，他一直都被一個威爾士騎士藏在自家的城堡裡。但到了第二年，蘭開斯特派恢復了元氣，又召集起大批人馬，要求亨利重新出山來統帥軍隊。一些剛剛對新任國王宣誓效忠的實力派貴族也加入了進來——只要有利可圖，他們隨時都可以打破誓言。這些貴族本該為民眾樹立光榮榜樣，可他們卻猶如牆頭草，稍遇怠慢或是自己的貪欲得不到滿足時就輕易倒戈；這可算得上是整個「玫瑰戰爭」中最糟糕的事情之一。不過瓦立克的兄弟很快就打敗了蘭開斯特大軍，逮住這些虛偽的貴族，毫不猶豫地將他們悉數斬首。被罷免的國王僥倖逃生，但他的三個僕從都被抓住了，其中一個還帶著國王的儀式帽，上面鑲嵌著若干珍珠，繡著兩個金色的王冠。不過帽子的主人此時已安全逃亡到蘭開斯特郡，在那裡平靜地度過了一年多的時光（那兒的人民私下對他還是很忠誠的）。但由於一位老修士通風報信，當亨利在一個名叫沃丁頓大廳的地方用餐的時候，他還是被捉住了，然後立馬被遣送至倫敦。在伊斯靈頓，瓦立克伯爵見到了亨利，並命人將他放在馬背上，雙腿綁在馬的身下，繞頸手枷[6]遊行三周。隨後亨利就被關進了倫敦塔，給他的待遇也算仁至義盡。

「白玫瑰」派現在勝券在握，年輕的國王完全沉浸在安逸享樂的生活之中。不過很快他就會發現，溫床之下依舊荊棘叢生。他偷偷娶了個漂亮迷人的年輕寡婦，名叫伊莉莎白・伍德維爾[7]，但最終他還是決定把這樁秘密婚事公開，並宣佈伊莉莎白・伍德維爾為自己的王后。這下可惹惱了瓦立克伯爵。由於勢力強大，加之他在幫助愛德華當上國王的事情上又功勳顯著，瓦立克伯爵被稱作「王位締造者」。國王公開婚事使得伍德維爾家族的地位大大上升，這無疑讓內維爾家族（即瓦立克伯爵的家族）對此心生嫉妒。年輕的王后一心想著照顧自家親戚，她不僅封自己的父親為伯爵，讓他擔任國內的重要職位，還把五個姐妹都嫁給了位高權重的年輕貴族，甚至還讓自己二十歲的弟弟娶了一位家財萬貫的八十歲老公爵夫人。對於這些事情，心高氣傲的瓦立克伯爵倒都大度地容忍了，但到了決定國王的妹妹瑪格麗特[8]要嫁給誰的時候，問題就來了。瓦立克伯爵認為應該讓她嫁給法蘭西國王的某個兒子，並已獲准前往法蘭西就提親一事與國王進行友好商談。可就在他忙得不亦樂乎的時候，伍德維爾派竟然把年輕的瑪格麗特嫁給了勃艮第公爵！伯爵羞憤難當，回到國內，悶悶不樂地把自己關在米德爾赫姆城堡裡閉門不出。

雖說不情不願，但瓦立克伯爵和國王後來還是和解了。可好景不長，伯爵違背國王的意願，把女兒嫁給了克拉倫斯公爵[9]；這使得兩人關係再陷僵局。克拉倫斯公爵的婚禮在加萊舉行，而此時英格蘭北部地方卻發生了起義——這裡可是內維爾家族最強大的勢力所在。人們起義的理由是不堪忍受伍德維爾家族的欺壓掠奪，要求剝奪伍德維爾一族的權力。起義的隊伍逐漸壯大，且公開宣稱真正的領導者其實就是瓦立克伯爵，國王已然不知所措，只好寫信給伯爵乞求支援。於是伯爵帶著新女婿回到英格蘭，開始著手處理事態。國王被關進了米德爾赫姆城堡，由約克大主教負責保護其安全。所以現在英格蘭的局勢相當古怪，不僅同時擁有兩位國王，而且這兩人還同時被囚禁著。

雖然事情到了這個地步，但「王位締造者」對國王還是很忠誠的。他瓦解了一撥再次起義的蘭開斯特人，逮捕了領頭者，將其帶到國王面前；國王要求立即將叛徒處死。不久後伯爵又准許國王回到倫敦，內維爾和伍德維爾兩派也相互諒解，重鑄友誼。國王甚至將長女許配給了內維爾家族的繼承人。兩派之間的友好誓約多如牛毛，這本書可都裝不下了。

然而這些誓約也就維持了大約三個月。三個月後，約克大主教在他位於赫特福德郡的莫爾宅邸宴請了國王、瓦立克伯爵和克拉倫斯公爵。晚飯前，就在國王去洗手的時候，有人偷偷告訴他，說屋外有一百人的埋伏。雖然不知這是真是假，但國王的確嚇壞了，在黑夜中策馬逃往溫莎城堡。雖然後來國王和「王位締造者」再次和好，但這次的和解也沒能持續太久，而且此後他們也再沒能達成過共識。這時候，林肯郡又爆發了新的起義，國王前往鎮壓。事後，他宣佈瓦立克伯爵和克拉倫斯公爵不僅暗中協助叛軍，還打算第二天公開參與造反，遂將他們都定了叛國罪。兩人見情勢兇險，只好乘船逃往法蘭西宮廷尋求庇護。

在這裡，瓦立克伯爵和他的昔日舊敵——老王后瑪格麗特會面了。這個女人砍了他父親的頭，因此伯爵對她恨之入骨。可他現在卻說，他與背信棄義的愛德華國王已恩斷義絕，因此決心全力以她丈夫或小兒子的名義復辟蘭開斯特王朝。瑪格麗特像擁抱至親友人一樣擁抱了他。不僅如此，她還讓兒子和伯爵的二女兒安妮結婚。這樁婚事讓新結成盟友的兩位非常高興，但克拉倫斯公爵卻一點兒也高興不起來。他明白，岳父大人雖被稱為「王位締造者」，但他絕對不會立自己為王了。於是，這個意志薄弱、衝動沒用的小叛徒聽信了間諜宮女的花言巧語，承諾一旦時機成熟就再次叛變，回到他的哥哥國王愛德華身邊。

瓦立克伯爵對他的小算盤毫不知情，很快就履行了對瑪格麗特王后的承諾，從普利茅斯開始進攻英格蘭。登陸普利茅斯後，他即刻宣稱擁護亨利國王。但凡是英格蘭人——下至十六歲的少年，上至六十歲的老者——都被他召集在戰旗之下。隨著軍隊一路北上，越來越多的人民加入進來，直接逼近愛德華國王的所在。愛德華不得不快馬加鞭逃往諾福克海岸，隨便找了些船直奔荷蘭駛去。於是勝利的「王位締造者」和他那虛偽的女婿克拉倫斯公爵來到了倫敦，將老國王從倫敦塔裡放出來，用盛大的儀仗隊護送重新戴上了王冠的亨利六世前往聖保羅大教堂。這讓克拉倫斯公爵非常不悅，因為他知道王位離自己越來越遠了，但對於先前的密謀他依然守口如瓶。內維爾家族重現昔日榮光，伍德維爾等眾則一敗塗地。好在「王位締造者」沒有國王那麼殘暴，除了伍斯特伯爵之外並未殺死任何人。伍斯特伯爵殘忍地欺壓百姓，人稱「屠夫」。被抓住時，他正躲在一棵樹後。他接受了審訊，隨即便被處決。這就是「王位締造者」這場勝利中唯一的犧牲者。

然而，為了反擊，愛德華國王第二年又回來了，他在拉文斯布林[10]登陸前往約克，讓士兵們都高喊「亨利國王萬歲！」，自己還在祭壇上厚顏無恥地發誓，宣稱自己絕無覬覦王位之心。克拉倫斯公爵看到叛變時機已到，他急忙要求手下的人都改旗易幟為「白玫瑰」並向他的哥哥愛德華宣誓效忠。蒙塔古侯爵雖然是瓦立克伯爵的弟弟，竟也拒絕阻攔愛德華國王。於是愛德華順利地來到倫敦，被約克大主教迎進城，人們為了歡迎他的到來還舉行了盛大的遊行。人們這麼做原因有四：其一，城內藏著大量國王的追隨者，他們早就做好了暴動的準備；其二，國王欠他們一大筆錢，要是他失敗了就再也討不回來了；其三，國王膝下有個小王子可以繼承王位；其四，國王英俊開朗，單憑這一點，哪怕是比他優秀的人也不見得能更受城裡的女士們喜愛。

國王和這些強有力的支持者們在一起只待了兩天，隨後便向巴尼特公地[11]進攻，迎戰瓦立克伯爵。國王和「王位締造者」之間的爭執，終於吹響了決戰的號角。

可還沒等到開戰，懦弱的克拉倫斯公爵就反悔了。他給岳父送去幾封密信，提出願意由他出面在岳父和國王之間調停。但瓦立克伯爵不屑一顧地拒絕了，答覆說克拉倫斯口是心非、言而無信，他們之間的矛盾只能訴諸刀劍。戰鬥在淩晨四點開打，一直持續到十點，期間濃霧彌漫，人們愚蠢地以為是有巫師作祟。戰鬥雙方對彼此都懷有深仇大恨，以致傷亡慘重。最後，國王打敗了「王位締造者」。瓦立克伯爵和弟弟均陣亡，屍體則被放在聖保羅大教堂示眾數日。

可如此悲慘的境況並沒有把瑪格麗特擊垮。她只用了五天時間就重整旗鼓，在巴斯揚起戰旗，帶軍投奔在威爾士有兵力的彭布羅克伯爵。但瑪格麗特的軍隊在蒂克斯伯里鎮外被國王追上，國王命自己勇敢的弟弟格洛斯特公爵出兵討伐瑪格麗特的部隊，一舉獲勝；王后和她年僅十八歲的兒子被捕。國王對待這個可憐孩子的態度還是一如既往的殘暴；他命人把這個年輕人帶進他的帳篷。「你，」國王問，「為什麼要來英格蘭？」年輕人雖身陷囹圄，但志氣傲人：「我來到英格蘭，是為了收回我父親的王國。他才是合法的王位繼承人，而我則是他的合法繼承人。」國王摘下一隻鐵手套打了他的臉。克拉倫斯公爵和其他幾個在場的貴族紛紛拔出劍來，殺了這個年輕人。

不過他的母親活了下來，被關了五年。法蘭西國王將她贖出後，她又活了六年。年輕人被殺後三周，亨利國王也在倫敦塔中暴斃——這種事在塔裡已經司空見慣了。說白了，是國王下令殺了他。

大敗蘭開斯特派之後，也許是為了找樂子，也許是為了減肥（他現在胖得再也稱不上英俊了），國王決定向法蘭西宣戰。國會雖然早就對戰爭做好了心理準備，但能給國王用來打仗的錢卻滿足不了他。於是國王想了個籌備軍費的新方法。他把倫敦的重要居民們都叫來，嚴肅地告訴他們他現在很缺錢，非常希望他們能借他一點。居民們為了自保，只得妥協。國王和宮廷上下自然欣喜若狂，他們給這筆強徵來的錢定了個「恩稅」的名頭，說得就好像是免費得來的禮物一樣。有了國會的資金以及這筆「恩稅」，國王才得以帶軍前往加萊。可是到了地方之後，國王才發現其實誰也不想打仗，所以法蘭西國王一提議和解，英格蘭馬上就接受了；雙方達成了七年的停戰協定。法蘭西國王和英格蘭國王的商談過程非常友好體面，但也很虛偽。談判末了，二人在索姆河上的一座便橋上會面。他們當中隔著結實得像獅籠一樣的木柵欄，兩個人就穿過兩條柵欄的縫隙互相擁抱，隨後隔著柵欄互相鞠了幾躬，說了些場面話。

現在到了克拉倫斯公爵為自己的背叛而遭受懲罰的時候了；這是命中註定的。國王已經不信任他了——瞭解他的人誰會信任他！而且，他還有一個強大的對手——他弟弟格洛斯特公爵理查[12]。這位公爵貪得無厭，野心勃勃，甚至想在加萊迎娶英年早逝的小王子的遺孀、瓦立克伯爵的女兒[13]。想要獨佔家族財富的克拉倫斯把她喬裝成女僕藏在倫敦城裡，可還是被理查找到並娶了回去。國王指定了仲裁人來給兩兄弟分家產，二人於是互相憎恨猜忌起來。克拉倫斯的妻子已時日不多，所以他也思忖著要續弦。國王並不喜歡他這麼做，這也加快了他走向毀滅的腳步。朝廷從他的侍從和家眷開始下手，以使用魔法巫術等荒唐的理由來起訴他們。在這些小伎倆之後，矛頭就指向了公爵本人。他的國王哥哥親自以多項罪名控訴他。他被判有罪，將被公開處刑。可還沒等到處刑，他就不知怎地死在了倫敦塔裡。至於幕後主使就不用說了，不是國王就是他弟弟格洛斯特公爵，亦或者兩個人都有份。當時據說克拉倫斯公爵可以自己選擇死法，於是他選擇淹死在馬姆齊甜酒桶裡[14]。我希望這是真的，因為這死法真的挺適合這個可憐人的。

大約五年以後，國王也撒手人寰，享年四十二歲，在位二十三年。他能力強，也有些優點，但卻自私、粗心、好色、殘忍。他的翩翩風度惹人喜愛，而人們對他的不二忠心也為他樹立了一個值得學習的榜樣。臨終時，他為「恩稅」等巧取豪奪的行為而懺悔，並命人對受害的人民作出賠償。他還把飛黃騰達的伍德維爾家族成員們和風光不再的傲慢貴族們都叫到床前，努力促成他們和解。只有這樣他的兒子才能平安繼位，英格蘭才能獲得安寧。

1 英格蘭的愛德華四世（Edward IV of England，一四四二—一四八三），第一位約克家族的英格蘭國王，於一四六一至一四七〇年間作為英格蘭國王統治英格蘭，他曾於一四七〇年一〇月被推翻，卻在一四七一年重新奪回了英格蘭王位。

2 即理查・內維爾（Richard Neville，一四二八—一四七一），第十六代瓦立克伯爵（因妻子而繼承）。由於是他一手策劃了愛德華四世的加冕和一四七〇年亨利六世的復位，他也被稱為「王位締造者」瓦立克（Warwick the Kingmaker）。

3 陶頓之戰（Battle of Towton）於一四六一年三月二九日發生於約克郡的陶頓鎮附近，被一些學者認為是英格蘭本土上所經歷的最血腥、規模最大的戰爭。最終約克派別取勝，愛德華四世取代亨利六世成為英格蘭國王。

4 安茹的瑪格麗特（Margaret of Anjou，一四三〇—一四八二），其父親是安茹公爵勒內（René of Anjou，一四〇九—一四八〇），是那波利（那不勒斯）、耶路撒冷和西西里名義上的國王。在亨利六世精神狀況每況愈下的時候，她接替丈夫掌管英格蘭朝政，造成了蘭開斯特與約克家族的分裂，是英格蘭內戰「玫瑰戰爭」的導火線。

5 英格蘭的亨利六世（Henry VI of England，一四二一—一四七一），蘭開斯特王朝的最後一位英格蘭國王，於一四二二年至一四六一年間，及一四七〇年至一四七一年間在位。

6 頸手枷（pillory）是一種刑具，由立柱及與犯人基本等高的木質枷鎖組成。犯人將雙手和頭穿過頸手枷的三個洞並被鎖住，保持站立姿勢接受示眾。

7 伊莉莎白・伍德維爾（Elizabeth Woodville，約一四三七—一四九二），來自一個英格蘭低階貴族家庭，第一任丈夫約翰・格雷爵士（Sir John Grey of Groby，約一四三二—一四六一）效忠於蘭開斯特家族，戰死於聖奧爾本斯戰役，伊莉莎白於一四六四年嫁與愛德華四世；自從諾曼國王開始，愛德華四世是第二位娶自己國民為妻的英格蘭國王，伊莉莎白也是第一位如此接受加冕的英格蘭王后。對於日後亨利七世的權力之爭和「玫瑰戰爭」的終結，她起了重要的作用。同時她也是亨利八世的祖母，伊莉莎白一世的曾祖母。她與愛德華四世的婚姻直接導致了國王與瓦立克伯爵的關係破裂。

8 約克的瑪格麗特（Margaret of York，一四四六—一五〇三），勃艮第公爵夫人，是英格蘭國王愛德華四世的妹妹、理查三世的姐姐。

9 即喬治·金雀花（George Plantagenet，一四四九—一四七八），第三代克拉倫斯公爵，約克公爵理查·金雀花的第三個兒子，分別是愛德華四世和理查三世的弟弟和哥哥。

10 拉文斯布林（Ravenspur），位於東約克郡海岸線上，由於海岸侵蝕，這個城鎮已於十九世紀消失。曾有兩名中世紀英格蘭國王在這裡登陸，他們分別是亨利四世（一三九九）和愛德華四世（一四七一）。

11 巴尼特之戰（Battle of Barnet）於一四七一年四月一四日發生於倫敦北部的小鎮巴尼特，被歷史學家認為是「玫瑰戰爭」中最為重要的一場戰役，為愛德華四世的統治掃清了障礙。

12 即日後英格蘭的理查三世（Richard III of England，一四五二—一四八五），愛德華四世的小弟弟，格洛斯特公爵，一四八三年成為英格蘭國王到一四八五年在位，他是約克王朝的最後一任國王。

13 安妮·內維爾女士（Lady Anne Neville，一四五六—一四八四）瓦立克伯爵的女兒，亨利六世與安茹的瑪格麗特的獨子、愛德華的妻子。她的丈夫愛德華在十八歲時被殺，她後來成為理查三世的妻子，成為英格蘭王后。

14 這個說法似乎來自一個笑話，因為克拉倫斯公爵是一位酗酒者。莎士比亞在其戲劇《理查三世》中所用的也是這個說法。

第二十四章　愛德華五世統治下的英格蘭

愛德華四世[1]去世時，他的長子威爾士親王年僅十三歲。和父親一樣，他也叫愛德華[2]。小愛德華跟隨叔叔里弗斯伯爵[3]住在拉德洛城堡。親王的弟弟約克公爵[4]當時只有十一歲，跟隨母親住在倫敦。他們的叔叔理查，也就是格洛斯特公爵[5]，是當時英格蘭最大膽、最狡猾、最可畏的貴族。人們都在為這兩個可憐的孩子擔心，不知道對他們來說叔叔到底是敵是友。

對此，兩個孩子的母后[6]更是憂心忡忡，她非常希望能下令讓里弗斯伯爵率軍隊護送年幼的國王前往倫敦。但黑斯廷斯男爵作為宮廷中反對伍德維爾的一派並不願意給他們這種權力，於是他對王太后的提議表示反對。在他的逼迫下，王太后只得同意僅由兩千名騎兵護送國王。格洛斯特公爵一開始沒有採取什麼可疑的行動。他從蘇格蘭（他原本在那裡統帥一支軍隊）一路南下到約克，率先向侄子宣誓效忠。隨後他又給王太后寫了一封慰問信，並啟程前往倫敦參加加冕儀式。

此時，年幼的國王也正在前往倫敦的途中，身邊有里弗斯伯爵和格雷爵士[7]護送。國王到達斯托尼斯特拉特福時，他的叔叔也到了北安普頓，兩人相距十幾公里。兩位負責護送的貴族一聽說與格洛斯特公爵相距不遠，就向年輕的國王提議以他的名義折返回去問候公爵。國王表示很樂意，兩位貴族便調轉馬頭去拜訪公爵。公爵非常友好地接待了他們，並請他們留下一同用餐。到了晚上，大家正在歡宴時，白金漢公爵[8]帶著三百人馬也加入了進來。第二天早上，兩位貴族和兩位公爵帶著三百位騎兵一同前去與國王會合。可就在隊伍剛剛進入斯托尼斯特拉特福的時候，公爵突然停下馬轉向兩位貴族，指責他們挑撥自己和可愛侄子之間的關係，並勒令三百名騎兵將他們押送回去。這樣一來，年幼的國王就只能任憑他和白金漢公爵擺佈了。兩人徑直來到國王面前，假惺惺地跪在地上，表達著自己對國王無限的愛與順從。接著，他們遣散了國王的隨從，僅帶著年幼的愛德華前往北安普頓。

幾天之後，國王被帶到倫敦，暫時安置在了主教的宅邸。然而白金漢公爵卻帶著一副溫柔的嘴臉，動情地表達著自己是多麼地為這個王室男孩的安危擔憂，並表示在加冕前不管讓國王待在哪兒，都不如在倫敦塔來的安全。於是，國王在主教家沒能住多久，就被小心地送到了倫敦塔；格洛斯特公爵則被任命為護國公。

即使走到了這一步，格洛斯特也沒露出任何馬腳。他聰敏善辯，相貌也不差（就是一邊肩膀比另一邊高）。進城時他脫帽騎行在國王身旁，而且一副對侄兒寵愛有加的模樣。即便如此，國王的母親卻覺得愈發不安。愛德華被帶入倫敦塔後，警覺的王后立刻帶著五個女兒躲進威斯敏斯特大教堂避難。

她這麼做也不是毫無道理。那些昔日反對伍德維爾家族的貴族們如今竟對年幼的國王忠心一片，格洛斯特公爵見狀便決定要親自對這號人等進行打擊。就這些人在倫敦塔裡召開議會的同時，公爵和同黨們在自己的住地——位於主教門大街的克羅斯比宮單獨舉行了個別議會。準備妥當之後，公爵在某一天出其不意地來到倫敦塔的議會現場，神情輕鬆愉悅。面對伊利主教，公爵更是友善得很，甚至還誇他家在霍爾本山上的花園裡的草莓中得好，並且請他摘些來供晚宴的時候食用。主教一聽還挺得意，急忙派了個手下去摘，公爵則保持著輕鬆愉悅的神情走了出去。議會上的人無不稱讚公爵的和藹可親。可片刻之後，公爵卻一改和顏，怒髮衝冠地折回會場，突然說道：「我是合法、合理的護國公，想要暗算我的人該當何罪？」

這話問得實在唐突。黑斯廷斯伯男爵回答說，無論是誰都該是死罪。

「那好，」公爵說，「我告訴你們，暗算我的是我哥哥的老婆（這說的是王太后），她是個女巫。她和另一個叫簡·肖爾[9]的女巫一同用巫術詛咒我，讓我的身體變虛弱。你們瞧，我的一隻手臂就被她們弄萎縮了。」

他說著就把袖子撩起來給大家看他的手臂——確實是萎縮了；不過大家都很清楚，他天生就這樣。

這位簡·肖爾現在是黑斯廷斯男爵的情婦，當年還和愛德華四世有染。男爵知道這是衝著自己來的。他支支吾吾地說：「這是當然，公爵大人，如果她們真這麼做了，就要受到應得的懲罰。」

「如果？」格洛斯特公爵應道，「你跟我說『如果』？我告訴你，他們就是這麼做了，我要好好跟你算這筆賬，你這個叛徒！」

公爵邊說邊用拳頭重重地敲了桌子。這是給外面人的信號，他們聽到後立刻按計劃高喊「有人謀反！」，大量全副武裝的士兵瞬間衝進房間，擠得水洩不通。

格洛斯特公爵轉向黑斯廷斯男爵：「我第一個就要逮捕你，叛徒！」隨即又吩咐擒住男爵的人：「快給他找個牧師，我向聖保羅起誓，不看到他人頭落地我絕不吃飯！」

人們迅速把黑斯廷斯男爵帶到了倫敦塔小教堂旁的綠地，隨便找了一段碰巧在那兒的木頭墊著，就把他砍了頭。這下公爵胃口大開，飽餐了一頓。飯後，他召集了市民中有頭有臉的人物，告訴他們說黑斯廷斯男爵及同黨策劃謀殺他和支持他的白金漢公爵，還好被他及時發現。他要求他們務必把事實真相告知廣大市民，同時還發放了事先精心準備並印製好的告示，以召世人。

同日，公爵手下最大膽無畏的理查．拉特克利夫爵士也動身去了龐蒂弗拉克特。他逮捕了里弗斯伯爵、格雷爵士以及另外兩位紳士，未經任何審判就將他們以企圖謀害公爵的罪名當眾絞死。三天后，公爵在各色主教、貴族和士兵的陪同下馬不停蹄地乘船順流而下來到威斯敏斯特。他要求王太后將二兒子約克公爵交由他來保護。王太后知道無力違抗，在與兒子抱頭痛哭後只得交人。格洛斯特公爵將他送到了倫敦塔裡的哥哥身邊。之後他又抓捕了簡．肖爾，以與先王私通的罪名將其財產充公，要求她公開贖罪——方式是讓她衣衫襤褸地赤腳而行，手持點燃的蠟燭穿過倫敦城最熱鬧的地段，一直走到聖保羅大教堂。

所有事情都已安排妥當，公爵找來一位修士在聖保羅大教堂前的十字架下佈道。修士仔細地數落了先王的放蕩，並詳述了剛揭發的簡．肖爾醜聞，還暗示兩位王子並非先王親生。「但是，善良的人們啊，」這個叫肖的修士說，「我們的護國公、尊貴的格洛斯特公爵是位優秀的親王，他擁有最美好的品德，形象完美，像極了他的父親。」公爵和修士本來已經密謀好了，這時候公爵應該在人群中出現，接受大家的歡呼：「理查國王萬歲！」可不知是修士話說早了，還是公爵來得太晚，反正話音落下的時候公爵沒能出現。人群沒有歡呼，只是哄笑了起來。修士只好灰溜溜地逃開了。

對付這種事情，白金漢公爵要比這個修士能幹許多。第二天他來到市政廳，以護國公的名義向市民們發表了演說。他雇來幾個地痞，在演講完畢時高喊「上帝保佑理查國王！」然後白金漢公爵向他們深鞠一躬，衷心致以謝意。又過了一天，作為收場，公爵在市長和幾位貴族以及市民的陪同下來到河畔的貝厄德城堡，來找城堡裡的理查。公爵念了一篇致辭，謙卑地請求理查接受英格蘭的王位。理查透過窗戶看著下面的這些人，裝出一副不知所措的惶恐模樣，向他們保證自己壓根不想要王位，因為他深深地愛著侄子們，這份感情不允許他覬覦王位。於是白金漢公爵便假意熱切地回應說，英格蘭的自由人民不願臣服於他侄子的統治，如果作為合法繼承人的理查不願接受王冠，那就只好另尋賢人了。格洛斯特公爵只得順勢答道，既然話都說到這個份上了，那麼他只能恭敬不如從命，他就「勉為其難」擔起這份艱辛的責任，「委屈」自己接任王位吧！

隨後，人群歡呼著散去了。格洛斯特公爵和白金漢公爵共度了一個美好的夜晚，談論著他們剛剛成功演繹的這齣戲，以及戲中每一句原已事先準備好的臺詞。

1 英格蘭的愛德華四世（Edward IV of England，一四四二—一四八三），第一位約克家族的英格蘭國王，於一四六一年至一四七〇年間作為英格蘭國王統治英格蘭，他曾於一四七〇年一〇月被推翻，卻在一四七一年重新奪回了英格蘭王位。

2 英格蘭的愛德華五世（Edward V of England，生於一四七〇，極可能卒於一四八三），愛德華四世和伊莉莎白・伍德維爾的長子，於一四八三年登基，後與弟弟一同消失在倫敦塔裡，所以也被稱為「塔裡的王子」（Princes in the Tower）。

3 這裡指的是安東尼・伍德維爾（Anthony Woodville，約一四四〇—一四八三），第二代里弗斯伯爵，伊莉莎白・伍德維爾的弟弟，是愛德華四世母親家族的叔叔。

4 什魯斯伯里的理查（Richard of Shrewsbury，生於一四七三年，極可能卒於一四八三年），英格蘭國王愛德華四世的次子，第一代約克公爵，於一四八三年消失在倫敦塔裡；是「塔裡的王子」中年齡較小的那位。

5 即日後英格蘭的理查三世（Richard III of England，一四五二—一四八五），愛德華四世的小弟弟，格洛斯特公爵，一四八三年成為英格蘭國王到一四八五年在位，他是約克王朝的最後一任國王。

6 即伊莉莎白・伍德維爾（Elizabeth Woodville，約一四三七—一四九二），來自一個英格蘭低階貴族家庭，第一任丈夫約翰・格雷爵士（Sir John Grey of Groby，約一四三二—一四六一）效忠於蘭開斯特家族，戰死於聖奧爾本斯戰役，伊莉莎白於一四六四年嫁與愛德華四世；自從諾曼國王開始，愛德華四世是第二位娶自己國民為妻的英格蘭國王，伊莉莎白也是第一位如此接受加冕的英格蘭王后。對於日後亨利七世的權力之爭和「玫瑰戰爭」的終結，她起了重要的作用。同時她也是亨利八世的祖母，伊莉莎白一世的曾祖母。她與愛德華四世的婚姻直接導致了國王與瓦立克伯爵的關係破裂。

7 理查・格雷爵士（Sir Richard Grey，卒於一四八三年），伊莉莎白・伍德維爾與其第一任丈夫約翰・格雷爵士的小兒子，是愛德華五世同母異父的哥哥。

8 即亨利·斯塔福德（Henry Stafford，一四五五—一四八三），第二代白金漢公爵，在理查三世的沉浮中起到了重要的作用，是謀殺「塔裡的王子」的嫌犯之一。

9 簡·肖爾（Elizabeth「Jane」Shore，約一四四五—約一五二七），愛德華四世的情婦之一，後成為其繼子湯瑪斯·格雷以及其密友威廉·黑斯廷斯的情婦。

第二十五章　理查三世統治下的英格蘭

這天早上，理查三世[1]按時起床，來到了威斯敏斯特廳。大廳裡有一個大理石座椅，他坐了上去，左右各立一位身世顯赫的貴族。他對人們說，自己的統治就從這裡開始了，因為君主的首要任務就是維持公正，建立人人平等的法律[2]。隨後他便策馬回到倫敦城；神職人員和民眾都來迎接他，就好像他真有這個資格登上王位、真的是個正直的人似的。我覺得這些人暗地裡肯定都會為自己的懦弱卑賤而羞愧不已。

新登基的國王和王后[3]很快在盛大熱鬧的典禮上接受了加冕；百姓喜聞樂見。隨後國王在自己的領土上四處巡遊，在約克又接受了一次加冕，又讓百姓們熱鬧個夠。國王所到之處都有高聲歡呼的人群——因為他雇了不少中氣十足的大嗓門，卯足了勁兒地大喊「上帝保佑理查國王！」雇人造勢的計畫非常成功，我聽說後來很多篡位者也在自己領土上的巡遊過程中模仿這種做法。

巡迴途中，理查國王在瓦立克待了一個星期。也就是在這裡，他向倫敦城發回了史上最惡毒的謀殺指令——他要殺掉被關在倫敦塔裡的兩位小王子[4]，他的親侄兒。

羅伯特·布拉肯伯裡爵士時任倫敦塔主管。一個叫做約翰·格林的信使給他捎來了理查國王的信，信中要求他使些手段把兩個王子弄死。我想大概是因為他自己也有心愛的孩子，所以他答覆說自己做不出這麼殘忍的事情。約翰·格林只得風塵僕僕地騎馬回程。國王皺著眉頭思索片刻，叫來了他的禦馬官詹姆斯·蒂勒爾[5]。他給了此人管理倫敦塔的權力，不過僅能持續二十四個小時，他隨時可以開始，期間可掌管塔內所有鑰匙。蒂勒爾對國王的意圖心知肚明，於是在身邊物色了兩個心狠手辣的惡棍，一個是他的馬夫約翰·戴頓，另一個則是職業殺手邁爾斯·福里斯特。有了這兩個幫手做後盾，蒂勒爾選擇在八月的一天來到倫敦塔，用國王給的特權拿到了二十四小時的管理權和所有鑰匙。夜幕降臨之時，他便以他那罪惡小人的姿態潛入漆黑蜿蜒的石階，拾級而上，穿過幽暗的石質走廊，來到兩位小王子的臥室門外。此時王子們已經念完禱告詞，相擁入眠。蒂勒爾在門外把風，讓那兩個惡棍——約翰·格林和邁爾斯·福里斯特進入居室，用被褥和枕頭悶死了兩位王子，並把他們的屍體帶下樓，埋在了樓梯末端的一堆石頭下麵。天亮了，蒂勒爾交回倫敦塔的管理權和鑰匙，頭也不回地迅速離開了這裡。羅伯特·布拉肯伯裡爵士驚恐悲傷地來到王子們的房間，卻再也找不見王子們的蹤影。

看了這麼多歷史故事，您一定已經明白了叛徒從來就不會盡忠這個道理。所以，當不久後白金漢公爵起身反叛理查國王時，您也就不會覺得驚訝了。他參與了一個推翻國王的巨大陰謀集團，企圖將王冠交給真正該擁有它的人。理查原本想掩蓋自己謀殺侄子的秘密，但當他從間諜口中聽說了這個陰謀集團的存在時，便決定把王子已死的消息散佈出去；對很多還在偷偷為倫敦塔中兩位王子的健康而舉杯祝福的貴族和紳士來說，這將是致命的一擊。然而，這些謀反者聽聞王子們的死訊後只受到了片刻的挫敗，很快他們又決定擁立凱薩琳[6]的孫子里士滿伯爵亨利[7]以推翻殘暴的理查。這裡的凱薩琳正是亨利五世的妻子，在亨利五世駕崩之後，她又改嫁給了歐文．都鐸。由於亨利是蘭開斯特家族成員，謀反者便提議他娶前任國王的長女、伊麗莎白公主[8]為妻。伊莉莎白當時是約克家族的繼承人，他們覺得通過聯姻可以讓這兩個對立的家族聯合在一起，紅白玫瑰大戰也終將畫上了句號。一切準備妥當，他們確定了一個時間，讓亨利在那一天從布列塔尼過來，同時在英格蘭的若干地區挑起反對理查的起義。於是，在約定好的十月的這一天，叛亂爆發了，但未能成功。因為理查早有準備，而且亨利也被海上的暴風雨擋了回去，他那些在英格蘭的追隨者們也都悉數散盡，白金漢公爵被捕，當即於索爾茲伯里的市場被斬首。

理查獲勝了，他覺得這也是個召開國會、搜刮財物的好時機。於是國會如期召開，國會成員極盡奉承之能事，把理查捧得甚是滿足。就是在這個時候，理查被宣佈為合法的英格蘭國王，其時年十一歲的獨子愛德華則成為下一任王位繼承人。

但理查非常清楚，不管國會怎麼說，伊莉莎白公主才是大家所認可的約克家族繼承人。而且他也得到了確切消息，謀反者們正策劃把她嫁給里士滿的亨利。他覺得如果能先下手，把伊莉莎白嫁給自己的兒子，一定能大大鞏固自己的地位並狠狠打擊對手。理查這樣想著來到了威斯敏斯特大教堂，找到先王遺孀和她的女兒，懇求她們跟他回宮廷去。他說盡了所有誓言，保證她們母女在宮廷絕對安全，定會受到體面的款待。於是她們就來到了宮廷，可還沒待上一個月，理查的兒子就暴斃（也可能是被投毒致死）了，他的計畫徹底破碎。

至此絕境，總是積極樂觀的理查國王想著「我得另作打算」，於是決定不顧叔叔與侄女的身份關係，親自迎娶伊莉莎白公主。但有一個問題，他的妻子安妮王后還健在。不過一想起除掉兩個侄子的經歷，他馬上明白了該如何掃清這個障礙。於是他開始向伊莉莎白公主示愛，並信心十足地告訴對方，王后會在二月份死去。公主並不是個正義感特別強烈的姑娘，她本該帶著鄙夷和怨恨拒絕這個殺兄仇人，可她竟公開承認自己深深地愛著他。然而二月到了，王后並沒有死，公主表現出了不耐煩，她覺得自己等太久了。不過事情並沒有太過超出理查國王的計算——在他的「精心照料」下，王后在三月份去世了。於是這對佳人決定結婚。可讓他們失望的是，舉國上下對這樁婚事都是一片反對聲，國王的首席顧問拉特克利夫和凱茨比無論如何都不願同意這件事，國王甚至被迫公開聲明自己從未想過要這麼做。

這個時期，各階級的子民對理查都是又怕又恨。他手下的貴族每天都有人逃向亨利那一邊。他不敢再召開國會，生怕會被問罪，可他又想要錢，於是只好從市民那裡收取「恩稅」，結果引得民憤四起。也有人說，他因為良心受到譴責而夜夜夢魘，常常帶著恐懼和懊悔在半夜驚醒。可即便到了這步田地，他依然保持著積極的態度。在得到里士滿的亨利及其追隨者率艦隊從法蘭西前來進犯的消息時，他依然慷慨激昂地聲明將奮起反抗。就像他盾牌上的野豬一樣，他兇相畢露、殺氣騰騰地上陣廝殺了。

里士滿的亨利帶領六千士兵在米爾福德港登陸，反抗理查國王。他們隨後在萊斯特駐營，與一支比他們規模還要大一倍的軍隊會合，並穿過了北威爾士。兩軍在博斯沃思戰場交手[9]。理查掃視著亨利身後的隊伍，看到了許多棄他而去的英格蘭貴族。當看到他曾極力挽留的強大的斯坦利男爵和他的兒子也在逃兵之中時，理查瞬間臉色慘白。不過他不僅心腸黑，膽子也大，竟勇猛廝殺，衝進了戰鬥最激烈的地方。他騎著馬在戰場各處衝鋒陷陣，四面砍殺，卻見諾森伯蘭伯爵（理查為數不多的幾個重要同盟之一）站著不動，軍隊中的大部分人也都踟躕不前。與此同時，他在絕望中瞥見里士滿的亨利身邊只圍著一小群騎士。理查大喊著「叛徒！」猛衝過去，殺了旗手，狠狠把另一位貴族砍下馬，並瞄準亨利本人，準備大力一擊將他砍倒在地，但卻被威廉·斯坦利爵士擋開了。就在他再次舉起武器之前，眾人將他從馬上扯下壓倒，然後殺了他。斯坦利男爵撿起被踩得破破爛爛、沾滿血跡的王冠，戴在了里士滿的頭上，隨後四周響起「亨利國王萬歲」的歡呼。

當晚，一具裸屍被人用馬馱到萊斯特的格雷弗賴爾斯教堂進行掩埋。綁在馬背上的屍體像條不值錢的麻袋一般橫掛在那兒。這正是金雀花王朝的最後一位國王——篡位者兼殺人犯理查三世。他在即位兩年之後死於博斯沃思戰役，終年三十二歲。

1 英格蘭的理查三世（Richard III of England，一四五二－一四八五），愛德華四世的小弟弟，格洛斯特公爵，一四八三年成為英格蘭國王到一四八五年在位，他是約克王朝的最後一任國王。

2 因為威斯敏斯特廳在英格蘭司法史上具有重要地位，英格蘭最為重要的三個法庭——王座法庭（Court of King's Bench）、民訴法院（Court of Common Pleas）和大法官法院（Court of Chancery）曾設於此地，所以理查選擇在此地宣佈統治開始。

3 指安妮．內維爾女士（Lady Anne Neville，一四五六－一四八四）瓦立克伯爵的女兒，亨利六世與安茹的瑪格麗特的獨子、愛德華的妻子。她的丈夫愛德華在十八歲時被殺，她後來成為理查三世的妻子，成為英格蘭王后。

4 「塔裡的王子」（Princes in the Tower），既愛德華五世和他的弟弟約克公爵理查。英格蘭的愛德華五世（Edward V of England，生於一四七〇年，極可能卒於一四八三年），愛德華四世和伊莉莎白．伍德維爾的長子，於一四八三年登基；什魯斯伯里的理查（Richard of Shrewsbury，生於一四七三年，極可能卒於一四八三年），英格蘭國王愛德華四世的次子，第一代約克公爵。一四八三年，在理查三世登基之後，兩位王子一同消失在倫敦塔裡。

5 詹姆斯．蒂勒爾爵士（Sir James Tyrrell，約一四五〇－一五〇二），英格蘭騎士，理查三世的親信，他曾供認自己謀殺了倫敦塔裡的兩位王子，但他的供認是在受刑中作出的。在莎士比亞的戲劇《理查三世》當中，蒂勒爾被刻畫成這場謀殺的組織者。

6 瓦盧瓦的凱薩琳（Catherine of Valois，一四〇一－一四三七），查理六世的女兒，後嫁給亨利五世，成為英格蘭王后，日後的英格蘭國王亨利六世便是他們的獨子。孀居後秘密嫁給了歐文．都鐸，她便成了亨利七世的祖母。

7 也就是日後的英格蘭的亨利七世（Henry VII of England，一四五七－一五〇九），一四七八年至一四八五年間為第二代里士滿伯爵，於一四八五年擊敗理查三世取得英格蘭王位，從此開始了都鐸王朝的統治。

8 約克的伊莉莎白（Elizabeth of York，一四六六—一五〇三），英格蘭國王愛德華四世的長女；父親死後，她和兄弟被轉移至叔叔理查的監護之下；最終愛德華五世和他的小弟弟神秘地消失在倫敦塔中，理查三世便成為了英格蘭國王；一四八六年，亨利七世迎娶了伊莉莎白（迎娶一位愛德華四世的後代，這就讓亨利有了合理的繼位理由），讓她成為了英格蘭王后；她就是日後亞瑟王子和亨利八世的母親。

9 博斯沃思戰役（Battle of Bosworth 或 Battle of Bosworth Field），發生於一四八五年八月二二日，是「玫瑰戰爭」的最後一場重要戰役，最終蘭開斯特家族獲勝。這場戰役徹底結束了金雀花王朝的統治，並代表了都鐸王朝的開端。

第二十六章　亨利七世統治下的英格蘭

然而國王亨利七世卻辜負了貴族和人民的願望；一開始，人們還為逃脫了理查三世的統治而欣喜，可用不了多久他們就發現，亨利也沒好到哪裡去。他冷酷、狡猾、工於心計，為了錢可以不擇手段。他的確算得上能幹，但他最大的優點恐怕只有這一條：當殘酷不會幫他取得任何東西時，他絕不會殘忍對待別人。

新國王曾經對支持他的貴族們許諾會娶伊莉莎白公主做王后。於是他在登基之後做的第一件事，就是將公主帶離了約克郡的謝里夫哈頓城堡[1]（早先理查把她關在那裡），然後把她送到她居住在倫敦的母親那裡。和她一起關在約克郡城堡的還有年輕的瓦立克伯爵愛德華．金雀花[2]，他是已故的克拉倫斯公爵的兒子和繼承人。新國王將這個年僅十五歲的男孩轉移到倫敦塔；只有這麼做他才能安心。隨後，亨利便帶著大隊人馬、聲勢浩大地進入倫敦——他總靠這樣熱鬧的列隊遊行為自己贏得民心。然而，各種慶祝活動和宴會才剛結束，一場熱病就席捲了倫敦：這就是所謂的「汗熱病」[3]；它奪走了無數人的性命。其中，市長和議員們恐怕是最主要的受害者：要麼因為他們原本就有暴飲暴食的習慣，要麼他們一向兢兢業業地守護著城內的汙濁。但至於具體原因是哪個，我就不得而知了。

因此，國王不得不推遲了加冕禮。他甚至還推遲了婚禮，好像他對結婚根本不積極似的。這就罷了，可在這些事情過去之後，他還推遲了王后的加冕禮，這可得罪了不少約克人。雖然他最終還是平息了事端，可手段卻五花八門：他吊死一些人，搶奪了一些另一些人的財產；他故作姿態原諒了一些理查三世的支持者；他還雇傭了不少前朝的得力朝臣。

不過在亨利七世統治期間，最值得一提的是兩件著名的謀反案。所以在以下的章節裡，我將著重描寫這兩件大事。

在牛津有一個名叫西蒙斯[4]的教士。在他的學生裡，有一個名叫蘭伯特·西姆內爾[5]的漂亮男孩；他是個麵包師的兒子。然而，在野心的驅動和一個反對國王的秘密組織的密謀之下，西蒙斯聲稱這個男孩就是年輕的瓦立克伯爵（但我們都知道，伯爵此時還被牢牢鎖在倫敦塔裡）。教士帶著男孩渡海去了愛爾蘭，並在都柏林攬到了大批支持者：看樣子這些愛爾蘭人還真夠慷慨大方，但顯然他們還不夠理智。愛爾蘭總督、基爾代爾郡伯爵[6]

公開宣稱他相信西蒙斯；而那個男孩被調教得很好，他向愛爾蘭人繪聲繪色地描繪了他的童年經歷和王室家庭的情況，騙得愛爾蘭人紛紛歡呼致敬、為他的健康而乾杯，竭盡所能表達他們對他的信任。但上當的不止愛爾蘭人：曾被理查三世指認為繼任者的林肯伯爵[7]也對此深信不疑。他秘密聯繫了愛德華四世的妹妹、寡居的勃艮第公爵夫人，因為他深知這位夫人對現今的國王及其家族沒有半點好感。果然，公爵夫人為他提供了兩千德國士兵；他便帶著他們來到了都柏林。在那裡，他們從一座聖母的塑像上取下一頂王冠，將它放在男孩的頭上——這男孩看起來前途無量。隨後，遵照當時愛爾蘭的習俗，新國王被一個肌肉發達但頭腦簡單的部落首領扛在肩上，一路送回了家。至於教士西蒙斯，他恐怕算得上加冕典禮上最忙碌的人了；這一點我敢向您保證。

十天后，在西蒙斯、蘭伯特和林肯伯爵的帶領下，這支由德國人和愛爾蘭人組成的軍隊在蘭開夏郡登陸，正式入侵英格蘭。但國王早就掌握了他們的動向；他在諾丁漢[8]駐紮下來，因為在那裡他能召集起來大批人馬，而林肯伯爵卻不能。帶著他為數不多的士兵，林肯伯爵試圖拿下紐華克[9]，卻被國王的軍隊堵在半路上。伯爵沒辦法，只好在斯托克[10]硬著頭皮迎擊敵人。在那裡，國王大獲全勝；冒牌貨的軍隊則損失了大半人馬，其中就包括伯爵本人。西蒙斯和蘭伯特雙雙淪為階下囚。教士對自己的罪行供認不諱；國王便將他扔進監獄。他最終死在了那裡（說不定是「意外」死亡）。至於那個男孩，他被帶到了國王的廚房，專門負責旋轉烤肉的鉗子。後來，他又升職成為國王的放鷹人。這場離奇的反叛鬧劇就此收場。

在這件事情上，王太后[11]也受到牽連：她可是一個不安分的女人；國王懷疑她可能也參與了對那個麵包師兒子的教導工作。所以，不管這是不是真的，國王對她大發雷霆。他攫住她的財產，然後將她關進了伯蒙德茲[12]的一所修道院裡。

您們可能覺得，第一位冒牌貨的下場應該會讓愛爾蘭人學聰明一點，但當那位喜歡製造麻煩的勃艮第公爵夫人，給他們送來第二位冒牌貨的時候，愛爾蘭人依然高興地接納了他。一位自稱是約克公爵理查[13]的年輕人乘船從葡萄牙來到科克[14]。雖然他相貌英俊、舉止優雅、能力卓越，但當他說自己是國王愛德華四世的二兒子時，即便是容易上當的愛爾蘭人也半信半疑地說：「哦，可是年輕的王子不是被他叔叔害死在倫敦塔裡了嗎？」「對外界來說的確如此，」這位迷人的年輕人說，「我可憐的哥哥確實死在了陰暗的牢獄裡，可我逃出來了——具體細節不重要——然後過了七年多的流亡生活。」對大部分愛爾蘭人來說，這個解釋已經足夠令人信服了。於是他們再一次歡呼、為他的健康乾杯，還爭先恐後地向他表示他們的忠誠。都柏林那個傻大個部落首領又開始期盼另一場加冕禮，這樣他就可以背起另一個年輕的國王了。

這時，國王亨利與法蘭西國王查理八世[15]正好關係交惡；為了讓亨利更加不好過，查理假裝相信了這個英俊的年輕人。於是他邀請他來到法蘭西宮廷，還賜給他隨從；總之，他用一切對待約克公爵應有的禮節接待了他。然而，兩個國王很快就化解了仇恨；假公爵只好再次流浪，最終將自己置於勃艮第公爵夫人的保護之下。「驗證」了他的身份之後，公爵夫人聲稱他長得和自己的哥哥——也就是愛德華四世——簡直一模一樣。然後，她賜給他三十名手持戰斧的士兵作為護衛，還稱他為「英格蘭的白玫瑰」[16]。

英格蘭「白玫瑰」派的主要成員委派一位羅伯特・柯利弗德爵士[17]作為代理，前來檢驗這件事的真假；國王也派來一些人調查「白玫瑰」的背景。「白玫瑰」派宣稱這位年輕人的確就是約克公爵本人，但國王說他是珀金・沃貝克[18]，來自圖爾奈[19]的一個商人家庭，他跟著在佛蘭德做生意的英格蘭商人學到了關於英格蘭的知識、語言和舉止。國王派來的人還說，他曾經服侍過一位布朗普頓夫人[20]；她的丈夫則是一名流亡的英格蘭貴族。後來勃艮第公爵夫人又讓他接受了必要的教育和訓練，總之一切都是為了這場陰謀。於是，國王要求當時統治勃艮第的菲力浦大公爵[21]放逐這個冒牌貨，或者將他移交到英格蘭。但大公爵拒絕了他的要求，理由是只要公爵夫人還在自己的領地裡，他就無權干涉。亨利就此記恨上了大公爵；他取締了安特衛普[22]的英格蘭布料市場，並且禁止了兩國之間所有的生意往來。

同時，國王還通過詭計和賄賂收買了羅伯特・柯利弗德爵士，讓他背叛前主；羅伯特供認出幾個有名的英格蘭貴族，說他們私下與珀金・沃貝克交好。國王立刻處死了其中最主要的三位。但至於其他的，我不知道是不是因為他們貧窮，所以國王就原諒了他們；但我能肯定的是，他處死了另一位被羅伯特供認出來的貴族，絕對是因為他有錢。這位貴族不是別人，正是曾在博斯沃思戰役中救了國王一命的威廉・斯坦利[23]；而他所謂的罪行可能僅僅是他所說過的一句話而已：「如果這個年輕人真的是約克公爵，我絕不會與他刀劍相對。」但不管他做了什麼，他都供認不諱，就像任何一個誠實的人會做的那樣。為此，他丟掉了自己的腦袋，而貪婪的國王則得到了財富。

從那之後，珀金・沃伯克沉寂了三年。然而，安特衛普市場的丟失給弗萊芒人造成了巨大的損失，他們將這個損失怪罪到沃伯克身上。當沃伯克發現自己很有可能被這些人謀殺或者出賣的時候，他知道自己必須得做點什麼了。於是，在絕望當中，他只帶了幾百個人就登上了迪爾的海岸[24]。但他很快就覺得還是留在原處比較好，因為當地人擊退了他的軍隊，殺了不少，還抓了一百五十個做俘虜。俘虜們被拴在一起，像牛一樣被趕到了倫敦。所有人都被吊死，屍體掛在沿海各處；如果將來還有人跟隨沃伯克入侵的英格蘭，這將是對他們最好的警示。

隨後，警覺的國王就與弗萊芒人簽訂了貿易協定，迫使珀金・沃伯克離開那個地區。此外，國王還贏得了愛爾蘭人的支持，所以沃伯克又少了一個庇護所。沒辦法，沃伯克只好流浪到蘇格蘭，在蘇格蘭宮廷裡傳播他的故事。蘇格蘭國王詹姆斯四世[25]和亨利的關係絕不算好（因為亨利曾多次收買蘇格蘭貴族，教唆他們叛變，只不過從來沒成功過罷了）但他隆重地迎接了沃伯克，口口聲聲稱他為表親，還讓他迎娶了凱薩琳·戈登女士[26]——這可是一位擁有斯圖爾特王室血統的、美麗高貴的女士。

冒牌貨捲土重來，這讓亨利再次緊張了起來。他繼續收買賄賂，用盡一切辦法隱藏自己的所作所為和沃伯克的故事，但與此同時他也在收集資料，只不過他隱藏起真相，而不將它公佈於眾（您看，他完全有能力公佈的）。可不管他如何收買蘇格蘭貴族，都沒能勸服他們把沃伯克交出來。雖然詹姆斯在任何方面都算不上一個出眾的人，但他絕不背叛沃伯克。而勃艮第公爵夫人也不閑著：她為沃伯克提供了武器、士兵和金錢；很快，沃伯克就擁有了一支由一千五百名各國士兵組成的小軍隊。有了這支軍隊，再加上蘇格蘭國王本人的支持，沃伯克再次進入了英格蘭的地界，並向英格蘭人們發表了一份宣言。在宣言中，他稱國王為「亨利·都鐸」，還提供了一大筆賞金給擒獲或者反抗國王的人。除此之外，他以理查四世自居，等待他「忠誠的臣民們」對他效忠。可他「忠誠的臣民們」根本沒把他放在眼裡；相反，他們還憎恨他「忠誠的軍隊」：這些士兵是一群來自不同國家的烏合之眾，整日自己吵個不停。但這還不是最糟的：他們開始在英格蘭為非作歹，到處燒殺搶掠。對此，「白玫瑰」失落地說，他寧可放棄與生俱來的權利，也不想讓英格蘭百姓為此受苦。蘇格蘭國王嘲弄了他的猶豫，但他們還是一仗未打就全軍撤出了英格蘭。

但這場「戰爭」所引起的最大惡果是一次暴亂：就為了這麼一場「一定會爆發的戰爭」，康沃爾的人民覺得國王徵收的稅實在太重，於是在律師弗拉曼克[27]和鐵匠約瑟夫[28]的帶領下，再加上奧德利男爵[29]和其他當地貴族的加入和支持，他們一路進軍到德特福德橋[30]。他們和國王的軍隊在那裡打了一仗。儘管康沃爾人民英勇奮戰，但還是敗在了敵人的進攻之下。國王砍了男爵的頭，吊死、溺死了律師和鐵匠，又將二人分屍幾塊，然後他原諒了其他人。國王相信所有人都像他自己一樣愛財，金錢可以解決一切問題。所以，他讓俘虜和抓住他們的人協商該要多少贖金。

作為一個冒牌貨（雖然有時他都有點相信自己是真的），珀金．沃伯克註定到處漂泊，居無定所——對他的罪名來說，這懲罰也算足夠了。英格蘭和蘇格蘭國王即將握手言和，這就意味著他將要失去蘇格蘭這個庇護所，失去在這世界上最後一個棲身之地。但國王詹姆斯是個講究信用和榮譽的人（為了幫沃伯克籌集軍隊，他甚至熔掉了自己的盤子和常戴的金鏈子）；雖然沃伯克已經沒什麼勝算，詹姆斯還是等到他安全離開蘇格蘭領土之後才簽署了停戰協定。國王為他提供了所有生活必需品和必要的保護，讓他和他美麗的妻子（她對他可是一直不離不棄）登上一艘船去往愛爾蘭。

然而，愛爾蘭人終於受夠了這些「瓦立克伯爵」和「約克公爵」，他們拒絕為「白玫瑰」提供任何幫助。於是，如今被荊棘圍繞的「白玫瑰」只好帶著妻子去往康沃爾，希望能從那裡得到幫助。畢竟，就在不久之前，康沃爾人還揭竿而起，在德特福德橋上英勇地與國王的軍隊交戰。

於是，珀金．沃伯克和他的妻子來到了康沃爾的懷特沙海岸[31]；為了她的安全，他將這位美麗的女士留在聖米歇爾山[32]上的城堡裡。然後，他就率領三千康沃爾人一路行軍到了德文郡。等他到達埃克塞特時，這個數字已經變成了六千；然而，埃克塞特的人們頑強地抵抗了他的進攻，所以他只好改去湯頓[33]。在那裡，他遇到了國王的軍隊。儘管寡不敵眾而且裝備簡陋，頑強的康沃爾人非但沒有撤退，反而對第二天的戰爭翹首期盼。只可惜，那個將他們吸引過來的人——他必定擁有不少過人之處，不然也不會在一無所有的前提下召集到這麼多追隨人——卻不像他們這麼勇敢。夜裡，當兩支軍隊分別駐紮在戰場兩邊時，他騎上一匹快馬逃走了。黎明時分，當可憐的康沃爾人發現自己群龍無首時，他們只好繳械投降。國王吊死了一部分人，原諒了其他士兵。他們悻悻地無功而返。

國王很快就得到消息，說珀金．沃伯克就藏在新森林附近比尤利的一所教堂裡[34]。但在追捕他之前，國王先派了一隊騎兵來到聖米歇爾山抓住了沃伯克的妻子。雖然是個俘虜，但她的美貌、善良，以及對沃伯克的忠誠打動了國王。亨利對她表示出極大的尊重，並把她安置在王后身邊。很多年之後，當珀金．沃伯克早已逝去、他的傳奇早已變成孩子的枕邊故事時，人們反而將他妻子稱為「白玫瑰」，以此紀念她的美貌。

隨後，國王的士兵就將比利尤修道院圍了個水洩不通。一向卑鄙狡猾的國王找來一些沃伯克的「朋友」，派他們前去勸沃伯克投降。沃伯克照做了；國王躲在一扇屏風後仔細觀察著這個年輕人（對沃伯克，國王可謂是久聞大名了）。然後，國王命他騎馬跟隨自己回倫敦——當然要在衛兵的看管下，但不必綁住。就這樣，他們浩浩蕩蕩地列隊進入倫敦（遊行可是國王最喜歡的行當）。當冒牌貨慢慢穿過街道，走向倫敦塔時，一些圍觀的百姓衝他大聲叫喊辱罵；但更多的人卻保持沉默，只是好奇地看著他。很快，國王把他轉移到威斯敏斯特的宮殿；儘管對他嚴加看管，但國王倒也以貴族禮儀對待他。隨後，國王仔細調查了這樁陰謀的每一個細節；但這一切都進行得如此隱秘，以至於當國王終於公佈結果的時候，沒人相信這就是值得國王下這麼大功夫才得出的結論。

最終，珀金．沃伯克還是逃跑了，這次他藏身在薩里郡里士滿[35]的一所教堂裡。在這裡，他再次被勸降，然後押送到倫敦。隨後，他站在威斯敏思特大廳前面，戴著足枷站了整整一天，宣讀了一份「自白書」；這上面寫的和國王的手下最初的調查結果如出一轍。他再次被囚禁在倫敦塔裡，和塔裡的老住戶瓦立克伯爵作伴。自從離開約克郡，伯爵已經在塔裡住了十四年。這些年間，他只離開過倫敦塔一次，因為國王需要他出現在人民面前，以揭穿麵包師兒子的陰謀。考慮到國王奸詐狡猾的性格，這兩個人被關在一起恐怕不是偶然。果然，一個「陰謀」很快就浮出了水面：伯爵和沃伯克買通獄卒，打算殺掉獄長得到鑰匙，然後宣稱珀金·沃伯克為國王理查四世。這個陰謀可能是真的；他們被這個計畫吸引，也是可能的。畢竟，不幸的瓦立克伯爵——金雀花王朝的最後一位男性後裔——過於天真，不諳世事；對此我們可以完全肯定。我們同樣可以肯定的還有，除掉他將對國王大有好處。最後，伯爵在倫敦塔山上丟了腦袋，而珀金·沃伯克則吊死在泰伯。

這就是「約克公爵」的下場；他的故事撲朔迷離，而國王的狡猾和隱秘則讓事情變得更加錯綜複雜。如果沃伯克願意將他的能力和精力用在一個更誠實的行當上，那麼即使在那種時代，他也許仍然可以過上快樂並受人尊重的生活。然而現在他卻死在泰伯的絞刑架上，留下那位深愛著他的蘇格蘭女士，活在王后的保護之下。後來，在時間的幫助下，她忘了過去的愛情和煩惱，嫁給一位威爾士紳士。她的第二任丈夫、馬修·克拉多克爵士[36]比沃伯克誠懇，也比他幸福得多；如今他們一起安息在斯旺西[37]的一座老教堂裡。

托勃艮第公爵夫人的「福」，法蘭西和英格蘭的關係一再惡化；這次矛盾的爭端是布列塔尼[38]。從外表上看，亨利七世是一位愛國者，激憤且好戰；但事實上，為了避免真正的戰爭，他可以不惜一切代價。不過潛在的戰爭能為他帶來財富：為了這場「一觸即發」

的英法之戰，他變本加厲地徵收稅務，還差點引起一場危險的起義。這場起義的領導是約翰．埃格雷蒙特爵士[39]和尚布林的約翰[40]——一個普通平民。但他們很快就敗在薩里伯爵麾下的王家軍隊手裡。騎士約翰．埃格雷蒙特爵士逃到了海外，在勃艮第公爵夫人那裡找到了避難所（她歡迎任何反對國王的人）。但平民約翰卻被吊死在約克。和他一起丟掉性命的還有他的同伴們，但約翰的絞刑架最高，因為他是最大的叛徒。當然，對吊死的人來說，絞刑架的高矮並不重要。

早在他們剛結婚一年的時候，王后就誕下了一位王子，取名為亞瑟[41]，以紀念那位古老傳奇和神話中的國王。就在這些事情發生期間，亞瑟王子已經十五歲了，當時他迎娶凱薩琳——西班牙一位國王的女兒[42]。王子的前程可謂一片光明，可婚後沒過幾個月，他就病死了。當國王從悲痛中恢復過來的時候，他意識到這麼失去西班牙公主的嫁妝將是一件憾事（那可是一筆價值為二十萬克朗的財富！）。於是，在他的安排下，年輕的寡婦便改嫁給他年僅十二歲的小兒子亨利[43]；照例，婚禮將在王子滿十五歲的時候舉行。教會原本對此並不支持，但是教皇沒有異議；鑒於教皇是不可能出錯的，這事就這麼定了下來。國王的長女[44]也有了保障，因為她將嫁給蘇格蘭國王。通過這次聯姻，英蘇兩國之間的爭執也算是暫時告一段落。

如今王后已死，而國王也從悲傷中恢復了過來；他再次將心思投到賺錢上面。他考慮娶守寡的那不勒斯王后[45]為妻，因為她是個極其富有的女人。然而，由於得到她財產的可能性比娶到她本人的可能性要小很多，亨利很快放棄了這個想法。很快，他又考慮了寡居的薩伏依公爵夫人[46]，甚至還考慮了卡斯蒂利亞國王的瘋遺孀[47]。但在權衡了金錢利益之後，他誰也沒娶。

至於勃艮第公爵夫人，她一向喜歡把對國王不滿的人收到自己門下；如今，她還收留了薩福克伯爵埃德蒙．德．拉波爾[48]（那位死在斯托克的林肯伯爵約翰．德．拉．波爾的弟弟）。應國王的強烈要求，他回到英格蘭參加亞瑟王子的婚禮，但婚禮一結束就匆忙離開了。於是國王懷疑他在謀反，便派了一些眼線在伯爵身邊打探消息，還從一些市井混混那裡買到一些或真或假的「秘密資訊」；這導致一些人被捕並被處死。最終，為了把埃德蒙勸回英格蘭，國王許諾伯爵不取他性命；但國王很快就控制住他，然後將他關進了倫敦塔。

這就是亨利七世最後的敵人。如果他活得再長一些，他一定會樹立更多的敵人——尤其是在人民之中。這得歸功於他繁重的稅收和兩名收稅官——埃德蒙．達德利[49]和理查．恩普森[50]的暴行。但死亡——我們最大的敵人——既不能被金錢收買也不能被詭計欺騙；它最終找到了國王，並結束了他的統治。一五〇九年四月二十二日，亨利七世死於痛風，享年五十三歲；至此，他總共統治了二十四年。他被葬在威斯敏斯特大教堂美麗的禮拜堂裡；這是他主持修建的，至今還以他為名。

最後值得一提的是，正是在亨利七世統治的時代裡，偉大的克里斯多夫·哥倫布[51]在西班牙的資助下發現了所謂的「新大陸」。在英格蘭各處，好奇、興趣與對財富的嚮往也隨之蘇醒。國王和倫敦及布里斯托爾的商人們一起組織了一支英格蘭探險隊，並委任布里斯托爾的塞巴斯蒂安·卡伯特[52]為隊長；他是一位威尼斯導航員[53]的兒子。這次航海很成功，也為他自己和英格蘭贏得了榮譽。

1 謝里夫哈頓（Sheriff Hutton），位於英格蘭東北部的北約克郡小鎮；其城堡始建於一一四〇年間，當時英格蘭還處在諾曼國王斯蒂芬的統治之下；在最後一位主人去世之後，城堡被贈與愛德華四世的弟弟理查（也就是未來的理查三世），後來在亨利七世入侵前夕，理查將伊莉莎白公主等人關到了這裡。

2 愛德華．金雀花（Edward Plantagenet，一四七五—一四九九），第十七任瓦立克伯爵；他的父親是愛德華四世和理查三世的兄弟，所以他擁有英格蘭王位的繼承權；當愛德華四世駕崩時他年僅十歲，被理查關進了倫敦塔，直到一四九九年，在他逃脫未遂之後，理查三世將他斬首。

3 汗熱病（Sweating Sickness）是一種發生於英國的不明疾病，曾在十五世紀末到十六世紀前期多次發生過，具有極高的轉染性；病人通常在發病幾小時之後突然死亡。

4 理查．西蒙斯（Richard Simons），一位在牛津接受過教育的教士，具體身份不詳；當他發現蘭伯特長得很像愛德華四世死去的兒子時，他本想聲稱他是約克公爵理查（也就是消失在倫敦塔裡的兩位王子中較小的那位），但聽到瓦立克伯爵已死的謠言之後，他便假稱蘭伯特是瓦立克伯爵，因為兩個男孩年齡相同，而瓦立克伯爵也擁有王位繼承權。

5 蘭伯特．西姆內爾（Lambert Simnel，一一四七七—一五二五），出身平凡，在西蒙斯的教唆下冒充瓦立克伯爵，並於一四八七年在都柏林被加冕為愛德華六世、英格蘭國王；西蒙斯等人反叛失敗之後，亨利七世原諒了蘭伯特，並允許他在王宮廚房裡任職。

6 傑拉德．菲茲傑拉德（Gerald FitzGerald），卒於一五一三年，第八代基爾代爾郡伯爵，於一四七七年到一四九四年期間，以及一四九六年之後任愛爾蘭總督（那時的愛爾蘭處在英格蘭的統治之下），被稱作愛爾蘭的無冕之王；他在愛爾蘭的作用如此重要，以至於在反叛失敗之後，亨利七世不得不原諒了他。

7 約翰．德．拉波爾（John de la Pole，一四六二／一四六四—一四八七），第一任林肯伯爵，曾被叔叔理查三世指認為王位繼承人；他支持蘭伯特．西姆內爾與國王亨利七世作對，最終於一四八七年戰死在斯托克的戰場上。

8 諾丁漢（Nottingham），位於英格蘭中東部的東米德蘭茲地區，是諾丁漢郡的首府。

9 這裡指特倫特河畔的紐華克（Newark-on-Trent），位於諾丁漢郡中西部，最早是一座羅馬城市。

10 斯托克（Stoke），位於紐華克西北方向約九公里處的小鎮，以斯托克戰役而聞名；同時這場戰役也是「玫瑰戰爭」的最後一場。

11 這裡指的是伊莉莎白・伍德維爾（Elizabeth Woodville），一四三七—一四九二，愛德華四世的妻子，她生命中的最後五年是在伯蒙德茲修道院度過，但至於具體原因，還存在爭議。

12 伯蒙德茲（Bermondsey），倫敦南部的一個城區。

13 即什魯斯伯里的理查（Richard of Shrewsbury，生於一四七三年，極可能卒於一四八三），英格蘭國王愛德華四世的次子，第一代約克公爵。一四八三年，在理查三世登基之後，兩位王子一同消失在倫敦塔裡。

14 科克（Cork），位於愛爾蘭西南大區的芒斯特省，坐落在利河（River Lee）的入海口上。

15 法蘭西的查理八世（Charles VIII of France，一四七〇—一四九八），屬於瓦盧瓦王室，一四八三年開始統治法蘭西。

16 英格蘭的白玫瑰指的是約克家族的家徽，與蘭卡斯特家族的紅玫瑰相對；兩個家族均起源自金雀花家族，對英格蘭王位有繼承權。

17 羅伯特・柯利弗德爵士（Sir Robert Clifford），具體資訊不詳。

18 珀金・沃貝克（Berkin Warbck，一四七四—一四九九），自稱為約克公爵理查，在歐洲大陸擁有一些支持者，嚴重地威脅了剛剛建立起來的都鐸王朝的地位；被捕之後，他供認自己只是一位出生在圖爾奈的佛蘭德人。

19 圖爾奈（Tournay），位於現今比利時的西北部，靠近法蘭西邊境；在歷史上曾屬於佛蘭德公爵國。

20 布朗普頓夫人（Lady Brompton），具體資訊不詳。

21 哈布斯堡的菲力浦（Philip of Habsburg，一四七八—一五〇六），西班牙卡斯蒂利亞地區的第一代來自哈布斯堡家族的統治者；從他母親那一邊，他繼承了勃艮第公爵的爵位。

22 安特衛普（Antwerp），位於現今比利時中北部，在一六世紀中期以其紡織業而出名。

23 威廉·斯坦利爵士（Sir William Stanley，一四三五—一四九五），曾是約克家族的支持者，但於一四八五年間投奔了蘭卡斯特家族支持亨利七世，並在博斯沃思戰役中發揮了決定性的作用。

24 迪爾（Deal），位於英格蘭東北角，隸屬於肯特郡的一座海口城市，距離法蘭西海岸僅四十多公里。

25 蘇格蘭的詹姆斯四世（James IV of Scotland，一四七三—一五一三），從一四八八年起統治蘇格蘭，斯圖爾特家族最成功的君主之一，最終死於弗洛登戰役，是大不列顛歷史上最後一位戰死沙場的君王。

26 凱薩琳·戈登女士（Lady Catherine Gordon，一四七四—一五三七），亨特利伯爵的女兒，有一些十九世紀學者認為她的母親是蘇格蘭國王詹姆斯一世的女兒安娜貝拉·斯圖爾特；沃伯克被處死之後，戈登女士被亨利七世囚禁，後來成為王后約克的伊莉莎白的侍女並再嫁。

27 湯瑪斯·弗拉曼克（Thomas Flammock或Flamank，卒於一四九七），一名律師，是一四九七年康沃爾反抗的兩位領導者之一。

28 邁克爾·約瑟夫（Michael Joseph，卒於一四九七），一位康沃爾的鐵匠，是一四九七年康沃爾反抗的另一位領導者。

29 詹姆斯·塔切特（James Tuchet，一四六三—一四九七），第七代奧德利男爵，他加入了弗拉曼克和約瑟夫的反抗軍並成為其指揮官，戰敗之後被俘，後被斬首。

30 德特福德橋（Deptford Bridge），德特福德是倫敦東南部的一個地區，坐落在泰晤士河南岸，靠近雷文斯本河的一塊淺灘，上架一座石橋。

31 懷特沙海岸（Whitsand Bay），康沃爾東南的海岸線，以陡峭的懸崖和狹長的沙灘而著名，勿與位於康沃爾西部的Witsand Bay混淆。

32 聖米歇爾山（St Michael's Mount），位於英格蘭西南端的一座潮汐島，島上的建築最早很可能是一座諾曼時期、為紀念大天使聖米迦勒而建的修道院；在法蘭西諾曼第境地的一座類似的潮汐島（Mont St Michel），上面也有以大天使聖米迦勒而命名的修道院，勿將二者混淆。

33 湯頓（Taunton），隸屬於英格蘭西南部的薩默塞特郡（位於德文郡以北），是此郡的最大城鎮。

34 比尤利（Beaulieu），一座位於英格蘭中南部的漢普郡的鄉村小鎮，坐落在新森林的東南邊緣上；這裡指的應該是比尤利修道院，一座於一三世紀初期，由國王約翰主持修建的熙篤會教堂。

35 里士滿（Richmond），坐落倫敦西南部的一座小鎮，歷史上曾屬於薩里郡。

36 馬修・克拉多克爵士（Sir Matthew Cradoc，卒於一五三一），一位南威爾士的王室官員。

37 斯旺西（Swansea），位於威爾士西南部的一座海濱城市，是威爾士的第二大城市。

38 布列塔尼（Brittany），法蘭西西北部大區，也稱小不列顛。布列塔尼半島的北部面向英倫海峽，南部對著比斯開灣，古城阿摩裡卡，範圍包括塞納河和羅亞爾河之間的沿海地區。

39 約翰・埃格雷蒙特爵士（Sir John Egremont，生卒不詳），是珀西家族——英格蘭北部最強大的貴族家族之一——的一位私生子，具體生卒年份不詳；一四八九年約克郡反叛的首領之一，最終逃到勃艮第公爵夫人處。

40 尚布林的約翰（John à Chambre，生卒不詳），一四八九年約克郡反叛的首領之一，具體資訊不詳。

41 亞瑟・都鐸（Arthur Tudor，一四八六—一五〇二），威爾士親王，亨利七世和約克的伊莉莎白的長子；在亞瑟出生之前，為了加強自己的統治地位，亨利七世聲稱其祖先可以追溯到傳說中的亞瑟王；在王后誕下王子之後，他便命名他為亞瑟，希望他的統治將會是英格蘭的黃金時代。

42 阿拉貢的凱薩琳（Catherine of Aragon，一四八五—一五三六），是阿拉貢國王斐迪南二世和卡斯蒂利亞女王伊莎貝拉的小女兒，三歲時與亞瑟王子訂婚；她於一五〇一年正式嫁給亞瑟王子，但王子在五個月後去世，後改嫁亨利王子；在成為英格蘭王后之前，凱薩琳暫時擔任過西班牙駐英格蘭大使，是歐洲歷史上第一位擔任大使職位的女性。

43 亨利·都鐸（Henry Tudor，一四九一—一五四七），即英格蘭的亨利八世，以其六次婚姻和宗教改革所著名。

44 瑪格麗特·都鐸（Margaret Tudor，一四八九—一五四一），亨利七世和約克的伊莉莎白的長女，於一五〇三年嫁與蘇格蘭國王詹姆斯四世成為蘇格蘭王后，詹姆斯四世駕崩之後（一五一三年），他們的兒子成為蘇格蘭國王；這次聯姻為日後英蘇兩國王室合併奠定了基礎。

45 即那不勒斯的瓊安娜（Joanna of Naples，一四七八—一五一八），她的丈夫是費迪南多二世，在一四九五—一四九六年間統治那不勒斯王國（義大利南部）。

46 即奧地利的瑪格麗特（Margaret of Austria，一四八〇—一五三〇），一位哈布斯堡家族的公主和奧地利女公爵，通過婚姻成為薩伏依（法蘭西中東部，與瑞士接壤）公爵夫人。

47 即卡斯蒂利亞的瓊安娜（Joanna of Castile，一四七九—一五五五），也稱為「瘋女瓊安娜」，是阿拉貢國王斐迪南二世和卡斯蒂利亞女王伊莎貝拉的次女，阿拉貢的凱薩琳的姐姐；一五〇四年起統治卡斯蒂利亞，一五一六年後又稱為阿拉貢女王；她的統治為日後西班牙的統一奠定了基礎，而她同菲力浦一世的婚姻建立了哈布斯堡家族在西班牙的統治地位。

48 埃德蒙·德·拉波爾（Edmund de la Pole，一四七一／一四七二—一五一三），薩福克公爵，後被亨利貶為薩福克伯爵；在他的哥哥林肯伯爵約翰·德·拉波爾死於斯托克之戰之後成為反抗軍的主要人物之一，並於一五〇一年逃離英格蘭；最終於一五一三年被下一任國王亨利八世斬首。

49 埃德蒙・達德利（Edmund Dudley，卒於一五一〇年），亨利七世的大臣和財政官員，在亨利八世即位後，他因叛國罪被關進倫敦塔，一年後被處死。

50 理查・恩普森（Richard Empson，卒於一五一〇年），亨利七世的大臣，因徵稅而成為埃德蒙・達德利的同僚；亨利八世即位後，他因同樣的罪名被處死。

51 克里斯多夫・哥倫布（Christopher Columbus，一四五一—一五〇六），生於熱那亞共和國（現今義大利西北部）；在西班牙天主教雙王（指阿拉貢國王斐迪南二世和卡斯蒂利亞女王伊莎貝拉，也就是阿拉貢的凱薩琳的雙親）的支持下，他先後進行了四次航海，並發現了美洲大陸。

52 塞巴斯蒂安・卡伯特（Sebastian Cabot，一四七四—一五五七），原籍威尼斯共和國，一五〇四年帶領兩隻船自布裡斯通出發前往「新大陸」，他登陸的位置很可能是加拿大東北部的新斯科舍和紐芬蘭省。

53 即約翰・卡伯特（John Cabot，約一四五〇—一四九九），原籍威尼斯共和國，一四九七年在亨利七世的命令下帶領船隊發現部分「新大陸」；其子塞巴斯蒂安・卡伯特與他同行。

第二十七章　亨利八世統治下的英格蘭（一）

接下來我要說說亨利八世[1]。他也被稱作「直腸子國王哈爾」和「直率的哈里國王」，還有其他一些好名字；但我更願稱他為有史以來最可憎的壞蛋之一。至於原因，等我講完他的故事你就知道了；那時你也可以做出自己的判斷，看他是不是對得起這個稱號。

亨利登上王位的時候只有十八歲。據說那時他還挺英俊的，但我不相信；畢竟，他晚年時臃腫粗壯、聒噪、眼睛小、臉大、雙下巴，看起來像只肥豬（著名的漢斯．霍爾拜因[2]為他畫過肖像；我們都見過）。一個性格如此差勁的傢夥會看起來充滿魅力？我可不信。

為了讓自己得到民心，他可謂極盡所能；而憎恨上一代國王的人民們對他也相當有信心。國王非常喜歡各色演出和拋頭露面，人民也一樣。所以無論是他迎娶凱薩琳公主的時候，還是他們二人雙雙接受加冕禮的時候，舉國上下都沉浸在一片狂喜之中。國王喜歡參加比武，而且經常大獲全勝（因為朝臣們都讓著他），於是大家普遍認為他是個了不起的人。恩普森、達德利和他們的支持者們被冠上莫須有的罪名(但他們真正的罪名卻被忽視);他們戴著手枷,倒騎在馬上,遊行示眾之後被砍頭。人民對此感到非常滿意,而國王則因此得到一筆財富。

這時,托孜孜不倦的教皇的福,歐洲大陸再次陷入戰爭之中。幾個義大利公國的統治者曾與其他一些皇族通過婚,有了所謂的繼承權。他們吵來吵去,每個人都說自己應該統領這些小政府。亨利發現自己很喜歡教皇,便派了使節去法蘭西,禁止法蘭西國王討伐這位聖人,因為他是所有基督徒的父親。但鑒於法蘭西國王根本無心認這門「親戚」,而且也不想承認亨利對法蘭西一些土地的權利,兩國便宣戰了。對於國王們的奸詐手段,我不想多說,因為那樣只會讓這故事變得更複雜。我唯一想說的是英格蘭的盟友西班牙——和它結盟是個多麼愚蠢的決定啊!因為西班牙伺機與法蘭西講和,為英格蘭留下一個爛攤子。在這場戰爭中,一位名為愛德華·霍華德爵士[3]的勇猛將軍脫穎而出;但很遺憾的是,他雖有勇卻無謀:為了證明自己的驍勇善戰,他帶著幾艘小船溜進布列斯特[4]港口,試圖拿下一些裝備著大炮的、結實的法蘭西船隻,好為另一位勇猛的湯瑪斯·尼維特爵士[5]復仇。最終,他被困在一艘法蘭西船上(因為他自己的船遭到了炮轟),身邊只有十來號人;他們被扔到海裡,就這麼溺死了。不過在這之前,霍華德爵士一把扯下胸前掛著的金鍊子和金哨子——他職位的象徵,並把它們扔到海裡,以防它們落到敵人手裡。這次敗仗讓英格蘭損失慘重（愛德華・霍華德爵士是一位勇猛且有名望的人物！），於是國王決定禦駕親征。他斬了危險的薩福克伯爵——他被上一任國王關在了倫敦塔裡，把王國託付給凱薩琳王后，這才放心地前往加萊。在那裡，他遇到了德國皇帝馬克西米利安[6]；皇帝假裝是亨利的一個士兵，拿著士兵的薪水：我知道這聽起來很荒誕，但對亨利這種虛榮的人來說，這可是莫大的榮耀。在比武中，國王或許算得上是佼佼者；但真到了實戰，他所做的一切卻不過是紮個色澤鮮豔的絲製帳篷（但它們無一例外地被風吹倒了）、豎起花哨的旗子和金色的簾子而已。但不知為何，國王還是得到了幸運女神的青睞。在花費了大量的時間紮帳篷、豎旗子、掛簾子和做其他一些華而不實的事情之後，他在一個名叫吉內加特[7]的地方將法蘭西人打得潰不成軍：在一片驚慌之中，法軍四散而逃；他們逃跑的速度如此之快，以至於英格蘭人給這場戰役起了一個別名叫做「策馬狂奔之戰」。然而國王並沒有趁勝追擊；他覺得自己已經嘗夠了實戰的滋味，現在是打道回府的時候了。

在這場戰爭中，蘇格蘭國王——亨利的姐夫——選擇了敵對的一方。當他越過特威德河和提爾河[8]之後，他遇到了以薩里伯爵[9]為首的英格蘭軍隊。兩軍分別駐紮在弗洛登山[10]的兩側。當戰爭開打時，英格蘭軍開始沿著山下的平原發起進攻。蘇格蘭軍隊被分成五個部分，他們安靜穩重地從山上衝了下來迎接敵人。英格蘭軍隊的戰線被拉得很長；

在霍姆爵士[11]的帶領下，一隊蘇格蘭長矛手攻擊了英軍。一開始他們的確占了上風，但英格蘭人奮起反抗，逼得蘇格蘭國王幾乎撤回了營地上。終於，在臨近王家戰旗的地方，國王戰死了；整個蘇格蘭軍隊也被擊退。在那一天，一萬個蘇格蘭人死在了弗洛登戰場上，其中包括無數達官顯貴。之後很長一段時間，蘇格蘭農民依舊拒絕相信國王戰死的事實，因為英格蘭人一直沒找到他常年佩戴在身上的一條鐵腰帶；這條腰帶是他對自己不孝行為而懺悔的標誌。但不管這條腰帶到哪去了，英格蘭人的確找到了他的劍和匕首、他的戒指，和他傷痕累累的屍體。國王已經死了，這一點是不爭的事實：很多熟知他的英格蘭貴族都指認了他的屍體。

當亨利打算再度攻打法蘭西時，法蘭西國王[12]卻計畫講和。鑒於他的妻子快死了，他便提出來迎娶瑪麗公主[13]——亨利的小妹妹；可法蘭西國王此時已經五十多歲，而年僅十六歲的公主早就被許配給了薩福克公爵[14]。然而，由於年輕公主的喜好無法改變這等國家大事，這樁婚事就這麼定了下來；這個可憐的少女被護送到了法蘭西。作為法蘭西國王的新娘，她被孤零零地扔在了那裡，身邊只剩一個英格蘭侍女。這位侍女不是別人，正是年輕漂亮的安妮．博林[15]；她也是薩里伯爵的侄女(不過在弗洛登之戰之後，她叔叔已經變成諾福克公爵了)。安妮．博林這個名字，您可得牢牢記住。

娶了一位如此年輕的老婆，法蘭西國王可謂春風得意；他幻想著自己能過很多年的幸福生活，而她——我敢說——一定也為日後的痛苦做足了心理準備。然而才過了不到三個月，國王就駕崩了，讓他的新婚妻子成了寡婦。法蘭西斯一世[16]登上了王位。為了他個人的利益，他希望把前任王后改嫁給英格蘭人。於是，當她以前的未婚夫、薩福克公爵應亨利的命令前來接公主回家時，法蘭西斯建議他娶她為妻。公主本人很喜歡公爵，她告訴他，如果他此時不娶她，那以後就再也沒機會了。就這樣，兩個人結成了夫妻；後來這樁婚事倒也得到了亨利的原諒。不過，為了重新贏得國王的歡心，薩福克公爵不得不去湯瑪斯·沃爾西[17]那裡尋求幫助。在亨利的寵臣和顧問中間，沃爾西算得上最有權的一位。他在歷史中也非常有名，因為他經歷了不同尋常的大起和大落。

沃爾西出身於薩福克郡伊普斯威奇一個普通家庭，父親是位受人尊重的屠夫。他接受了良好的教育，並成為一名家庭教師，為多賽特侯爵家族效力；就是在這位侯爵的幫助下，他成為了國王的御用牧師。亨利八世即位之後，沃爾西再度升職，並得到了國王的寵信。如今他已是約克大主教，還被教皇任命為紅衣主教。不管你是外國君主還是英格蘭貴族，只要你想在英格蘭得到一席之地或取得國王信任，你都必須先想辦法成為沃爾西大主教的朋友。

他是個熱愛愉悅生活的人，喜歡跳舞、開玩笑、唱歌和喝酒；他就是通過這些東西贏得了國王的歡心（如果國王有心的話）。沃爾西還喜歡一切浮誇和華麗的東西——這一點也和國王一樣。在教會知識方面，他可謂學識淵博（所謂教會知識，我所指的就是為錯事尋找藉口，並且能夠顛倒黑白的能力）；這些知識讓他倍受國王的賞識。總而言之，大主教深得國王的寵信。沃爾西本人也非常能幹，雖說伴君如伴虎，但他深知怎麼駕馭亨利這頭猛虎。在英格蘭歷史上，能與沃爾西大主教平起平坐的人幾乎不存在：他名下的財富多不勝數，據說和王室金庫旗鼓相當。他的宮殿和國王的一樣壯觀；他門下的侍從多達八百餘人。他擁有自己的「宮廷」；他穿著顯眼的鮮紅衣服，腳踏鑲嵌著寶石的金色鞋子。他的隨從們騎著高頭駿馬，但他深知自己應當一切從簡；所以，他的坐騎只是一頭身披紅色天鵝絨馬鞍、掛著金馬鐙的騾子。

在這樣一位偉大的教士的安排下，英法兩國國王決定舉行一次會面。會面的地點選在法蘭西，不過卻在英屬的土地上。藉這個場合，兩國君主不遺餘力地向對方表示自己的友誼和喜悅之情。他們把使節派往歐洲各處；使節們敲鑼打鼓，恨不得讓全天下都知道，在約好的這一天，這兩位親如手足的國王將各自帶著十八位隨從舉行一場盛大的比武，所有的騎士都可以參加。

然而，神聖羅馬帝國的新皇帝查理斯[18]（上一個皇帝馬克西米利安已經死了）不想讓英法結盟。於是，趕在國王出發之前，他心急火燎地來到了英格蘭。查理斯可謂不虛此行：除了贏得了亨利的好感之外，他還得到了沃爾西的支援，因為他許諾一定會幫沃爾西取得下一任教皇的職位。就在皇帝離開英格蘭的同一天，亨利帶著整個宮廷渡海來到加萊，然後趕到了約定的地點——那地方坐落在阿德爾和吉訥之間，有「金色織錦之地」的美譽[19]。在薩福克公爵這裡，兩國國君傾囊而出，為打點門面花費了大量金錢。前來參見觀看比武的騎士和貴族也不甘落後；有些人的裝備和穿戴太過華麗，以至於人們說他們把全部家當都穿在身上了。

在這片「金色」的土地上，隨處可見虛假的城堡、臨時的禮拜堂、淌著美酒的噴泉、誰都可以享用的酒窖、絲製的帳篷、金色的蕾絲和箔片、鍍金的獅子和無數類似的東西。可就算在這樣的奢華之中，富有的沃爾西大主教依舊鶴立雞群。兩個國王莊重地簽署了條約，彷彿他們真的打算遵守諾言似的。隨後，一張長達九百尺、寬三百二十尺的單子被宣讀了出來，正式宣告比武開始。在無數達官貴人、紳士淑女的簇擁下，兩國王后一起觀看了比賽。此後整整十天，兩個國王每天都要參戰五次，並且每次都能輕鬆取勝（畢竟，他們的對手都是那麼彬彬有禮）。不過，史書的確記載了亨利的一次失敗：在一次摔跤比賽中，他不僅輸給了法蘭西國王，還不顧王的威嚴，差點與他的「手足兄弟」鬧翻了臉。從這個「金色織錦之地」還傳出來另一則故事：英法雙方本互不信任，但有一天，法蘭西斯獨自騎馬來到亨利帳下。那時候亨利還沒起床，於是法蘭西斯便走進去，開玩笑地聲稱亨利是他的俘虜。但亨利從床上跳起來，擁抱了他的好兄弟。然後，法蘭西斯不僅幫亨利穿上衣服，還幫他暖了衣物。亨利送給法蘭西斯一個鑲滿寶石的領子，法蘭西斯則回贈了亨利一個價值連城的手鐲。這些事情，以及一大堆類似的故事被史官記載下來、被歌者傳唱，還被當時的百姓頌揚。甚至直到今天，人們還把這事掛在嘴邊上。它被重複的次數如此之多，我想整個世界都對此感到厭倦了。

當然，這一切都沒法阻止兩國關係再次惡化。戰爭再次降臨；兩位「親如手足」的國王紛紛發誓要和對方拼個你死我活。然而，在這之前，國王先取了白金漢公爵[20]的腦袋。這真是一個卑劣的決定，而且其理由非常空洞：一個被免職的僕人告發了公爵，說一位假裝成先知、名叫霍普金斯的化緣修士，聲稱公爵的兒子將成為英格蘭歷史上的大人物；而公爵恰恰又相信了這些無稽之談。不過，人們相信真正的原因是這位不幸的公爵得罪了沃爾西，因為他公然宣稱整個「金色織錦之地」事件就是一場可笑卻昂貴的鬧劇。但不管怎麼說，他都是為了一點微不足道的事情丟了榮譽和腦袋。人民對此非常氣憤，並將那個「屠夫的兒子」指認為公爵之死的幕後黑手。

儘管薩里伯爵再次帶兵入侵並踐踏了法蘭西部分領土，這場戰場卻沒持續多久。它以兩國再次簽署了和平條約而告終；而且亨利發現神聖羅馬帝國的皇帝並不像他表現出來的那麼友好。而且，儘管國王催促了他很多次，查理斯最終也沒能讓沃爾西當上教皇。兩任教皇接連死去了，可想接替教皇之位的外國僧侶多如牛毛，沃爾西根本就輪不上。

於是，主教和國王同仇敵愾，一致認為神聖羅馬帝國皇帝是個背信棄義的奸詐小人。他們取消了皇帝和威爾士公主瑪麗[21]的婚約，計畫著要麼將她改嫁給法蘭西斯本人，要麼嫁給他的長子。

這時，在德國的維滕貝爾格，出現了一位偉大的領袖；他的出現，直接引導了英格蘭那場被我們稱作「宗教改革」的、將人們從教廷奴役中解放出來的運動。他名叫馬丁·路德[22]，是一位博學多才的博士。他曾經是一個牧師，甚至還做過僧侶，所以他對教會那一套可謂知根知底。從威克利夫的時代起，改革這個可能性就一直盤踞在一些人的腦子中。某一天，當路德驚訝地發現《新約》這本書的存在和裡面所蘊含的真理時（之前教會並不允許人們閱讀《新約》），他便對整個教會體制發起了猛烈的攻擊，上到教皇，下到牧師，一個都不放過。就在他著手準備那本日後能夠警醒一個國家的著作時，一個膽大無恥的傢伙恰好雲遊到附近，批量兜售所謂的「贖罪券」。此人名叫台徹爾，是個道明教會的修士，品行惡劣；而他販賣「贖罪券」則是為修葺美化羅馬的聖彼得大教堂集資用。教皇的「贖罪券」能夠一筆勾銷你所有的罪證，所以不管你是誰，只要你肯出錢買了「贖罪券」，你就能上天堂。然而路德告訴人們這些「贖罪券」在上帝面前不過是一張廢紙，而販賣它們的台徹爾及其幕後指使都是一群江湖騙子。

路德的言論讓亨利和沃爾西大主教火冒三丈；國王甚至寫了一本書讚揚教皇（當然，

是在湯瑪斯·莫爾爵士[23]幫助下完成的；莫爾是位德高望重的智者，可最終還是被國王砍了頭）；教皇對此非常滿意，甚至稱亨利為「信仰捍衛者」。國王和大主教還嚴令禁止人民閱讀任何路德的著作，違令者將被逐出教會。儘管如此，人民還是讀了路德的書；而且，有關路德理論的傳言也傳遍了英格蘭的大街小巷。

然而，隨著這場運動的深入發展，國王也漸漸露出了他的狐狸尾巴。安妮·博林，那個跟著公主遠渡法蘭西的小女孩，如今已經出落成一位亭亭玉立的美女，還做了凱薩琳王后的貼身侍女。這時的凱薩琳王后已經年老色衰，而且在經歷了四個孩子的夭折之後，她原本就不算開朗的性格變得更加陰鬱，脾氣也越來越差了。不出意外，國王愛上了漂亮的安妮·博林，他對自己說：「我已經厭倦了我的老婆，可要怎麼做才能甩掉她、然後迎娶安妮呢？」

您應該還記得，凱薩琳王后曾做過亨利的嫂子。國王想起這件事之後，便把他最喜歡的教士們聚集到身邊，說：「哦！我可能壓根不該迎娶凱薩琳，對此我深感不安！」您可能會問，如果他真的因此而產生罪惡感的話，之前那麼多年他怎麼從來沒提過這事呢？相反，他這些年過得還很舒服，也沒見他因為心裡不安而喪失了胃口。不過，就算教士們也產生了同樣的疑問，他們也不敢說出來；然而，他們現在反倒異口同聲地說：「啊！沒錯，這可是個嚴重的問題；國王陛下應該離婚！」這正中國王的下懷，於是所有的教士都為離婚事宜忙碌了起來。

如果我要細數離婚事宜中所有的大小細節和陰謀詭計，您一定會覺得這本英格蘭歷史是全世界最無聊的一本書。所以我就不多說了。總之，經過大量交涉和遁詞之後，教皇把這件事情全權交給了紅衣主教沃爾西和坎佩焦[24]（他為了這件事專程從義大利跑了過來），讓他們在英格蘭本土上解決。據說沃爾西視王后為敵人，因為她曾不止一次抨擊他傲慢和奢華的生活作風（我覺得這很有可能）。可是，他一開始並不知道國王想娶安妮・博林；等他知道的時候，他甚至跪在了國王面前，請求他收回成命。

紅衣主教們把審判庭的位置選在黑修士修道院，位於現在倫敦黑修士橋附近。為了離那兒更近一些，國王和王后也搬到了附近的布賴德韋爾側殿；不過現在這座宮殿已經消失不見，只剩下一所陳舊的監獄立在它的遺骸之上。開庭的日子到了；當國王和王后應召出現時，那位被利用的可憐女士——莊嚴、堅定，卻不失女性的柔和——走到國王面前跪了下來。她說，自從她以一個外國人的身份來到了英格蘭，二十年已經過去了；在這些年裡，她一直是一位盡忠盡責的好妻子。所以，在二十年之後的今天，她的去留，根本不是這些紅衣主教能夠決定的。說完，她就起身離開了法庭，再也沒有回來。

國王假裝深受感動，他大喊道：「哦！各位先生們，這是一位多麼高貴的女士啊！我多想和她廝守一生！可這罪惡感實在過於強烈，讓我食之無味，夜不能寐！」於是，審判並未因王后的離去而停止。可兩個月過去了，他們還是得不出任何定論。這正合坎佩焦的心意，因為這也是教皇的心意，阿拉貢的凱薩琳於是他又休庭了兩個月。這還不夠：就在休庭期結束之前，教皇要求把審判的地點轉移到羅馬，並要求國王和王后也一起過來出庭；這就無限期地推遲了審判。但國王的運氣不錯，他從一些手下人處打聽到一個名叫湯瑪斯．克蘭麥[25]的學者，一位博學的劍橋博士。克蘭麥建議教皇應該取消休庭，並建議國王召集來各地的學者和主教一起審理此事。愛上安妮．博林的國王早就等得不耐煩了，他覺得這是個好主意。於是他立刻派人請來克蘭麥，並對安妮．博林的父親羅奇福特勳爵[26]說：「帶這位好學者去你的鄉間別墅，給他提供一件舒適的書房，保證他得到所有需要的書，以便證明我能娶你女兒。」羅奇福特勳爵當然樂意從命，對這位克蘭麥博士，他可謂施盡了地主之誼。博士也不負眾望，立刻開始了他的研究。與此同時，國王和安妮．博林日日鴻雁傳書，恨不得審理馬上結束。我認為，安妮．博林的表現足以證明她日後的遭遇是罪有應得。

對紅衣主教沃爾西來說，放任克蘭麥為所欲為可不是一件好事。不過對他來說更糟的，卻是他對國王離婚一事的勸戒和反對。反正，鑒於他和亨利各自的為人，主僕之間關係的惡化是遲早的事；可夾在王后和「新王后」及她們各自的幫派之間（偏偏雙方都痛恨沃爾西），沃爾西的倒臺來得比他應得的還要突然，而且更加徹底。一天，當身為大法官的他像往常一樣來到法院大廳時，他遇見了諾福克和薩福克兩位公爵。跟著兩位公爵而來的還有一道國王的命令，要求他辭去大法官一職，隱退到他位於薩里郡伊舍的房子裡。紅衣主教拒絕了，兩位公爵只好無功而返。然而第二天，他們又從國王那裡帶回了一封信。這次，沃爾西只得從命。國王命人清點了沃爾西懷特霍爾宮殿裡的所有財產；紅衣主教乘著一艘駁船，悻悻地去了派特尼。他雖驕傲，卻也是個慣於阿諛奉承的卑鄙小人：在他前往伊舍的路上，當一位王室侍從追上來帶給他一條友善的資訊和一枚戒指時，他激動地從騾子上跳了下來，脫下袍子，直接跪在泥土裡。即便是他身邊負責逗笑的愚人，都比他有骨氣得多：當紅衣主教告訴侍從，他沒有什麼好東西回贈給國王，只有手下這位愚人時，侍從找了六個強壯的騎兵，才把這位忠於主人的愚人帶走。

曾經不可一世的紅衣主教很快又遭受了更多恥辱；忍無可忍，他又給亨利寫了一封信，低聲下氣地懇求得到這位暴君的原諒。然而亨利變臉像變天，一天給大主教希望，第二天就接著羞辱他。這種情況持續了一段時間，直到亨利下令沃爾西去他的約克教區待著（沃爾西曾任約克大主教）。沃爾西抱怨自己太貧窮，可我不相信，要知道，他走的時候可是帶了一百六十個僕人和七十二輛裝滿傢俱、食品和美酒的大車！沃爾西在約克一住就是大半年，在這期間，他竭力做出一副洗心革面的樣子，而且還特別謙恭溫順，這便博得了大家的同情。而且，即使在他還高高在上的日子裡，他的確也為教育和學術事業做了不少貢獻。然而最終他還是被判了叛國罪。他應召前往倫敦，慢慢地南下至萊斯特。當他到達萊斯特修道院的時候，天色已晚，而且他病得厲害。當他看到修道院的僧侶們擎著火把站在門口迎接他時，沃爾西大受感動，說這裡將是他最終的沉睡之地。他的話應驗了：他的確睡了下來，而且再也沒能起來。他的遺言是：「如果我對上帝也像我對國王那樣效忠的話，他就不會在我垂暮之年遺棄我。不過這也是我自作自受，誰叫我只對國王盡忠，而忽略了上帝！」當他的死訊傳到國王耳朵裡時，亨利正在漢普頓宮的花園裡射箭；這棟雄偉的宮殿是沃爾西的禮物。然而，在失去了這樣一位忠誠卻下場悲慘的僕人之後，國王卻只對一件事感興趣：據說沃爾西還有一千五百磅的私房錢；亨利想知道這筆錢的藏身之地。

終於，在離婚事宜上，那些博學的博士、主教，以及其他與之相關的人終於得出了結論。大多和國王意見一致，於是這個結論便被送到教皇手裡，請求他批准。可憐的教皇被夾在中間，進退兩難。如果他不答應的話，他害怕英格蘭會就此脫離羅馬天主教廷的統治；可如果他答應的話，他又有觸犯神聖羅馬帝國皇帝的危險，因為皇帝正是凱薩琳王后的侄子。於是他決定什麼都不做，繼續拖延。然後，湯瑪斯．克倫威爾[27]——一個始終對沃爾西不離不棄的隨從——建議國王乾脆繞開教皇，讓他自己成為英格蘭教會的主人。這正合亨利的心意，於是他開始不動聲色地準備這件事。不過作為「補償」，他還是允許教士們燒死不少支持路德的「異教徒」。在沃爾西垮臺之後，湯瑪斯．莫爾爵士——沒錯，就是那位幫助國王寫書的智者——便取代了他的位置成了新的大法官。但他忠於羅馬教廷，即使在這個教廷權威搖搖欲墜的節骨眼上他也沒有動搖；相反，他主動辭退了大法官一職。

如今，徹底擺脫了凱薩琳王后之後，亨利終於掃平了迎娶了安妮．博林的一切障礙。作為答謝，他任命克蘭麥為坎特伯雷大主教。緊接著，他又命令凱薩琳離開宮廷；凱薩琳照做了，但她告訴亨利不管她去哪兒，直到她死的那天她依舊是英格蘭王后。然後，國王私下裡迎娶了安妮．博林；半年後，新上任的坎特伯雷大主教便宣稱國王與凱薩琳的婚姻無效，並為安妮．博林舉行了加冕禮。

安妮本應知道，這種惡事並不會善終；而且，既然這個殘忍的傢伙能對他的第一任妻子如此冷酷無情，那麼對他的第二任妻子也不會好到哪裡去。此外，國王是個自私的膽小鬼。即便在他還愛著她的時候，當安妮有染上一場可怕的疾病甚至可能死去時，亨利逃離了她和她的房子，像隻膽小怕事的野狗。然而，等安妮終於發現的時候，一切都太晚了；她為此付出了慘重的代價。她選擇了一個糟糕的丈夫，就會有一個糟糕的結局——這是再尋常不過的。但對安妮來說，這個「尋常的」結局，卻是一個不尋常的死亡。

1 英格蘭的亨利八世(Henry VIII of England，一四九一—一五四七)，亨利七世的次子，因六次婚姻和宗教改革而聞名。

2 漢斯・霍爾拜因(Hans Holbein the Younger，一四九七—一四五三)，德國畫家，屬於北部文藝復興畫派；於一五三二年起到達英格蘭，後成為亨利八世的御用畫師。

3 愛德華・霍華德爵士(Sir Edward Howard，一四七六／一四七七—一五一三)，薩里伯爵之子，也是霍華德家族中的一位將軍。

4 布列斯特(Brest)，位於法蘭西布列塔尼大區的西北端，是個重要的海港城市。

5 湯瑪斯・尼維特爵士(Sir Thomas Knyvett，一四八五—一五一二)，一位年輕貴族，是亨利八世的好友，於一五一二年死於聖馬蒂厄之戰。

6 馬克西米利安一世(Maximilian I，一四五九—一五一九)，神聖羅馬帝國皇帝。

7 吉內加特(Guinegatte)，現稱昂吉內加特(Enguinegatte)，位於法蘭西北部—加萊海峽大區；吉內加特之戰發生於一五一三年八月一六日，亨利八世和馬克西米利安的聯軍奇襲了法蘭西騎兵，大獲全勝。

8 特威德河(River Tweed)位於蘇格蘭和英格蘭邊界，提爾河(River Till)則是它的一條分支。

9 即湯瑪斯・霍華德(Thomas Howard，一四四三—一五二四)，薩里伯爵，第二代諾福克公爵，與日後英格蘭王后安妮・博林和凱薩琳・霍華德均有親屬關係。

10 弗洛登之戰(Battle of Flodden)發生於一五一三年九月九日，從參戰人數上來說，這是英格蘭和蘇格蘭之間規模最大的一場戰爭，以英軍全勝而告終。

11 亞歷山大・霍姆爵士(Sir Alexander Home，卒於一五一六年)，他參與了弗洛登之戰，並擊退了英軍右翼部隊；蘇格蘭戰敗後，他逃離了戰場，幾天後他試圖解放蘇格蘭俘虜，卻以失敗告終。

12 法蘭西的路易十二(Louis XII of France，一四六二—一五一五)，自一四九八年起繼任法蘭西國王，並於一五〇一年成為那不勒斯國王。

13 瑪麗．都鐸（Mary Tudor，一四九六—一五三三），亨利八世最小的妹妹，於一五一四年嫁與法蘭西國王路易十二成為法蘭西王后，卻在幾個月之後守寡；最終嫁給薩福克公爵查理斯．布蘭登。

14 查理斯．布蘭登（Charles Brandon），一四八四—一五四五，第一代薩福克公爵；他的父親是亨利七世的旗手，他本人在宮廷中長大，是國王亨利八世的摯友。

15 安妮．博林（Anne Boleyn，一五〇一—一五三六），於一五三三年成為英格蘭王后，亨利八世的第二任妻子，最終被砍頭；同時她也是女王伊莉莎白一世的母親。

16 法蘭西的法蘭西斯一世（Francis I of France，一四九四—一五四七），自一五一五年起統治法蘭西，是路易十二的侄子。

17 湯瑪斯．沃爾西（Thomas Wolsey），一四七三—一五三〇，英格蘭歷史上重要的政治人物，同時也是一位羅馬天主教廷的紅衣主教；曾任英格蘭大法官。

18 查理斯五世（Charles V，一五〇〇—一五五八），一五一六年起統治西班牙（作為西班牙國王他的名號為查理一世），一五一九年起成為神聖羅馬帝國皇帝（作為皇帝他的名號為查理斯五世）；同時他也是英格蘭王后凱薩琳的侄子。

19 這個地方位於法蘭西北部—加萊海峽大區北端的城市巴蘭蓋姆（Balinghem）；一五二〇年六月，英法兩國國王再次會面；由於兩國都費勁心思修建華麗的營地，此地便被命名為「金色織錦之地」（Camp du Drap d'Or）。

20 即愛德華．斯塔福德（Edward Stafford，一四七八—一五二一），第三代白金漢公爵，於一五二一年以叛國罪被亨利八世處死；具體罪名為他聽信關於國王將死的虛假預言，並企圖謀害國王。

21 即未來的英格蘭的瑪麗一世（Mary I of England，一五一六—一五五八），是亨利八世和他第一任妻子阿拉貢的凱薩琳唯一倖存的子女，一五五三年起成為英格蘭及愛爾蘭女王；在她的統治之下，英格蘭的新教徒遭到了殘酷的鎮壓，因此瑪麗也被稱為「血腥瑪麗」（Bloody Mary）。

22 馬丁・路德（Martin Luther，一四八三—一五四六），原天主教教會修士和神學博士，宗教改革的發起人；他的改革終止了天主教教會在歐洲的獨一地位；他還將《新約》和《舊約》翻譯成德文，二者合一統稱《路德聖經》，是目前最重要的德國聖經翻譯版本。

23 湯瑪斯・莫爾爵士（Sir Thomas More），一四七八—一五三五，英格蘭哲學家、作家、律師、政治家和文藝復興人文學家，其代表作包括《烏托邦》；一五二九年至一五三二年間任英格蘭大法官；當亨利八世要與凱薩琳王后離婚時，他站在王后的一邊，並堅決地反對宗教改革和其產生的教會分裂，因此被亨利八世處死；他於一九三五年被羅馬天主教教廷封為聖人。

24 洛倫佐・坎佩焦（Lorenzo Campeggio，一四七四—一五三九），義大利紅衣主教及政治家，最後一位由教皇委任的、羅馬天主教廷駐英格蘭紅衣主教。

25 湯瑪斯・克蘭麥（Thomas Cranmer，一四八九—一五五六），英格蘭宗教改革領袖，並在亨利八世和愛德華六世執政期間擔任坎特伯雷大主教；在瑪麗一世登上王位並恢復天主教之後，克蘭麥被判叛國罪並被逮捕，最終以一個異教徒身份被處死；死後他被奉為英國新教的殉道者。

26 即湯瑪斯・博林（Thomas Boleyn，一四七七—一五三九），第一任維爾特郡伯爵，亨利八世第二任妻子、英格蘭王后安妮・博林的父親，女王伊莉莎白一世的祖父。

27 湯瑪斯・克倫威爾（Thomas Cromwell，一四八五—一五四〇），第一代埃塞克斯伯爵，亨利八世時期政治家、律師，並出任英格蘭首相，是英格蘭宗教改革的推動者之一，並在亨利八世和凱薩琳婚姻的廢除事宜上起到了關鍵的作用。

第二十八章　亨利八世統治下的英格蘭（二）

當國王結婚的消息傳到教皇的耳朵裡時，他氣得火冒三丈。當很多英格蘭僧侶和修士意識到教會岌岌可危時，他們的反應也和教皇一樣。有些甚至在教堂裡當著國王的面抨擊他，任誰攔著也不肯停下來，直到亨利本人大喊了一聲「安靜」，他們這才作罷。不過國王對此倒是沒太生氣，他相當平靜地接受了；而當王后為他誕下一個女兒時，之前的陰霾更是一掃而光。很快公主便接受了洗禮，她被命名為伊莉莎白[1]，並接受了威爾士公主的稱號——這也是她的異母姐姐瑪麗公主曾經享有的稱號。

雖然發動了改革，但亨利本人卻依舊在新教和天主教之間搖擺不定；這也是這個時期最低劣糟糕的特點之一。所以，他和教皇吵得越是厲害，被他燒死的、反對教皇的英格蘭人就越多。這其中就包括一個名叫約翰·弗里斯[2]的倒楣學生，還有一個名叫安德魯·休伊特的；後者只是一個窮苦、平凡的裁縫，他很敬愛約翰·弗里斯，便聲稱不管是什麼，只要約翰．弗里斯相信，他就相信。於是，二人就被燒死在了史密斯菲爾德的刑場上。由此可見，國王是個多麼忠誠的基督教徒啊！

很快，兩個更重要的人物步了約翰和安德魯的後塵：湯瑪斯．莫爾爵士和羅徹斯特主教約翰．費希爾[3]。後者是一位性格溫和、受人愛戴的老者，他唯一的「罪行」就是相信了一個名叫伊莉莎白．巴頓[4]的女人；這個女人假裝接受了神啟，然後自稱為「肯特的聖女」，到處宣揚神諭，但是她所說的全是些惡言亂語。然而國王懷疑費希爾反對他成為英格蘭教會的首領，便把主教扔進了監獄。即使如此，費希爾原本可以壽終正寢（因為「肯特聖女」和她的追隨者們很快就被處決了），但就在這個節骨眼上，為了羞辱國王，教皇決定提名費希爾為紅衣主教。國王對此的回應則是一個相當殘酷的笑話：教皇想送給費希爾一頂紅帽子（指「加冕」紅衣主教的方式），可費希爾說不定沒有頭可以戴。於是，經歷了一場毫無公正可言的審訊之後，費希爾很快就被判了死刑。他非常有尊嚴地面對了死亡，為後世留下了一個清白的好名聲。國王也許希望費希爾的死能起到殺雞儆猴的作用，但湯瑪斯．莫爾爵士卻沒這麼容易被嚇著。他全心全意相信教皇，拒不承認亨利教會之首的地位。為此，他也接受了審判，並在入獄一年後被判處了死刑。

當他得知審判結果，並在儈子手的押解下（在那時，當政治犯被處以死刑時，儈子手總是將斧刃的一面轉向他）離開法庭時，他相當淡然地接受了。這時，他的兒子穿過威斯敏斯特大廳裡擁擠的人群來到他面前跪了下來，莫爾爵士平靜地祝福了他。但是，當他經過沃夫塔時，他最寵愛的女兒瑪格麗特・羅珀[5]撞開重重看守，衝上來親吻他、抱著他的脖子哭泣；莫爾爵士終於也忍不住哭了起來。然而他很快就冷靜了下來，並表現出積極的心態和莫大的勇氣。當他踏上斷頭臺時，他發現臺階在他腳下搖搖晃晃、吱嘎作響，於是他就對倫敦塔的軍士長開玩笑說道：「軍士長先生，我懇請您協助我走上這些臺階；至於下來嘛，我自己就能搞定。」不僅如此，在他把頭歇在斷頭臺上之後，他還對儈子手說：「讓我把鬍子整理好，我可不希望你砍到它們；畢竟，它們可沒做過什麼謀反的事。」然後他的頭就被俐落地砍了下來。通過這兩樁行刑我們就能看出亨利八世的本性；因為湯瑪斯・莫爾爵士是全英格蘭最高尚的人之一，而費希爾主教是國王最老最忠誠的朋友之一。可是，伴君如伴虎；和國王做朋友，幾乎和做他老婆一樣危險。

當莫爾和費希爾的死訊傳到羅馬時，教皇對亨利的憤怒已經到達了頂點（自創世以來，估計還沒哪個教皇如此憤怒過）。他頒佈了一份宗教詔書[6]，並號召英格蘭人民揭竿而起，把亨利推下王位。國王盡其所能，不讓詔書到達英格蘭。同時，作為報復，他針對大量英格蘭修道院和教堂展開了大規模的剝削和鎮壓。

一個由一群官員組成的委員會開始了這場破壞。克倫威爾是這個委員會的頭領，他如今可是備受國王的寵愛。這可是個大工程，直到幾年後才全部完成。沒錯，很多宗教建築和地產，唯一和宗教掛鉤的就是名字，裡面住著的都是懶惰、散漫、貪圖享樂的僧人；的確，他們想盡辦法欺詐人民：背地裡用繩子操縱畫像，卻聲稱這是上天的奇蹟讓畫像自己移動；他們自己保存著一酒桶的牙齒，假裝它們來自某一個聖人的遺骨——竟然有這麼多臼齒，這位聖人還真是鶴立雞群！他們還有燒死聖勞倫斯[7]的煤炭餘渣、一些「屬於」某個著名聖人的腳趾甲碎片，以及「屬於」另一些聖人的折疊小刀、靴子和緊身褡。這些垃圾不僅被統稱為聖物，還被無知民眾頂禮膜拜。但即便如此，在這些人中間依舊夾雜著不少正直又虔誠的僧侶。國王的官員和手下不分青紅皂白；這些好人和壞人受到了同樣的懲罰，可謂受盡了不公。此外，國王的人還破壞了很多精美的物品和許多珍貴的圖書館，毀掉大量名畫、彩色玻璃、石道和石雕木刻。整個宮廷都陷入了一片狂喜，他們貪婪地瓜分這豐厚的戰利品。

國王似乎對此著了魔，他甚至聲稱湯瑪斯．貝克特是個叛徒，還把他的屍體從墳墓裡拖了出來——要知道，他已經死了幾百年了啊！如果那些僧侶所說的都是實話，那麼貝克特的確像他們聲稱的那麼神奇，因為當他的骸骨被挖出來的時候，他脖子上有一個頭顱。這肯定不是他自己的頭骨，因為自從他死了的那天開始，他的「頭顱」就一直在僧侶手中。僧侶們到處展示它，還因此賺了一大筆錢。國王的人把貝克特陵墓上的金銀珠寶撬了下來，足足裝了兩大箱，用了八個人才勉強把它們運走。當所有的修道院都被洗劫一空、破壞殆盡之後，國王的資產每年一下子多了十三萬鎊——這在當時可是一大筆錢！從這件事上，您就能猜到這些修道院是多麼富有了吧？

對此，英格蘭人民也怨聲載道。畢竟，僧侶們曾經是相當不錯的地主，而且對旅行者也足夠熱情；人民遇到困難時，他們也常常慷慨解囊，送出大量稻穀、水果、肉類和其他一些東西。要知道，那個年代的人們很難將物品換成錢，因為像樣的道路很少而且路況很差，貨車和馬車品質也非常糟糕。所以，如果您的好東西多得用不完，您要麼將它們送給別人，要麼眼睜睜看著它們過期變質。時間久了，很多人就變得好吃懶做起來，寧可依靠乞討活著也不願意自食其力。被逐出家園到處流浪的僧侶們鼓勵他們這種不滿的情緒。結果，林肯郡和約克郡發生了好幾起起義事件。它們被殘忍地鎮壓了下來，不少人被處以死刑，就連僧侶們也不例外。事情平息了下來，國王也就繼續哼哼唧唧地過著奢侈糜爛的生活，簡直就是一頭王室肥豬。

關於教會的故事，我已經把能說的都一口氣說出來了，希望這能讓您一目了然；現在，我要回到國王的家事上面。

這個時候，倒楣的凱薩琳王后已經去世了，而正如他厭倦了第一個一樣，國王也厭倦了新王后。當初他愛上了凱薩琳的侍女安妮．博林，如今他又愛上了安妮的一位侍女。真是惡有惡報，現在再想起她自己平步青雲的過程，王后一定悔恨萬分！國王的新歡就是簡・西摩女士[8]；他下定決心一定要得到她，但首先要想個辦法除掉安妮・博林。於是他為安妮捏造出一系列可怕的罪證，而且還把她的弟弟[9]和幾個為她效力的貴族一併牽扯了進去；這其中最值得一提的就是諾里斯[10]和一個名叫馬克・斯米頓[11]的樂師。由於全英格蘭上下——從農民到貴族大臣——都很懼怕亨利，都對他唯唯諾諾唯命是從，所以大臣們很快就為安妮及其「同夥」定了罪。面對死亡，這些紳士們都表現出極大的勇氣和尊嚴，但是斯米頓是個例外：在國王的威逼利誘之下，他「招供」了，並希望得到原諒。不過——我很高興地告訴您——他還是被處以死刑。這麼一來，國王的障礙就只剩下王后一個人了。此時安妮・博林被關在倫敦塔裡，身邊的女僕都是國王安插的眼線。她身負可怕的罪名，不得不忍受各種流言蜚語，還無法為自己伸張正義。然而，在這樣的逆境中她卻變得越發堅強。一開始，從她「陰鬱的監獄」裡，她還給亨利送去好幾封語氣柔軟充滿愛意的信（這些信現在還保留著），但當她意識到亨利心意已決之後，她也決意要勇敢地面對死亡。她高興地對身邊的人說，她聽說這個劊子手的技術相當不錯，而且她的脖子很細（說這話的時候，她還笑著用手在自己脖子上比劃了一下），所以她很快就會解脫了。的確，她很快就脫離了苦海；可憐的人兒，就這麼死在了倫敦塔的斷頭臺上。她的屍體被塞進一個陳舊的桃木箱子，葬在了禮拜堂的地下。

據說當時國王正坐在宮殿裡，緊張地等待著宣告死刑執行完畢的炮聲；聽到空中的巨響時，他興奮地跳了起來，然後命令手下將獵犬帶來，他要去打獵。像他這樣的壞人，能做出這種事來也不奇怪。不過不管他是不是真的這樣做了，有一點可以肯定：第二天，他迫不及待地迎娶了簡．西摩。

關於這第三位王后，我很遺憾地說，她在誕下一名男嬰——也就是後來的愛德華王子[12]——之後就因產後高燒而去世了。對於她的死我不想多言，因為我認為任何一個明知對方是一個濫殺無辜的惡棍還嫁給他的女人，都將自食其果；如果簡．西摩活得再長一點，儈子手的斧頭早晚也會落到她脖子上。

為了宗教和教育，克蘭麥傾其所能拯救了一部分教會財產；然而，那些上層貴族們對這些財產可謂虎視眈眈，所以克蘭麥搶救出來的只是鳳毛麟角。貴族們瘋狂地瓜分了教會的土地和錢財，就連偉大的邁爾斯．科弗代爾[13]都變得一貧如洗；這位偉人將《聖經》翻譯成普通百姓都看得懂的英文（這在改革前是不被准許的），可謂功不可沒。國王的人告訴百姓，只要國王得到這些錢財，就不需要再向他們徵稅了；但之後百姓還得照交不誤。不過，有這麼多貪婪的貴族前來瓜分財產，人民應該對此感到慶幸，因為如果這一大筆錢都落到王室的口袋裡的話，王權專制也許還能多延續好幾百年。有不少作家擁護天主教教會反對國王，這其中就包括一位雷金納德．波爾[14]。

雖然身為國王的遠親，但他還是使用了最嚴厲的言辭攻擊國王（儘管他享受著國王發放的薪資）；他不分晝夜，用自己的筆桿做武器為天主教教廷而戰。鑒於他遠在義大利，國王奈何不了他，便禮貌地邀請他回到英格蘭一同討論這事。可他知道此去一定凶多吉少，就堅持留在了海外。為此國王非常氣憤，只好把火發在他的兄弟埃克塞特侯爵蒙塔古和其他幾位貴族身上。他們被指控暗中聯繫並協助波爾（這倒有可能是真的），並作為叛國賊而被處死。教皇則讓波爾做了紅衣主教。原本有傳言聲稱，波爾自己垂涎英格蘭王位，並打算迎娶瑪麗公主；但如今他成了紅衣主教，就給這些流言蜚語畫上了句號。然而不幸的是，波爾的母親索爾茲伯里女伯爵——一個手無寸鐵的弱女子——還留在國王的領地上，她成了兒子的替罪羊。當她被告知她要將頭擱在木樁上時，她對儈子手說：「不！我的頭從來沒被叛過國家。如果你要它，你就自己來搶。」說完，她就圍著斷頭臺跑起來；儈子手不得不狠狠地打了她，打得她灰白的頭髮上血跡斑斑。然而直到他們把她按在斷頭臺上，她還一直掙扎到最後一刻，誓死反抗自己不公正的命運。人民對此沉默不語，他們靜靜地忍受了，就像他們忍受了其他一切事情一樣。

的確，他們默默地忍受了更多類似的事情。為了證明亨利依舊是一位忠誠的天主教國王，史密斯菲爾德的火焰無休無止，吞噬了無數條性命。然而，他一方面否定教皇和他的詔書（如今它終於到了英格蘭），一方面卻燒死了無數反對教皇的人。這其中就包括一個蘭伯特[15]；他接受了審判，並當著國王的面分別和六位主教進行了辯論。當他精疲力盡之後（畢竟是六個主教呢），他終於放棄了，把希望寄託在國王的慈悲之心上面。可是國王說自己對異教徒沒有慈悲之心；於是，蘭伯特也成了火焰的犧牲品。

人民眼睜睜地看著這一切，卻都默不作聲地忍耐了；但這還遠遠不是全部。在這個時代，英格蘭似乎已經完全拋棄了國家精神，因為當每一個叛國罪為名被處死的人——包括這位「直腸子」國王的妻子和朋友——站在斷頭臺上時，他們竟然還讚揚國王的美德和仁慈。東方蘇丹和帕夏[16]的子民會這麼做；當遇到喜歡把冷水和沸水輪流澆在人頭上、直到將他們折磨致死的暴君時，俄羅斯人民也這麼做過。議會和其他人一樣壞，他們不僅對國王言聽計從，還不停地賦予他新的權力供他濫殺無辜；如此一來，但凡是被國王認定為叛徒的人，不管是真是假，都必死無疑。然而議會所做的最糟糕的事情，是通過一項被稱為《六項條文》[17]的法案，也被當時的人民稱為「六根繩的鞭子」。該條文的作用是狠狠打擊反對教皇的人，而且將嚴厲的天主教教義推行到了極致。如果克蘭麥能力允許的話，他一定會想辦法修改條款；可是對他來說羅馬派別的人過於強大，他無計可施。由於其中一條條款禁止神職人員結婚，而他已是已婚人士，他只得把妻子和兒子送到德國。儘管他是國王的好朋友（而且他們的友誼還維持了很長時間），他還是日夜擔心自己的安危。這項條款就是在國王眼皮子底下制定的，這充分地說明了一點：當國王覺得反對一件事不會給自己帶來任何好處時，他完全不介意改為支持它，哪怕那是天主教最殘酷、最糟糕的教義也沒關係。

如今，這位「可敬」的君主又琢磨著再找一位老婆。他請法蘭西國王幫忙，讓他在法蘭西宮廷找幾位女士送到他面前，這樣他就能做一下比較，然後再做挑選。對此法蘭西國王回答道，說他的女士們又不是市場上的馬匹，他不會讓她們像商品一樣被展示、被挑選。然後國王又打上了米蘭公爵遺孀[18]的主意；但公爵夫人回答說如果她有兩個腦袋，她或許還會考慮這樁婚事；然而鑒於她只有一個頭顱，她不得不懇求國王還是放她一馬。最後克倫威爾舉薦了一位德國抗議教公主（在德國，新教也被稱為「抗議宗教」，因為他們的領袖曾經就天主教教會的腐敗和虛假提出強烈的抗議）；這就是克里夫斯的安妮[19]。據說她生得很漂亮，會和國王很般配。國王詢問她是否是一個健壯的女人（因為他必須得找個胖婆娘才能配得上他）。對此克倫威爾答道：「哦！沒錯！她非常健壯，這一點毋庸置疑。」聽到這之後，國王便派了他的御用畫家漢斯·霍爾拜因[20]為她畫像。漢斯將她畫得很好看；國王對此很滿意，於是這樁婚事就定下來了。但我不知道是漢斯收了什麼人的賄賂，還是他純粹為了取悅公主而將她美化（這是當時畫家們的習慣），當國王趕到羅徹斯特迎接她，並且偷偷找機會看到她時，他發誓她是一匹「巨大的弗蘭德母馬」，還說他絕不會娶她。於是，他不但拒絕交給她他為新娘準備的禮物，還刻意無視她。作為這件事的始作俑者，克倫威爾也變成了亨利怨恨的物件；這就是克倫威爾垮臺的起始。

沒過多久，為了推近天主教的影響，國王的敵人就在一次晚宴上將諾福克公爵[21]的侄女凱薩琳·霍華德[22]引薦給亨利。儘管她身材嬌小而且也算不上國色天香，但凱薩琳·霍華德卻是一位年輕且魅力十足的女士。國王對她一見鍾情，於是他立刻休了克里夫斯的安妮，理由是她之前已有婚約在身所以配不上他了，這就把安妮變成了眾多流言蜚語的主題。了結此事後，國王迅速迎娶了凱薩琳。據說就是在婚禮的同一天，克倫威爾被送上了斷頭臺。後來亨利又燒死了一些人作為慶祝，其中既包括反對教皇的新教徒，也包括否認國王權利的天主教徒。對此人民依舊忍氣吞聲，而全英格蘭也沒有一個貴族紳士敢站出來為正義說話。

然而，上天有眼，很快國王就發現凱薩琳·霍華德婚前行為不檢；當年亨利誣賴安妮·博林的那些罪證，凱薩琳·霍華德竟然真的犯過。於是，刀起刀落，國王又成了鰥夫，而這位王后也步了前任們的後塵。然後，為了配合當下的情勢，亨利著手督促下人寫了一本名為《基督徒必知的教義》[23]的宗教書籍。我認為在那時的情況下，亨利自己一定也很迷惑，因為他有時對別人以誠相待，但對自己卻時常自欺欺人：比如說，雖然諾福克伯爵和其他一些敵人想方設法地要毀掉克蘭麥，可國王對他的信任卻從沒動搖過。有一天，他甚至交給克蘭麥一枚戒指，說，如果第二天他被判處叛國罪，就把這枚戒指拿給陪審團以免除判決。克蘭麥這麼做了，將他的敵人打了個措手不及。我猜國王之所以這麼做，一定是因為他覺得克蘭麥還有點利用價值。

最終國王還是又結了一次婚。沒錯，我知道這很奇怪，英格蘭竟然還有女人願意做他的老婆；可是他的確找到一個：凱薩琳·帕爾[24]，拉蒂默男爵[25]的遺孀。她傾向於新教，而且——我很高興地說——她抓住一切機會跟國王討論新教教義；這對國王來說想必是種極大的折磨，為此她也差點把自己的性命搭進去。在某一次這樣的談話之後，心情陰鬱的國王甚至向擁護教皇的加德納主教[26]送去一道諭旨，讓他為凱薩琳·帕爾準備一份控告書。如果這事成功的話，她肯定就會加入她的前任們，死在同一個斷頭臺上。但是她的一位朋友無意發現了落在王宮裡的諭旨，並及時通知了她。王后驚恐萬分，還被嚇得生了病；然而當國王過來套話的時候，她還是巧妙地消除了他的懷疑。她說，她之所以會在一些問題上口無遮攔，是想轉移國王的注意力，好讓他忙碌之餘可以換換腦筋；而且，通過這些討論，她也能從國王超群的智慧中學到一些東西。亨利很高興，他不但吻了她，還稱她為自己的貼心愛人。所以，第二天，當大法官[27]打算將她送進倫敦塔時，國王將他臭罵了一頓，說他是野獸、惡棍、傻瓜。就這樣，原本離斷頭臺只有一步之遙的凱薩琳·帕爾終於僥倖逃過一劫！

在亨利八世統治的時期，英格蘭先和蘇格蘭打了一場又短暫又愚蠢的仗，後來又因為法蘭西支持蘇格蘭而攻打了法蘭西，但是在英格蘭本土上發生的事情更加恐怖，給這個國家留下了一片永恆的陰影，所以我沒必要細說國外的事情了。

但在他的統治結束之前，還有幾件恐怖的事情發生。林肯郡有一位名叫安妮·艾斯丘[28]的女士，她傾向於新教思想，可她的丈夫偏偏是個狂熱的天主教徒，於是他便把她趕了出來。這位女士流落到倫敦，又因冒犯了《六項條文》而被送進了倫敦塔，還被上了刑——對方可能希望通過這種方式能讓她招出更多的新教教徒，就算是假的都沒事，可她連喊都沒喊一聲。終於，倫敦塔的軍士長受不了了，他撤掉了自己的人。但很快兩個牧師就頂替了行刑者的位置；他們甚至不惜赤膊上陣，親自動手轉動刑具上的輪子，直到折斷了這位女士體內的每一根骨頭。之後，當他們將她送往火刑場地時，他們不得不為她找了一把椅子。和她一起燒死的還有另外三個人：一位貴族紳士、一個教士，和一個裁縫。您看，歷史總是在重複[29]。

要麼是懼怕諾福克公爵和他兒子薩里伯爵[30]的權力，要麼是他們確實冒犯了他，國王決定處死父子二人，讓他們也加入其他受害者的行列。兒子先接受了審訊（當然是為了莫須有的罪名），並勇敢地為自己辯護。但最後他還是被判有罪，丟了腦袋。緊接著國王又把黑手伸向父親；諾福克公爵也被扔進了倫敦塔等死。

但是國王自己被另一位更偉大的君主判處了死刑，而這個世界也終於得到了解脫。他現在看起來可是又臃腫又醜陋，腿上還有一個大傷口，無時無刻都向外散發著惡臭；沒有一個人敢接近他。當他奄奄一息的時候，他急忙派人找來克蘭麥。可主教離開了他位於克羅伊登[31]的宮殿，匆匆忙忙地趕了過來之後，國王卻發現自己壓根說不出話來。所幸這時候他駕崩了，享年五十六歲；至此，他已經統治了三十八個年頭。

由於宗教改革是在他的統治下進行的，亨利八世受到了不少新教作家的讚揚，但是真正的功勞應當屬於其他人，而不是亨利。改革不會因為這個怪物的罪行而變得更糟，也不會因為他的支持和辯護而變得更好。總而言之，亨利八世是這世界上最讓人無法忍受的惡棍，他的存在是對整個人性的侮辱；對英格蘭的歷史來說，他就是一個由鮮血和肥油構成的污點。

1 英格蘭的伊莉莎白一世（Elizabeth I of England，一五三三—一六〇三），亨利八世與第二任妻子安妮·博林的女兒；在安妮·博林被處死之後淪為私生女身份，卻最終在其他繼承人去世之後得以繼承王位；是都鐸王朝第五代也是最後一代君主；她的統治被稱為英格蘭歷史上的黃金時代。

2 約翰·弗里斯（John Frith，一五〇三—一五三三），英格蘭新教牧師、作家，最後被奉為殉道者；於一五三三年被處以火刑。

3 約翰·費希爾（John Fisher，一四六九—一五三五），英格蘭天主教教會主教、神學家，曾任劍橋大學校監；於一五三五年被亨利八世處以死刑，死後被羅馬天主教教會封為殉道者和聖人。

4 伊莉莎白·巴頓（Elizabeth Barton，約一五〇六—一五三四），信奉天主教的英格蘭修女，因做出了一些反對國王第二次婚姻的預言而被治罪，她於一五三三年被捕並被認定患有精神疾病，最終於一五三四年被處以絞刑。

5 瑪格麗特·羅珀（Margaret Roper，一五〇五—一五四四），湯瑪斯·莫爾爵士的女兒，英格蘭作家、翻譯家，被認為是十六世紀英格蘭最博學的女性。

6 這裡指的是所謂的Papal Bull（Bulla Apostolica），宗教詔書，是羅馬天主教教廷所發佈的最隆重的文告。

7 聖勞倫斯（Saint Lawrence），最早自羅馬來到英格蘭的傳教士之一，後接替聖奧古斯丁成為坎特伯雷大主教。

8 簡·西摩（Jane Seymour，約一五〇八—一五三七），亨利八世的第三任妻子，在誕下王子（也就是日後的愛德華六世）後去世；在亨利八世心目中，西摩是他唯一合法的妻子，他死後與簡·西摩合葬在一起。

9 既喬治·博林（George Boleyn，一五〇三／四—一五三六），第二代羅奇福德子爵，英格蘭王后安妮·

博林的弟弟，被指控與安妮·博林亂倫通姦，最終被處死。

10 即亨利·諾里斯爵士（Henry Norris，一四八二—一五三六），亨利八世的貼身侍從，支持安妮·博林一派。

11 馬克·斯米頓（Mark Smeaton，約一五一二—一五三六），安妮·博林的宮廷樂師，被指控與王后通姦而被處死。

12 英格蘭的愛德華六世（Edward VI of England，一五三七—一五五三），九歲時被加冕成為英格蘭國王，是都鐸王朝的第三位國王，同時也是第一位自幼信奉新教的英格蘭國王，他於一五五三年病死，得年僅十五歲。

13 邁爾斯·科弗代爾（Miles Coverdale或Myles Coverdale，約一四八八—一五六九），十六世紀英格蘭翻譯家，將整部《聖經》翻譯成英文，是英格蘭有史以來第一本印刷而成的、完整的英文《聖經》。

14 雷金納德·波爾（Reginald Pole，一五〇〇—一五五八），他的血統能夠追溯到英格蘭國王愛德華四世和理查三世；英國天主教會主教，是英格蘭歷史上最後一位擔任坎特伯雷大主教一職的天主教教徒。

15 約翰·蘭伯特（John Lambert，卒於一五三八年一一月），後被英格蘭新教教會追封為殉道者。

16 帕夏（Pasha），對土耳其奧斯曼帝國行政系統裡高級官員的一種敬稱。

17 《六項條文》（Act of Six Articles），英國議會於一五三九年通過的、針對神職人員行為的信條，其內容建立在六項傳統的天主教教義規章之上；其涉及問題包括領聖體的意義和規定、神職人員禁止結婚且必須守貞、私人彌撒的許可，和懺悔時低聲耳語的重要性。

18 這裡指的是丹麥的克莉絲蒂娜（Christina of Denmark，一五二一—一五九〇），一位丹麥公主，後成為米蘭公爵夫人，並在一五四五—一五五二年間任洛林公國攝政王；她擁有丹麥、挪威和瑞典王位的繼承權。

19 克里夫斯的安妮（Anne of Cleves，一五一五—一五五七），亨利八世的第四任妻子，但他們從未圓房，安妮也未被加冕為英格蘭王后；半年後她的婚姻被宣判無效，亨利允許她留在英格蘭，並贈予她很多財產。

20 即小漢斯．霍爾拜因（Hans Holbein the Younger，一四九七—一四五三），德國畫家，屬於北部文藝復興畫派；於一五三二年起到達英格蘭，後成為亨利八世的御用畫師。

21 這裡指的是湯瑪斯．霍華德（Thomas Howard，一四四三—一五二四），薩里伯爵，第二代諾福克公爵，與英格蘭王后安妮．博林和凱薩琳．霍華德均有親屬關係。

22 凱薩琳．霍華德（Catherine Howard，約一五二三—一五四二），亨利八世的第五任妻子，但婚後兩年（據說）因與國王的侍從私通而被判處死刑。

23《基督徒必知的教義》（The Necessary Doctrine and Erudition for Any Christian Man），出版於一五四三年，據說由亨利八世所著，所以也被稱為「國王的著作」（「The King's Book」）。

24 凱薩琳．帕爾（Catherine Parr，一五一二—一五四八），於一五四三年成為亨利八世的第六位、也是最後一位妻子；她與亨利八世的三個孩子都保持著緊密的關係，並在恢復瑪麗和伊莉莎白王位繼承權上起了關鍵作用。

25 即約翰．內維爾（John Neville，一四九三—一五四三），第三代拉蒂默男爵。

26 斯蒂芬．加德納（Stephen Gardiner，約一四八三—一五五五），英格蘭羅馬天主教教會主教，並在瑪麗一世執政期間任大法官。

27 這裡指的是湯瑪斯．賴奧思利（Thomas Wriothesley，一五〇五—一五五〇），第一代南安普頓伯爵，於一五四四年成為大法官；因拷打安妮．艾斯丘（Anne Askew，詳見下文）而臭名昭著。

28 安妮．艾斯丘（Anne Askew，一五二〇／一—一五四六），英格蘭詩人，新教教徒，是英格蘭歷史上唯一位同時接受嚴刑拷問和火刑的女性。

29 這裡作者所指的是前文出現的、繼約翰・弗里斯（作家、牧師）之後而死的安德魯・休伊特（裁縫）、湯瑪斯・摩爾（貴族）和主教約翰・費希爾（主教）。

30 即亨利・霍華德（Henry Howard，一五一六／一五一七—一五四七），第三代薩里伯爵，英格蘭文藝復興詩歌的奠基人之一；晚年時，亨利八世懷疑伯爵密謀取代王子愛德華（也就是未來的愛德華六世）成為英格蘭國王，便以叛國罪未名將其處死。

31 克洛伊登（Croydon），位於倫敦中南部，這裡立著克洛伊登宮殿——坎特伯雷大主教的夏宮。

第二十九章　愛德華六世統治下的英格蘭

臨死前，亨利八世立下了一份遺囑。他組建了一個由十六位成員組成的內閣，以輔佐他尚未成年的兒子（這時愛德華年僅十歲）；除此之外，還有一個由其他十二位成員組成的內閣來協助前者。在第一個內閣裡面，最有權勢的當屬赫特福德伯爵[1]，也就是小國王的舅舅。當這些事情發生時，他一刻也不敢耽擱，急忙畢恭畢敬地將小國王請到恩菲爾德[2]，然後又到了倫敦塔。得知父親的死訊之後，小國王萬分悲痛——在當時的人們眼中，這種痛苦充分地體現了新國王的美德；可是，鑒於這是種大部分平民百姓都具備的美德，在這個問題上我就不多說了。

在亨利的遺囑中有一個存在歧義的地方；他要求遺囑的執行人員替他兌現他曾許下的一切承諾。這就讓不少人好奇這些承諾究竟是什麼；赫特福德伯爵和其他幾個貴族對此也同樣感興趣，他們堅持說亨利承諾過要給他們加官進爵（注意，是「他們」）。於是，赫特福德伯爵便成為了薩默塞特公爵，而他的弟弟湯瑪斯．西摩則成了一位男爵。類似的提拔還有很多；總之，一切都是按照公爵幫派的意思進行的，而且——毫無疑問——這就是已故國王所希望的。為了更加盡責地執行亨利八世的遺願，他們還霸佔了不少教會領地，讓自己的生活變得既富有又舒適。新的薩默塞特公爵還當上了攝政王；這樣一來，他和國王就沒什麼區別了，只是差了一個名分而已。

鑒於愛德華六世從小就是一位新教徒，新教教義肯定會被維持下去；對於這一點，大家都心知肚明。但是負責這些教義的克蘭麥並沒有大刀闊斧地行動；相反，他循序漸進，一點點地推行新教。很多可笑的迷信活動都被取締了，但那些無害的活動卻被保留了下來。

攝政王薩默塞特公爵非常希望小國王能迎娶年輕的蘇格蘭女王[3]，他希望能夠通過這種方式阻止女王和其他外國勢力的結盟。然而，由於這個提議遭到了大部分蘇格蘭人的反對，公爵只好舉兵入侵了蘇格蘭，藉口是一些住在英蘇邊境的蘇格蘭人騷擾英格蘭居民。不過一個巴掌拍不響：其實，居住在邊境上的、騷擾蘇格蘭居民的英格蘭人也不在少數。而且在過去漫長的歷史中，英蘇邊境上的爭執從未停息過；很多故事和歌謠就取材於此。但不管怎麼說，攝政王以此為藉口入侵了蘇格蘭。蘇格蘭攝政王阿倫[4]集結了一支人數是敵人兩倍的軍隊前來迎戰。兩軍在埃斯克河[5]岸邊相遇了，這裡距離愛丁堡僅有幾公里。進行了幾次小規模戰鬥之後，英格蘭攝政王提出來講和，他說，只要蘇格蘭人不會把女王嫁給任何外國王子，英軍就會撤退。對此，蘇格蘭攝政王誤以為英格蘭人害怕了，便做出了一個錯誤的決定，決定繼續攻打敵軍。然而，在英格蘭陸軍和海軍的兩路夾擊下，蘇格蘭人落荒而逃，損失了一萬餘人。這真是一場可怕的戰役，因為所有逃脫的人都被無情地虐殺了。從戰場到愛丁堡約有六公里的距離，這段路上佈滿了屍體、武器，和殘肢斷臂。有一些人躲在河裡，然後被淹死了；還有一些丟盔卸甲逃跑了，被殺的時候幾乎赤身裸體。然而在這場「平其克魯之戰」[6]中，英軍僅損失了二三百人。英格蘭士兵的穿著比蘇格蘭人好得多；當他們看到蘇格蘭貧困的境況時，他們也大吃了一驚。

薩默塞特公爵回國之後離開組建了一個議會。這議會做了幾件好事，其中就包括廢止「六根繩子的鞭子」。不過不幸的是，它依舊保持了這個殘忍的條令：在所有的宗教問題上，如果一個人拒絕相信政府希望他們相信的東西，還是會被燒死。除此之外，為了減少乞丐，它還通過了一條愚蠢的法令：如果一個人居無定所、在野外遊蕩了三天或三天以上，他就會被熱鐵打上烙印，淪為奴隸，並被戴上枷鎖。不過這條殘忍且無理的規定很快就被取消了，更多其他愚蠢的法令取代了它的位置。

這麼一來，攝政王就更加趾高氣昂、飛揚跋扈了；在議會中，他坐在王座的右手邊、所有貴族的前面。於是，其他野心勃勃、爭強好勝的貴族就將他視為了眼中釘肉中刺。事實上，他之所以這麼急匆匆地從蘇格蘭趕回來，就是因為他聽說他的弟弟——西摩勳爵[7]——可能會威脅他的地位。這位勳爵是英格蘭大元帥。他相貌非常英俊，在淑女貴婦之間備受青睞，就連年輕的伊莉莎白公主都對他另眼相看，他們之間的距離甚至已經超出了准許的界限——那時候的公主們根本不被准許和什麼人如此親近，不管對方是誰。他還娶了亨利八世的遺孀凱薩琳·帕爾（這時已經死了），而且為了進一步加強他的權力，他還私自給了小國王很多錢。據說他還和攝政王的其他幾個敵人串通一氣，打算劫走小國王。因為這些或其他什麼罪行，他被關進了倫敦塔，受到指控並被判了刑；而且，我很遺憾地說，他的親哥哥就是第一個簽署他死刑書的人。最終他死在了倫敦塔山的斷頭臺上，直到臨死前還拒不認罪。他在這個世界上做的最後幾件事之一就是寫了兩封信，一封給伊莉莎白公主，另一封則寫給瑪麗公主。一個僕人將這兩封信藏在了鞋子裡，偷偷送了出去。據說信的內容均為催促兩位元公主除掉攝政王，並為他報仇雪恨，不過真實內容我們就不得而知了。然而不管怎麼說，曾經有一段時間，他的確對伊莉莎白公主產生了極大的影響；這一點毋庸置疑。

與此同時，新教也在緩慢地前進著。曾被人們頂禮膜拜的畫像被移出了教堂；人們被告知，如果他們不願意，就不需要對牧師懺悔；一本大眾化的、用英文書寫的祈禱書出版問世，這樣所有人就都能看懂了；此外，其他一些地方也得到了改進。一切都有條不紊地進行著，因為克蘭麥是個非常謹慎的人，他甚至禁止新教教士攻擊未改革的宗教——這種行為對新教教士來說可謂家常便飯，儘管這不是什麼好行為。但這時的人民卻遭受到極大的苦難。作為地主，那些搶佔了教會地產的貪婪貴族可算得上非常糟糕：他們圈起大片土地用來養羊，因為和種莊稼相比，養羊更有利可圖[8]；這在民眾中間造成了更大的疾苦。可人民並不明白當時的社會情勢，他們盲目聽信無家可歸的天主教教士的言論——畢竟他們曾經可是彼此的好朋友，於是人民便將這一切怪罪到了新教上面。不少人揭竿而起，反對新教。

反抗活動最為激烈的地方，當屬德文郡和諾福克。在短短的幾天之內，德文郡就有一萬多人加入了反抗軍，甚至圍攻了埃克塞特；由此可見，反抗軍的力量是多麼強大。然而前來協助被困居民的拉塞爾勳爵擊敗了反抗軍。事後，他不僅吊死了某個地方的市長，還將另一個地區的牧師吊死在了他自己教堂的尖塔上。據說在那個郡裡倒下的反抗軍多達四千餘人，他們有些是被吊死的，有些則死於刀劍。在諾福克（這裡的反抗主要針對圈地運動，而不是新教改革），反抗軍的領袖是一個名叫羅伯特·凱特[9]的人；他是一名來自懷門德姆的制革工人。一開始，人民在一個名叫約翰·弗勞爾迪的貴族的煽動下一齊抵抗這位工人（因為這位工人曾引起這位貴族的不滿）。可是很快這位工人就占了上風，他反而贏得了人心；沒過多久，他就在諾里奇附近組建了一支規模相當可觀的軍隊。

在一座被稱為穆思堡的山上，立著一棵粗壯的橡樹；凱特把它命名為「變革之樹」。他在炎熱的仲夏季節，他和他的追隨者們坐在這棵樹的綠蔭下，組織法庭，討論國事。他們非常客觀公正，甚至允許一些煩人的公共演說家來到這棵樹下，幫他們指出錯誤；當演說家發表冗長的講話時，他們就躺在樹蔭中聆聽（當然，肯定有不少人哀聲連連）。終於，在一個陽光燦爛的七月天裡，一個信使來到了樹下，宣稱凱特和他的追隨者們都是叛國賊；不過如果他們能立刻解散回家，倒是會得到寬恕。然而，凱特和他的人根本不把信使當回事；從那之後，他們反而還越來越強大，直到瓦立克伯爵[10]帶著一支兵強馬壯的軍隊，將他們打得潰不成軍。作為叛徒，有些人被絞死、車裂，然後分屍；他們的四肢被送到很多鄉下地區，懲一儆百。還有九個人被分別吊死在「改革之樹」的九根樹枝上；據說從那時起，這棵樹就漸漸枯萎死掉了。

儘管攝政王是一個非常高傲的人，但他確實心繫百姓；當看到他們受苦受難時，他的確也願意盡其所能幫助他們。可像他這樣位高權重又極其驕傲的人很難維持民心，而且他在貴族之間也樹敵無數，因為那些人和他一樣高傲，卻沒得到他這麼高的地位。這個時候，他正好在倫敦的斯特蘭德街上主持修建一座宮殿[11]；為了得到足夠的石頭，他用火炮轟擊了教堂的尖塔，還拆倒了主教的房子。這麼一來，他就更受人憎惡了。終於，他的死敵瓦立克伯爵達德利[12]聯合了七位議會成員自立門戶，成立了一個獨立的議會。而這位達德利不是別人，正是亨利七世時期令人厭惡的徵稅官達德利的兒子；想必大家還記得他和恩普森的惡行吧？達德利的勢力很快壯大了起來，沒出幾天，他就為攝政王找出了二十九項罪名，把他關進了倫敦塔。議會決定罷黜他的官職，全部財產充公；攝政王不得不低聲下氣地妥協，這才得到寬恕被釋放了出來。之後，他被召回了議會，但不得不把女兒安妮．西摩女士嫁給瓦立克伯爵的長子。但這樣的和解通常不會延續持久；事實上，它甚至沒能維持一年。如今瓦立克伯爵已經搖身變成了諾森伯蘭公爵，而且他的同黨也飛黃騰達，真可謂一人得道，雞犬升天。他指控薩默塞特公爵——也就是前攝政王——以及格雷勳爵[13]和其他幾個人打算推翻國王，於是便以叛國罪為名逮捕了他們。他們還被指控打算綁架甚至謀殺諾森伯蘭公爵和他的朋友——北安普敦勳爵和彭布羅克勳爵，並煽動整個倫敦造反。失勢的攝政王堅決否認了這些罪行，但他承認他的確說過要謀殺以上三位大人，儘管他從未打算實施過。最終，雖然議會宣判他的其他罪名有效，但卻取消了叛國罪那一條。所以當他離開法庭時，儈子手並沒有把斧刃轉向他。當人民看到時，他們還以為他得以全身而退，所以他們當街歡呼雀躍了起來——這時候他們又想起攝政王為他們做的好事了。

然而，薩默塞特公爵還是被判處了死刑，於早晨八點執行。為此，政府貼出的公告言明禁止民眾在十點之前出門。但即使如此，街上還是人聲鼎沸，摩肩擦踵；天才剛放亮，倫敦市民就將死刑執行地圍了個水洩不通。帶著無比悲痛的心情，他們看著昔日的攝政王登上斷頭臺，將頭放在那塊可怖的木樁之上。臨死前，公爵表現出極大的勇氣，他告訴在場的人們，一想到他為宗教改革所付出的一切，他就可以坦然接受死亡。然而就在這時，一位議會成員騎著馬經過此地。人們再次以為議會要為公爵減刑了，於是又雀躍歡呼了起來。可是公爵本人告訴他們這是不可能的，然後再次把頭放在木樁上，任由它被砍了下來。

很多圍觀者衝了上來，紛紛將他們的手帕浸到他的鮮血裡，以此表示他們對他的愛戴和尊敬。的確，公爵生前做了不少好事，其中有一件直到他死後才被發現。在公爵掌權時，有人告訴議會，說特勒姆主教——一位很好的人——收到一封反對新教並密謀煽動叛亂的信件，而且主教還回信應允了此事。但是那時議會始終沒找到主教的回信，所以就沒法給他定罪。如今他們卻發現這封信就夾在公爵的私人文件裡。公爵認為主教是一個好人，所以就替他將罪證隱藏了起來。但現在公爵已去，主教也就被剝奪了頭銜和全部財產。

很不幸的是，當薩默塞特公爵身陷牢獄、面臨死亡的威脅時，他的侄子小國王卻沉浸在戲劇演出、舞蹈和類比戰鬥中：這一點我可以肯定，有國王的日記為證。但讓我們深感欣慰的是，在愛德華六世統治時期，沒有一個羅馬天主教徒因為信仰而死在火刑架上；不過還是有兩個受害者因異教而被燒死了。一個名叫瓊．博謝，是個女人；她的罪名是發表了一些言論，可論調非常難懂，她只能用一些隱晦生澀的語言解釋。另一個是個名叫馮．帕里斯的荷蘭人，是個在倫敦工作的外科醫生。愛德華非常不想簽署那個女人的死刑判決書，可克蘭麥堅持要求他簽字（其實要不是因為那個女人過於頑固，克蘭麥也不會置她於死地），於是國王只得照辦。但在簽字之前，國王還是留下了眼淚，並告訴克蘭麥這將是他的過錯，而非國王的，因為堅持處死此人的是克蘭麥。至於克蘭麥會不會為此後悔，我們很快就能知道了。

在愛德華六世執政期間，神職人員中最有權勢的當屬克蘭麥和里德利（此人一開始任羅徹斯特主教，後成為倫敦主教）。其他人都因為堅持天主教而被囚禁，並被剝奪了全部財產；其中就包括溫徹斯特主教加德納、伍斯特主教希思、奇賈斯特主教戴伊以及倫敦主教邦納（他是里德利的前任）。瑪麗公主繼承了她母親陰鬱的性格；由於凱薩琳的不幸和死亡與被改革的宗教脫不開干係，瑪麗公主便十分憎恨新教。然而對於新教，她其實一無所知，因為她拒絕閱讀任何一本真實反映新教教義的書籍。而且瑪麗公主對未改革的宗教非常狂熱，她是整個國家裡唯一一個被准許參與舊彌撒禱告的人。這項特別待遇得歸功於克蘭麥和里德利，如果不是他們說服愛德華的話，愛德華絕不會為瑪麗保留這個特權（儘管他很喜歡她）。對於瑪麗的宗教狂熱，小國王總是感到恐懼，所以，當他因為麻疹和天花而病倒時，他便開始擔心起了自己的身後之事：如果第二繼承人瑪麗當上了女王，那麼她一定會恢復羅馬天主教。

這也是諾森伯蘭公爵所擔心的問題：如果瑪麗公主登上王位，那麼他——一個支持新教改革的人——必將失去寵信。如今，薩福克公爵夫人繼承了亨利七世的血統，而且如果她願意放棄繼承權轉而支持她女兒簡·格雷女士[14]的話，公爵也會前程似錦，因為簡·格雷女士的丈夫不是別人，正是他的一個兒子——吉爾福德·達德利勳爵[15]。於是他利用國王的恐懼心理，說服他撇開瑪麗公主和伊莉莎白公主，自己重新指定一個繼承人。於是，年輕的國王就交給王室律師們一封被他簽署了六次的信，指定簡·格雷女士為王位繼承人，並要求律師們根據法律幫他立下遺囑。一開始律師們對此表示強烈的反對，但在諾森伯蘭公爵的堅持下，他們不得不妥協，因為公爵甚至脫下上衣，聲稱要與任何反對此事的人決一死戰。他說得如此堅決，以至於律師們都做好了要被他痛打一頓的心理準備。一開始克蘭麥也猶豫了，聲稱他早就許諾要確保瑪麗公主繼位。可不管他態度多麼堅決，他本人也是個軟弱的傢伙。所以他和其他議員一樣，簽署了這份檔。

事實證明，現在就定下繼承人是明智的，因為愛德華的健康狀況急劇下降。為了使他儘快好起來，他們把他託付給一位聲稱能治好他的女醫師；可他的病症很快就惡化了。一五五三年七月六日，他去世了。在他死前，他平靜且虔誠地向上帝祈禱，求主能保佑被改革的新教。

這位國王去世時年僅十六歲，才統治了七年。對於這樣一位如此年輕的少年，我們無法判斷他的性格，也不敢斷言他日後會變成什麼樣——畢竟，他身邊有那麼多性情兇險、野心勃勃，並且喜歡挑起爭端的貴族們。然而，他是一個非常可愛的男孩，具備很多潛能，而且一點也不兇狠殘暴。亨利八世竟然能有這樣一個兒子，可真是件令人驚訝的事情。

1 這裡指的應該是愛德華・西摩（Edward Seymour，約一五〇〇—一五五二），第一代薩默塞特公爵，亨利八世的第三任妻子、簡・西摩（Jane Seymour，約一五〇八—一五三七）的父親；赫特福德伯爵這個稱號為薩默塞特公爵的附屬稱號，當愛德華・西摩（父親）成為第一代薩默塞特公爵時，他的兒子愛德華・西摩便繼承了赫特福德伯爵的頭銜，誤將兩人混淆。

2 恩菲爾德（Enfield），倫敦北部的一個區；亨利八世死後，薩默塞特公爵封鎖了國王的死訊，並將身處赫特福德的愛德華王子帶到恩菲爾德加入他同父異母的姐姐伊莉莎白公主，在這裡他們一起得知了亨利八世的死訊和遺囑內容。

3 這裡指的是瑪麗・斯圖爾特（Mary Stuart，一五四二—一五八七），也稱蘇格蘭的瑪麗一世或瑪麗，蘇格蘭人的女王（Mary I of Scotland／Mary，Queen of Scots），於一五四二年成為蘇格蘭女王（出生僅六天），一五五九—一五六〇年間為法蘭西王后；她曾反對伊莉莎白一世的統治，並認為自己才是英格蘭王位合法的繼承人；她最終入獄，後被伊莉莎白一世處死。

4 這裡指的是詹姆斯・漢密爾頓（James Hamilton，約一五一六—一五七五），第二代阿倫伯爵、沙泰勒羅公爵，蘇格蘭貴族及攝政王。

5 埃斯克河（River Esk），流經蘇格蘭中洛錫安和北洛錫安郡的河流。

6 平其克魯之戰（The Battle of Pinkie Cleugh），發生於一五四七年九月一〇日，以蘇格蘭慘敗而告終；後來這場戰役也被稱為「黑色星期六」。

7 這裡指的是湯瑪斯・西摩（Thomas Seymour，約一五〇九—一五四九），亨利八世第三任妻子簡・西摩（Jane Seymour，約一五〇八—一五三七）的弟弟，愛德華六世的舅舅；他於一五四七年秘密迎娶了前任王后、同時也是伊莉莎白公主監護人的凱薩琳・帕爾（Catherine Parr，一五一二—一五四八），據說他曾試圖追求伊莉莎白公主，希望通過這種方式能夠飛黃騰達。

8 這就是所謂的「圈地運動」（Enclosure Movement），盛行於十二至十九世紀的歐洲。

9 羅伯特・凱特（Robert Kett，具體生卒不詳），來自英格蘭東部諾福克郡（Norfolk）城鎮懷門德姆（Wymondham）附近的一名普通農民，一五四九年諾福克起義的領導；因此這場起義也被稱為「凱特起義」（Kett's Rebellion）。

10 這指的是約翰・達德利（John Dudley，一五〇四—一五五三），英格蘭將軍、元帥、政治家，後成為諾森伯蘭公爵（Duke of Northumberland），在一五五〇—一五五三年間統領愛德華六世的政府；在愛德華六世去世後，試圖讓簡・格雷女士（Lady Jane Grey，一五三六／七—一五五四）代替瑪麗公主的位置繼承王位，最終以叛國罪而被處死。

11 這裡指的應是薩默塞特府（Somerset House），是一座位於倫敦中心斯特蘭德街（Strand）南側的新古典風格宮殿，始建於一五四九年，由攝政王愛德華・西摩（Edward Seymour）主持修建。

12 這裡指的是亨利・格雷（Henry Grey），一五一七—一五五四，薩福克公爵，於一五三三年娶了第一代薩福克公爵查理斯・布蘭登（Charles Brandon）和瑪麗・都鐸（Mary Tudor）的女兒為妻，從而成為薩福克公爵；他是簡・格雷女士（Lady Jane Grey，一五三六／七—一五五四）的父親。

13 斯蒂芬・加德納（Stephen Gardiner，約一四八三—一五五五），英格蘭羅馬天主教教會主教，並在瑪麗一世執政期間任大法官。

14 簡・格雷女士（Lady Jane Grey），一五三六／七—一五五四，她的祖父母分別是薩福克公爵查理斯・布蘭登（Charles Brandon）和瑪麗・都鐸（Mary Tudor），亨利八世的妹妹；愛德華六世死後，她被推上英格蘭王位，但僅僅做了九日女王（因為她也被稱為「九日女王」，the Nine Days' Queen）之後就被關進倫敦塔；她最終在瑪麗一世執政期間被判處叛國罪而被處死。

15 吉爾福德・達德利勳爵（Lord Guildford Dudley，約一五三五—一五五四），諾森伯蘭公爵的幼子，於一五五三年娶簡．格雷女士為妻；最終於一五五四年被判處叛國罪，後被處死。

第三十章　瑪麗統治下的英格蘭

諾森伯蘭公爵[1]盡其所能隱瞞小國王的死訊，他希望這樣一來，他就可以先控制住兩位公主。但是當瑪麗公主前往倫敦探望生病的弟弟時，她得知了國王的死訊。於是，她調轉馬頭，轉而去了諾福克。阿倫德爾伯爵[2]是她的朋友，就是他給她送信，通知她發生了什麼事的。

反正國王的死也瞞不住了，諾森伯蘭公爵和議會乾脆找來倫敦市市長和一些參議員，故作姿態地將國王的死訊告訴他們。然後他們才昭告了天下，並派人通知簡·格雷，讓她做好成為女王的準備。

簡是個年僅十六歲的美麗少女，她和善、博學、聰慧。當那些大人找到她、跪在她面前稱她為女王時，她被驚得暈了過去。醒來之後，她說對於國王的死，她感到萬分心痛，還說她深知自己沒有資格治理這個國家，但如果她非得當女王，那麼她祈求上帝的指引。當時她身在錫永宮，離著布倫特福德[3]不遠。在貴族大臣們的簇擁下，她順著泰晤士河而下，最終到達了倫敦塔；根據傳統，她得在那兒住到加冕儀式。但是人民對她卻充滿敵意，因為他們覺得王位應當屬於瑪麗公主。他們也不喜歡諾森伯蘭公爵，因為，當一個名叫加布里埃爾．波特的釀酒師僕人公開發表他的不滿時，公爵逮捕了他，他先將他的雙耳釘在刑枷上，然後割了下來。在貴族中間，也有不少位高權重的人支持瑪麗。他們舉兵而起，並在諾里奇宣稱她為女王。他們簇擁著她，以弗拉姆靈厄姆城堡[4]為據點（這座城堡屬於諾福克公爵）。之所以選擇這裡，是因為瑪麗的安全並不一定能得到保障，所以最好將她放在一座臨海的城堡裡，如果有需要的話，她隨時可以被送出海外。

議會本想任命簡女士的父親——薩福克公爵作為將軍前去鎮壓叛軍，但由於簡請求他們讓父親留在她身邊，再加上公爵的確也不是一個強壯的人，議會便改派諾森伯蘭公爵前去指揮軍隊。諾森伯蘭公爵很不情願，因為他也不敢相信議會，但也沒辦法拒絕，所以他心情沉重地出發了。當他們行軍穿過倫敦東部的岸渠區時，他悶悶不樂地告訴身邊的一位長官，說雖然目送他們的人民不少，但大家都異常沉默。

事實證明，他的擔心完全不是空穴來風。正當他守在劍橋等待議會的支援時，議會突然決定放棄簡女士，轉而支持瑪麗公主。這基本是前文中提到的阿倫德爾伯爵的功勞；第二次召見市長和參議員時，他告訴這些善於審時度勢的智者，說他不認為瑪麗即位會對新教造成什麼威脅。除此之外，彭布羅克勳爵也揮舞著長劍支持伯爵——這在某種意義上也起到了一定的說服作用。所以，市長和參議員都鬆了一口氣，說他們從未懷疑過瑪麗公主的繼承權。於是，在聖保羅大教堂的十字架前，瑪麗公主成了女王。成桶的葡萄酒被發放給人民，他們酩酊大醉，圍著篝火跳舞——這些很少思考的可憐人啊！他們哪裡知道，用不了多久，在瑪麗女王的名義下，另一種篝火就要被點燃。

做了十天的王室夢之後，簡．格雷女士順從地交出了王冠，說她之所以同意做女王，純粹是為了遵循父母的意願。她很開心地回到了河邊的家中，再次埋頭於書本之中。這時，瑪麗也浩浩蕩蕩地進入了倫敦城；她同父異母的妹妹伊莉莎白公主也在埃塞克斯的旺斯特德加入了她的隊伍。她們一起穿過倫敦的街道，進入了倫敦塔。在那裡，新女王會見了一些身份高貴的囚犯，她親吻了他們，並將他們釋放。其中就包括溫徹斯特主教加德納；在愛德華六世時期，他因堅持天主教而入獄。很快，瑪麗就任命他為大法官。

如今諾森伯蘭公爵反倒成了階下囚；他、他的兒子，和其他五個人被帶到了議會前面。自然而然地，他反問議會，難道執行經由國璽批准的命令也算叛國嗎？如果算的話，那麼，執行了同樣命令的議會，還有什麼資格審判他？但議會對此一笑了之；為了儘早把公爵除掉，議會很快就下達了死刑書。通過另一個人的死，諾森伯蘭公爵才得到權力，但當他自己失勢的時候，他的表現卻糟糕透頂（這倒一點也不奇怪）。他懇求加德納饒他一命，哪怕他下半輩子都活在貧民窟裡都行。當他登上倫敦塔山上的斷頭臺時，他可憐兮兮地對人民說，他所做的一切都是受人指使，他還請求他們皈依天主教，並說那其實也是自己的信仰。我猜即便到了那個時候，他還幻想這樣一番演講能為他自己換來原諒，但他具體怎麼想其實不重要了，因為，他最終還是丟了腦袋。

如今瑪麗被加冕成了女王。至此她已經三十七歲了，又矮又瘦，一臉皺紋，還病病殃殃的。但她很喜歡拋頭露面和明亮的顏色，所以在她的宮廷裡，所有的女士都穿得奢華無比。她非常守舊，即使那些舊傳統對她來說沒太大意義，她還是非常喜歡它們。她生活在最陳舊的傳統之中，她信仰最傳統的宗教，她的加冕禮也是按照最傳統的方式進行的。我希望它們能對她有所幫助。

沒過多久，她就表現出了她壓制新教、恢復天主教的決心和意願。儘管這也是一件危險的事情，但是人民現在學聰明一些了。當王室牧師們在公開佈道時分壓制新教時，人民甚至敢於朝其中一位牧師扔了許多石頭，中間還夾了一把匕首。然而這一切都沒能阻擋女王和她的牧師們。里德利主教[5]在愛德華六世時期有權有勢，如今卻被抓進了倫敦塔；拉蒂默[6]——一個著名的牧師——也遭受了同樣的命運；克蘭麥也沒能倖免，很快便步了他們的後塵。拉蒂默是位年邁的老者，當他在看守們的帶領下來到史密斯菲爾德時，他環顧四周，說：「這片土地為我久久哀鳴。」因為他心裡很清楚什麼樣的火焰即將在這裡燃起。不過對此心知肚明的人不只他一個。監獄裡如今充斥著主要的新教信徒，他們的同伴是黑暗、饑餓、泥土，和與親朋好友分別的痛苦。有些人——只要他們還有時間——就逃離這個國家。至於接下來會發生什麼，即使最遲鈍的人都能看得出來。

事情發生得很快。一個內閣被組建起來，不過它的成員們似乎並不是通過多麼公正的方式選拔出來的。關於亨利八世和凱薩琳王后離婚一事，內閣宣佈當年克蘭麥的決定無效。不僅如此，他們還取消了愛德華六世時期所有有關宗教的法令。他們無視法制，不僅恢復了拉丁語的老彌撒，還驅逐了一個不肯下跪的主教。他們還說簡・格雷女士覬覦王座，便給她和她的丈夫雙雙扣上了叛國的罪名。至於克蘭麥，他的罪名則是不相信拉丁語的老彌撒。然後，他們乞求女王為自己尋覓一位夫君，越快越好。

可是，誰能做女王的丈夫呢？如今，這個問題引發了熱烈的討論，並分裂出來幾個黨派。有一些認為波爾主教是合適人選，可女王不這麼認為，因為波爾實在太老，而且也過於呆板。另一些人認為女王應該嫁給年輕的德文郡伯爵考特尼[7]；女王一開始也這麼認為，可她很快就改變了主意。最後，一切都指向了西班牙王子菲力浦[8]；他看起來才是女王的真命天子。但人民不喜歡他，因為他們自始至終都反對這樣一門親事，他們私下裡說，在外國士兵的幫助下，西班牙人一定會入主英格蘭；而此事一旦發生，天主教乃至恐怖的異教審判本身的恢復恐怕就是在所難免的了。

這些不滿最終導致了一場密謀。密謀者們希望將伊莉莎白公主下嫁給年輕的考特尼，然後再趁全國上下一片混亂之際，扶持公主，反對女王。加德納及時發現了這樁陰謀。但是在肯特，那個古老、大膽的郡，人們勇敢地站起來。他們的領袖就是湯瑪斯·懷亞特爵士[9]，一個非常有膽識的人。在梅德斯通[10]，他豎起了自己的戰旗，然後一路行軍至羅徹斯特。他佔據了那裡的老城堡，準備迎戰諾福克公爵的軍隊；公爵的軍隊包括一部分女王的護衛，以及五百個倫敦居民。然而這些倫敦居民所擁護的是伊莉莎白，而非瑪麗，所以他們在城下倒戈。公爵只得撤退。懷亞特帶著一萬五千個人，一路前進至德特福德。

然而冥冥之中自有定數。當他行至南華克[11]時，他的人只剩下兩千。倫敦市民全副武裝，倫敦塔的槍炮也各就各位，隨時準備阻止他過河。可這一切都沒讓懷亞特喪失信心，他帶著人馬前往泰晤士河上的肯辛頓，打算從那裡過橋，這樣他就能到達路德門——倫敦城最古老的城門之一。他發現橋被破壞了，但他修好了它。過河之後，他又沿著弗利特街[12]一路奮戰打到路德門山。發現大門已經關死之後，他又手持長劍折返了回去，一路拼殺到了聖殿關。在這裡，他終因寡不敵眾而繳械投降。在他的人裡面，有三四百人被俘，還有一百多個人被殺。懷亞特曾動搖過（很可能是因為受了刑），他聲稱伊莉莎白公主是他的同謀，不過公主扮演的角色並不重要。但是很快他又找回了男子漢氣概，表示絕不會因貪生怕死而做出任何虛假的供認。他最終被分屍，屍體被送往英格蘭各處。他的人大概有五十到一百個被吊死。至於其餘的，為了取得原諒，他們被套上枷鎖，沿街遊行示眾，還要邊走邊喊：「天佑瑪麗女王！」

面臨暴動的威脅，女王倒是表現出了極大的勇氣和精神。她拒絕退縮到安全的地方去，反而手持權杖，來到了市政大廳。在那裡，她向著市長和市民們做出了一番慷慨激昂的演講。然而，就在懷亞特被打敗的第二天，她做出了一件即使對她殘忍的統治來說也極為殘忍的事情：她簽署了簡·格雷女士的死刑判決書。

他們試圖說服簡女士，讓她皈依天主教，但都被她堅決地拒絕了。就在行刑的那天早晨，透過窗戶，她看到她丈夫鮮血淋漓的無頭屍體躺在囚車上，被人從倫敦塔山上拉了回來。在他死前，她拒絕見他最後一面，因為她害怕自己會過於悲痛。所以她得以從容赴死，而她的這份從容也將會被後世永遠銘記在心。面容淡定，步伐平穩，她走上了斷頭臺，然後用平靜的語氣對圍觀者們發表了演說。圍觀的人並不是很多，因為她是那麼年輕、無辜、漂亮，所以人們並不想讓她死在倫敦塔山上、死在大庭廣眾之下，就像她丈夫那樣。所以，她的行刑地就在倫敦塔內。她說她搶了瑪麗應有的權利，這一點她的確有罪，可她這麼做並非出自惡意。直到死，她也是一位謙卑的基督徒。她懇求儈子手給她一個俐落的了結，她問他道：「你會在我趴下之前就砍掉我的頭嗎？」「不會的，女士，」他回答道。當他們蒙上她的眼睛時，她依舊很淡然。但蒙住眼睛，她就看不到木樁，所以她只能用雙手摸索著尋找。據說人們聽到她迷惑地說道：「哦！我該怎麼辦？它到底在哪兒呢？」他們只得領著她來到木樁前，然後儈子手便砍下了她的頭顱。現在您看到了吧？這麼多年以來，英格蘭的儈子手做了怎樣可怖的事情！他們的斧頭曾落到多少人的脖頸上！而這些人多是全英格蘭最勇敢、最智慧、最優秀的！但和簡・格雷女士的死相比，它們還不算是最殘酷、最邪惡的。

簡女士的父親很快也步了女兒的後塵，但沒多少人同情他。瑪麗女王的下一個目標是伊莉莎白公主，她很快也付諸行動。她派了五百個人前往公主位於阿什里奇——也就在伯克姆斯特德附近——的幽居住所，命令他們將她帶來，是死是活都無所謂。他們到那時已經晚上十點，而公主正臥病在床。但他們的頭領們還是跟隨她的侍女進入臥室，並在第二天一早將她帶了出來。她乘著一台轎子，被護送到倫敦。她是那麼的虛弱，所以走了五天才到，但她堅持要出現在人民的視線裡，所以她將轎子的簾子升了起來。就這樣，她帶著一臉病容穿過倫敦的街道。她給瑪麗寫了封信，說她沒有做過任何有罪之事，何以會淪為階下囚呢？可她不但沒得到任何回覆，還被關進了倫敦塔。他們帶著她穿過叛徒門，她堅決不從，可最終也只得妥協。那天空中下著小雨，一位護送她的大人主動把披風脫下來給她避雨，卻被她驕傲且不屑地拒絕了。她進入倫敦塔，在庭院中間的一塊石頭上坐了下來。他們求她進屋，別坐在外面淋雨，但她回答說坐在這裡比關在塔裡要好多了。最終她還是進入她的房間，變成了一個囚徒。但她真正的牢獄生活卻是從伍德斯托克開始的——在倫敦塔之後，她被轉移到那兒。據說有一天，當她看到一個擠牛奶的女工哼著歌，穿過明媚陽光下的綠地時，她說她對此羨慕極了。加德納主教——即使在兇殘冷酷的牧師之中，也沒幾個能比他更壞了——公開表示他希望她死。他經常掛在嘴邊上的一句話就是：如果異教之樹的根基還在，那麼單純去掉樹葉或者砍掉枝幹都是無用之功。然而他的詭計並沒有得逞，伊莉莎白也終於獲釋。瑪麗將哈特菲爾德宮給了她，讓她活在一位湯瑪斯·波普爵士[13]的監管之下。

伊莉莎白命運的逆轉，似乎歸功於西班牙王子菲力浦。他並不是個令人愛戴的傢伙，因為他傲慢、專橫、陰鬱，但他和隨他前來的西班牙貴族都堅決反對對公主做出任何暴力行為。這也許僅僅是出於謹慎小心，但我們還是希望真正的原因其實是紳士氣概和榮譽。女王曾急切地等待她丈夫的到來，如今他終於來了，這讓她很高興，儘管他從沒把她放在心上。他們的婚禮在溫徹斯特舉行，加德納是主持。他們還在人民之間搞了不少歡慶活動，但依然無法消除人民對這樁西班牙聯姻的疑慮。就連議會也如此：儘管議會成員遠遠算不上誠實，而且還很有可能被西班牙黃金收買，但他們拒絕讓瑪麗女王越過伊莉莎白公主，自己指定繼承人。

儘管加德納沒能得到人民和議會的信任，也沒能把公主送上斷頭臺，但他依舊堅持不懈地推行天主教。新的議會組建了起來，沒有一個成員是新教徒。他們做好一切準備，打算迎接波爾主教來英格蘭；波爾主教前來傳遞教皇的通告，他同意貴族們保留搶奪來的教會財產，這就籠絡了這群自私的傢伙。主教風風光光地到了，並受到了熱烈的歡迎。在一份請願書裡，議會集體表達了他們對於宗教改革的遺憾和悲痛，並懇請主教代替教皇再次接受這個國家。於是，為了慶祝女王計畫的順利實施，一齣好戲開幕了：當著女王、國王和議會的面，加德納高聲宣讀了這份聲明。然後主教也發表了一番慷慨激昂的演說，最後謙卑地宣佈一切都被忘掉並被原諒，英格蘭將再次成為一個羅馬天主教國家。

如今一切就緒，就等著點燃那可怕的「篝火」了。女王親自給議會寫了封信，聲稱她不希望有任何臣民在議會不在場的情況下被燒死，以及她非常希望每場火刑都能有一場好的佈道為伴；這麼一來，議會就知道接下來該做什麼了。於是，當紅衣主教祝福了在場的所有主教之後（這是火刑的前奏），大法官加德納在倫敦橋南華克的聖瑪麗奧弗里宣佈開庭，公開審判異教徒。在這裡，兩個新教教士——格洛斯特主教胡珀[14]和聖保羅大教堂的受俸者羅傑斯被帶到了法庭上。胡珀的罪行是結婚，以及不相信彌撒。他承認了，還說彌撒就是一個惡劣的謊言。然後他們又審了羅傑斯，得到了類似的供詞。第二天一早，兩人就被判刑。羅傑斯要求見他妻子最後一面，因為他妻子只是一個可憐的德國女人，即將被孤零零地留在英格蘭這片陌生的土地上。然而慘無人道的加德納卻拒絕了他的遺願，聲稱她根本不算他的妻子。

「但是，大人，她確實是，」羅傑斯說，「我們已經做了十八年的夫妻了。」

但他的要求依舊被拒絕了；他們二人被送到了新門。街邊的商販們被嚴令禁止開燈，以防人們看到囚犯。然而，居民們還是紛紛走出家門，手持蠟燭，在他們經過時為他們祈禱。很快，羅傑斯就被提出監獄，燒死在了史密斯菲爾德。在他前往刑場的路上，他看到他可憐的妻子和十個孩子也擠在圍觀的人群之中——他最小的孩子僅是一個年幼的嬰兒。然後，他就被活活燒死了。

第二天，胡珀也被帶出監獄，他的行刑地被定在了格洛斯特。為了不讓人民認出他，他被強行套上了一個巨大的兜帽。即使如此，在他自己的地區，人民還是認出他來了。當他行至格洛斯特附近，人民自發地排成一隊，站在大路兩邊為他祈禱、哭泣。看守將他帶到一間小屋，在那裡他安睡了一晚上。第二天早晨九點，他出現在了刑場。由於之前他在獄中受了風寒，身體還不太好，他只得拄著拐杖前來。把他拴在鐵柱上的那條鐵索，被固定在一棵巨大的、立在教堂前的榆樹上；曾經，當他還是格洛斯特主教時，胡珀經常在這棵樹下佈道、祈禱。如今這棵光禿禿的樹上(因為當時是二月)已經坐滿了民眾；格洛斯特教會的牧師們則得意洋洋地圍在一扇窗戶邊。總之，圍觀者擠滿了每一個角落，大家爭先恐後，生怕錯過即將發生的慘劇。當這位老者跪在刑柱腳下的小平臺上大聲祈禱時，離他最近的人們聽得是那麼認真，以至於他們被勒令後退，因為對羅馬教廷來說，這些新教語句可是不潔之詞。祈禱完畢，他走到刑柱前，被脫得只剩下一件襯衫，然後被鏈子鎖在柱子上。一位看守對他非常同情，為了減輕他的痛苦，他將一小包火藥繫在他身上。然後他們就搬來木柴、乾草和秸稈，點燃火焰。然而不幸的是，木柴又新又濕，加之當天風還很大，火根本燒不起來。於是，整整四十五分鐘，隨著火焰的升起和熄滅，這位善良的老人也不得不經受著煙薰火燎。當火焰終於升起來時，人們看到他的嘴唇微動，依舊在低聲祈禱；而且，即使在一隻手臂已經燒掉之後，他依然用另一隻手擊打著胸膛。

克蘭麥、里德利和拉蒂默則被帶到牛津，和一群牧師和學者就彌撒一事展開了辯論。他們遭到了無禮的待遇；根據記載，牛津學者們毫無學者風範，對他們嗤之以鼻、高聲咆哮。囚犯們被帶回監獄，然後又被送到聖瑪麗教堂受審。當然，在十月十六日那天，他們全部被判有罪——另一場可怕的篝火也不遠了。

其中兩個人的火刑地被指定在貝利奧爾學院附近的護城河溝裡。到了這個骯髒的地方之後，他們親吻了刑柱，然後擁抱了彼此。然後，一個學識淵博的博士走上講臺，比著聖經佈道了一番：「儘管我捨盡肉體叫人焚燒，但如果我得不到仁愛，這對我來說依舊沒有任何益處。」[15]但請您仔細想想，將人活活燒死有什麼仁慈可言？可見那位博學多才的學者有多厚顏無恥。當佈道結束的時候，里德利本想說些什麼作為回應，但這是不被准許的。當他們脫下拉蒂默的衣服時，他們發現他在其他衣服裡面還裹了一件新的裹屍布。而且，當他站在人民面前時，人們驚訝地發現，明明幾分鐘之前他還是一位步履蹣跚的老人，可如今卻站得筆直，顯得十分英俊；因為他知道，他即將為一個公正而且偉大的事業而死。里德利的妹夫也帶來了火藥袋子，當他們被綁在刑柱上時，他就將火藥纏在兩人身上。然後，一支火把被扔了過來，點燃了木柴。「放鬆些，里德利大人，」就在這個可悲的時刻，拉蒂默說，「讓我們像個男人一樣！今天，在上帝的見證下，我們將在英格蘭點燃一支蠟燭，永不熄滅！」人們看到他動了動雙手，似乎在用火焰洗手，然後他將雙手覆蓋在佈滿皺紋的臉上，高聲喊道：「天父在上，請您收下我的靈魂！」他很快就死了。但才剛燒到里德利的腿，火焰就熄滅了，於是里德利就這麼被綁在鐵柱子上，奄奄一息，他哭喊道：「哦！我不能燃燒！哦！看在耶穌的份上，快點讓火焰燒起來吧！」然而，當他的妹夫取來更多木柴時，他依舊聽到煙霧中傳來痛苦的呼喊：「哦！我燒不起來，我燒不起來！」最後，火藥終於被引燃了，結束了他的痛苦。

五天之後，加德納就去見了上帝；作為一個助紂為虐的殘忍之人，在上帝面前，他可得為自己的行為好好辯護了。

克蘭麥還活在監獄裡。二月的時候，他又被提出來一次，接受倫敦主教邦納的核對總和審判。邦納也是一個殘酷的人，他成功地接任了加德納的工作——當時加德納還活著，但他也厭倦了這些殘忍工作，邦納也一絲不苟地替他履行起職責。如今克蘭麥已經被貶為一介牧師，在這裡等死。但是，在這個世界上，如果女王只能恨一個人的話，那麼那個人就是他，所以她決定一定要讓克蘭麥受盡侮辱。毋庸置疑，女王和她的丈夫都親自參與了這些慘劇，因為他們寫信給議會，催促他們儘快點燃火焰。由於克蘭麥並不是一個堅強的人，他們為他設下一個陷阱，將他置身在一群狡猾的人之中，企圖說服他改信天主教。學監和修士拜訪了他，和他一同玩草地滾球，對他表現出極大的關注，循循善誘地與他交談，給他錢好讓他在監獄裡也能過得舒適，最後還誘使他簽署了六份放棄新教的宣言。然而，當他被帶到刑場時，他卻展現出了高貴的一面，他的死非常令人尊重。

在祈禱和佈道之後，當日的牧師科爾博士（圍繞著克蘭麥的狡猾牧師之一）要求他在公眾面前懺悔，表明自己的宗教立場。科爾希望他能夠承認自己是個羅馬天主教徒。「我會懺悔的，」克蘭麥說，「而且還會非常配合。」然後他站起身，立在所有人面前，從袖子中取出一份祈禱詞高聲讀了起來。事後，他又跪下，和所有人一起念了主禱文。事後，他再次站了起來，告訴所有人他相信聖經；而且，他最近寫的東西都是一些謊言，當他走向火焰時，他會先燒掉簽署那些文件的右手。至於教皇，他否認他，並宣稱他是上天的敵人。這時，「虔誠」的科爾博士喊來護衛，好讓這個異教徒閉嘴，並將他帶走。

於是他們將他帶了出去，用鐵鍊子綁在了刑柱上；克蘭麥急忙脫下衣服，準備迎接火焰。頭頂禿著，花白的長鬚飄在胸前，他就這樣出現在了人民面前。面對死亡時他反而堅定異常，還再次否認了他之前的供詞；他給人留下了極其深刻的印象，以至於一位監督行刑的大人不得不催促人們快點點火。就在火焰燃起之時，克蘭麥恪守諾言，他伸出右手喊道：「這就是那隻犯罪的手！」他將它置於火焰之中，直到右手被燒成灰燼。人們在他的灰燼中找到他的心臟，竟然保存完好。最終，他得以在英格蘭歷史中流芳百世。為了慶祝克蘭麥的死，波爾紅衣主教親自念了彌撒，第二天，他就頂替克蘭麥成為坎特伯雷大主教。

如今，女王的丈夫常居海外，還時不時在他的親信面前開一些關於她的粗俗玩笑。他與法蘭西交惡，便跑到英格蘭求援。英格蘭本不樂意為了他去跟法蘭西打仗，但法蘭西國王這時正好協助侵略了英格蘭海岸，於是兩國便宣戰了，真可謂正中菲力浦下懷。為了維持戰爭開銷，女王想法設法、不擇手段，終於收集起一大筆錢。然而這份投入卻沒為她帶來回報，因為法蘭西的吉斯公爵突襲了加萊，英格蘭軍隊受到了慘重的損失。這深深地傷害了英格蘭的國家尊嚴，女王從未從這份打擊中恢復過來。

就在這個時候，一種嚴重的熱病肆虐英格蘭，而且——我很高興地說——女王也染上了，沒過多久就要撒手人寰。「在我死後，當你們剖開我的屍體，」她對周圍的人說，「你們就會看到，在我的心臟上刻著『加萊』兩個字。」然而，如果她的心臟上真的會有什麼字的話，我倒是覺得他們應該會找到這些字：簡．格雷、胡珀、羅傑斯、里德利、拉蒂默、克蘭麥，以及『在我邪惡統治的四年中被活活燒死的三百個百姓，其中包括六十名婦女和四十名兒童』。但我想他們的死已經被上天銘記，這就足夠了。

一五五八年十一月十七日，女王駕崩，享年四十四歲；至此，她僅統治了不到五年半。波爾主教則在第二天過世了，死於同一種熱病。

以「血腥女王瑪麗」之名，這個女人將被歷史永記；以「血腥女王瑪麗」之名，在大不列顛的記憶裡，她將永遠和恐怖與憎恨聯繫在一起。然而即使如此，竟然還有些後世的作者原意為她說話，說她其實是一位相當和善、值得尊敬的君主！我主曰：「憑著它們的果子，就能認出它們來。」[16]對瑪麗的統治來說，它的果實就是刑柱和火焰；這就是判斷這位女王的一切標準。

1 即約翰・達德利（John Dudley，一五〇四—一五五三）。

2 這裡指的是亨利・菲查倫（Henry FitzAlan，一五一二—一五八〇），第十九代阿倫德爾伯爵，在愛德華六世、瑪麗一世和伊莉莎白一世的宮廷都頗受器重。

3 錫永宮，布倫特福德（Syon House，Brentford），位於倫敦西部布倫特福德區，最早是一座修道院，後成為薩默塞特公爵的財產，在他的支持下，錫永宮被改建；這座宮殿最終於一五九四年成為諾森伯蘭公爵的財產，並一直沿襲至今。

4 弗拉姆靈厄姆城堡（Framlingham Castle），位於英格蘭薩福克郡中東部；在都鐸王朝時期，這座城堡屬於諾福克公爵霍華德家族，卻在第三代公爵湯瑪斯・霍華德失勢後，被贈與了瑪麗公主。

5 尼古拉斯・里德利（Nicolas Ridley，約一五〇〇—一五五五），倫敦主教，他支持新教和簡・格雷女士，為此被瑪麗女王判處火刑；他與拉蒂默、克蘭麥一起，並稱牛津殉道者。

6 休・拉蒂默（Hugh Latimer，約一四八七—一五五五），在宗教改革之前任伍斯特主教，後成為愛德華六世的御用牧師，終被瑪麗女王判處火刑；與里德利、克蘭麥一起並稱牛津殉道者。

7 愛德華・考特尼（Edward Courtenay，約一五二七—一五五六），第一代德文郡伯爵。

8 西班牙的菲力浦二世（Philip II of Spain，一五二七—一五九八），神聖羅馬帝國皇帝查理斯五世之子；通過與瑪麗女王的婚姻，他於一五五四年至一五五八年間作為英格蘭和愛爾蘭國王。

9 湯瑪斯・懷亞特爵士（Sir Thomas Wyatt the Younger，一五二一—一五五四），英國詩人和外交官湯瑪斯・懷亞特爵士的兒子，隨父親拜訪西班牙期間因見識到西班牙異教審判的嚴酷而對西班牙政府產生強烈不滿；當瑪麗女王正式宣佈要與西班牙王子聯姻時，懷亞特與一些朋友帶頭造反，並最終成為反抗軍領袖。

10 梅德斯通（Maidstone），英格蘭肯特郡郡治，位於倫敦東南約八十二公里處。

11 南華克(Southwark),位於倫敦中心的一個城區。

12 弗利特街(Fleet Street)是倫敦城內的一條著名街道,它的東端是路德門(Ludgate),西端則是聖殿關(Temple Bar)。

13 湯瑪斯・波普爵士(Sir Thomas Pope,約一五〇七—一五五九),牛津大學聖三一學院的創立者。

14 約翰・胡珀(John Hooper,生於一四九五至一五〇〇年間,卒於一五五五年),英格蘭格洛斯特和伍斯特主教,宗教改革的支持者,新教殉道者。

15 此句出自《歌林多前書》一三:三(The Corinthians 13:3),原句為「儘管我傾其所有接濟窮人,儘管我捨盡肉體叫人焚燒,但如果我得不到仁愛,這對我來說也就沒有任何益處」(And though I bestow all my goods to feed the poor, and though I give my body to be burned, and have not charity, it profiteth me nothing);本章的目的是強調仁愛(charity)的重要性。

16 這句話出自《馬太福音》七:一六(Matthew 7: 16),全句為「憑著他們的果子,就可以認出他們來。荊棘上豈能摘葡萄呢?蒺藜裡豈能摘無花果呢?」(Ye shall know them by their fruits. Do men gather grapes of thorns, or figs of thistles?),本意為什麼樣的人就種下什麼樣的果實,而憑藉他的收穫所得,就能判定這個人的本性。

第三十一章　伊莉莎白一世統治下的英格蘭

第一部分

當上院議員們來到哈特菲爾德[1]，宣佈伊莉莎白公主成為下一任英格蘭女王時，舉國上下一片歡騰。大家受夠了瑪麗的暴政，紛紛向新君主投去喜悅並充滿希冀的目光。整個國度彷彿從一場可怕的夢魘中掙脫出來，吞噬過無數人命的烈火業已熄滅，遮天蔽日的煙霧也隨之消散，蒼穹又再次澄明起來。

二十五歲的伊莉莎白女王騎馬穿過街道，從倫敦塔來到威斯敏斯特大教堂接受加冕。她一頭紅髮，五官很有特色，總體來說高貴而不失威嚴；儘管就女性標準而論，她的鼻子不夠小巧圓潤。伊莉莎白的容貌並不像侍臣們所說的那樣傾國傾城，但也算得上漂亮，至少怎麼看都比前任女王——那個脾氣又壞、又老是一臉陰鬱的瑪麗強得多。她博學多才，可寫出來的東西卻隱晦曲折。她還喜歡對別人破口大罵，說話也不乾不淨。她聰明過人，卻詭計多端、表裡不一，而且和她的父親一樣脾氣暴躁。我之所以講這些，是因為別人提到伊莉莎白時，要麼把她誇得天上少有、地下無雙，要麼就把她貶得一無是處、分文不值。所以，要想對她執政期間的所作所為有比較全面的理解，就必須首先知道她到底是什麼樣的人。

伊莉莎白的統治開頭很不錯，因為有威廉・塞西爾爵士[2]做首相。這位大臣聰明睿智且心細如發，在伊莉莎白執政初期貢獻良多，後來還被她封為伯利勳爵。簡而言之，當遊行隊伍走過大街小巷時，百姓紛紛露出了比往日燦爛百倍的笑容，而大家的歡樂不是沒有理由的。他們舉辦各式各樣的表演，並展出許多畫像。歌革和瑪各的畫像[3]被掛在了坦普爾巴的最高處。此外（更應景的是），市政府的人還畢恭畢敬地向年輕的女王獻上了價值一千馬克的金子。這件禮物實在太有分量了，女王不得不用雙手把它放進馬車車廂。加冕禮舉辦得非常順利。第二天，有位侍臣向新任女王呈上請願書，稱按照慣例，每逢這種時候都要釋放一批犯人，因此伊莉莎白應該發發善心，赦免《福音書》的四名作者——也就是馬太、馬克、路加，以及約翰，還有聖保羅門徒，這些人已經被流放了一段日子，由於語言不通，他們和當地人根本無法交流，跟坐牢沒什麼兩樣[4]。

對此伊莉莎白的回覆是先問問當事人願不願意重獲自由。為了尋求答案，兩個教派的擁護者決定在威斯敏斯特大教堂舉行一場盛大的公論會——從某種意義上講，也可以說是一場宗教競賽。不難想像，大家很快就達成了非常清晰的共識：要想讓別人通過他們背誦或朗讀的內容中受益，就必須先讓人對那些內容有一定瞭解才行。最後，他們用淺顯直白的英文寫出了一份禮拜儀式規範，還制定了一些法律規則，偉大的宗教改革至此方宣告完成。大體而言，那群天主教的主教和信徒們倒也沒受什麼嚴厲處罰；女王手下的諸位大臣辦事謹慎，又心懷仁慈。

伊莉莎白在位期間，有一個特別麻煩的人物——蘇格蘭女王瑪麗・斯圖爾特，同時她也是不幸的禍源，這段時期發生的騷亂和流血事件大都因她而起。接下來我們就儘量長話短說，來講講這個瑪麗是什麼樣的人，她都做過哪些事，以及她是怎樣成為伊莉莎白的眼中釘、肉中刺的。

瑪麗・斯圖爾特是蘇格蘭攝政女王瑪麗・德・吉斯的女兒，她在少女時期便嫁給了法蘭西的王太子。教皇說過，沒有自己的恩准，誰也別想名正言順地登上英格蘭王位，而伊莉莎白偏偏就沒徵求過他的同意，因此教皇對她深惡痛絕。此外，如果英格蘭議會不曾對繼承權作出變更的話[5]，那麼英格蘭的王位便該由蘇格蘭女王瑪麗來繼承。教皇及其大多數追隨者都對繼承權變更心懷不滿，他們堅持認為瑪麗・斯圖爾特是正牌的英格蘭女王，而伊莉莎白則是一名篡權者。瑪麗和法蘭西的關係那樣密切，而法蘭西實力強大、又眼紅英格蘭，如今兩者結成聯盟，局勢就顯得更加危機重重。等到法蘭西國王去世、瑪麗那年輕的丈夫繼承王位成了法蘭西斯二世時，事態已經惡化得相當嚴重，因為這對年輕的夫婦分別以英格蘭國王和王后自居，而教皇也決定不遺餘力地襄助兩人。

此時此刻，新教已在教士約翰．諾克斯[6]等人的領導下入侵了蘇格蘭。這個諾克斯有權有勢卻冷酷無情，他和一些氣味相投的傢夥一起，在蘇格蘭展開了瘋狂的行動。當時的蘇格蘭還只是個半野蠻半開化的國度，每天都有數不清的謀殺和暴亂在上演；而這幫改革家非但不去除舊佈新，反而暴露出了蘇格蘭人心狠手辣的古老習性。他們把大大小小的教堂糟蹋成廢墟，毀壞畫像和祭壇，還四處毆打灰衣修士、黑衣修士、白衣修士[7]——總之穿著各色服飾的修士他們都不放過。蘇格蘭改革家趕盡殺絕的行事作風激怒了信奉天主教的法蘭西王室（涉及宗教問題時，蘇格蘭人總顯得特別難纏）。於是，大批法軍來到蘇格蘭，希望重新扶持修道士，不管他們穿什麼顏色的衣服，還想先征服蘇格蘭，再拿下英格蘭，從而徹底破壞宗教改革。蘇格蘭的改革家組建了一個叫做「耶和華會[8]」的大型聯盟組織，他們私下裡告訴伊莉莎白，如果新教不能在蘇格蘭有所建樹，那麼它很可能在英格蘭也一敗塗地。所以，雖然伊莉莎白很清楚國王和王后有權在自己的國家為所欲為，但她還是派了一支軍隊前往蘇格蘭支援那些改革家，而後者也已拿起武器，準備反抗自己的君主。這一切促成雙方在愛丁堡簽訂了和平條約，法蘭西人同意離開蘇格蘭；而在另一份協議中，瑪麗和她年輕的丈夫允諾放棄他們自封的英格蘭國王及女王頭銜。但是，這份協議從來都沒人履行過。

碰巧的是事情發展到這一步之後，沒多久，年輕的法蘭西國王就去世了，撇下同樣年輕的瑪麗孤身一人。後來蘇格蘭人民邀請她回來治理國家，正好又趕上瑪麗對自己的現狀不大滿意，於是她很快就點頭答應了。

瑪麗王后從加萊動身，準備回到她那個烏煙瘴氣、爭吵不斷的國家。此時伊莉莎白已經即位三年了。瑪麗乘船離開港口，卻親眼目睹一艘船葬身海底，她說道：「哦，仁慈的上帝！對這樣的航行來說，可真是不祥之兆啊！」她坐在甲板上回望心愛的法蘭西，一邊看一邊流淚，就這樣哭到天黑透了才停下來。臨睡前，瑪麗還告訴傭人，說要是第二天還能看見法蘭西海岸的話，就在黎明時分叫醒自己，她要一直望著它，直到看不見為止。第二天天氣很好，視野清晰，傭人依照吩咐叫醒了瑪麗。她注視著那個離自己越來越遠的國度，再次落下淚來，口中還反復念叨著：「永別了，法蘭西！永別了，法蘭西！從今往後，我再也見不到你了！」當時，這位年輕美貌的公主只有十九歲。多年以後，她這番傷感而有趣的經歷依然被人所銘記。隨著光陰的流逝，這段故事和瑪麗的其他不幸遭遇疊加在一起，促使人們對她產生了莫大的同情，但我想說的是，這份同情未免太過深切，恐怕瑪麗擔當不起。

瑪麗回到蘇格蘭後，便住進了愛丁堡的荷里路德宮[9]。她發現周圍淨是些陌生人，他們言談粗鄙，待人接物也顯得缺乏教養、令人不快，一切都和她在法蘭西王宮的經歷大相徑庭。這群人當中有對她好的，也有對她不好的。對她好的呢，卻在她被一路奔波折騰得精疲力盡時，演奏起刺耳的小夜曲——大概是用風笛吹出來的，那聲音直叫人汗毛直豎，瑪麗聽了頭疼不已。他們還用蘇格蘭小矮馬將瑪麗和她的隨行人員載到王宮，那些馬全都一副慘樣，就跟沒吃飽飯似的。對她不好的人當中則包括歸正會[10]的頭領們，那些傢夥有權有勢，喜歡對瑪麗的娛樂活動冷嘲熱諷，卻不管那些活動是怎樣健康無害。他們甚至聲稱音樂和舞蹈都是魔鬼創造出來的。約翰·諾克斯還經常當面訓誡瑪麗，態度粗暴，說話也氣衝衝的，沒少給她的生活添麻煩。這一切都使瑪麗對天主教的長期依戀日益加深，她在天主教教會的眾頭領面前莊嚴宣誓，說如果有朝一日她繼承了英格蘭王位，一定要重振天主教的雄風。毫無疑問，這一舉動對於瑪麗本人和英格蘭而言都萬分危險且毫不理智。在瞭解瑪麗不幸遭遇的過程中，大家必須始終牢記這一點；還有就是，瑪麗終其一生，都不斷被天主教的人以各種手段利用，來對抗伊莉莎白女王。

另一方面，伊莉莎白女王對瑪麗沒什麼好感也是顯而易見的。伊莉莎白既虛榮又善妒，且對已婚人士深惡痛絕。凱薩琳·格雷女士跟被斬首的簡女士是姐妹，她僅僅因為和別人私定終身，就受到了伊莉莎白令人不齒的苛刻對待，最後竟被逼上絕路，丈夫也傾家蕩產。所以，讓瑪麗再婚的事被提上日程後，伊莉莎白對她的厭惡大概又深了一層。伊莉莎白本人倒也不缺少追求者，遠至西班牙、奧地利、瑞典，近到英格蘭本國，都有人向她示愛。當時她在國內的情人是萊斯特伯爵羅伯特．達德利[11]先生。伊莉莎白對他寵愛有加，而他卻偷偷和一位英格蘭貴族的女兒埃米．羅布薩特結了婚。伯爵在伯克郡有一座鄉間宅邸，名為卡姆納莊園。埃米在莊園身亡時，伯爵大人幾乎認定有人謀殺了他的妻子，好讓他恢復單身，和女王成親。這個故事被偉大作家沃爾特．斯科特爵士[12]記錄下來，並成為他最優秀的傳記文學作品之一。可是，伊莉莎白既然知道怎樣引誘帥氣的寵臣上鉤，給自己找樂子，滿足自己的虛榮心，她就同樣知道怎樣拒絕對方來維護自己的驕傲。伯爵的愛慕和其他人的追求，最終都是竹籃打水一場空。女王經常在精心準備的演講稿中聲明自己會堅守貞操，終生不嫁。我覺得這話說得十分動聽，內容也值得稱道，可是有太多人拿它往伊莉莎白臉上貼金，連我都聽得耳朵生繭了。

許多王公貴族來向瑪麗求婚，但出於種種原因，英格蘭王室對誰都信不過。為了阻擋這些人，王室甚至宣稱瑪麗要嫁給萊斯特伯爵，儘管伯爵一心要娶的是伊莉莎白。最後，一位達恩利勳爵[13]徵得了伊莉莎白的同意，來到荷里路德碰碰運氣。達恩利既是倫諾克斯伯爵的兒子，也是蘇格蘭王室的後裔，個頭挺高，腦筋卻不大好使。他會跳舞，會彈吉他，但據我所知，這傢夥除了喝得爛醉如泥、吃得不亦樂乎之外，唯一會做的事就是通過各種卑劣愚蠢的方式讓自己醜態畢現，讓觀者嗤之以鼻。可是，他居然贏得了瑪麗的芳心。大衛・里齊奧[14]是瑪麗的一個大臣，瑪麗很聽他的話。達利恩為了追求瑪麗，竟不惜屈尊與大衛結盟。就這樣，達恩利和瑪麗很快便結為了夫婦。這樁婚事並沒給瑪麗的帶來多少幸福，而接下來發生的事則讓她的日子更加難過。

瑪麗的異母哥哥默里伯爵[15]是蘇格蘭新教派的首領，他對這樁婚姻持反對態度，一半是由於宗教原因，另一半大概是由於他個人並不喜歡那位舉止可鄙的新郎。婚後，瑪麗便將一些權勢比較顯赫的貴族拉攏到自己麾下，並趁機恩將仇報，驅逐了默里。後來，默里和其他幾個貴族為支持新教而發動武裝叛變，瑪麗身披鎧甲，把上了膛的手槍放進鞍具，親自騎馬上陣與他們交戰——那時候她結婚還不到一個月呢！默里等人被趕出蘇格蘭後，就去拜見了伊莉莎白——伊莉莎白生性狡詐，雖然她表面上說他們是叛徒，暗地裡卻向他們施以援手。

瑪麗剛結婚沒多久，就開始討厭自己的丈夫達恩利，於是達利恩也開始憎恨那個他為討瑪麗歡心而與之結盟的大衛・里齊奧，並且認定此時大衛・里齊奧已經成為瑪麗的情夫。達恩利恨透了大衛，為了除掉此人，他和露絲文勳爵[16]及其他三名貴族達成協議，準備殺死大衛。一五六六年三月一日，這群陰謀家一本正經地就此事達成了秘密協定。三月九日那個星期六的夜晚，幾個人在達恩利的指引下登上一段又陡又暗的私人專用樓梯，潛進了一排房間——他們知道，此時瑪麗正和她的姐妹阿蓋爾女士、以及那個在劫難逃的傢夥坐在一起共進晚餐。一行人進入房間後，達恩利便摟住了女王的腰；露絲文勳爵形如枯槁，臉色慘白，在兩個人的攙扶下走進來——他可是為了參與這次謀殺而從病床上爬起來的！里齊奧則竄到女王身後尋求庇護。「叫他到房間外面來，」露絲文說道。「他得留在屋裡，」女王答道，「我知道他有危險，你滿臉都寫著呢。他必須留在房裡，這是我的命令。」但他們依舊朝里齊奧發起了攻擊，雙方扭打成一團，連桌子都掀翻了。最後里齊奧被他們拖到外面殺死，身上被刺出了五十六個傷口。女王得知他的死訊後說：「哭也沒用，我現在要做的是想想怎麼復仇！」

瑪麗只用一兩天時間便成功地令丈夫回心轉意，她還說服了這個高個子傻瓜拋棄那群陰謀者，和她一起逃到鄧巴[17]。到那兒以後，達恩利發表了聲明，厚顏無恥地佯稱自己對近期發生的血腥事件毫不知情。後來，博思韋爾伯爵和其他幾名貴族也來到鄧巴與他們會合。瑪麗夫婦在這些人的幫助下召集起八千人馬，回到愛丁堡，並將刺殺里齊奧的人攆至英格蘭。沒過多久，瑪麗就生下一個兒子，可她仍然惦記著復仇的事。

看到丈夫最近表現出的懦弱和變節行為，瑪麗對他的嘲諷自然比往日更甚。而且，可以確信的是，她現在已經轉而開始對博思韋爾[18]動了心，還跟他合謀，商量除掉達恩利的辦法。瑪麗對博思韋爾言聽計從，甚至在他的勸說下放過了謀害里齊奧的兇手。她把小王子的洗禮也交給博思韋爾去安排，儀式上最重要的人物之一就是他。孩子在儀式上被命名為詹姆斯，伊莉莎白成了他的教母，儘管她並不在場。一周後，達恩利突然得了天花。此時他已經離開瑪麗，待在格拉斯哥[19]的父親家，於是瑪麗就派自己的醫生去給他看病。可是，我們有理由相信這只是一場作秀、一種掩飾。因為不到一個月功夫，博思韋爾便找到了一名先前參與過殺害里齊奧的陰謀者，要他去殺掉達恩利，稱「除掉他是女王的意思」。這件事瑪麗是知道的。可以肯定的是，雖然她給自己的法蘭西使臣寫信抱怨達恩利，卻又在同一天火速趕到格拉斯哥，裝出一副非常擔心達恩利、對他情深意重的樣子來。若是她想玩弄達恩利於股掌之上，那她可謂是大獲全勝。因為她成功說服了達恩利和她一起返回愛丁堡，可他們並沒有回到王宮，而是住進了城外柯克場[20]一所偏僻的房子裡。達恩利在這兒住了七天左右。一個星期天夜裡，瑪麗陪他待到十點鐘才離開，她是去出席慶典——那日恰逢一個她最寵愛的僕人新婚，在荷里路德舉辦表演以示慶祝。淩晨兩點鐘，一陣驚天動地的爆炸讓整個愛丁堡市都跟著晃動，柯克場被夷為平地。

第二天，人們在一棵樹下找到了達恩利的屍體，而這棵樹跟房子是有些距離的。至於屍體因何出現在那兒、因何沒被火藥燒焦或弄得面目全非、兇手作案時又因何如此笨手笨腳、不按常理出牌，卻永遠都不會有人知道了。瑪麗的虛偽，加上伊莉莎白的狡詐，幾乎讓所有跟她們相關的歷史事件都顯得撲朔迷離、真假難辨。然而，我想瑪麗確實參與了謀害自己的丈夫，這一定就是她所說的報復了。蘇格蘭民眾對此皆深信不疑。有人甚至深更半夜跑到愛丁堡的街道上高聲吶喊，要求將兇犯繩之以法。更有匿名人士在公共場合貼出佈告，指控博思韋爾是殺人兇手，女王則是他的共犯。博思韋爾曾假裝強行逮捕瑪麗，可是隨後，當他娶瑪麗為妻時（那時他已經有老婆了），百姓的怒火終於變得一發不可收拾。據說女人們尤其憤怒，對女王的不滿讓她們完全失去了理智，她們跑到大街上，對著女王的背影瘋狂地怒吼、叫罵。

這種罪惡的結合是不會開花結果的。為了保護年幼的王子，一群蘇格蘭貴族聯合起來反抗博思韋爾和瑪麗兩人，這對夫婦只共同生活了一個月就被迫分開了，至死都沒能重聚。博思韋爾千方百計想把小王子從監護人瑪律伯爵[21]手裡搶過來，幸虧可敬的伯爵先生對王子一片赤誠，才使得博思韋爾的計謀都落了空，否則王子肯定會被他殺掉。面對這群憤怒的顯貴，博思韋爾只得逃往國外，後來他發了瘋，並在獄中度過九年的悲慘生活後死去。聯盟的貴族發覺瑪麗處處都在欺騙他們，便將她關進了利文湖城堡[22]。這座城堡位於湖中心，想靠近它唯有乘船。城堡裡，一個琳賽勳爵[23]逼迫瑪麗簽署了退位協定，並任命默里為蘇格蘭攝政王。不過這名勳爵生性殘暴，假如貴族們只選一位紳士來做信使，事情大概會好得多。也是在這座城堡裡，默里見到了滿面愁容、可憐兮兮的瑪麗。

本來，留在利文湖城堡才是瑪麗最好的選擇。失去自由的日子雖然無聊，但城堡下有波光粼粼的湖面，房間的牆壁上還會映出搖曳的水影，也不算十分乏味了。可她實在是待不下去，便不止一次地嘗試逃跑。第一次瑪麗幾乎成功了：她穿著她洗衣女僕的衣服上了船，可是，其中一位船夫試圖掀起瑪麗的面紗，她舉手阻擋時，眾人一看到她那白皙的皮膚就起了疑心，便又把她送回了城堡。沒過幾天，城堡裡有個名叫道格拉斯的小男孩被瑪麗的迷人風範所吸引，於是，他趁別人吃晚飯的機會，偷拿了大門鑰匙，跟女王一起躡手躡腳地溜到外面，然後將門反鎖。接著，道格拉斯用船把女王載到對岸，半路還把鑰匙丟進了水裡。在對岸接應女王的是另一位道格拉斯先生和幾位勳爵。瑪麗在這些人的陪同下騎馬來到漢米爾頓[24]，並從當地招募了三千人馬。她還發佈了一份公告，宣稱自己在被囚期間簽署的退位協定不具備法律效力，又命令攝政王給自己這個名正言順的主子挪騰地方。然而，作為一名處變不驚的軍人，默里雖然手上沒有兵馬，可他依然鎮定自若，一面假裝和瑪麗談判，一面召集人馬。當兵力增至一千五百人上下時，默里向女王宣戰了。他只用短短十五分鐘便粉碎了瑪麗所有的希望。瑪麗騎馬足足奔了六十蘇格蘭里[25]，直到精疲力盡。出於安全起見，她在鄧德倫南大教堂[26]躲了一陣子後，又跑到了伊莉莎白的地盤上。

就這樣，瑪麗女王於一五六八年來到英格蘭。在這裡，她不僅走向了自己的毀滅，還在這個國度掀起軒然大波，並導致了許多人的悲劇和死亡。十九年後，瑪麗告別了英格蘭，也告別了這個世界。現在我們就來看看，在這十九年間，瑪麗曾有過怎樣的經歷。

第二部分

蘇格蘭女王瑪麗剛到英格蘭時身無分文，甚至連一件換洗的衣裳都沒有。於是，她寫信向伊莉莎白求助。她在信中把自己描述成一個無辜受害的王室成員，請伊莉莎白督促蘇格蘭臣民接她回國並服從她的命令。可是，英格蘭百姓早就知道，瑪麗的真正為人跟她嘴上說的完全不是一回事兒，因而瑪麗得到的回應是，她必須首先證明自己的清白才能談別的。這個條件讓瑪麗心慌意亂。這樣一來她寧願跑去西班牙、法蘭西，甚至返回蘇格蘭，也不願在英格蘭繼續停留了。然而，伊莉莎白考慮到就算瑪麗逃往異鄉，也還是有可能給英格蘭惹來新的麻煩，便決定將她扣留在本國。結果，瑪麗先是被關在卡萊爾，後來出於實際需要，又被人在各個城堡間挪來挪去；但不管怎樣，她至死都沒能再度離開英格蘭。

赫雷斯勳爵[27]是瑪麗在英格蘭的至交好友。瑪麗為了表明她無需自證清白，可謂使盡了渾身解數，但後來還是聽從他的建議，同意針對自己的罪名作出回應，但前提是她要在伊莉莎白指派來聽她答辯的英格蘭貴族面前，和指控她的蘇格蘭貴族當面對質。於是，這些人以協商的名義聚在了一起。他們先是在約克會面，後來又轉移到漢普頓宮[28]。

達恩利的父親倫諾克斯勳爵也出席了，他公開控訴瑪麗謀殺了他的兒子。瑪麗的朋友們則以口頭或書信形式竭力為她辯護。儘管如此，有一件事還是不容置疑：瑪麗的異母哥哥默里曾拿出一逕裝在小匣子裡的書信和詩文，其內容足以證明瑪麗有罪。當他宣稱這些文字是瑪麗與博思韋爾寫給彼此的，瑪麗退出了審判。當時那些人可以說是掌握了查明真相的最佳時機，而結果大概是他們當場就認定瑪麗有罪吧。事後也有人對瑪麗表示同情——這些人固然胸懷寬廣，但感情卻算不上十分理智。

然而，當時的諾福克公爵[29]雖然為人正派，卻沒什麼頭腦。他本來就有野心，又見瑪麗風姿綽約，再加上陰謀者花言巧語，硬是說服了他相信伊莉莎白不是什麼好人，他竟萌生出要娶這位蘇格蘭女王的強烈念頭——儘管他見到匣中的信件後也有點忐忑不安。公爵的想法得到了伊莉莎白幾個朝臣的暗中慫恿，就連她的心腹萊斯特伯爵都支持他（為了跟其他與自己較勁的臣唱反調）。瑪麗自己同意這樁婚事，據說法蘭西國王和西班牙國王也表示贊同，但密謀者們還是走漏了風聲。消息傳到伊莉莎白耳朵裡後，她向公爵發出了警告，要他「想清楚今後是打算夜夜安眠還是整日提心吊膽」。當時公爵回答得十分謙卑，但事後他的態度很快就變了。結果，他被伊莉莎白當作危險分子關進了倫敦塔。

就這樣，瑪麗從踏上英格蘭領土的那一瞬間，就已經開始陷入重重陰謀與災難。

下一場災難是天主教教徒在北方的叛亂。直到許多人被送上斷頭臺丟了性命之後，這場叛亂才得以平息。緊接著，教皇和歐洲一些信奉天主教的統治者共同編織出一場大陰謀，目的是廢黜伊莉莎白，讓瑪麗登上王位，恢復以前的舊宗教。幾乎可以肯定的是，瑪麗不僅知道他們的計畫，而且未曾表示反對。教皇對這件事表現得格外熱心，甚至頒發了一紙詔書，公開稱伊莉莎白為英格蘭的「偽女王」，宣佈將她逐出教會，還說凡是打算繼續聽從她號令的人，都將被一併逐出教會。有人把這份可恥的文件抄錄下來送至倫敦。一天早上，人們發現它被公然張貼在倫敦主教的家門口，大家對此表示出強烈的不滿。後來，有人在林肯律師學院某個學生的臥室裡又找到一份相同的抄本。這個學生在肢刑架上供認，他是從一個叫約翰·菲爾頓[30]的富有紳士手裡得到的這份檔，此人居住在泰晤士河對面的南華克區。接著，這個約翰·菲爾頓也被弄上了肢刑架，他承認是他把東西貼在主教大人家門口的。四天後，他被押至聖保羅教堂的院落處以絞刑，死後屍體還被肢解。至於教皇的那份詔書，大家可以想像得到，反正支持宗教改革的人早已不把教皇當回事兒，自然也就沒怎麼把他那番「逐出教會」的話放在心上。那不過是一張被弄髒了的紙而已，其影響力連街頭民謠的一半兒都趕不上。

就在菲爾頓上庭受審的同一天，可憐的諾福克公爵重獲了自由。假如他從今往後遠離倫敦塔，不再朝那些通往監獄的圈套裡鑽，他的日子會好過很多。但是，這位公爵不光在身處那個可怕之地時都還跟瑪麗保持通信，而且剛一出來，就又動起了歪腦筋。他給教皇寫信，希望在英格蘭發起叛亂，迫使伊莉莎白同意他和瑪麗的婚事，並廢除對天主教不利的法規。這一舉動被人發覺後，他再次被關進倫敦塔受審。參與審問的上院議員一致裁定他有罪，並將他判了死刑。

伊莉莎白曾兩次下令處死這位公爵，又兩次收回成命。審訊結束五個月之後，公爵才被送上斷頭臺；而伊莉莎白之所以這樣做，可能是因為真的心存善念，也可能是故作仁慈，也可能是因為公爵在國內極受百姓擁護，聲名遠揚，所以她才不敢殺他。但是時隔許久，加上傳聞眾說紛紜，現在的我們已經很難判斷了。斷頭台設在倫敦塔山[31]。公爵視死如歸，拒絕蒙上雙眼，說自己根本不怕死，並承認判決公正無誤。他的死讓人們痛徹心扉。

儘管瑪麗在最關鍵時刻臨陣退縮，放棄了為自己辯護的機會，但她始終小心翼翼，避免承認任何事。伊莉莎白多次變著法子要她認罪，還說只要瑪麗點頭就釋放她，結果每次都碰了釘子。畢竟，兩個女人都刁滑奸詐，誰也信不過誰，想讓她們達成協議，實在不大可能。於是，被教皇的所作所為激怒的議員們制定了新法律，竭力遏制天主教在英格蘭的傳播，還宣佈任何人只要敢說女王及其繼任者不是英格蘭的合法君王，一律以叛國罪處置。要不是伊莉莎白的節制，議員們還會幹出更過份的事。

宗教改革之後，英格蘭出現了三大教派——或者說，那些人自稱三大教派。他們分別是歸正會成員、天主教信徒、以及所謂的清教徒[32]；後者主張一切跟教會相關的事務都應當樸素無瑕，故而自稱清教徒。這些清教徒大多數時候非常惹人討厭，他們穿得像醜八怪，說話透著鼻音，反對一切健康無害的娛樂活動，而且不以為恥、反以為榮。可是他們也挺厲害的，辦起事來一絲不苟，而且個個都堅定不移地把蘇格蘭女王當做死對頭。法蘭西及荷蘭的新教徒都遭到了慘無人道的淩虐，這反而促使英格蘭新教徒對自己的信念更加執著。在法、荷兩國，千千萬萬的新教徒因飽受各種虐待而命喪黃泉。終於，在一五七二年的秋天，巴黎發生了有史以來最慘絕人寰的暴行。

暴行發生於八月二十三日的那個星期六，即聖巴托洛繆日的前夕，因此歷史上稱作「聖巴托洛繆大屠殺[33]」。那一天，有人把新教徒（法蘭西人稱之為「胡格諾派[34]」信徒）的主要領導人全部召集在一起，並給出理由：他們的領袖——年輕的那瓦勒國王[35]要和夏爾九世[36]的妹妹結婚了，他們應該前去道賀。夏爾九世是當時的法蘭西國王，也是個倒楣的小夥子。這位愚鈍的國王被他母親和身邊其他狂熱的天主教徒所欺騙，以為胡格諾派教徒要取他的性命，於是他採納別人的建議下了一道密令：部署好一支強大的武裝部隊，以鐘聲為號令；大鐘一響，軍隊就立刻朝新教徒發起攻擊，務必將其趕盡殺絕。眼看約定的時刻就要到了，這個可憐的笨蛋被嚇得渾身直哆嗦。他被母親帶到一處陽臺上，好親眼見證暴行的開端。鐘聲響起，那群劊子手立刻行動了。在隨後的兩天一夜中，他們手持刀槍，四處亂闖，火燒房屋，追殺新教徒，就連女人和孩子也不放過。死者的屍體被拋到大街上，劊子手們路過時還會朝街上的屍體開槍，鮮血順著排水溝流淌。僅僅在巴黎，就有一萬多名新教徒被害，而全法蘭西的死難者加起來則是這個數字的四五倍。為了答謝上帝讓這些殘忍的屠殺順利進行，教皇及其隨從居然在羅馬公開遊行；而且，他們彷彿是嫌自己丟人丟得還不夠，又打造出一枚勳章來紀念這件事。然而，無論大屠殺令這些高高在上的掌權者感受到何等舒心快意，那位傀儡似的國王都無法從中找出任何安慰。我很高興地告訴諸位，從那以後，這位國王再沒享受過哪怕是片刻的安寧：他常常高聲呼喊，說看見胡格諾派教徒傷痕累累、渾身是血，在他面前倒地而亡。不到一年，國王便去世了，死前還在扯著嗓子大呼小叫，滿口胡言亂語，看樣子就算是歷任教皇全部合為一體，也不能給這負罪的君王帶來一絲慰籍。

有關大屠殺的可怕消息傳到英格蘭，這在百姓中間引起軒然大波。那時候瑪麗女王的血腥統治才剛結束沒多久，如果人們趁這段時期開始採取稍顯強硬的手段來反抗天主教，後人一定會用這場恐怖屠殺當做為他們開脫的理由。但當時的宮廷可不像老百姓那麼直率——或許現在也是如此——所有王公貴婦都穿上了全黑喪服來迎接法蘭西使臣，人群安靜得連地上掉根針都能聽見。就在聖巴托洛繆日的三天前，使臣曾代表法蘭西國王十七歲的弟弟阿朗松公爵[37]向伊莉莎白求婚。儘管發生了這種事，求婚的相關事宜卻仍在進行；另一方面，狡猾的伊莉莎白女王又故技重施，偷偷地向胡格諾派教徒提供錢和武器。

必須申明的是，雖然伊莉莎白常說要堅守貞操、至死不嫁——那些辭藻華麗的演講早就使我厭倦不已——但事實上她三不五時就跟人談婚論嫁。她經常先對某個寵臣施以挑逗撩撥，繼而口出惡言，及至動手打人——這位守貞女王真的很少吝惜自己的拳頭。除此之外，伊莉莎白還一直跟這位阿朗松公爵分分合合，藕斷絲連了好幾年。當他長途跋涉，終於來到英格蘭時，兩人的婚約都已經擬好了，婚期也定在六個星期之後。當時的女王可謂一心想要嫁給公爵，所以，當清教徒斯塔布斯和書商佩奇兩個倒楣鬼出版了一本反對這件婚事的小冊子時，他們竟被女王告上法庭，最後兩人均被砍斷右手以示懲戒。行刑結束後，可憐的斯塔布斯立刻用左手摘下自己的帽子，高呼道：「天佑女王！」——換做是我的話，絕不會在那種情況下還對女王保持如此忠心。然而，斯塔布斯卻白白遭了一場罪，因為儘管女王以她的戒指為信物，向公爵託付了終身，兩人卻壓根沒能舉辦婚禮。在這場「愛情長跑」持續將近十載之後，公爵離開了英格蘭，走時和他當初來時沒什麼兩樣。又過了幾年，公爵撒手西去，伊莉莎白為此傷心不已，看樣子她對公爵是動過真情的。不過這對伊莉莎白而言也不是什麼好事，因為即使對公爵糟糕的家庭來說，他也是個很壞的人。

現在我們接著講天主教。當時英格蘭出現了兩批教士，這些人活動頻繁，搞得人心惶惶。他們分別來自耶穌會[38]（其成員無論走到哪兒都從來不以真實身份示人）和神學院[39]。百姓們對耶穌會士充滿畏懼，這是因為據說他們曾宣稱，只要動機能被他們認可，就連謀殺都算是合法行為。百姓們對神學院的人也充滿畏懼，則是因為他們在英格蘭宣揚舊宗教，而且還自稱為「瑪麗女王的教士」的接班人；按說那些教士早就應該銷聲匿跡，可他們卻依然在英格蘭的土地上四處遊蕩，陰魂不散。英格蘭制定了最嚴格的法律來對抗這幫教士，而且執行起來毫不含糊。把教士收留在家中的人往往下場悲慘，儘管他們不過是出於正常人的憐憫之心才會有此一舉。肢刑架的運轉一刻也不曾停過。那是一種殘忍的刑具，能將人的四肢生生扯斷。這些不幸之人的供述，或者說所有被這種刑具折磨過的人所做的供述，往往可信度極低，因為哪怕是天下最荒唐、最虛假的罪名，也會有人不堪忍受這種可怕的折磨而違心招認，而且這樣的人肯定不在少數。但是有資料證明，耶穌會的人不光自己圖謀不軌，還分別跟法蘭西人、蘇格蘭人、以及西班牙人串通一氣，策劃了許多陰謀，企圖推翻伊莉莎白的統治，將蘇格蘭的瑪麗扶上王位，實現舊宗教的復辟，對此我毫不懷疑。

正如我先前所說，就算英格蘭人民太容易相信陰謀詭計的存在，那也完全有情可原。沒等他們將聖巴托洛繆大屠殺從記憶中淡化，荷蘭的一位英雄人物——奧蘭治親王[40]便遭到了槍殺。據行刺者事後供認，有人為刺殺這名偉大的新教徒而收買了他，並安排他在一所耶穌會會士的房子裡受訓。此事一出，荷蘭民眾既震驚又悲痛，他們主動提出讓伊莉莎白來統治荷蘭，可是女王謝絕了他們的好意，同時指派萊斯特伯爵帶領一支小小的軍隊前往荷蘭。這位伯爵雖然身份顯赫，在宮廷裡如魚得水，但做將軍的本領卻並不怎麼樣。他在荷蘭並沒有什麼建樹，要不是有位空前絕後的優秀人物在戰爭中犧牲，他領兵打仗的事說不定已經被人們忘記了。那人既是一名出色的作家，也是一個勇敢的騎士，而且是一位宅心仁厚的君子，無論放在哪個時代，都稱得上出類拔萃的頂尖人物。他就是菲力浦．錫德尼爵士[41]。爵士所騎的戰馬被打死後，他又另換了一匹沒受過訓練的馬，可就在上馬的關頭，一枚火槍子彈擊中了他的大腿，他只好負傷而歸。長途奔波後，失血過多的爵士已精疲力盡，非常虛弱。他迫不及待地向人催要水喝。水端來了，但爵士卻發現一名可憐的普通士兵正身負重傷，躺在地上眼巴巴地望著他手中的水，便將水讓給了對方：「你比我更需要它。」即便在這種時候，他依然保持著自己的善良與慷慨。這高尚的心靈，這感人的舉動，它們會像其他歷史事件一樣廣為人知，和倫敦塔上的斑斑血跡，還有塔裡的行刑斧、墊頭木，以及發生在那裡的無數謀殺案一起千古流傳，萬人皆知。一個真正心存博愛之人做出的善舉會給他人帶來莫大的歡樂，每個人都會高高興興地記住它。

英格蘭國內有人圖謀不軌的消息日益增多，比如天主教教徒造反、投毒、縱火和其他一些我不知道的行為。恐懼一陣接一陣地襲來，百姓們整日都被籠罩在它的陰影之下，這種滋味想必其他時代的人民從來沒體驗過。但是，我們必須明白這一點：一樁樁可怕的事實就發生在平民百姓身邊，有過這樣的經歷後，無論再發生何種暴行他們都不難相信。官府之人也抱有同樣的恐懼，但他們並未採取最佳方式來查明真相；這幫人除了嚴刑拷打嫌疑犯之外，就只會花錢聘請密探，而那些雇來的傢夥總是為了一己私利而扯謊騙人。有些所謂遭到曝光的陰謀甚至就是官府設下的圈套，他們偽造信件，虛構出幾個陰謀詭計，給有心謀反的人寄去，慫恿他們參與其中，而後者對此求之不得。

可是，當一項千真萬確的驚天陰謀最終被人發現時，蘇格蘭女王瑪麗的王者之路終於走到了終點。在一群法蘭西教士的唆使、慫恿下，神學院教士巴拉德[42]和西班牙士兵薩瓦赫[43]幫貴族安東尼．巴賓頓[44]想出了一條謀害女王的計策。住在德比郡的巴賓頓富甲一方，還曾在瑪麗手下做過密探。他又把計畫內容說給幾個信奉天主教的貴族朋友聽，後者非常熱心地加入了行動。這群年輕人目空一切，自信得出奇，可辦起事來卻優柔寡斷，還對他們的計畫抱有一種荒謬的驕傲感。他們找人畫了一幅圖，上面畫著六個準備去行刺伊莉莎白的精英人士，巴賓頓也在其中，從姿勢上看，他應該是中心人物。然而，陰謀團中卻有兩名成員（其中一個是教士）從一開始就出賣了其他人，他們不斷把謀殺計畫的最新進展報告給法蘭西斯・沃爾辛厄姆爵士[45]，而這位爵士正是伊莉莎白手下最聰明的大臣。陰謀者們完全被蒙在鼓裡，他們還在為計畫的最終實施做著準備；巴賓頓甚至拿出自己的戒指和錢交給衣衫簡陋的薩瓦赫，讓他去買些新衣服，好在行刺女王的時候穿。然而，就在同一時間，沃爾辛厄姆已充分掌握了這群人的罪證，還拿到了兩封瑪麗寫的信件，於是他決定逮捕這些年輕人。小夥子們察覺到苗頭不對，便先後溜出城外，躲進了聖約翰樹林和當時一些非常隱蔽的地方，可他們還是被人抓獲並判了死刑，一個都沒能逃掉。他們被捕後，宮廷派人把消息告訴了瑪麗，還說這件事她難逃開係。瑪麗的朋友們卻提出抗議，稱瑪麗當時正處於非常嚴密的看管之下，但這種說辭可信度實在不高，因為就在事發當天的上午，瑪麗還出門打獵呢。

法蘭西那邊有人對這暗中進行的一切都瞭若指掌，而且老早就向伊莉莎白發出了警告：留著瑪麗的性命無異於養虎為患。倫敦大主教也在不久前給伊莉莎白的寵臣寫了字條，建議「把蘇格蘭女王即刻斬首」。所以現在的問題是，該如何處置瑪麗呢？萊斯特伯爵從荷蘭捎來短箋，提議偷偷毒死瑪麗，大概伊莉莎白的這位寵臣已經習慣了這種辦法，用毒藥亡羊補牢的辦法。然而，伊莉莎白並未採納他這條邪惡的建議；瑪麗被押至北安普敦郡的佛斯林費城堡受審，四十名庭審人員中既有天主教的教徒，也有新教的追隨者。瑪麗先後在該城堡和威斯敏斯特的星室法庭[46]接受了長達兩星期的審訊。儘管她以過人的才智為自己辯護，但除了一口咬定巴賓頓等人所供不實和聲稱自己的大臣所提供的信件均是偽造之外，她也拿不出其他證據。總之，瑪麗唯一能做的就是否認一切。最後，眾人認為她罪名成立，並宣佈判處死刑。議員們聚在一起，通過了判決結果，並懇求女王處死瑪麗。女王則回答說要他們想想看有沒有兩全其美的法子，既保證她自己的安全，又能饒瑪麗不死。議員們的答案是：沒有。百姓聞訊後點燈把房子照得燈火通明，還燃起了篝火，藉此表達他們的喜悅，因為只要這個蘇格蘭女王一死，所有的陰謀和麻煩都會被她帶進棺材，以後就天下太平了。

瑪麗認定自己大限將至，便給英格蘭女王寫了封信。她在信中提出三項請求：第一，她希望自己的屍首能被葬在法蘭西；第二，她不想被秘密處決，希望侍從和其他人能送她一程；第三，她請求女王在她死後，不要為難她的侍從，讓這些人帶著她所贈的遺產回到故鄉。這封信感人肺腑，就連伊莉莎白讀後也淚眼漣漣，但她並沒有給出任何答覆。接著，法蘭西和蘇格蘭分別派出特使，請求伊莉莎白給瑪麗留條活路；再接著，越來越多的英格蘭百姓開始嚷嚷著要處死瑪麗。

對於伊莉莎白的切身感受和真實意圖，我們現在已無從得知。可是，我能深深感受到，除了殺掉瑪麗之外，伊莉莎白心中還惦記著一件更為重要的事，就是怎樣讓自己避免因瑪麗的死而背上罵名。一五八七年二月一日，伯利勳爵起草出死刑執行令後，伊莉莎白女王派大臣大衛森把它取來，好讓她在上面簽字。她也確實簽了。第二天，當伊莉莎白從大衛森口中得知執行令已被蓋印批准時，她反而氣沖沖地質問對方，有必要這麼著急嗎？第四天，她開始拿這件事開玩笑，還咒罵了幾句。第六天，她彷彿對刑期未到充滿怨氣，但卻不曾對身邊的人流露出來。就這樣，第七天，肯特伯爵、什魯斯伯里伯爵和北安普敦郡的郡長帶著執行令一起來到佛斯林費城堡，通知蘇格蘭女王準備上路。

等這群「報喪鳥」離開後，瑪麗吃了頓簡單的晚飯，跟僕人喝了一點酒，還宣讀了自己的遺囑，便上床休息了。但她沒睡幾個鐘頭便又起身禱告，直到天亮。第二天一早，瑪麗穿上了她最漂亮的衣服。八點鐘，郡長來到教堂時，瑪麗的僕人正陪她一起做禱告。瑪麗向僕人們告了別，然後雙手分別拿著聖經和十字架，走下階梯。她的兩名女僕和四名男僕獲准來到行刑的大廳，廳內設有一架低矮的斷頭台，離地面只有三十公分，上面蓋著黑布。倫敦塔派來的行刑者及其助手都身穿黑袍，站在一邊。廳堂裡的人摩肩接踵。瑪麗坐在凳子上聽取了宣判。等判決書一念完，她就像從前那樣，再度否認自己有罪。肯特伯爵和彼得伯勒教長都是狂熱的新教徒，他們對瑪麗發表了一通毫無用處的言論，然而得到的回應卻是：她要帶著對天主教的虔誠信仰去死，所以這件事就不勞他們兩位費心了。當劊子手們打算動手剝開瑪麗的服飾、露出頭頸部分時，瑪麗說她從沒當著這麼多旁觀者的面、被這種人扒下過衣服。最後，一位女僕上前，用布遮住了瑪麗的臉。瑪麗把脖頸伸到墊頭木上，口中還反復用拉丁語說著：「哦，上帝，我這就把靈魂託付給您了！」接著，劊子手斬斷了瑪麗的頭顱，有人說砍了兩刀，也有人說是三刀。但不管幾刀，當鮮血淋漓的人頭被拎起來時，瑪麗灰白色的頭髮從她常年佩戴的假髮下面露了出來，使它看上去像是一顆七十歲老婦人的腦袋，而當時的瑪麗只有四十六歲。那一刻，她所有的美麗都消失得無影無蹤了。

然而，瑪麗在她所養的小狗眼中卻仍舊美麗。當瑪麗走上斷頭臺時，它被嚇得蜷縮在主人的裙子下面；當瑪麗身首異處、擺脫掉塵世間一切憂愁之後，它就在主人身邊伏下了。

第三部分

接到蘇格蘭女王已被處死的正式通知後，伊莉莎白便裝出一副悲痛欲絕、怒不可遏的樣子。她大發雷霆，將心腹們從身邊趕走，還把大衛森關進倫敦塔，直到他傾家蕩產，交出一大筆罰金後才放了他。伊莉莎白過火的表演還不止這些，她動用異常卑劣的手段，將一位忠心耿耿的侍從逼到一貧如洗的地步，而這位侍從除了對她唯命是從之外，沒做過任何不該做的事。

蘇格蘭國王詹姆斯[47]是瑪麗的兒子，他聞訊後也裝作勃然大怒；但由於英格蘭每年都付給他高達五千英鎊的撫恤金，再加上他對母親瑪麗知之甚少，說不定還以為她是謀殺他父親的兇手，所以沒過多久，他就默不作聲了。

西班牙國王腓力[48]則出言要脅，聲稱絕不肯善罷甘休，還要採取更為激烈的手段來樹立天主教的權威，讓信奉新教的英格蘭受到懲罰。伊莉莎白知道了腓力的意圖，又聽說他正為此和帕馬親王[49]大張旗鼓地做著準備。為了先發制人，她派海軍上將德雷克[50]（著名航海家，曾乘船周遊世界，並從西班牙掠奪了大量財物）前往加的斯[51]鎮的港口，燒毀了一百艘裝滿補給品的船隻。這等重大損失迫使西班牙人把侵略計畫推遲到一年後，但他們還有一百三十艘戰船、一萬九千名士兵、八千名水手、兩千名奴隸，以及兩三千支好槍——光是這些就夠可怕的了。英格蘭也為抵抗這支大軍而忙得不亦樂乎：所有十六至六十歲的男子都被集中起來接受訓練；百姓們共同出資擴充國家艦隊（起初只有三十四艘船），還有人把私家船隻貢獻出來，貴族們則為戰艦提供了裝備；倫敦市民所提供的船隻和士兵，數目竟比國家所要求的多出一倍；而英格蘭人的民族精神一旦被激起，也就意味著全體英格蘭民眾都會同仇敵愾，共同抗擊西班牙侵略者。幾位謀士建議女王把英格蘭天主教徒中的為首者抓起來處死，但女王以她的名譽做擔保，反復表示相信自己的臣民絕不會有二心，就像父母從不相信子女會犯錯一樣。她拒絕了這項提議，只把幾個嫌疑最大的人囚禁在林肯郡的沼澤區。大部分天主教徒也沒有辜負這份信任，他們忠心耿耿、行為高尚、勇往直前。

就這樣，怒火中燒的英格蘭人上下一心，凝聚成一股強大的力量。他們在泰晤士河兩岸都築起堡壘，所有士兵都拿起武器，所有水手都堅守在船上，大家一起等待著西班牙人帶領他們引以為傲的「無敵艦隊」[52]到來。伊莉莎白女王也身披盔甲，乘著白馬，由埃塞克斯伯爵和萊斯特伯爵牽著馬韁，來到格雷夫森德市對面的蒂爾伯裡堡。她在軍隊前發表了一番慷慨激昂的演說，聆聽者無不歡欣鼓舞，其情其景迄今少見。接著，西班牙艦隊來到了英吉利海峽[53]，他們把船排成半月形，隊伍浩浩蕩蕩，寬度竟達到了十一公里。然而，英軍很快就接近了敵人，西班牙戰船隻要稍微偏離隊伍就得遭殃，因為它們眨眼間便會落入英格蘭人手中！沒過多久，人們就發覺這支大軍距離「無敵」的標準還差得遠——一個夏夜，勇敢的德雷克將八艘冒著烈焰的火攻船徑直送入敵軍的艦隊。驚慌失措的西班牙人絞盡腦汁想把船駛出海峽，於是艦隊就變得四分五裂；占盡優勢的英格蘭人則乘勝追擊，緊隨其後。一場暴風雨襲來，把西班牙人困在了礁石密佈的淺灘上。無敵艦隊很快就迎來了自己的結局：他們折損了三十艘大船和一萬名士兵，一敗塗地，只好灰溜溜地逃回本國，離開時還不敢走英吉利海峽，而是繞著蘇格蘭和愛爾蘭兜了個大圈子。船隊經過愛爾蘭海岸時又遇到壞天氣，他們再次損失了部分船隻。本自生性野蠻的愛爾蘭人洗劫了失事船隻，還殺掉了上面的船員。就這樣，一場以入侵並征服英格蘭為目標的偉大嘗試就此宣告結束。短期之內若還有其他無敵艦隊抱著同樣的目的來到英格蘭，恐怕會落得和西班牙艦隊同樣的下場。

儘管西班牙國王在勇敢的英格蘭人手裡吃了苦頭，他卻沒從中汲取任何教訓，依然琢磨著他的老計畫，甚至萌生了讓他女兒來當英格蘭女王的荒唐念頭。然而，埃塞克斯伯爵[54]、沃爾特·雷利爵士[55]、湯瑪斯·霍華德爵士[56]和其他幾名優秀的指揮家卻乘船從普利茅斯[57]出發，再次進入加的斯港口，把集結在那兒的敵船打得落花流水，一舉佔領了該鎮。根據女王的明確指示，他們表現得極其人道，而西班牙人這次的主要損失則是被迫支付一大筆贖金。這是伊莉莎白統治期間，英格蘭在海上所獲的諸多赫赫戰績之一。沃爾特·雷利爵士娶了一名王室的未婚侍女，並因此觸怒那位守貞女王，此時已乘船到南美洲尋找黃金去了。

現在萊斯特伯爵和湯瑪斯·沃爾辛厄姆爵士[58]都已過世，沒多久伯利埃塞克斯伯爵勳爵也撒手西去。這麼一來，埃塞克斯伯爵就成了伊莉莎白的主要寵臣。他相貌英俊，充滿活力，還擁有許多令人驚歎的本領，深受女王和百姓們的喜愛。當朝廷上下為了是否要同西班牙講和而吵得不可開交時，埃塞克斯伯爵極力主張開戰。在派人代管愛爾蘭的問題上，伯爵也有著自己的想法，並千方百計地試圖付諸實踐。一天，大家為這件事起了爭執，伯爵突然發起脾氣，並轉過身用後腦勺對著女王。為了對他的失禮舉動做一個小小警告，女王伸出拳頭狠狠地打在他的耳朵上，還讓他「下地獄吧」。但伯爵先生並沒去地獄，而是跑回了家，隨後的半年也再沒出入過宮廷。後來，他和女王雖然化解了矛盾，但是（據有些人講）兩人再也沒能和好如初。

彷彿從那時起，伯爵和女王兩人的命運便交織在了一起。由於愛爾蘭百姓之間依然有吵不完的架、打不完的仗，伯爵便以代理官員的身份去了愛爾蘭。伯爵的離去可謂正中他敵人（特別是沃爾特．雷利爵士）的下懷。對這群人而言，伯爵是一個大大的威脅，他們巴不得他走得遠遠的。然而，由於伯爵在愛爾蘭一事無成，而且他知道敵人肯定會趁機在女王面前中傷自己，便不惜違抗王命返回國內。女王乍見他回來，嚇了一跳。當她把手伸給伯爵行吻手禮時，伯爵依舊心花怒放——儘管當時那隻手已經沒多少吸引力了。可是，就在當天，女王便下令將公爵軟禁在他的房間裡，哪兒都不准去。兩三天之後，公爵遭到了正式監禁。女王的多變並沒有到此為止——畢竟，無論國君還是平民，女人只要一上年紀總是會變得反復無常。當公爵因焦慮過度而病倒後，女王不僅把她餐桌上的肉湯送給公爵喝，還為他流下了眼淚。

伯爵是一個善於從書中尋找慰藉和充實感的人，監禁期間他就讀了一陣子，但我敢肯定這還不是他生命中最愁悶的時光。此外，不幸的是，伯爵手上剛好握有甜酒的專賣權，也就是說未經他的允許，任何人都不得銷售甜酒。可這項權利有一定期限，而且已經到期，於是伯爵申請恢復自己的權利。女王不僅斷然拒絕了他的請求，還一口咬定，不聽話的畜生就得挨餓。已經被削去一大堆職務的伯爵聞訊後非常惱火，他自知滅頂之災就在眼前，便也翻了臉，大罵女王是個目空一切的老太婆，滿肚子彎彎繞繞，跟她渾身上下的褶子一樣多。女官們立刻打斷了這番不敬之辭，並惟妙惟肖地學給伊莉莎白聽，女王的憤怒可想而知。這群女官明明自己長著烏黑的秀髮，卻偏偏要模仿女王的樣子，一天到晚都戴著紅假髮。由此可見她們儘管身份高貴，精神境界卻高不到哪兒去。

埃塞克斯伯爵經常跟一些朋友在南安普頓動爵家中聚會。伯爵被捕後，他們便萌生了一個非常糟糕的想法：轄制女王，逼她罷免自己的大臣，替換掉她原先的心腹。一六零一年二月七日的那個星期六，議員們察覺到這些人的意圖，便召見埃塞克斯伯爵。伯爵佯稱身體不適拒絕前往（那時他已重獲自由）。接著，他的朋友們商定：第二天是星期天，許多市民都喜歡在這一天到聖保羅大教堂的十字架前聚集，伯爵應該大著膽子，鼓動他們起來造反，並隨他到王宮去。

於是，第二天一早，伯爵先把幾個來盤問他的議員關在家裡，也就是埃塞克斯宮[59]。它於斯德蘭德街，有階梯通往河邊。隨後，他帶領幾個追隨者動身，匆匆趕往倫敦市中心。跑在最前面的公爵高叫道：「我要見女王！我要見女王！有人圖謀不軌，想取我性命！」可是，這些人的舉動並未引來任何關注，而且他們到達聖保羅大教堂後，竟發現那兒一個人都沒有。與此同時，伯爵的一個朋友釋放了被關在埃塞克斯宮的議員，還在市中心的伯爵當即被宣稱為叛徒，街道上出現了大量板車和把守的士兵，伯爵只好坐船離開，費了九牛二虎之力才回到家中。但沒過多久，埃塞克斯宮就被軍隊和大炮團團包圍，伯爵抵抗不過，當晚便投了降。十九日，伯爵接受審訊，被認定有罪；二十五日，他帶著一顆懺悔之心在倫敦塔山從容赴死，終年僅三十四歲。和伯爵一起被處死的還有他的繼父。行刑期間，伯爵的敵人沃爾特・雷利爵士始終站在絞刑架附近——但我們以後還會看到他和絞刑架親密接觸的情景，不過眼下他的故事尚未結束，死神和他之間還有些距離。

跟諾福克公爵、蘇格蘭女王瑪麗的先例一樣，伊莉莎白處死埃塞克斯公爵時也是下令、收回、再下令——畢竟，這位寵臣既年輕又勇敢，卻不得不在其優秀才能發揮到高峰時死去。他的離開或許給伊莉莎白心中留下了永恆的陰影，但是她依然自大、頑固而任性，她就這樣熬過一年。然後，在她七十歲那年，伊莉莎白竟然在一個重大場合裡頭頂假髮、戴著大大的拉夫領、身穿三角胸衣，當著朝臣的面跳起舞來——我想她這一舉動大概給人留下了荒唐透頂的印象。她又撐過了一年，雖然不再跳舞，卻變得喜怒無常，整日鬱鬱寡歡，打不起精神。直到一六零三年三月十日，重感冒的侵襲，再加上密友諾丁漢伯爵夫人之死帶來的打擊，使伊莉莎白陷入了昏迷。大家都以為她撐不過這一關，可她居然又醒了過來，而且無論如何不肯上床睡覺，因為她說她知道，自己這一睡就再也醒不過來了。就這樣，她墊著毯子在地板上躺了十天，中間粒米未曾沾牙，最後元帥大人軟硬兼施，才把她弄到床上去。大家問起誰來做她的繼任者時，伊莉莎白回答說既然寶座屬於國王，那麼她的繼承人「絕不能是無賴的兒子，必須是國王的後人」。在場的貴族聽了面面相覷，壯著膽子問她指的是誰。伊莉莎白答道：「還能有誰？就是我的蘇格蘭侄子啊！」這一天是三月二十三日。當天貴族們又問了她一遍，是否還堅持原先的答案，已經說不出話的伊莉莎白掙扎著從床上坐起來，雙手舉過頭頂，比劃出王冠的形狀——這是她唯一能給出的答覆了。第二天凌晨三點鐘，伊莉莎白靜靜地離開了這個世界，此時距離她初登王位已過了四十五年。

這四十五年是一段輝煌時期，當時享有盛名的優秀人物更使它成為大家永世銘記的對象。除了一批偉大的學者、航海家、政治家以外，培根[60]、斯賓塞[61]、莎士比亞等人也是文明世界的驕傲。大家會滿懷敬意，把他們的名字永遠牢記在心；他們的部分光芒也會永遠照亮伊莉莎白的名字（儘管這或許並沒有什麼像樣的理由）。這是一段偉大的時期，英格蘭商業繁榮，新事物不斷被發現，人民意氣風發，鬥志昂揚；這是一段偉大的時期，新教登上歷史舞臺，宗教改革使英格蘭掙脫束縛，走上了自由發展的道路。女王深得民心，出門巡行也好，遊歷國內也罷，無論她走到哪兒，人民都夾道歡迎。可是在我看來，她的大部分美德都是別人吹噓的，不過她的大部分惡行也都是別人揑造的。伊莉莎白也並非半點優秀品質全無，但是她缺乏涵養、既任性又奸詐，都一大把歲數了，那些目空一切的年輕姑娘才有的毛病她卻一樣都不少。總之，這個人跟她的父親太過相似，所以我實在不怎麼喜歡她。

這四十五年中，英格蘭人的生活水準不僅得到了明顯改善，還增添了許多奢華的享受，但鬥雞、逗熊和嗾狗逗牛戲仍然是全國流行的娛樂方式。轎式大馬車在當時可是件稀罕物，而且被視作非常醜陋笨重的東西，所以，在許多隆重場合，女王寧可跟大法官同乘一騎，坐在他身後的添鞍上。

1 哈特菲爾德(Hatfield),英格蘭東南部城鎮,位於赫特福德郡。

2 威廉·塞西爾爵士(Sir William Cecil,一五二〇—一五九八),英格蘭政治家,伊莉莎白一世的重要謀臣,曾於一五五〇至一五五三年間和一五五八至一五七二年間擔任國務大臣,一五七二年以後擔任王室財政大臣。

3 歌革和瑪各(Gog and Magog),在不列顛傳說中,歌革和瑪各是最早居住在不列顛半島上的巨人,雖然在聖經中均以負面形象出現,二人卻被視為倫敦城的守護者,他們的畫像會出現在傳統的倫敦市長遊行中。

4 指《馬太福音》、《馬可福音》、《路加福音》及《約翰福音》四部介紹耶穌生平事蹟的書。它們是《聖經·新約》的第一部分;這裡所說的「釋放」暗指的是恢復新教以及英語版本的聖經和彌撒。

5 一五四三年七月,英格蘭議會通過了《一五四三年繼承法案》(Act of Succession 一五四三),這項法案恢復了伊莉莎白公主(亨利八世和安妮·博林之女)和瑪麗公主(亨利與凱薩琳·阿拉貢之女)的王位繼承權,且在繼承順序上將瑪麗排到了伊莉莎白前面。

6 約翰·諾克斯(John Knox,一五一四—一五七二),蘇格蘭教士,宗教改革領導者。

7 灰衣修士指方濟各會(Franciscan order)會士,黑衣修士指多明我會(Dominican Order)會士,白衣修士指加爾默羅會(Carmelite Order)會士。灰、黑、白指這些修會各自的會服顏色。他們都屬於天主教的托缽修會,修會規定會士必須家貧,不置恆產,以托缽乞食為生。他們雲遊四方,活動在社會各個階層。

8 耶和華會(Congregation of the Lords),也稱「蘇格蘭耶穌忠實信徒聯合會」(the Faithful Congregation of Jesus Christ in Scotland),活躍於十六世紀中期,由一群支持新教和英蘇聯盟的蘇格蘭貴族組成。

9 荷里路德宮(Holyrood Palace),位於蘇格蘭首府愛丁堡,蘇格蘭女王瑪麗曾於一五六一至一五六七年居住於此，她和達恩利、博思韋爾的婚禮都是在這裡舉行的。

10 歸正會（Reformed Church），新教主要宗派之一，遵循約翰·喀爾文等宗教改革時期神學家建立的傳統和宗教儀式，故而又稱喀爾文宗（Calvinism）。該宗派的特徵在於著重強調上帝的至尊至高、人類的墮落和宿命論的教義。

11 羅伯特·達德利（Robert Dudley，一五三二／一五三三—一五八八），第一代萊斯特伯爵，伊莉莎白一世的心腹兼密友。

12 沃爾特·斯科特爵士（Sir Walter Scott，一七七一—一八三二），蘇格蘭詩人、劇作家、歷史小說家。

13 指亨利·斯圖爾特（Henry Stuart，一五四五—一五六七），第一代奧爾巴尼公爵，蘇格蘭女王瑪麗的第二任丈夫、蘇格蘭國王詹姆斯六世的父親。

14 大衛·里齊奧（David Rizzio，一五三三—一五六六），瑪麗的私人秘書，有謠言稱達恩利因瑪麗懷了里齊奧的孩子而心生嫉妒，便夥同露絲文等貴族殺害了他。里齊奧的死成為達恩利死亡的催化劑，並對瑪麗以後的生活產生了極大影響。

15 指詹姆斯·斯圖爾特（James Stewart，一五三一—一五七〇），是蘇格蘭國王詹姆斯五世的多名私生子之一，曾在一五六七年至一五七〇年間擔任蘇格蘭攝政王。

16 指派翠克·露絲文（Patrick Ruthven，約一五二〇—一五六六），第三代露絲文勳爵，他殺害里齊奧之後逃往英格蘭。一五六六年四月二日，露絲文和莫頓向伊莉莎白呈交了關於謀殺案的供詞，稱自己已經為達恩利、瑪麗、國家以及信仰盡了全力。

17 鄧巴（Dunbar），位於蘇格蘭東南部的沿海城鎮，距離英蘇邊境僅四五公里。

18 這裡指詹姆斯·赫伯恩（James Hepburn，約一五三四—一五七八），第四代博思韋爾伯爵，蘇格蘭女王瑪麗·斯圖爾特的第三任丈夫。

19 格拉斯哥市（Glasgow），位於蘇格蘭西部的克萊德河河口，是蘇格蘭第一大城與第一大商港。

20 柯克場（Kirk of Field或Kirk o' Field）位於蘇格蘭愛丁堡，緊挨城牆，步行十分鐘即能到達荷里路德宮。

21 指約翰・厄爾金（John Erskine），第十七代瑪律伯爵，卒於一五七二年，曾保護年幼的王子免受博思韋爾伯爵的傷害，並領導蘇格蘭貴族反抗瑪麗和博思韋爾，曾擔任蘇格蘭攝政王。

22 利文湖城堡（Lochleven Castle），位於蘇格蘭利文湖中的一座小島上。

23 指派翠克・琳賽（Patrick Lindsay，一五二一—一五八九），第六代琳賽勳爵，據說他在要求瑪麗簽署退位協議時曾告訴對方，「不簽字，就等於逼我們割斷你的喉嚨」。

24 漢米爾頓（Hamilton），位於蘇格蘭南拉納克郡的城鎮。

25 蘇格蘭里（Scotch mile），一蘇格蘭里約等於一．八一千公尺，一八二四年的一項《議會法案》才將英里的概念引入蘇格蘭。

26 鄧德倫南大教堂（Dundrennan Abbey），位於蘇格蘭柯庫布裡郡的雷里克行政區。

27 指約翰・麥斯威爾（John Maxwell，一五一二—一五八三），蘇格蘭女王瑪麗・斯圖爾特的主要支持者。

28 漢普頓宮（Hampton Court），前英國王室官邸，位於倫敦西南部泰晤士河邊的里士滿市。

29 指湯瑪斯・霍華德（Thomas Howard，一五三六—一五七二），第四代諾福克公爵。一五六九年因打算娶蘇格蘭女王瑪麗為妻而被伊莉莎白囚禁；據說他曾與西班牙國王腓力二世合謀，企圖將瑪麗扶上英格蘭王位，實現天主教在英格蘭的復興，並於一五七二年因叛國罪被處死。

30 約翰・菲爾頓（John Felton）英格蘭天主教徒。一五七〇年因張貼「將伊莉莎白逐出教會」的教皇詔書而被處死。

31 倫敦塔山（Tower Hill），位於倫敦塔西北方的一處高地。

32 清教徒（Puritan），指要求清除英國宗教中天主教殘餘的改革派。

33 聖巴托洛繆大屠殺（The Massacre of Saint Bartholomew）是法蘭西天主教信徒對國內新教徒胡格諾派實施的恐怖暴行，開始於一五七二年八月二四日，並持續了數月之久。胡格諾派的頑強不屈使該事件成為法蘭西宗教戰爭的轉捩點。

34 胡格諾派（Huguenot），一六至一七世紀法蘭西新教徒形成的一個派別，該稱呼起源於一六世紀的法蘭西，一九世紀前多指法蘭西歸正會成員。一五六二年，胡格諾派的人數增至頂峰，多達近兩百萬。他們有了一定的影響力，並進一步公開傳教，導致天主教對其敵意日益加深。一五六二至一五九八年間，雙方發生一系列宗教衝突，即法蘭西宗教戰爭。

35 這裡指的是那瓦勒的亨利（Henry of Navarre，一五五三—一六一〇），他於一五七二年迎娶法蘭西公主瑪格麗特·德·瓦盧瓦（Marguerite de Valois，一五五三—一六一五），並在其兄弟全部過世後，於一五八九年成為法蘭西國王，稱亨利四世，他是法蘭西波旁王朝的第一代國王。

36 法蘭西的夏爾九世（Charles IX of France，一五五〇—一五七四），法蘭西國王，一五六〇至一五七四年在位。

37 法蘭西斯，阿朗松公爵（Francis，Duke of Alençon，一五五五—一五八四），法蘭西國王夏爾九世的弟弟。伊莉莎白在國外的追求者中，他是唯一一個親自向她求過婚的人；但伊莉莎白是否真打算嫁給他，至今仍是人們激烈爭論的話題。

38 耶穌會（Jesuit），天主教的主要修會之一，由聖依納爵羅耀拉（Ignatius of Loyola）創立。

39 神學院（Seminary），此處特指在英格蘭頒佈禁止信仰羅馬天主教的法律之後，依然在培養天主教教士的英格蘭（或歐洲大陸其他地方的）神學院。

40 即奧蘭治親王威廉一世（William I Prince of Orange，一五三三—一五八四），也稱「沉默者」威廉（William the Silent）。曾領導荷蘭人民反抗西班牙統治，並取得數次勝利。一五八四年，他遭到了西班牙國王腓力二世支持者的槍殺。

41 菲力浦·錫德尼爵士(Sir Philip Sidney，一五五四—一五八六)，英格蘭詩人，代表作有《愛星者和星星》和《詩辯》等。

42 約翰·巴拉德(John Ballard)，耶穌會教士，一五八六年因參與策劃行刺伊莉莎白一世而被處死。

43 約翰·薩瓦赫(John Savage)，退伍軍人，一五八六年因參與策劃行刺伊莉莎白一世而被處死。

44 安東尼·巴賓頓(Anthony Babington，一五六一—一五八六)，出身自天主教家庭。一五八六年，他密謀暗殺英格蘭女王伊莉莎白一世(新教教徒)，好讓蘇格蘭女王瑪麗(天主教教徒)取而代之。陰謀敗露後，瑪麗女王和他本人都被處死。

45 法蘭西斯·沃爾辛厄姆爵士(Sir Francis Walsingham，一五三二—一五九〇)，伊莉莎白手下的間諜組織首腦。

46 星室法庭(Star Chamber)，一五至一七世紀英國最高司法機構，由英王亨利七世創設，目的在於懲治社會上或政界勢力龐大的顯要人物。它直接受國王操縱，刑罰手段殘酷。該法庭設在威斯敏斯特宮的一座大廳裡，因屋頂飾有星形圖案，故有此名。

47 指蘇格蘭國王詹姆斯六世(James VI of Scotland，一五六六—一六二五)，瑪麗與其第二任丈夫達恩利勳爵之子。一六〇三年，他同時繼承英格蘭王位，蘇格蘭和英格蘭形成共主聯邦。

48 即西班牙的腓力二世(Philip II of Spain，一五二七—一五九八)，神聖羅馬帝國皇帝查理斯五世之子，西班牙國王，一五五六至一五九八年在位。一五五四年，他與英格蘭女王瑪麗一世(Mary I of England，一五一六—一五五八)成婚，並因此成為英格蘭和愛爾蘭國王，一五五四至一五五八年在位。

49 指帕馬公爵亞歷山大·法爾內塞(Alexander Farnese，一五四五—一五九二)，曾擔任西屬尼德蘭的地方長官。

50 法蘭西斯・德雷克（Francis Drake，一五四〇—一五九六），英格蘭航海家、政治家；一五八七年，他率軍攻佔加的斯和科倫那這兩個西班牙重要港口，迫使西班牙將侵略英格蘭的行動推遲一年。

51 加的斯（Cádiz），西班牙沿海城鎮，位於加的斯灣東南側，是西班牙南部主要海港之一。

52 無敵艦隊（The Invincible Armada），西班牙為保障其海上交通線及海外利益而建立的龐大艦隊，該艦隊擁有一百多艘戰艦、三千餘門大炮和數以萬計的士兵，最盛時船艦多達上千艘。它們橫行於地中海和大西洋，驕傲地自稱「無敵艦隊」。

53 一五八八年八月，西班牙派出一三〇艘戰艦從科倫那出發，欲侵略英格蘭，推翻伊莉莎白的統治，復興天主教，並阻止英格蘭干涉西屬尼德蘭的事務。雙方在英吉利海峽進行了一場激烈海戰。兩軍兵力懸殊，西班牙擁有「無敵艦隊」，占絕對優勢。但英軍借助先進火炮和有利天氣使該戰以西班牙的慘敗告終，「無敵艦隊」幾乎全軍覆沒。此後西班牙急劇衰落，「海上霸主」的地位被英格蘭取代。

54 即羅伯特・德弗羅（Robert Devereux，一五六五—一六〇一），第二代埃塞克斯伯爵，伊莉莎白的寵臣。曾於一六〇一年策劃政變，失敗後被斬首。

55 沃爾特・雷利爵士（Sir Walter Raleigh，一五五四—一六一八），英格蘭探險家、軍人、作家、詩人。

56 湯瑪斯・霍華德爵士（Sir Thomas Howard，一五六一—一六二六），在這場戰鬥中擔任海軍中將。

57 普利茅斯（Plymouth），位於英格蘭西南部德文郡的城市，瀕臨英吉利海峽。

58 湯瑪斯・沃爾辛厄姆爵士（Sir Thomas Walsingham，約一五六一—一六三〇），伊莉莎白一世朝臣，著名的文學資助人，曾資助過包括克里斯多夫・馬婁（Christopher Marlowe）等詩人和作家，與伊莉莎白一世的間諜首腦法蘭西斯・沃爾辛厄姆爵士（Sir Francis Walsingham，詳見注釋四五）有親屬關係。

59 埃塞克斯宮（Essex House），位於倫敦，一五七五年前後為萊斯特伯爵羅伯特・達德利而建，最初叫做萊斯特宮。

60 法蘭西斯・培根（Francis Bacon，一五一六—一六二六），英國文藝復興時期的哲學家、政治家、科學家及作家。伊莉莎白統治期間，培根在朝廷幾乎不受重視；詹姆斯一世繼位後，他才於一六〇三年被封為騎士，一六一三年擔任首席檢察官。

61 埃德蒙・斯賓塞（Edmund Spenser，一五五二—一五九九），英國文藝復興時期的偉大詩人，代表作有長篇史詩《仙后》、田園詩集《牧人月曆》、組詩《情詩小唱十四行詩集》、《婚前曲》、《祝婚曲》等。

第三十二章　詹姆斯一世統治下的英格蘭

第一部分

伊莉莎白的「蘇格蘭侄子」[1]相貌醜陋，笨手笨腳，行為和想法都叫人捉摸不透。他舌頭太粗，腿又太細，雙目突出，眼神呆滯，不論發呆還是東張西望都是一副傻樣。他既狡詐又貪婪，整日遊手好閒，嗜酒成癮，揮霍無度，舉止猥瑣，膽小怕事，動輒破口大罵，而且是全世界最自以為是的傢夥。自他一出娘胎開始，大家就說他身子骨長得像患了佝僂病似的。他長期生活在被人刺殺的恐懼當中，為了防身，他經常穿著從頭到腳都塞滿墊料的草綠色厚衣服，這時候他的體形就顯得特別可笑。他身邊並不佩劍，而是掛著行獵用的號角，帽子和羽飾有時會垂下來，遮住一隻眼睛，被他隨手一掀，又會跑到後面，掛在後腦勺上。他經常懶洋洋地靠在寵臣身邊，親吻、揉捏他們的面頰，搞得人家一臉口水。有個最得寵的侍臣[2]給他寫信時，總喜歡以「忠狗、奴才」落款，並將這位高貴的主子稱呼為「牝豬陛下」。他騎術差得要命，卻自以為天下無雙；他言談極其粗鄙（滿口俗不可耐的蘇格蘭口音），還自詡無論什麼樣的辯論，他都有本事說得對方啞口無言。他還曾寫過一些專著，並且以創作奇才自居。但那些書乏味透頂，其中一本還和巫術有關，因為他特別相信這個。他認為國王有權力隨心所欲地制定和廢除法律，而用不著對任何人負責。他不光腦子裡這樣想，筆下也這樣寫，嘴上也這麼說。以上就是詹姆斯一世的真實形象，清晰無誤、毫不摻假。他讓滿朝的權貴名流使盡渾身解數，對他千般吹捧、百般逢迎。在人性的史冊中，大概再也找不到比他們更加可恥的傢伙了。

他幾乎不費吹灰之力就登上了英格蘭國王的寶座。人們老早就意識到大位之爭必將引發極其可怕的悲劇，所以伊莉莎白過世才幾個小時，官員就發出公告，宣佈詹姆斯為王位繼承人。百姓們居然也接受了這個決定，甚至不曾要求詹姆斯誓言勵精圖治，或保證平息強烈的民怨。新國王花了一個月時間從愛丁堡來到倫敦。這一路上，他利用剛到手的權力，未經任何審訊便對一個扒手處以絞刑，還把自己遇到的所有人都封做騎士。光是在到達倫敦的王宮之前，他就冊封了二百名騎士；在倫敦住了不到三個月，又封了七百名。除此之外，他還往上議院裡硬塞進七十二名新貴族，其中夾雜著不少蘇格蘭人，這也不是什麼出人意料的事。

沃爾特・雷利爵士和他的政治友人科巴姆男爵[3]一樣，都把牝豬陛下（我還是按其寵臣的方式來稱呼這位國王好了）的首要幕僚塞西爾[4]當成對手。兩人還策劃了一場陰謀，目的是把國王捉住並關起來，直到他願意替換掉現任的大臣為止。類似事件在歷史上屢見不鮮。這起陰謀是牝豬陛下遇到的第一個麻煩。參與這件事的還有其他一些人，包括天主教的教士和信奉清教的貴族。儘管天主教和清教彼此對立、水火不容，可這次雙方卻合起夥來跟牝豬陛下作對，因為他們知道國王雖然表面上對兩邊都客客氣氣，心裡卻盤算著一個對他們都沒有好處的想法，那就是建立起一個便於管理的、統一的新教，它具有至高無上的地位，每個人不論是否心甘情願，都必須皈依它。有人把沃爾特的計畫拿來和另一場陰謀混為一談，後者的內容好像是有人打算過一段時間把阿拉貝拉・斯圖爾特[5]小姐送上王位。阿拉貝拉的父親是牝豬陛下的叔叔，這層關係對她而言實屬不幸，但她並未參與這場陰謀，對牽涉其中的任何一方勢力而言，她都是清白無辜的。科巴姆這個卑鄙小人一會兒換一套說辭，所言絲毫不足取信，但他的供詞卻使沃爾特・雷利爵士遭到了指控。審訊從上午八點持續到將近午夜，爵士高談雄辯，妙語連珠，慷慨陳詞，不但一一反駁了所有罪名，還回敬了首席檢察官柯克對他的辱罵——用污言穢語對受審者進行侮辱可是那個時代的老習慣。那些原本想來譴責爵士的人離開時無不交口稱讚，說自己從沒聽過這樣精彩而引人入勝的辯駁。不過，爵士還是被認定有罪，並判了死刑。刑期推遲後，他又被關進了倫敦塔。但有兩名天主教教士卻沒他這麼走運，他們被依照慣例殘忍地處死。科巴姆和另外兩人的腦袋已伸到了斷頭臺上，但最終還是獲得了寬恕。牝豬陛下自以為算無遺策、料事如神，就打算先等這三人登上斷頭臺，然後自己在千鈞一髮的時刻饒其不死，定能讓眾人始料不及。可是，他一向成事不足、敗事有餘，這次又險些因過分自信而害死三條人命。因為騎馬前來傳達赦免令的信使來得太晚，被隔在人群週邊死活擠不進去，最後他只好放聲高呼，用咆哮的聲音喊出了自己到這兒來的目的。倒楣的科巴姆自從那天被釋放以後就沒過上什麼好日子。他住進了一名昔日僕人的破屋裡，一沒錢財二沒自由，赤貧如洗，受盡冷眼，十三年後與世長辭。

這場陰謀才剛遭到粉碎、沃爾特．雷利爵士才剛被關進倫敦塔，清教徒又向牝豬陛下提交了一份請願書，於是陛下和他們展開了熱烈的討論。這次商討進行得並不愉快，因為陛下獨自一人嘰裡呱啦地說個沒完，任意揮灑，別人的話一概不聽，但主教們為此對他佩服得五體投地。最後，雙方得出了一個圓滿的解決方案：宗教形式有且只有一個，所有人的想法必須完全一致。可是，儘管早在兩百五十年前就有人定下過這種規矩，並動用巨額罰款和長期監禁來為其撐腰，我倒覺得即便是到了今天，這種條款實施起來也不會很順利。

即位一年後，牝豬陛下召開了他登基後的第一屆國會會議。他自認為是高高在上的國王，而國會不過是個妄圖轄制他的國家機構，實在讓他感到不屑一顧。因此他認定自己居高臨下、占盡優勢，便告訴眾人他是以「說一不二」的主子身份向他們發號施令。議員們琢磨了一下這句態度強硬的話，意識到他們必須維護自己的權力。國王陛下有三個孩子，分別是亨利王子[6]、查理斯王子[7]和伊莉莎白公主[8]；我們將會看到，對其中一位來說，如果他能從父親的冥頑不化中吸取教訓、學到一點跟議員打交道的智慧，對他還是頗有益處的。

那時候，對天主教長期積累下來的恐懼依然令百姓苦惱不已，於是議會不但恢復了反對天主教的嚴酷法律，還進一步加強了執法力度。羅伯特．凱茨比[9]出身自一個信奉天主教的古老家族，原本就生性急躁的他被議員們的舉動大大激怒，居然想出了一個既瘋狂又可怕的計畫，其喪心病狂、令人髮指的程度堪稱史無前例，那就是所謂的「火藥陰謀」。

凱茨比的目標是趁下一次國會開幕，國王、貴族及百姓都聚在一起的時候，使用大量火藥把他們全部炸死，不留活口。他首先將這項恐怖的計畫透露給了湯瑪斯．溫特先生[10]，此人住在伍斯特郡，以前當過兵，在國外打過仗，還曾秘密參與過其他一些與天主教相關的事件。起初，溫特還有些猶豫，便去了趟尼德蘭[11]，找那兒的西班牙使節瞭解了一下，假如西班牙國王向牝豬陛下說情的話，天主教徒是否有可能獲釋。也就是這個時候，他在奧斯坦德遇見了一個叫做吉多、又名蓋伊．福克斯[12]的男子。此人個頭很高，皮膚黝黑，做起事來膽子大得很。他們以前在國外服兵役時就已經認識了。溫特下定決心加入行動後，便將自己的想法告訴了福克斯，因為他知道這人屬於那種什麼窮凶極惡的事都幹得出來的貨色。於是，他們一起回到英格蘭，並從國內找來兩名新同夥，即諾森伯蘭伯爵的親戚湯瑪斯．珀西[13]及其小舅子約翰．賴特[14]。克萊門特旅館附近的曠野上有一座僻靜的房子，陰謀家們就在房子裡見了面。現在這裡已成為倫敦市的一部分，車水馬龍，擁擠非常。大家都莊重宣誓，保證嚴守秘密後，凱茨比才把自己的計畫說給眾人聽。後來，他們順著樓梯爬上閣樓，一個耶穌會會士——神父傑勒德[15]為他們施行了聖禮。據說此人實際上並不知道「火藥陰謀」的事，但我認為他肯定懷疑過，某些瘋狂的事情可能正在醞釀中。

珀西是國王的侍衛[16]，他的職責就是偶爾在王宮附近走動，然後待在宮廷(那時的宮廷就位於威斯敏斯特區懷特霍爾街上)，保護國王的安全，因此他住在威斯敏斯特區絕不會勾起任何人的懷疑。於是，仔細觀察過周圍的環境後，珀西從一個名叫費理斯的人那兒租下一所背靠國會大廈的房屋，好在屋牆下面挖坑。這所房子到手後，陰謀家們又在蘭貝斯區靠近泰晤士河的地方另租了一座房子，用來儲存木材、火藥等易燃物品。這些東西都要趁夜晚一點一點搬到威斯敏斯特區的房子裡(後來他們的確這樣做了)。由於尚缺少信得過的人來看管蘭貝斯區的貯藏品，他們又找來一個人加入陰謀行動，那就是羅伯特·凱先生，一個窮困潦倒的天主教徒。

以上安排花了他們幾個月時間。在一個又黑又冷的十二月夜晚，這些陰謀家聚集在威斯敏斯特區的房子裡，開始挖坑。為了避免引人注目，他們此前一直分頭行動；為了避免進進出出，他們事先儲備了大量食物。就這樣，他們挖啊挖，十分賣力。可是牆壁厚得驚人，工作一點兒也不輕鬆。於是，他們把約翰·賴特的弟弟克里斯多夫·賴特[17]也拖下了水，這樣大家就多了一個幫手。新人克里斯多夫開始工作，他們日夜不停地挖，福克斯則為他們站崗放哨。這個人膽子大得很，彷彿從不知道什麼叫做害怕。他告訴眾人：「各位先生，我們這裡有的是火藥和子彈，就算被人發現，我們也不用擔心被活捉。」福克斯還經常悄悄四處走動，憑藉做哨兵的本領，他很快就探聽到了國王再次命令國會閉會的消息，並得知閉會時間初步定在二月七日到十月三日之間。陰謀家們聞訊後便決定暫時停止行動，等過了聖誕假期再說，並商定在此期間大家斷絕聯繫，無論發生什麼事都不能互通信件。就這樣，威斯敏斯特區的這所房子再次大門緊閉，這群表情嚴肅、深居簡出的怪人也離開了，說不定左鄰右舍還以為他們到別處去歡度聖誕了呢。

一六零五年二月初的一天，凱茨比跟他的同謀重新聚集在威斯敏斯特區的房子裡。這次他又找來了三名加入者，他們分別是：性情憂鬱的約翰·格蘭特[18]，他住在瓦立克郡的斯特拉特福鎮附近，家裡房子陰森森的，外面是一圈歪斜的院牆，和一條深深的壕溝；

湯瑪斯．溫特的長兄羅伯特．溫特[19]，以及凱茨比自己的僕人湯瑪斯．貝茨[20]——他覺得貝茨已經有些懷疑自己的舉動了，就乾脆勸服他入夥。伊莉莎白執政期間，這三人都或多或少為自己的信仰遭過罪、吃過苦頭。現在，他們又開始挖洞了，而且是沒日沒夜地挖個不停。

這些人一面孤零零地在地底下幹活，一面滿腦子想著那個可怕的秘密和許多將要被自己親手扼殺的生命。他們發覺這實在是件苦差事，並產生了大量幻覺。有時候，他們會聽見國會大廈地下深處傳來洪亮的鐘聲；有時候，他們還會聽見有人低聲念叨著「火藥陰謀」的事。一天上午，眾人在坑道裡正幹得汗流浹背時，竟真的聽到一陣隆隆巨響自頭頂傳來。所有人都停下了手裡的工作，一個個目瞪口待，面面相覷，不知道發生了什麼事。膽大的哨兵福克斯跑到外面查看，回來後告知眾人，有一個煤炭商人在國會大廈下面租了個地下室，方才只是他把存貨挪到別處罷了。陰謀家們見這堵牆不是一般的厚，挖了這麼久都沒挖通，聽見這話便改了主意。他們把那間位於國會大廈正下方的地下室租下來，在裡面放了三十六桶火藥，還用柴火和煤炭蓋在上面。接著，他們又各忙各的去了。直到九月份，新的同夥加入陰謀行動，他們才又聚在一起。新入夥的人包括格洛斯特郡的愛德華．貝納姆爵士[21]、拉特蘭郡的埃弗拉德．迪格比爵士[22]、薩福克郡的安布羅斯．魯克伍德[23]，以及北安普敦郡的法蘭西斯．特雷瑟姆[24]。這些人大多很富有，而且願意為陰謀行動提供幫助。有人提供資金，也有人提供馬匹，好讓陰謀家們把國會大廈炸個粉碎後，騎著它們趕赴全國各地，煽動天主教徒起來造反。

十月三日至十一月五日，國會再次休會。這段時間裡，陰謀家們坐立不安，惟恐計畫敗露，湯瑪斯．溫特便提出到上議院探聽一下，看看情況怎麼樣。結果一切順利。議員們腳踩在三十六桶火藥上面卻渾然不覺，依然走來走去，彼此交談。溫特回到下面，把看到的情景說給其他人聽，於是大家繼續準備。他們還租了一艘船，停在泰晤士河上隨時待命，那是為了讓福克斯用緩燃引信點燃導火索、引爆火藥之後，坐上它逃往佛蘭德的。陰謀家們還邀請了幾個不知內情的天主教徒，讓他們在約定的那天假裝結伴狩獵，到鄧徹奇[25]跟埃弗拉德．迪格比爵士會和，準備一起行動。現在，他們已經萬事俱備了。

然而，在這樁惡毒陰謀之下，從一開始就隱藏著滔天罪孽和巨大危機。現在，它們終於出現端倪了。隨著十一月五日的臨近，一想到自己的親友也會在當天出席上議院，大多數陰謀者都在本能的驅使下萌生了些許退意，他們想去提醒親友注意防範。儘管凱茨比說為了這樣的事業，就算讓他親手炸死自己的兒子，他也甘願，但這並沒給眾人帶來多少安慰。芒特伊格男爵[26]是特雷瑟姆的妹夫，到時候他肯定也會出現在議院。特雷瑟姆試圖說服其他同伴設法讓他們的親友躲過一劫，卻沒能成功，於是他偷偷地給這位男爵寫了封信，告訴他別去參加議會的開幕式，並趁黃昏時分把信放在了男爵的住處。「因為上帝和人類不謀而合，都想要懲罰時代的罪惡，」特雷瑟姆在信中這樣說道，「國會將面臨可怕的災難，而那些人卻無法得知是誰害了他們。」他還說，「只要你把信燒掉，危機就過去了。」

大臣們都宣稱是上天通過神蹟向牝豬陛下提供直截了當的提示，讓他明白了這封信的意思。但是實際上，他們沒多久（換了誰都能做到）便靠自己的力量弄懂了信的內容，並決定暫時不對陰謀者採取任何行動，等到國會開幕式的前一天再說。陰謀家們也有自己的擔憂，這是不需要說的；因為特雷瑟姆曾當面告訴眾人，他們都必死無疑，而且就算他特雷瑟姆不逃走，別人也有理由懷疑他已經把秘密洩露給了芒特伊格男爵以外的人。然而，大家的心意都很堅決，福克斯更是個鐵打的漢子，他堅持像往常一樣，不分晝夜地把守著地下室。十一月四日下午兩點鐘左右，宮廷大臣和芒特伊格男爵來到地下室，並突然打開大門朝裡面張望，把福克斯堵了個正著。「朋友，你是幹什麼的？」他們問道。「哦，」福克斯說，「我是珀西先生的僕人，正在看管他存放在這裡的燃料。」「你主人的存貨還真不賴呢。」說完，他們就關上門走了。福克斯見狀，便匆匆跑去告訴其他人一切安好。接著，他又回到一片漆黑的地下室，關起門來。鐘聲響過十二下，十一月五日到了。大約兩個小時後，福克斯緩緩地把門打開，像往常一樣悄無聲息地出去察看。湯瑪斯・內維特爵士手下的一隊士兵馬上就把他捉住並捆了起來。當時福克斯身上有一塊懷錶、一些引火木、一點火絨和幾段緩燃引信；地下室的門後有一盞遮光提燈，裡面的蠟燭還在燃燒。福克斯腳上穿著一雙裝了踢馬刺的靴子——大概是為了騎馬到河邊上船吧。乘其不備實施抓捕對那些士兵而言是個明智的選擇，但凡他們動作稍慢片刻，福克斯准會點燃引信丟向火藥堆，把士兵連同他自己一齊炸得粉身碎骨。

士兵們首先把福克斯帶至國王的寢宮。國王則首先命人牢牢抓住福克斯，讓他離自己遠遠的，然後質問他，為什麼竟能狠得下心去設計謀害那麼多無辜的性命？「那是因為——」蓋伊．福克斯答道，「惡疾還需猛藥醫！」一名身材矮小、長得像㹴犬似的蘇格蘭寵臣傻乎乎地問他，為什麼要收集那麼多火藥，福克斯回答說他打算把蘇格蘭人全體炸死，火藥少了不夠用。第二天，福克斯就被押至倫敦塔，但他拒絕招供。即便遭受了慘無人道的拷打後，他也不曾屈服，除了政府已經掌握的事實之外，別的什麼都不肯說。那時候，他肯定已被可怕的刑具折磨得不成人形——因為他當時的簽名一直被保留到現在，跟他受刑以前、正常狀態下的筆跡相比，前者著實令觀者毛骨悚然。但貝茨卻跟福克斯完全是兩路人，他很快就說出這個陰謀和耶穌會會士有關。在那種酷刑的折磨下，他大概什麼都願意招認吧。特雷瑟姆也被抓起來送進了倫敦塔，他供認了一些事，然後又翻供，最後因重病纏身而亡。魯克伍德事先在通往鄧徹奇的一路上都安排了換乘的馬匹，可他直到中午時分才騎馬逃走，這時關於火藥陰謀的新聞早已傳遍整個倫敦市。魯克伍德在半路上遇見了凱茨比、珀西，以及賴特兩兄弟。他們騎著馬一塊兒跑到北安普敦郡，接著又來到鄧徹奇，發現假裝結伴狩獵的人已經聚集在那裡了。可是，對方察覺到這是一場陰謀，而且已經敗露，便將他們連同埃弗拉德·迪格比爵士一起撇下，趁著夜色逃之夭夭了。這些人只好騎上馬繼續趕路，他們跑過瓦立克郡和伍斯特郡，來到斯塔福德郡的邊界，進入了一座名為霍爾比奇的宅邸。他們一路上都在極力勸說天主教徒起來造反，但都被對方氣呼呼地趕走了，伍斯特郡的地方官也一直在後面窮追不捨，而且不斷有人騎著馬加入追捕的行列。最後，他們乾脆決定把霍爾比奇當做堡壘來捍衛自己的生命。他們關起門窗，把一些濕了的火藥放到火前去烤幹。可是火藥爆炸了，凱茨比被炸得渾身焦黑，只剩一口氣，另外還有幾人也受了重傷。儘管如此，眾人自知生機渺茫，便下定決心把這裡當做他們最後的歸宿。他們一無所有，唯有緊握刀劍出現在視窗，準備迎接地方官等人的槍林彈雨。湯瑪斯·溫特的右臂受了傷，無力地垂在身體一側，凱茨比對他說道：「湯姆！站到我這裡來，我們一同赴死！」湯瑪斯照做了。兩發來自同一把槍的子彈貫穿了二人軀體，他們的生命就這樣結束了。約翰·賴特、克里斯多夫·賴特，還有珀西也中彈身亡。魯克伍德斷了一條胳膊，身上也受了傷，跟迪格比一道被捕。

一月十五日，蓋伊·福克斯和其他被活捉的陰謀者即將面臨法律的審判。這些人全部被判決有罪，執行絞刑，死後屍體還被割成四塊。他們有的死在路德門山山頂的聖保羅教堂院內，還有的死在國會大廈前面。據說曾有人把這件可怕的陰謀告訴一位名叫亨利·加尼特[27]的耶穌會教士，因此這位教士也被抓去受審。他的兩個僕人和另一位跟他同時被捕的教士都遭到了無情的折磨。亨利教士本人雖未受刑，可他被帶到倫敦塔裡，身邊圍滿了弄虛作假、背信棄義之徒，那些人採用不正當的手段，迫使教士親口承認自己有罪。教士在受審時說，他曾千方百計試圖阻止這件事發生，但對於別人告解時所說的話，他無權公諸於世——但我估計他並不是通過這個管道得知「火藥陰謀」的。儘管教士為自己做出了慷慨激昂的辯護，但他還是被認定有罪，並判了死刑。天主教將其封為聖徒。一些有錢有勢的人也被星室法庭判處了罰款或監禁，雖然他們與此事毫無瓜葛。至於那些天主教徒，大體而言，儘管他們出於畏懼而沒有參與這場邪惡行動，但還是受到牽連，因為從那以後，針對天主教徒的法律變得空前嚴厲。這就是「火藥陰謀」最終的結局。

第二部分

我覺得，牝豬陛下應該巴不得有機會親手把下議院炸上天去，因為他在執政期間，始終對下議院充滿了猜疑和懼怕。每當牝豬陛下手頭拮据時，他都不得不召集下議院開會，因為不經下議院同意，國王就一分錢都拿不到；而每當這時，議員們總會要求他先廢除幾項生活必需品的壟斷規定（因為它們對百姓而言實屬莫大的不幸），再向那些因國家機關失職而受到傷害的人作出賠償。這就惹得牝豬陛下大發雷霆，拂袖而去。曾經有那麼一次，牝豬陛下希望下議院能同意英格蘭與蘇格蘭的合併，雙方為此吵了一架。還有一次，下議院想讓牝豬陛下解散高等宗教事務法庭[28]——這是一個臭名昭著的基督教教會機構，結果雙方再度大起爭執。又有一次，下議院懇求陛下對他的大小主教們少些寵愛，多為可憐的清教牧師考慮考慮，因為主教們總喜歡在演講中替牝豬陛下歌功頌德，那些令人作嘔的話讓人想起來都覺得噁心，而清教的牧師只不過沒遵循那群主教的指示，依照自己的方法講經佈道罷了，可他們就受到了迫害。因為這事兒，雙方又打了一場口水仗。總之，牝豬陛下對下議院深惡痛絕，表面上卻裝作若無其事；他把一些反對自己的議員送進新門監獄[29]和倫敦塔，然後警告其他人不許擅自針對公共事務發表言論，因為那些事跟他們一點關係都沒有；他時而好言哄勸，時而惡語威嚇，時而揮拳相向，卻反被對方嚇得半死；就這樣，下議院被牝豬陛下視為眼中釘、肉中刺。儘管如此，議員們還是把權力死死攥在手中，並堅持認為法律應當由全體議員共同制定，而不是國王自己發表個什麼公告就能算數的（儘管牝豬陛下很想這樣做）。牝豬陛下三不五時就會出現經濟危機，結果他只得把各種官銜和公職都當做商品拿來出售，甚至杜撰出一種叫做

「從男爵[30]」的新封號，任何人只要支付一千英鎊，就能得到這個稱號。

牝豬陛下的生活豐富多彩、充實得不得了——除了跟議會吵吵鬧鬧以外，他還喜歡打獵、飲酒、躺在床上不起來——誰叫他是個超級大懶鬼呢。除去這些，陛下的其餘時間則大都用來擁抱他的寵臣，常弄得對方一臉口水。我們要講的第一位大臣是菲力浦·赫伯特爵士[31]，這個人不學無術，只有談起狗啊、馬啊、狩獵啊什麼的才滔滔不絕；他很快就被牝豬陛下封為蒙哥馬利伯爵。第二位大臣羅伯特·卡爾[32]（一說克爾，準確姓名已不可考）的名氣比菲力浦大得多，他來自英格蘭與蘇格蘭的交界地區。羅伯特也是很快就被牝豬陛下封爵，開始是羅賈斯特子爵，後來又升為薩默塞特伯爵。羅伯特年少英俊，牝豬陛下對他的寵愛無以復加。在牝豬陛下面前，英格蘭那些真正了不起的人物都要屈尊紆貴，朝他鞠躬行禮。這本來已經讓人感覺窩囊了，但牝豬陛下對這位元大臣的寵愛方式卻更加令人作嘔。羅伯特有一個很了不起的朋友，即湯瑪斯·奧弗伯里爵士[33]。他不但替羅伯特寫情書，還幫他分擔許多重要官位元的事務，因為愚昧無知的羅伯特根本無法勝任那些職務。然而，當這位寵臣打算娶漂亮的埃塞克斯伯爵夫人[34]為妻時，同樣是這位湯瑪斯爵士勇敢地站出來，阻止了這樁不道德的婚姻。但是，伯爵夫人為了嫁給羅伯特，已經打算和丈夫離婚了，所以她一怒之下竟將湯瑪斯關進倫敦塔，並毒害了他。後來，在牝豬陛下一個心腹主教的主持下，羅伯特跟這個壞女人公開結為了夫妻。婚禮上人聲鼎沸，歡天喜地，就好像他是全世界最完美無缺的男子，而她是全世界最才貌雙全的姑娘一般。

然而，薩默賽特伯爵的風光只維持了七年左右（不過這個時間已經比人們預料的要長了），就被另一位突然出現的帥小子奪去了光彩。這個人就是喬治．維利爾斯，他的父親是一位萊斯特郡的鄉紳。喬治帶著濃濃的巴黎時尚氣息來到王宮，他的舞姿和最出色的民間藝人一樣優美。沒過多久，喬治就憑藉高超的舞技贏得了牝豬陛下的青睞，另一位寵臣薩默塞特伯爵自然就不夠瞧了。這時，陛下突然發現，薩默塞特伯爵夫婦根本就配不上他先前的隆重加封和那熱鬧非凡的婚慶。於是，這兩人因謀殺湯瑪斯．奧弗伯里爵士和其他罪名分別受到審判。但是，伯爵私下裡威脅國王，說他知道國王的一些醜事，還要把它們公諸於世。國王生怕這位昔日寵臣真的說到做到，竟派出兩人，在審訊時分別站在伯爵身邊，他們手中各拿著一件斗篷，萬一伯爵嘴裡迸出什麼不該說的話，他們就會立刻用斗篷蒙住伯爵的腦袋，讓他閉嘴。就這樣，一場虛假無力的判決過後，伯爵得到的懲罰是每年拿到四千英鎊的退休津貼，伯爵夫人則免受處罰，獲准退休了。此時夫妻二人已經反目成仇，他們在吵吵鬧鬧中又過了幾年。

這段時間裡，牝豬陛下日復一日、年復一年地展現著自己的醜態，那副德行就算在真正的豬圈裡都不多見；同時，有三個人的死在英格蘭引起了眾人的關注。第一個是大臣索爾茲伯里伯爵羅伯特·塞西爾。他已過花甲之年，由於先天殘疾，身體一直不好，臨終前還曾表示自己一點活下去的欲望都沒有。在那些不名譽的年代裡，無論哪位大臣，在體驗過那個時代的卑劣與邪惡之後，都不會有活下去的願望。第二個是阿拉貝拉·斯圖爾特女士，她跟比徹姆勳爵的兒子威廉·西摩[35]私定終身，害得國王陛下心驚肉跳，因為阿拉貝拉是亨利七世的後代，牝豬陛下認為她今後可能會藉婚事進一步染指王位。於是，他將這對夫婦強行分開，把西摩關進倫敦塔，又把阿拉貝拉押上一艘船，打算把她送到特勒姆關起來。後來，阿拉貝拉女扮男裝搭上一艘法蘭西的船，從格雷夫森德逃到了法蘭西。然而不幸的是，她沒能與丈夫會和，西摩雖然也逃了出來，但是很快就被人捉了回去。最後，阿拉貝拉在倫敦塔這個悲慘之地發了瘋，並於四年後去世。最後一個是十九歲便夭折的王位繼承人亨利王子，三者當中要數他的死影響最為深重。亨利王子素日裡沉默寡言，為人正派，年紀輕輕卻前途無量，深受他人愛戴。他有兩件事非常值得稱道：第一，就連牝豬陛下都對他這個兒子心懷嫉妒；第二，亨利是沃爾特·雷利爵士的朋友。那些年，爵士一直在倫敦塔裡受苦。亨利常說只有他父親才會把這樣一顆璀璨明珠放進這等不見天日的匣子裡。亨利的姐姐伊莉莎白公主要和一位外國王子[36]結婚了（後來的事實證明這場婚姻並不幸福），婚禮籌備期間，身患重病的亨利從里士滿來到懷特霍爾街的王宮，向自己素未謀面的姐夫致意。儘管當時天氣十分寒冷，他卻只穿著襯衫就跑去參加一場盛大的網球比賽。結果，他患上了可怕的疾病，不到兩個星期就因重傷寒而去世。沃爾特・雷利爵士被囚倫敦塔期間，曾編纂《世界史》一書；為了紀念這位年輕的王子，爵士在書的開頭這樣寫道：「他完美地證明瞭牝豬陛下可以將偉人的肉體關押上千年萬載，但若要禁錮其思想，卻難如登天。」

這裡既然提到了沃爾特・雷利爵士，我就三言兩語把他的悲劇故事講完好了。沃爾特爵士一身毛病，可每當遇到麻煩或身陷困境時，他總能展現出許多過人之處。在倫敦塔裡度過十二年漫長的鐵窗生涯後，爵士提出想繼續他早年間的航海活動，還說要到南美洲淘金去。爵士此行必然會從西班牙人的地盤經過，牝豬陛下一方面不希望和他們發生什麼衝突（他老早就惦記著給亨利王子娶個西班牙公主了），另一方面又對黃金垂涎三尺，所以爵士的請求讓他不知道如何是好。然而，得到爵士一定會回來的保證後，國王最終還是放了他。就這樣，沃爾特爵士自掏腰包組建了一支遠征隊。一六一七年三月二十八日，隊裡其中一艘船在爵士的指揮下出發了。

他還給這艘船起了個不大吉利的名字，叫做「宿命號」。結果，這次遠征失敗了，那些平民沒能找到心心念念的黃金，便發動了暴亂；西班牙人過去曾是爵士的手下敗將，出於記恨也和爵士鬧翻了；於是爵士佔領一座名為聖托馬斯的小鎮，還放火燒了它。為此西班牙使臣向牝豬陛下告狀，指控爵士是強盜。爵士失去了所有的希望和財富，朋友們也紛紛棄他而去，就連勇敢的兒子（也曾一度離開爵士）都被人殺了。爵士悲痛欲絕地回國後，他的近親路易士·斯蒂克利爵士夥同一個惡棍及一名海軍中將一起出賣了他，被捕後的爵士再次住進了他曾被囚禁多年的老地方。

牝豬陛下半點金子都沒撈著，這簡直讓他失望透頂。在他這種國王的領導下，英格蘭的法官、檢察官，以及教會和政府裡的其他掌權人物已經把說謊話和找藉口當做了家常便飯，此刻他們更是將這種本領發揮到極致。法庭上，除了沃爾特·雷利爵士以外，所有人都謊話連篇。他們就這樣對爵士進行了不公正的審判，最後宣佈他應該和十五年前的判決一樣，被處以死刑。一六一八年十月二十八日，爵士被關進威斯敏斯特大教堂的門房，在那裡度過了他在人世間的最後一個夜晚。門房中，爵士跟善良忠實的妻子道了別——如果這位夫人生活在一個更加和平安樂的年代就好了！第二天上午，爵士愉快地吃完了早飯，還享受了一鬥煙絲和一杯美酒。八點鐘，他被人帶至威斯敏斯特宮的舊宮院。那裡已經設好了斷頭台，有身份的大人物們聚在一起，等著觀刑。由於人實在太多了，押送者帶爵士穿過人群時著實費了一番功夫。爵士舉手投足間都顯得高貴極了，唯一讓他感到心頭不安的就是埃塞克斯伯爵，他曾經親眼看著對方人頭落地。爵士面色凝重地說，埃塞克斯伯爵的死與他無關，伯爵死時他還曾為其流過眼淚。郡督問沃爾特爵士，早上寒氣重，爵士要不要下來，到火堆旁邊稍微鬆快鬆快，順便暖暖身子？可爵士謝絕了郡督，說他寧願立即受刑，因為他患了熱病和瘧疾，如果一刻鐘之內還沒死的話，就會因疾病發作而渾身顫慄，到時候他的敵人說不定會以為他是被嚇得發抖。說完，他雙膝跪地，口中念起了優美的天主教禱文。爵士把頭伸到墊頭木上之前，還伸手摸了摸斧刃，然後他微笑著說，這雖然是一劑苦藥，但卻能治好世間最難治癒的疾病。當爵士被迫俯下腰身，準備迎接死亡時，卻發現劊子手面露遲疑。他便說道：「你怕什麼？動手啊，夥計！」斧頭砍下來，爵士人頭落地，終年六十六歲。

相反，牝豬陛下的新寵臣卻仕途得意、平步青雲。他先後被封為子爵、白金漢公爵、侯爵、王室掌馬官、海軍大臣；為了騰出官位來給他坐，就連英格蘭軍隊的總指揮官也被免職——要知道，這個指揮官還曾經帶領士兵英勇作戰，把西班牙的無敵艦隊給打得潰不成軍呢！總之，整個王國都被這位寵臣玩弄於股掌之上。他的母親把國家所有利益和職位都拿來賣錢，儼然一副雜貨店老闆娘的架勢；做兒子的則穿金戴銀，渾身上下一片珠光寶氣。此外，這傢夥還是無賴跟傻瓜的合成體，他愚昧無知，卻又飛揚跋扈、神氣活現，除了臉蛋和舞技之外一無是處。這位先生自稱是國王的忠狗兼奴才，還把國王稱作「牝豬陛下」，而牝豬陛下則叫他斯蒂尼，至於原因——據說那是斯蒂芬這個名字的暱稱，而圖畫裡的聖斯蒂芬[37]通常都是一副英俊美貌的形象。

牝豬陛下也有無計可施的時候：他既得照顧國內多數人對天主教的厭惡情緒，又想在國外對天主教擺出討好諂媚的姿態，因為只有這樣，他才能替兒子娶到一位有錢的公主，再順便從對方的嫁妝裡抓取一部分中飽私囊。查理斯王子，也就是牝豬陛下口中的查理斯寶貝，如今當上了威爾士親王，他跟西班牙國王女兒[38]的婚約也再次提上日程。由於那姑娘只有得到教皇的准許才能嫁給新教徒，牝豬陛下便偷偷地給教皇寫信，低聲下氣地徵求他的同意。許多重要書籍都對這樁英西聯姻進行了濃墨重彩的記述，其篇幅長到令人難以置信，但每本書對其結局的描寫無一例外，都是說由於西班牙王室一直推三阻四，久久不肯答應這樁婚事，查理斯寶貝與斯蒂尼兩人便分別化名湯瑪斯．史密斯和約翰．史密斯，動身前往探視西班牙公主；接著，查理斯假裝對公主愛得發狂，不僅翻牆跑去看她，還變著法子讓自己洋相百出；他口口聲聲把公主稱作威爾士王妃，搞得整個西班牙王室都相信這位查理斯寶貝會為了公主連命都不要，查理斯則清清楚楚地告訴他們事實的確如此；查理斯寶貝和斯蒂尼回到英格蘭後，受到了人們興高采烈的歡迎，彷彿他倆是上帝派來的福將一般；實際上，查理斯寶貝喜歡的是他在巴黎見過的一位小姐——法蘭西國王的妹妹亨麗埃塔．瑪麗亞[39]，而且他始終把自己對西班牙人的欺騙看成一件非常高雅的事；他剛剛毫髮無傷地回到國內，便咯咯大笑，並毫不掩飾地說，那群西班牙人居然相信了他，真是一群大傻瓜。

大多數狡詐之徒往往都作賊的喊抓賊，埋怨那些被他們欺騙的對象都不是好人。查理斯親王和這位寵臣也不例外。他們歪曲事實、編出了許多謊話，誣衊西班牙人在這樁婚事中兩面三刀、背信棄義，搞得英格蘭全國上下都鬧著要跟西班牙開戰。一想起牝豬陛下以戰爭相威脅的架勢，就連最不苟言笑的西班牙人都要忍俊不禁。可儘管如此，議會還是撥出了戰爭初期所需的資金，並公開宣佈解除之前與西班牙的所有條約。西班牙使臣雖然身在倫敦，卻根本找不到機會與牝豬陛下面談。後來，可能是失寵的薩默賽特伯爵出手相助吧，使臣暗中把一封信送到了牝豬陛下手中。信上說，牝豬陛下完全是在自家的宮殿裡蹲監獄，他的一舉一動都要受白金漢公爵及其手下那幫畜生的轄制。這封信所引發的第一個後果是，牝豬陛下讀罷便開始哭叫、抱怨，還把查理斯寶貝從斯蒂尼身邊帶走，然後他又去了溫莎，一路上胡話連篇。可是最後，牝豬陛下還是擁抱了自己的狗奴才，告訴他自己對他非常滿意。

在和西班牙聯姻一事中，牝豬陛下授予了查理斯親王和寵臣斯蒂尼很大的權力，幾乎所有事都任由他們去和教皇一起拍板定奪。眼下他考慮到要跟法蘭西結成親家，便與對方簽署了一份協定，協定規定英格蘭境內所有的天主教徒均可自由開展宗教活動，政府絕不再強迫他們立誓改變信仰。除此之外，牝豬陛下還給了他們幾項無關痛癢的特權。作為回報，亨麗埃塔·瑪麗亞將嫁給查理斯親王為妻，並向牝豬陛下獻上一筆價值八十萬克朗的財富。

牝豬陛下一輩子貪得無厭，就連大限將至的時候，他還是紅著眼，急切地搜尋著金錢的影子。一六二五年三月二十七日的那個星期天，抱病兩個星期的他與世長辭，享年五十九歲。在牝豬陛下統治英格蘭的二十二年中，宮廷裡充滿了腐敗與罪惡，官員們厚顏無恥、欺人成性，對國王大肆吹捧，那種令人作嘔的情景在歷史上堪稱獨一無二。一個正人君子，在不肯徹底放棄尊嚴的情況下，能否在詹姆斯一世身邊保住地位，實在令人大大生疑。培根勳爵——沒錯，就是那個既能幹又聰明的哲學家——在詹姆斯統治期間當上首席檢察官後，就變得狡詐、墮落，在公眾面前名聲掃地。他對牝豬陛下低眉順眼、阿諛奉承，對陛下的狗奴才溜鬚拍馬、卑躬屈膝，這一切更加深了他的恥辱。可是話說回來，讓牝豬陛下這種人坐上王位，本來就無異於散播一場瘟疫，沒人能逃出他的魔爪。

1 指蘇格蘭國王詹姆斯六世(James VI，一五六六—一六二五)，一五六七至一六二五年間為蘇格蘭國王，並於一六〇三年同時繼承英格蘭王位，成為英格蘭的詹姆斯一世(James I of England)。

2 指喬治・維利爾斯(George Villiers，一五九二—一六二八)，詹姆斯一世的寵臣。詹姆斯的喜愛使喬治平步青雲：一六一五年，他被授予騎士爵位；一六一六年被封為華頓男爵(Baron Whaddon)和維利爾斯子爵(Viscount Villiers)；一六一七年成為白金漢伯爵(Earl of Buckingham)；一六一八年成為白金漢侯爵(Marquess of Buckingham)；一六二三年成為考文垂伯爵(Earl of Coventry)和白金漢公爵(Duke of Buckingham)。

3 指亨利・布魯克(Henry Brooke，一五六四—一六一八)，第十一代科巴姆男爵。

4 羅伯特・塞西爾(Robert Cecil，約一五六三—一六一二)，第一代索爾茲伯里伯爵，英格蘭政治家，他的父親威廉・塞西爾是伊莉莎白一世的首席顧問和宰相。

5 阿拉貝拉・斯圖爾特(Arabella Stuart，一五七五—一六一五)，英格蘭國王亨利七世的玄外孫女，擁有王位繼承權。

6 亨利・腓特烈・斯圖爾特(Henry Frederick Stuart，一五九四—一六一二)，詹姆斯一世的長子，威爾士親王，死於傷寒，享年僅十八歲。

7 英格蘭的查理一世(Charles I of England，一六〇〇—一六四九)，一六二四年起繼任英格蘭、蘇格蘭、愛爾蘭聯合王國國王，與議會矛盾升溫後於一六四九年被判處死刑，是唯一一個通過法定程式被處死的英格蘭君王。

8 伊莉莎白・斯圖爾特(Elizabeth Stuart，一五九六—一六六二)，嫁與普法爾茨選侯腓特烈五世(Frederick V，一五九六—一六三二)，曾任波西米亞女王，不過時間極短。斯圖爾特王朝沒落後，英國王位便通過伊莉莎白轉至漢諾威王室，現今的伊莉莎白二世便是伊莉莎白・斯圖爾特的第十代(或第十一代，計算方法不同）直接後裔。

9 羅伯特·凱茨比（Robert Catesby，約一五七二—一六〇五），曾於一六〇五年領導一批英格蘭天主教徒策劃「火藥陰謀（Gunpowder Plot）」，企圖謀殺詹姆斯一世，事敗後被殺。

10 湯瑪斯·溫特（Thomas Winter，也拼寫為Wintour，一五七一／一五七二—一六〇六），「火藥陰謀」參與者之一，一六〇六年一月三一日被處死。

11 當時的尼德蘭王國（Kingdom of Netherlands）包括十二個西北歐洲大區和三座加勒比島嶼，隸屬於西班牙的哈布斯堡王室統治，直到一六四八年西班牙王室才承認尼德蘭王國的獨立。

12 蓋伊·福克斯（Guy Fawkes 或 Guido Fawkes，一五七〇—一六〇六），「火藥陰謀」參與者之一。一六〇六年一月三一日，他在臨刑前從絞刑臺上跳下，摔斷脖子而死。

13 湯瑪斯·珀西（Thomas Percy，約一五六〇—一六〇五），「火藥陰謀」參與者之一，芒特伊格男爵收到關於陰謀行動的警告信後，珀西曾去找諾森伯蘭伯爵刺探消息，此舉連累伯爵無辜入獄。

14 約翰·賴特（John Wright，一五六八—一六〇五），「火藥陰謀」參與者之一。

15 約翰·傑勒德（John Gerard，一五六四—一六三七），耶穌會教士，迪格比爵士在他的影響下成為了天主教徒。

16 這裡指的是英格蘭君主的王家貼身侍衛（The Honourable Band of Gentlemen Pensioners），由亨利八世組建於一五〇九年，最早為騎馬、手持長槍和長矛的貴族護衛，無論何時都守護在國王身邊。

17 克里斯多夫·賴特（Christopher Wright，約一五七〇—一六〇五），「火藥陰謀」參與者之一。

18 約翰·格蘭特（John Grant，約一五七〇—一六〇六），「火藥陰謀」參與者之一，一六〇六年一月三〇日被處死。

19 羅伯特·溫特（Robert Winter，也拼寫為Wintour，一五六八—一六〇六），「火藥陰謀」參與者之一，一六〇六年一月三〇日被處死。

20 湯瑪斯・貝茨（Thomas Bates，卒於一六〇六），「火藥陰謀」參與者之一。貝茨是唯一一個聲稱有耶穌會會士參與陰謀的人，但他這樣說可能只是為了減輕自己的刑罰。他確信自己必死無疑之後，便翻了供。

21 愛德華・貝納姆爵士（Sir Edward Baynham，或Sir Edmund Baynham，生卒年不詳），「火藥陰謀」的參與者之一，參與時其正在前往羅馬的路上，打算向羅馬天主教廷傳達英格蘭天主教徒的痛苦，並獲取教廷支持。事發後他留在了羅馬。

22 埃弗拉德・迪格比爵士（Sir Everard Digby，約一五七八—一六〇六），參與「火藥陰謀」的天主教徒之一，事敗後於一六〇六年一月三〇日被處死。雖然迪格比出身自新教家庭，妻子也是新教徒，但他們在耶穌會教士約翰・傑勒德的影響下改信了天主教。

23 安布羅斯・魯克伍德（Ambrose Rookwood，約一五七八—一六〇六），「火藥陰謀」參與者之一，事情敗露後出逃，一六〇六年一月三十一日被處死。

24 法蘭西斯・特雷瑟姆（Francis Tresham，約一五六七—一六〇五），參與「火藥陰謀」的天主教徒之一。據說芒特伊格男爵收到的警告信就是他寫的。特雷瑟姆於一六〇五年一一月一二日被捕，一二月二三日病逝。

25 鄧徹奇（Dunchurch），位於英格蘭瓦立克郡拉格比市郊區西南部的行政區。

26 芒特伊格男爵（Baron Monteagle），指威廉・派克（William Parker，一五七五—一六二二）。部分歷史學家認為，派克接到的警告信其實是他為了贏得國王的歡心而自己杜撰的。

27 亨利・加尼特（Henry Garnet，一五五五—一六〇六），英格蘭耶穌會教士，於一六〇五年夏遇到羅伯特・凱茨比，後得知「火藥陰謀」的計畫。根據教會法（Canon Law），教士不得透露告解內容，因此加尼特未將該計畫透露給任何人。他最終被判死刑，於一六〇六年五月三日執行。

28 高等宗教事務法庭（High Commission Court），英格蘭最高等的教會法庭，創立於宗教改革時期，一六四一年被議會解散。

29 新門監獄（Newgate Prison），位於倫敦市新門街和老貝利街的交叉口。

30 從男爵（Baronetcy），男爵之下、騎士之上的封號。從男爵爵位可以世襲，卻並不屬於貴族。從男爵的封號在一四世紀時引入英格蘭，一六一一年，詹姆斯一世利用它收取錢財。

31 菲力浦·赫伯特爵士（Sir Philip Herbert，一五八四—一六五〇），第四代彭布羅克伯爵，第一代蒙哥馬利伯爵，詹姆斯一世和查理一世統治時期的朝臣、政治家。

32 羅伯特·卡爾（Robert Carr，約一五八七—一六四五），第一代薩默塞特伯爵，詹姆斯一世的寵臣。

33 湯瑪斯·奧弗伯里爵士（Sir Thomas Overbury，一五八一—一六一三），英格蘭詩人、散文家。

34 指弗朗西絲·霍華德（Frances Howard，一五九〇—一六三二），她十四歲便嫁給了埃塞克斯伯爵（政治聯姻），一六一三年，在國王的支持下，弗朗西絲與丈夫離婚，三個月後嫁給了羅伯特。

35 威廉·西摩（William Seymour，一五八八—一六六〇），第二代薩默塞特公爵，是凱薩琳·格雷女士（Lady Katherine Grey，一五四〇—一五六八）的兒子，通過母親的家族可以追溯到亨利七世，故而擁有英格蘭王位的繼承權。

36 這裡指腓特烈五世（Frederick V，一五九六—一六三二），神聖羅馬帝國普爾法茲選侯，曾任波西米亞國王，卻因任期短促而被稱為「冬王」。

37 聖斯蒂芬（Saint Stephen），基督教的第一位殉道者，在羅馬天主教、路德教、聖公宗和東正教裡均被加封為聖人。

38 這裡指西班牙的瑪麗亞·安娜（Maria Anna of Spain，一六〇六—一六四六），奧地利女大公，西班牙公主，是法蘭西王后、奧地利的安妮（Anne of Austria，一六〇一—一六六六）的妹妹，最終成為神聖羅馬帝國皇后、匈牙利和波西米亞王后。

39 法蘭西的亨麗埃塔·瑪麗亞（Henrietta Maria of France，一六〇九—一六六九），前法蘭西國王亨利四世與第二任妻子梅迪奇的瑪麗的小女兒，路易十三的小妹妹。

第三十三章　查理一世統治下的英格蘭

第一部份

查理斯寶貝二十五歲就登上了王位，成為查理一世。此人和他的父親不同，他本身的性格非常平易近人，舉止既高貴又端莊。不過，他跟他的父親一樣，對王權有著異常誇張的定義，而且這父子倆都是靠不住、沒擔當的人。假如查理斯能夠言出必行的話，他的故事或許會以另一種方式結尾。

查理斯關心的頭等大事，就是打發那個目中無人的新貴白金漢到巴黎去，將亨麗埃塔．瑪利亞帶來做他的王后。厚顏無恥的白金漢死性不改，居然趁這個機會向年輕的法蘭西王后[1]示愛。這一企圖遭到了法蘭西朝臣、紅衣主教黎塞留[2]的阻撓，氣得他鼻孔直冒煙。英格蘭百姓非常願意接受他們的新王后，並準備等她來到這片異鄉時對她報以熱烈的歡迎。

可是這位王后對新教深惡痛絕，還帶來了一群討厭的教士。這群教士不但唆使她做出了一些極為荒唐的舉動，還使用各種討人嫌的辦法吸引民眾注意。所以，大家和王后很快就彼此厭惡起來。查理斯在位期間，王后經常挑唆他跟他的臣民過不去（查理斯還對她寵愛有加呢）；對查理斯而言，要是她未曾出生，或許倒是件好事。

現在，大家需要瞭解的是，國王查理一世原本就立志要做個高高在上、手握大權、不受任何人問責的君主，加上王后也在一旁煽風點火，所以經過一番深思熟慮之後，他決定對議員們進行打壓，以擴大自己的權力。另外，大家還要明白一件事：即便是追求這樣一個足以毀滅任何帝王的錯誤理念，查理斯國王也一直尋求歪門邪道，而不是採取直截了當的措施。

對英西聯姻的事稍加思索後後，下議院和百姓們都對這場戰爭的正義性持懷疑態度，但查理斯國王卻一心想同西班牙開戰。可是他操之過急，竟以非法手段籌集了戰爭所需的費用，然後草率興兵，結果在加的斯慘敗——要知道，這可是他登上王位的第一個年頭啊！為了搶劫財物，英軍曾將一支遠征隊派往加的斯[3]，可由於行動失敗，國王不得不向國會要求撥款。雙方見面後，國王很不客氣地告訴議員們，「趕快把錢給他，否則國會沒有好果子吃。」眾議員聽了這話，態度更不客氣，他們彈劾了國王的寵臣白金漢公爵，理由是他曾多次引發強烈的民怨並造成嚴重的冤案（這一點都沒誣陷他）。國王為了替他解圍，沒等拿到所需的錢款就解散了國會。當議員請求國王三思並寬限幾天時，國王回答道：「不行，一分鐘也不能等。」然後，他便開始通過其他途徑撈取錢財，以下就是其中幾種：他私自徵收桶稅和磅稅[4]，可是從法律上講，未經國會授權，任何機構或個人都不得徵收這兩種稅款。他號召沿海城鎮的百姓給一支武裝艦隊提供裝備，並負擔該艦隊三個月的花銷。他還要求民眾一起做貢獻，借給他一大筆錢，至於他償還與否就很值得懷疑了。窮人要是不肯答應，就會被逼參軍，成為戰士或水手。貴族們要是不肯答應，就會被關進大牢。湯瑪斯・達尼爾爵士、約翰・科比特、沃爾特・厄爾、約翰・赫維寧漢，以及埃弗拉德・漢普登五位先生就只是因為不肯聽命，而被國王的樞密院下令逮捕的。[5]他們被關入監獄，理由只是「國王高興」。後來，人們開始在法庭上嚴肅質疑一個問題：這算不算是違反《大憲章》的行為？國王這樣做是否侵犯了英格蘭人民的最高權利？對此，國王的律師答道：不算。因為侵犯英格蘭民眾權益是錯誤的行為，而國王絕不會做錯事。識時務的法官選擇了支持這番有違道德的鬼話。從這時候起，國王與百姓之間就出現了嚴重的裂痕。

出於這些緣故，召集新的國會勢在必行。百姓們敏感地意識到自己的權利受到了威脅，便推選那些以堅決反對國王而聞名的人物做議員。可是國王也決意要踢開一切絆腳石，早就不辨是非。國會組織起來後，他趾高氣揚地向議員們發表了長篇大論的演說，卻只告訴對方一件事：自己召集他們的唯一目的就是要錢。可是這些議員意志堅決、行事果斷，他們自知有能力打壓國王的囂張氣焰，因此並不把他的話放在心上。接著，他們向國王出示了一份文件，其內容包括禁止國王再下令向英格蘭自由民貸款，也不許強迫拒絕貸款的百姓付錢或將其打入監牢；還有，國王不得以特許或特令的形式拘捕任何英格蘭自由民，因為這是違反國家法律、侵犯民眾自由和權利的行為。這份在歷史上佔據重要地位的文件就是《權利請願書》[6]。起初國王對這項請願做出了回應，企圖把責任推脫得一乾二淨，可是隨後下院議員向國王展現了他們打算繼續彈劾白金漢的決心，驚慌不已的國王這才給出新的答案，表示願意接受議員對他提出的所有條件。然而，他不僅事後多次在這些問題上出爾反爾、少廉寡恥，甚至當時就做出了一個卑鄙虛偽的舉動：他隱瞞了第二次答覆，只把第一次答覆公開發表。這樣一來百姓就會認為國會並沒有打敗他。

此時此刻，為了滿足自己受損的虛榮心，白金漢這個害人精已經把英格蘭同時捲入與法蘭西和西班牙的兩場戰爭裡。這麼卑劣的理由、這麼無恥的禽獸，可有時候它們偏偏就能點燃一次戰火！但白金漢命中註定這輩子能做的缺德事也就這麼多了。一天早上，他正打算走出自己的宅子去坐馬車，與他同行的是一位名叫弗賴爾的陸軍上校。趁他扭頭去跟上校說話的空檔，一名行刺者將一把匕首狠狠地刺入了他的心臟。這一切就發生在白金漢家的大廳裡。由於白金漢剛在樓上和幾名法蘭西貴族起過爭執，他的侍從立刻對那些人起了疑心，差點把他們抓住打死。正當眾人亂作一團時，真正的兇手拔出劍來，高聲喝道：「是我幹的！」這個人叫約翰・費爾頓[7]，是一名信奉新教的退役軍官；他已經逃到了廚房，本可不費吹灰之力脫身。約翰說他跟公爵之間沒有任何私人怨懟，殺他只是為國除害。約翰出手非常精准，因為白金漢只來得及喊了一聲「混蛋」；他剛拔掉匕首，就被桌子絆住，倒地而亡了。

也許有人會覺得這樁謀殺案一點也不複雜，但樞密院卻為此大張旗鼓地調查了約翰・費爾頓。約翰告訴那些人，他跑了一百多公里的路來刺殺白金漢，至於目的他已經解釋過了。尊貴的多塞特侯爵來到約翰面前，「好心好意」地威脅他：不說實話就把他送上肢刑架；但約翰卻警告侯爵大人說，要是他們真敢這樣做，他就指控侯爵是他的同夥！國王很不高興，迫不及待地想用肢刑架來折磨約翰，然而此時法官們卻發現刑訊逼供有違英格蘭國法——遺憾的是他們沒能早些發現這一點，於是約翰因謀殺罪而被直接處決了。雖說他為英格蘭除去了一個最放蕩、最卑鄙、最無恥的王宮寵臣，讓這個國家不再受其擺佈，但謀殺就是謀殺，千真萬確，無論如何都不應該否認。

接下來，一個非常與眾不同的人物出現了，那就是來自約克郡的貴族湯瑪斯・溫特沃思爵士[8]。他在議院待過很長時間，信奉傲慢專制的行為準則，可自從被白金漢侮辱過後，他的立場就向人民那邊偏移了。國王非常需要湯瑪斯這樣的人，因為他不僅發自內心地支援國王的事業，而且能力非凡；於是國王先把他封做男爵，後來又加封為子爵，並賦予他很高的職務，將他徹底收買了過來。

可是，國會依然存在，而且沒那麼容易被收買。約翰．伊利亞德爵士[9]是一個偉大人物，他在遞交《權利請願書》的行動中表現十分積極；一六二九年一月二十日這天，他又提出了幾項有力的決議，對國王的幾名主要爪牙表示強烈反對，並號召下議院議長[10]進行投票表決。議長給他的答覆是，「他在其他方面也受制於國王。」說罷，他就要起身離座——按照下議院的規矩，單單這一個動作就代表議長要休會，但霍利斯[11]和瓦倫丁[12]兩位議員先生眼疾手快地抓住了他。議員們頓時亂成一團，許多人拿出了武器，一時間到處都是明晃晃的刀劍。此時，這裡發生的一切已被國王知悉，他命令自己的侍衛長即刻前往下議院，破門進去。可等侍衛長進去的時候，幾項決議已經通過了投票，議會也休會了。沒過多久，約翰．伊利亞德爵士和那兩個把議長按在座位上的議員就被傳喚到了樞密院。由於三人聲稱他們沒必要在議院以外的地方對自己在議院裡說過的話做解釋，他們被關進了倫敦塔。後來，國王來到國會發表了一場演講，宣佈解散議員們，還把這些人稱為「毒蛇」——但這一舉動究竟給他帶來什麼好處，至少我從沒聽說過。

國王的心胸一向特別狹窄，加上那三人不肯為他們所做的事道歉，更不肯以此來換取自由，他就再也無法原諒他們的冒犯舉動了。當爵士等人提出由王座法庭來審訊他們時，國王甚至使用卑鄙手段，把他們在各個牢獄間挪來挪去，好讓提審他們的法令無法通過法律程式送到他們手上。最後，他們終於來到了法庭，被罰了一大筆錢，還被判處入獄，但至於幾時能獲釋，就要看國王的心情了。後來，約翰·伊利亞德爵士的健康嚴重惡化，他渴望能換個環境，便請求國王放了自己；對此國王給予的回答是他請求的措辭還不夠卑微（牝豬陛下的稱呼給這位國王倒也挺合適）。爵士又讓自己年幼的兒子送上另一份請願書，他在信中謙卑地提出，只要國王肯讓他出去養病，他保證一痊癒就回到獄中。可國王依然沒理會他的懇求。最後，爵士死在了倫敦塔裡，他的子女上書請求將父親的遺體帶到康沃爾，跟家族的先人葬在一起。國王回答說：「約翰·伊利亞德爵士在哪個教區逝世，就把他的遺體埋在當地的教堂吧。」在我看來，這一切都很符合一位小心眼國王的行事作風。

十二年漫長的歲月過去了，國王始終堅定不移地追求著自己的目標：騎到人民頭上去。他既不召開國會，也不讓議員幫他管理國家。就算用一萬兩千冊書卷來為他歌功頌德（表揚他的書籍已經不少了），也無法改變或否認這樣一個事實：在長達十二年的時間裡，國王查理一世獨斷專制，違條舞法，任意掠奪百姓財物，而且只要有人敢挺身反抗，他就會肆無忌憚地對其施以懲罰。現在有一種頗為時髦的觀點，某些人覺得這位國王的統治事業被縮短了，但是我個人必須聲明，我覺得他在位的時間已經相當長了。

在剝奪人民的宗教信仰自由方面，坎特伯雷大主教威廉·勞德[13]是國王的得力助手。勞德是個實誠人，見多識廣，判斷力卻不怎麼樣——因為有時候在同一個人身上，學問和理智可能完全不成正比。雖然勞德信奉新教，但勞德主教他的觀點卻跟天主教徒極為相似，為此羅馬教皇甚至打算封他做紅衣主教，只要他願意接受這項恩惠就行。勞德把誓言、禮服、肖像畫、燃燒的蠟燭等看做宗教儀式中至關重要的元素，並往儀式中加入了大量鞠躬和嗅蠟燭的環節。他還把大主教和主教視為某種奇人，並且習慣性地對持有異見者進行狂轟濫炸式的反擊。所以，當蘇格蘭教士萊頓因為把主教們稱作繡花枕頭和人類虛構之物而受罰時，勞德對上帝感激涕零，並陷入了狂熱的愉悅中。那位教士戴著頸手枷遭受鞭打，臉上燙著烙印，少了一隻耳朵，一隻鼻孔也被人割裂了。一個星期天的上午，勞德控告了一位名叫威廉·普林的律師，理由是他跟萊頓教士持有相似觀點。威廉律師被罰款一千英鎊，上了頸手枷，兩隻耳朵也被人割掉了——不是在一次刑罰中割完的，而是分兩次，最後他被判處了終身監禁。巴斯特維克是個內科醫師，他也是先被罰款一千英鎊，接著雙耳都被人割去，並在監獄裡度過餘生。勞德對此非常贊許。有些人會告訴你，這都是為了勸服他人而使用的溫和手段；而我卻認為更確切地說，它們都是意在恐嚇百姓的伎倆。

有些人還會告訴你，在剝奪人民的經濟權益方面，國王同樣採取了溫和手段；但我依然認為那都是恫嚇人民的花招。國王不僅徵收桶稅和磅稅，還任意提高稅額。雖然多年以來壟斷問題已經讓百姓怨聲載道，可國王還是把壟斷權授予那些肯掏腰包的商人。他還直接違反法律，對那些拒絕按牝豬陛下公告辦事的百姓處以罰款。他恢復了不得人心的《森林法》，並借由森林使用權把私人財產據為己有。最惡劣的是，他決定收取一項叫做「造船費」的錢款，也就是用來供養艦隊的錢，而且不僅是沿海城鎮，全英格蘭各個郡縣都要出錢——因為他發現在歷史上的某些時期內，所有郡縣都繳納過造船費。造船費引發了百姓的強烈不滿，倫敦市民約翰．錢伯斯拒絕拿出自己那一份，於是市長大人把他關進監獄，卻反被約翰告上了法庭。塞伊勳爵擺出了真正的貴族氣勢，也公然拒絕繳費。不過，在「造船費」的反對者當中，最勇敢、最優秀的人物還要數白金漢郡的貴族約翰．漢普登[14]。他是約翰．伊利亞德爵士的密友。國王徵收造船費時，他正跟下議院的那群「毒蛇」坐在一起議事。案件被提交至財務法院，由十二位法官來審理。國王的律師們故技重施，聲稱收取造船費不可能是錯誤的，因為國王不可能犯錯，不論他怎樣努力去嘗試犯錯都一樣——的確，這十二年來他還真是千方百計地嘗試犯錯啊！有七名法官認為這個觀點非常正確，漢普登先生必須交錢；另外五名法官則認為這個觀點錯到家了，漢普登先生無須交錢。結果，國王大獲全勝（不出他所料），但他的勝利也讓漢普登成了全國最受歡迎的人物。

現在事態演變到這樣糟糕的地步，許多正直的英格蘭百姓都感到在國內待不下去了，他們漂洋過海，移居到了美國的麻塞諸塞灣。據說漢普登本人及其親屬奧利弗·克倫威爾[15]也打算跟隨這樣一群人乘船離開，而且付諸了行動。可他們才剛剛登船，就被一紙公告攔住了。公告聲稱，商船船長未經王室特許不准攜帶此類乘客出海。可是，唉！要是國王放走他們，或許倒是件好事呢！總之，這就是英格蘭當時的狀況。至於蘇格蘭，就算是一個掙脫束縛的瘋子，幹出的壞事也不會比勞德在那兒做的更多。他挖空心思強迫蘇格蘭人民接受他對主教的看法，還有他的宗教教派、禮節儀式等（一開始國王只是在背後支持他，但後來也親自出馬了），搞得當地百姓怒不可遏。為了保存自己的教派，他們建立起一個名為「神聖盟約[16]」的宗教組織，並在全國範圍內發動武裝起義。他們以擊鼓為號，召集所有同伴一起祈禱、佈道，每天兩次；他們吟唱讚美詩，並在詩中把敵人比喻成自己聽說過的一切妖魔鬼怪；他們莊重立誓，要用寶劍取走敵人的性命。起先，國王試圖用武力解決問題，後來改成談判，然後他建立起一個蘇格蘭國會，可是一點效果都沒有。接著，國王試著讓斯特拉福德伯爵來幫忙。這位伯爵不是別人，正是以前的湯瑪斯·溫特沃思爵士，他做爵士時曾管理過愛爾蘭，採用的也是極其專制的統治辦法，不過還是給那裡帶來了益處和繁榮。

斯特拉福德和勞德贊同以武力鎮壓蘇格蘭百姓，但其他參與議事的貴族則認為最終還是得建立國會，國王很不情願地接受了後者的建議。於是，一六四零年四月十三日，人們目睹了一幅奇特的景觀：一批議員出現在威斯敏斯特。他們組成的國會被稱作「短期議會[17]」，因為它延續的時間非常短暫。正當這些議員面面相覷，不知道誰敢開口說話時，一位皮姆先生[18]站起身來，向大家陳述了國王十二年以來的違法行徑，以及他為英格蘭造成了怎樣糟糕的局面。有了皮姆先生這個偉大先鋒，其他議員也鼓起勇氣，暢所欲言，道出事實，儘管這花費了他們不少耐心，還要竭力保持平靜。國王有點心虛，便派人傳話說，如果議員們肯給他一筆錢供他支付某些費用，他就不再徵收造船費。雙方為這件事爭論了兩天。後來，由於國王既不接受調查也不肯給出承諾，議員們便拒絕滿足他的所有要求。結果，國王解散了他們。

可是，眾議員很清楚眼下國王沒了國會根本無法成事，國王自己也開始有所察覺，儘管為時已晚。於是，九月二十四日這天，國王召集了一支軍隊到約克郡鎮壓蘇格蘭人民，可他的士兵和英格蘭其他百姓一樣苦悶不安，於是國王又把大議事會的貴族們宣至約克郡，告訴他們他將於十一月三日再組建一個新國會。此時「神聖盟約」的人馬已強行闖入英格蘭境內，並佔據了幾個出產煤炭的北方郡縣。由於缺了煤炭什麼都做不成，加上敵人因絕望而激情高漲，國王的士兵根本無法有效制敵，於是國王只得先休戰，然後考慮和蘇格蘭人談判。與此同時，那些北方郡縣向「神聖盟約」支付了一筆錢，要求他們老實點，不要打煤炭的主意。

關於短期議會的歷史到此就結束了。下面我們來看看長期議會[19]都幹過哪些值得紀念的事。

第二部分

一六四一年的十一月三日，長期議會的議員們聚在了一起。同一個星期，斯特拉福德伯爵也從約克郡回來了，他非常敏感地意識到這批勇敢堅定的議員對他沒有半分好感，因為他不僅背棄了人民為之奮鬥的事業，還親自上陣，處處和人民的權利自由作對。為了安慰伯爵，國王告訴他議員們「不會傷害他一根頭髮」。可是第二天，下議院的皮姆先生就以叛國罪為名鄭重其事地彈劾了斯特拉福德伯爵。伯爵很快就被捕入獄，從他引以為傲的人生頂峰跌落下來。

三月二十二日，伯爵等著別人把他帶到威斯敏斯特廳受審。儘管他病得厲害，還要忍受著劇痛的折磨，可他在自我辯護時表現出的卓越才能和威嚴氣勢，讓人覺得他可能真會勝訴。然而，審訊進行到第十三天時，皮姆在下議院出示了一份抄錄文件，內容是某次會議的記錄。這份文件是年輕的哈里．範內爵士[20]在他父親(範內首相，曾和伯爵同席與會)的紅色天鵝絨櫃櫥裡找到的。文件顯示，斯特拉福德曾清清楚楚地告訴國王，任何法律條文和政府職責都約束不了他，他可以任意擺佈自己的人民；斯特拉福德甚至補充道：「您在愛爾蘭還有一支軍隊，您可以派他們去迫使這個國家臣服。」雖然沒人說得清「這個國家」指的究竟是英格蘭還是蘇格蘭，但國會一口咬定伯爵意指英格蘭，這就是叛國行為了。於是下議院當堂決定提出一個剝奪公權法案[21]，直接宣佈伯爵叛國罪名成立；這方法比以彈劾的名義繼續審訊要好，因為彈劾伯爵需要先證明他叛國行為屬實。

於是，一份法案很快出爐，並且得到下議院絕大多數人的贊同，法案遂被提交至上議院。由於無法確定該法案能否得到上議院和國王的批准，皮姆便向下院議員透露，說國王和王后兩人正和軍官們密謀調動士兵轄制國會，還打算派兩百士兵進入倫敦塔，好讓伯爵逃走。國王勾結軍隊的事是一個勳爵的兒子抖落出來的，勳爵父子倆都叫做喬治．戈林[22]。這兒子是個壞蛋，本來也是陰謀的參與者之一，後來才投誠的。其實國王已經批准讓這兩百人進入倫敦塔，如果不是鮑爾弗這位勇敢的蘇格蘭典獄長拒絕放行，這幫人就進去了。這些事情被公諸於眾後，許多百姓在國會大廈外面掀起暴亂，大喊大叫著要處決斯特拉福德伯爵，因為他是國王欺壓百姓的主要幫兇之一。就在大家群情激奮的時候，那項法案得到了上議院的批准，並送到國王面前請他拍板。同時送來的還有另外一份議案，規定未經議員同意，當時的國會就不能解散或休會。儘管國王對伯爵並沒有太深的感情，但他也不是不願搭救這位忠誠的奴僕；他只是有些不知所措而已。不過最終他還是批准了這兩份文件，雖然他心中認為那份針對斯特拉福德伯爵的法案既不合法也不公正。伯爵曾給國王寫信，說自己甘願為他而死，卻沒料到這位尊貴的主人竟會如此輕易把他的話當真；因此，公爵一得知自己的命運，便將手放在心口說：「為人君者，概不可信！」

國王辦事一向拖泥帶水、愛兜圈子，他花了整整一天時間，給上院議員寫了封長度為一頁稿紙的信，讓年輕的威爾士親王送了過來。國王在信中懇求他們勸勸下院議員，「把那個可憐人嚴密監禁起來，直至終老」，又在信後附言中說，「要是他非死不可，那就做好事，把刑期推遲到星期六。」如果說先前伯爵的命運還有些許變數的話，那麼國王這份軟弱無力又小家子氣的求情已足以一錘定音。第二天，即五月二十日，伯爵就被帶往倫敦塔山接受死刑。

勞德大主教，就是那個特別喜歡切人耳朵、割人鼻孔的傢夥，現在也被關在了倫敦塔。當伯爵從他的窗前經過，準備前往刑場時，勞德應伯爵的請求，在窗口為他獻上了祈禱。他們是親密無間的戰友，都曾與國王站在同一陣線上。二人掌權期間，伯爵曾給勞德寫信，說讓漢普登先生在公開場合遭受鞭刑是一件了不起的事，誰叫他拒絕繳納造船費呢。可是，那些耀武揚威的日子已經一去不復返；伯爵帶著尊嚴和英雄氣概踏上了不歸路。典獄長擔心人們會把伯爵碎屍萬段，便建議他坐進一輛停在倫敦塔大門處的馬車，但是伯爵回答說，對他而言，死在斧頭下跟死在百姓手中並沒有什麼區別。就這樣，伯爵神色莊嚴，踏著堅定的腳步一路前行，從眾人面前經過時，還不時脫帽致意；人群鴉雀無聲。伯爵在斷頭臺上發表了一通演講，稿子是他事先準備好的幾條筆記（伯爵被斬首後，那張稿紙還擺在原地）。後來，行刑者一斧下去，伯爵就身首異處了，終年四十九歲。

處死伯爵這一舉動堪稱英勇無畏。議員們又另外提出了幾項著名議案，起因全部來自那位長期公然濫用職權的國王（伯爵之死也不例外）。所有涉及向人民非法徵收造船費等款項的地方管理者和其他官員都落了個「失職」的名聲。漢普登的判決書被撤銷，判他有罪的法官們被迫繳納了大筆保證金，表示願意接受國會針對他們做出的一切決定。其中一名法官被捕入獄；別人來捉拿他時，他還在高等法院裡安坐。勞德也遭到了彈劾，那些被他割耳裂鼻的受害者則成功獲釋。國會還通過了一項議案，規定每三年召開一次議會；如果國王及其官員不下令召開，則由議員們自行集合開會，這是他們自己的權利與權力。人們為這些喜訊張燈結綵，舉辦了盛大的慶祝活動，全國上下一片沸騰。毋庸置疑，眾議員也利用了百姓的激動情緒，並不擇手段地煽動他們；但是大家應該始終牢記一點：在這漫長的十二年中，國王的確想盡辦法嘗試研究自己是否真的會做錯事。

這段時間以來，宗教人士一直在高聲疾呼，稱主教不該在國會佔據一席之地。蘇格蘭人民的反對情緒尤為強烈，英格蘭百姓對此則看法不一。有些人考慮到這個問題，加上對議員抱有愚蠢的期望，以為國會能廢除絕大多數稅收，他們的立場竟不時有所動搖，偏向了國王那邊。

我堅信，在這段時間，或者說在人生大多數日子裡，國王但凡能獲得任何頭腦正常之人的信任，他就可以拯救自己、保住王位。可是，英格蘭的軍隊才剛一解散，他就又像以前那樣，跟官員們狼狽為奸了：幾名官員起草了一份對國會領導人不利的請願書，國王在文件上簽字同意，這成了他與官員勾結的確鑿罪證。蘇格蘭軍隊解散還不到四天，國王就去了愛丁堡——以當時條件來說，這個速度算是相當快了——他又要起陰謀詭計，而且這一次幹得非常隱秘，讓人連他的整體目標都難以判斷。有人認為國王是想拉攏蘇格蘭議員，這一點他的確做到了：許多蘇格蘭貴族和掌權者收受了國王的禮物和恩惠，歸入他的帳下；還有人覺得國王是想搜尋證據，證明英格蘭的國會領導投敵叛國、找蘇格蘭人來幫助他們。可不管國王到蘇格蘭的目的是什麼，他這一趟都基本白跑了。當時，蒙特羅斯伯爵[23]因圖謀不軌而正在蹲監獄，此人膽大包天，國王在他的唆使下竟企圖綁架三位蘇格蘭勳爵，但沒能成功。英格蘭國會的某個委員跟在國王身後監視著他，把此次「事件」（他是這樣稱呼它的）記錄下來交給了議員們。這在國會中又掀起一陣軒然大波，議員們為自己的人身安全憂心忡忡，不過也可能他們只是裝裝樣子而已。這些議員給總指揮官埃塞克斯伯爵寫了封信，要求對方派人保護他們。

除此之外，國王可能在愛爾蘭也設下了陰謀，不過人們並未找到確鑿的證據。也許他是想拉攏愛爾蘭人想瘋了，就幫助他們發動了一場起義；王后很可能也參與其中。不管這些是真是假，愛爾蘭人的確興起了一場兇殘而野蠻的叛亂。叛亂中，他們在當地教士的慫恿下，對部分英格蘭民眾施以暴行，男女老少都未能倖免。若非目擊者賭咒發誓，沒有人會相信這等慘絕人寰的事竟是真的。這次暴亂中被謀害的新教徒人數是十萬還是二十萬，我們不得而知；但可以肯定的是，其殘暴程度絲毫不亞於史上任何一場野蠻民族間的廝殺。

國王從蘇格蘭回到國內，決定放手一搏，為贏回失去的權力做一番掙扎。他相信，通過賄賂和施恩，蘇格蘭人是不會反對他的。倫敦市的市長大人盛宴款待了國王，這讓他自以為能重獲英格蘭國民的愛戴。可是，要想湊夠一個國家的人口數目，就要好多好多市長大人加在一起才行。國王很快就發現自己想錯了。

可是，早在他意識到錯誤之前，皮姆、漢普登等人就用一份文件激起了議員們對國王的強烈反對。這份著名文件叫做《大諫章》[24]，裡面揭露了國王的種種不法行徑，但是委婉地把這些行徑全部歸罪於替國王出謀劃策的奸臣。直到這份文件獲得了國會認可、被送至國王面前時，國王依然認為自己有足夠的實力來解除鮑爾弗管理倫敦塔的職務，讓一個道德敗壞的混蛋來取代他。可是下院議員旋即對此表示反對，國王只得作罷。就在這時，長期以來反對主教的呼籲聲愈發響亮。年邁的約克大主教在前往上議院的途中還險些丟了性命——一群暴民捉住了他，對他拳打腳踢、一頓猛揍，因為這傢夥實在愚不可及，竟然去呵斥一名正在高喊「主教滾開」的小男孩。於是，約克主教派人把城裡所有的主教都請了過來，要他們在一份申訴書上簽名，說他們今後再也無法在保證生命安全的情況下前往國會履行職責，既然如此，那麼在他們缺席期間國會的一切舉動都不合法。主教們請國王把這份申訴書交給上議院，國王照做了。結果這幫主教集體遭到下議院彈劾，被關進了倫敦塔。

這件事並沒讓國王得到任何警示，恰恰相反，由於國會中存在一些溫和派人士，對這些激烈手段表示反對，國王的膽子倒大了起來。一六四二年一月三日，他採取了人類歷史上最魯莽的行動。

國王沒徵求別人的意見，就自作主張把首席檢察官派往上議院，控告某些議員犯了叛國罪，其中包括金博爾頓勳爵[25]、亞瑟．哈茲爾裡格爵士[26]、登齊爾．霍利斯，約翰．皮姆（由於他手握重權，體格健壯，人們都叫他皮姆王）、以及約翰．漢普登、威廉．斯特羅德[27]等人[28]。他們都是深受百姓愛戴的國會領導，但國王對其深惡痛絕。他命人進入這些人的住宅，查封了他們的文件。與此同時，他還派信使到下議院去，要求議員們立刻交出這五位先生（五人均為下院議員）。議員們的回應是：只要信使能說出指控五位先生的合法理由，他們自然會現身。接著，眾人就當場休會了。

第二天，上院議員派人進城稟告市長大人，說國王侵犯了他們的特權，大家一舉一動都沒有安全感。接下來，由於未能逮捕那五名議員，國王便親自來到下議院，隨行者是他的全體侍衛和兩三百名貴族及士兵，大多數人都帶了武器。國王讓他們留在大廳，只在侄子的陪伴下進入議院。他脫掉帽子，走向議長的座位。議長[29]起身離座，國王則站在座位前，不動聲色地環視四周。片刻後，國王才說自己是為那五名議員而來。見沒人答話，國王便喊出了約翰·皮姆的名字。還是沒人答話，國王又叫出了登齊爾·霍利斯的名字。回答他的依舊是一片沉默，國王便問議院議長，那五個議員在什麼地方？議長雙膝跪地，勇敢地回答說，自己是議院的奴僕，除非有議院的命令，否則自己什麼都沒看見，什麼都不會說。從議長說出這番話的時刻起，國王就已經被擊敗，而且永遠都翻不了身。國王聞言後便說要親自搜查，因為那些人犯了叛國罪。說完，他拿了帽子，在議員們的竊竊私語中離開了。

得知這一切後，外面的人立刻著手行動起來，速度快得無法用語言描述。為了安全起見，那五名議員已住進位於市內科爾曼街的一棟房子裡，整晚都有人替他們站崗放哨；事實上，整座城市到處都有人手持武器把守警戒，就像一座軍營似的。到了上午十點，國王已經被自己的舉動嚇住了，他只帶六名勳爵來到市政廳，對百姓發表了一通演講，希望他們不要窩藏那些被他指控為賣國賊的人。第二天，他又發佈公告緝捕那五名議員，可國會根本沒把這當回事。五天後，他們興師動眾，以非常隆重的禮節將這五人請至威斯敏斯特。事到如今，就算國王不為自己的安全著想，他也被自己的魯莽行事嚇得心驚肉跳；於是他帶著王后和兒女，離開懷特宮逃往漢普頓宮。

五月十一日這天，那五名議員乘船前往威斯敏斯特，他們神采飛揚而不失莊嚴穩重。河上的船多到把水面都給遮住了。駁船滿載著全副武裝的士兵，把五位議員團團圍住，隨時準備不惜一切代價保護他們。

倫敦市的大批民兵在其指揮官斯基龐[30]的帶領下沿斯特蘭德街行進，以便在必要之時為這支小小艦隊提供幫助。他們身後則是一片人山人海，把街道都給堵住了。眾人不斷高喊著反對主教和羅馬天主教徒的口號，經過懷特宮時，他們還不無輕蔑地嚷道：「國王陛下怎麼樣了？」下議院外面人聲鼎沸，裡面倒是鴉雀無聲。皮姆先生起身對議員講述了城內百姓盛情歡迎他們的場面。聽完他的描述後，議員們立刻把那些治安官請進來表示感謝，並懇求指揮官斯基龐每天帶領民兵團把守下議院。後來，四千名士兵騎馬從白金漢郡趕來，主動要求加入保衛下議院的行列。他們還帶來了一份請願書要呈交國王，對漢普登先生受到的傷害表示抗議，因為漢普登是他們的同鄉，且深受百姓愛戴與敬仰。

國王動身前往漢普頓宮時，隨駕的侍衛和貴族陪他出了城，並將他一路送至泰晤士河畔金斯頓區。第二天，迪格比勳爵乘著六駕馬車，從漢普頓宮捎來了國王的話，說他同意接受這些人的保護。議員們說此舉無異於向整個王國宣戰。結果，迪格比勳爵逃到了國外。議員們很清楚，國王老早就開始變著法子動用武力來對付他們了，而且他還偷偷派紐卡斯爾伯爵到赫爾[31]，對當地一座存有重要武器和火藥的軍用倉庫加以保護；因此他們立刻把精力全部集中到控制國家軍事力量上來。在那個時代，每個郡縣都擁有各自的軍用倉庫，供當地的民兵團或自衛隊存放武器和火藥。於是，議員們提出了一項議案，內容包括國會有權任命各郡首席治安官——即那些民兵的指揮者（在此之前，這個權力一直歸國王所有）；國會有權將國內所有要塞、堡壘及警衛部隊交給議員們信任的地方官吏掌管。此外，他們還通過了一項法規，剝奪了主教們的表決權。國王同意了那項議案，但是拒絕交出郡首席治安官的任命權，儘管他表示很願意指派國會向他推薦的人選。當彭布羅克伯爵詢問國王，是否會在這個問題上姑且妥協時，國王回答道：「上帝作證，絕對不會！」於是，他就跟國會開戰了。

國王年輕的女兒[32]早就和奧蘭治親王訂了婚。因此，王后以送她到未婚夫的國家為藉口，已經安全地抵達荷蘭，實際上她的目的是通過典當王室珠寶來召集一支軍隊支援國王。由於海軍事務大臣身體欠佳，下議院便提名瓦立克伯爵來代行其職，為期一年。國王本想任命另一個貴族，但下院議員對此不予理睬。結果，瓦立克伯爵未經國王批准，就當上了海軍事務大臣。國會還直接向赫爾的官員下令，要求將那座軍用倉庫遷移至倫敦。國王則徑直去了赫爾，打算親自掌管那個倉庫。但是，赫爾市民不肯讓他進城，地方官也不肯讓他進城堡。這時議員們又作出決定，凡是上下議院通過而國王不同意的內容，將被稱作法令，和那些經由國王批准的法律法規具有同等效力。國王自然對此表示抗議，還發出通告，說人們無需遵守這樣的法令。在參議院多數成員及許多下院議員的照料下，國王在約克郡安頓下來。大法官帶上國璽投靠國王後，議員們又做出了一枚新的國璽。這個時候，王后派來一艘滿載武器和彈藥的船，國王也寫信向別人借高利貸。與此同時，議員們則組織起二十個步兵團和七十五個騎兵部隊，百姓們也自願拿出現款、金銀和大大小小的珠寶首飾來資助他們——已婚婦女甚至捐出了她們的婚戒。任何議員，只要能從自己任職的地區召集起軍隊或軍團，就可以根據自己的愛好指定士兵的服裝樣式和色彩，這支軍隊也由該議員指揮。其中最值得一提的是，奧利弗·克倫威爾組織了一隊騎兵[33]——他們意志堅定、裝備優良，史上最優秀的士兵大概就是這樣了。

在部分行動中，這批史上著名的議員僭越了以前的法規和習俗，向那些煽動暴亂的民眾團體做出妥協、提供幫助，某些人由於跟那群有人緣的領導者意見不一，還被議員們蠻橫地關進了監獄。但是話說回來，大家應該永遠記住：是國王為所欲為長達十二年在先；如果不先給這十二年畫一個句號，就沒人能將那個時代導回正軌。

第三部分

國王查理一世和長期議會之間大動干戈，進行了將近四年的內戰[34]。要想把這場戰爭完全記錄下來，足可以寫滿好幾本書，而且每本都是大部頭，因此，我就不再多費唇舌來講述它的細節了。英格蘭百姓又要在自己的國土上同室操戈，固然叫人難過；不過，雙方都很講究人道、克制和榮譽，倒還讓人感到幾分安慰。與國王手下的士兵(這幫人參戰大都是為拿軍餉，根本不在乎戰爭的起因)相比，國會一方的戰士在這些方面的表現要優秀得多。可是國王軍隊中的貴族和鄉紳作戰勇猛，對國王忠心耿耿，讓我們不由自主想為其品行獻上最崇高的敬意；其中有許多天主教徒，他們之所以站在國王這邊，是因為王后對天主教的虔心信奉。

假如國王心胸開闊，那他也許就能慧眼識珠，重用其中一些勇士，讓他們來指揮軍隊。然而事實剛好相反，他仍舊死死抱著王權高於一切的老想法，把權力交給了自己的兩個侄子——魯珀特親王[35]和莫里斯親王[36]；他們都是王室後裔，千里迢迢從國外趕來幫助國王。要是這兩個人不攙和，或許反而對國王比較有利，因為魯珀特親王是個辦事衝動急躁的傢夥，他腦子裡永遠只有一個念頭：衝上戰場，把身邊的敵人打得落花流水。

國會大軍的總指揮是埃塞克斯伯爵，他既是一名勇敢的軍人，也是一位富有正義感的君子。就在戰爭爆發前不久，某些愛管閒事的法學院學生和喧鬧的士兵、店老闆及其學徒、還有大街上的平民百姓在威斯敏斯特共同掀起了一陣暴亂。由於學徒的頭髮都比較短，國王的支持者便將這群人喚作「圓顱黨[37]」，這群人則反唇相譏，稱他們為「騎士黨[38]」，意思是這夥人明明做事張狂跋扈，卻偏要裝出一副十足的軍人風範來。如今人們開始用這兩個詞來區分內戰雙方。保王派還把國會旗下的士兵稱為「反賊」、「流氓」，國會那邊的人則一面把敵人叫做「惡棍」，一面以「聖徒」「正直者」等美稱自居。

戰爭終於在朴茨茅斯市爆發；在那裡，那個雙面叛徒戈林再次倒向國王這邊，不想卻被國會的軍隊圍困在城中。於是，國王發佈公告，說埃塞克斯伯爵及其手下官員都是叛徒，並號召忠於自己的臣民帶上武器，於八月二十五日前往諾丁漢與自己會面。可是到了那一天，來找他的忠實臣民寥寥無幾，再加上當時天氣陰沉、狂風大作，連王室旗幟都被刮倒了，整個過程都顯得慘兮兮。接著，在班伯里附近的紅馬穀、布倫特福德、迪韋齊斯、查爾格雷夫場（漢普登先生在此戰中一馬當先，率軍殺敵，結果身負重傷，不到一星期就去世了）、紐伯里（國王陣營裡最優秀的貴族之一福克蘭勳爵[39]在此戰中犧牲）、萊斯特、內斯比、溫徹斯特，還有約克郡附近的馬斯頓沼澤、紐卡斯爾，以及英格蘭和蘇格蘭的許多地方，都發生了重要的交戰。這些戰役中，雙方都有勝有敗。這一次，國王大獲全勝；下一次，又換成國會凱旋而歸。但是，絕大多數繁華的重要城鎮都反對國王。當倫敦需要加強防衛時，社會各階層人士，上到王公貴婦，下至男女勞工，一齊動手努力工作，大家都心甘情願、幹勁十足。國會那邊最有名的領導人是漢普登、湯瑪斯・費爾法克斯爵士[40]，還有最出類拔萃的奧利弗・克倫威爾及其女婿艾爾頓[41]。

對百姓而言，整場戰爭勞民傷財，讓他們不光恨得咬牙切齒，而且倍感痛苦，因為幾乎所有的家庭都因戰爭出現了裂痕：有的家庭成員支持一方，有的則力挺另一方。總之人們翹首以盼，一次又一次渴望著和平的降臨。雙方陣營中也各有一些有識之士，希望能阻止這場戰爭。於是，國會派人來跟國王議和了。他們分別在約克、牛津（國王自己在這裡組織了一個小小的國會），以及阿克斯布里奇三個地方舉行了會談，但是最終無功而返。在整個談判過程中，以及在人生每一個困境中，國王都將自己的才幹發揮得淋漓盡致。他勇敢、沉著、頭腦冷靜，且不乏智慧，可他始終未能擺脫性格中的老毛病，嘴裡連半句實話都沒有。歷史學家克拉倫登勳爵[42]是國王最忠實的崇拜者之一，他認為國王曾不幸對王后許諾，只要她不同意，他就絕不與國會和解；而這個保證必將被國王反復拿來做推託之詞。國王向來說話不算數，什麼時候都一樣。為了金錢，他跟雙手沾滿鮮血的愛爾蘭叛軍簽署了休戰協議，還邀請對方的兵團幫助他對抗國會。在內斯比戰役[43]中，國會軍找到了國王的秘密櫥櫃，裡面藏著他和王后之間的來往書信。國王在信中清清楚楚地告訴王后，他只是假裝賞識那些「雜種」議員，佯稱與其談判，藉此騙取他們的信任。現在，他對議員們的稱呼已經由原先的「毒蛇」升級為「雜種」了。議員們還發覺，國王早已跟洛林公爵私下勾結，目的是得到一支一萬人馬的外國軍隊。計畫受挫後，他又派忠心耿耿的友人格拉摩根伯爵[44]到愛爾蘭去，和當地的天主教勢力達成秘密協定：對方答應派一萬名愛爾蘭士兵給他；作為回報，他將對天主教提供大力支持。那段時期，愛爾蘭曾發生許多小規模戰鬥，一名好戰的愛爾蘭大主教就在一次衝突中被殺，人們在他的馬車裡發現那份協議後，國王可恥地否認了一切，還在那位忠誠的伯爵朋友遭到叛國罪的指控時拋棄了他。更卑劣的是，國王用自己高貴的手交給伯爵一份密令，上面卻有些許空白不曾填寫，明顯是為了給自己留條退路。

最後，在一六四六年四月二十七日這天，國會大軍從四面八方圍困了牛津市，並逐漸縮小包圍圈。身在城內的國王意識到要想脫身就得即刻行動，一秒鐘都不能耽擱。於是，當天夜裡，國王改變髮型和鬍鬚的樣式，換了僕人的衣服，背後繫著斗篷騎馬奔出城外，身邊只有一名忠僕相隨；另外，他還找了個熟悉道路的當地牧師做嚮導。國王一路朝倫敦的方向疾馳，但跑到哈羅時，他改變了計畫，轉而向蘇格蘭軍營奔去——至少表面看來是這樣。由於蘇格蘭士兵已經受邀前來支援國會軍隊，所以當時英格蘭境內有大批他們的人馬。國王幹什麼事都特別喜歡耍花招，因此很難確定他此舉的用意何在。可是不管怎樣，他確實這樣做了，並找到蘇格蘭大將軍利文伯爵[45]，向他投降。伯爵彬彬有禮地接待了這名犯人。國會與蘇格蘭官府就如何處理國王進行了協商，他們一直商量到第二年二月。後來，鑒於國王既不肯答應國會將那個舊的軍用倉庫出讓二十年，也不肯允諾蘇格蘭承認「神聖盟約」的合法性，蘇格蘭不得不交出國王，換了一大筆錢作為他們施援的回報和士兵的報酬。國會指派幾個人帶走國王，把他送到他自己的一座宮殿裡，即位於北安普敦郡奧爾索普群島的霍姆比宮。

沒等這場內戰結束，約翰．皮姆就去世了。人們在威斯敏斯特大教堂為他舉行了隆重的葬禮——這些榮耀都是他應得的，因為他和漢普登二人為英格蘭百姓爭取權利自由立下了汗馬功勞。戰爭剛結束沒多久，埃塞克斯伯爵就因在溫莎森林獵鹿時受熱過度而病逝了。人們以同樣隆重的儀式把他葬在威斯敏斯特大教堂。關於那個勞德大主教我已不想再提，可是又不得不提：他在戰爭結束前就被送上絞刑架處死了。對他的審訊持續了將近一年後，人們還無法確定控訴他的罪名是不是相當於叛國罪——這項最殘暴的君王們最喜歡使用的可惡罪名。國會還提出了一項剝奪公權法案來對付他。勞德是一個對他人懷有深刻偏見的害人精，而且如你所知，他酷愛割耳裂鼻之刑，受害者不計其數。但是他在臨刑前表現得十分平靜，正如一位勇敢無畏的老先生。

第四部分

一旦控制住國王，國會就迫不及待地想要處理掉軍隊，但奧利弗．克倫威爾在軍中的權力變得越來越大了。這不僅僅因為他具備高超的才幹和勇氣，還因為他用一種類似蘇格蘭清教教徒的方式，立誓要坦誠待人並言出必行，這讓他在士兵之間受到極大的歡迎；他們對主教們的厭惡程度不亞於他們對教皇的。不過鑒於那時候的士兵、鼓手和號手都有動輒就發表冗長佈道和演說的惡習，我無論如何也不會加入到那支軍隊裡去。

那麼如果這樣一支軍隊空閒下來，誰能保證他們不會說國會的壞話甚至反抗國會呢？國會對此也不確定，於是議員們決定解散大半士兵，並把剩下的派往愛爾蘭平亂；如此一來，英格蘭本土上就只剩下一支規模很小的軍隊了。但士兵們並不同意被解散，除非國會答應他們的條件。當他們發現國會打算強行解散軍隊時，軍隊自作主張，做出了一個相當出人意料的舉動：在四百個騎兵的陪伴下，一個名叫喬伊絲的下級騎兵軍官在一天夜裡闖進國王位於霍爾姆比宮的房間，他一手拿著帽子一手拿著手槍，勒令國王跟他走。

國王倒是不介意，只是要求喬伊絲應該在第二天早晨公開要求他這麼做。於是第二天一早國王就來到宮殿臺階的最上面，身邊滿是他自己的手下和國會指派的護衛，當著這些人的面國王問喬伊絲：「你有什麼權力帶我走？」對此喬伊絲回答道：「軍隊給我這樣的權力。」「你有任何書面命令嗎？」國王接著問。喬伊絲指了指那四百騎騎兵：「這就是我的命令書。」「好吧，」國王笑著說，「我從來沒讀過這樣一份命令書，但它的內容的確清晰明瞭。這真是一群優秀的紳士，我很久沒享受到這樣的人的陪伴了。」喬伊絲問國王他想住在哪兒，國王說紐馬基特，於是他們——連同那四百個騎兵——就朝紐馬基特奔去。對此國王笑著說，他可以跟喬伊絲或任何一個騎兵換班，騎馬到哪兒都行。

在這個時候，我認為國王的確相信軍隊還是站在他這一邊的。當費爾法克斯將軍、奧利弗·克倫威爾和艾爾頓前來勸他回到國會的監管之下時，他就是這麼回答的。他願意保持現狀，而且態度相當堅決。當軍隊逐漸逼近倫敦並企圖以此威脅國會妥協時，國王也跟著去了。英格蘭的存亡竟然取決於一群全副武裝的士兵，這可真是可悲可歎。不過眼下正是國王生命中的重要時刻，他當然選擇支持軍隊而不是試圖控制他的國會，儘管後者有更加合法的權力和理由。不過在此我必須補充一點，那就是在如何對待國王的問題上，軍隊的確比國會更加友善恭敬：他們不但允許國王保留自己的僕從、在多個宅子裡參加奢華的宴會，還准許他前往雷丁附近的卡弗舍姆府看望他的孩子並與之度過兩日的時光。相比之下，國會卻對他非常苛刻，他們只允許他外出騎馬和打球。

實際上，即使在這個時刻，如果國王能夠博得人們的信任，那麼他有可能還有救。就連奧利弗·克倫威爾都明確地說，除非國王享有他應有的權利，否則沒人能夠安心度日。他對國王還算友善；當查理斯與孩子們團聚的時候，奧利弗也在場，並因那種令人憐憫的場面而深受感動。他時常面見國王；國王搬進漢普頓宮之後，他還經常與他一起在宮殿的長廊和怡人的花園中散步、交談。對克倫威爾來說，這一切其實都威脅著他在軍中的威信和地位。然而國王依舊在暗地裡希望能夠取得蘇格蘭人的幫助；當他確定要加入蘇格蘭人的時候，他立刻疏遠了他的新朋友們和軍隊，並告訴軍官們，他們沒有他就不行。而且，就在他許諾克倫威爾和艾爾頓說只要他們肯幫他奪回原先的地位，他就讓他們成為貴族的同時，他還在給王后的信中寫他打算絞死他們。後來克倫威爾和艾爾頓均宣稱他們早就被私下告知了這封信的存在；它被縫在馬鞍裡，將在某一天晚上被送往霍爾本的「藍野豬」旅店，從那裡再前往多佛爾。於是克倫威爾和艾爾頓假裝成普通士兵找到那裡，他們坐在旅店院子裡喝酒，直到一個拿著馬鞍的男人出現在那個地方；他們用刀子打開馬鞍，便發現了那封信。我覺得這個故事非常可信，因為奧利弗·克倫威爾曾告訴國王的一個忠僕，說國王不值得信任，如果他出了什麼事的話，國王絕對不會幫他。然而，即使在那之後，克倫威爾依舊信守對國王許下的諾言。當他得知一些士兵密謀抓住國王時，他立刻通知了他。我相信，克倫威爾誠心誠意地希望國王能夠逃到海外，這樣他就能輕鬆地擺脫國王了，而不是增添更多的麻煩和風險。顯而易見的是，奧利弗本人跟軍隊的關係也沒好到哪到哪：一些部隊強烈反對他和所有支持他的人，以至於奧利弗不得不當著自己部隊的面槍決了一個人，以儆效尤。

收到奧利弗的警告之後，國王急忙逃出了漢普頓宮；猶豫了良久之後，他最終來到位於維特島的卡里斯布洛克城堡。一開始，他倒是還算自由自在，可即使在那兒他還假裝遵守同國會的協定，同時暗地裡和蘇格蘭官員通信，叫他們派一支軍隊南下至英格蘭幫他奪回王位。這種串通蘇格蘭的行為打破了他與國會的協定，於是國會就將他貶為囚犯。不過他的地位降得還不夠快，因為他還有時間密謀逃跑：王后在維特島附近安排了一艘船，國王打算趁夜乘這艘船出逃。

但在指望蘇格蘭這件事上，他註定會失望。蘇格蘭教士們認為國王和蘇格蘭官員之間的協議對該國宗教不利，所以他們處處宣傳這項協定的不是。結果，蘇格蘭只召集起一支很小的軍隊並送往英格蘭，可他們實在做不了什麼。雖然英格蘭也有一些保皇派揭竿而起，還有一些來自愛爾蘭的優秀士兵也加入進來，但他們在克倫威爾和費爾法克斯率領的國會軍面前沒有任何勝算。國王的長子、威爾士親王也帶著十九艘戰艦（一些英格蘭戰船也投奔了他）從荷蘭過來助戰，但最終無功而返。在這場內戰中最值得一提的事件是兩位偉大的保皇派將領被國會軍將軍殘忍地處決了。這二人分別是查理斯·盧卡斯爵士[46]

和喬治・賴爾爵士[47]，他們忍受著饑餓和痛苦死守在科爾賈斯特，支撐了整整三個月。當查理斯・盧卡斯爵士被槍決之後，喬治・萊爾爵士親吻了他的屍體，然後對執行槍決的士兵說：「走近點，這樣你肯定能打中我。」「我敢保證，喬治爵士，」其中一個士兵回答道，「我們肯定一槍命中。」「哦？」他笑著說道，「可我曾經不止一次距離你們更近，我的朋友們，可你們都沒打中我。」

這時候軍隊又要求國會交出七名惹惱了軍隊的議員，但國會已經受夠了軍隊的威脅，他們一致同意不再與國王有任何聯繫。可第二次內戰（僅進行了六個月）才剛剛落下帷幕，議員們就派去一些官員找到國王商議協定。那時的國王還算自由，他被准許居住在維特島上一棟私人宅子裡；他盡責地與國會商談，其通情達理的程度贏得了所有人的讚歎和欽佩。最後，他同意了對方的一切要求，包括暫時廢除主教（在此之前他可是堅決反對這一條的）以及將主教們的土地轉為王家財產。然而，當他最好的朋友們與官員們一起奉勸他放棄一切以求自保時，他又故伎重演，試圖逃跑。雖然嘴上說不是，但他依舊和一些朋友和愛爾蘭的天主教教徒保持著聯繫。而且他曾親自寫道，他妥協的唯一原因是為逃跑爭取時間。

事情發展到這個關頭，軍隊已決意與國會決一死戰，於是上行至倫敦。但這時的國會已經不怕他們了，在霍利斯的大膽帶領下，他們一致投票決議國王的妥協已經足夠確保國家的和平了。聽聞此事之後，里奇上校和普賴德上校帶著一隊騎兵和一隊步兵來到下議院。到達之後，普賴德上校手持一份寫滿對軍隊不利的議員名字的單子站在休息室裡，當議員們入場的時候他就一個個地指出來，然後將他們全部看管起來。後來這件事情被人們戲稱為「普賴德的肅反」。這時克倫威爾還帶著他的部隊遠在北方，但當他回來之後，他認可了這兩人的行為。

軍隊囚禁了一些議員，又趕走了另一些；這麼一來，下議院的成員就只剩下五十人左右了。很快，這五十來個人就投票決定，如果一個國王與自己的人民和國會宣戰，他就犯了叛國罪。下議院將這份決議送到上議院，要求以叛國的罪名審理國王。當時上議院共有十六名成員，他們全員否決了下議院的決定。於是下議院乾脆自己通過了議案，宣稱自己才是這個國家的最高政府，他們將審判國王。

於是國王被帶到赫斯特城堡然後嚴加看管起來。這棟房子孤零零地立在海中的一座嶼上，只有海潮退去時，一條約三公里長的崎嶇小路才能顯露出來，將它和漢普郡的海岸連接起來。從那兒他又被轉移到溫莎；國王在溫莎受到了粗暴的對待，而且就連進餐也要在士兵的看管下，還沒有僕人服侍。然後他又被帶到倫敦的聖詹姆斯宮，並被告知審判將在第二天進行。

在一六四九年一月二十日的這個星期六，這個頗有紀念意義的審判開始了。下議院將參與審判的人數定為一百三十五，其中包括下議院議員、軍隊軍官、律師和普通公民。高級律師約翰・布拉德肖[48]被指派為主法官；審判地點則定於威斯敏斯特大廳。大廳二層，主法官坐在紅色天鵝絨的椅子上，頭戴一頂掛著一圈鐵片的帽子以保護自己的安全。其他成員坐在旁邊的長椅上，也戴了帽子。國王的椅子放置在主法官座位的正對面，兩張椅子上都覆蓋著天鵝絨。他從聖詹姆斯宮輾轉到懷特宮，又走水路來到審判廳。

他進入大廳，先是鎮定地掃視了一圈看了看整個法庭和前來圍觀的大批民眾，然後他才坐下，但不久後他又站起來看了看。在「以叛國罪起訴查爾斯・斯圖爾特」的訴訟狀的宣讀過程中，他甚至微笑了好幾次；他拒絕承認法庭的權威，因為上議院議員並不在場，而沒有上議院的國會就不能稱之為國會。此外，國王也必須在場，但國王應有的位置卻空空如也。對此，布拉德肖回答道，法庭當然有合法的權力，它的權威就是上帝和王國的權威；說罷他就宣佈休庭，直至週一。到了那一天，審理工作繼續進行，並維持了整整一星期。又一個星期六來臨了，當國王穿過大廳走向他的席位時，一些士兵和其他幾個人衝他大喊「還我們公道！」並要求處死他。同一天，布拉德肖脫下往日的黑衣換上一身大紅的袍子，活像個生氣的蘇丹王；他宣判了死刑。當國王走出法庭時，只有一名士兵對他說：「願上帝保佑您，先生。」可隨即這位士兵就被長官狠狠抽了一巴掌。國王則說他覺得對他所犯下的錯誤來說，這判決太重了。在審判中，當他倚著自己的手杖時，銀色的手杖頭突然掉了下來；這個小小的意外似乎讓他非常不安，因為他認為這預示著他將失去自己的腦袋。事到如今他也不得不承認，一切都結束了。

被帶回懷特宮之後，他派人來到下議院，傳話說鑒於他的死期將近，他希望他們准許他與孩子們再見上一面。下議院同意了。週一，他被帶回聖詹姆斯宮；他還留在英格蘭的兩個孩子——十三歲的伊莉莎白公主和九歲的格洛斯特公爵原本住在布倫特福德附近的錫永宮裡，但他們如今被帶了過來好與父親道別。那真是個令人動容的悲傷場面：國王擁抱親吻了這兩個可憐的孩子，將兩個鑲著鑽石的印章作為小禮物送給了公主，又讓他們替他向他們母親致意（但王后真配不上他們，因為她沒過多久就改嫁給自己的情人）。最後，國王告訴孩子們他將為「這個國家的法律和自由」而死。我必須聲明事實並非如此，但我敢保證他的確是這麼認為的。

那一天荷蘭使節也來了，來為不幸的國王求情——畢竟，我們都希望國會能饒他不死，但荷蘭人沒得到任何答覆。其他求情的人還包括蘇格蘭官員以及威爾士親王：後者以王位繼承人的身份送來一封信，說他願意接受國會提出的任何條件。王后也送來一封類似的信件替國王說好話。

即使如此，死刑執行書還是在那一天被簽署生效了。據說當奧利弗．克倫威爾拿著筆走到書桌前簽名的時候，他猛一抽鋼筆，卻不小心將鋼筆水甩在一個站在他身邊的政府官員的臉上。當時那個官員還沒簽名；按照故事裡說的，當輪到他簽名的時候，他也用同樣的方式甩了克倫威爾一臉鋼筆水。

那一夜國王睡得很好，絲毫不在意這是他人生的最後一夜。一月二十日早晨，距黎明還有兩個小時的時候，他起來了，仔細地為自己更衣。他穿了兩件襯衣，以防自己會因為寒冷而顫抖，最後還把頭髮梳得紋絲不亂。負責送達死刑書的是三個軍官：哈克上校、亨克斯上校和費耶爾上校。十點鐘，哈克上校來到門前，通知國王是時候前往懷特宮了。國王走路速度向來很快，他這一天也用同樣的速度穿過庭院，並用同樣的聲音對護衛們命令道：「快速前進！」到了懷特宮之後，他被帶到他的私人臥室裡享用早餐，但由於已經領了聖餐，他拒絕再吃任何別的東西。正午，當教堂的鐘敲了十二下的時候（因為斷頭臺還沒準備好，所以他得等著），他終於在好心的賈克森主教的勸說下吃了一點麵包，喝了一點紅葡萄酒。他才剛吃完，哈克上校就拿著執行書走進房間，傳喚查理．斯圖爾特。

之後，他穿過了懷特宮的長廊。他曾經不止一次走過這個地方，但先前的長廊燈火輝煌，人頭攢動，錦衣華服滿目皆是，歡聲笑語不絕於耳，和現在大不相同。失勢的國王一路前行，來到國宴廳中間那扇大窗戶前面。他從那裡出來，就站在了掛著黑色帷幕的斷頭臺上面[49]。他看了看兩名身著黑衣、頭戴面具的儈子手，又看了看周圍的騎兵和步兵，眾人也默默仰臉看著他。他還看到無數圍觀者，人多得他一眼都望不到頭；他們也都看著他。他看了看他的聖詹姆斯宮，最後才將視線轉向斷頭臺。當他發現墊頭木太低的時候，他似乎很不安；他問道：「就沒有更高一點的地方嗎？」然後他對檯子上的人說，發動這場戰爭的人是國會而不是他，可是既然他和國會之間的不快已經過去了，那麼自己希望他們也是無罪的。只有一點，他說，他罪有應得；那就是他曾使另一個人遭受不公正的裁決。這裡他指的就是斯特拉福德伯爵。

他並不害怕死亡，但他的確很希望能夠輕鬆赴死。就在他講話的時候，有個人不留神碰了斧子，他立刻中止了原先的話題大喊道：「當心那把斧子！當心那把斧子！」他還對哈克上校說：「你得告訴他們，別讓我死得太痛苦。」

對儈子手他則說：「我要說一小段禱告，等我說完了伸開雙手」——那是即將行刑的標誌。他把頭髮攏起，全部藏到主教給他拿來的一頂白緞帽子下面，然後他說：「我有一個很好的理由，而且仁慈的主也站在我這一邊。」主教告訴他，僅需一步，他就可以從這個令人疲倦的世界裡解脫出去了；這最後一步雖然令人心悸，卻很短暫，而且能讓他一步登天，一下子從人間進入天堂。將外衣和胸前佩戴的「喬治」[50]交給主教之後，國王說出了他的臨終之言：「記住！」隨後他就跪下，把頭擱在木樁上，伸出雙手；片刻之後他就被處死了。人群中只發出了一聲痛哭的呼叫。士兵們要麼坐在馬上要麼站在地上，他們原本一動不動，宛如一座座雕塑一般；可這個時候他們卻突然行動起來，驅趕人群清理街道。

就這樣，同斯特拉福德伯爵一樣，查理一世也在他四十九歲這一年丟了性命。雖然我對他深感同情，但對於「他是人民的殉道者」這種說法我實在不敢苟同，因為長久以來，人民都是他以及他的王權理念的殉道者。不過在決定誰是殉道者這方面，我認為他確實也是一個糟糕的評判者——他甚至曾將那位臭名昭著的白金漢公爵稱為「國王的殉道者」。

1 即奧地利的安妮（Anne of Austria，一六〇一——一六六六），西班牙國王腓力三世的長女，一六一五年嫁給法蘭西國王路易十三。

2 即阿爾芒·讓·迪普萊西·德·黎塞留（Armand Jean du Plessis de Richelieu，一五八五——一六四二），紅衣主教，並擔任法蘭西國王路易十三的國務卿，是大仲馬著名作品《三劍客》中的主要人物之一。

3 這裡指的是發生於一六二五年一一月一日至七日之間的英格蘭加的斯遠征，起因是查理一世向西班牙公主瑪麗亞·安娜（Maria Anna of Spain，一六〇六——一六四六）求婚遭到拒絕。該遠征以英格蘭大敗而告終。

4 桶稅和磅稅（tonnage and poundage），舊時英國對進出口的每桶酒及每磅羊毛等徵收的稅款。桶稅和磅稅最先由英格蘭國王愛德華二世開始徵收，後被一七八七年的《關稅統一法》（Customs Consolidation Act of 1787）廢除。

5 即英格蘭法律史上的「五騎士案（Five Knights' case）」。一六二六年，國會解散後，國王查理一世開始使用各種手段聚斂錢財，包括強制性借貸。一六二七年，湯瑪斯·達尼爾、約翰·科比特、沃爾特·厄爾、約翰·赫維寧漢，以及埃弗拉德·漢普敦五人因拒絕拒絕借款而被捕入獄。他們請求王座法庭保護其人身權益，但首席檢察官卻回答說他們是因「國王下了特令」而被捕的。最後，由於習慣法對國王的特權不具備約束力，法庭判決國王勝訴。一六二八年的《權利請願書》澄清了事實，對國王的特權做出了限制。

6 一六二八年三月，由於國會拒絕撥款支付戰爭所需的費用，查理一世便實行「強迫借貸」，嚴懲拒絕繳費者。此外，由於戰爭緣故，軍隊強行駐紮於百姓私宅，並在國內許多地區實行戒嚴令。國會遂於五月份通過了《權利請願書》，內容包括未經國會同意，國王不得強行徵稅；軍隊不得強行駐紮於私人住宅；逮捕他人須有合法理由；以及戒嚴令的使用規則等。六月二日，因為需要國會撥款，查理一世接受了這一請願書，但國會並不滿足於此。六月七日，在上下議院的聯合要求下，查理斯批准了請願書的所有內容。《權利請願書》產生了深遠的影響，被視為英格蘭最著名的憲法檔之一，重要性不亞於《大憲章》和一六八九年的《權利法案》。

7 約翰・費爾頓（John Felton，約一五九五—一六二八），陸軍軍官。一六二八年八月二三日，他在朴茨茅斯的灰狗酒吧（Greyhound Pub）裡（而不是在公爵的宅邸內）刺殺了白金漢公爵喬治・維利爾斯。約翰被捕後，樞密院企圖用肢刑架逼供，但遭到了眾法官的集體反對。同年一一月二九日，約翰被押往泰伯恩刑場處死。此人也出現在大仲馬著作《三劍客》內。

8 湯瑪斯・溫特沃思爵士（Sir Thomas Wentworth，一五九三—一六四一），第一代斯特拉福德伯爵，英格蘭政治家，查理一世的支持者。他曾於一六三二至一六三九年管理愛爾蘭，被召回英格蘭後，成為查理斯的重要謀臣，並試圖壯大保王派的力量來對抗國會。國會判處他死刑後，查理斯在死刑執行令上簽了字，湯瑪斯遂被處死。

9 約翰・伊利亞德爵士（Sir John Eliot，一五九二—一六三二），英格蘭政治家。因維護國會權力而被查理一世囚於倫敦塔，直到去世。

10 即約翰・芬奇（John Finch，一五八四—一六六〇），第一代芬奇男爵，英格蘭法官，政治家，於一六二一至一六二九年間擔任下院議長。

11 即登齊爾・霍利斯（Denzil Holles，一五九九—一六八〇），第一代霍利斯男爵，英格蘭作家，政治家。一六四二年，查理一世企圖違反憲法拘捕登齊爾等五名下院議員，引發了內戰。

12 本傑明・瓦倫丁（Benjamin Valentine），英格蘭議員，生卒年不詳。

13 威廉・勞德（William Laud，一五七三—一六四五），一六三三至一六四五年擔任坎特伯雷大主教。對查理一世的支持最終導致他在內戰期間被處死。

14 約翰·漢普登（John Hampden，約一五九五—一六四三），英格蘭政治家，英格蘭內戰爆發前夕帶頭挑戰國王查理一世權威的國會議員之一。一六三七年，他因拒絕繳納造船費而受審，並成為全國知名人物。一六四二年，查理一世企圖違反憲法，逮捕包括漢普登在內的五名下院議員，引發英格蘭內戰。

15 奧利弗·克倫威爾（Oliver Cromwell，一五九九—一六五八），英格蘭政治和軍事領袖，曾任英格蘭、蘇格蘭和愛爾蘭聯邦的護國公。克倫威爾出生於中產階級家庭，並於一七世紀三〇年代皈依清教，成為嚴格的清教徒。他在英格蘭內戰中支持代表國會黨派的「圓顱黨」，且是查理一世的死刑簽署人之一，後被推選為英格蘭聯邦國護國公。英格蘭君主復辟之後，克倫威爾的屍體被掘出、用鐵鍊綁住，並被砍頭；其頭顱被挑在長槍尖上，放置在威斯敏斯特宮示眾直至一六八五年。後來，克倫威爾的頭顱一直輾轉於各類私人收藏家和博物館手中，直到一九六〇年才被重新安葬。

16 神聖盟約（ Solemn League and Covenant ）又叫國民誓約（ National Covenant ），是一六四三年蘇格蘭和英格蘭議員為維護長老會（新教的一個分支）制所簽訂的盟約。在英格蘭、蘇格蘭和愛爾蘭的三國之爭中（ Wars of the Three Kingdoms，一六三九—一六五一），很多蘇格蘭人加入長老會並拒絕主教和羅馬天主教的監督制進入蘇格蘭，但由於該組織在是否應讓國王有權參與教會事務的問題上產生分歧，它繼而被分成兩個派別：「抗議會（Protesters）」和「決議派」。

17 短期議會（Short Parliament），指英格蘭國王查理一世在位時，一六四〇年四月一三日至五月五日期間的英格蘭國會。

18 即約翰·皮姆（John Pym，一五八四—一六四三），英格蘭國會成員、長期議會領袖，詹姆斯一世和查理一世的反對者。一六四二年，查理一世曾試圖在議院中逮捕皮姆等五人，這一事件是英格蘭內戰的導火線。皮姆還曾譴責查理斯的謀臣之一威廉·勞德，稱他企圖讓英格蘭回到被天主教控制的舊日子。

19 短期議會的解散激起了人民的憤怒。群眾在倫敦舉行示威活動，並衝進了大主教勞德的住宅。同時蘇格蘭起義軍也於一六四〇年八月發動強大攻勢。走投無路的查理一世只得再次下令召開議會。一一月三日，新議會開幕。這屆議會維持了十三年之久，史稱「長期議會」。

20 哈里·範內爵士（Sir Harry Vane），即小亨利·範內（Henry Vane the Younger，一六一三—一六六二），是老亨利·範內（Henry Vane the Elder，一五八九—一六五五）的兒子。通常在提到兒子時都稱其為哈里·範內以示區分。父子二人均為英格蘭政治家。

21 剝奪公權法案（bill of attainder），一種由立法機構提出或通過的法案，不經審訊便認定某人有罪並剝奪公權、判處死刑。

22 父親指喬治·戈林（George Goring，一五八五—一六六三），第一代諾里奇伯爵（Earl of Norwich），英格蘭政治家、軍人。兒子指喬治·戈林（George Goring，一六〇八—一六五七），英格蘭保王派軍人。一六四一年，一些駐守在約克郡的軍官提議向國王和國會上書請願，要求維護王權，但是有人建議採取暴力手段；為了當上中將，喬治·戈林建議，在斯特拉福德伯爵受審期間向倫敦進軍，以此恐嚇國會；由於提議遭到同僚的反對，戈林把眾人的計畫洩露給了芒喬伊·布朗特（Mountjoy Blount），後者又間接把消息傳遞給約翰·皮姆。

23 即詹姆斯·格雷厄姆（James Graham，一六一二—一六五〇），第一代蒙特羅斯侯爵，蘇格蘭貴族，曾為神聖盟約的一員，卻在英格蘭內戰中轉而支持查理一世。

24 大諫章（Grand Remonstrance），一六四一年十一月二十二日由下議院通過，並於十二月一日呈交國王查理一世，這也是觸發英格蘭內戰的主要事件之一。《大諫章》的內容包括列舉查理一世罪行，反對天主教復辟，要求把所有主教趕出國會，淨化官員隊伍等。文中措辭謹慎，並未將矛頭直接指向國王或任何具體人物，而是把錯誤歸咎於天主教的陰謀。《大諫章》實質上是英國革命初期資產階級和新貴族反對封建專制主義的政治綱領。

25 指愛德華・蒙塔古(Edward Montagu,一六〇二—一六七一),第二代曼徹斯特伯爵,曾在英格蘭內戰期間擔任國會軍隊的重要指揮官。

26 亞瑟・哈茲爾里格爵士(Sir Arthur Haselrig,一六〇一—一六六一),英格蘭政治家,在內戰期間支持國會鬥爭,後為反對克倫威爾獨裁作出努力。

27 威廉・斯特羅德(William Strode,一五九八—一六四五),英格蘭政治家。

28 一六四二年一月三日,查理一世以叛國罪彈劾亞瑟・哈茲爾裡格、登齊爾・霍利斯、約翰・皮姆、約翰・漢普登、威廉・斯特羅德等五人,並企圖違反憲法逮捕他們,內戰由此引發。

29 即威廉・倫索爾(William Lenthall,一五九一—一六六二),英格蘭政治家。曾分別在短期議會和長期議會擔任伍德斯托克選區的議員,後被查理一世提拔為議長。

30 菲力浦・斯基龐(Philip Skippon,約一六〇〇—約一六六〇),英格蘭軍人。內戰爆發前不久,國會封其為少將,指揮倫敦的民兵團對抗國王。

31 全稱為赫爾河畔京斯敦(Kingston upon Hull),英格蘭城市,位於赫爾河與亨伯河灣交接處。

32 即瑪麗・亨麗埃塔(Mary Henrietta,一六三一—一六六〇),英格蘭的理查一世與第一任妻子法蘭西的亨麗埃塔・瑪麗亞(Henrietta Maria of France,一六〇九—一六六九)的長女,於一六四一年嫁給奧蘭治親王威廉二世(William II Prince of Orange,一六二六—一六五〇)。他們的兒子便是日後英格蘭的威廉三世(William III of England,一六五〇—一七〇二)。

33 即克倫威爾的鐵騎隊(Cromwell's Ironside),原本是克倫威爾在英格蘭內戰初期組建的一支騎兵。一六四五年,國會組建新模範軍(New Model Army),克倫威爾擔任騎兵中將兼副指揮,他原先的騎兵部隊人數已大大增加,並成為新模範軍中騎兵的核心力量,「鐵騎隊」也成為全軍所有騎兵共同的稱號。「鐵騎」之名來自克倫威爾本人的一個外號。

34 即第一次英格蘭內戰(First English Civil War)，發生於一六四二年至一六四五年間。一六四二年八月，查理一世在諾丁漢豎起軍旗，正式宣告第一次英格蘭內戰開始。該系列戰爭結束於一六四五年的伍斯特戰役，最終以國會的勝利結束，國王也成了國會的階下囚。

35 即萊茵的魯珀特親王(Prince Rupert of the Rhine，一六一九—一六八二)，一位德國親王，他的母親波西米亞的伊莉莎白(Elizabeth of Bohemia，一五九六—一六六二)是英格蘭國王詹姆斯一世的長女。魯珀特親王是英格蘭國王查理一世的侄子，在英格蘭內戰中擔任保王派軍隊的騎兵指揮官。

36 即普法爾茨的莫里斯親王(Maurice of the Palatinate，一六二〇—一六五二)，與魯珀特親王同為波西米亞的伊莉莎白(Elizabeth of Bohemia，一五九六—一六六二)的兒子，其祖父則為英格蘭國王詹姆斯一世。

37 圓顱黨(Roundheads)，指英格蘭內戰期間國會一方的支持者。國王查理一世及其擁護者主張君權神授，欲實行君主專制，而圓顱黨的目的則在於讓國會在行政管理方面享有最高權力。圓顱黨的最大特色是這些清教徒都留著短髮，與按照當時宮廷時尚留著長捲髮的權貴極為不同。因為沒有捲髮，頭顱相較之下顯得很圓，故有此名。圓顱黨是國會政治中，首次以形象來達到政治目的與效果的黨派。這一做法後來被許多民主國家的政客以不同方式引用。

38 騎士黨(Cavaliers)是英格蘭內戰期間圓顱黨對國王查理一世支持者的蔑稱，其主要成員是官僚和貴族。他們仿效中世紀的騎士，頭戴假髮，身佩長劍，故有此名。

39 即盧修斯・卡里(Lucius Cary，約一六一〇—一六四三)，第二代福克蘭子爵，英格蘭作家、政治家。他曾在一六四〇至一六四二年間擔任下議院議員，後死於第一次紐伯里戰役(First Battle of Newbury，一六四三年九月二〇日)。

40 即湯瑪斯・費爾法克斯爵士(Sir Thomas Fairfax，一六一二—一六七一)，第三代卡梅倫的費爾法克斯勳爵，曾在英格蘭內戰中擔任總司令並取得多次勝利，後因政見不同與其下屬奧利弗．克倫威爾產生分歧，並拒絕出席查理一世的審判。

41 即亨利．艾爾頓（Henry Ireton，一六一一—一六五一），奧利弗．克倫威爾的女婿，曾於英格蘭內戰期間在國會軍隊中任將軍。

42 即愛德華．海德（Edward Hyde，一六〇九—一六七四），第一代克拉倫登伯爵，英格蘭政治家和史學家。他於一六四〇年進入短期議會，同年十一月進入長期議會，最終於一六五八年成為英格蘭大法官；曾著有《英格蘭叛亂及內戰史》（「History of the Rebellion and Civil Wars in England: Begun in the Year 1641」）。他的孫女安妮成為日後的大不列顛女王。

43 內斯比戰役（Battle of Naseby），英格蘭內戰中的重要戰役。一六四六年六月一四日，國會軍隊在湯瑪斯．費爾法克斯爵士和奧利弗．克倫威爾的指揮下打敗了國王的主力軍。

44 即愛德華．薩默塞特（Edward Somerset，約一六〇一—一六六七），第二代伍斯特侯爵，英格蘭保王派貴族、發明家，並著有《發明的紀元》（「The Century of Inventions」）一書。

45 亞歷山大．萊斯利（Alexander Leslie，一五八二—一六六一），第一代利文伯爵，蘇格蘭軍人。

46 查理斯．盧卡斯爵士（Sir Charles Lucas，一六一三—一六四八），英格蘭保皇派軍人、指揮官，在第二次英格蘭內戰中奪取了科爾賈斯特，卻在被圍困三個月之後向費爾法克斯投降，最終於一六四八年八月二八日被槍決。一六六六年，他被追加了貴族頭銜。

47 喬治．賴爾爵士（Sir George Lisle，約一六一〇—一六四八），英格蘭保皇派軍人，與查理斯．盧克斯爵士一同鎮守科爾賈斯特，於一六四八年八月二八日未經審判就被槍決。

48 即約翰．布拉德肖（John Bradshaw，一六〇二—一六五九），英格蘭法官，負責審判查理一世，後任英格蘭聯邦政府的第一任主席。

49 查理一世的行刑地被定在懷特宮國宴廳前，由於刑台被架高，所以他穿過大廳窗戶即可直接站在刑臺上。

50 這裡指的應是描繪著聖喬治屠龍場景的掛墜，一般由彩釉或珠寶鑲嵌製成，是嘉德騎士團（Order of the Garter）成員的身份象徵之一，通常被別在領子上。該裝飾通常被稱為「大喬治」（the Great George），與「小喬治」（the Lesser George）相對應；「小喬治」也描繪了聖喬治屠龍的場景，卻由黃金打造，一般佩戴在緞帶上。聖喬治是英格蘭的保護者，英格蘭國旗上的紅色十字架即為「聖喬治的十字架」（Saint George's Cross）。

第三十四章　奧利弗·克倫威爾統治下的英格蘭

在查理一世被斬首的那一天，就在太陽落山之前，下議院通過了這樣一項法案：任何人不得聲稱威爾士親王[1]或其他什麼人為英格蘭國王，否則一律以叛國罪論處。不久之後，下議院又提出解散上議院，因為它既沒用又危險。此外，上一代國王的雕塑也應從王室交易所[2]和其他公共場所清理出去。他們首先抓捕了一些越獄的保王派，又在王宮庭院[3]中斬首了漢密爾頓公爵[4]、霍蘭伯爵[5]和卡佩爾男爵[6]（他們都死得非常英勇），隨後他們便指派了一個國家議會來管理英格蘭。該議會共由四十一名成員組成，其中僅有五人為貴族；布拉德肖被推舉為主席。下議院也重新接收了一些曾反對處死國王的人；這麼一來，議員總數就達到了一百五十上下。

然而，下議院依舊面對著一支由四萬士兵組成的軍隊，要掌控他們可不是一件容易的事情。在國王被處決之前，軍隊指派了一些軍官向國會抗議，不過如今一些平民士兵也把抗議視為己任。本該前往愛爾蘭的部隊反抗了；倫敦城中的一隊騎兵奪走他們自己的軍旗，拒不服從命令。為此下議院槍決了這些造反活動的罪魁禍首，可也無濟於事：他的同伴和人民公開為他舉行了一場隆重的葬禮；伴隨著鼓聲，懷著沉重的心情，他們帶著蘸血的迷迭香[7]花環將死者一路送到墓地。奧利弗是唯一一個有能力處理這種特殊情況的人，於是他於午夜時分衝進索爾茲伯里附近的伯福德小鎮——當時叛亂的士兵正藏在那裡。克倫威爾堵住他們的去路，俘虜了四百餘人，又通過軍事法庭槍決了一部分。很快，士兵們就意識到奧利弗可不是一盞省油的燈——這可是所有人的共識了。於是叛亂就這麼結束了。

但蘇格蘭國會還沒嘗過奧利弗的厲害，所以當他們得知國王已被處決的消息之後，他們立刻宣稱威爾士親王為查理二世，唯一的條件是他保證尊重神聖盟約。當時查理和蒙特羅斯侯爵都身在海外；同他父親一樣，查理只能通過侯爵才有希望和蘇格蘭政府委員保持聯繫。不過很快查理的希望就破滅了：帶著數百名從德國召集來的流亡者，蒙特羅斯在蘇格蘭登陸；然而，出乎他意料的是，人民非但沒有對他一呼百應，反而紛紛丟下他逃命去了。他很快就淪為了階下囚，被押送至愛丁堡。在那裡，在受盡淩辱之後，他被押進囚車；他的官員們則兩人一排走在他前面。根據國會的決議，他將被吊死在高達九公尺的絞刑架上，然後，根據古老野蠻習俗，他死後頭顱將被挑在槍尖放在愛丁堡示眾，四肢則被送到其他地方。對此，侯爵說他所做的一切都是在王室命令之下進行的，如今他唯一的希望是他有足夠多的「四肢」能被送往所有的基督教地區，這樣世人就知道他有多麼忠誠了。他盛裝來到絞刑架下，然後英勇地死去了，享年僅三十八歲。然而，還不等侯爵完全斷氣，查理就急忙拋棄了這位忠臣，宣稱自己從未給他任何為他起兵的命令。斯圖爾特家族的墮落被查理表現得多麼淋漓盡致啊！

國會任命奧利弗指揮愛爾蘭的軍隊。於是克倫威爾報復愛爾蘭那場血腥叛亂的機會到了，他把這個國家攪得雞犬不寧，尤其是在圍攻德羅赫達的時候。當克倫威爾發現至少有一千名居民躲在大教堂中避難時，他一點也沒有手下留情：他的士兵——也就是「克倫威爾的鐵騎隊」——將他們殺了個精光。這些人中間不乏修士和教士，對此奧利弗在送回英格蘭的報告中粗暴地寫道，他們都遭到「當頭一棒」，就跟其他人下場一樣。

然而，查理這時卻返回了蘇格蘭，前來忍受神聖聯盟成員無聊的生活和周日冗長枯燥的佈道。為此，國會緊急召回令人生畏的奧利弗，讓他懲罰扶持王子的蘇格蘭人。克倫威爾將自己的女婿艾爾頓留在愛爾蘭接替自己（後來他死在了那裡）；艾爾頓盡責地追隨岳父的步伐，馴服了這個國家，讓它服服貼貼地跪在國會腳下。最終，他們通過了一項議案整治愛爾蘭，寬宏大量地饒恕了所有的平民，但所有與造反相關、殺過新教教徒或拒絕放下武器的人都被排除在外。很多愛爾蘭人都背井離鄉，來到海外為其他天主教統治者效力，於是大片土地都因其主人過去的罪行而被沒收，國會轉手又將它們賜給在戰爭初期曾借錢給國會的人們。這些都是相當極端的手段，但如果奧利弗·克倫威爾繼續留在愛爾蘭為所欲為的話，他一定還會做出更過分的事來。

但是，就像我先前說的，國會希望奧利弗去蘇格蘭。所以，才剛一回家，奧利弗就被任命為英格蘭聯邦的最高指揮官，三天後他就率領一萬六千名士兵北上討伐蘇格蘭人。那時蘇格蘭人非常警覺（您可能發現，他們現在亦是如此）；他們深知，對於戰爭他們的軍隊可不像鐵騎隊那麼輕車熟路，所以如果直接應戰，他們必將被一敗塗地。因此他們說：「如果我們老老實實守在愛丁堡城內的壕溝裡，然後叫所有農民拋下田地不再耕種，鐵騎隊就會挨餓，然後不得不撤兵回去。」這無疑是一條錦囊妙計；然而，鑒於蘇格蘭教士總喜歡在那些他們本一無所知的領域裡亂插一腳，並用冗長的佈道催促士兵們出來戰鬥，蘇格蘭士兵偏執地相信自己必須站出來迎戰。於是，在一個不幸的日子裡，這些士兵走出安全的領地。奧利弗立刻帶兵撲了上去；他殺了三千人，俘虜了一萬。為了感謝和籠絡蘇格蘭國會，查理簽署了一份由他們提供的聲明，與自己的父母劃清界線，並把自己塑造成一個極其虔誠的王子——對他來說，神聖盟約就像生命一樣寶貴。然而上述內容沒有一句實話：沒過多久，他就騎著馬加入到一些高地弟兄當中；這些人整日揮舞著短劍和闊劍，著實令人厭倦。雖然他還是被神聖盟約的人追上並給勸了回來，但這個被稱為「開端」的嘗試的確給他帶來一些好處：至少那些人不再像以前一樣，整日用冗長枯燥的佈道來煩他了。

一六五一年一月一日，蘇格蘭人民在斯昆鎮上為查理加了冕。隨後，查理立刻率領兩萬士兵前往斯特靈——我敢說，他那時候一定躊躇滿志，因為令人畏懼的奧利弗那時剛好患了瘧疾。然而奧利弗卻在第一時間跳下病床投身到工作之中，最終竟得以包抄了整支保王派軍隊，徹底切斷了他們與蘇格蘭的聯繫。於是查理別無選擇，只能前往英格蘭。他帶兵南下至伍斯特，被市長和一些鄉紳貴族公開宣稱為查理二世。但這稱號對他來說一點用也沒有，因為露面的保王派寥寥無幾；而且就在同一天，還有兩個人因為支持他而在眾目睽睽之下，在倫敦塔山上丟了腦袋。奧利弗緊隨其後，快馬加鞭也來到了伍斯特。在那裡他和他的鐵騎隊與查理的軍隊大戰一場[8]，蘇格蘭人大敗，保王派軍隊被徹底摧毀。不過蘇格蘭人相當英勇善戰，奧利弗花了五個小時才獲勝。

在伍斯特戰役之後，查理便踏上了漫長的流亡旅途。不過這件事竟在很久之後還為他帶來了好處，因為在不少大度的英格蘭人民心中，他因此帶上了一層浪漫主義色彩；他們對查理抱以他本不應得的好感。他趁夜逃到斯塔福德郡一個信奉天主教的女士家裡避難，身邊只有不超過六十名追隨者。在那裡，為了進一步確保他安全，那六十個人也離開了他。他剪掉長髮，把手和臉染成棕色，好像常年日曬造成的那樣，然後穿上鄉下勞工的衣服。早晨，他手持斧頭，在幾個伐木工的陪伴下來到郊外。這五人中間，其中四個人是兄弟，另一個是他們的妹夫。這些好心人幫查理在樹下鋪了一張床（因為天氣很差），其中一人的妻子還帶食物給他吃。那四兄弟的老母親也趕到林子裡，跪在他面前，感謝上帝讓她的兒子有了救了國王的殊榮。晚上，他離開森林來到坐落在塞文河畔的一棟房子裡，他企圖通過那裡前往威爾士。然而那裡卻到處都是士兵，橋樑和船隻也都被嚴加看管起來。所以，在乾草棚裡蓋著乾草度過一段時間之後，查理在凱爾利斯上校[9]的陪伴下走了出來。這個凱爾利斯是一位天主教貴族，就是他在那個地方接應國王，還陪他一同在一棵繁茂的老橡樹上面，像鳥一樣躲了整整一天。國王的運氣不錯，因為那時正值九月，樹葉還未開始脫落；士兵們就在樹下騎馬巡邏，而且隨著他們走來走去，附近的樹林中還不斷傳來擊打、搜尋樹叢的聲音。

在這之後，國王長途跋涉，直到雙腳都磨出厚厚一層繭子。在一棟遭到騎兵搜索的房子裡藏了一整天之後，他又和威爾莫特勳爵[10]——他的另一個好友——來到一個名為本特利的地方。那兒有個被稱作萊恩小姐的、信奉新教的女士，她獲得准許，可以騎馬通過守衛去看望一個家住在布里斯托爾附近的親戚。查理偽裝成僕人，騎馬走在這位年輕的小姐前面，一路來到一位約翰．溫特爵士的宅子裡。威爾莫特勳爵則非常高調，像個普通鄉紳一樣趕著獵犬來到這裡。不巧的是，約翰．溫特爵士的管家曾在里士滿宮供職，所以他一眼就認出了查理，但此人忠心耿耿，並未走漏風聲。鑒於那裡沒有能夠送查理出海的船隻，他又作為萊恩小姐的僕人，來到了另一棟位於多塞特郡舍伯恩附近城市特倫特的房子裡，這時萊恩小姐和一直陪伴她左右的堂兄拉塞爾斯先生便回家了。我希望萊恩小姐會嫁給這位堂兄，因為我敢肯定她一定是一位善良勇敢的女孩。如我是那個堂兄，我一定會愛上萊恩小姐的。

當查理失去了萊恩小姐做掩護之後，他在特倫特找到了庇護所。他們在萊姆[11]雇了一艘船，船主同意帶這兩位紳士前往法蘭西。就在這一天晚上，國王假裝成另一位年輕小姐的僕人，騎馬來到查茅斯的一個小酒館。那裡有個船長願意帶他出海。然而船長的妻子擔心丈夫惹禍上身，就把他關在房間裡不讓他出航。他們只得來到布里德波特，當查理進入一家旅店時，他發現院子裡全是尋找他的士兵；他們正在醉醺醺地談論著國王。查理很鎮定，他像個真正的僕人一樣領著馬匹穿過庭院，邊走邊說：「讓開，大兵，給我們點空過去！」就在他走過去的時候，他遇到一個半醉的馬夫；那人揉了揉眼睛對他說道：「奇怪，我曾是埃克塞特的波特先生的僕人。我怎麼覺得我肯定在那裡見過你，小夥子？」他當然見過，因為查理曾住在那裡。對此國王機智地回答道：「啊，我確實在他那裡待過一段時間，但我現在沒時間聊天。等我回來之後我們再好好喝一杯。」

離開了這個危險的地方，他回到特倫特藏了幾天。然後他就逃到索爾茲伯里附近的希爾，又在一個守寡的夫人家裡躲了五天，直到薩塞克斯郡肖勒姆的一個運煤船船長同意護送一位「紳士」前往法蘭西。在十月十五日這天晚上，在兩位上校和一個商人的陪伴下，國王策馬來到布里奇頓（當時還只是一個小漁村）；他想在上船之前請船長好好吃一頓。然而，那裡很多人都認出了國王，包括船長、旅店老闆和老闆娘。在他離開之前，老闆來到他椅子後面親吻他的手，說他希望有生一日能成為一個領主，而他的妻子則變成領主夫人；聽到這話查理笑了。這時候他們已經飽餐了一頓，還喝了不少酒、抽了不少煙——在這兩件事上，國王可是個行家。最後船長向國王保證他一定會忠於他——這他的確也做到了。按照他們商定的結果，船長先假裝前往迪爾，然後查理再對水手們假稱自己是一個逃避債主的負債紳士，請求水手幫他勸服船長將他送到法蘭西海岸。鑒於國王演技很好，而且還給了水手們二十先令請他們喝酒，水手們便向船長求情，讓他答應了這位可敬的紳士。船長假裝妥協，於是國王便毫髮無傷地到了諾曼第。

如今愛爾蘭已經安穩了下來，奧利弗在蘇格蘭也安插了很多士兵和堡壘，也平定了那個地區。所以只要戰爭只在海外進行，國會就能順順利利地維持下去。唯一的麻煩就是荷蘭；一六五一年春天，荷蘭海軍元帥范·特龍普[12]率領了一支艦隊來到唐斯[13]，並向勇敢的英格蘭元帥布萊克[14]（他也駐守在唐斯，但手下船隻數量僅為特隆普的一半）發出挑戰。然而布萊克集中起全部舷側炮，用猛烈炮火逼得特龍普不得不降旗認輸。到了秋天，特龍普又帶了七十艘船過來，再次向布萊克發起了挑戰[15]；這時候布萊克依舊駐紮在唐斯，依舊只有特龍普的一半兵力。戰爭持續了整整一天，然而當布萊克發現自己實在寡不敵眾的時候，他趁夜悄悄撤退了。對此范．特龍普很是自豪；他將一把大掃帚[16]掛在桅杆上作為他將英格蘭人「掃」出大海的標誌，然後在北岬和維特島之間四處航行，吹噓自己的赫赫戰功。然後在三個月之後，布萊克就迫使特龍普放下了掃帚和驕傲，因為布萊克在其他兩名勇敢的指揮官——迪安和蒙克——的幫助下，再次與特龍普激戰了整整三天，俘獲了二十三艘荷蘭戰艦[17]。特龍普的掃帚散成幾塊，他悻悻而歸。

但事情才剛平息下來，軍隊就向國會抱怨，一方面說他們治國不力，一方面暗示軍隊自己會做得更好。如今奧利弗已下定決心要成為這個國家的首腦，不然就什麼都不做，於是他決定支持軍隊。他將一些軍官和他的議員朋友召集到他在懷特宮的住宅裡，商議如何擺脫國會；如今它的統治時間已經和上一代國王專制統治的時間一樣長了。他們最終決定，奧利弗將像往常一樣穿著黑衣灰褲前往議院，身後卻跟著一隊士兵。他將士兵留在休息室裡，獨自一人進入議院坐下。不久之後，他站起來發言，說上帝已經厭倦了國會，然後他跺了跺腳說道：「你們不再是議員了。帶他們進來！帶他們進來！」聽到這個信號，士兵們蜂擁而至，闖了進來。「這是欺詐！」議會成員亨利．文爵士喊道。「亨利．文爵士，」克倫威爾回答道，「哦，亨利．文爵士！願上帝把我亨利．文爵士手中解救出來！」然後他指著議會成員一個接一個的說，這是個醉鬼、那是個浪蕩子、這個是騙子，云云。隨後他又將議院議長趕下座位，讓士兵清理整個會場；桌子上的權杖本是議會聚集的標誌，這會兒卻被克倫威爾說成「小丑的手杖」，並叫士兵「把它清出去！」當這些命令全部被執行之後，他悄無聲息地鎖上門，把鑰匙放在口袋裡，重新回到懷特宮。他的朋友依舊聚集在那兒；奧利弗告訴他們自己的所作所為。

在這項史無前例的事件之後，他們成立了新的國家議會，並按照自己的方式組建了一個新的議會。作為新國會的開端，奧利弗親自發表了一通演說，把這個時刻描繪成一個人間天堂的開始。在這次的議席上坐著一個非常有名的皮革商人，他的名字很奇特，叫普里茲．高德．貝爾伯恩斯（每個名字對應的是分別是讚美、上帝和基本；這個新國會便因他得名而被稱作「基本國會」或「貝爾伯恩斯國會」，儘管它更常見的名字是「小國會」。然而，由於奧利弗很快就發現這個國會並不打算將他推上首席，這就不再是「人間天堂的開始」了；奧利弗說自己已經對它忍無可忍，所以他又通過相似的手法推翻了這個國會。這時由軍官組成的國會則決定應該由奧利弗做王國首腦，頭銜則是聯邦國護國公。

於是，一六五三年十二月十六日，大隊人馬聚集在奧利弗的門前。在法官、市長、市議員和英格蘭其他一些大人物的簇擁下，奧利弗身著黑色天鵝絨外衣，腳踏一雙大靴子，乘坐馬車來到威斯敏斯特宮。在那兒，他在大法官法庭上公開接受了護國公一職。

人們向他宣誓，象徵城市的劍和印也被交到他手上，一同交付給他的還有一些通常在這種場合下交給國王和女王的東西。待奧利弗將這些東西交還回去的時候，他已經完全是護國公了。一些鐵騎隊的人對此大加渲染，說了整整一晚上。

第二部分

接受了護國公一職，奧利弗·克倫威爾（也被人們叫做「老諾爾」[18]）收到一份被稱為「政府約法」[19]的檔並通過它召集起了國會。國會共包括四百到五百名成員，但保王派和天主教教徒都被排除在外。克倫威爾還保證說，如果得不到國會同意，它就不會被解散——至少在國會成立五個月之內是這樣。

當這批議員碰面時，奧利弗對他們進行了長達三小時的演說，非常明智地教導他們應該如何讓這個國家變得更加美好。為了壓制某些強勢的議員，他要求他們簽署一份文件，發誓決不奪取國家或軍隊首腦的權力——這也是政府約法所禁止的事情。然後他就解散了國會，叫他們回去工作。奧利弗自己也帶著他以往的熱誠和決心投身到工作之中；這次他需要處理一些瘋瘋癲癲的說教者，因為他們在佈道中過火地宣稱奧利弗是惡棍和暴君。奧利弗查封一些禮拜堂裡，還把一些人送進了監獄。

在那個年代，不管是在英格蘭還是其他什麼地方，沒有一個人能像奧利弗·克倫威爾那樣把這個國家治理得如此井井有條。儘管他採用鐵腕手段，而且還在保王派身上加了很重的稅收（不過這是在他們計畫謀害他之後），他的統治還算英明並且符合那個時代的所需。托他的福，英格蘭在國外也受到極大的敬重；我甚至希望日後那些在國王和女王的名義下治理國家的大人們能向奧利弗·克倫威爾學習一下。他將勇敢的布萊克元帥派到地中海，讓托斯卡納公爵付了六萬英鎊，作為他傷害不列顛子民和掠奪英格蘭商人的懲罰。然後他又將元帥及其艦隊派到阿爾及爾[20]、突尼斯和的黎波里，營救所有被當地海盜俘獲的英格蘭船隻和英格蘭人。這些累累戰果很快讓全世界都清楚地認識到，如今英格蘭的統治者是一個精明能幹的人，不管在哪兒，他都不允許英格蘭的名字遭受到一丁點侮辱或輕慢。

這還不是奧利弗的全部海外功績。他派了一支艦隊出海與荷蘭人作戰。各有一百艘船，兩支艦隊在北岬附近的英吉利海峽當中相遇了[21]，激戰了整整一天。迪安戰死了，但與他指揮同一艘船的蒙克用外套遮住他的屍體，以防水手們發現他的死亡而降低士氣。不過水手們的士氣的確沒有降低。英格蘭軍艦的舷側炮火如此猛烈，嚇得荷蘭人落荒而逃。令人畏懼的范·特龍普乾脆朝逃兵開炮，卻無濟於事。不久之後，兩軍在荷蘭海岸附近再次相遇[22]。在那兒，勇敢的范·特龍普被一槍射穿胸膛，荷蘭人只得妥協；雙方講和了。

不僅如此，奧利弗還決定不再忍受西班牙頑固蠻橫的態度；這個國家不但將南美洲的金銀占為己有，並把這個地區內所有其他國家的船隻當作海盜處理，還把英格蘭人民投進宗教審判所的恐怖監獄。所以，奧利弗乾脆告訴西班牙大使，英格蘭船隻應當隨心所欲，想去哪兒就去哪兒；英格蘭商人也不能被投入那種地下監牢，供西班牙的教士們尋開心。對此西班牙大使回答說，盛產金銀的國家和宗教審判所對西班牙國王來說如雙眼一般寶貴，所以他哪個都不會放棄的。既然這樣，奧利弗說，那麼他只能直接毀掉這兩隻眼睛了。

於是，在佩恩和維納布林斯[23]的指揮下，另一支艦隊被派往伊斯帕尼奧拉島[24]，不料卻被西班牙占了上風。結果，在半路上拿下牙買加之後，艦隊只能打道回府。這讓奧利弗非常惱火，因為這兩個指揮官沒做到勇敢的布萊克元帥本可以做到的事情，於是他一氣之下把他們關進了監獄。然後他就同西班牙宣了戰，並與法蘭西簽訂了條約；雙方的簽約的結果是，法蘭西不再為國王和他弟弟約克公爵提供庇護了。之後奧利弗又派了一支艦隊，不過這次是在布萊克元帥的統領下。他先給葡萄牙國王上了一課，然後又與一支西班牙艦隊陷入激戰，最終擊沉了四艘戰船，並繳獲兩艘船，船內裝滿了價值二百萬英鎊的金銀[25]。這些金光閃閃的戰利品被裝在馬車裡，從朴茨茅斯一路運送到倫敦；一路上，附近城鎮的居民們紛紛跑出家門，夾道歡呼。取得這場勝利之後，勇敢的布萊克元帥又航至聖克魯斯港，意在堵截來自墨西哥的西班牙珍寶艦隊[26]。不出所料，他在那裡找到了目標：珍寶艦隊一共有十支船，另有七艘船為其護航；此外那兒還有一座城堡和四座炮臺，猛烈的炮火全部集中射向布萊克的艦隊。但布萊克視大炮為玩具槍，視炙熱的鐵球為雪球。他突破重圍闖入海港，那裡的船隻要麼被他捕獲，要麼被他付之一炬。然後他將英格蘭戰旗高掛在桅杆上，凱旋而歸。然而這是這位偉大將領的最後一戰：長期的出航和征戰耗盡了他的生命，當他的船在人們熱烈的歡呼聲中緩緩駛入朴茨茅斯港口時，他死了，最終被厚葬在威斯敏斯特大教堂；不過他並沒能夠在那裡安息多久[27]。

當這些事情都告一段落之後，奧利弗發現盧塞恩河谷[28]的瓦爾多教徒[29]遭到天主教勢力的迫害，有些人甚至因信仰而被殘忍地處死。於是他即刻通知這些勢力，說這些都是信奉新教的英格蘭不能容忍的行為。很快他就把警告付諸於行動；在他的保護之下，瓦爾多教徒得以安安穩穩地、繼續用他們無害的方式敬拜上帝。

最後，在與法蘭西聯合對抗西班牙的戰鬥中，奧利弗的英格蘭軍隊立下赫赫戰功，以至於當他們共同攻下敦克爾克之後，法蘭西國王[30]親自將它拱手讓給英格蘭人，以表彰他們的英勇和強大[31]。

在狂熱的宗教主義者（他們自稱「第五王朝主義者」[32]）和失望的共和黨人之中，也不乏奪取害奧利弗性命的密謀家。奧利弗所面對的局面實際上非常艱難，因為保王派總是願意聯合任何一方以對抗他。「海對面的國王」(人們這樣稱呼查理)應該不介意與什麼人合謀謀害他的性命，儘管我們有理由相信，如果奧利弗可以接受這樣一位女婿的話，他倒會很樂意迎娶奧利弗的一個女兒。此外，軍隊中還有一個叫做薩克斯比的上校，他曾經強力支持奧利弗，但現在卻反對他並在這段時期內給他造成不少麻煩。他輾轉於對奧利弗不滿的英格蘭人和西班牙人之間，為查理傳話——在被法蘭西拋棄之後，查理也轉而與西班牙結盟。這個人最終死在監獄裡，但在此之前，保王派和共和黨人策劃了不少危險的陰謀，他們甚至在一個星期天晚上揭竿而起，衝進了索爾茲伯里城。他們抓住所有第二天將要參加立法會議的法官，如果不是一些態度溫和的成員反對的話，他們就把法官們悉數絞死了。奧利弗強硬且有效地鎮壓了這次反叛，就像他粉碎其他那些陰謀時做的一樣。但是作為主謀之一的威爾莫特卻成功逃過一劫；此人就是那個曾協助查理逃脫的威爾莫特勳爵，不過此時已經變成了羅徹斯特伯爵。奧利弗在四處都有眼線，他的敵人做夢都想不到他竟然能掌控如此規模的消息來源。那時曾存在過一個名叫「死結」的組織，其六名成員均為查理最親近且最隱秘的心腹。然而就是在這樣一個組織裡，一位元理查·威爾斯爵士[33]竟向奧利弗通風報信，詳細彙報組織內發生的一切；為此奧利弗每年給他兩百英鎊作為獎賞。

軍人出身的邁爾斯·辛達爾科姆則是另一位企圖謀害護國公的陰謀家。他和一個叫賽西爾的人買通奧利弗的一個貼身護衛，叫他在奧利弗外出的時候通知他們，好讓他們能在一扇窗戶裡射殺他。然而，不知是因為奧利弗太謹慎還是他運氣太好，他們從來沒找到能夠瞄準他的機會。對這項計畫失望之後，他們乾脆帶著一籃子易燃物混進懷特宮的禮拜堂，點上一根緩燃引線，計畫在六個小時之後引爆炸藥，然後他們就趁著火焰和混亂刺殺奧利弗。但是那個被買通的護衛出賣了他們，於是他們最終被捕。不久之後，邁爾斯就在被判死刑之前死在了監獄裡（也許是自殺了）。還有一些諸如此類的密謀者，他們或被奧利弗砍了腦袋，或被吊死了，但更多的都被發配到西印度[34]淪為奴隸。儘管在維持英格蘭法律方面奧利弗非常嚴酷，但他卻也公正無私。一個葡萄牙貴族——葡萄牙大使的兄弟——把一個倫敦居民誤認成一個曾與他起過爭執的人，然後將他殺死了。奧利弗讓他在一個由英格蘭人和外國人共同組成的陪審團面前接受審判；最終，不顧倫敦所有的大使的懇請，他還是執行了死刑。

這裡還有一個小插曲。奧爾登堡公爵本是奧利弗的一個朋友，卻差點做了一件比所有的密謀者全加起來還能讓保王派高興的事情，只因他送給奧利弗六匹拉車的駿馬。一天，奧利弗乘著這六匹馬拉的馬車進入海德公園，和他的秘書及其他一些朋友在樹下進餐。晚餐後，興致勃勃的奧利弗突發奇想要親自駕車送朋友們回家，於是他按照傳統騎上最前面的駿馬。但由於他鞭策馬匹過於頻繁，六匹駿馬狂奔起來，將這個左馭馬者[35]掀倒在地。奧利弗撞上馬車車轅，他的衣服掛在了馬具上，手槍掉出來走了火，險些射中主人。他被馬車拖著走了一段距離，直到他的腳掙脫了靴子，然後他滑進寬大的馬車車底，安全地落在了地上，並沒受太糟的傷。車內的先生們僅僅受了點擦傷而已，這讓所有派別的不滿人士都感到非常失望。

至於克倫威爾護國公任期內剩下的歷史，就得細數他所組織的國會了。他一點也不喜歡第一個國會，所以等五個月一過他就解散了它。第二個國會倒是更和他意，他希望能夠在確保自身安全的前提下從這個國會上得到國王的頭銜。這個算盤他已經打了一段時間了，但到底是因為他認為這會使習慣於這個稱號的英格蘭人民變得更順從，還是因為他就是想當國王並讓自己的後代繼承這個稱號，我們就不得而知了。畢竟，不管在英格蘭還是全世界，他已經到達了權力的頂峰，我不認為他會在乎區區一個名分。然而，下議院將一份名為「卑微的請求和建議」的請願書呈到奧利弗面前，懇切地請求他接受這至高的頭銜並指認一個即位者。如果不是軍隊強烈反對，奧利弗定會同意當國王。結果他忍住了，僅僅同意了請願書中其他一些請求。同時，威斯敏斯特大廳中又上演了一場規模宏大的好戲：下議院議長不但鄭重其事地為奧利弗披上繡著一圈貂皮的紫色外袍，授予他一本裝訂精美的聖經，還把一根黃金權杖交到他手中。當他再一次召集國會的時候，他組織了一個由六十名成員組成的上議院，因為那份請願書賦予了他這樣的權力。

但是由於那個國會也沒能讓他完全滿意，而且不肯著手處理國家事務，奧利弗乾脆在一天早晨帶著六名護衛跳上馬車，再次強行解散了國會[36]。我希望日後的國會會將此視為一個警告，這樣他們就能避免冗長的演講，而是多幹些實事。

一六五八年八月，奧利弗・克倫威爾最寵愛的女兒伊莉莎白・克萊波爾（她剛剛失去了最小的兒子）重病不起，這讓深愛著她的奧利弗痛苦至極。他的另一個女兒嫁給了法爾肯伯格勳爵，還有一個嫁給了瓦立克伯爵的孫子；此外，他還讓他的兒子理查[37]進入上議院。總之作為一個慈父和好丈夫，他對所有的子女都非常和藹可親，但他最愛的卻是伊莉莎白。他前往漢普頓探望她，在她去世前他幾乎寸步不離地守在她的病榻旁邊。儘管他所信奉的宗教非常嚴酷陰鬱，但他本人的性格卻常常十分開朗。在家中，他熱愛音樂，每週都設宴款待所有軍銜在上校以上的軍官，而且始終維持著家中的安穩和睦。他鼓勵博學多才的人，並喜歡讓這些有才之士伴其左右，彌爾頓[38]就是其中一位。儘管貴族階級的衣著和處世方式與他大相徑庭，但奧利弗對他們依舊和氣相待。為了提醒他們他龐大的資訊網，他有時會在他們前來做客時開玩笑地說，他知道他們上次為「海對面的國王」的健康乾杯的地點，他建議他們下次做得低調一點。但是他生活在一個水深火熱的時代，他不得不承受國家大事的壓力，還時不時為自己的性命擔憂。他忍受著痛風和瘧疾的折磨，當愛女去世時，他終於被打垮了，而且沒再恢復過來。八月二十四日，他告訴醫師們，上帝曾保證過不讓他死於這些疾病，所以他一定會康復的。但這不過是他病中的幻想而已：在九月三日——也就是被他稱為「幸運日」的、偉大的伍斯特戰役紀念日的這一天，他死了，享年六十歲。在最後的日子裡，他曾陷入了幻覺，並毫無知覺地躺了幾個小時，但據說人們聽到他曾在去世的前一天輕誦了一段優美的祈禱詞。整個國家都陷入哀悼。如果您想瞭解奧利弗．克倫威爾的真正功績和他對這個國家所做的實際貢獻，您只對比一下他執政時期的英格蘭和查理二世統治下的英格蘭就可以了。

他早就將兒子理查立為繼承人，所以理查便成為新的護國公。不過在那之前，他們先在斯特蘭德街的薩默塞特宮為奧利弗舉行了一場超乎尋常的追悼會，讓人們前來瞻仰弔孝他的遺容；我認為其奢華程度簡直不合常理，因為所有對已逝之人追加的虛假榮耀都是不可理喻的。理查是個和藹的鄉紳，可他沒有繼承他父親那些偉大的才幹和天賦；在那個黨派相爭的動盪年代，他並不適合這個職位，他的任期僅僅維持了一年半；在這短時間內，軍隊領袖和國會爭吵不休，軍隊內部也紛爭不斷。人民越發不滿，他們的生活裡充斥著冗長的佈道，卻沒有什麼機會放鬆；他們開始尋求改變。最終，蒙克將軍最終全面掌控了軍隊，他緊接著開始了一個秘密計畫，打算把國王請回來；這個計畫他恐怕從奧利弗去世的時候就開始醞釀了。當然他並不敢公開行動，但在下議院中（他是代表德文郡的議員之一），他卻大力支持某個約翰．格林維爾爵士的議案。此人先前與查理有秘密來往，他將一封國王寫自布雷達的信件帶給議院。經過無數密謀和反密謀、重召長期議會[39]的一些成員、解散長期議會、保王派匆匆忙忙的起兵之後，大部分人都對此感到十分疲倦，而且自從偉大的奧利弗死後，這個國家就陷入了群龍無首的狀態，所以大家只得同意迎回查理·斯圖爾特。一些胸懷遠見又比較正直的議員說，單純從那封來自布雷達的信件看來，查理並沒有實際承諾會好好治理國家，所以他最好能在返回之前就宣誓會為自己的國家盡忠盡責。這個提議最有真知灼見，可蒙克卻說，等他來了一切就變好了，反正他也不可能轉眼即到。

結果，當時所有人都認為，如果另一個斯圖爾特願意「放下身份」統治他們的話，這個國家一定會變得繁榮美好起來；為此人們舉行了大規模的慶祝活動，他們鳴槍示意、點燃篝火、敲鐘慶賀，還紛紛把帽子拋到天上。上千人在街道上公開為國王的健康舉杯，每個人都興奮不已。聯邦國的國徽被扔到一邊，王室標誌被高高舉起；公款被拿了出來，五萬英鎊給國王，一萬英鎊給他弟弟約克公爵，另有五千則流進了另一個弟弟格洛斯特公爵的口袋裡。所有教堂中都傳出為這些斯圖爾特大人們祈禱的聲音。為了邀請國王早日回國，官員們被遣到荷蘭（荷蘭人也突然意識到查理是個大人物，所以也對他熱愛有加）；蒙克和肯特郡的一些貴族則來到多佛爾，跪在剛剛登陸的國王面前。查理親吻擁抱了蒙克，並邀請他與他和弟弟們共乘一輛馬車。一六六零年五月二十九日（查理的生日），馬車在民眾的歡呼聲中駛入倫敦。國王先在布萊克希思檢閱了軍隊，然後，在參加了無數在帳篷中舉行的豪華晚宴、看到無數房子上懸掛著的織錦和旗子之後，他便前往懷特宮，簇擁在他身邊的是欣喜若狂的人們、盛裝的貴族和紳士、城市商會、民兵、鼓手、偉大的倫敦市長和莊重的市議員。進入懷特宮時，他特別為復辟一事開了句玩笑，說沒能早點來真是對不起大家，因為每個人都說告訴他，長久以來他們一直真心真意地期盼他能早日歸來。

1 即日後的英格蘭的查理二世（Charles II of England，一六三〇—一六八五），當他父親查理一世於一六四九年在懷特宮被處死之後，蘇格蘭議會立查理二世為國王，卻遭到英格蘭議會反對。一六五一年，克倫威爾在伍斯特戰役中擊敗查理二世的部隊，查理便逃亡歐洲開始了流亡生涯，直到一六六〇年才返回英格蘭並被擁立為王。

2 王室交易所（Royal Exchange），位於倫敦中心的商業中心，成立於一五六八年。一五七一年，伊莉莎白一世賜予它王室頭銜並允許在那裡販賣酒精製品。

3 王宮庭院（Palace Yard），這裡實際指的是老王宮庭院（Old Palace Yard），位於威斯敏斯特宮和威斯敏斯特教堂之間，是一個著名的行刑地點，再次受刑的罪犯包括「火藥陰謀」（gunpowder plot）的參與者和普勒斯頓戰役（Battle of Preston，一六四八年八月一七日至一九日）的重要參與者。新王宮庭院（New Palace Yard）則坐落在議會大廈和議會廣場之間，也為行刑地點，誤將二者混淆。

4 即詹姆斯・漢密爾頓（James Hamilton，一六〇六—一六四九），第一代漢密爾頓公爵，蘇格蘭貴族、重要的政治軍事領袖，在普勒斯頓戰役中指揮保王派和蘇格蘭軍隊，戰敗後被處死。

5 即亨利・里奇（Henry Rich，一五九〇—一六四九），第一代霍蘭伯爵，英格蘭貴族和軍事領袖，在聖尼茨戰役（Battle of St Neots，一六四八年七月一〇日）戰敗後被捕，後經審判後以叛國罪之名處死。

6 即亞瑟・卡佩爾（Arthur Capel，一六〇八—一六四九），第一代哈德漢姆的卡佩爾男爵，一九四〇至一九四一年間為下議院議員，後被加封為男爵。在英格蘭內戰中他支持保王派，因而被議會處死。

7 在歐洲文化當中，迷迭香（rosemary）具有紀念、緬懷的意義，主要用於婚禮、葬禮和戰爭紀念日等活動。在葬禮中，將迷迭香扔進墳墓是一種弔念死者的表現。

8 即伍斯特戰役（Battle of Worcester）發生於一六五一年九月三日，是英格蘭內戰的最後一場戰役。在這場戰鬥中，奧利弗・克倫威爾和「圓顱黨」擊敗了查理二世的保王派軍隊。

9 即威廉・凱爾利斯上校(William Careless,或卡洛斯,Carlos,卒於一六八九年),英格蘭內戰中一位保王派軍官,因陪伴查理二世躲藏在一棵橡樹上而出名(那棵樹後被稱為「王室橡樹」,Royal Oak)。後來查理下令他將名字改為「卡洛斯」,即查理的西班牙語變體。

10 即亨利・威爾莫特(Henry Wilmot,一六一二—一六五八),第一代羅徹斯特伯爵,英格蘭內戰中的保王派騎兵,在伍斯特戰役後一直陪伴著查理二世,後於一六五二年被封為羅徹斯特伯爵。

11 即萊姆瑞傑斯(Lyme Regis),位於英格蘭多塞特西部,坐落在萊姆海灣內。

12 即瑪律滕・特龍普(Maarten Tromp,一五九八—一六五三),荷蘭海軍元帥,曾於一六三九年在唐斯戰役(Battle of the Downs,一六三九年一〇月二一日)打敗西班牙海軍,徹底瓦解了西班牙強大的海軍力量。後在第一次盎格魯—丹麥戰爭(一六五二年至一六五四年間)帶領荷蘭海軍參與了古德溫沙洲戰役(Battle of Goodwin Sands,一六五二年五月二九日)、鄧傑內斯角戰役(Battle of Dungeness,一六五二年一二月一〇日)、波特蘭戰役(Battle of Portland,一六五三年二月二八日至三月二日)、加伯德戰役(Battle of the Gabbard,一六五三年六月一二日至一三日)和斯海弗寧恩戰役(Battle of Scheveningen,一六五三年八月八日至一〇日)。他最終於斯海弗甯恩戰役中戰死。

13 唐斯(the Downs),位於北海南部的海域,靠近英吉利海峽和英格蘭肯特東部海岸。雖原文中使用「唐斯」,但這次戰役指的是發生於一六五二年五月二九日的古德溫沙洲戰役(Battle of Goodwin Sands),也稱多佛爾戰役(Battle of Dover),勿與發生於一六三九年、西班牙—丹麥戰爭中的唐斯戰役(Battle of the Downs)所混淆。

14 即羅伯特・布萊克(Robert Blake,一五九八—一六五七),聯邦時期最優秀的英格蘭軍事將領之一,被譽為十七世紀最著名的英格蘭海軍元帥之一。一六四九年起任英格蘭聯邦海軍將軍(General at Sea),實際上在議會軍隊中並無海軍元帥(Admiral)一職,但海軍將軍的職責中也包括元帥的職責,所以布萊克一般被稱為「元帥」。他率領英格蘭艦隊參與了英格蘭內戰、第一次盎格魯—丹麥戰爭、突尼斯州之戰和英格蘭—西班牙戰爭。。

15 即鄧傑內斯角戰役(Battle of Dungeness)，發生於一六五二年一二月一〇日。

16 在海軍當中，在軍艦桅杆頂端或潛艇潛望鏡處懸掛一把掃帚是「大捷」(Clean Sweep)的標誌。據說該習俗追溯到十七世紀五〇年代，由荷蘭海軍元帥特龍普率先興起。。

17 即波特蘭戰役(Battle of Portland)，發生於一六五三年二月二八日至三月二日。實際上這場戰爭中並無人取得決定性的勝利，荷蘭與英格蘭雙方均宣稱自己獲勝；直到加伯德戰役(Battle of the Gabbard，一六五三年六月一二日至一三日)和斯海弗寧恩戰役(Battle of Scheveningen，一六五三年八月八日至一〇日)之後，英格蘭海軍才確立了自己在英吉利海峽中的絕對地位。

18 「諾爾」(noll)在英式英語中有「頭」或「頭頂」的意思。

19 政府約法(Instrument of Government)，英格蘭、蘇格蘭和愛爾蘭聯邦國憲法，由約翰·蘭伯特將軍(John Lambert，一六一九—一六八四)起草於一六五三年，是英語國家第一部成文憲法。

20 阿爾及爾(Algiers)，阿爾及利亞首都，北非國家，靠地中海沿岸。當時這個地區，以及下文的突尼斯和的黎波里等地區是土耳其海盜(也稱柏柏裡海盜)的主要據點。

21 即加伯德戰役(Battle of the Gabbard)，發生於一六五三年六月一二日至一三日。

22 即斯海弗寧恩戰役(Battle of Scheveningen)，一六五三年八月八日至一〇日，荷蘭海軍元帥特龍普在該戰役中陣亡。

23 即威廉·佩恩(William Penn，一六二一—一六七〇)和羅伯特·維納布林斯(Robert Venables，約一六一三—一六八七)，其中佩恩為當時的英格蘭海軍將軍，維納布林斯任聯合指揮官，二人於一六五四年一同前往加勒比海域抵禦西班牙軍隊。失敗後兩人於一六五五年被克倫威爾關進倫敦塔。

24 伊斯帕尼奧拉島（Hispaniola），加勒比海中的第二大島嶼，現分別屬於海地和多明尼加共和國，是哥倫布在南美洲所建立的第一個歐洲殖民地。

25 即加的斯戰役（Battle of Cádiz），發生於一六五六年九月一九日，以英格蘭取勝並繳獲兩艘艦船為終，給西班牙造成的經濟損失高達兩百萬英鎊。

26 即聖克魯斯—德特內里費戰役（Battle of Santa Cruz de Tenerife），發生於一六五八年四月二〇日，英格蘭海軍在羅伯特．布萊克的率領下襲擊了已進入聖克魯斯港的一支西班牙珍寶艦隊。

27 這裡指的是一六六一年，在查理二世的命令之下，羅伯特．布萊克的屍骨被掘出並被重新葬在一座位於威斯敏斯特教堂側翼的聖瑪格利特教堂的公共墳墓內。

28 盧塞恩（Lucerne），位於現今瑞士中北部，為德語地區。

29 瓦爾多教（Vaudois），也稱作瓦勒度教派（Waldensians），於一二世紀後期發源於法國里昂，後傳入義大利、瑞士和德國等地，是基督教的一支，但在教義上接近新教，因此被羅馬天主教教廷視為異端。

30 即法蘭西的路易十四（Louis XIV of France，一六三八—一七一五），也被稱作太陽王（le Roi—Soleil），自一六四三年起統治法蘭西，其統治長達七十二年有餘，是歐洲主要國家歷史上統治時間最長的君主。

31 事實上，根據一六五七年兩國簽訂的《巴黎條約》（Treaty of Paris），英格蘭和法蘭西將聯合對抗佛蘭德的西班牙力量，攻打敦克爾克（Dunkirk）、格拉沃利訥（Gravelines）和瑪律蒂克（Mardyck）城堡。根據條約，戰後敦克爾克和瑪律蒂克歸英格蘭所有。

32 「第五王朝主義者」（Fifth Monarchy Men或Fifth Monarchists）活躍於一六四九至一六六〇年間，其成員是一群持與主流宗教信仰不同的基督教信徒。他們相信，根據《舊約》中的〈但以理書〉，四個人間王朝（巴比倫、波斯、馬其頓和羅馬）已經過去，耶穌基督的王朝即將來臨。此外，他們認為西元一六六六年與聖經中的野獸數目六六六相對應，而耶穌將在這一年返回，與他的聖人們一起統治這個世界一千年。第五王朝主義者相信自己便是耶穌的聖人。

33 理查·威爾斯（Richard Wills，一六一四—一六九〇），英格蘭內戰中的保王派軍官，後在英格蘭聯邦期間成為議會的雙重間諜。

34 這裡指的其實是加勒比海域的一些島嶼，而非當今印度西部。

35 左馭馬者（postilion）是馬車的駕馭者。由於馬匹通常被訓練成習慣騎手從左邊上馬，所以按照習俗左馭馬者會騎在最左邊的馬匹上，並因此而得名。

36 這裡指的是保護國第二議會（second Protectorate Parliament），組建於一六五六年九月。在第二次集會中，組建上議院一事激怒了下議院中的共和黨人，由於擔心叛亂及保王派陰謀，克倫威爾於一六五八年四月解散了該議會。

37 理查·克倫威爾（Richard Cromwell，一六二六—一七一二），奧利弗·克倫威爾的第三子，於一六五八年九月至一六五九年五月為英格蘭、蘇格蘭和愛爾蘭聯邦國護國公，辭職後返回家鄉度過餘生。

38 即約翰·彌爾頓（一六〇八—一六七四），英格蘭學者、詩人，其代表作有《失樂園》。

39 長期議會（Long Parliament），由查理一世組建於一六四〇年一一月，後於一六四八年在英格蘭內戰中被議會組織的新模範軍（New Model Army）肅清。直到克倫威爾死後，喬治·蒙克將軍（George Monck，一六〇八—一六七〇）才允許長期議會成員返回席位，以協助查理復辟，成功後長期議會再次被解散。

第三十五章　「快樂國王」查理二世統治下的英格蘭

第一部分

查理二世[1]的統治如此放蕩不羈，在英格蘭歷史上可謂前無古人。您看看他的肖像，一張醜陋黝黑的臉上頂著個碩大的鼻子，您可能想像得出他在懷特宮的宮廷裡，身邊全是王國裡最遊手好閒的浪蕩子們（雖然他們的身份都是大人和貴婦人），他們飲酒賭博，談吐粗惡，揮霍無度。鑒於當時流行把查理二世叫做「快樂國王」，我就試著給您大概描述一下這位「快樂紳士」在「快樂英格蘭」坐著「快樂王位」的那段「快樂時光」裡，都做了些什麼「快樂」的事。

他做的第一件快樂的事情，自然是宣稱自己是史上最偉大、最英明、最高貴的國王之一，如同神聖的太陽一樣，照亮了昏暗的大地。第二件快樂歡欣之事，則是國會以極其謙卑的態度給了他一百二十萬英磅的年收入，並給予他終生收取桶酒稅和進出口稅[2]的權力——為了廢除這兩項陳舊而富有爭議的稅項，人們曾經做了多麼英勇的鬥爭啊！在蒙克將軍[3]被封為阿爾比瑪律伯爵、其他一些保皇派也得了類似的封賞之後，他們又接著動用法律來處置那些與前任國王之死相關的人（也就是所謂的弒君者）。十人被「快樂地」處死了，他們中的六個是法官，一個是議會的人，還有哈克上校[4]以及另一位皇家近衛隊的指揮官，最後是一個名叫休．彼得斯的牧師，他曾經全力反對死去的國王。這些處刑真是「快樂」極了：殘忍至極的行刑者重新啟用了那些被克倫威爾[5]廢除掉的可怖刑罰。受難者被活活剖出心臟，挖出的肚腸則在本人面前焚燒；行刑者一邊揉搓著沾滿前一個死者鮮血的污穢雙手，一邊拿下一個受害人取樂；死者的頭顱和活人共乘一輛雪橇一同前往刑場。然而，無論這位君主多麼令人「快樂」，他都無法強迫任何一位將死之人說出為自己行為懺悔的言語。相反，他們最讓人難忘的話語卻是，即便重新來過，他們也不會選擇其它道路。

作為最忠實的共和黨人之一，哈里．文爵士[6]曾出示過不利於斯特拉福德[7]的證據；如今他也受到了審判，罪名確立且將遭處刑。極力為自己辯護之後，他被帶到倫敦塔山上的絞刑架前。在這裡，他原本準備在民眾面前發表一番演講，可講稿卻被收走撕掉，震天的鼓號聲淹沒了他的聲音。由於弒君者們臨刑前平靜的話語給人民留下的印象實在過於深刻，在絞刑架下準備鼓號已成了傳統，他們一張口就接著敲鼓。對此，哈里·文只說了這麼一句話：「人都快死了，卻連句話都不讓說，這可真糟糕啊！」說罷他英勇就義。

繼這些「愉快」的場景之後，還有更「快樂」的一幕要上演。在前任國王的周年忌日那天，奧利弗·克倫威爾、艾爾頓[8]和布拉德肖[9]的屍體都被人從威斯敏斯特大教堂的墳墓裡掘了出來，拖去了泰伯恩刑場，在絞刑架上掛了整整一天，隨後被斬首。想像一下，奧利弗·克倫威爾的腦袋被放在竿頂，供一群殘忍的人觀賞——要知道在奧利弗活著的時候，這些人裡可沒人敢和他對視半秒以上！等您讀完這段統治的故事之後，請您想一想被人從墳墓裡拖出來的奧利弗·克倫威爾統治下的英格蘭，再想想「快樂君主」統治下的英格蘭；相比之下他就像個快樂的叛徒[10]，一次又一次地出賣了祖國。

當然，他們也沒放過奧利弗的妻子和女兒，儘管她們都是極優秀的女人。當時那些卑鄙的教士們把她們長眠於威斯敏斯特大教堂的屍體挖了出來。同時被掘出來的還有皮姆[11]以及英勇無畏的布萊克老元帥[12]的屍骨，它們早已破碎散落，和兩位女士的屍體一起被扔進了深坑——這真是英格蘭永遠的恥辱。

教士們之所以做出這般可恥的行徑，是因為他們希望在這段統治時期能夠徹底掃除任何不信奉國教的人，希望所有人無論個人意願如何，都只用同一本祈禱書、同一種禱告儀式。對於新教教會來說，這可真是種諷刺，因為它反抗天主教教會的起因就是它認為人們在宗教信仰方面有各持己見的權力。然而他們不僅採取了高壓政策，還制定了一本祈禱書，裡面收錄了勞德大主教[13]的極端言論。他們甚至還通過了一項法案[14]，禁止非國教教徒在任何自治機構擔任任何職位。於是，獲得勝利後，教士們很快也像國王一樣快樂了。再加上這時軍隊已被解散，國王已獲加冕，從此一切將順利無阻。

現在我得說說國王的家庭了。他剛登上王位不久，弟弟格洛斯特公爵和妹妹奧蘭治公主[15]就在幾個月內因天花相繼去世，另一個妹妹亨麗埃塔公主[16]則嫁給了法蘭西國王路易十四的弟弟奧爾良公爵。弟弟約克公爵詹姆斯[17]成為了海軍上將，後改信了天主教。詹姆斯是個陰鬱沉悶、脾氣暴躁的傢伙，對極醜陋的鄉下女人情有獨鍾。他在非常丟臉的情況下迎娶了克拉倫登伯爵[18]的女兒安妮·海德。伯爵當時是國王的重臣，但他絕非那種矜持的角色；相反，他在骯髒不堪的宮殿裡做盡了齷齪的勾當。不過現在非常重要的事是，國王自己也該結婚了。各個外國君主們並不在乎這位女婿的性格，紛紛要把女兒許配給他。葡萄牙國王願意把女兒布拉干薩的凱薩琳[19]嫁給他，並奉上五萬英磅，而支援這樁婚事的法蘭西國王還又額外提供了五萬英鎊的貸款。西班牙國王則讓他在十二位公主裡任選一位，還同時許諾了其他好處。不過還是錢的魅力占了上風，凱薩琳來到了英格蘭參加自己快樂的婚禮。

整個宮廷擠滿了浮誇的放蕩男人和無恥女人，凱薩琳快樂的丈夫想盡一切辦法激怒、羞辱她，直到她同意與這些卑賤的傢伙成為好朋友，甘願屈尊與他們為伍。帕爾默女士是宮廷中最有權勢的壞女人之一，她先被國王封為卡斯爾梅恩夫人，後來又被封為克利夫蘭公爵夫人，在國王的整個統治時期中都對他有極大的影響力。此外還有一位名叫莫爾·大衛斯的快樂女士，她是劇院的舞女，後來成了帕爾默女士的對手。她的另一位對手則是內爾·格溫[20]，她原先就是個賣橘子的女孩，後來做了演員。她的確是個好女孩，但據我所知最糟的是，她好像真心喜歡國王；第一任聖奧爾本斯公爵便是她的孩子。還有個快樂的侍女被國王封為了樸資茅斯公爵夫人，她的兒子也效仿前例被封為了里士滿公爵。總而言之，做個平民也不是件壞事。

混跡在這些快樂的女士和一些同樣快樂（也同樣無恥）的貴族紳士當中，「快樂國王」感到快樂極了，結果他很快就花光了十萬英鎊。然後為了掙點零花錢，他做了樁愉快的買賣：他把敦克爾克以五百萬里弗赫[21]的價格賣給了法蘭西國王。每當我想到奧利弗·克倫威爾在面對外國勢力時為英格蘭贏得的尊嚴，想到他如何為英格蘭奪來了這個敦克爾克，我就不禁深深地感到，如果「快樂國王」也因此步上父親的後塵，那將再合適不過了。

儘管他沒繼承一點兒他父親的優點，在不講信用這一點上他倒是嫡傳。當他從布雷達給國會寫信的時候，他曾信誓旦旦地承諾，說任何真誠的宗教見解都應得到尊重。可等到權力一穩固，他就立刻通過了史上最糟糕的議會法案之一[22]。該法規定任何在指定日期前不鄭重認同英格蘭國教祈禱書的教役者將被革職，並被剝奪教會職務。這導致兩千名誠實的人被逐出聖會，落入極度的貧困和不幸之中。隨後國王又出臺了一部無恥的法律，叫做《非國教教徒秘密聚會法令》[23]。根據規定，任何人——只要年滿十六歲——不得出席任何不使用《公禱書》的宗教活動；初犯者判三個月監禁，再犯則為六個月，三犯將被流放。這項法案把各個可怕的地牢填了個人滿為患。

蘇格蘭長老會成員們也毫無建樹。一個卑鄙的國會被組建起來；它通常被人們叫做醉酒國會，因為它的主要成員很少有醒著的時候。該國會議員們聯合起來制定法律對抗長老會，強迫所有人在宗教問題上保持一致。阿蓋爾．布拉干薩的凱薩琳侯爵[24]相信國王是個講信用的人，便向他投了誠，但作為一個有錢人，他的敵人們對他的財富可是垂涎已久。於是他被以叛國罪進行了審判，罪證則是幾封他表達個人觀點的私人信件；侯爵在信中表明——可能他也確實是這麼想的——比起現在這個快樂虔誠的國王，他更偏愛已故護國主的政府。最終侯爵與另兩位有名的長老會誓約派成員一同被處決。長老派昔日的朋友、叛徒夏普[25]出賣了他們，自己則當上了聖安德魯斯大主教；他的任務是教導蘇格蘭人喜歡上各位主教。

國內已是這般「歡樂」狀態，「快樂國王」又發動了對荷蘭的戰爭。開戰的主要原因是荷蘭人干涉了一家以約克公爵為首要成員的、從事金粉和奴隸交易的非洲公司。經過最初的戰事之後，公爵率領一支由九十八艘戰船和四艘火戰船組成的艦隊駛往荷蘭海岸，與擁有不少於一百一十三艘船的荷蘭艦隊交戰[26]。在雙方的激戰中，荷蘭損失了十八艘船，犧牲了四位上將和七千兵士。但岸上的英格蘭人聽到消息的時候可沒有心情狂歡。

因為當年這個時候，一場大瘟疫[27]在倫敦城中爆發了。早在一六六四年冬天，城中就有流言說在倫敦周邊那些衛生狀況不佳的地方，已有一些人因瘟疫而去世。但那時候不像現在這樣，新聞並不會公開發佈，所以這些流言有的人信，有的人不信，很快就被淡忘了。然而到了一六六五年五月，城鎮裡開始傳言，說聖賈爾斯已爆發大規模瘟疫，死亡人數眾多；流言很快成為可怕的事實。倫敦城外的道路擠滿了想努力逃出被感染地區的人群，他們不惜重金雇傭各種運輸工具。由於疾病的傳播速度上升得太快，病人的房門不得不被關閉，以阻斷他們和生者之間的傳播途徑。這些房子門上都畫了紅色十字架，上面寫著「主啊，請憐憫我們！」街道則一片荒蕪，公路上雜草叢生，空氣中一片死寂。夜幕降臨時，能聽到低沉的隆隆聲，那是運屍體的車輪聲。運屍人蒙著面，嘴前擋著布，他們一邊搖著鈴，一邊用莊嚴的嗓音叫道：「把屍體抬出來！」在火把的映照下，裝進車裡的屍體被埋進了一個個又大又深的坑裡，沒有任何宗教儀式；大家都很害怕，不敢在這可怖的墳墓邊多待一秒。在巨大的恐懼中，孩子們離開了父母，父母棄子女而去，確診生病的人無助而孤獨地死去。有人被雇來的護士刺死或勒死；行兇者搶走所有錢財，連病人所躺的病床都被偷走。有人則發了瘋，從窗戶跳出跑過大街，在痛苦和瘋狂中跳進河裡。

不過這還不是那個時代唯一的恐怖事件。邪惡放蕩的人們在極度絕望中坐在小酒館中高聲放歌，他們在喝酒的時候發病，出門便一命嗚呼。膽小而迷信的人們相信自己看到了超自然現象——天空中燃燒的劍、巨大的手臂和標槍。還有人佯稱在夜深人靜的時候，看到成群的鬼魂在淒涼的深坑邊久久徘徊。一個瘋子頂了滿滿一盆燃著的炭在頭頂，赤身裸體地走在街上，大叫著說自己是個先知，受命前來宣佈這是主對邪惡倫敦的復仇；另一個瘋子則走來走去，嘴裡喊著：「還有四十天，倫敦就要毀滅啦！」第三個瘋子沒日沒夜地不停大叫，嗓音深沉沙啞，激起了幽暗街道裡的迴響：「哦，偉大可怕的上帝啊！」他的話讓病人們毛骨悚然。

七月、八月、九月，大瘟疫愈演愈烈。人們在街頭燃起大火，希望阻斷傳染，但此時又下起了大雨，澆滅了火勢。後來，在秋分這日——也就是日夜等長的這一天，這個季節常見的大風終於刮了起來，淨化了不幸的城鎮。死亡人數開始減少，紅十字也慢慢消失了，逃亡者陸續返城，商鋪也相繼開門，蒼白驚恐的面容開始出現在街道上。大瘟疫蔓延於英格蘭各地；僅在封閉、衛生狀況惡劣的倫敦，它就奪走了十萬人的生命。

然而在此期間，「快樂國王」依舊快樂、依舊無用。在此期間，放蕩的貴族紳士們和無恥的小姐們以他們快樂的方式跳舞、嬉戲、飲酒、相愛或相恨。

剛剛過去的苦難也沒能讓政府學會仁慈。當國會在牛津集會時（他們還不太敢回倫敦），他們做的頭幾件事之一就是制定了《五英里法令》[28]；

該法令的目標是那些可憐的、在大瘟疫期間依然回來安撫不幸的人們的教役者。根據這條卑鄙的法律，他們不得在任何學校任教，也不允許進入距離任何城市鄉鎮五英里（約八公里）之內的區域。這註定是要餓死他們啊！

不過瘟疫並沒有波及到出航的海軍。如今法蘭西國王已與荷蘭結盟，盡管在英格蘭和荷蘭打仗期間，法蘭西海軍除了觀戰什麼都沒做。荷蘭贏了一仗，但英格蘭很快就贏得了另一場更大的戰役[29]。魯珀特王子[30]是一個英格蘭上將，他在有個起風的晚上來到了英吉利海峽，想要找法蘭西上將並給他尋點事做，因為法蘭西上將之前太清閒了。可大風卻愈刮愈猛，最終變成風暴，把他刮到了聖海倫島。那是一六六六年九月三日的晚上，正是這場大風煽起了倫敦大火。

大火起於倫敦橋附近的一家麵包店；現在那裡豎起了紀念碑，以紀念那場熊熊烈焰。大火不斷蔓延，不斷燃燒，整整持續了三天三夜。夜晚比白晝還明亮；白天，人們看到巨大的煙雲，晚上便是直衝雲霄的火焰，如同一座高塔，照亮了方圓十幾公里內的土地。炙熱的灰燼升上天空，又如雨點般落到遠方。飛揚的火星將大火帶得更遠，一下子又點著了二十處地方。教堂的尖塔碎裂倒塌，成百上千的房屋化為灰燼。夏日極其炎熱乾燥，街道又甚是狹窄，大部分房屋還是木頭、灰泥所建。任何方法都無法阻止熊熊大火，只能任由它燒盡更多房屋，直到從倫敦塔到聖殿門這一路全部化為廢墟，一萬三千座房屋和八十九座教堂全部化為灰燼，大火才熄滅。

這次大火的造訪真是糟糕至極；二十萬受災民眾蒙受了巨大損失和痛苦，他們不得不在夜晚露宿戶外，或是在泥土與稻草倉促搭建的小屋裡過夜。道路被壞掉的貨車堵了個水洩不通——這些都是人們用來努力救出物品的。但從長久來看，這場大火還是給這座城市帶來了不少好處的，因為從廢墟上重建起來的倫敦城得到了不少改善：它變得更規整、更寬敞、更整潔細緻了，衛生狀況也因此改進了許多。要不是因為裡面住了這樣一群人的話，倫敦或許還可以更乾淨一些。即便到了現在——差不多兩百年後——這些人依舊存在，他們自私、頑固、愚昧；即使再來場大火，我也不認為他們會去履行義務的。

天主教教徒被指控是倫敦大火的縱火者；有一個瘋了多年的可憐的法蘭西人，他甚至承認自己是親手點燃第一棟房子的犯人。但這些懷疑都沒有依據，這場大火是意外。長久以來，紀念碑上的銘文都將其歸咎於天主教徒，但現在這些文字已被移除了，因為這些終歸是邪惡愚蠢的謊言。

第二部分

在人們飽受瘟疫和大火折磨的這段「快樂時光」裡，「快樂國王」繼續快樂地酗酒、賭博，把議會的戰爭用款悉數揮霍在寵臣身上。結果勇敢的英格蘭海軍也「快樂地」失去了希望，餓死街頭；而荷蘭人則在德．威特元帥[31]和德．勒伊特元帥[32]的帶領下進軍泰晤士河，沿著梅德韋河而上一直到阿普諾。他們燒毀了警戒艦，摧毀了船上不堪一擊的火炮；整整六個星期，他們在英格蘭沿海為所欲為，然而那些本能阻止荷蘭人暴行的英格蘭船艦大多既沒火藥也沒炮彈。在這「快樂的」統治期間，公職人員和他們的國王一樣愉快地揮霍著公款。當他們被委以錢財去資助國防戰備時，這些傢伙就用全世界最快樂、最優雅的方式把這些錢放進自己的口袋。

這個時候的克拉倫登伯爵已經像那些壞國王手下肆無忌憚的大臣們一樣做了不少惡事。他的政壇對手企圖彈劾他，但並未成功。隨後國王就安排他卸去英格蘭的職務，前往法蘭西養老。他雖撰文自我辯護了一番，但最後還是照做了。他在國內損失不大，在法蘭西安度了七年之後，壽終正寢。

繼他之後掌握大權的便是所謂的「卡巴爾」政權。被這麼稱呼是因為它的成員分別是柯利弗德勳爵、阿林頓伯爵、白金漢公爵（一個惡棍，卻是國王手下最有權勢的寵臣）、阿什利勳爵和勞德戴爾公爵；這五個人名字的首字母合起來正好讀作「卡巴爾」(Cabal)，日後衍變成陰謀之意[33]。此時法蘭西正在攻打佛蘭德，於是「卡巴爾」的當務之急便是去與荷蘭簽訂停戰條約，以便與西班牙聯合對抗法蘭西。可這邊條約還沒簽，一直夢想能夠繞開議會、隨心所欲花錢的「快樂國王」就趕忙向法蘭西國王道了歉，一再聲稱這些事情和自己毫無關係，還偷偷和法蘭西國王定了協議，從他那裡領取了兩百萬里弗赫的撫恤金，此後每年還能再拿到三百萬；這樣一來，他徹底變成了一個無恥的寄生蟲。國王還答應拋棄盟友西班牙，和荷蘭開戰，並準備在合適的時機宣佈自己信奉天主教。這位虔誠的國王前不久還對信奉天主教的弟弟哭訴說自己多麼想成為天主教徒。如今，鑒於他已決定一旦情況允許，就迅速成為天主教徒，這樁背叛自己國家的陰謀算是終於「快樂地」得逞了。能把事情做到了這個份上，就算他長了十顆快樂的腦袋也不夠給劊子手砍的。

不過這些事情要是被人知道了，他那唯一的一顆快樂的腦袋可就保不住了，所以他嚴守秘密。隨後法蘭西與英格蘭就聯手向荷蘭宣戰，但就在這個時候，一個非同尋常的人出現了；後來此人在英格蘭歷史上對這個國度的宗教和自由起了非常重要的作用，並在多年努力之後粉碎了法蘭西的整個計畫。他就是奧蘭治親王——拿索的威廉[34]。他的父親是上一代奧蘭治親王，也叫威廉[35]，母親則是英格蘭國王查理一世的女兒。那時他雖是個剛剛成年的小夥子，但卻果敢無畏、聰穎冷靜。他父親生前太遭人厭惡，所以荷蘭人剝奪了他應有的繼承權（繼承的職位是總督），轉而把大權交給了約翰·德·威特，由他來教導年幼的親王。然而現在的年輕親王日益受人喜愛，以至於約翰·德·威特的哥哥科尼利厄斯[36]被誣告企圖殺死親王，並被判流放。約翰乘馬車去監獄接哥哥前去流放，但那裡聚集了一大群暴徒，他們殘忍地殺害了兩兄弟。這下政府的管理權就到了親王手中，他才是人民真正的選擇。從此，支持新教的他就帶著極大的熱情開始了與著名的孔戴將軍[37]和蒂雷納將軍[38]所率領的法蘭西勢力的抗爭。戰爭打了整整七年，最終雙方在奈梅亨簽訂協定，但細則太多，這裡就不再贅述了。總之，奧蘭治的威廉可以說在全世界範圍內樹立了一個良好的形象，然而與此同時，「快樂國王」還在變本加厲地折騰，只為了那一年十萬英鎊的撫恤金（後來還翻了倍）就對法蘭西國王極盡諂媚、惟命是從。此外，法蘭西國王還通過他那腐敗的大使，收買我們英格蘭的議會成員來為其所用。儘管這位大使會寫下他在英格蘭活動的帳目，但我覺得這本帳不可盡信。所以在「快樂統治」中相當長的一段時間裡，法蘭西國王才是這個國家真正的君主。

不過英格蘭就要苦盡甘來了，因為那位威廉——也就是奧蘭治親王就要帶來美好的時代了（但他皇叔可不這麼覺得）。他來到英格蘭，見到了約克公爵的長女瑪麗[39]並迎娶了她。接下來我們就會知道這段婚姻引發了什麼事情，以及它為什麼永垂青史。

雖然她已故的母親是天主教徒，但公爵的這個女兒和她的妹妹安妮[40]信奉新教；除她們之外，公爵其餘六個子女都夭折了。後來安妮嫁給了丹麥國王的弟弟喬治親王。

為了防止您誤以為「快樂國王」是個脾氣好（不過一切順著他的意思來的時候他脾氣是不錯）、正直向上的人，我得跟您說說一位下議院議員約翰．考文垂爵士[41]的遭遇。在一次關於是否該向劇院徵稅的辯論中，他不慎冒犯了國王。國王有個出生在國外的私生子，被封為蒙茅斯公爵[42]。二人合謀要「愉快地」報復一下這位爵士。一天夜裡，他們派十五名全副武裝的士兵伏擊孤身一人的爵士，用小刀割掉了他的鼻子。正所謂上樑不正下樑歪，國王的寵臣白金漢公爵也被懷疑做過一件類似的勾當：奧蒙德公爵[43]在一次晚宴歸途中被他安排的刺客暗算，險些喪命。但奧蒙德公爵的兒子奧索里伯爵[44]十分勇敢，他深信白金漢公爵有罪，所以即便公爵站在國王身邊，他依舊當庭對他說：「閣下，我很清楚您就是暗算我父親的幕後黑手。我警告您，他老人家要是有個三長兩短，您必要付出代價：以後不管在哪兒碰面，我都會開槍打您！就算您站在王座後面我也照打不誤。既然我今天敢當著陛下的面這麼說，那麼您最好也想清楚，我可不是光說說嚇唬您的。」這還真是一段快樂的時光啊。

在這段時期，有個叫布拉德的傢伙吃了豹子膽，竟企圖和兩個同夥一起偷竊存放在倫敦塔中的王冠、金球和權杖，結果當場被抓。這個強盜是個愛吹牛的無賴，被捕後宣稱自己就是那個企圖謀殺奧蒙德公爵的兇手，還說自己本來想趁國王在巴特西洗澡的時候把他也給殺了，可是一國之君的威嚴震住了他，於是就沒下手。鑒於那時候國王已是一副病懨懨的模樣，所以我才不信這個無賴的鬼話。但至於國王是不是聽信了奉承，還是他確實知道是白金漢指示布拉德殺了公爵，我們就不得而知了。能確定的只有一件事：他寬恕了這個竊賊，還在愛爾蘭(國王的出生地)給他封了個頭銜，每年能領五百鎊。國王還讓他在宮廷與放蕩無恥的貴族和小姐們見面，成了這些人的寵兒——我堅信就算國王介紹給他們的是撒旦，他們也會這般重視他的。

通過相當不體面的方式，國王本來就獲取了一筆撫恤金，可他還想要錢，於是不得不召開數次議會。會上，新教徒們的主要目標就是挫敗信奉天主教的約克公爵。公爵已經二婚，他的新任妻子是莫代納公爵年僅十五歲的的姐姐[45]，同樣信奉天主教。在挫敗公爵一事上，他們甚至得到了新教反對者的支持；要知道這對他們來說可是個玉石俱焚的行為：將有權勢的天主教教徒驅逐下來，就等於斷了他們自己獲得權勢的路子。國王其實是個天主教徒，但他的目標是偽裝成新教徒，於是他向主教們宣誓自己對英格蘭國教無比忠誠。可他自己心裡清楚，他的信仰早就賣給法蘭西國王了。他要對與會人員和所有效忠皇室的人連哄帶騙，夢想著能夠變成一個大權在握的暴君，那樣他就可以大大方方地承認自己是個無賴了。法蘭西國王太瞭解這個快樂的寄生蟲了，所以這時候他就在議會上周旋於國王的對手以及國王和國王的盟友之間，與兩方面皆有密謀。

人們擔心萬一約克公爵登上王位，他就會在國內重振天主教；卑鄙狡猾的國王自然也裝出憂心的模樣，於是這就導致了非常糟糕的後果。倫敦城裡有一位博士名叫湯奇，他是個呆板的教士，最終栽在了一個叫泰特斯·奧茨[46]的人的手裡。這傢伙可是臭名昭彰；他謊稱從國外的耶穌會士那裡得知了一個謀殺國王、重振天主教的大陰謀。於是倒楣的湯奇博士引薦了泰特斯·奧茨，讓他在委員會面前接受嚴肅的審查，結果他自相矛盾，漏洞百出，編了些荒唐至極的故事，還影射了約克公爵夫人的秘書科爾曼。然而，雖然他對科爾曼的指控毫無根據，雖然你我都十分清楚真正危險的陰謀是法蘭西國王和「快樂國王」本人一手策劃的，但科爾曼的一些文件和書信中卻碰巧出現過褒獎血腥瑪麗[47]的統治和侮辱新教的內容。泰特斯真是幸運，因為這些內容似乎可以證實他的言論。可好戲還在後面：治安法官埃德蒙伯里·戈弗雷爵士是第一個審查他的人，不想卻被發現死在了普裡姆羅斯山附近。這就讓人們確信是天主教教徒殺了他，儘管我覺得他肯定是抑鬱發瘋而選擇了自殺。不管怎麼說，人們為他舉行了一場隆重的新教葬禮；泰特斯則被稱作「救國英雄」，得到了一年一千兩百鎊的撫恤金。

奧茨的邪惡計畫剛得逞不久，又出現了一個名叫威廉·貝德洛的惡人。為了得到懸賞殺害戈弗雷的兇手的五百鎊獎金，他站出來指認說這是兩名耶穌會士和其他幾人在王后的指使下犯下的罪行。奧茨也加入了他的行列，和這個新告密者一塊兒厚顏無恥地指控可憐的王后犯有叛國罪。但這還不夠：隨後又出現了第三個告密者，他和前兩個是一樣貨色。根據他的指控，一個叫斯泰利的天主教銀行家曾說過國王是世界上最大的流氓（這話其實說得不算太假），並聲稱要親手殺了他。於是這個銀行家立馬被審判行刑；科爾曼和另外兩人也沒能逃過一劫。還有個名叫普蘭斯的可憐天主教銀匠，貝德洛指控他也參與謀殺戈弗雷；這位銀匠屈打成招，還被迫供認了另三名「同夥」。儘管證據都是矛盾荒謬的，這五名被奧茨、貝德洛和普蘭斯起訴的耶穌會教士均被定罪行刑。接下來，這群無賴又審判了王后的醫師和三名僧侶，不過奧茨和貝德洛這時候覺得該收手了，所以這四人被無罪釋放。但民眾此時已經被搞得滿腦子都是天主教陰謀案，而且對約克公爵充滿反感，於是詹姆斯不得不聽從哥哥的書面命令，攜家人前往布魯塞爾，不過條件是他離開期間國王不可以把他的權力轉讓給蒙茅斯公爵。可事情遠遠不像國王想的那樣順利：下議院並不滿意這個結果，他們通過了一項議案，乾脆撤銷了約克公爵的王位繼承權。國王因此解散了議會；由於白金漢公爵如今站在了敵方那一邊，國王也拋棄了這位昔日的寵臣。

至於快樂統治期間的蘇格蘭，要想充分描述該國的悲慘遭遇，恐怕一百頁紙都不夠。

那兒的人們不想要天主教主教，反而堅決擁護「神聖盟約」[48]，結果就遭到了血腥殘酷的迫害。暴虐的騎兵踐踏了整個國土，懲罰那些不去教堂的農民：拒絕揭發父親藏身之處的兒子被吊死在父親門前；一個個不願出賣丈夫的妻子被折磨致死；未經審判的人們被從田地和花園裡趕到大路上處死；囚犯的手指被綁上了點燃的火柴。他們還發明了一種叫做足枷的殘酷刑具，然後頻頻使用，其作用是用鐵楔把受害者的雙腿夾爛。證人和犯人都受到了同樣的折磨。監獄人滿為患；所有絞刑架上都掛著沉甸甸的屍體；整個國家到處是謀殺和搶劫。儘管如此，誓約的支持者們依然不願踏入教堂半步，堅持用他們自己認為正確的方式表達對上帝的崇拜。一群憤怒的蘇格蘭高地人從山脈中跑出來攻擊了這些新教同胞，但這些人和克拉弗豪斯的格雷厄姆[49]所率領的英格蘭騎兵比起來卻是小巫見大巫了。這些騎兵是蘇格蘭新教徒最殘忍、最貪婪的敵人，他們的惡名在蘇格蘭的每一寸土地上都遭人詛咒。夏普大主教助長教唆了所有這些暴行，但最後得到了報應。當時蘇格蘭人民的生活已處在水深火熱之中；當大主教乘著他的六套馬車穿過一片沼澤時，一群以約翰·鮑爾弗為首的傢伙正準備伏擊另一個壓迫者。看到夏普，他們立刻高喊著蒼天真是有眼，竟把大主教交到了他們手中。大主教被他們打得傷痕累累，最終淒慘地死去了。如果說這世上有人理應得到這種結局，那麼我覺得就是夏普大主教了。

雖然人們深深地懷疑就是「快樂國王」煽動了蘇格蘭人民——因為這樣一來他就有藉

口迫使議會給自己一支比原先規模更大的軍隊，但這件事的確引發了很大的騷動。於是國王如願以償，他派出自己的私生子蒙茅斯公爵做為總指揮，命令他一旦遇到蘇格蘭叛軍（又稱輝格黨）就發起攻擊。蒙茅斯帶著一萬人從愛丁堡出發，在克萊德河上的博斯韋爾橋附近發現了駐紮的四五千叛軍。敵人很快就被擊潰。比起那個被用小刀削了鼻子的下議員，蒙茅斯對待這幫人的態度可算仁慈多了。但蘇格蘭叛軍真正的勁敵是勞德戴爾公爵，他派了克拉弗豪斯來了結他們。約克公爵越來越不受歡迎，蒙茅斯公爵卻漸得人心。蒙茅斯要是沒有投票贊成重新提出的排除詹姆斯王位繼承權的議案就好了，可惜他投了，這讓國王很高興。國王總喜歡坐在上議院的爐火旁聽辯論，他說這就像看戲一樣精彩。下議院多數贊成通過了議案，由新教一派最佳領袖之一的拉塞爾勳爵移交上議院。然而議案在上議院卻遭到了駁回，主要是因為主教們替國王把這件事擺平了。於是對天主教陰謀的恐懼再次死灰復燃，恰好這時候又東窗事發：這次的主謀名叫丹傑菲爾德，是新門監獄裡放出來的囚犯；托這個所謂的「飯盒陰謀」的福，此人也變得名聲大噪。這個囚犯被一個名叫塞利爾太太的天主教護士從新門監獄裡保釋出來；他自己也信了天主教，還聲稱自己「知道」一個長老會暗殺國王的陰謀。這讓約克公爵非常高興，以為他和長老會互相憎恨著對方。於是他給了丹傑菲爾德二十基尼[50]，還把他送到王兄那兒去，卻不想這時他又推翻了所有說辭。這還不算，就在被送回新門監獄的當口，丹傑菲爾德竟突然發誓說是那個天主教護士給他灌輸了這個虛構的陰謀，他所知的實際上是一個天主教教徒謀害國王的陰謀，其證據就是藏在塞利爾太太家的飯盒裡的一些文件。公爵登時呆若木雞。這些文件當然能被找到——因為就是丹傑菲爾德自己放進去的；這個陰謀就因這飯盒而得名。不過最終護士經審判後被無罪釋放，這件事便不了了之了。

「卡巴爾」議會成員之一阿什利勳爵如今已搖身變為沙夫茨伯裡伯爵，他強烈反對約翰公爵繼承王位。此時下議院已經懷疑「快樂國王」和法蘭西國王之間有密謀，所以我們可以想像得到他們該有多麼憤怒。絕望之中，他們不僅做出了排除王位繼承權的決定，還大片打擊天主教徒——我很難過，因為他們這種打擊是毫無公正可言的。他們甚至控告了天主教貴族斯塔福德勳爵，說他密謀殺害國王——要知道，這可是一位受人敬重的七十歲老人。證人不是別人，正是惡毒的奧茨和另外兩個同流之輩；證據和指控本身一樣既虛假又荒唐，但勳爵依舊被判有罪，在倫敦塔山被砍了頭。當他剛站上絞刑台的時候，沒人支持他；但當他竭力向人們表示他是多麼的無辜，以及他是怎樣受人陷害被送到這裡時，人民的善良本性被激發了起來，他們說：「我們相信您，閣下！上帝保佑您，閣下！」

在國王通過《王位排除法案》[51]之前，下議院一分錢也不會給他。不過由於他還能從主子法蘭西國王那裡拿到錢，所以他也不太把議員們當回事兒。他在牛津召開了一個議會，然後全副武裝、帶著一眾護衛前往出席，就好像有人要他性命一樣。他的對手們也戒備森嚴，聲稱國王的護衛中為數眾多的天主教教徒讓他們感到害怕。不過他們還是繼續堅持要通過《王位排除法案》，態度急切，嚇得國王拎起王冠和長袍扔進轎子，然後自己也趕緊跟著鑽進去，匆匆趕往上議院的會場並解散了議會。然後他就慌忙跑回了家，議會成員們也飛也似的地逃回家去了。

約克公爵當時正住在蘇格蘭。由於法律將天主教徒排除在公眾信任之外，他本該無緣任何公共職務，然而他卻被公開聘為國王在蘇格蘭的代表。於是他殘忍地壓迫了長老會誓約的支持者們，以滿足他那陰鬱兇暴的本性。有兩位分別叫做卡吉爾[52]和卡梅倫[53]的教役者，他們僥倖逃過了博斯韋爾橋一戰[54]，回到蘇格蘭，重新振奮了雖命運悲慘但仍勇敢不屈的長老會誓約支持者，並將其改名號為「卡梅倫派」。由於卡梅倫曾在公開場合聲稱國王是個背信棄義的暴君，在卡梅倫被殺之後，他那些不幸的手下也遭到了殘酷血腥的對待[55]。約克公爵很喜歡足枷這個刑具，以使用它為樂。他說如果刑架上的人願意大喊「上帝保佑國王」就饒他們不死，但是在目睹了親人、朋友和鄉鄰在「快樂統治」期間慘遭折磨甚至被謀殺之後，他們寧願死去；公爵讓他們如願以償。隨後，在獲得他快樂的兄弟的允許之後，他在蘇格蘭召開了一次議會。這議會首先利用無恥的欺騙手段，確立了保護新教、反對天主教的法律，可隨即又宣稱沒有任何條件應當或能夠阻止身為天主教教徒的公爵繼位。在這番搬弄是非的開場之後，議會又制定了一篇所有人都不能理解但必須按照它起誓的誓詞，以此來證明約克公爵信仰的宗教是合法的宗教。對此阿蓋爾伯爵說，如果國家的改變與新教和他所忠誠的物件相矛盾的話，就算他宣了誓，也不代表他贊成這些變化。因此他被指控為叛國罪，並在以蒙特羅斯侯爵為首的蘇格蘭陪審團面前遭受了審判，被判有罪。不過這一次他暫時逃過了絞刑架：他偽裝成一個男侍，混在女兒索菲亞．琳賽的隨從中間逃走了。於是一些蘇格蘭議會的人提出要在愛丁堡當街鞭打這位女士。可即使是約克公爵本人都認為這刑罰都太重了。他心生慈悲（這種時候可不多見），表示這樣對待一位女士並不是英格蘭人的習慣。在那段快樂的時光裡，能與蘇格蘭阿諛奉承之輩的卑鄙奴性相匹敵的，恐怕也只有英格蘭那些墮落惡徒的劣行了。

在搞定了這些「小事」之後，公爵就返回英格蘭。托他哥哥的福，他很快恢復了在議會中的地位和海軍上將的職位，儘管這是對法律的公然藐視。他在去蘇格蘭接家人的航行中撞上了沙洲，要是他淹死了，對國家來說可是一點兒損失都沒有。然而可惜的是，雖然他船上有兩百人喪生，但他自己卻和幾個朋友乘上小船逃跑了。勇敢無私的水手們目送他划船離開，歡呼了三次，然後自己卻永遠沉進了海底。

「快樂國王」擺脫了議會之後，便全速走上了暴政的道路。他處決了阿馬大主教奧利弗．普倫基特[56]，罪名是與法蘭西軍隊密謀，企圖在國內建立天主教——可這正是這位皇家賣國賊自己在做的勾當。他還想搞垮沙夫茨伯里勳爵，但未成功，於是他又轉而把魔爪伸向了全國各地的自治機構，因為一旦得手，他就可以自己選擇陪審團的成員、做出不公的裁決，還可以讓他想要的人回到議會。「快樂統治」造就了這一切，也造就了一位王座法庭的大法官——一個名叫傑佛瑞斯的酗酒無賴[57]。他面色泛紅、身形浮腫、體型嚇人、嗓音粗野，恐怕誰也沒見過比他更野蠻的人。這個野獸是「快樂國王」最喜歡的寵臣。為了表示對他的贊許，國王從自己手上褪下一枚戒指送給他。人們通常把這枚戒指叫做「傑佛瑞斯法官的血石」。國王派他從倫敦開始，到各地的自治機構去欺淩一番。套用傑佛瑞斯自己的優美說法，這是在「用他舌頭粗糙的一面舔舔他們[58]」。傑佛瑞斯的行動很徹底，不久這些機構就成了王國中最主要、最阿諛的團體。不過牛津大學並不在其列：這所傑出的學校在這個方面是不可觸犯的。

沙夫茨伯里伯爵（在國王對付他未果之後不久，他就去世了）、威廉．拉塞爾勳爵[59]、蒙茅斯公爵、霍華德勳爵[60]、澤西勳爵、阿爾傑農．西德尼[61]、約翰．漢普登[62]（他是偉大的漢普登的孫子）以及其他若干人等在議會解散之後依舊時常碰面，商討如果國王要最大限度地實施天主教陰謀的話，他們要做如何應對。沙夫茨伯里伯爵是這個團體中最暴力的一個，他將兩個暴力分子吸納進了這個秘密團體——律師韋斯特和曾在共和軍服役的士兵拉姆齊。這兩人認識一個克倫威爾的老部下，名叫朗博爾德[63]，他娶了一個麥芽商的寡婦，並因此在赫特福德郡霍茲登附近擁有了一座隱秘的住所叫做萊府[64]。朗博爾德告訴他們，國王往來紐馬基特時常常經過他的住地，所以這裡是射殺國王的絕佳之地。大家很喜歡這個點子，決定採納。但團體中有個人走漏了風聲，結果拉塞爾勳爵、阿爾傑農·西德尼、埃塞克斯伯爵[65]、霍華德勳爵、漢普登，以及一個名叫謝潑德的葡萄酒商人均被捕入獄。

拉塞爾勳爵本可輕易逃走，但他不屑於這麼做，因為他自認為自己沒做錯什麼。埃塞克伯爵本來也能輕易逃走，但他唯恐拉塞爾勳爵會瞧不起他，所以也不屑出逃。但一想到霍華德勳爵是他不顧拉塞爾勳爵反對而介紹入夥的，而現在此人成了個可悲的叛徒，伯爵就覺得沉痛無比。埃塞克斯伯爵難以忍受這種包袱，終而在拉塞爾勳爵在老貝利[66]受審前選擇了自殺。

拉塞爾勳爵十分清楚已經沒有希望了，因為作為新教教徒，他一直都勇敢地反抗那虛偽的兄弟倆——一個在王位上，另一個則緊隨其左右。他的妻子是個極具貴族氣質的好女人：她在他受審的時候擔任秘書，在他入獄時寬慰他，在他臨死前一夜與他共進晚餐。她的愛與堅貞忠誠為她贏得了不朽的名聲。不出所料，他被判有罪，將在林肯律師學院的綠地被砍頭；那裡離他的家不遠。行刑前夜，在與孩子們告別之後，他一直和妻子在一起直到晚上十點。到了訣別的時刻，他親吻了她很多次，然後獨自在監獄裡坐了很久，依舊念著她的種種美德。當聽到屋外雨聲漸緊時，他冷靜地說：「這雨一下可要攪了明天的好戲，雨天砍頭可是一件無聊的事情。」午夜時分他脫衣入寢，一覺就睡到了四點；僕人叫醒了他，但在給他準備衣物的空檔，他又趁機睡了一會。他乘著自己的馬車去了刑場，身邊有兩位有名的神職人員陪伴；他們分別是蒂洛森和伯內特，一路輕輕地為他吟唱讚美詩。他平靜而堅定，就好像這只是一次普通的出行。他對圍觀人群之密集表示了驚訝，然後就把頭擱在了墊木上，就像枕上枕頭一樣。斧子砍了兩次才砍下他的頭。他高貴的妻子直到此時還在為他忙碌——這位心地真誠的女士將他交給她的那份遺言印製出來，四處散發；這些傳單讓英格蘭各地的正直人士熱血沸騰。

在這一天，牛津大學做出了讓自己聲名遠揚的舉動：他們假裝相信對拉塞爾勳爵的指控是正確的，並在一紙文書中將國王稱作是「耶和華的受膏者，就好比我們鼻孔中的氣」[67]。後來議會讓國王這個粗俗的劊子手把這張紙給燒掉了。這真是莫大的遺憾；我希望這張紙能被裱起來，掛在公共場合以供觀瞻，作為卑鄙的標記供人類唾棄。

然後就輪到阿爾傑農．西德尼受審了。審判由傑佛瑞斯主持，他像個深紅色的大蛤蟆，因憤怒而腫脹成一團。「我向上帝祈禱，西德尼先生，」這位「快樂統治」時期的大法官在宣佈審判之後如是說，「我希望他能改改你的脾氣，好適應那邊的世界，因為我看你是一點兒都不適合這邊的世界。」「閣下，」囚犯鎮定地伸出一隻手臂，回應道，「測測我的脈搏，看看我是不是發狂了。感謝上帝，我從沒像現在這樣好脾氣過。」一六八三年十二月七日，阿爾傑農．西德尼在倫敦塔山被處決。他是個英雄，死得其所，用他自己的話來說，他是「為了自年輕的時候就開始為之奮鬥的、上帝常親自授以神諭的古老美好事業」而獻出了生命。

蒙茅斯公爵以王族的身份在國內四處周遊，與人民一同玩樂，給他們的孩子做教父，甚至為他們治療淋巴結核[68]，摸病人的臉以使他們痊癒——他做得像個真正的國王一樣好，這讓他的叔叔約克公爵非常嫉妒。蒙茅斯公爵的父親讓他寫信承認參與了謀害拉塞爾勳爵的陰謀，但他太過懦弱，剛一寫完就羞愧不已，把信又取回來了。因此他被放逐到了荷蘭，但很快又瞞著叔叔回來和父親見面。似乎他又重新獲得了「快樂國王」的恩寵，約克公爵則失了勢。但此時，死亡降臨了懷特宮快樂的走廊，這讓墮落無恥的紳士和小姐們都震驚無比。

一六八五年二月二日，星期一，這位快樂地領著撫恤金的法蘭西國王的僕人因中風跌倒。到了星期三他已病入膏肓，星期四時他知道了自己的病情之嚴重。由於他不願讓新教的巴斯主教給自己施洗，約克公爵摒退左右，小聲問哥哥要不要找個天主教教士來。對此國王回答道：「看在上帝的份上，弟弟，叫來吧！」公爵偷偷從後樓梯帶來了戴著假髮披著長袍的教士赫德爾斯頓；此人他在伍斯特之戰[69]後救過國王的命。於是公爵告訴國王，這位戴著假髮的高尚的人曾救過一次他的肉體，現在來拯救他的靈魂了。

快樂的國王又熬過了一晚，在後面一天也就是六日、星期五的中午之前死去了。他最後說的兩句話充滿人情味，這讓人們對他的記憶好了不少。當王后派人來傳話，說她實在身體欠佳不能來陪他、請他原諒時，他說：「唉，可憐的女人，她乞求我的原諒！是我該全心乞求她的原諒啊。把我的回應告訴她吧。」至於內爾・格溫，他則說：「別讓可憐的內莉挨餓。」

他去世時五十五歲，在位總共二十五年。

1 英格蘭的查理二世（Charles II of England，一六三〇—一六八五），當他父親查理一世於一六四九年在懷特宮被處死之後，蘇格蘭議會立查理二世為國王，卻遭到英格蘭議會反對。一六五一年，克倫威爾在伍斯特戰役中擊敗查理二世的部隊，查理斯便逃亡歐洲開始了流亡生涯，直到一六六〇年才返回英格蘭並被擁立為王。

2 桶酒稅和進出口稅（tonnage and poundage），桶酒稅是對每桶進口的酒所徵收的稅，其中一桶為九五四升或二五二加侖，重達一〇一六公斤；進出口稅則是對於所有進出口貨物所徵收的稅，稅額取決於貨物價值，每一鎊貨物需上交一先令。進出口稅於一三四七年引進英格蘭，通常與桶酒稅聯繫在一起。

3 即喬治·蒙克將軍（George Monck，一六〇八—一六七〇），第一代阿爾伯瑪律公爵，英格蘭軍人、政治家，曾參與過鎮壓愛爾蘭反叛的戰爭、英格蘭內戰和盎格魯—荷蘭戰爭，是查理二世復辟的關鍵人物。

4 即法蘭西斯·哈克（Francis Hacker，卒於一六六〇年），支持國會的英格蘭士兵，是向查理一世送達死刑書的三人之一。

5 即奧利弗·克倫威爾（Oliver Cromwell，一五九九—一六五八），英格蘭政治和軍事領袖，曾任英格蘭、蘇格蘭和愛爾蘭聯邦的護國公。出生於中產階級家庭，克倫威爾於十七世紀三〇年代皈依清教，成為一個嚴格的清教徒，並在英格蘭內戰中支持代表議會黨派的「圓顱黨」。他是查理一世的死刑簽署人之一，後被推選為英格蘭聯邦國護國公。英格蘭君主復辟之後，克倫威爾的屍體被掘出、用鐵鍊綁住，並被砍頭；其頭顱被挑在長槍尖上，放置在威斯敏斯特宮示眾直至一六八五年。後來克倫威爾的頭顱一直輾轉於各類私人收藏家和博物館手中，直到一九六〇年才被重新安葬。

6 哈里·文爵士（Sir Harry Vane）即小亨利·文（Henry Vane the Younger，一六一三—一六六二），是老亨利·文（Henry Vane the Elder，一五八九—一六五五）的兒子。通常在提到兒子時都稱其為哈里·文以示區分。父子二人均為英格蘭政治家。

7 即湯瑪斯·溫特沃思(Thomas Wentworth,一五九三—一六四一),第一代斯特拉福德伯爵,英格蘭政治家,一直是查理一世的支持者。然而當議會決定處死他時,查理一世在處決書上簽了字。

8 即亨利·艾爾頓(Henry Ireton,一六一一—一六五一),英格蘭議會軍隊的將軍,奧利弗·克倫威爾的女婿。

9 即約翰布拉德肖(John Bradshaw,一六〇二—一六五九),英格蘭法官,負責審判查理一世,後任英格蘭聯邦政府的第一任主席。

10 原文為「快樂的猶大」(a merry Judas),猶大(Judas)是耶穌的十二門徒之一,最後背叛了耶穌,所以他在西方文化中是叛徒的代名詞。

11 即約翰·皮姆(John Pym,一五八四—一六四三),英格蘭國會成員、長議會領袖,反對詹姆斯一世和查理一世。一六四二年,查理一世曾試圖在議院中逮捕皮姆等五人,這一事件是英格蘭內戰的導火線。

12 即羅伯特·布萊克(Robert Blake,一五九八—一六五七),聯邦時期最優秀的英格蘭軍事將領之一,被譽為一七世紀最著名的英格蘭海軍元帥之一。一六四九年起任英格蘭聯邦海軍將軍(General at Sea),實際上在議會軍隊中並無海軍元帥(Admiral)一職,但海軍將軍的職責中也包括元帥的職責,所以布萊克一般被稱為「元帥」。他率領英格蘭艦隊參與了英格蘭內戰、第一次盎格魯—丹麥戰爭、突尼斯州之戰和英格蘭—西班牙戰爭。

13 即威廉·勞德(William Laud,一五七三—一六四五),於一六三三至一六四五年間擔任坎特伯雷大主教。對查理一世的支持最終導致他在內戰期間被處死。

14 即一六六一年社團法案(the Corporation Act,一六六一),規定只有英格蘭國教教徒才能擔任公職。其中非國教教徒(dissenters)是對一切意見與英格蘭國教相悖的基督徒的統稱,其中包括長老會、清教徒、第五王朝主義者和貴格會等等。根據一六六二年統一法案，「nonconformist」則指任何不信奉基督教或英格蘭聖公宗（Anglican）的英格蘭國民，他們也是非國教教徒的追隨者。

15 即瑪麗・亨麗埃塔（Mary Henrietta，一六三一—一六六〇），英格蘭的理查一世與第一任妻子、法蘭西的亨麗埃塔・瑪麗亞（Henrietta Maria of France，一六〇九—一六六九）的長女，於一六四一年嫁給奧蘭治親王威廉二世（William II Prince of Orange，一六二六—一六五〇）。他們的兒子便是日後英格蘭的威廉三世（William III of England，一六五〇—一七〇二）。

16 即英格蘭的亨麗埃塔（一六四四—一六七〇），英格蘭的理查一世與第一任妻子、法蘭西的亨麗埃塔・瑪麗亞（Henrietta Maria・of France，一六〇九—一六六九）最年幼的女兒，三歲時逃往法蘭西，在表親路易十四的宮廷避難，後嫁給路易十四的弟弟奧爾良公爵菲力浦一世（Philippe of France，一六四〇—一七〇一）。勿將她與姐姐瑪麗・亨麗埃塔（注釋一五）混淆。

17 即蘇格蘭的詹姆斯七世，日後成為英格蘭的詹姆斯二世（James II of England，一六三三—一七〇一），查理一世的次子，一六八五至一六八八年間是英格蘭、蘇格蘭和愛爾蘭的國王。他是最後一位信奉天主教的英格蘭國王。

18 即愛德華・海德（Edward Hyde，一六〇九—一六七四），第一代克拉倫登伯爵，英格蘭政治家和史學家。他於一六四〇年進入短期議會，同年一一月進入長期議會，最終於一六五八年成為英格蘭大法官；曾著有《英格蘭叛亂及內戰史》（History of the Rebellion and Civil Wars in England: Begun in the Year，一六四一）。他的孫女安妮成為日後的大不列顛女王。

19 布拉干薩的凱薩琳（Catherine of Braganza，一六三八—一七〇五），來自葡萄牙最古老的貴族家族，並從她父親開始成為葡萄牙王室。於一六六二至一六八五年間為英格蘭、蘇格蘭和愛爾蘭王后，但由於她是天主教教徒，並不受英格蘭人民的愛戴。她與查理二世沒有任何子嗣。

20 即埃莉諾．格溫（Eleanor Gwyn，一六五〇—一六八七），英格蘭女演員，英格蘭國王查理二世的長期情婦。

21 里弗赫（livre）是法國古代貨幣單位，一里弗赫的價值等於一磅銀。

22 即《一六六二年統一法案》（The Act of Uniformly 一六六二），它規定了公眾祈禱的形式，並按照《公禱書》（Book．of the Common Prayer）規範了所有的宗教活動。作為結果，二〇〇〇餘名教會人員被迫辭職。

23 《非國教教徒秘密聚會法令》（The Conventicle Act）頒佈於一六六四年，根據該法案，如果人數超過五名，非國教教徒則不能聚會，除非他們同屬於一個家庭。

24 即阿奇博爾德．坎佩爾（Archibald Campell，一六二九—一六八五），第九代阿蓋爾伯爵，新教徒，因為對於宣誓一事含糊不清而遭到詹姆斯等人憎恨並被放逐；最終因參與了蒙茅斯叛亂而被處死。

25 即詹姆斯．夏普（James Sharp，一六一八—一六七九），是蘇格蘭教會的教役者（Minister），後任聖安德魯斯大主教。他曾是「長老會」的支持者及「決議派」領袖之一，卻支援在教會事務上國王擁有至高無上的權利，因此在「長老會」相關的作品中，他一般被刻畫成神聖盟約的死敵。

26 即洛斯托夫特戰役（Battle of Lowestoft），發生於一六六五年六月一三日，屬於第二次盎格魯—荷蘭戰爭，以英格蘭勝利而告終。

27 倫敦大瘟疫（Great Plague of London）是一場於一六六五至一六六六年間發生在英格蘭的大規模傳染病。超過一〇萬人死於這次瘟疫之中，足足相當於當時倫敦人口的五分之一。該次的疾病後來被確認為是淋巴腺鼠疫，是一種由鼠疫桿菌造成並以跳蚤為載體的細菌感染。

28 《五英里法令》（the Five Mile Act）制定於一六六五年，根據該法案，任何被逐出教會的教士不得居住在距離教區五英里之內的區域，除非他們發誓再也不反對國王和國教。

29 分別指四日戰役(Four Day's Battle)和聖詹姆斯日戰役(St Jame's Day Battle)。前者發生於一六六六年六月一一至一四日，是第二次盎格魯—丹麥戰役中歷時最久的戰役，以荷蘭勝利而終；後者發生於一六六六年七月二五日，在蒙克將軍和魯珀特王子的聯合指揮下，英格蘭海軍取得決定性的勝利，荷蘭損失慘重。聖詹姆斯日戰役也被稱為兩日戰役(Two Day's Battle)

30 即萊茵的魯珀特王子(Prince Rupert of the Rhine，一六一九—一六八二)，一位德國王子，他的母親波西米亞的伊莉莎白(Elizabeth of Bohemia，一五九六—一六六二)是英格蘭國王詹姆斯一世的長女。

31 即約翰・德・威特(Johan de Witt，一六二五—一六七二)，一七世紀中後期的荷蘭政治家，與日後進入英格蘭王室家族的奧蘭治家族為敵，最終被奧蘭治家族的支持者暗殺。

32 即米希爾德・勒伊特(Michiel de Ruyter，一六〇六—一六七六)，荷蘭歷史上最著名的將軍之一，是一七世紀的盎格魯—荷蘭戰爭中的重要將領，率領荷蘭軍隊取得了一系列重大勝利。

33 「卡巴爾」(Cabal或cabala)一詞最早源自希伯來語Kabbalah，是猶太教中的一套神秘教義，解釋造物主與宇宙之間的關係。它本意為「接收」，卻在西歐衍變成「隱秘」。在英格蘭的查理二世統治之間，由第二代柯利弗德勳爵湯瑪斯・柯利弗德(Thomas Clifford，一六三〇—一六七三)、第一代阿林頓伯爵亨利・貝內特(Henry Bennet，一六一八—一六八五)、第二代白金漢公爵喬治・維利爾斯(George・Villiers，一六二八—一六八七)、阿什利勳爵安東尼・阿什利・庫珀(Anthony Ashley Cooper，一六二一—一六八三)和第一代勞德戴爾公爵約翰・梅特蘭(John Maitland，一六一六—一六八二)所組成的議會選取每人稱號的首字母為名，構成了「卡巴爾」一詞。由於該議會於一六七〇年一手策劃了多佛爾秘密協定(Treaty of Dover)，如今該詞便有了「陰謀組織」之意。

34 即英格蘭的威廉三世(William III of England，一六五〇—一七〇二)，威廉二世和英格蘭公主瑪麗・亨麗埃特的兒子，蘇格蘭的威廉二世、奧蘭治的威廉親王三世，曾任奧蘭治親王和英國國王。他的妻子是英國女王瑪麗二世，為他的共治者。拿索（Nassau）在歷史上則是神聖羅馬帝國中的一個日爾曼邦國，一二五五年拿索第一次被分割，因此接下來幾個世紀中出現了好幾個稱為拿索的邦國，其中一個是「拿索—狄倫堡（Nassau—Dillenburg）」，奧蘭治—拿索家族即由此衍出。

35 即奧蘭治親王威廉二世（William II Prince of Orange，一六二六—一六五〇），於一六四一年娶了英格蘭國王查理一世的長女瑪麗．亨麗埃塔為妻。

36 即科尼利厄斯．德．威特（Cornelius de Witt，一六二三—一六七二），約翰．德．威特（Johan de Witt，一六二五—一六七二，本章注釋［三一］）的哥哥，最終同弟弟一起被同一組織暗殺。

37 即路易二世．德．波旁（Louis．II．de．Bourbon，一六二一—一六八六），第四代孔戴親王（Le．Prince．de．Condé），外號為「大孔戴」（le．Grand．Condé），法國軍人和政治家，孔戴家族最著名的代表人物。他是一七世紀歐洲最傑出的統帥之一。

38 即亨利．德．拉圖爾．得．奧弗涅（Henri de La Tour d'Auvergne，一六一一—一六七五），蒂雷納子爵。是六大法國大元帥（Maréchal general des camps et armées du roi）之一。

39 即英格蘭的瑪麗二世（Mary II of England，一六六二—一六九四），詹姆斯二世與王后安妮．海德的長女。她與表兄威廉三世——也就是奧蘭治親王結婚，後與之一同成為英格蘭、蘇格蘭和愛爾蘭的共治者；她的祖父即第一代克拉倫登伯爵愛德華．海德（Edward Hyde，一六〇九—一六七四，詳見本章注釋一八）。

40 即大不列顛的安妮女王（Anne，Queen of Britain，一六六五—一七一四），大不列顛聯合王國女王，詹姆斯二世與王后安妮．海德的次女。

41 約翰．考文垂爵士（Sir．John．Coventry，約一六三六—一六八五），英格蘭政治家和下議院議員，因為針對國王的風流韻事開了句玩笑而被偷襲（據說是國王指示）。

42 即詹姆斯・斯科特(James・Scott,一六四九—一六八五),第一代蒙茅斯公爵,是國王查理二世與其情婦露西・華爾特的私生子。

43 即詹姆斯・巴特勒(James・Butler,一六一〇—一六八八),第一代奧蒙德公爵,當查理二世被流放時他伴隨在他身邊,日後成為英格蘭和愛爾蘭政界的重要人物。

44 即湯瑪斯・巴特勒(Thomas・Butler,一六三四—一六八〇),奧蒙德公爵長子,第六代奧索里伯爵,愛爾蘭政治家,官至英格蘭海軍中將。

45 即莫代納的瑪麗(Mary of Modena,一六五八—一七一八),信奉天主教,是約克公爵也就是後來的詹姆斯二世的第二任妻子。她的弟弟法蘭西斯科・德斯特二世(Francesco II d'Este,一六六〇—一六九四年)在一六六二年至一六九四年間為莫代納公爵。

46 泰特斯・奧茨(Titus・Oates,一六四九—一七〇五),一手編造了旨在謀害查理二世的「天主教陰謀案」。

47 「血腥瑪麗」女王(Bloody Queen Mary)即英格蘭的瑪麗一世(Mary I of England,一五一六—一五五八),是英格蘭和愛爾蘭女王,都鐸王朝第四位君主,一五五三年至一五五八年在位。她於與其同父異母的弟弟愛德華六世死後繼承英格蘭君主寶座,再次於英格蘭復辟羅馬天主教,取代她父親亨利八世提倡的新教盎格魯派。期間她下令燒死約三〇〇名宗教異端人士。此舉使她得到了「血腥瑪麗」的綽號。

48 神聖盟約(solemn League and Covenant)又叫國民誓約(National Covenant),是一六四三年蘇格蘭和英格蘭議員為維護長老會(新教的一個分支)制所簽訂的盟約。在英格蘭、蘇格蘭和愛爾蘭的三國之爭中(Wars of the Three Kingdoms,一六三九—一六五一),很多蘇格蘭人加入「長老會」(新教的一個分支)並拒絕主教和羅馬天主教的監督制進入蘇格蘭,但由於該組織在是否該給國王參與教會事務的權力的問題上產生分歧,它繼而被分成兩個派別:「抗議派」(Protesters)和「決議派」。

49 即克拉弗豪斯的約翰·格雷厄姆（John Graham of Claverhouse，一六四八—一六八九），第一代鄧迪子爵，蘇格蘭士兵和政治家，親英分子。

50 基尼（guinea）是一六六三年英國發行的一種金幣，等於二一先令，於一八一三年停止流通。

51 《王位排除法案》（Exclusion Bill），在查理二世統治期間，王位排除危機（the·Exclusion·Crisis）發生於一六七八至一六八一年間。由於查理二世沒有任何合法子嗣，而他的弟弟約克公爵詹姆斯又是羅馬天主教教徒，議會要求解除詹姆斯的繼承權；同時一部分議員也提出由查理二世的私生子蒙茅斯公爵繼位。

52 唐納德·卡吉爾（Donald Cargill,·一六一九—一六八一），蘇格蘭長老會成員，於一六八〇年加入卡梅倫等人；在卡梅倫死後他繼續傳教，最終於一六八一年被捕，在愛丁堡接受絞刑。

53 理查·卡梅倫（Richard Cameron，約一六四八—一六八〇），蘇格蘭軍事領袖，長老會成員。一六八〇年，他因試圖重振長老會並到處宣傳該會教義而遭到政府追殺，最終死於蘇格蘭西南艾爾郡的艾爾德沼地。

54 博斯韋爾橋戰役（Battle of Bothwell Bridge）發生於一六七九年六月二二日，蘇格蘭政府軍隊與支持長老會的「盟約者」在蘇格蘭南部拉納克郡的博斯韋爾附近相遇，最終以長老會失敗而告終。這張戰役象徵著長老會起義的終結。

55 一六八〇年六月二二日，卡梅倫與其追隨者在蘇格蘭西南艾爾郡的艾爾德沼地（Airds·Moss）附近遭遇政府的追殺，後發生激戰。卡梅倫戰死。

56 聖奧利弗·普倫基特（Saint·Oliver·Plunkett，一六二九—一六八一），愛爾蘭阿馬大主教，是奧茲「天主教陰謀案」最後一個犧牲者。阿馬大主教為愛爾蘭教會最高的兩個大主教教位之一，另一個為都柏林大主教。

57 即喬治・傑佛瑞斯（George Jeffreys，一六四五—一六八九），威爾士法官，後來被任命為大不列顛大法官（Lord Chancellor），貴族頭銜是韋姆的傑佛瑞斯男爵，被稱為「絞刑法官」（the Hanging Judge）。

58 此處為俚語，「to give somebody a lick with the rough side of one's tongue」指的是嚴厲責備或痛斥某人。

59 威廉・拉塞爾勳爵（Lord・William・Russel，一六三九—一六八三），一六八三年因萊府陰謀（Rye・House・Plot）被判叛國罪，後被處以死刑，據說行刑過程相當艱難，勳爵頗費了一番周折才死去。

60 即威廉・霍華德（William・Howard，約一六二六—一六九四），第三代埃斯寇里克的霍華德男爵，萊府陰謀的風聲傳出之後他立刻被捕，並在審判中公認出威廉・拉塞爾勳爵。

61 阿爾傑農・西德尼（Argernon・Sydney，一六二八—一六八三），英格蘭政治家，反對查理二世政府，最終以叛國罪為名被處以死刑。

62 約翰・漢普登（John・Hampden，一六五三—一六九六），他與威廉・拉塞爾和阿爾傑農・西德尼等人密謀推翻查理二世政府。一六八三年在萊府陰謀（Rye・House・Plot）敗露之後被捕，卻逃過死刑。他日後又參加推翻詹姆斯二世政府的革命，「光榮革命」一名也是由他而起。他的祖父約翰・漢普登（John・Hampden，約一五九五—一六四三）也英格蘭政治家，是一六四二年查理一世試圖違憲逮捕的下議院五人之一，該事件引發了英國內戰。

63 即理查・朗博爾德（Richard・Rumbold，一六二二—一六八五），克倫威爾派的士兵，參與了萊府陰謀，計畫謀殺查理二世和他弟弟詹姆斯。

64 萊府（Rye・House）即一六八三年萊府陰謀案的據點。輝格黨人的議會被解散後，一部分軍人密謀在萊府暗殺查理二世和詹姆斯二世，但並未成功。萊府位於英格蘭赫特福德郡的霍茲登。

65 即亞瑟・卡佩爾（Arthur・Capell，一六三一—一六八三），第一代埃塞克斯伯爵。他並沒有深入參與到萊府陰謀當中，但在陰謀暴露之後依舊被捕，後在獄中割喉自盡。有人說他的死是查理二世與詹姆斯所為，但這種說法並無什麼根據；另一說他因為不想透露萊府陰謀的細節而自盡。

66 老貝利（Old · Bailey）是英國倫敦中央刑事法院的俗稱。

67 語出聖經舊約《耶利米哀歌》四：二〇（Lamentations · 4: 20），原句為「The breath of our nostrils, the anointed of the LORD, was taken in their pits, of whom we said, Under his shadow we shall live among the nations」：我們鼻孔中的氣、上帝的受膏者，在他們的坑中被捉住；對此我們說道：「在他的陰影下，我們將活在列國之中」。該書講述西元前六〇七年耶路撒冷被巴比倫王夷為平地的慘狀，先知耶利米寫下《哀歌》，為其國家和同胞的遭遇而哭泣。在該書中，耶利米認為耶路撒冷的災禍是人們無視上帝怒火所經受的懲罰，在第四章中，他特地強調了悔改的重要；如果不悔改的話，上帝就會施行懲罰。

68 淋巴結核病（King's Evil），在中世紀的英格蘭和法國，人們普遍認為國王的觸摸能夠治癒這種疾病。在英格蘭，這種行為始於「懺悔者」愛德華統治期間；而法國則始於腓力一世（一〇五二—一一〇八）統治期間。

69 伍斯特戰役（Battle · of · Worcester）發生於一六五一年九月三日，是英格蘭內戰的最後一場戰役。在這場戰鬥中，奧利弗·克倫威爾和「圓顱黨」擊敗了查理二世的保皇派軍隊。

第三十六章　詹姆斯二世統治下的英格蘭

詹姆斯二世[1]十分惹人厭。跟他一比，就連最優秀的歷史學家們都覺得還是他哥哥查理[2]更令人欣慰一些。在短暫的任期內，他致力於在英格蘭復興天主教。這個愚蠢而偏執的頑固追求，使得他的統治生涯很快就畫上了句號。

他首先向委員會保證，他將努力維持政府在教會和國家層面同時存在的狀態，就像法律建立的那樣，並將盡心捍衛和支持教會。這番動人的發言贏得了大眾的一片叫好，不管是在佈道壇還是在其他地方，人們都對國王的信守承諾讚不絕口。可讓這些輕信了國王的人們始料未及的是，他建立了一個秘密委員會專門用來處理天主教事務，它的一個主要成員是一個名叫彼得神父[3]的、禍害人的耶穌會會士。國王欣喜涕零地收下了法蘭西國王給他的第一筆五十萬里弗赫[4]的津貼，然而，鑒於他是個本性卑鄙的人，且懷著既吝嗇又自傲的複雜心緒，所以儘管兜裡揣著法蘭西國王的錢，他卻總是熱切地表現出他的獨立。他在哥哥查理二世的保險箱裡找到了兩份支持天主教會的文書，並把它們給公開發表了（雖然我覺得這不會有什麼用）；他還公開參加彌撒。儘管做了這麼多過份的事，極盡諂媚的議會竟還給了他一大筆錢，這讓他相信自己上任後可以想幹什麼就幹什麼，於是他下定決心要胡鬧一番。

在講述重要事件之前，讓我們先來說說泰特斯・奧茨[5]的事情。加冕禮兩周後，他因偽證罪受到審判。除了要繳納大筆罰款外，他還被判兩次站上頸手枷，第一天從奧德門[6]一路受鞭刑到新門監獄，兩天後又從新門監獄到泰伯恩刑場，而且在有生之年他每年都要上頸手枷五次。事實證明，這可怕的判決對這無賴還真有效。第一天，泰特斯被鞭打得站不起來，於是被人用雪橇拖著從新門監獄去了泰伯恩刑場，一路上還繼續忍受著鞭刑。這個惡棍身體還真硬朗，經歷了這番折磨之後也沒死掉，後來在還活著的時候受到了寬恕，得到獎賞，不過再也得不到信任了。那幫人裡面僅存的另一個活口便是丹傑菲爾德，但他可就沒這麼幸運了。從新門監獄到泰伯恩刑場的路上，他差點被鞭打致死，不過這還不算，格雷律師學院一名殘暴的律師用手杖戳他的眼睛，他因此喪命。當然這個兇惡的律師也受到了審判，得到了應得的處罰——他被處死了。

詹姆斯一登基，阿蓋爾[7]和蒙茅斯[8]就從布魯塞爾來到鹿特丹，參加一個蘇格蘭流放者組織的會議，著手策劃在英格蘭進行一場起義。他們達成一致，決定讓阿蓋爾帶兩名英格蘭人在蘇格蘭登陸，蒙茅斯公爵則和兩個蘇格蘭人一同前往英格蘭。

阿蓋爾率先採取了行動。他讓可靠的信使翻山越嶺，把血十字[9]傳遍每一個部落——這是那些野蠻的高地人首領激起族人鬥志的傳統習俗——他本想募集至少兩三千名高地人，但由於他的兩名手下在奧克尼群島被捕，英格蘭政府注意到了他的企圖，阻撓了募集行動。在帶著小支部隊前往格拉斯哥的途中，他又被幾名隨從出賣。阿蓋爾雙手被縛在身後，再次被送進愛丁堡城堡關了起來。詹姆斯重提他那羞人的不公判決，要求三天之內處死他。阿蓋爾似乎還擔心著又會被套上靴狀刑具，不過他多慮了——因為這次國王直接砍了他的頭。他的頭顱被插在愛丁堡監獄的樓頂。他被捕的兩名手下裡有一位是老兵朗博爾德[10]，他正是萊府[11]的主人。阿蓋爾英勇受刑後還不到一周，傷勢嚴重的朗博爾德就接受了審訊，以防他在那之前死掉，讓國王失望。最終國王還是殺了他，但在那之前他堅強地為自己辯護，說他可不相信上帝會讓大多數人做背負馬鞍、口咬轡繩的坐騎，而讓少部分腳蹬馬靴的人用馬刺去踢他們。我完全同意朗博爾德的看法。

蒙茅斯公爵一來是有事耽擱了，二來又閒逛耗掉了些時間，所以等到他在多塞特郡的萊姆登陸時已經比阿蓋爾晚了五六個星期。他手下有個倒楣的貴族叫沃克的格雷，後來就是這傢伙把本可成功的遠征給毀了。剛一登陸，蒙茅斯立刻在鬧市中心樹起自己的旗幟，宣稱國王是個暴君、天主教篡位者，以及一些其他我也不知道的。他用國王的種種惡行來指控他，但也編造了一些莫須有的罪名，比如火燒倫敦城、毒殺前任國王之類。通過這些辦法，他召集了大約四千名兵士，向很多強烈反對天主教的新教徒所在的湯頓[12]行進。這裡的人們不論貧富都歡迎蒙茅斯的到來。他穿過街道時，女人們從窗戶裡向他揮手致意，所到之處灑滿鮮花，溢美之詞不絕於耳。此外還有二十位精心打扮的年輕淑女身著盛裝款款而來，將她們親自用白皙的雙手裝飾過的《聖經》以及一些別的禮物送給他。

人們的敬意鼓舞了他。他自稱國王，向布里奇沃特進攻。可到了這兒蒙茅斯才沮喪地發現，費弗沙姆伯爵率領的政府軍就在附近，自己根本沒什麼有力的盟友，他開始考慮要不要解散軍隊全力逃跑。但在那個倒楣的格雷勳爵的建議下，他們還是決定夜襲國王的軍隊。國王他們駐紮在一片叫塞奇莫爾的沼澤旁。率領騎兵的人依然是那個倒楣的貴族，他一點兒也不勇敢；上了戰場之後，他剛遇到一條深溝就立刻打了退堂鼓。儘管這些支持蒙茅斯的鄉下人舉著他們的長柄鐮刀、棍棒和乾草叉這類不像樣的武器英勇廝殺，但他們很快就被訓練有素的士兵擊潰，四散逃開了。蒙茅斯公爵避人耳目，趁亂逃走；但倒楣的格雷勳爵第二天一早就被捉住，而另一名被捕的同黨則交代說四個小時前他還和公爵在一塊兒。一番嚴密搜查之後，公爵被發現了。他喬裝成農民，藏在蕨草和蕁麻遮蔽的溝裡，口袋裡有幾顆地上撿來充饑的豌豆。除此之外，他身上只帶了幾份檔和幾本書，其中一本是他自己寫的奇怪的雜集，裡面有符咒、歌集、食譜和禱文。他徹底失敗了。他可憐兮兮地給國王去了封信，懇求國王見見他。當人們把他送到倫敦，綁起來覲見國王的時候，他雙膝跪地爬向國王，可謂顏面盡失。詹姆斯從不寬恕憐憫任何人，所以對這個發表萊姆宣言的傢伙更不會心軟。他對這個苦苦哀求的人說，做好赴死的準備吧。

一六八五年七月十五日，這個受民眾愛戴的不幸的人被帶到倫敦塔山執行死刑。圍觀人群人頭攢動，屋頂都站滿了看熱鬧的人。蒙茅斯在塔裡的時候和妻子見過面，他妻子是巴克盧公爵的女兒。不過他常常提起的人卻是另一位他愛得更深的女性——哈里特・溫特沃思小姐；她是他臨終前最掛念的人之一。在把腦袋擱上墊頭木之前，公爵摸了摸刀斧的邊緣，然後告訴劊子手說，他擔心刀斧不夠鋒利、不夠重。劊子手說刀斧沒有問題，公爵便說：「我希望你小心點兒。我可不想遭遇拉塞爾勳爵[13]那樣可怕的情況。」劊子手被這話弄得緊張起來，顫抖著砍了一下，卻只是在他脖子上留下了一道深深的口子。蒙茅斯公爵一臉責備地抬頭看著他。劊子手又砍了一下，再一下，然後他把刀斧一扔，驚恐地尖叫道他做不到。但執行吏恐嚇他說他若不繼續砍，便要砍掉劊子手的頭。劊子手重新撿起刀斧，砍了第四下，第五下。這顆可憐的腦袋終於落地了，三十六歲的詹姆斯，也就是蒙茅斯公爵，死了。他是個華麗優雅的男人，有很多優點，頗受坦誠的英格蘭人的喜愛。

在蒙茅斯叛亂之後，政府所犯下的惡行在英格蘭歷史上寫下了最黑暗最可悲的一頁。可憐的農民們損失慘重，四散流亡，他們的首領們也都已被捕，人們覺得這樣一來無情的國王也該滿意了吧。其實卻不然。他放任一幫禽獸不如的人去收拾這些可憐的農民，其中有個叫科洛內爾·柯克的傢伙曾經對付過摩爾人，他手下的士兵和他本人一樣兇殘成性。人們稱他們為「柯克的羊羔」，因為他們的旗幟上有一隻羊，那是基督教的符號。這些人面獸心的傢伙所犯下的暴行實在令人髮指，在這裡我無法詳述。我只要說說這些事情就足以展現他們的可惡：除了極其殘忍的燒殺搶掠，逼迫人們用全部家當換來他們的饒恕之外，柯克最愛的娛樂項目之一就是飯後和軍官們一起喝酒，為國王乾杯，同時看著一批囚犯吊在窗外作消遣。當瀕死的囚犯雙腳痙攣時，他就說應該給這些人的舞蹈配上音樂，於是命令人們吹吹打打起來。聽聞這些暴行之後，可惡的國王竟告訴他說自己「對他的行動非常滿意」。但最讓國王感到愉快的還是傑佛瑞斯[14]的行動。他現在是個貴族，帶著另外四名法官一路西行去審判那些叛亂相關者。國王高興地把這叫做「傑佛瑞斯運動」。生活在那裡的人們至今無法忘記那次暴行，將其稱作「血腥審判」。

審判從溫徹斯特開始。那裡有一位可憐的失聰老婦人名叫艾麗西亞·萊爾，她是一位審判過查理一世的法官的遺孀，丈夫在國外被保皇主義者暗殺了。老婦人被指控在宅中藏匿了兩個從塞奇莫爾逃出來的人。接連三次，陪審團都拒絕判定她有罪，但在傑佛瑞斯的恐嚇威懾之下，他們只好做出虛假的判決。拿到稱心的判決之後，傑佛瑞斯說道：「各位先生，如果我是你們，就算這位老婦人是我母親的話，我也照樣會給她定罪。」我相信他真會這麼做。當天下午，他命人將老婦人活活燒死。但在教堂的神職人員以及其他一些人士的干預下，火刑沒有執行，老婦人在一周後被斬首。作為對傑佛瑞斯的至高獎賞，國王任命他為大法官。他後來又去了多賈斯特、埃克塞特、湯頓和威爾斯。我們知道這個禽獸做出了這麼多不公而又殘忍的事情，可令人驚訝的是竟沒有人把他揍死在法官席上。不管是男是女，任何人被對手送到傑佛瑞斯面前都會被定為叛國罪。有人申訴自己無罪，卻被傑佛瑞斯命人拖出法庭，立刻給吊死了。這在囚犯當中引起了普遍恐慌，所以他們紛紛第一時間承認自己有罪。單單在多賈斯特，傑佛瑞斯就在數日內吊死了八十個人。這還不算那些被處以鞭刑、流放、收監和被變賣為奴的人。他一共處決了兩百五十人，也有可能是三百人。

這麼多處決都是在受刑者的鄰里好友身邊進行的，地點遍佈三十六個村鎮。屍體都被撕裂，扔進裝有煮沸的瀝青和焦油的大鍋裡，然後掛在路邊、街旁，甚至還有教堂的頂上。觸目驚心的頭顱和肢體散發著怪味，地獄般的大鍋嘶嘶地冒著泡，驚恐的人們噙著淚水，這一切的一切都可怕得難以用語言描繪。有個被迫負責把殘骸放進黑鍋裡的鄉下人從此就被人們稱作「煮夫湯姆」。負責執行絞刑的人從此則被稱作傑克·凱奇，因為傑佛瑞斯手下有個人叫這個名字，整天就不斷地執行絞刑。你可能聽說過很多關於法國大革命的可怕故事——這些故事確實又多又嚇人，但我覺得，無論那些瘋狂的法蘭西人在那個糟糕時代的所作所為再恐怖，也比不上我們這位英格蘭最高法官在國王特許下進行的「血腥審判」。

可這一切遠遠還沒結束。傑佛瑞斯既喜歡給他人帶來不幸，也喜歡給自己掙點外快。他大規模地販賣寬恕機會以中飽私囊。國王把一千名囚犯交給自己的親信，讓他們為求得寬恕的金額討價還價。湯頓那些送《聖經》的年輕姑娘們，則被交給了宮廷侍女們，於是這些尊貴的女士們就真的賣力地和那些姑娘討價還價起來。就在「血腥審判」進行得最如火如荼之時，國王正忙著賽馬取樂，玩樂的地點就在賴爾夫人被處決之處。傑佛瑞斯幹盡了壞事之後回到家，被《皇家公報》大加褒獎了一番。當聽說傑佛瑞斯因醉酒和壞脾氣而病重的時候，可憎的國王竟然說全英格蘭再難找出他這樣的人才了。除此之外，倫敦的一位叫做科尼什的前郡長受到了卑鄙的審判，因參與萊府陰謀案而在能看到自家屋子的地方被吊死了。不過出庭作證的拉姆齊也是個惡棍，他這次給的證詞和在拉塞爾勳爵的審判中提供的證詞完全自相矛盾。同日，一位名叫伊莉莎白·岡特的富有寡婦在泰伯恩刑場被活活燒死，罪名是為一位可憐人提供庇護，卻不料這個被庇護的傢伙反過來檢舉了她。她親手把燃料放在自己周圍，好讓火焰快點燒過來。她用盡最後的氣力不卑不亢地說，她遵從了上帝神聖的要求，為無家可歸者提供庇護，而不是出賣他們。絞刑、砍頭、火刑、烹煮、肢解，揭發、搶劫、流放、變賣為奴，國王在用這些方法蹂躪過不幸的國民之後，自然覺得自己想做什麼都可以。於是他迅速著手改換國家的宗教信仰，至於具體的做法，則是這樣的。

他首先試圖利用自己免於處罰的權力廢止《立誓法》[15]——這是一部禁止天主教徒成為公職人員的法律。他先試著讓一個天主教徒任職，結果十二個法官裡有十一人支持他；於是他又找來另外三人做實驗，他們都是牛津大學學院的高層，都信奉天主教，所以國王幫他們保住了地位並對他們表示支持。他還復興了可憎的教會委員會，撤了倫敦主教康普頓的職位，因為康普頓勇敢地反對他。他還懇求教皇給英格蘭派個大使，理智的教皇相當不情願地照辦了。他在各種場合公然在民眾面前粉飾彼得神父的形象，還在倫敦多地主張建造女修道院。他很樂意在街上甚至宮廷裡能隨處見到按自己的習慣生活的修道士，並一直努力把身邊的新教徒換成天主教徒。他與議會成員中的要人進行私人會晤，將之取名為「密室會談」，希望說服他們接受他的設想。如果他們不接受，職位便會被撤去，或者就得自己辭職，空出的位置則讓給天主教徒。他還利用各種權力把軍隊裡的新教軍官也換成了天主教徒。對自治機構的工作人員和各郡的首席治安官他也動了同樣的手腳（不過首席治安官的調動並不太順利）。為了迫使民眾對這些事情忍氣吞聲，他派了一支一萬五千人的軍隊駐紮在豪恩斯洛荒地以示威懾，還公然在將軍的帳篷裡舉行彌撒，教士們則在士兵當中賣力地勸服他們皈依天主教。已故拉塞爾勳爵的牧師詹森作為一個新教教士，在士兵當中傳閱一份文書，奉勸他們忠於信仰，卻因此被罰三次站上頸手枷，從新門監獄一路受鞭刑到泰伯恩刑場。國王還把親姐夫[16]請出了委員會——因為他也是新教徒。那位之前提到過的彼得神父被提拔做了樞密院委員。他把愛爾蘭交給了提爾康奈爾伯爵理查．塔爾博特[17]，這是個既卑微又放蕩的流氓。他在愛爾蘭替主人繼續進行這些偷天換日的勾當，還盤算著有一天要求得法蘭西國王的庇護。上至教皇，下至門房，任何一個頭腦清醒的天主教徒看到國王這番極端的舉動都能看出這人就是個頑固的蠢貨，他會親手毀了自己，毀了他想促成的事情。但他聽不進任何勸說，固執己見，終而跌下了王座——這對英格蘭來說倒也是件好事。

但愚蠢輕率的國王沒有想到，國內的反抗情緒正日漸高漲。首先讓他碰壁的地方是劍橋大學。國王先在牛津任命了一位天主教系主任，沒有遭到什麼反對，於是又試著讓一位教士在劍橋成為文學碩士。但這招致了劍橋大學方面的反對，終而未果，他只得又回到他最愛的牛津。正好莫德林學院的院長去世了，於是國王就要求讓安東尼．法默先生接任院長一職，推薦理由只有一個——他也是天主教徒。牛津大學終於鼓起勇氣拒絕

步把他推下了王位。

教會美差的機會。然後他走出了自認最為高明的一步棋，可實際上正是這草率的最後一

報復，愚蠢的暴君懲罰了霍夫先生和另外二十五個人，將他們開除並宣佈剝奪他們擔任

了。國王又換了個人選，卻依然遭拒。學院最後自行選擇讓一位霍夫先生做院長。出於

國王發表聲明，宣稱不應再設置宗教檢查和刑法，這樣可以更容易地推行天主教。但就連反對國教的新教徒也不再顧忌自己的立場，勇敢地和普通教會成員一起全力反抗國王的決定。國王和彼得神父決定於某個星期天在所有教堂宣讀這份聲明，並要求主教們傳播。主教們和受到冷落的坎特伯雷大主教商議後決定，他們不僅不會宣讀這份聲明，還要向國王請願撤銷它。大主教親自草擬了請願書，六位主教當晚就前往國王的寢宮將之面呈，這讓國王萬分震驚。第二天便是預定要讀聲明的星期天，一萬名神職人員中只有兩百人讀了聲明。國王什麼勸阻都聽不進，執意在王座法庭起訴了主教們。三周後，主教們被召入樞密院，並被判處關入倫敦塔。六人通過水路被送往那個淒苦的地方，而大批民眾則聚集起來，紛紛跪在地上落淚替他們祈禱。到達倫敦塔時，負責看守的軍隊長官和士兵請求得到他們的祝福。囚禁期間，士兵們每天都為了他們能獲得釋放而舉杯暢飲，大聲喊叫。他們來到王座法庭接受審判，檢查總長宣稱他們的重大罪名是責難政府和發表自己對國事的看法。同他們一道的還有很多群眾和大批貴族紳士。夜裡七點，

陪審團走出來討論判決，除了國王以外所有人都覺得，他們寧可忍饑挨餓，也不想讓那個國王安插在他們當中的內奸得逞。那傢伙一心想給主教們治罪。經過一夜與這個內奸的激辯，陪審團在第二天早上回到法庭，宣判主教們無罪，威斯敏斯特大廳裡響起了前所未有的巨大歡呼。歡呼聲在人群中傳遞，一路傳到了坦普爾柵門[18]和倫敦塔。不僅是東邊，西邊的人們也接到了消息，喜訊一直傳到了豪恩斯洛的軍營，在一萬五千名士兵中傳遞。當時愚蠢的國王正和費弗沙姆勳爵在一起，聽到大聲的呼喊後警覺地問這是怎麼回事。有人告訴他「沒什麼事，只是主教們被赦免了」，國王還是頑固地說：「你說這叫沒什麼事？這對他們來說簡直糟糕透了！」

在請願和審判的過程中，王后[19]生了一個男孩，彼得神父認為這是聖威妮弗雷德的恩賜，但當國王的朋友開始擔心這孩子將來會成為天主教的王位繼承者（因為國王的兩個女兒都是新教徒）時，我懷疑這到底跟聖威妮弗雷德有無關係。鑒於這種擔心，讓什魯斯伯里伯爵、丹比伯爵、德文郡伯爵、拉姆利勳爵、倫敦主教、海軍上將拉塞爾和陸軍上校悉尼去邀請奧蘭治親王[20]來英格蘭。詹姆斯這個王家污點終於看到了危險，在恐慌中做出了很大的讓步，同時成立了一支四萬人的軍隊。但奧蘭治親王並不是詹姆斯二世能應付的。親王準備得相當充分，意志堅定。

親王做好啟航英格蘭的準備兩周後，一股猛烈的西風阻止了船隊離港。雖然風停後船隊再次出發，卻又被一場暴風雨打散，不得不返航整修。一六八八年十一月一日，這一天終於刮起了東風，後來人們把這次的風稱為「新教的東風」。十一月三日，多佛爾和加萊的人民看到了長達三十二公里的船隊從兩地間的海峽中浩浩蕩蕩地駛過。到了五日，星期一，船隊在德文郡的托貝停靠，親王帶著由軍官和手下組成的光鮮隊伍向埃克塞特[21]進攻。可是西部居民在「血腥審判」中受盡了折磨，早已心灰意冷，沒什麼人願意加入他們。招不到兵的親王都想著要無功而返了，於是他公開了貴族們寫給他的邀請信，作為自己此番出兵有理的證據。在這緊要關頭，一些貴族加入了他的隊伍，皇家軍隊也開始動搖。所有人簽訂了一份協定，約定凡簽署者都要彼此支持，共同捍衛三個王國的法律與自由，捍衛新教，捍衛奧蘭治親王。自那以後，事情就變得順利了。英格蘭的大城鎮接二連三地投靠了親王的陣營。牛津大學表示只要親王需要用錢，他們連牌子都可以融掉給他。親王知道，他現在沒什麼可擔心的了。

這時候的國王正可憐兮兮地四處奔波，這兒給人治治淋巴結核[22]，那兒檢閱檢閱軍隊，或者在哪兒流流鼻血[23]。小王子則被送去了樸資茅斯，彼得神父則箭一般迅速逃往法蘭西，教士和修士即刻遭到大規模驅逐。國王最重要的官員和朋友們也相繼棄他而去，投奔了親王，公主安妮也趁夜色從懷特霍爾宮逃了出來；倫敦主教到底是當過兵的人，他騎馬走在安妮前面，手中握著劍，鞍上別著槍，親自為她保駕。「救救我吧，上帝！」

可憐的國王喊道，「連我自己的孩子都拋棄了我！」混亂中，他和幾個倫敦貴族爭論該不該召開一次議會，又指命其中三人去和親王談判，隨後便決定逃去法蘭西。他把小威爾士親王從樸茨茅斯接回來，讓王后帶著王子，在一個陰冷的夜晚乘敞篷船渡河前往蘭貝斯，最後安全逃走。這是十二月九日的夜晚。

十二月十一日凌晨一點，此時的國王已經收到了奧蘭治親王的信，信中闡明了他的要求。國王起了床，命睡在他房間的諾森伯蘭勳爵到平時早上起床的時間之前不要打開門。說完他便從小樓梯（我猜那個戴假髮穿長袍的教士就是通過這樣的樓梯見到他哥哥的）下樓，坐小船過了河，中途他把英格蘭的國璽順便扔進了河裡。然後他騎上事先備好的馬，和愛德華·黑爾斯爵士一同前往費弗沙姆，在那裡登上一艘海關的獨桅小船。小船的主人需要更多壓艙物，於是跑到謝佩島去找，結果被那裡的漁民和走私者圍住了船，因為他們懷疑國王是一個「瘦臉龐的耶穌會士」。他們搶了他的錢卻還不肯放他走，他只好告訴他們自己的真實身份，並說奧蘭治親王想要殺他，然後尖叫著說想要一艘船——然後他又哭了，因為他把據說是從耶穌十字架上取下的一塊木頭在騎馬的時候給丟了。他把自己交給了當地的郡首席治安官，拘捕他的消息傳到了正在溫莎的奧蘭治親王耳朵裡——其實他只想擺脫掉國王，並不在乎他去了哪兒。於是國王被放走了，但他很擔心他們並沒有放過他。不過這也不是長久之計，所以國王又被帶了回來。在禁衛兵騎兵團的護衛下，他回到了懷特霍爾宮。他剛到的時候還迷迷糊糊的，就去聽了彌撒，並在晚飯前叫一個耶穌會士幫他做飯前禱告。

國王的落跑讓民眾陷入了相當混亂的狀況，他們認為軍隊裡的愛爾蘭人會殺了新教徒。因此他們鳴響鐘聲，點起守夜篝火，燒了天主教教堂，四處尋找彼得神父和耶穌會會士。而教皇的大使則裝扮成男僕逃了出去。雖然百姓們連一個耶穌會會士都沒能找到，但是一個人卻在沃平發現一張浮腫的、醉醺醺的臉正從窗戶往下看。此人曾是傑佛瑞斯的法庭上被恐嚇作證的人，所以這張臉他記得很清楚，就算對方穿著水手的衣服，他也能認出這就是那個可惡的法官傑佛瑞斯。於是他抓住了這個醉漢。民眾保持了基本的道義，沒有將他碎屍萬段。大家只是來回推毆了他一會兒，然後就把驚恐萬分的傑佛瑞斯交給了市長。市長在他的尖聲乞求下，將他送進了倫敦塔。他最後死在了那裡。

民眾的混亂狀態還在持續著。他們點起篝火慶祝，就好像他們應該為國王的回歸感到高興似的。但國王只是短暫停留，因為懷特霍爾宮的英格蘭守衛被換成了荷蘭守衛，一位他的前任大臣告訴他，親王第二天就要來倫敦了，他最好去哈姆。可國王說哈姆又冷又濕，他寧願去羅徹斯特。他自以為小算盤打得不錯，自以為這樣就可以從羅徹斯特逃去法蘭西了。不過國王這點鬼心眼一下子就被奧蘭治親王和他的朋友看穿；國王能夠自己離開，他們自然求之不得。於是國王在幾位貴族和荷蘭軍隊的看守陪同下乘皇家船隻前往格雷夫森德，仁慈的民眾們見到國王受辱，甚是憐憫——他們寬大為懷的品格可比國王高尚多了。十二月二十三日晚上，到了這般境地的國王還沒有意識到已經沒人要擁護他了。他愚蠢地穿過羅徹斯特的花園，經梅德韋逃往法蘭西，和王后團聚。

國王不在期間，倫敦的貴族和名流召開了會議。國王走後第二天，親王就來到倫敦，召見了各位貴族，很快又召見了查理二世統治期間出席過議會的成員。這些名流們最終商定，王位因詹姆斯二世的個人行為而空缺，如果由天主教王子來繼承王位的話則不利於新教王國的安定與幸福。奧蘭治親王與王妃應成為國王和王后，直到二人均去世為止；隨後如果他們有子嗣的話則由他們的子嗣來繼承王位；若無子嗣，則由安妮公主和她的孩子來繼承；若她也沒有孩子，王位則應交給其他繼承奧蘭治親王頭銜的人。

於是，一六八九年一月十三日，親王和王妃登上了懷特霍爾宮的王座，從此開始了共同統治。英格蘭開始推行新教。至此，英格蘭偉大的光榮革命落下了帷幕。

1 英格蘭詹姆斯二世（James II of England，一六三三—一七〇一），在蘇格蘭稱為詹姆斯七世，一六八五至一六八八年間是英格蘭、蘇格蘭和愛爾蘭的國王。他是最後一位信奉天主教的英格蘭國王。

2 英格蘭的查理二世（Charles II of England，一六三〇—一六八五），蘇格蘭、英格蘭和愛爾蘭國王。早在一六四九年、其父親查理一世被處死之後，蘇格蘭議會就宣稱查理二世為國王，卻遭到英格蘭議會的反對，直到一六六〇年、克倫威爾死後才重新登上王位，於一六六一年被正式加冕為英格蘭國王。

3 即愛德華·彼得爵士（Sir Edward Petre，一六三一—一六九九），是一名耶穌會會士。他是詹姆斯二世的心腹。

4 里弗赫（livre）是法國古代貨幣單位，一里弗赫的價值等於一磅銀。

5 泰特斯·奧茨（Titus Oates，一六四九—一七〇五），製造了「教皇陰謀」（Popish Plot），一場看似以謀殺查理二世為目的的虛假陰謀。

6 奧德門（Aldgate），倫敦城牆最東側的城門。

7 阿奇博爾德·坎佩爾（Archibald Campell，一六二九—一六八五），第九代阿蓋爾伯爵，因參與了蒙茅斯叛亂而被處死。

8 即詹姆斯·斯科特（James Scott，一六四九—一六八五），第一代蒙茅斯公爵，查理二世和情婦露西·沃爾特的第一個私生子。

9 血十字（fiery·cross）是四端燒焦或染血的木十字架，是古代蘇格蘭高地人的氏族或部族聚眾出戰的信號。

10 即理查·朗博爾德（Richard Rumbold，一六二二—一六八五），克倫威爾派的士兵，參與了萊府陰謀，計畫謀殺查理二世和他弟弟詹姆斯。

11 萊府（Rye House）即一六八三年萊府陰謀案的據點。輝格黨人的議會被解散後，一部分軍人密謀在萊府暗殺查理二世和詹姆斯二世，但並未成功。萊府位於英格蘭赫特福德郡的霍茲登。

12 湯頓（Taunton），隸屬於英格蘭西南部的薩默塞特郡（位於德文郡以北），是此郡的最大城鎮。

13 即威廉・拉塞爾勳爵（Lord William Russel，一六三九—一六八三），一六八三年因叛國罪被斬首，據說行刑過程相當艱難，勳爵頗費了一番周折才死去。

14 即喬治・傑佛瑞斯（George Jeffreys，一六四五—一六八九），威爾士法官，後來被任命為大不列顛大法官（Lord Chancellor），貴族頭銜是韋姆的傑佛瑞斯男爵，被稱為「絞刑法官」（the Hanging Judge）。

15 《立誓法》（Test・Act）是一六七三年頒佈的英國法律，要求公職人員必須信仰英國新教。

16 即奧蘭治親王威廉二世（William II Prince of Orange，一六二六—一六五〇），於一六四一年娶了英格蘭國王查理一世的長女瑪麗・亨麗埃塔為妻。

17 理查・塔爾博特（Richard Talbot，一六三〇—一六九一），第一代提爾康奈爾伯爵，一六八七年至一六八八年間為愛爾蘭總督，愛爾蘭保皇派，詹姆斯黨派士兵。

18 坦普爾柵門（Temple Bar）是舊時倫敦城的入口，位於法學院前，為叛國者和其他罪犯首級示眾之處。

19 即莫代納的瑪麗（Mary of Modena，一六五八—一七一八），信奉天主教，是約克公爵也就是後來的詹姆斯二世的第二任妻子。她的弟弟法蘭西斯科・德斯特二世（Francesco II d'Este，一六六〇—一六九四年）在一六六二年至一六九四年間為莫代納公爵。

20 即英格蘭的威廉三世（William III of・England，一六五〇—一七〇二），威廉二世和英格蘭公主瑪麗・亨麗埃特的兒子，蘇格蘭的威廉二世、奧蘭治的威廉親王三世，曾任奧蘭治親王和英國國王。他的妻子是英國女王瑪麗二世，為他的共治者。

21 埃克塞特（Exeter）是英格蘭西南區域德文郡的城市。

22 淋巴結核病（the King's Evil），在中世紀的英格蘭和法蘭西，人們普遍認為國王的觸摸能夠治癒這種疾病。在英格蘭，這種行為始於「懺悔者」愛德華統治期間；而法蘭西則始於腓力一世（一〇五二—一一〇八）統治期間。

23 流鼻血的事情據說是在奧蘭治親王成功入侵之後，詹姆斯二世嚇得精神崩潰，鼻血橫流，故有此說。

第三十七章　結尾

我寫的這部小小的歷史書到這兒就接近尾聲了。至於在一六八八年著名的光榮革命之後所發生的事情，要想在這樣一本書裡寫出來並讓讀者理解可不太容易。

總之，威廉[1]和瑪麗[2]共同統治了五年。善良的妻子去世後，威廉又獨自統治了七年。在他的統治當中，那個曾經被稱為英格蘭的詹姆斯二世[3]的可憐蟲在法蘭西去世了——那時是一七零一年九月十六日。他死前一直竭盡所能暗殺威廉（不過他所謂的「竭盡所能」也只是下一點點功夫而已），想要收復自己失去的領土。法蘭西國王宣佈詹姆斯的兒子[4]為英格蘭的合法國王；他在法蘭西被稱作聖喬治騎士，在英格蘭則被叫作冒牌貨。在英格蘭和蘇格蘭——特別是在後者，總有一些頭腦發昏的人，時常打著冒牌貨的旗號造反，就好像這個國家還沒有受夠斯圖爾特王朝的統治似的！結果卻造成了無數死亡和悲痛。一七零二年三月七日，星期日，威廉國王意外墜馬身亡。他一直都是位勇敢愛國的親王，擁有卓越的才能。他行事冷峻，知己甚少，卻深深愛著自己的王后。當他去世的時候，人們發現他左臂上纏著的黑色緞帶裡繫著一枚戒指，戒指裡封存著王后的一縷秀髮。

威廉的繼任者是安妮公主[5]。她是位頗受歡迎的女王，她的統治延續了十二年。在安妮統治內的一七零七年五月，英格蘭與蘇格蘭結成聯盟，合併為大不列顛王國。從一七一四年到一八三零年統治大不列顛的則是喬治王朝的四位國王[6]。

一七四五年，當時的統治者是喬治二世，冒牌貨最後一次起事——不過這也是他最後一次露面。已入暮年的詹姆斯和詹姆斯黨派[7]（他的同黨被如是稱呼）成員推舉出了他的兒子、人稱「年輕騎士」的查理·愛德華[8]。說到斯圖爾特家族，就不得不說說蘇格蘭高地人：他們極好惹是生非，又生性固執，對查理斯忠心耿耿，於是查理斯也與他們聯合起來。為了把他推上王位，蘇格蘭人還發動過一場叛亂。在叛亂中，許多英勇無畏的紳士都獻出了生命。查理斯·愛德華要想再次逃出國非常困難，因為敵方重金懸賞他的腦袋，但蘇格蘭人民對他極其忠誠。他和當年的查理二世一樣經歷了一番頗具傳奇性的冒險，最後逃到了法蘭西。當時產生了很多具有詹姆斯黨派時代特色、描寫他們情感的有趣的故事和歡快的歌曲。要不是有這項功勞，我覺得斯圖爾特家族對英格蘭完全就是百害而無一利的。

在喬治三世統治期間，由於堅持強制對北美課以重稅，英格蘭失去了這片土地。這個幅員遼闊的國家在華盛頓的領導下獨立了，成為地球上最偉大的國家之一——美利堅合眾國。在我寫書的這個時代，美國有一項值得稱頌的過人之處，那就是無論其國民走到哪裡，都能受到政府的保護。這樣出色的表現實在值得英格蘭學習。我跟您私下裡講一句，在這方面，英格蘭可是從奧利弗・克倫威爾的時代開始就大不如人了。

一七九八年七月二日，也就是喬治三世在位時期，大不列顛與境況十分糟糕的愛爾蘭結成了聯盟[9]。

一八三零年，威廉四世[10]接任喬治四世的王位，然後一統治就是七年。一八三七年六月二十日，威廉四世的侄女、肯特公爵（喬治三世的四兒子）唯一的孩子維多利亞女王[11]登基。一八四零年二月十日，她嫁給了薩克森—哥達公國的阿爾伯特親王[12]。她很善良，備受人民愛戴。所以，現在我要像個傳佈公告的人一樣，高聲喊出這句話來作為本書的結束語：

天佑女王！

1 英格蘭的威廉三世（William III of England，一六五〇—一七〇二），即蘇格蘭的威廉二世、奧蘭治的威廉親王三世，曾任奧蘭治親王和英國國王。他的妻子是英國女王瑪麗二世，為他的共治者。

2 英格蘭的瑪麗二世（Mary II of England，一六六二—一六九四），詹姆斯二世的長女，以英格蘭、蘇格蘭與愛爾蘭女王的身份自一六八九年統治直至逝世。她與表兄威廉三世結婚，共同統治英國。

3 英格蘭的詹姆斯二世（James II of England，一六三三—一七〇一），蘇格蘭的詹姆斯七世，在一六八八年的光榮革命中被迫退位，是最後一位統治英格蘭的羅馬天主教君主。

4 即詹姆斯・法蘭西斯・愛德華・斯圖爾特（James Francis Edward Stuart，一六八八—一七六六），威爾士親王，被稱為「聖喬治騎士」（le Chevalier de Saint George）或「老冒牌貨」（the Old Pretender）。在一七〇一年詹姆斯二世去世後，他的堂兄、法蘭西國王路易十四（Louis XIV of France，一六三八—一七一五）宣佈他為合法的英格蘭國王。

5 即大不列顛的安妮女王（Anne，Queen of Britain，一六六五—一七一四），大不列顛聯合王國女王，詹姆斯二世與王后安妮・海德的次女。

6 即大不列顛喬治一世（George I of Britain，一六六〇—一七二七）、喬治二世（George・II・of・Britain，一六八三—一七六〇）、喬治三世（George III of the United・Kingdom，一七三八—一八二〇）和喬治四世（George IV of the United Kingdom，一七六二—一八三〇）。喬治一世來自德國，他是漢諾威王朝的第一位英格蘭國王。

7 詹姆斯黨派（Jacobitism）為支持斯圖爾特國王詹姆斯二世的一個政治團體，以羅馬天主教教徒為主，於一六八八至一七四六年間多次起義鬧事。其成員多來自蘇格蘭北部，他們不承認英格蘭議會對詹姆斯二世的罷黜，並希望通過詹姆斯二世恢復天主教教徒的地位，並維持蘇格蘭的氏族制度。

8 查理斯・愛德華・斯圖爾特（Charles Edward Stuart，・一七二〇—一七八八），又稱小王子查理

（Bonnie Prince Charlie）或小冒牌貨（The Young Pretender），詹姆斯・法蘭西斯・愛德華・斯圖爾特的長子，英格蘭國王詹姆斯二世之孫。

9 從此時起大不列顛王國（Britain）才成為「大不列顛及愛爾蘭聯合王國」或「聯合王國」（the United Kingdom）。

10 聯合王國的威廉四世（William IV of the United・Kingdom，一七六五—一八三七），喬治三世的小兒子，於一八三〇年起統治英格蘭、蘇格蘭、愛爾蘭和漢諾威。由於沒有合法子嗣，在他死後大不列顛聯合王國王位轉由他的侄女維多利亞繼承。

11 維多利亞女王（Queen Victoria，一八一九—一九〇一），於一八三七年起為英格蘭、蘇格蘭及愛爾蘭聯合王國女王，一八七六年起為印度女皇。喬治三世的孫女，威廉四世的侄女，是漢諾威王朝的最後一位統治者。

12 阿爾伯特親王（Prince Albert，一八一九—一八六一），薩克森—科堡—哥達的阿爾伯特王子，維多利亞女王的丈夫和堂弟，後維多利亞女王專門為他創造了「王夫」（Prince Consort）這一頭銜。維多利亞女王去世後王位傳給了他們的兒子愛德華七世，從此開始了薩克森—科堡—哥達王朝的統治。一戰時期，為了平息國內的反德情緒，英國王室將薩克森—科堡—哥達（Saxe-Coburg and Gotha）改為溫莎（Windsor），現在的英國王室即是這個家族的延續。

國家圖書館出版品預行編目 (CIP) 資料

狄更斯講英國史 / 查爾斯．狄更斯 (Charles Dickens) 作 ; 蘇旻婕等譯.
-- 初版 . -- 新北市 : 遠足文化 , 2017.04
面； 公分
譯自：A childs history of England
ISBN 978-986-94425-4-1 (平裝)

1. 英國史

741.1 106003676

通識課 11

狄更斯講英國史（繁體中文首度上市）

A Child's History of England

作者——查爾斯・狄更斯 Charles Dickens
譯者——蘇旻婕、張珺怡、余一鶴、肖嵐
執行長——陳蕙慧
總編輯——郭昕詠
責任編輯——賴虹伶
行銷總監——李逸文
行銷企劃經理——尹子麟
封面設計——莊謹銘
排版——簡單瑛設

社長——郭重興
發行人兼
出版總監——曾大福
出版者——遠足文化事業股份有限公司
地址——231 新北市新店區民權路 108-2 號 9 樓
電話——(02)2218-1417
傳真——(02)2218-1142
電郵——service@bookrep.com.tw
郵撥帳號——19504465
客服專線——0800-221-029
網址——http://www.bookrep.com.tw
Facebook——https://www.facebook.com/saikounippon/
法律顧問——華洋法律事務所 蘇文生律師
印製——呈靖彩藝有限公司

初版一刷 西元 2017 年 4 月
初版二刷 西元 2019 年 10 月
Printed in Taiwan

譯言．古登堡計畫致力於外文公版書的翻譯出版，迄今已經翻譯和電子出版了近四百部作品。